中国现代文学社团史研究书系

陈思和　丁　帆／主编

东南坛坫第一家

——菽庄吟社研究

黄乃江／著

武汉出版社
WUHAN PUBLISHING HOUSE

(鄂)新登字 08 号
图书在版编目(CIP)数据
东南坛坫第一家:萩庄吟社研究/黄乃江著. 一武汉:武汉出版社,2010.11
(中国现代文学社团史研究丛书/陈思和,丁帆主编)
ISBN 978－7－5430－4447－0
Ⅰ.①东… Ⅱ.①黄… Ⅲ.①文学－社会团体－研究－中国－现代 Ⅳ.①I209.6
中国版本图书馆 CIP 数据核字(2009)第 147576 号

主　　编:陈思和　丁　帆
著　　者:黄乃江
责任编辑:齐大勇
装帧设计:刘福珊
出　版:武汉出版社
社　址:武汉市江汉区新华下路 103 号　　邮　编:430015
电　话:(027)85606403　85600625
http://www.whcbs.com　　E-mail:zbs@whcbs.com
印　刷:武汉精一印刷有限公司　　经　销:新华书店
开　本:880mm×1240mm　1/32
印　张:17.5　　字　数:400 千字　　插　页:3
版　次:2011 年 1 月第 1 版　　2011 年 1 月第 1 次印刷
定　价:52.00 元

目录

Contents

目录

Contents

目录
Contents

目录

Contents

总 序

陈思和

《中国现代文学社团史研究书系》是南京大学中国现代文学研究基地承担的教育部哲学社会科学研究重大项目,共两辑。第一辑七种,分别是《新青年》为核心的文学团体、文学研究会、创造社、语丝社、南社、台湾栎社以及施蛰存、刘呐鸥等文人为核心的文学团体。由我和丁帆教授联袂主编。2006 年完成。最初计划远不止七种,因为教育部要在规定期限内检查成果,于是将已经定稿的著作编成第一辑,由上海东方出版中心出版。第二辑八种著述基本延续了第一辑包罗万象的风格,既有新月社、狂飙社、以《七月》《希望》为中心的胡风派文艺社团、延安地区的文艺社团、台湾创世纪社,也有台湾—厦门的菽庄诗社、以《东方杂志》为中心的宋诗派诗人群体等等,还有当代文学史上的"探索者"冤案。其实,即使新加了这八种研究成果,中国现代文学社团史的课题还远远没有穷尽,因此我们仍须努力,脚踏实地,一步一步走下去。

在现代文学研究领域里,有关文学社团的研究成果积累并不多。据范泉教授主编的《中国现代文学社团流派辞典》一书所收辞目,有关文学社团的 1035 条,文学流派的 47 条(其中不少流派也是有影响的"文人群体",应属社团之类)。而在 20 世纪 80 年代中国社科院文学所领衔编撰的大型资料丛书《中国现代文学运动·论争·社团资料丛书》里，真正成书的只有文学研究会、创造社等十来种，连语丝、新月、南国这样一些重大社团的资料也付之阙如；20 世纪 90 年代，上海华东师范大学出版社也曾推出一套颇有规模的现代文学社团流派研究丛书，分研究、资料两个系列，但最后也只出版了《新青年》和《新潮》、文学研究会、新月社、弥洒社、浅草社和沉钟社等几种资料汇编（包括作品集和评论集），研究方面似乎只有一本浅草社和沉钟社的论著，其他都似不了了之。有关文学社团的整体性研究，除了陈万雄先生的《"五四"新文化的源流》、朱寿桐先生的《中国现代社团文学史》、王晓明先生的论文《一份杂志和一个"社团"——重评"五四"文学传统》等少数论著，以及关于创造社、浅草社等少数研究成果外，大多数文学社团都缺少专门的研究。倒是在相关作家传记研究中有一些涉及社团的资料积累，也有不少真知灼见，但这些研究成果与现代文学学科建设和发展的需要相比，显然是不相称的。

而且，中国现代文学社团的内涵也在不断扩大。"中国现代文学社团"准确的理解应该是"中国——现代——文学社团"，既然是"中国"，就不能仅以大陆地区为限，近代史上割让为日本殖民地的台湾，作为英国殖民地的香港，都产生过许多文学社团。尤其是日据时期的台湾，出现了大小古典诗社多达三百余个，可说是每一个村落就有一个诗社，这样一种壮观的诗社现象，如果不进入我们的研究视野，真是谈不上研究中国的现代文学社团史；而且，既然"现代"指的是一种时间概念，"现代文学"还包括了新文学运动以外的各种文学现象，如南社——清末民初的重要社团，由于它不属于新文学，便被摒弃在现代文学视野以外，这都是不合理的现象。

所以，现在要真正做一部《中国现代文学社团史》还没有具备成熟的条件。为此，我们对这个项目重新做了课题论证，从实际出发，完成力所能及的研究工作。作为第一步，就是逐个地对文学史上的重要文学社团给以资料搜集梳理，总结前人的研究成果，并在此基础上完成一系列个案研究。或者说，整体上的现代文学社团史暂时无法完成，但我们可以通过对一些重要文学社团的“史”的梳理和书写，综合成一套内容多样、各自独立的现代文学社团的个案史。这就是目前这套研究书系的大概面貌。在已经完成的十五个子项目中，文学社团的表现形式不一样：第一种是传统文人社团的形式，如南社、宋诗派诗人群体、台湾栎社等，其成员主要是接受传统教育的知识分子，在民族危亡之际，以诗会雅集的形式来抒发情怀，交流心声。诗文创作似乎是他们从事社会活动之余高雅消遣的文学活动。第二种形式是依托现代知识分子的公共活动空间，如文学研究会、创造社、新月社等，他们利用结社活动来聚集力量，向社会发出抗议或改革的声音。在他们看来，文学创作与社会活动是一体的两面，文学如同生活。第三种社团形式，是以同人刊物为核心聚集起一批作者队伍，因为是“同人”，作者队伍也就是另一种形式的文学社团。如新青年社与语丝社，这个“社”本身意指“单位”、杂志社，但也可以转喻为社团。它的标志是刊物，刊物存在社团也就存在，刊物停办，社团也就不存在了。第四种模式是文人的小团体，虽无明确的结社意识，但因为经常性聚集在一起而含有了社团意义。如施蛰存、杜衡、刘呐鸥等人，他们之间的交往聚集经历了多种形式，但始终代表了某种倾向性的审美意向，因此也可以算作某种特殊形式的文学社团。现代文学社团的模式远不止以上四种，如有以政党意识为核心的知识分子组织，还有纯粹的演剧组织等等，暂时都不在本系列研究之中。

以往的研究，往往将文学社团与文学流派混为一谈，其实两者所反映的文人群体面貌是不一样的。前者研究的是文学社团的兴衰聚散，重点在人事，后者研究的是作家艺术风格的流变，重点在创作，两者混在一起研究，往往是流派因素压倒社团因素，理论概括压倒作家活动。这套书系偏重在人事，这是事先就规定好的，强调社团是如何形成、各个成员之间的关系又是如何相处、社团与社团之间的冲突又是如何展开，等等，人物的行状、言论、个性都作为描述的对象，这样，以便把研究的关注点集中到现代文学最原初的起点——个人的文学活动。朱寿桐教授在审读本丛书中的一本“创造社研究”时指出：这本著作“坚持‘以人为本’的原则寻绎创造社这一风格独异的文学社团的发生机制和运作历史，体现出一种精彩而务实的社团研究学术自觉。文学社团是由人构成的，其所体现出来的各种特质和各种复杂性都与人员构成密切相关。以前的创造社研究，主要从大致的理念和情感取向着手，对于创造社的内部人员结构、权力结构常常取模糊姿态，致使许多问题只能流于语焉不详，如创造社的方向转换到底是一个怎样的过程，创造社小伙计与元老派的实际关系到底如何。这本著作从创造社人员构成及其权力构成的角度很好地解决了这些问题”。这段话虽然是针对创造社研究而言的，但也说出了每一个社团研究所希求的努力方向。

二十年前，前辈学者曾华鹏教授和范伯群教授曾经协助贾植芳先生主编了一部《中国现当代文学社团流派》的论著，编撰了关于文学研究会、创造社等二十几个文学社团流派的研究论文。曾、范两位前辈是贾植芳先生在 1950 年代的学生，我是贾先生在 1980 年代的学生，我们同门两代，也可以说，我现在做的工作，正是在前辈学者所奠定的学术基础上的努力推进。记得有一次我向两位前辈汇报了这套书系的编写情况后，范教授听了哈哈大笑，说：“我们当年要求每个社团流派研究是一篇论文，你们现在要求每个文学社团研究是一部专著，这就是进步了。”是啊，应该说是学科发展的进步，但是，这个进步前后竟相隔二十年，实在也是太久了一些。我感慨。

绪 论

菽庄吟社与上海南社之比较——关于菽庄吟社的学术价值

对于一个历史的、而非当下的文学社团，我们对它的了解与接受，与这个社团本身被发掘的程度密切相关。

清代末年，“台湾既割，举国遂讳言‘台湾’二字”[①]；民国期间，内乱不断，外侵构连，日本帝国主义者唯恐找不到发动再次侵华的借口；抗战结束，台湾光复，随即爆发国共内战，紧接着台海对峙，风声鹤唳。可以说，菽庄吟社自从创立的那一刻起，即由于经常触及政治敏感神经而遭到人们的长期规避，以至于几乎被历史完全湮没。只是到了上世纪 80 年代台海解禁以来，特别是近年随着厦门旅游文化的发展，该社才逐渐引起人们的关注并得到初步的发掘。

顺带说明一下，上海南社[②]由于本身发展规模大、存续时间长、创作成就卓著、影响范围广泛，加上历代评论家的阐幽发微，已经成为研究近现代文学社团的一种参照体系或衡量标准。今天，不管我们研究中国近现代历史上的哪一个文学社团，如果不把它同上海南社进行一

① 文廷式著：《闻尘偶记》。上海：《青鹤》第一卷第三期，民国二十一年(1932 年)十二月十六日版，第 2 页。

② 中国近现代文学史上有两个南社：一个是以上海为活动中心的南社；另一个则是以台南为活动中心的南社。本著对二社均有涉及，为示区别，特把前者称作“上海南社”，后者称作“台南南社”。

番比较，就很难知道这个社团的分量轻重以及在近现代文学史上的坐标位置，也很难检讨出该社团在发展过程中的历史功过和成败得失。因此，笔者在这里把葭庄吟社与上海南社相提并论，目的不是要厚此薄彼或一分高下，而在于揭示二者之间的相同共通之处，辨析各自的差别互异特征，进而探究其学术价值尤其是葭庄吟社的学术价值所在。

一

众所周知，被柳亚子称誉为“三百年无此盛矣”[①]的上海南社，酝酿成立于清王朝行将崩溃之际，兴盛于辛亥革命前后，其社团内部尽管出现过纷纷扰扰，组织机构也经历了分分合合，但还是勉力维续到了新中国诞生前夕。该社以光绪三十三年七月七日(1907 年 8 月 15 日)在上海愚园成立的神交社为“楔子”[②]，一些论者也把它追溯到光绪二十九年十月初一日(1903 年 11 月 19 日)朱锡梁、包天笑等在苏州狮子山所进行的“招国魂”之举[③]。宣统元年十月初一日(1909 年 11 月 13 日)，陈去病、柳亚子等 19 人在苏州虎丘张国维祠举行雅集，选举陈去病为文选编辑员、高旭为诗选编辑员、庞树柏为词选编辑员、柳亚子为书记员、朱少屏为会计员，确立了以“三头制”(即三位编辑员)为权力核心和以“书记员”为联络中枢的组织体系及运作机制，标志着上海南

① 柳亚子撰:《南社会于虎丘之张东阳祠，同邑陈巢南，长洲朱纬军，虞山庞龙禅，云间陈止斋，上海朱屏子，娄东俞建华、冯心侠，宝山赵夷门，京口林盖天，毗陵张宗甄、季龙，魏塘沈道非，山阴诸贞壮、胡粟长，歙县黄宾虹，顺德蔡哲夫，福州林秋叶，太原景帝召，咸来莅止，盖自社事零替以来，三百年无此盛矣，诗以纪之》，[马来西亚]槟城:《光华日报》，1911 年 3 月 20 日。

② 柳亚子著:《南社纪略》，台北:文海出版社，1973 年 12 月版，第 6 页。

③ 范烟桥所著《茶烟歇》有载:“清光绪二十九年十月朔(一九〇三年)，关中梁柚隐，吴县胡友白、杨韫玉、朱梁任、包天笑等若干人，登苏州郊外狮子山，为诗文以招国魂。”郑逸梅誉此为“南社先锋队所演的一出活剧”，孙之梅则称之为南社的第一次“小聚义”。

社的正式创立。上海南社的发展，主要经历了三个阶段："自己酉(1909年)至辛亥(1911年)为第一期，……是曰酝酿时期，不啻全盛矣"；"自壬子(1912年)至丙辰(1916年)为第二期，……是曰摧残时期"；"自丁巳(1917年)至癸亥(1923年)为第三期，……是曰堕落时期"[①]。期间，该社共举行雅集活动18次，出版"南社丛刻"22集；社团也由最初的17人，发展壮大为拥有1170人的泱泱大社，社员籍里遍及全国21个省市，并设有越社、辽社、广南社及南社粤支部、淮南社等分支机构。上海南社解体后，又离析流衍出新南社、南社湘集、南社纪念会、湖州南社、南社闽集等组织，一直绵延到1949年4月16日在北京中山公园举行的南社暨新南社最后一次聚会为止，成为上海南社的"馀响"[②]或"余绪"[③]。

菽庄吟社正式创立于民国二年重阳(1913年10月8日)，为厦门鼓浪屿菽庄花园落成之日。该社最初以诗钟创作为号召，所以又称"菽庄钟社"。表面上看，菽庄吟社创立的时间比上海南社晚了将近四年，但只要略作稽考便可发现：该社滥觞自乙未(1895年)割台后定居厦门的林鹤年与林辂存父子所组织之"怡园聚咏"，经由光绪三十三年丁未(1907年)暮春创立的"浪屿诗坛"过渡和发展而来，而其渊源则可以追溯到清末台湾诗坛各大文学社团。菽庄吟社的发展大致经历了四个阶段——雏形期或草创期(1907－1913)、鼎盛期(1913－1924)、持续期(1924－1944)与余绪期(1944－1949)。菽庄吟社正式创立之初就有吟侣100多位，后来发展到1978人[④]，分别来自福建、台湾、江苏、上

---

① 柳亚子撰：《南社丛选·柳序》。胡朴安编：《南社丛选》，台北：文海出版社，1973年12月版，第11－12页。

② 孙之梅著：《南社研究》，北京：人民文学出版社，2003年9月第1版，第359页。

③ 栾梅健著：《民间的文人雅集——南社研究》，上海：东方出版中心，2006年6月第1版，第199页。

④ 本数据仅为对已经辑得之30种菽庄出版物所作统计，实际吟侣远远超过此数。

海、浙江、安徽、北京、广东、香港等全国26个省市区，另有日本、新加坡、印度尼西亚等地华侨及日本人士参与其中。该社“啸侣命俦，更唱迭和，月以十数，岁以百数；体或古或近，韵或竞或病，晷或分或寸”[①]，“或买诗天南，或征文海内。投稿车前，望而却走；署名纸尾，引以为荣。所以菊寿无算，禊帖三摹；岁岁年年，标新领异。其韵事之多，有如此者”[②]。该社先后32次向海内外吟侣征求诗文，包括征诗钟大唱24次，征诗5次，征词1次，征赋1次，征序文1次；“每逢菽庄征诗，海内名流投稿恒逾千数，由沈傲樵评审次第”[③]，分别赠给“书券银”、辞典、影片等，曾经轰动一时；林尔嘉还将所得吟稿汇编成册，印成单行本，寄赠各地作者，“一时海内文人学士，寓书索赠，殆无虚日”[④]；该社又在各单行本的基础上，进一步精选出“菽庄丛刻”八种——《虞美人诗》、《黄牡丹诗》、《七夕四咏》、《闰七夕乞巧诗》、《帆影词》、《三九雅集诗》、《鹭江泛月赋》与《小兰亭三修禊序》，由上海聚珍馆代为排版，“书出，各省风雅之士争相索阅，一再翻刻达数万册。江黄耆旧，关岭英彦，无不知菽庄其人矣”[⑤]。尤其是“菽庄丛书”六种——吕世宜所著《古今文字通释》、陈棨仁所著《闽中金石略》、沈琇莹所著《寄傲山馆词稿》及《壶天吟》、林尔嘉所著《顽石山房笔记》与江煦所辑《鹭江名胜诗

---

① 沈琇莹撰：《红兰馆诗钞·序》。苏大山著：《红兰馆诗钞》，“著雍执徐之岁涂月（夏历一九二八年十二月）”刊本，第1页。

② 沈琇莹撰：《菽庄林先生暨德配云环龚夫人五十寿文》。菽庄吟社辑：《菽庄林先生暨德配云环龚夫人五十寿言》，九州出版社、厦门大学出版社合刊，2004年12月版，第542页。

③ 林尔嘉撰：《庚申菽庄咏菊》（八首）之一。林尔嘉撰，沈骥编校：《林菽庄先生诗稿》，台北：龙文出版社，1992年3月重印初版，第5页。

④ 林尔嘉撰：《菽庄丛刻八种·序》。林尔嘉辑：《菽庄丛刻八种》，九州出版社、厦门大学出版社合刊，2004年12月版，第567页。

⑤ 《林公尔嘉传略》。王国璠编撰：《板桥林本源家传》，台北：林本源祭祀公业，1984年7月版，第57页。

钞》的刊刻印行。这套丛书卷帙浩繁，学术价值极高，共花费林尔嘉父子两代和沈琇莹师徒二人逾三十年时间，才完成全部内容的编辑、校订、锓刻与出版，所耗财力物力则不计其数，堪称现代出版史上私家锓刻之一绝。此外，菽庄吟社还衍生出寄鸿吟社、碧山词社、板桥吟会、东海钟声社、亦小壶天吟社、薇阁诗社等 6 个文学社团，对民国期间的厦门诗坛和日据时期及光复初期的台湾诗坛分别产生过一定影响。

论者以为，菽庄吟社的“人才之众、佳作之多、影响之大，可与辛亥革命时期的上海南社相媲美，而其存在时间之长则创下了我国文人社团之最。……是值得浓墨书写的一页”①。从上述有关菽庄吟社与上海南社发展概况的对举来看，这一论断是有事实依据的，虽然在中国近现代文学史上，另有一些社团如台中栎社、台南南社、台北瀛社等，它们存续的时间都要比菽庄吟社和上海南社更长，但在发展规模、创作成就、声势影响等方面均不如菽庄吟社和上海南社。

二

菽庄吟社与上海南社尽管在发展规模、存续时间、创作成就、声势影响等方面旗鼓相当，然而由于它们各自形成的社会历史背景不同，人员构成及态度倾向各异，社团宗旨、革命要求、文化取向、诗学传承迥别，加上组织形式、运作机制、经费来源等诸多因素的影响，二者最终还是呈现出截然不同的发展风貌。

上海南社是带有浓厚政治色彩的革命性文学团体，它的形成与发展同孙中山先生领导的中国同盟会密不可分。该社的三位创社元老——陈去病、高旭、柳亚子，都是中国同盟会的早期会员，高旭还是同盟会江苏分会的会长；在出席苏州虎丘南社第一次雅集的 17 位社

① 彭一万撰：《林尔嘉和“菽庄吟社”》，厦门：《厦门晚报》，2005 年 1 月 19 日。

友中，有 14 位是中国同盟会会员。柳亚子曾经明确说过："我们发起的南社，是想和中国同盟会做犄角的"，"它底宗旨是反抗满清，它底名字叫南社，就是反对北庭的标帜了。"①这让人自然联想到孙中山先生所讲的："宣传文字，贵能提纲挈领，词意愈简单，人愈明了，一切运动，无不成功。……今用排满口号，其简单明了，又远过于反清复明矣，故革命之进行甚速。"②因此，从某种意义上讲，上海南社本身就是中国同盟会的产物，其社团宗旨即是对中国同盟会十六字革命纲领——"驱除鞑虏，恢复中华，创立民国，平均地权"，所作之"简单明了"概括。

"卷帘一色海天清，静里从容见物情。潮水也知人世变，去来时作不平鸣。"③如果说上海南社是陈去病、高旭、柳亚子等"一般半新不旧的书生们，挟着赵宋、朱明的夙恨，和满清好像不共戴天"④才成立的，那么菽庄吟社则是林尔嘉、施士洁、许南英、汪春源等一大批"海东遗民"，怀着"逐臣不死悬双眼，再见英雄缚草鸡"⑤的亡国之痛与复台之志，和日本殖民侵略者誓不两立才创设的。甲午（1894 年）海战，中方战败，腐败无能的清朝政府与日本侵略者签订了丧权辱国的《马关条约》，台湾被迫割让给日本，由此进入长达五十年之久的日本殖民统治时期。日人入据前后，台湾众多文士"耻为异族之奴"，纷纷离台内渡，由于相同的命运遭际、一样的家园之思、对文学艺术的共同志趣与追求，以及亲情、乡情、友情、师生之谊等天然的联系，又使这些飘零大陆

① 柳亚子著：《南社纪略》，台北：文海出版社，1973 年 12 月版，第 122 页。

② 《孙中山先生语录》。刘成禺著：《世载堂杂忆》，沈阳：辽宁教育出版社，1997 年 3 月第 1 版，第 137 页。

③ 林尔嘉撰：《甲寅（1914 年）菽庄口占》。林尔嘉撰，沈骥编校：《林菽庄先生诗稿》，台北：龙文出版社，1992 年 3 月重印初版，第 1 页。

④ 柳亚子撰：《自传》。柳无忌、柳无非编：《自传 · 年谱 · 日记》，上海：上海人民出版社，1986 年 11 月第 1 版，第 3 页。

⑤ 施士洁撰：《别台作》（三首）之三。施士洁著：《后苏龛合集》，台北：台湾银行经济研究室，1965 年 11 月版，第 73 页。

各地的流寓之士在与台湾隔海相望的鼓浪屿岛上重新聚首，从而在中国近现代历史上形成了一个内涵丰富、意义独特的文学社团——菽庄吟社。因此，驱除"日虏"、"还我河山"、光复故园自然就成了菽庄吟侣们为之奋斗的共同志业。正是在"抗日复台"这一宗旨的召唤下，菽庄吟社才将海峡两岸数以千计的仁人志士凝聚其中。

为了实现社团宗旨，激发革命斗志，菽庄吟社与上海南社的创立者们设法从历史文化中寻找符合自己革命需要的思想资源，并且都把目光集中锁定在了明末清初遗民志士的身上；不过，二者在思想资源的具体选取上还是各有侧重的。上海南社所追慕的是"几、复风流"，即明末清初复社之"娄东二张"——张溥、张采，以及几社之陈子龙、夏允彝、徐孚远、何刚等，在反抗清王朝过程所体现出来的志节精神。他们大量辑录明末佚文，频繁凭吊抗清遗址，高旭甚至还以一夜之力伪造出石达开的 20 首遗诗，其目的就是要"激发民气"[①]，"希望使忘却的旧恨复活，助革命成功"[②]。菽庄吟社所崇仰的则是"明郑忠义"。清顺治三年（南明隆武元年，1646 年），清军入闽，郑成功起兵反抗，北取浙江舟山，南破广东揭阳，并与张煌言联师北伐，破瓜洲，克镇江，逼南京，震动东南；顺治十八年（南明永历十五年，1661 年），郑成功又率领将士两万五千人、战船数百艘，自金门料罗湾出发，经澎湖，在鹿耳门及禾寮港登陆，克赤崁城，继而攻下台南，赶走荷兰殖民者，收复台湾。郑成功收复台湾后，并没有称帝的野心，而是设置"承天府"，改台南为"东都"，以候南明永历皇帝东来。其所作《复台诗》云："开辟荆榛逐荷

---

① 柳亚子撰：《残山剩水倭刊本〈石达开遗诗〉书后》。转引自杨天石、王学庄编著：《南社史长编》，北京：中国人民大学出版社，1995 年 5 月第 1 版，第 63 页。

② 鲁迅撰：《杂忆》。鲁迅著：《鲁迅全集》（第一卷），北京：人民文学出版社，1981 年第 1 版，第 221 页。

夷，十年始克复先基。田横尚有三千客，茹苦间关不忍离。”[①]诗中以田横自比，同样表达出忠于南明的心迹。菽庄吟侣创作有追怀郑成功的大量诗作，如林尔嘉所作《丙子（1936年）二月题延平公园》、施士洁所作《延平王祠怀古，即用祁星皆同年原韵》与《榕城除夕梦台南延平郡王祠古梅》、许南英所作《秋日谒延平郡王祠》、沈琇莹所作《百字令·鼓浪屿日光岩是郑延平驻兵处》、吴增所作《吊郑延平故垒》（六首）与《又吊郑延平故垒》（七首）、李禧所作《郑延平遗迹》（十一首）、林景仁所作《咏史三十首》之《郑成功》、连横所作《题〈荷人约降郑师图〉》等。另据《诗钟史话》所载，“（林）尔嘉筑菽庄花园于鼓浪屿，中有剑潭，相传为郑成功磨剑之水，因以征诗”，所征“嵌字格‘剑、潭，第一唱’大唱诗钟选本，录三千余联”[②]。这些作品除了歌咏郑成功“敢向东南争半壁”的霸业雄风外，就是颂扬其“移孝作忠”、“正直而壹”[③]的“忠义”精神了。

这里有一点必须厘清，与上海南社“和满清好像不共戴天”的态度不同，菽庄吟侣们对满清王朝的腐败无能，虽然也表达出“媚虏燕云争割地！誓师韩岳望回天”[④]的满腔怨愤，但他们始终都没有对抗清廷的意思。菽庄吟侣们所崇仰的郑成功，无论在清廷还是在民间，都早已不再被视作对抗朝廷的“乱臣贼子”。郑成功去世后，台湾民众就曾私建“开山庙”，以祭祀这位“开辟荆榛逐荷夷”的“开山王”。康熙三十九年（1700年）清圣祖玄烨诏曰：“朱成功（按：即郑成功）系明室遗臣，非

① 郑成功撰：《复台诗》。戴光华编选：《厦门诗荟》，厦门：鹭江出版社，1996年10月第1版，第115页。

② 萨伯森、郑丽生合撰：《诗钟史话》，1964年1月郑丽生手写本，第47页。

③ 沈葆桢撰：《请建明延平王祠折》。沈葆桢著：《福建台湾奏折》（与《台湾日记与禀启》合订本），台北：台湾大通书局，1984年版，第18页。

④ 施士洁撰：《感时示诸将和陈仲英廉访韵》（四首）之三。施士洁著：《后苏龛合集》，台北：台湾银行经济研究室，1965年11月版，第71页。

朕之乱臣贼子，敕遣官护送成功及子经两柩归葬南安，置守冢建祠祀之。”[①]并题撰挽联云：“四镇多贰心，两岛屯师，敢向东南争半壁；诸王无寸土，一隅抗志，方知海外有孤忠。”最能说明菽庄吟侣对待清廷态度的是，《马关条约》签订后，唐景崧、丘逢甲、李秉瑞、俞明震、陈季同、姚文栋、林维源、林鹤年等组织成立了所谓的“台湾民主国”，作为抵制割台、开展自卫的一种应急措施，但他们在起草的有关文告函电中，一再表明“台湾士民，义不臣倭；愿为岛国，永戴圣清”、“今虽自立为国，感念列圣旧恩，仍应恭奉正朔，遥作屏藩；气脉相通，无异中土”[②]的忠实用心。直至1911年武昌起义前夕，“会清廷派涛贝勒振兴海军”，林尔嘉还“报效二十万两”[③]，为此庆亲王奕劻专门给他奏请了一个“侍郎”的头衔。

菽庄吟社与海峡两岸同时期其它文学社团的交流往来十分频繁，如厦门海天吟社、鹭江吟社、星社等，泉州温陵弢社，福州花好月圆社、托社、观社、还社、说诗社等，台南南社，台中栎社，台北瀛社、桃社、竹社、陋园吟会等，扬州惜馀春社，伍祐国粹保存社，常熟虞社，北京寒山社、稊园诗社、蛰园吟社等，唯独就跟上海南社的联系和接触很少。个中原因分析起来，除了上述之人员构成、社团宗旨、革命要求、文化取向等方面原因外，还与两社在诗学传统的承继方面大异其趣密切相关。菽庄吟社大力提倡“晋安风雅”，基本上属“同光体”闽派一脉。该

① 沈葆桢撰：《请建明延平王祠折》。沈葆桢著：《福建台湾奏折》（与《台湾日记与禀启》合订本），台北：台湾大通书局，1984年版，第18页。

② 王炳耀撰：《中日战辑选录》。海峡学术出版社编：《乙未抗日史料汇编》，台北：海峡学术出版社，1999年9月初版，第71—72页。

③ 黄泽父著：《厦门杂记》。厦门图书馆编：《厦门轶事》，厦门：厦门大学出版社，2004年12月第1版，第31页。《林公尔嘉传略》记作“拜折慨捐大洋四十万元增置舰艇”，见王国璠编撰：《板桥林本源家传》，台北：林本源祭祀公业，1984年7月版，第56页。

社每把“同光体”闽派代表人物陈衍“曾为主坛坫”[①]当作莫大的荣耀，并且把他尊奉为精神领袖，另还延请“同光体”湖湘耆宿王闿运之及门弟子沈琇莹主持社务，目的就是“亦欲借其才华以张吾军”[②]。事实上，台湾素有“九闽”之称，清康熙二十二年（1683 年）施琅统一台湾后，随即设立了台湾府，隶属福建管辖，这种行政上的隶属关系，一直到光绪十一年（1885 年）台湾建立行省以前都没有改变。其间，闽省“内地”与“台地”之间实行官员互调、师资互派、科考同制；至于“文武乡闱”，即使在台湾建省以后，也仍然“援照由安徽赴江南汇考例，例归福建”[③]。薮庄主人林尔嘉“初从侯官孝廉许贞幹游；贞幹通籍，复师于闽县举人王兰生”[④]；薮庄“三老”——施士洁、许南英与汪春源，与“同光体”闽派代表人物陈衍、林纾、王毓菁、林鹤年、张元奇、郭名昌、郑祖庚等，也分别有过同年、同窗、同科、同榜、同僚之谊；薮庄吟社中的福建吟侣共525 人，占已知籍地吟侣总数的 40.7%。在相互间的交谊中，其文学观念、创作方法、艺术风格自然也就风尚相习了。

相反，“（上海）南社的诗敌是学宋诗的同光体”[⑤]。该社继承明末几社与复社之“诗必宗趣开元”[⑥]的诗学主张，并且由此“上追”明代前

---

① 林刚义撰：《先考薮庄诗稿发刊前言》。林尔嘉撰，沈骥编校：《林薮庄先生诗稿》，台北：龙文出版社，1992 年 3 月重印初版，第 2 页。

② 林尔嘉撰：《寄傲山馆词稿 · 序》。沈琇莹著：《寄傲山馆词稿》，“庚辰（1940 年）仲冬”刊本，第 2 页。

③ 转引自张是初撰：《清代台湾之考试制度》，台湾文献委员会编印：《文献专刊》第五卷第一、二期，台北：成文出版社，1983 年 3 月台一版，第 1012 页。

④ 张琴撰：《叔臧先生暨德配龚夫人四旬双寿序文》。林景仁辑：《薮庄主人四十寿言》，“甲寅（1914 年）冬月”刊本，第 12 页。

⑤ 孙之梅著：《南社研究》，北京：人民文学出版社，2003 年 9 月第 1 版，第 41 页。

⑥ 陈子龙撰：《壬申文选凡例》。陈子龙著，谈蓓芳整理，章培恒审阅：《传世藏书 · 集部 · 别集 10 · 陈子龙集》之“卷四十八 · 杂著”，海口：海南国际新闻出版中心、诚成文化出版有限公司，1995 年版，第 431 页。

后七子，提出“论诗应该宗法三唐”[①]。柳亚子尝谓：“余与同人倡南社，思振唐音，以斥伧楚。”[②]其所作《时流论诗多骛两宋，巢南独尊唐风，与余相合……》一诗则云：“一代典型嗟已尽，百年坛坫为谁开？横流解悟苏黄罪，大雅应推陈夏才。”[③]把批评的矛头直接指向了推崇苏轼与黄庭坚的“同光体”派。1917 年 6 月，上海南社社员闻野鹤在《民国日报》上发表《泗簃诗话》，称赞郑孝胥、陈三立等“同光体”派诗人的作品，柳亚子撰文反驳道：“国事至清季而极坏，诗学亦至清季而极衰。郑、陈诸家，名为宋学，实则所谓同光派，盖亡国之音也。民国肇兴，正宜博综今古，创为堂皇橘丽之作。黄钟大吕，朗然有开国之象。何得比附妖孽，自陷于万劫不复耶！其罪当于提倡复辟者同科矣！”[④]为了捍卫“唐音”在上海南社的正宗地位，柳亚子甚至不惜“操戈及同室”[⑤]，把像闻野鹤一样“以拥护西江陈、郑为良心”[⑥]的朱鸳雏与成舍我驱逐出社，使得上海南社内部本来就已经存在的“唐音与宋诗之争”进一步升级和激化。

一些论者认为，1917 年上海南社内部爆发的“唐音与宋诗之争”，是对上海南社的致命一击，并导致了该社的最终解体。其实，相对于上海南社内部成员之间的思想分化而言，“唐音与宋诗之争”充其量不过是鸡虫之争而已。首先，尽管在上海南社成立之初，高旭等创社元

---

① 柳亚子著：《南社纪略》，台北：文海出版社，1973 年 12 月版，第 15 页。

② 柳亚子撰：《胡寄尘诗・序》。柳亚子著：《磨剑室文录》，上海：上海人民出版社，1993 年 5 月版，第 257 页。

③ 柳亚子著：《磨剑室诗词集》，上海：上海人民出版社，1985 年 9 月版，第 118 页。

④ 柳亚子撰：《质野鹤》。柳亚子著：《磨剑室文录》，上海：上海人民出版社，1993 年 5 月版，第 456 页。

⑤ 姚鹓雏撰：《论诗视野鹤并寄亚子》，上海：《民国日报》，1917 年 7 月 6 日。

⑥ 柳亚子撰：《再质野鹤》。柳亚子著：《磨剑室文录》，上海：上海人民出版社，1993 年 5 月版，第 462 页。

老曾经有过“欲一洗前代结社之积弊，以作海内文学之导师”[①]的雄心，然而在包括柳亚子在内的上海南社成员看来，文学只不过是用来“鼓吹民族革命”的工具而已，“反清排满”才是他们真正想要达到的目的。其次，“唐音与宋诗之争”在上海南社的苏州虎丘第一次雅集时就已经存在，这充分说明它是可以被统一和包容在其它矛盾之下的次要矛盾，而非导致上海南社解体的主要矛盾。第三，早在“唐音与宋诗之争”升级和激化之前，上海南社内部成员之间的思想就已经出现分化。具体说来就是，在武昌起义后不久，中国同盟会即已出现分裂，章太炎与黎元洪另组建了共和党；1912 年 8 月，宋教仁又将同盟会、统一共和党、国民公党、国民共进党及共和实进会联合在一起，组成国民党，至此，中国同盟会已经不再是一个独立的党团组织，原有成员也纷纷各奔前程、另谋出路了。辛亥革命胜利后，上海南社虽然还有“反袁的一幕”，但是不可否认，该社没有根据社会形势的发展，及时调整自己的社团宗旨与革命目标，使由原来以“民族革命”为中心，转移到争取“民权”和关注“民生”上来。当然，这不单是上海南社的差池，正如柳亚子所说：“同盟会是提倡三民主义的，但实际上，不消说大家对于民生主义都是莫名其妙，连民权主义也不过装装幌子而已。”[②]由于政治方向的迷失，于是有了上海南社内部成员思想的混乱与分化，及其后“洪宪称帝，筹安劝进，很有旧南社的份子”等情形的发生；加之，该社组织体系僵化、活动方式单一、经济状况拮据，这些共同促使上海南社“势不得不出于停顿的一途”[③]。

与上海南社内部的纷纷扰扰相比，莪庄吟社虽然先后也分别经历

---

① 高旭撰：《南社启》。上海：《民吁报》，1909 年 10 月 17 日。

② 柳亚子撰：《自传》。柳无忌、柳无非编：《自传·年谱·日记》，上海：上海人民出版社，1986 年 11 月第 1 版，第 2—3 页。

③ 柳亚子著：《南社纪略》，台北：文海出版社，1973 年 12 月版，第 123 页。

过林辂存、施景琛、张琴、陈蓉光、张我军、林景仁的分化乃至决裂,但从总体上看,该社内部成员之间思想还是比较统一、关系还是比较融洽,社团活动更加经常、发展也更具延续性,当然原因也是多方面的。首先,辛亥革命胜利以后,尽管先后成立过南京临时政府、北洋政府及国民党政府,但是直到1945年抗战胜利后,台湾才真正从日本帝国主义的魔爪中摆脱出来,菽庄吟社的革命要求才算真正得以实现,在此以前,"抗日复台"这一社团宗旨始终都是凝聚菽庄吟侣的向心力。其次,与上海南社把文学看作"鼓吹民族革命"的工具不同,菽庄吟侣往往"爱诗若命"。菽庄花园正门所撰楹联即云:"缩海为园,戛戛造成一胜地;爱诗若命,年年作主大吟坛。"施士洁所作《简菽庄钟社主人并诸同志》(八首)之一另谓:"撚髭顾影夕阳天,朽拙聊随击钵缘。傅会风骚痴欲死,消磨博弈老犹贤。偶逢青眼惭知己,相对朱颜怕少年!铗不能弹绦又蒯,铅刀直得几文钱?"[①]陈衍与连横更提出"以诗存史"的观念主张,曰:"国可亡,史不可亡,即诗不可亡。有事之诗,尤不可亡。"[②]这种文学观念无疑更贴近文学的本体及实质。第三,菽庄吟社的组织体系与运作机制,也不同于上海南社的"一头制"专权和单一"雅集"模式。在组织形式上,菽庄吟社实行的是社课主持人制,被聘请的社课主持人不仅拥有对参赛稿件"评审次第"的权力,而且还"迭为宾主",轮流主持菽庄吟社的社课活动;在创作活动方式上,该社时而"社课雅集",时而"击钵联吟",时而"对外征诗",时而"叠韵唱和",可谓灵活多样;在创作体例上,该社除了常见的七律、七绝、五律、五绝外,尚有七古、七排、五古、五排、杂体、词、曲、赋、对联、诗钟、回文诗、

① 施士洁撰:《简菽庄钟社主人并诸同志》(八首)之一。施士洁著:《后苏龛合集》,台北:台湾银行经济研究室,1965年11月版,第233页。

② 陈衍撰:《辽金元诗纪事总叙》。陈衍著,钱仲联编校:《陈衍诗论合集》(下册),福州:福建人民出版社,1999年9月第1版,第1131页。

序文，以及特定场合才使用的寿言、婚庆帐词等，可谓丰富多彩；此外，该社还建立了一整套相应的评价体系与激励机制。这些都有利于调动和发挥广大吟侣参与活动的热情及创作积极性。第四，经费问题一直都是困扰和制约上海南社发展的一个重要因素，成为该社几乎每会必提的一项议程，柳亚子在社中虽然"以梁泊上小旋风柴进自命"[①]，但"花去了一万多块钱"后，便"觉得有'床头金尽'的感慨"[②]。相比之下，菽庄主人林尔嘉则显得阔绰多了，菽庄吟社每次"征诗"动辄花销数千银元，仅请当时北洋政府大总统徐世昌题写菽庄花园匾额之"菽庄"二字，所花"润笔费"就达一万银元。

当然，任何一个文学社团都有其历史局限性，作为中国近现代历史上带有浓厚政治色彩的菽庄吟社与上海南社尤其如此，一旦它们的革命要求得以实现，曾经作为精神命脉的社团宗旨便也失却了它赖以存在的社会依据，不足以再凝聚人心，其社团内部必然要产生分化，从而转入衰微甚或解体之一途。辛亥革命胜利后，柳亚子曾经试图通过改革社团的组织形式以挽救上海南社的颓沦之势，但几经折腾后便心灰意懒；同样的，抗战胜利后，林履信也有过重振菽庄吟社的举动，但终究无法唤回该社往日的生机。

三

阿米·古特曼(Amy Gutmann)曾经这样论述结社的价值："借助于与他人组织在一起，我们能够结为同志，合作、对话、思考、谈判、竞争、创造，而且，许多形式的自我表达和自我牺牲只有在与他人组织在一起的前提下才是可能的。此外，我们常常就是简单地分享雅聚的快

---

① 柳亚子著：《南社纪略》，台北：文海出版社，1973 年 12 月版，第 11 页。

② 柳亚子撰：《自传》。柳无忌、柳无非编：《自传·年谱·日记》，上海：上海人民出版社，1986 年 11 月第 1 版，第 4 页。

乐。组织的乐趣只是我们由于其它原因而组织在一起的副产品”,“如果没有一个社会组织,它愿意并且能够为我们所珍视的观念和价值大声疾呼,除非我们正好非常富有,或者非常有名,否则,我们就很难让很多人听到我们的主张,也很难影响政治决策。”①从本质上讲,上海南社是清末民初“反清排满”的民族主义革命文学社团,菽庄吟社则是日据台湾时期以内渡大陆的台湾流寓文士为主导、以“抗日复台”为根本宗旨和奋斗志业的台湾爱国流亡文学社团,分别代表不同历史时期、不同社会群体的观念主张与价值诉求,蕴含着特定的社会内涵和独特的历史意义。

考察中华民族近现代以来的历史,一百多年来,摆在中华民族面前最宏大、最深重的主题莫过于摆脱帝国主义列强的侵夺,实现中华民族的伟大复兴。近现代以来的历史表明,只要一天不将外国帝国主义势力驱逐出中国,中华民族就不可能有自己的民族尊严,更不可能有全民族的伟大复兴。正是站在这一历史高点上,梁启超先生提出:“吾中国言民族者,当于小民族主义之外,更提倡大民族主义。小民族主义者何?汉族对国内他族是也。大民族主义者何?合国内本部属部之诸族以对于国外之诸侯是也。”②从菽庄吟社与上海南社的社团宗旨可以看出,前者所倡导的是“大民族主义”,后者则是“把狭小的民族主义来做出发点的”③,毫无疑问,前者更符合近现代以来整个中华民族求生存、求发展的宏大主题,后者则显得相对褊狭。正因为如此,鲁迅先生在1930年3月2日左翼作家联盟成立大会上,对上海南社作

---

① [英]阿米·古特曼等著,吴玉章、毕小青等译:《结社:理论与实践·导言》,北京:生活·读书·新知三联书店,2006年11月第1版,第1—2页。

② 梁启超撰:《政治学大家伯伦知理之学说》。梁启超著:《饮冰室合集·文集》,北京:中华书局,1989年3月版,第75—76页。

③ 柳亚子撰:《自传》。柳无忌、柳无非编:《自传·年谱·日记》,上海:上海人民出版社,1986年11月第1版,第3页。

了这样的批评："在我们辛亥革命时也有同样的例，那时有许多文人，例如属于'南社'的人们，开初大抵是很革命的，但他们抱着一种幻想，以为只要将满洲人赶出去，便一切都恢复了'汉官威仪'，人们都穿大袖的衣服，峨冠博带，大步地在街上走。谁知赶走满清皇帝以后，民国成立，情形却全不同。所以他们便失望，以后有些人甚至成为新的运动的反对者。"[①]相反，1926 年夏天，菽庄吟社"文书"张我军拜访鲁迅，向他悲愤地诉说："中国人似乎都忘记了台湾了，谁也不大提起。"鲁迅先生在八个月后还不胜嘘唏地回忆道："我当时就像受了创痛似的，有点苦楚；但口上却道：'不。那倒不至于的。只因为本国太破烂，内忧外患，非常之多，自顾不暇了，所以只能将台湾这些事情暂且放下……'"，并且特别指出："但在困苦中的台湾的青年，却并不将中国的事情暂且放下。他们常希望中国革命的成功，赞助中国的改革，总想尽些力，于中国的现在和将来有所裨益，即使是自己还在做学生。"[②]

"甲、乙重经两劫深，磺溪旧垒渺难寻。犁庭早试禽渠手，避地终存报国心。□有战□酬豸绣，漫将仕谱度鸳针。相期□享耆英福，岁岁华嵩庆盍簪。"[③]实际上，乙未割台以来，菽庄吟社的众多吟侣一直都在为"抗日复台"而大声疾呼和四处奔走。据载，日人据台之初，遭到台湾人民的激烈反抗，处境艰难，一度想出卖台湾。林维源与林尔嘉父子于是积极筹划，准备出资赎回，卒因伊藤博文重新上台及日廷放弃售台之念而未果。为了让更多人听到菽庄吟社的"抗日"主张与"复台"要求，林尔嘉、施士洁、许南英、汪春源等菽庄吟侣，还先后多次恳

① 鲁迅撰：《对于左翼作家联盟的意见》。鲁迅著：《鲁迅全集》（第四卷），北京：人民文学出版社，1981 年第 1 版，第 234 页。

② 鲁迅撰：《写在〈劳动问题之前〉》。鲁迅著：《鲁迅全集》（第三卷），北京：人民文学出版社，1981 年第 1 版，第 425 页。

③ 施士洁撰：《寿蔡晓沧观察五十（生闰八月，与今闰同）》（十四首）之五。施士洁著：《后苏龛合集》，台北：台湾银行经济研究室，1965 年 11 月版，第 107—108 页。

请和呼吁时任闽浙总督的许应骙、福建省长张元奇、福建巡按使许世英等，希望以此来唤醒当道诸公的警心励志，并争取他们的决策支持。如施士洁“乙卯蒲月朔日（1915 年 6 月 13 日）”所作《和许静仁闽按使韵》（二首）之一云：“蜃市蛟宫鲲岛外，蜺旌虎节鹭江头。苍生疾苦谁司命？黄落山川易感秋！露冕六条为世出，星轺九坂使人愁！一韩一范军中在，定慑强邻挫异谋。”[①]

勿庸置疑，上海南社是非常讲求“志节精神”的文学社团。该社历次《条例》中，分别就有“品行文学两优者许其入社”、“本社以研究文学，提倡气节为宗旨”、“本社宗旨：……（三）提倡人类的气节；（四）发挥民族的精神；（五）指示人生高远的途径”等规定。然而，该社最为人诟病的地方又恰在于此。就拿曾经作为上海南社“代表人物”[②]的汪精卫来说，后来却成了卖国求荣的大汉奸，而且这种现象并不是个案。以至于柳亚子痛心扼腕地说：“洪宪附逆，泾渭始淆。元凶天戮，小丑繁孽。安福、政学，靡不有吾社之败类，甚至贿选狱成，名列丹书者，赫然一十九辈。而其余反颜事贼，奔走伪庭者，犹不与焉。彼其之子，岂不口仁义而笔孔、孟，然廉耻道丧，抑又何说？此则吾社之大辱。虽倾西江之水，不足以洗之；纵蔡幼襄流血于夔巫，易梅僧横尸于楚市，一薰百莸，宁堪相抵哉”[③]，“然而提倡气节的一句话，却有些说不响嘴了”[④]。菽庄吟社主要吟侣中，先后涌现出一大批勇于践行“志节精神”的仁人志士。其中，既有舍弃巨额产业离台内渡，始终清高守节，不为

---

① 施士洁撰：《和许静仁闽按使韵》（二首）之一。施士洁著：《后苏龛合集》，台北：台湾银行经济研究室，1965 年 11 月版，第 248 页。

② 曹聚仁撰：《南社 · 新南社》。柳无忌、柳无非编：《南社纪略》，上海：上海人民出版社，1986 年 11 月第 1 版，第 251 页。

③ 柳亚子撰：《南社丛选 · 柳序》。胡朴安编：《南社丛选》，台北：文海出版社，1973 年 12 月版，第 11—12 页。

④ 柳亚子著：《南社纪略》，台北：文海出版社，1973 年 12 月版，第 123 页。

日人所诱，有着“林皮陈骨”之称的菽庄主人林尔嘉，也有一生致力于“青灯作史继春秋”与“延一脉斯文于不坠”，并呈请恢复中国国籍，有着“台湾太史公”之誉的连横；既有“与其生为降虏，不如死为义民”的“公车上书第一人”汪春源，也有8次弹劾袁世凯及庆亲王奕劻、“直声震天下”的“清御史第一人”江春霖；既有率领义军转战南北、英勇抗击日本侵略者的“台南团练局统领”许南英，也有敢于抨击日寇暴行、揭露汉奸嘴脸，并组织菲律宾华侨英勇抗敌，最后为日寇所害的陈桂琛；等等。菽庄吟社所在地——菽庄花园所包括的“藏海园”与“补山园”两部分，即分别寓指“把大海一隅藏入园中，隐含把山河揽入祖国怀抱、切莫再任人宰割的意思”和“补山之胜，以人工构筑补缀天然景色之不足，隐含山河破碎、亟待修补之意”[①]，寄寓了菽庄主人深沉的爱国情怀。

当然，菽庄吟社也并非就白璧无瑕、十全十美。例如，民国四年(1915年)，袁世凯阴谋复辟帝制，菽庄“社侣”林辂存与施景琛就曾参与“筹安劝进”；民国十二年(1923年)，曹锟贿选总统，菽庄“社侣”张琴与陈蓉光均收受过贿赂，沦为“猪仔议员”；林尔嘉长子林景仁，晚年与汉奸梁鸿志、郑孝胥等交往甚笃，“附墨既久，不能自拔，竟受伪命出任满洲国外交部欧美司司长”[②]；等等。也许有人认为，如果从“志节精神”这个角度进行比较，菽庄吟社与上海南社不过是五十步笑百步而已。不过，在笔者看来，二社领导人在对待上述事件的态度倾向和处理方式上还是存在很大差别的。柳亚子自从1910年8月“张园革命”，尤其是1914年3月改“三头制”为“一头制”并重新入社以来，作为上海南社集所有权力于一身的领导者，不仅没有对该社内部出现的

① 彭一万撰：《林尔嘉的〈菽庄诗稿〉》，厦门：《厦门晚报》，2005年1月19日。

② 舒州月撰：《林小眉诗的研究》。台北市文献委员会编印：《台北文献》第三卷第七期，台北：文海出版社，1983年3月台一版，第904页。

分化现象与不良倾向及时开展批评和整顿，反而认为"'打落水狗'不是好汉"[1]，这与他之前对待"唐音与宋诗之争"的决然态度相比，其主次之分、轻重之别，不可谓无所失当。相比之下，林尔嘉在大是大非面前则显得清醒和果断多了，他不仅对林辂存、施景琛、张琴、陈蓉光等进行了严厉批驳和及时疏远，而且还与其长子林景仁决裂，并把他逐出了家门。

就文艺主张而言，菽庄吟社所持倡的是"晋安风雅"。所谓"晋安风雅"，即由明初林鸿、郑定、王褒、唐泰、高棅、王恭、陈亮、王偁、周玄、黄玄等"闽中十才子"所开创，并经郑善夫、邓原岳、谢肇淛、徐熥、徐𤊹、曹学佺等进一步鼓吹，而形成和发展起来的"才隽辈出"、"彬彬风雅"[2]的盛况，其诗学主张的最大特点就是"规仿盛唐"。高棅尝谓："汉魏骨气虽雄，而菁华不足。晋祖玄虚，宋尚条畅，齐、梁以下但务春华，殊欠秋实。唯李唐作者可谓大成。然贞观尚习故陋，神龙渐变常调，开元、天宝间神秀声律灿然大备，故学者当以是楷式。"[3]不过，该派历经几百年的发展，其诗学观念也在不知不觉中产生诸多变化，到了明末，如谢肇淛、徐𤊹、曹学佺诸子都十分看重"书"与"学"，从而开启了清代诗坛"以学为诗"的创作风气。上海南社一方面强调"论诗应该宗法三唐"、主张"不读唐以后书"，另一方面却又大力倡导明末"几、复风流"、推重明代前后七子，其理论体系本身矛盾、割裂之处互见。孰知乎，上海南社所推重的前后七子，其"诗必盛唐"的诗学主张就是源于"闽中十才子"倡导之"规仿盛唐"。《四库全书总目》明载："明初闽人

---

① 柳亚子著：《南社纪略》，台北：文海出版社，1973 年 12 月版，第 123 页。

② 李东阳撰：《怀麓堂诗话》。永瑢等撰，周仁主编：《传世藏书 · 史库 · 四库全书总目》之"卷一六九 · 集部二二 · 别集类二二 · 鸣盛集"，海口：海南国际新闻出版中心、诚成文化出版有限公司，1995 年版，第 1703 页。

③ 高棅撰：《唐诗品汇 · 凡例》。高棅编选：《唐诗品汇》，上海：上海古籍出版社，1982 年 8 月第 1 版，第 14 页。

林鸿始以规仿盛唐立论，而棅实左右之，足集其职志也。……厥后李梦阳、何景明等摹拟盛唐，名为崛起，其胚胎实兆于此。”①作为“学人之诗”的极力倡导者与实践者，陈衍、施士洁、沈琇莹等菽庄“社侣”，不可能对自己诗派的渊源所自——“晋安风雅”的诗学内涵、历史流变、理论得失等无所洞察，然而反对“今人强分唐诗宋诗”者，一则因为“若墨守旧说，唐以后之书不读，有日蹙百里而已”，二则“宋人皆推本唐人诗法，力破余地耳”②。由此，陈衍提出了“三元皆盛，不分唐宋”的“三元”学说，其诗学价值“不限于一般的诗艺探讨，也不仅仅在指示近代诗人的学诗途径”，而且还寄寓了他“提倡变风变雅，振兴诗教，关注现实人生的重要的诗学思想”③。

作为传统的文学社团，菽庄吟社信手拈来都是进士、举人，其国学功底与诗词艺术自然不是上海南社“一般半新不旧的书生们”所能比拟的。菽庄“社侣”，即经常出入林氏府与菽庄花园的内部吟侣约近300人，其核心成员菽庄“十八子”——施士洁、龚显燦、龚显鹏、汪春源、吴增、周殿薰、庄善望、苏大山、龚植、龚显鹤、龚显禧、施乾、沈琇莹、马祖庚、庄棣荫、卢文启、李禧、卢心启，以及许南英、林辂存、施景琛、黄培松、陈望曾、陈海梅、陈培锟、陈衍等，悉为功名之士。在文艺成就方面，则有林尔嘉所著《菽庄诗稿》、《顽石山房笔记》、《闽中金石略考证》，林景仁所著“小眉三草”——《摩达山漫草》、《天池草》与《东宁草》，施士洁所著《后苏龛合集》，许南英所著《窥园留草》，汪春源所

---

① 永瑢等撰，周仁主编：《传世藏书·史库·四库全书总目》之“卷一八九·集部四二·总集类四·唐诗品汇”，海口：海南国际新闻出版中心、诚成文化出版有限公司，1995年版，第1992页。

② 陈衍撰：《石遗室诗话》卷一。陈衍著，钱仲联编校：《陈衍诗论合集》(上册)，福州：福建人民出版社，1999年9月第1版，第9页。

③ 周薇著：《传统诗学的转型——陈衍人文主义诗学研究》，上海：上海三联书店，2006年8月第1版，第91页。

著《柳塘诗文集》，沈琛笙所著《寄傲山馆词稿》、《壶天吟》，江煦所著《圭海集》、《草堂三集》、《草堂别集》及所辑《鹭江名胜诗钞》，陈海梅所著《折琼集》、《喷饭集》，施景琛所著《鲲瀛集》、《鹭江集》、《石鼓集》、《泉山古物编》，吴增所著《吴桂生诗钞》、《蕃薯杂咏》、《泉俗激刺篇》，苏大山所著《红兰馆诗钞》，龚植所著《如愚别馆诗存》、《藏斋诗话稿》、《亦楼印存》，周殿薰所著《棣华吟馆诗文集》，李禧所著《梦梅花馆诗钞》，庄棣荫所著《耕余吟集》，等等。一般认为，菽庄吟社是清末"台湾诗社之风在厦门的延续"①。如果仅仅如此，那么菽庄吟社就跟南社湘集一样，只不过给"同光体"派增添了一个孝子贤孙而已。然而必须注意到，在经历了甲午(1894 年)海战、乙未(1895 年)割台，尤其是乙未抗击日人入据的血与火的洗礼后，菽庄吟社这般吟侣们对于亡国之痛、灭种之恨体验得是何等的深重与痛切。菽庄吟社的诗文作品，大都是该社"忧国之英、伤时之彦，拔剑斫地、悲歌慷慨之所为作"②，创作上一扫清末台湾诗坛的"游戏"之风与"雕镂"之习，多抒发台湾流寓之士长期以来抑郁在心中的亡国之痛、故园之思、流离之苦及复台之志，蕴含着特定的社会内涵和独特的历史意义。

---

① 海鹰撰：《鼓浪诗声去复来——文史专家洪卜仁细说"菽庄吟社"当年事》，厦门：《厦门日报》，2006 年 5 月 31 日。

② 朱家驹撰：《甲子(1924 年)三月菽庄小兰亭三修禊序》。林尔嘉辑：《菽庄小兰亭征文录》，"戊辰(1928 年)春日"刊本，第 2 页。

第一章
菽庄吟社的创立及沿革

“一自台湾沦铁蹄，菽庄始筑鹭江湄。座中尽有吟骚客，杯底能无悲黍诗。光复故园怀俊杰，流连山水寄襟期。后人莫笑癫狂甚，诸老当年别有思。”[①]菽庄吟社的创立及沿革，与近现代历史上发生的甲午(1894 年)海战、乙未(1895 年)割台等一系列重大事件及社会变故密切相关，同时也与林尔嘉在鼓浪屿创建的菽庄花园紧密相连。该社虽然地处厦门，但始终都与台湾社会声息相通，其创作内容充满对日据下台湾故土的“黍离”之悲，其废立兴替无不与近现代台湾社会荣辱存亡的历史命运相依相循。换言之，菽庄吟社就是台湾社会的一个缩影，它以文学社团的特定形式，反映并折射出近现代以来台湾社会沧桑变迁的曲折历史过程，蕴含着特定的社会内涵和独特的历史意义。

第一节　菽庄吟社的历史渊源、社会成因及滥觞

一般说来，一个地区的人文兴盛与否，取决于区域内社会经济发展、历史文化积淀等多方面因素，社会经济越发达，文化积淀越丰厚，该地区的人文发展可能就越兴盛。当然，也有例外的情形，譬如由于

---

① 张宗洽撰:《咏菽庄公园》。戴光华编选:《厦门诗荟》,厦门:鹭江出版社,1996 年 10 月第 1 版,第 292 页。

战争、移民等原因，一个区域的人文整体或部分地移植到另一区域，也可能使得某一地区的人文骤然兴起，民国初年菽庄吟社的形成及其在它影响下厦门地区人文的迅速崛起就是一个典例。

考察厦门地区的社会发展历史及地理人文环境，20 世纪以前，这里不过是个地处东南一隅的小小渔村而已，名曰嘉禾里，面积 110.8 平方公里，人口约近 15 万①，隶属福建省泉州府同安县绥德乡管辖。《厦门志》、《厦门要览》、《民国厦门市志》等载：

> 厦岛如桃形。……若论形势，大、小担，浯屿，门户也；鼓浪屿、白石头、胡（湖）里、高崎、五通、玉沙坡，咽喉也；石码、嵩屿、澳头，通漳、泉要道也。区区孤岛，拓而言之，实屏蔽澎、台，控制浙、粤。高雨农氏谓：关天下之故，比诸杞缘陵、郑虎牢，洵知言哉。
>
> 厦门，宋称嘉禾屿，属泉州府同安县，又名嘉禾里。太平兴国（976 年—984 年）时，产嘉禾，一茎数穗，故名。元因之，立千户所。明为中左所。洪武二十年（1387 年），命江夏侯周德兴筑厦门城，厦门之称始此。城完，移永宁卫中、左二所兵戍守，隶福建都指挥使司。至鹭屿、鹭门、鹭江之称，究未知所本。
>
> 清顺治十二年（1655 年），郑成功据厦门，设思明州，旋废。后虽曾驻水师提督、海防厅、兴泉永道，概称厦门。
>
> 民国元年（1912 年），改设思明县，厦岛脱同安县而独立。旋升府。二年（1913 年），府废，仍曰思明县。

① 道光十二年（1832 年）厦门人口总数为 144,893 人，民国三年（1914 年）为 156,295 人，期间数字变化不大。参看厦门市地方志编纂委员会办公室整理：《民国厦门市志》卷八“户口志”，北京：方志出版社，1999 年 5 月第 1 版，第 168—170 页。

4 年(1915 年),金门设县,金岛脱厦门而独立。

22 年(1933 年)2 月,厦门市政筹备处成立。时市、县并立,职权易混,改称思明市,为市、县合并张本。未几,废县归市。是年冬,市府正式成立,曰厦门市。

光绪二十八年(1902 年),鼓浪屿划为万国公地。民国 36[34](按:应当为后者,即 1945 年)年,收归厦门市管辖①。

可见,历史上厦门更多是作为军事战略的重要位置而受到关注的。

清道光二十二年(1842 年)厦门开埠以来,社会经济虽然得到较快发展,但在人文方面依然没有兴盛起来。据统计,从宋初到清末的近千年间,厦门地区(包括金门)总共出过 26 位进士、92 位举人,文学社团 3 个——海外几社、翼社、云洲诗社;保留在《厦门志》艺文部分的文章,总共才"疏咨六篇、议论二篇、书六篇、记事写景散文十五篇、书序十三篇、志铭二篇、诗八十八首",其它著作"只有书目。藏书何处,尚待查考"②。

然而,在这样一个经济并不怎么发达,人文也并不怎么兴盛的厦门地区,何以竟产生了菽庄吟社这样具有全国性乃至对东亚及南洋地区都产生一定影响的文学社团呢?这得从追溯菽庄吟社的历史渊源与社会成因说起。

一、斐亭钟韵——菽庄吟社的历史渊源

清代末年,台湾社会经济富庶、文风蔚起、科甲鼎盛,反映在文学

---

① 厦门市地方志编纂委员会办公室整理:《民国厦门市志》卷一"疆域志",北京:方志出版社,1999 年 5 月第 1 版,第 1—2 页。

② 厦门文化艺术志编纂委员会编:《厦门文化艺术志》,厦门:厦门大学出版社,1999 年 7 月第 1 版,第 180 页。

发展上就是社团纷起、名家辈出、佳作纷呈。据赖子清《古今台湾诗文社》载录，从光绪十一年(1885 年)台湾建立行省到光绪二十一年(1895 年)日人入据的十年间，台湾诗坛先后涌现出竹梅吟社、斐亭吟会、荔谱吟社、浪吟诗社、牡丹诗社、海东吟社等 6 个文学社团，加上光绪初年创立的台南崇正社为 7 个，相当于此前数百年间台湾文学社团的总数。清末台湾诗社，在地理分布上，竹梅、牡丹、海东三社在北，荔谱在中，崇正、斐亭、浪吟三社在南；在流脉分野上，斐亭、牡丹、海东三社一脉相承，崇正、浪吟二社前后相继，竹梅、荔谱二社各成一家；在创作成就上，竹梅有《台海击钵吟集》之编，斐亭、牡丹二社有《诗畸》之刻，斐亭另有《澄怀园唱和集》之辑，所录作者各数十人、作品从几百到数千联(首)不等，可谓洋洋大观。诸社南北交辉，后先相映，共同形成了清末台湾诗坛盛况空前的繁荣局面。其中，斐亭吟会作为牡丹诗社与海东吟社的源头，又“开创了三项记录：台湾建省初期最早创立的诗社；台湾文学史上第一个由来台游宦的外省籍诗人与台湾省籍诗人结合而成的诗社；台湾文学史上第一个以诗钟创作为号召的诗社”①，“在台湾近代文学史上具有划分时期的意义”②，因而，人们经常也用“斐亭钟声”或“斐亭钟韵”一语来概称清末台湾诗坛的盛况。

菽庄吟社渊源于清末台湾诗坛，该社众多吟侣均来自清末台湾各大文学社团，其中确切可考者就有 11 位。分别是：许南英，崇正社与浪吟诗社创立人；陈望曾，崇正社成员；施士洁，崇正社成员、《诗畸》作者；汪春源，崇正社成员、《诗畸》作者；郑祖庚，《诗畸》作者；赵仲麒，浪吟诗社成员；林辂存，海东吟社创立人；曾逢时，竹梅吟社同人；魏清德，竹梅吟社同人；郑燦南，竹梅吟社同人；林馨兰，竹梅吟社同人。菽

① 刘登翰等编：《台湾文学史》，福州：海峡文艺出版社，1991 年 6 月第 1 版，第 248 页。

② 汪毅夫著：《台湾近代文学丛稿》，福州：海峡文艺出版社，1990 年 7 月第 1 版，第 106 页。

庄吟社的其他吟侣，如菽庄主人林尔嘉、台南举人王人骥、嘉义举人黄鸿翔、漳化拔贡蔡谷仁，以及府县学诸生卢文启、卢心启、洪以南、谢汝铨、刘育英、连城璧、连横、颜云年、魏清德、张汉、叶际唐、谢尊五、许梓桑、高肇藩、邓旭东等，也都与清末台湾诗坛有着或多或少的联系。此外，陈衍曾于光绪十二年(1886 年)入时任太常寺少卿、帮办台湾抚垦大臣林维源幕府，林纾曾于同治六年(1867 年)和光绪四年(1878 年)两度寓台，吴曾祺、龚显鹤、郑祖庚、施幼笙等也曾于清季渡台，他们在台期间均留下诗作，对清末台湾诗坛分别产生过一定影响。

菽庄吟社还沿袭了清末台湾诗坛的创作风气。清末台湾诗坛，诗钟与击钵吟二体占据统治地位。清末台湾诸社中，竹梅吟社专催击钵；荔谱吟社专打诗钟；斐亭吟会、牡丹诗社与海东吟社以诗钟创作为主，兼催击钵；其余崇正社与浪吟诗社的创作体例及活动方式虽然载录不详，但其主要成员如施士洁、汪春源等，都先后参与到斐亭吟会及牡丹诗社的创作活动中来，许南英、陈望曾等也创作有诗钟作品。菽庄吟社最初称“菽庄钟社”，以诗钟创作为号召，后来才发展到律诗、绝句、古体、词、曲、赋、对联、诗钟、回文诗、序文等多管齐下。许南英所作《菽庄钟社即事》(三首)之第二、三首并注云：

相逢沦落劫余灰，一辈文人尽散材。
独自不忘风雅事，招邀名士过江来。

骚坛俯瞰鼓浪湄，咸籍风流独冠时(季绳、少眉叔侄迭次冠元)。
高挹群贤同入座，满天风雨夜鏖诗。

施士洁所作《和允白韵兼示菽庄主人》(三首)之第二、三首亦谓：

到此宁然已死灰，得宗天赋是樗材。
相逢剩水残山里，私幸阄诗汐社来。

风流浪说老黄湄，涂抹年来不入时。
一百八声钟梦醒，赚人几句菽庄诗。

其中，"鏖诗"是对"击钵联吟"这一创作活动方式的通称，"阄诗"、"(敲)钟"则为诗钟创作的基本程式与一般规制，"一百八声"极言菽庄吟社诗钟活动之频繁，而从"私幸"、"赚人几句"等语看来，施士洁不仅对"击钵联吟"这一创作活动方式十分喜爱，而且由于有了在台南斐亭吟会和台北牡丹诗社的砥砺与磨练，对于"击钵联吟"的创作技巧早已驾轻就熟，只要小试牛刀，往往便能胜人一筹。

此外，菽庄吟侣创作的各类诗文作品，不乏追怀"斐亭钟声"的句子，如"斐亭影事付东流，钟哑香灰海尽头"、"回首斐亭钟响绝，鲲沙劫火几经过"、"斐亭同侣都星散，一梦残钟劫后魂"、"'斐亭'劫后'钟声'哑，珣短超髯忆簿参"、"'斐亭钟声'死，七鲲水为黑"等，从中也不难看出菽庄吟社与清末台湾诗坛之间的源流脉络及内在联系。事实上，"斐亭"作为台南府城的历史古迹，早在清初康熙年间，就已经"焕乎其有文章"[1]，再经由历代文人的歌咏觞颂，特别是建省初期唐景崧在此广开吟筵，韵事风流，更平添了许多文化内蕴，从而成为台湾历史文化的一种象征。所以，当夫日人入据，台湾汉文化惨遭蹂躏乃至灭顶之时，"斐亭钟韵"自然就成了台湾诗人们寄托对一代文化沦亡的伤悼对象。

---

① 连横著:《雅堂先生文集·余集》，台北:文海出版社，1973年12月版，第248页。

二、乙未之变——菽庄吟社的社会成因

以上探讨的是菽庄吟社形成的文学内因，该社之所以在厦门鼓浪屿而不是在台湾本岛创立，还有其外部原因，即乙未（1895 年）割台这一重大社会变故。

（一）乙未之变的基本过程

近代以来，日本政府在军国主义思想的支配下，对亚洲各国进行野蛮的军事侵略和经济掠夺，给亚洲人民尤其是中国人民带来深重的灾难；台湾由于孤悬海外，日本侵略者早就对它怀有觊觎之心。清同治十三年（1874 年），日本即以讨杀生番为借口进犯台湾，清廷“命福建船政大臣沈葆桢视师台湾，事平”①。光绪二十年（1894 年），“朝鲜东学党祸作，朝社几危；我国抚字藩服，讨乱扶危，义不容辞。不料倭人借端启衅，侵我藩服”②，于是爆发了中日甲午战争。由于清廷的积弱与颟顸，清军接连在平壤之战、黄海海战、鸭绿江防之战、金旅之战、威海卫之战、辽东之战中全线溃败，洋务派苦心经营的北洋水师也全军覆没，京津地区动摇，清廷被迫求和。光绪二十一年三月二十三日（1895 年 4 月 17 日），李鸿章代表清廷与日本签订了丧权辱国的《马关条约》。该条约第二款规定：中国将“台湾全岛及所有附属各岛屿”以及“澎湖列岛”，并“该地方所有堡垒、军器工厂及一切属公物件，永远让与日本”。又第五款规定：“本约批准互换之后，限二年之内，日本准中国让与地方人民愿迁居让与地方之外者，任便变卖所有产业，退出界外，但限满之后尚未迁徙者，酌宜视为日本臣民。”③

---

① 连横著：《台湾通史》，北京：商务印书馆，1983 年 10 月修订第 2 版，第 63 页。

② 王炳耀撰：《中日战辑选录·自序》。海峡学术出版社编：《乙未抗日史料汇编》，台北：海峡学术出版社，1999 年 9 月初版，第 4 页。

③ 褚德新、梁德主编：《中外约章汇要（1689－1949）》，哈尔滨：黑龙江人民出版社，1991 年 1 月版，第 267－268 页。

必须指出,《马关条约》是在战争和武力胁迫下签订的不平等条约,《国际法原则宣言》明确宣布:“使用威胁或武力取得之领土不得承认为合法。由征服而取得的领土在法律上是无效的。”[①]中国人民从来都不承认、更不接受这一不平等条约。早在和约签订期间,“言官之上章谏阻者,实繁有徒”[②],台湾绅民尝电奏曰:“割地议和,全台震骇。自闻警以来,台民慨输饷械,固亦无负列圣深仁厚泽,二百余年之养人心正士气,正为我皇上今日之用,何忍一朝弃之。全台非澎湖之比,何至不能一战。臣桑梓之地,义与存亡,愿与抚臣誓死守御。若战而不胜,待臣等死后,再言割地。”[③]和约草定后的四月八日(5 月 2 日),“会试诸孝廉公推台省林孝廉为首,具呈都察院,以宜战、不宜和等词求为转奏,列名者一千数百人”[④],这就是史书上所称的“公车上书”。实际上,此前已有各省公车自行上书 31 件,共 1555 人签名,其中包括后来成为菽庄“三老”[⑤]之一的汪春源,他曾于四月四日(4 月 28 日)与嘉义县举人罗秀惠、淡水县举人黄宗鼎,联合在京任职的户部主事、台湾县进士叶题雁和翰林院庶吉士、彰化县进士李清琦,上疏都察院,具言“与其生为降虏,不如死为义民”[⑥],汪春源由此也被誉为“公车上书第一人”[⑦]。

---

① 慕亚平等著:《当代国际法论》,北京:法律出版社,1998 年 5 月第 1 版,第 257 页。

② 王炳耀撰:《中日战辑选录》。海峡学术出版社编:《乙未抗日史料汇编》,台北:海峡学术出版社,1999 年 9 月初版,第 59 页。

③ 连横著:《台湾通史》,北京:商务印书馆,1983 年 10 月修订第 2 版,第 69 页。

④ 王炳耀撰:《中日战辑选录》。海峡学术出版社编:《乙未抗日史料汇编》,台北:海峡学术出版社,1999 年 9 月初版,第 60 页。

⑤ 汪毅夫著:《台湾近代文学丛稿》,福州:海峡文艺出版社,1990 年 7 月第 1 版,第 5 页。

⑥ 转引自汪毅夫著:《台湾近代诗人在福建》,台北:幼狮文化事业股份有限公司,1998 年 4 月初版,第 219—220 页。

⑦ 鲍淼撰:《公车上书第一人——宜春知县汪春源事迹考略》。宜春:《宜春学院学报》,2006 年第 1 期,第 109 页。

四月初八日(5 月 2 日),清廷批准和约;四月十四日(5 月 8 日),中日双方在烟台互换文书。眼看大势无可挽回,工部主事丘逢甲、副将陈季同等"考公法让地为绅士不允,其约遂废"的惯例,决定成立"台湾民主国",作为抵制割台、开展自卫的应急措施。"光绪二十一年夏五月朔(1895 年 5 月 24 日),台湾人民自立为民主国,奉巡抚唐景崧为大总统";"初二(5 月 25 日),绅士丘逢甲率人民等公上大总统之章,景崧受之,建元永清,旗用蓝地黄虎。以兵部(按:应为"工部")主事丘逢甲为义勇统领,礼部主事李秉瑞为军务大臣,刑部主事俞明震为内务大臣,副将陈季同为外务大臣,道员姚文栋为游说使,使诣北京,陈建国情形。设议院,集绅士为议员,众举林维源为议长"①,并檄文内外,一则表明对清廷"仍应恭奉正朔,遥作屏藩;气脉相通,无异中土"②的态度,二则表示要"槌胸泣血,万众一心,誓同死守"③的决心。五月初六日(5 月 29 日),日军在澳底登陆,继而攻占瑞芳、基隆、狮球岭、水返脚(今汐止)等地。由于诸将骄蹇猜疑,唐景崧见事难为,于五月十三日(6 月 5 日)"携巡抚印,奔沪尾,乘德商轮逃(回厦门)",而漳化鹿港的辜显荣则"见事急,自赴基隆,谒总督,请定乱"④,台北遂陷。五月二十九日(6 月 21 日),宜兰陷。闰五月朔(6 月 23 日),义军统领丘逢甲在"血战二十余昼夜"后,"卒以饷绝弹尽"⑤也离台内渡,新竹亦陷。

北台失守后,台湾绅民"议奉(刘)永福为大总统,不从。请移驻郡治,强之乃许。设议院于府学,以举人许献琛为议长,廪生谢鹏翀、陈

① 连横著:《台湾通史》,北京:商务印书馆,1983 年 10 月修订第 2 版,第 67—70 页。

② 王炳耀撰:《中日战辑选录》。海峡学术出版社编:《乙未抗日史料汇编》,台北:海峡学术出版社,1999 年 9 月初版,第 72 页。

③ 连横著:《台湾通史》,北京:商务印书馆,1983 年 10 月修订第 2 版,第 71 页。

④ 连横著:《台湾通史》,北京:商务印书馆,1983 年 10 月修订第 2 版,第 72—73 页。

⑤ 《仓海先生丘公逢甲年谱》。丘逢甲著:《岭云海日楼诗钞》,台北:文海出版社,1974 年 12 月版,第 782 页。

凤昌等为议员，郎中陈鸣锵为筹防局长。士民上书论战者项背相望，乃议防守之策”。六月二十日(8月10日)，日军攻头份，新楚军副将杨紫云战死。同日，日军破苗栗，管带袁锦清、林鸿贵战死。七月初九日(8月28日)，漳化陷，提督陈尚志、七星旗队主将吴彭年、苗栗义军头领吴汤兴等战死。翌日，云林陷，副将杨泗洪、管带朱乃昌战死。七月十三日(9月1日)，守备王得标、嘉义知县孙育万与简精华义军会师，合克云林，“当是时，军声颇起，中北各路约期俱举”。八月十三日(10月1日)，云林复陷，新竹义军头领徐骧战死。八月二十日(10月8日)，嘉义陷，总兵柏正材、营官陈开檍、同知冯练芳、武举刘步升、生员杨文豹、林昆冈等战死。九月初二日(10月19日)夜，在矢亡援绝的情况下，帮办台湾防务总兵刘永福“乘英船爹利士以去”[①]。九月初三日(10月20日)，台南陷。至此，日本占据台湾全岛，“台湾民主国”亡。是为“乙未之变”。

值得一提的是，在甲午(1894年)中日战起、海氛方炽之际，菽庄“社侣”许南英就曾“募勇二营”，并被佥举为台南团练局统领。乙未(1895年)四月，许南英“率团练至阿里关，冒瘴得病，闻台北已失，连夜赶回台南。刘永福出海口布防，命先生守台南”；九月初三日(10月20日)台南失陷后，“日兵入台南，遍索先生，乡人匿之于城外田庄；初五日(10月22日)，以竹筏私送先生出安平港，乘船内渡。日人悬象求之，先生乃南走新加坡，转之暹罗”[②]。菽庄吟社社中“祭酒”施士洁[③]，则努力协同许南英招募义军，并作有《感时示诸将和陈仲英廉访韵》

① 连横著:《台湾通史》，北京:商务印书馆，1983年10月修订第2版，第73—78页。

② 许南英编纂:《窥园先生自定年谱》。许南英著:《窥园留草》，台北:文海出版社，1974年12月版，第16—17页。

③ 《红叶草堂笔记》。厦门图书馆编:《厦门轶事》，厦门:厦门大学出版社，2004年12月第一版，第22页。

（四首）、《同许允白兵部募军感迭前韵》（四首）、《瀛南军次再迭前韵示同事诸子》（四首）等，积极宣传反抗异族侵略、保家卫台的民族大义，殷勤勉励乡关子弟和衷共济，同仇敌忾，扫除“鲸鲵”，建立“殊勋”。临别台湾，施士洁虽然遗恨绵绵，但还是壮志不减，愤然作曰：

往劫空谈纸上兵，□□□□一书生。
化身甘作辽东鸟，遗恨难屠海外鲸。
岛屿陆沉毗舍国，欃枪氛起萨摩城。
潮声十万军声苦，长为安平咽不平！

一角天南梦蝶园，当年遗老迹犹存。
流将鲲岛重洋水，幻作鲰生双泪痕！
恨未丧师先失地！问谁揖盗自开门？
阳樊到处呼仓葛，何苦强邻又伐原！

百雉高城赤堞西，鹧鸪啼罢子规啼。
楼前人去如黄鹤，夜半军来尽水犀。
鬼已无头怨罗刹，僧犹有发愧阇黎。
逐臣不死悬双眼，再见英雄缚草鸡！①

（二）乙未之变对台湾诗坛的影响

乙未之变是台湾历史上的一次重大社会变故，由此台湾人民进入长达五十年之久的日本殖民奴役时期，由此包括台湾同胞在内的全体

① 施士洁撰：《别台作》（三首）。施士洁著：《后苏龛合集》，台北：台湾银行经济研究室，1965 年 11 月版，第 73 页。

中国人民都不得不肩负起“抗日复台”的历史重任。这一重大变故，对台湾诗坛的影响是极其深刻的，主要体现在以下三个方面：

第一，台湾诗坛人才严重分流。从对清末台湾各社团成员的跟踪考察可以了解到：清末台湾诗坛影响最大的斐亭吟会、牡丹诗社与海东吟社一脉，主要由大陆宦台诸公、游幕人士及其年轻子弟所组成，他们中除了江西德化的罗大佑、湖南浏阳的谭嗣襄等人先已辞世外，其余基本上都在乙未之变前夕归返原籍；该脉中的 6 位台湾本省籍诗人，除嘉义林启东已于光绪十七年(1891 年)先殁、安平刘雍履历无从稽考外，其余施士洁、丘逢甲、汪春源、黄宗鼎四人也于乙未之役前后离台内渡。崇正社与浪吟诗社一脉中，陈望曾在乙未之变发生前即已宦游大陆多年，许南英、萧逢源、王咏裳等人于乙未前后离台内渡，只有王蓝石、蔡国琳、胡殿鹏、赵仲麒、谢石秋等人留在台湾。荔谱吟社的成员本来就不多，该社在光绪十七年(1891 年)经黄如许、林鹏霄、吴逢清、吴德功等重振后，“无几何，或秩满归乡，或因病下世，钟声遂歇”[①]。相对而言，竹梅吟社不但成员众多、主要成员都为台湾当地文士，而且乙未之变后基本上都没有内渡，所以，该社成员成为日据后相当长一段时期内台湾本岛诗坛最为活跃的一支诗人队伍。

第二，文体风尚发生严重偏向，创作风气出现严重蜕变。如前所述，清末台湾 7 个文学社团虽然都采用“击钵联吟”这一创作活动方式，但在对诗钟与击钵吟这两种文体的具体选择上还是各有偏好的，其中，竹梅吟社专催击钵，荔谱吟社专敲诗钟，斐亭吟会、牡丹诗社与海东吟社以诗钟创作为主、兼催击钵，崇正社、浪吟诗社则与斐亭一脉基本相类，从而在清末台湾诗坛上形成了钟钵同响、“钟”盛于“钵”的

① 赖子清撰：《古今台湾诗文社》(一)。台湾省文献委员会编印：《台湾文献》第一〇卷第三期，台北：成文出版社有限公司，1983 年 3 月台一版，第 2022 页。

创作格局。乙未之变后，由于斐亭、牡丹、海东、崇正、浪吟诸社诗钟人才的大量内渡，荔谱钟声又歇绝已久，台湾本岛诗坛遂由击钵吟一体独霸，加之日殖官员及日本旅台汉学家的刻意提倡，更加发展到"非击钵吟无诗"、"非作击钵吟之诗非诗"[①]的严重地步。然而，日殖官员及日本旅台汉学家提倡击钵吟创作，并非无所用心，其目的是要让台湾诗人在击钵吟的"游戏"中消磨意志，最终丧失其民族意识，所以日据中前期台湾本岛诗坛的击钵吟一体"诗格日卑"，失却了原来"咏史为长"、有着"晋安风雅之遗"美誉的风格特点，甚至沦为"颂扬应酬之具"[②]的"变态之诗学"[③]，充斥着浓重的媚日与媚俗气息。

第三，众多大陆诗人开始关注台湾，并参与到台湾诗坛的创作活动中来。例如：割台议和之初，"钟王"易顺鼎曾慷慨上书，力陈割台之弊，后奉南洋大臣张之洞之命，自山海关赴台视师，途闻台北失守，转赴台南，"欲赞刘永福军，为海外扶余"，被"时论推为气节功名之士"[④]，易顺鼎尝作《台舟感怀》（四首）、《寓台感怀》（六首）及续作（六首）等，在台湾诗坛引起强烈反响，施士洁、许南英等均有诗以和；被誉为"诗界革命的一面旗帜"的黄遵宪，也作有《台湾行》一诗，号召"人人效死"、"万众一心"[⑤]，共同抗击日人入据，该诗气势雄拔，一贯到底，很能体现其"我手写我口"[⑥]的"诗界革新"主张，在海峡两岸广为传诵；被汪

---

① 连横著：《雅言》，台北：台湾银行经济研究室，1963 年 2 月版，第 41 页。

② 原载于《台湾诗荟》第二十号"余墨"，1925 年 8 月 15 日发行。连横著：《雅堂先生文集·余集》卷四"诗荟余墨"，台北：文海出版社，1973 年 12 月版，第 296 页。

③ 连横著：《雅言》，台北：台湾银行经济研究室，1963 年 2 月版，第 41 页。

④ 钱基博著：《现代中国文学史》，中国人民大学出版社，2004 年 10 月第 1 版，第 193 页。

⑤ 黄遵宪撰：《台湾行》。龙顾山人纂：《十朝诗乘》，福州：福建人民出版社，2000 年 8 月第 1 版，第 917—918 页。

⑥ 黄遵宪撰：《杂感》（五首）之二。黄遵宪著，陈铮编：《黄遵宪全集》，北京：中华书局，2005 年 3 月第 1 版，第 75 页。

辟疆评点为光宣诗坛之“天立星双枪将董平”[①]的樊增祥，所作《书台北事》一诗，则讥刺唐景崧在倡立“台湾民主国”一节中虎头蛇尾、始乱终弃，也代表了当时舆论的一般观点，樊增祥后来还成为菽庄吟侣；等等。这些诗坛名家对台湾社会的关注及参与台湾诗坛创作，对于后来菽庄吟社的创立及发展，在一定程度上起到了凝聚人气的铺垫作用。

三、“怡园聚咏”——菽庄吟社之滥觞

日人入据前后，台湾众多名节之士“耻为异族之奴”，纷纷离台内渡。据厦门海关统计数字显示，从光绪二十一年(1895 年)到二十三年(1897 年)的三年间，由厦门口岸入港的台湾人数分别为 26183 人、7177 人和 10068 人[②]，其中包括在籍太仆寺正卿、帮办台湾抚垦兼团防大臣林维源一家和道员加按察使衔林鹤年一家。由于台湾社会是以闽粤移民为主体的移民社会，并且以闽南漳州、泉州、厦门三地为多，而内渡大陆的台湾人士，一时生活无所着落，大都只能寻根问祖，重新回到他们的祖籍所在地，所以，乙未之变后在闽南地区形成了一个以厦门为中心的台湾内渡人员群体。“怡园聚咏”就是在这样的背景条件下形成和发展起来的。

(一)怡园主人林鹤年及其子林辂存

林鹤年(1847—1901)，字谦章，又字铁林，号鳖云，福建安溪崇信里胪传乡(今安溪县芦田镇芦田村)人。道光二十七年丁未九月十五日(1847 年 10 月 23 日)生，幼年随父林远芳渡台，寄籍淡水。光绪八年(1882 年)参加壬午科乡试，中为举人。光绪九年(1883 年)，“应礼

---

① 汪辟疆撰：《光宣诗坛点将录》。汪辟疆著：《汪辟疆文集》，上海：上海古籍出版社，1988 年 12 月第 1 版，第 341 页。

② 《1895—1940 年厦门口岸出入台湾人数统计表》。福建省档案馆、厦门市档案馆编：《闽台关系档案资料》，厦门：鹭江出版社，1993 年 6 月第 1 版，第 3 页。

部试，挑取誊录第一，充国史馆誊录官；会《臣工列传》告成，叙以知县即选”，“旋入都就郎中之选，分工部虞衡司”。甲申(1884年)中法战争期间，沿海告警，被派驻香港为粤省筹饷，后调办全厦海防，“当是时，大吏方稔公才，争招为指臂助，而公淡于进取，□□仅强以府同知遇缺选用”。壬辰(1892年)渡台承办茶厘、船捐等局务，“应邵中丞友濂、林京卿维源聘，商办抚垦，拓地数百里，悉皆向化”，“以山东赈案，奖给花翎，加四品衔；于筹办全台铁路，奖以知府用；台警告急，复襄前敌军务，保以道员用，加按察使衔”[①]。乙未(1895年)割台后，避居厦门鼓浪屿。光绪二十七年十月十六日(1901年11月26日)卒。林鹤年“有风弦水调铜琵琶之誉，列百粤诗界八贤之一”[②]，著有《福雅堂诗钞》十六集，录诗2000余首。

林辂存(1879—1919)，字景商或作耿襄，号鹫生。光绪五年己卯闰三月二十七日(1879年5月17日)生，为林鹤年四子。光绪二十四年(1898年)，入都“应日经济特科之荐”，“以郎中用；嗣改道员，签分江苏；调广东，奖给花翎”[③]。后回福建，在安溪考亭书院、同安双溪书院、马巷舫山书院、龙溪霞文书院等掌教多年。光绪三十三年(1907年)春，旅居印尼，担任日惹中华学校校长、中华总商会顾问等职。期间，林辂存在华侨社会广泛宣传孙中山先生的进步思想与革命理念，激发广大侨胞的爱国热忱，并捐款资助革命活动。辛亥革命成功后，林辂存返回国内，先后被选为咨政院、国会、立法院及众议院议员，并担任福建暨南局首任总理等职，获授四级嘉禾章兼佩开国纪念章，后晋给

① 吴鲁撰:《林氅云先生家传》。林鹤年著:《福雅堂诗钞》，九州出版社、厦门大学出版社合刊，2004年12月版，第3—4页。

② 李禧撰:《读林氅云丈福雅堂集》。李禧著:《梦梅花馆诗钞·鹿呦集》，“壬寅(1962年)孟秋”厦门刊本，第27页。

③ 吴鲁撰:《林氅云先生家传》。林鹤年著:《福雅堂诗钞》，九州出版社、厦门大学出版社合刊，2004年12月版，第4页。

三级嘉禾章。民国八年(1919 年)殁。

林鹤年与林辂存父子都是风雅之士。光绪庚寅(1890 年)恩科状元、福建晋江人吴鲁所撰《林氅云先生家传》有载,光绪十八年(1892 年)林鹤年渡台榷办茶厘期间,“暇则与台湾士绅立吟社酬和,虽匡攘之中,恒不忘吟咏”[①]。所立吟社,即清末台湾诗坛规模最大、影响最巨之牡丹诗社。林鹤年所作《开春连旬陪唐方伯官园宴集有呈》(十首)之二有句并注云:“牡丹诗社试新茶(是日,余馈新开牡丹,公谓可名“牡丹诗社”),燕寝凝香静不哗。丝竹后堂陪末座,彭宜原属旧通家。”[②]可见,牡丹诗社还是因林鹤年赠花而得名的。林辂存于壬辰(1892 年)侍父东渡,在台期间曾邀集“三五小友”创设海东吟社,其所撰《台阳诗话·跋》有记:“壬辰(1892 年)岁,余侍先大夫东渡,恰唐灌阳亦承宣来台,公余辄邀台士百数十人,创为诗钟例,分咏于官厅。……余年方象勺,得以绿衣陪座,虽学未逮而心甚羡也。因与三五小友效其例,立一海东吟社。酬唱正酣,无何乙未之变作矣。匆匆内渡,行卷多未及携带。事后征诸同人,亦多忘忆。意者其与台岛同沦灭欤!”[③]

乙未之变发生前夕,林鹤年“曾上书大吏,累千万言,备陈形势战守,虽不获用,然至事急,犹与南北诸将帅往还电商,冀有补救。迨割地使至,公于是知台事不可为,遂尽室内渡”[④]。期间,林鹤年作有《刘

① 吴鲁撰:《林氅云先生家传》。林鹤年著:《福雅堂诗钞》,九州出版社、厦门大学出版社合刊,2004 年 12 月版,第 4 页。

② 林鹤年撰:《开春连旬陪唐方伯官园宴集有呈》(十首)之二。林鹤年著:《福雅堂诗钞》,九州出版社、厦门大学出版社合刊,2004 年 12 月版,第 231 页。

③ 林辂存撰:《台阳诗话·跋》。王松著:《台阳诗话》,台北:台湾银行经济研究室,1960 年 1 月版,第 91 页。

④ 吴鲁撰:《林氅云先生家传》。林鹤年著:《福雅堂诗钞》,九州出版社、厦门大学出版社合刊,2004 年 12 月版,第 4 页。

渊亭副帅永福奉诏防台，林时甫星使连旬招陪板桥园宴集，酒酣述旧并示戎机，索予长句奉纪》、《稻江楼陪刘渊亭林时甫两帅夜话》、《刘渊亭守台南》、《家太仆维源抚垦全台兼拜团防大臣之命，奏派松年弟以浙江道员提调全台义师兼前敌营务处；台事亟，灌阳中丞复有后路粮台之命。为诗勗之，兼寄家荫堂统领》、《乙未五月朔越日（1895 年 5 月 25 日）全台绅民权推唐中丞总统民主国有纪》、《五月十三日（1895 年 6 月 5 日）台北激于和议，兵民交变，偕家太仆遵旨内渡，仓皇炮爇，巨浪孤舟，濒于危者屡矣！虎口余生，诗以志痛》、《寄刘渊亭副帅兼呈灌阳中丞》等诗，记述了唐景崧被推戴为"台湾民主国总统"、刘永福镇守台南等史事，具有很高的史料价值，弥足珍贵。其中，《乙未五月朔越日（1895 年 5 月 25 日）全台绅民权推唐中丞总统民主国有纪》一诗云："天祚扶余未可知，两河忠义盼星旗。陈桥拥赵兵虞变，鄚国封韩帝不疑。执梃降番尊使相，筑台朝汉长蛮夷。五洲琛赆图王会，海上楼船望六师。"[①]诗中，"他对（台湾）民主国的成立，和抗日的前途，抱着很大的期待，希望台人能够为国家民族，争回一点面子"[②]。

（二）"怡园聚咏"的主要活动

林鹤年内渡后，"初寄孥于厦门，再迁鳌江，为郑延平王故里"，因地患时疫，遂"携眷仍往厦门"[③]，"辟地鼓浪屿，莳花草，取怡怡之义名

---

① 林鹤年撰：《乙未五月朔越日（1895 年 5 月 25 日）全台绅民权推唐中丞总统民主国有纪》。林鹤年著：《福雅堂诗钞》，九州出版社、厦门大学出版社合刊，2004 年 12 月版，第 245 页。

② 廖汉臣撰：《乙未抗日在文坛上的反映》。台湾省文献委员会编：《文献专刊》第二卷第三、四期，台北：成文出版社，1983 年 3 月台一版，第 468 页。

③ 林鹤年撰：《台北避乱初寄孥于厦门，再迁鳌江，为郑延平王故里，地患时疫。余内渡，次江口，谒延平王庙，携眷仍往厦门》。林鹤年著：《福雅堂诗钞》，九州出版社、厦门大学出版社合刊，2004 年 12 月版，第 258 页。

其园。将迎母以养，不复作出山计”[①]，所作《厦门鼓浪屿卜居》、《浪屿新葺怡园，与六弟种花遣兴，喜占数诗》、《归怡园有赋》等有记其事。惟林鹤年自归鹭门以来，回首台岛枪林弹雨，一霎沧桑，未尝不涔涔泪作，其所作《丁酉四月初七日(1897 年 5 月 8 日)厦门口东望台澎，泣而有赋(乙未四月初八日订和约，准两年后改隶日本)》一诗云：“海上燕云涕泪多，擎天无力奈天何。仓皇赤壁谁诸葛，还我珠崖望伏波。祖逖临江空击楫，鲁阳挥日竟沈戈。鲲身鹿耳屠龙会，匹马中原志未磨。”[②]所以，一些论者也将“怡园”之“怡”，解释为“心、台”，表示“不忘台湾之意”[③]。林鹤年又觅得道光、咸丰年间厦门著名书法家、金石学家吕世宜所刻“小桃源”石碑一块，置诸园中，雅趣顿时为之盎然，其长子林铭存另专门制作“诗舫”一只，以供其泛游鹭江，于是林鹤年时而课诗南楼，时而晤对桃源，时而登高览胜，时而泛海浮游，好不怡然陶然。

由于林鹤年“性情肫挚”、“接人蔼蔼”、“交倾肝胆”，“喈喈有孔北海风”[④]，海内外名流都乐于与之结纳，而其怡园又地处现今福建路24号，邻近厦门海关，所以经由厦门口岸进出的人士，往往都顺道造访怡园，于是对月开樽，赋诗品茗，“怡园聚咏”遂此形成。例如：光绪二十二年(1896 年)，诗钟名家、福建侯官(今福州市)人叶芾棠赴广东任，道出鹭门，顺访怡园，与林鹤年相谈甚欢，叶芾棠盛赞林诗“气韵沈雄，直

---

① 吴鲁撰：《林氅云先生家传》。林鹤年著：《福雅堂诗钞》，九州出版社、厦门大学出版社合刊，2004 年 12 月版，第 3—4 页。

② 林鹤年撰：《丁酉四月初七日(1897 年 5 月 8 日)厦门口东望台澎，泣而有赋(乙未四月初八日(1895 年 5 月 2 日)订和约，准两年后改隶日本)》。林鹤年著：《福雅堂诗钞》，九州出版社、厦门大学出版社合刊，2004 年 12 月版，第 249 页。

③ 龚洁撰：《林鹤年故居》。洪卜仁主编：《厦门名人故居》，厦门：厦门大学出版社，2007 年 3 月第 1 版，第 61 页。

④ 吴鲁撰：《林氅云先生家传》。林鹤年著：《福雅堂诗钞》，九州出版社、厦门大学出版社合刊，2004 年 12 月版，第 3 页。

入浣花之室"[①]；翰林院编修、吏部右侍郎王季樵游粤遄返，曾舟泊怡园，并勾留小住；徐乃秋赴延津任，林鹤年在怡园举宴饯行，并为其《香雪巢诗卷》题词；周子迪因公莅厦，曾夜宿怡园，恰值生日，林鹤年招同林维源、陈棨仁、傅孚伯、杨西园等为其称觞；林鹤年还曾在怡园送别黄乃裳率乡人赴婆罗洲垦荒、陈梧冈赴小吕宋任总领事、陈耀秋赴小吕宋省亲、延小山赴粤省亲；等等。由于受当时通讯条件的限制，未能预先约定拜访日程，有时适逢林鹤年外出，一些来访者也只得抱憾而归，林鹤年尝作《易实甫观察顺鼎前三年访怡园不值，徘徊题诗而去。今岁陶心云太守濬宣亦然。始信人生一面之难，感前后事赋诗四章》，所述之易顺鼎与陶濬宣即为其例。

其中，出入怡园最频繁的自然要数林维源、施士洁与陈棨仁三人。林维源与林鹤年系本家，从小交好，乙未之变中又相偕内渡，共同辟地鼓浪屿，林鹤年的怡园与林维源的林氏府互为毗邻，两人"旧侣重逢，日必一聚，或策杖寻幽，或持瓯吟味，偶及家国兴衰，辄慷慨激昂，须发尽指也"[②]。《福雅堂诗钞》所录《与家太仆夜话感赋，兼寄许豫生观察、郭宾石太守》、《豫生、宾石远宦吴楚，少彭、自牧相继逝世，与太仆谈及宾僚旧事，彼此泣然，率呈》、《偕时甫太仆登万松关，吊家刚愍宫保、谢琯樵军咨，兼寄家荫堂方伯》、《周子迪方伯从公鹭门，恰值生日，招同林时甫太仆、陈铁香山长、傅孚伯太守为其称觞，杨西园尚书亦来与会》、《家时甫太仆招陪杨西园尚书，延小山方伯菊宴》等，均为林鹤年与林维源交往的记述之作。施士洁与林鹤年在台北牡丹诗社共打过诗钟，二人并称为清末台湾诗坛的两大"诗魔"，彼此称羡对方，如同避

---

① 叶芾棠撰：《福雅堂诗钞·叶序》。林鹤年著：《福雅堂诗钞》，九州出版社、厦门大学出版社合刊，2004年12月版，第11页。

② 《林公维源传略》。王国璠编撰：《板桥林本源家传》，台北：林本源祭祀公业，1984年7月版，第44—45页。

面邢尹。乙未内渡后，施士洁归籍晋江西岑（今晋江石狮市永宁乡西岑村）故里，随后也迁居厦门，由于与林鹤年廿载相知，而且又重逢于沦落，两人遂诗酒相遣，高吟同游，施士洁每以苏东坡自况，而把林鹤年则比作苏东坡的挚友黄庭坚，足见二者诗境之高妙与交情之忱笃。施士洁尝有《赠林氅云孝廉》（五首）之一云："鲲洋避面如邢、尹，鹭屿联踪似谷、坡。佛说因缘仙说梦，天风吹聚两诗魔。"[①]林鹤年则作《施沄舫殿校同避乱厦岛，以诗见投次韵》以和道："岛月海云寻旧梦，英雄淘尽白沙坡。霓裳声里渔阳鼓，消遣吟怀仗酒魔。"[②]施士洁另有《叠前韵答氅丈》（五首）、《再叠前韵》（五首）等，林鹤年一一叠韵以和；林鹤年则有《中秋前三夕，施沄舫中翰、郑毓臣上舍订鸡黍局，余打桨践约。适中翰出游，乐而忘返，留诗藉订后缘，兼以志谢》、《沄舫赠诗即叠原韵和之》、《再叠韵和沄舫》、《三叠沄舫韵》等，施士洁亦一一叠韵以和。晋江著名金石学家陈棨仁则是林鹤年的儿女亲家，所以经常寓居怡园，也就不足为奇了。陈棨仁曾为怡园题撰过"海上武陵"的匾额，林鹤年则为陈棨仁的《藤花吟馆诗录》写过题词。

林鹤年还与清末诗坛的众多名家进行过交游与唱和。《福雅堂诗钞》之《唱和集》，就是林鹤年唱和作品专辑，涉及的诗人有易顺鼎、杨浚、林纾、王毓菁、许贞幹、唐景崧、施士洁、丘逢甲、罗大佑、翁昭泰、方家澍（雨亭）、刘履丞、陈仲英、陈海梅、郑祖庚、林资铨（仲衡）、徐乃秋、陶濬宣、袁绪钦、黄怡舫、冯诏南、李子德、吕渊甫等，其中近半作品为乙未内渡后所作。此前，林鹤年已有《宝林集》，为与其座师宝廷之间酬唱应答的作品专集。林鹤年参加壬午（1882 年）科乡试，"为宝竹坡

---

① 施士洁撰：《赠林氅云孝廉》（五首）之一。施士洁著：《后苏龛合集》，台北：台湾银行经济研究室，1965 年 11 月版，第 76 页。

② 林鹤年撰：《施沄舫殿校同避乱厦岛，以诗见投，次韵》（五首）之一。林鹤年著：《福雅堂诗钞》，九州出版社、厦门大学出版社合刊，2004 年 12 月版，第 520 页。

侍郎所识拔，尤盛称其五策，谓：'通达时务，直可见诸施行。'"为感荷宝廷座师的知遇之恩，"及侍郎（按：指宝廷）罢官贫甚，先生（按：指林鹤年）岁以巨资赡其家"，而宝廷喜好吟咏，所以林鹤年每次入都，都与他唱和，"无间晨夕"[①]。林鹤年内渡后还有《鼓浪集》、《燕筑集》、《湖游集》、《园隐集》等作品专辑，则记述了他与"近世诗界三杰"[②]之一黄遵宪、"同光体"闽派代表人物郑孝胥、"南洋才子"丘菽园、著名学者俞樾、台湾进士李清琦，以及日据下台湾本岛诗人林痴仙（俊堂）、林荫堂、林资铨（仲衡）等的交游情况。从中可以看到，"怡园聚咏"的影响已经日渐广泛，并且初步形成了一个以林鹤年为中心的诗人群体，惜乎天不假年，不然"怡园聚咏"有可能是另一番兴盛景象。

光绪二十七年（1901 年）林鹤年去世后，"怡园聚咏"由其四子林辂存主持。由于林辂存没有诗集留存下来，其具体活动情形无从了解，但从施士洁、许南英、连横等人的诗作中可以看到，"怡园聚咏"并未就此终止。光绪三十二年（1906 年）冬，林辂存曾以安溪"茶王"——"骑虎岩"相赠，并向施士洁索要偿诗。施士洁于是作七绝二首以偿，曰：

诗王赠我以茶王，再拜龙团喜欲狂。
骑虎岩头香十里，好风吹汝到茅堂。

从今引玉原抛砖，赵璧秦城一例看。
转恐投桃须报玖，赠诗容易赠茶难。[③]

---

① 叶苻棠撰：《福雅堂诗钞·叶序》。林鹤年著：《福雅堂诗钞》，九州出版社、厦门大学出版社合刊，2004 年 12 月版，第 11－12 页。

② 梁启超著：《饮冰室诗话》，北京：人民文学出版社，1959 年 4 月版，第 21 页。

③ 施士洁撰：《景商以安溪"骑虎岩"茶相饷，俗称"茶王"，並索偿诗，口占塞责》（二首）。施士洁著：《后苏龛合集》，台北：台湾银行经济研究室，1965 年 11 月版，第 161 页。

诗中称林辂存为“诗王”，文字诙谐风趣，两人遂此酬酢往返，“和韵不已”。施士洁先后又作《景商和韵，复引郑板桥镌印语自署款曰“门下走狗某”。叠韵答之，时除夕前一》、《除夕景商和韵不已，再叠前韵答之》、《景商复和韵，有“诗耻”、“国耻”之语，三叠前韵答之》、《丁未(1907 年)元日四叠前韵答景商》等，成为近代诗坛的一段韵事。此外，反映“怡园聚咏”后期活动的诗作，尚有：施士洁所作《毓臣、养斋秋试不售，景商以诗慰之，即次其韵》(十首)与《怡园弟二□□豩余检得唐中丞〈诗畸〉一部，感怀索□，(下缺若干字)》(二首)，许南英所作《林景商观察招饮怡园，酒后口占》，连横所作《鹿泉》、《重过怡园晤林景商》(三首)、《留别林景商》(四首)、《送林景商归鹭门》与《柬林景商》(四首)，等等。上述之郑鹏云(字毓臣)、郑以庠(字养斋)、连横三人，曾于光绪二十八年(1902 年)冲破日本殖民当局的重重封锁与层层阻挠，内渡福州参加壬寅恩科乡试，其中郑鹏云与林辂存系世交，且为施士洁在台南海东书院的门生，在林辂存与施士洁的共同帮助下，光绪二十九年(1903 年)郑鹏云还在厦门出版了《师友风义录》一著。

光绪三十三年(1907 年)春，林辂存赴印尼旅居；辛亥革命成功后，林辂存回到国内，开始热衷政治活动，“怡园聚咏”遂此逐渐归于沉寂。施士洁曾于“(癸丑)旧历上元前二日(1913 年 2 月 18 日)”作有《迩来蛛隐，不出户庭；虽抱叶雌蝉，而绝尘离俗，无悲悯怨尤之致，斯足怡矣。吾友景商代议士，今之健者，亦古之狂。其于吾也，迹判云泥，情同邛距。岁月电迈，眴将北行，携手河梁，则又不能不慷慨欷歔作荆卿变徵调也！王子少涛与吾同志，共就敝庐，拂榻聊饯一杯。爰命侍儿洗手调羹，以侑薄酌。客中鸿雪，爪迹堪珍，书此为他日券》(二首)，言辞之间，已经约略表明自己与林辂存隐显各异，心志相殊。

（三）“怡园聚咏”的意义

“怡园吾所爱，卅载纪群游。”[①]林鹤年与林辂存父子所主持之“怡园聚咏”，前后持续二十余年，涉及近代诗坛的众多名家，其意义十分重大，影响也相当深远。

一、它开创了晚清民国期间厦门地区文人结社的先河，成为晚清民国期间厦门文学社团之“嚆矢”。林鹤年与林辂存父子在怡园所开展的聚咏活动，虽然没有正式冠以社团的名称，而且往往聚散无常，但它有固定的活动场域、有相对集中的作者群体、有比较频繁的创作活动，特别是留存有大量的诗歌作品，这是厦门地区以往文学活动中所未曾见到的，因而它实际上已经具备了文学社团的风貌特征，这里姑且以“怡园聚咏”目之。

二、它使乙未内渡后飘零大陆各地的台湾诗人，重新又凝聚在一起，从而为菽庄吟社的崛起做好了准备。其中，林辂存、施士洁、许南英、林纾、陈海梅、郑祖庚、连横、郑以庠等，后来都成为菽庄吟侣乃至核心成员，林辂存甚至还直接参与了菽庄吟社的创建工作。张琴所作《叔臧先生暨德配龚夫人四旬双寿序文》有记：“余耳先生（按：指林尔嘉）名，以未读大作为憾。今春友人黄子干君司虢鹭江，以先生所作‘菽庄记’及‘菽庄即景’五言见示，且曰：‘菽庄者，先生之别业，在厦鼓浪屿，海上波涛风烟万状，先生与林君景商结诗社于此。四时朝夕见见闻闻无非诗景，子能来游乎？当为子介之。’越数日，景商君来书云：‘五月十八日为先生四旬初度之辰，吴翊庭、林琴南、施沄舫诸君各有

---

① 施士洁撰：《迩来蛛隐，不出户庭；虽抱叶雌蝉，而绝尘离俗，无悲悯怨尤之致，斯足怡矣。吾友景商代议士，今之健者，亦古之狂。其于吾也，迹判云泥，情同邛距。岁月电迈，晌将北行，携手河梁，则又不能不慷慨欷歔作荆卿变徵调也！王子少涛与吾同志，共就敝庐，拂榻聊饯一杯。爰命侍儿洗手调羹，以侑薄酌。客中鸿雪，爪迹堪珍，书此为他日券（旧历上元前二日）》（二首）之一。施士洁著：《后苏龛合集》，台北：台湾银行经济研究室，1965 年 11 月版，第 221 页。

撰赠，士大夫以诗称觞者箧为之满，子不可无述。'"[1]可见，菽庄吟社的创建，其中有林辂存的一份功劳。

三、它形成了"雄深沉郁"[2]、以诗存史的创作特点，并影响到菽庄吟社的诗歌风格。光绪二十九年(1903 年)三月，林鹤年所著《福雅堂诗钞》十六集在厦门出版发行，这对于人文不兴的厦门诗坛来说无疑是件破天荒的盛举。该著出版以后，得到士林的热情追捧，并成为许多后起之秀争相效仿的范本，所印书册很快就被抢购一空，只好于民国五年(1916 年)十二月重新再版。林鹤年诗歌创作的最大特点是"雄深沉郁"、以诗存史，这一特点也普见于后来菽庄吟侣的诗文集著，如林尔嘉所著《菽庄诗稿》、林景仁所著《小眉三草》等。

第二节　菽庄吟社之创立

菽庄吟社究竟创立于何时？它与林尔嘉及其所创建的菽庄花园之间是一种怎样的关系？这些看似简单的问题，考据起来却并不怎么容易。

一、关于菽庄吟社创立时间的几种说法及其辨误

关于菽庄吟社的创立时间，众说纷纭。概括起来，主要有以下三种：

第一种，"光绪廿三年(1897 年)"。持这种观点的主要是赖子清，其所撰《古今台湾诗文社》之"菽庄吟社"一目有述："板桥林菽庄尔嘉，

---

① 张琴撰：《叔臧先生暨德配龚夫人四旬双寿序文》。林景仁辑：《菽庄主人四十寿言》，"甲寅 (1914 年)冬月"刊本，第 13 页。

② 许贞幹撰：《福雅堂诗钞·许序》。林鹤年著：《福雅堂诗钞》，九州出版社、厦门大学出版社合刊，2004 年 12 月版，第 13 页。

籍龙溪，父时甫京卿，任台湾帮办，割台后，菽庄移居鼓浪屿，辟菽庄园林，结纳诗人墨客，放怀文酒之间。光绪廿三年(1897 年)，缔社联吟，或遍征海内外文士，如闰七夕乞巧回文诗、虞美人、黄牡丹、七夕四咏、壬秋阁落成、补山园落成、壬戌四十四桥泛月、小兰亭修禊、菽庄赏菊等标题，征诗海内外，轰动一时。吟社则延施沄舫、许蕴白、汪杏村、沈琛笙、苏大山主持社课，韵事风流，传播益广。”①

第二种，“甲寅(1914 年)”。持此观点的主要是林尔嘉次子林刚义和沈琇莹之子沈骥。林刚义所撰《先考菽庄诗稿发刊前言》谓：“先是民国二年(1913 年)，岁次癸丑，先考曾营菟裘于厦门鼓浪屿，曰：‘菽庄’。……民国三年(1914 年)，岁次甲寅，菽庄吟社成立，吟侣约近千人，唱酬奚止万首！耆宿陈石遗丈曾为主坛坫，沈傲樵丈更为刻壶天吟、寄傲山馆词稿、顽石山房笔记诸书，豪情逸韵，海内慕风。”②沈骥所撰《菽庄诗稿序——为纪念爱国诗人林叔臧老伯百年诞辰而作》亦云：“抑有进者，菽庄别墅，落成癸丑(1913 年)；菽庄吟社，肇自甲寅(1914 年)”③。

第三种，“癸丑重阳(1913 年 10 月 8 日)”，即菽庄花园落成之日。持此观点的主要是菽庄主人林尔嘉自己，其所作《己丑(1949 年)五月十八日七十五龄初度自寿四十韵，并酬花朝仿真率会十二老翁、鹭江菽庄吟社老吟侣暨诸亲友》有注：“癸丑(1913 年)于鼓浪屿营菽庄别

① 赖子清撰：《古今台湾诗文社》。台湾省文献委员会编印：《台湾文献》第十卷第 3 期，台北：成文出版社，1983 年 3 月台一版，第 2025 页。

② 林刚义撰：《先考菽庄诗稿发刊前言》。林尔嘉撰，沈骥编校：《林菽庄先生诗稿》，台北：龙文出版社，1992 年 3 月版，第 2 页。

③ 沈骥撰：《菽庄诗稿序——为纪念爱国诗人林叔臧老伯百年诞辰而作》。林尔嘉撰，沈骥编校：《林菽庄先生诗稿》，台北：龙文出版社，1992 年 3 月版，第 3 页。

业，创菽庄吟社，补山园有十二洞天，藏海园有四十四桥，今俱在。”[①]“丙辰上元日（1916 年 2 月 17 日）”所作《虞美人诗·序言》亦记：“岁癸丑（1913 年），小园既成，里中朋好约修吟集，于是有菽庄钟社之举，吟咏无间，二年于兹矣！”[②]《壬午（1942 年）重阳为予建菽庄三十周年，爰挈眷同亲友会于沪滨二十一层楼酒家，诗以纪之》一诗又有句并注云：“园成重阳值癸丑（1913 年），以字谐音名菽庄。亭台楼阁临江渚，久作骚人翰墨场。（结菽庄吟社。）”[③]等等。

上述观点中，赖子清把林维源创建“林氏府”的时间，当成了林尔嘉创建“菽庄花园”及“菽庄吟社”的时间，其错误是比较明显的。林维源于光绪二十一年（1895 年）避居鼓浪屿，光绪二十三年（1897 年）创建“林氏府”之小楼，光绪三十一年（1905 年）去世，期间他虽然经常招邀文人雅士在其府邸举行宴集活动，但他本人“以功业著于世，诗文不屑意也”[④]，所以很少见到他创作的诗文作品，更没有发现他在厦门鼓浪屿创立过任何文学社团。至于林尔嘉执掌“林氏府”以及创建“菽庄花园”，则是林维源去世以后的事情。

林刚义与沈骥则把“甲寅五月十八日（1914 年 6 月 11 日）”林尔嘉四十岁寿庆当作菽庄吟社创立的时间。考察光绪三十一年（1905 年）

---

① 林尔嘉撰：《己丑（1949 年）五月十八日七十五龄初度自寿四十韵，并酬花朝仿真率会十二老翁、鹭江菽庄吟社老吟侣暨诸亲友》。林尔嘉撰，沈骥编校：《林菽庄先生诗稿》，台北：龙文出版社，1992 年 3 月版，第 74 页。

② 林尔嘉撰：《虞美人诗录·序言》。林尔嘉辑：《虞美人诗录》，“丙辰（1916 年）上元日”刊本，首页。

③ 林尔嘉撰：《壬午（1942 年）重阳为予建菽庄三十周年，爰挈眷同亲友会于沪滨二十一层楼酒家，诗以纪之》。林尔嘉撰，沈骥编校：《林菽庄先生诗稿》，台北：龙文出版社，1992 年 3 月版，第 60 页。

④ 《林公维源轶事》。王国璠编撰：《板桥林本源家传》，台北：林本源祭祀公业，1984 年 7 月版，第 140 页。

前后即一直“谪坠”[①]林氏府的施士洁，其“甲寅新正（夏历一九一四年正月初一日）”以前创作的作品，就已经有“述古罢官和靖隐，一時觞咏小园来”[②]、“竟解园林趣，君侯信不痴”[③]、“菽庄营别墅，高隐托诗痴”[④]等句子；其所作《叔臧林侍郎暨德配龚夫人四十双寿序文》另谓：“乃者，辟浪屿之荒邱，署菽庄之别业。竟陵击钵，联吟侣以阄题；北海飞樽，呼酒徒而战拇。”[⑤]可见，在“甲寅五月十八日（1914 年 6 月 11 日）”菽庄主人林尔嘉四十岁寿庆以前，菽庄吟社的创作活动早已开展有时了。

相对而言，林尔嘉把“癸丑重阳（1913 年 10 月 8 日）”菽庄花园落成之日当作菽庄吟社创立时间的提法更可据信。林尔嘉是创立菽庄吟社的当事人，留存作品的创作时间距离菽庄花园落成也不是太久，而且前后口径也基本一致。另从施士洁、陈遵统等人的诗文作品中，也能够找到这一提法的相关佐证。施士洁所作《菽庄吟社自癸丑（1913 年）至庚申（1920 年）八年矣，花事惟菊特盛，主人属同社十八子各以八律咏之》（八首），其诗题明确记载菽庄吟社创自“癸丑（1913 年）”。陈遵统所作《叔臧林侍郎暨德配龚夫人四十双寿序文》亦谓：“先生既不复言仕，因累却执政之征，息影衡门，翛然自乐，乃筑菽庄以

---

① 施士洁撰：《林京卿手绘“暗香疏影”赠陈苏田，索句题额》（四首）之二。施士洁著：《后苏龛合集》，台北：台湾银行经济研究室，1965 年 11 月版，第 173 页。

② 施士洁撰：《林菽庄侍郎和陈鲁村方伯韵，寄诗索和，如韵答之》（四首）之四。施士洁著：《后苏龛合集》，台北：台湾银行经济研究室，1965 年 11 月版，第 229 页。

③ 施士洁撰：《次林侍郎菽庄韵》（三首）之一。施士洁著：《后苏龛合集》，台北：台湾银行经济研究室，1965 年 11 月版，第 230 页。

④ 施士洁撰：《代范其和菽庄韵》。施士洁著：《后苏龛合集》，台北：台湾银行经济研究室，1965 年 11 月版，第 230 页。

⑤ 施士洁撰：《叔臧先生暨淑配龚夫人四十双寿序文》。林景仁辑：《菽庄主人四十寿言》，“甲寅（1914 年）冬月”刊本，第 10—11 页。

居，遍征海内名流为之题咏，先生亦自为之记，其文冲夷淡泊雅称。”[①]这也表明菽庄吟社的创作活动肇自“癸丑重阳（1913 年 10 月 8 日）”，即菽庄花园落成之日。

从语义学角度讲，“菽庄”一词包括三重含义：一是指人名，即林尔嘉的小字；二是指地名，即菽庄花园；三是指社名，即菽庄吟社。再从词源学的角度分析，上述三重含义中，只有人名是本义，地名和社名都是转借义或引申义。“菽庄”一词最早是作为人名出现的，其后才借用作地名和社名。林尔嘉的小名叫“叔臧”，台语（闽南语）读音中“臧”、“庄”不分，由于“庄”字在日常生活中较为通用的缘故，“叔臧”一语往往也被误听作“叔庄”，进而又敷衍成“菽庄”，表“稻菽山庄”之意。施士洁的诗文作品就一直都称呼林尔嘉为“林菽庄”，而很少写作“林叔臧”，如《林菽庄京卿招同陈威季太守、汪艾民司马、龚叔翊主政、邓舜农少尉游南普陀岩寺撮影》（1907 年作）、《岁壬子（1912 年）重九日，菽庄林先生浪屿别墅宴集同里诸诗人。时，菽将有海外之行，挈其长君小眉就姻于日里；不佞躬兹胜会，乌得无言？倡为近体二章，权当喤引；饯菽庄，兼以贺文郎也》（1912 年作）、《林菽庄侍郎和陈鲁村方伯韵，寄诗索和，如韵答之》（1913 年作）等。“菽庄”作为地名和社名出现，则在民国二年（1913 年）重阳菽庄花园建成以后，而且一般认为社名又出现在地名之后。

依此类推，所谓“菽庄吟社”，也可以有三种理解：一是指“菽庄主人林尔嘉”这个人创立的文学社团；二是指在“菽庄花园”这一地点创立的文学社团；三是指被正式冠以“菽庄吟社”这一名称的专门文学社团。这就提示我们思考：除了被正式冠以“菽庄吟社”之称的专门文学

① 陈遵统撰：《叔臧林侍郎暨德配龚夫人四十双寿序文》。林景仁辑：《菽庄主人四十寿言》，“甲寅（1914 年）冬月”刊本，第 7 页。

社团外,林尔嘉在菽庄花园是否还创立过其它文学社团?除了在菽庄花园创立的文学社团,林尔嘉是否还在其它地方创立过别的什么文学社团?在林尔嘉创立的多个文学社团之间,又是怎样的一种承继关系?是否可以从广义上来理解,把“菽庄吟社”看作是“菽庄主人林尔嘉所创立的文学社团”?

二、未经提及的“浪屿诗坛”

由上述逻辑出发,笔者查考了相关典籍文献,并在施士洁所著《后苏龛诗钞》中发现:光绪二十三年(1907 年),林尔嘉曾经在林氏府创立过一个“浪屿诗坛”,它与林尔嘉其后在菽庄花园创立的菽庄吟社有着密切的关联。

光绪二十三年(1907 年)暮春,林尔嘉招邀其妻兄龚煦(字叔翊)及幕客施士洁、陈威季、汪艾民、邓舜农等,游览厦门南普陀岩寺。是日,艳阳高照,篌舆得得,少长咸集,群贤毕至。大家在南普陀岩寺内吟咏称觞,诗虎酒龙互为角逐,直到日薄西山,方才尽兴而归,大有东晋王羲之当年兰亭修禊的趣韵。在这次活动中,龚煦提出了“骚坛牛耳谁主盟”的问题,得到大家的一致附和。施士洁所作《林菽庄京卿招同陈威季太守、汪艾民司马、龚叔翊主政、邓舜农少尉游南普陀岩寺撮影》记曰:

> 狂生落魄好歌舞,脚根不踏庄严土。逋仙引我向招提,岩游老兴陡然鼓。篌舆得得虎溪行,谁知避面同尹、邢。转蓬又入普陀寺,少长咸集群贤至。是时觞咏正暮春,大似兰亭修禊人。汪钝翁、陈独漉,诗虎酒龙互角逐;骚坛牛耳谁主盟?好事乃有龚芝麓;其余诸子以类聚,如鸟投林鱼纵壑。今日之乐乐若斯,作图纪事佥曰宜。邓生年少独抖擞,泰西

新法在其手，颇黎摄影阿堵中，三才万象靡不有。呜呼，狂生老矣胡为乎！镜中之影泉石臞。安得老天换我新眉须，长与公等歌场酒市相欢娱！诸佛闻之应轩渠。君不见微茫夕照催归途，桑榆虽好回首非东隅！

其中，"逋仙"本指北宋隐逸诗人林和靖，名逋，字君复，长期隐居杭州孤山，不娶不仕，以梅为"妻"，以鹤为"子"，有"梅妻鹤子"之誉，这里被施士洁借用来指代菽庄主人林尔嘉。

继南普陀岩寺春游之后，林尔嘉旋即又在其林氏府别墅大宴宾客。大家一边品味西餐洋酒，一边吟咏唐诗宋词，直到夜半雨急，方才扣舷归棹，其宴饮之豪奢与韵事之风流，直可与晚唐洛阳李德裕的平泉山庄相比拟。施士洁所作《林侍郎别墅宴集次艾民韵》有记：

林逋作主汪伦客，如此风流已足传。
况有狂生陪末坐，好将韵事续平泉。
泰西馔味牛脂嫩，江左谈锋尘尾圆。
夜半催诗来急雨，相随归棹扣吟舷。

也就在这个时候，厦门鼓浪屿出现了一个"浪屿诗坛"[①]。社名见于施士洁所作《视冰》一诗，该诗题后有注"浪屿诗坛社题"。施士洁同时期另作有《浪屿征歌次艾民韵》谓：

主人劝客金巨罗，手招罗袜凌江波。汪侯诗酒气龙虎，

① 施士洁撰：《视冰》。施士洁著：《后苏龛合集》，台北：台湾银行经济研究室，1965年11月版，第169页。

> 俛瞰陶谢吞阴何。相逢绮席花枝满，迎门一笑春风面。美人名士两倾襟，不减当年金谷宴。深谈水乳况交融，短烛残杯夜已中。及时少壮行乐耳，咄哉老大徒龙钟！汪侯薄醉拍吟几，知有阳秋在皮里。次第看花月旦评，一时声价龙门起。白雪高歌和者难，骚坛牛耳推齐桓。使我弃甲曳兵走，鼓旂披靡营壁单。伏处鲰生同燕雀，茅塞期君发灵钥。洞天鼓浪尘根清，结邻何处林泉约？读君诗作金石声，抱琴欲逐成连行。天风海水自宫角，琅琅一曲移我情。

从"逋仙引我向招提"，到"林逋作主汪伦客"，再到"主人劝客金叵罗"；从"大似兰亭修禊人"，到"好将韵事续平泉"，再到"不减当年金谷宴"；……无论从组织者身份，还是从活动过程中物质消费之奢豪来看，"浪屿诗坛"都像是对南普陀岩寺春游及林氏府宴集的一贯发展。换言之，"浪屿诗坛"是由林尔嘉所倡导的，以南普陀岩寺春游为发端，并经林氏府宴集后逐步形成和发展起来的社团组织。《浪屿征歌次艾民韵》一诗中，还有一句非常值得注意——"洞天鼓浪尘根清，结邻何处林泉约"，联系菽庄花园所处的地理位置，不妨作个大胆的推测：林尔嘉正是在施士洁的建议下，才在"洞天鼓浪"近旁买地建园，建造菽庄花园的。

"浪屿诗坛"创立后，除了开展上述之社课、征歌、观花、评旦以外，还进行过宴集、游赏、唱和等活动。施士洁所作《林侍郎白石里第即席次陈梅生郡伯韵》（二首）、《林京卿手绘"暗香疏影"赠陈荪田，索句题额》（四首）、《陈威季、龚樵生招同许鲁山度支、张履谦司马游日光岩寺，即鼓浪洞天处也》、《次邱守谦孝廉见赠韵》（三首）等，均为对"浪屿诗坛"活动的记述之作。

"壬子重九日（1912 年 10 月 18 日）"，林尔嘉又招邀"同里诸诗人"

在其林氏府宴集。这次宴集的主题虽然是为了林尔嘉“挈其长君小眉就姻于日里”[①]饯行，但在随后一年的时间里，菽庄花园与菽庄吟社的筹创工作紧锣密鼓地展开。可巧的是，一年后的同日——“癸丑重阳（1913 年 10 月 8 日）”，菽庄花园与菽庄吟社双双落成。可见，在“壬子重九日（1912 年 10 月 18 日）”这次宴集活动中，林尔嘉就已经对菽庄花园和菽庄吟社的创建工作作了周密的筹划和精心的部署，其“年年作主大吟坛”的“野心”已然显露无遗。

“浪屿诗坛”虽然初具社团规模，然而由于林尔嘉妻妾成群、家族人口众多，而林氏府活动空间又相对有限，该社不得不辗转各处进行活动；此外，作为菽庄吟社骨干力量的“东海文章”诸家——施士洁、许南英、汪春源以及沈琇莹等，其时尚未齐聚鹭门，还缺乏建构大型文学社团所必需的人才支撑。因此，从总体上讲，“浪屿诗坛”并没有得到充分的发展，其社团规模不大、活动频率不高、影响范围不广。不过，该社的创立仍然具有重要的意义。

首先，“浪屿诗坛”是对“怡园聚咏”的延续。“浪屿诗坛”创立的时间是比较特殊的。如前所述，光绪二十三年（1907 年）春节前夕林辂存曾以“茶王”相赠，并向施士洁索要偿诗，两人你来我往，叠韵唱和，成为诗坛韵事，然而，正当两人酬唱往返、兴高采烈的时候，林辂存却要赴印尼旅居，使得本来十分热闹的“怡园聚咏”倏然沉寂下来。因此，“浪屿诗坛”的创立就如一场及时雨，它适时填补了因林辂存赴印尼旅居所造成的厦门地区文人活动的组织断层，并实现其活动中心由怡园向林氏府的转移，从而为菽庄吟社的正式创立提供了条件。其间，林

---

① 施士洁撰：《岁壬子重九日（1912 年 10 月 18 日），菽庄林先生浪屿别墅宴集同里诸诗人。时，菽将有海外之行，挈其长君小眉就姻于日里；不佞躬兹胜会，乌得无言？倡为近体二章，权当喤引；饯菽庄，兼以贺文郎也》（二首）。施士洁著：《后苏龛合集》，台北：台湾银行经济研究室，1965 年 11 月版，第 208—209 页。

辂存在赴印尼旅居前是否有过什么托付或交代，由于没有相关文字记载，就不得而知了。不过，以林尔嘉与林辂存的三代交谊，结合后来林辂存参与创建菽庄吟社等情形来看，“浪屿诗坛”无论如何都像是对“怡园聚咏”的延续，或者更确切地说，“浪屿诗坛”是从“怡园聚咏”向菽庄吟社过渡的文学社团。

其次，“浪屿诗坛”又是菽庄吟社的雏形或草创，是广义上的“菽庄吟社”，即菽庄主人林尔嘉创立的文学社团。从“浪屿诗坛”的兴起及替变过程，可以看到这么一条线索：光绪二十三年（1907 年）暮春南普陀岩寺春游中，林尔嘉在其妻兄龚煦等人的怂恿下，萌生出主盟“骚坛”的想法，并创立了“浪屿诗坛”；但是林氏府的活动空间在很大程度上制约了“浪屿诗坛”的发展，这显然未能满足林尔嘉“年年作主大吟坛”的心理期待，为此，施士洁提出在“洞天鼓浪”结邻的建议，于是就有了菽庄花园的创建。这一切发展得是如此的环环相扣，又进行得是那么的一气呵成。此外，“浪屿诗坛”所采取的社课、征歌、观花、评旦、宴集、游赏、唱和等活动形式，大多为后来的菽庄吟社所继承，尤其是“征歌”，在菽庄吟社中得到大力提倡与发扬，文体类型得到进一步扩充，征集范围得到进一步拓展，成为菽庄吟社最为重要的创作活动方式。因此，真正推究起来，“浪屿诗坛”应当看做是菽庄吟社的雏形或者草创，而菽庄吟社则是对“浪屿诗坛”的进一步发展与壮大；菽庄吟社正式创立及定名时间可视作“癸丑重阳（1913 年 10 月 8 日）”，但其草创时间则应当追溯到“浪屿诗坛”形成之初的光绪三十三年（1907 年）暮春。

第三，“浪屿诗坛”自觉担负起传承“瀛岛衣钵”的责任。从对日据时期台湾诗坛三大“重镇”①——台中栎社、台南南社与台北瀛社的考

① 连横主编：《台湾诗荟》第一号“骚坛纪事”，1924 年 2 月 15 日发行。

察中可以了解到，台南南社是奉菽庄“三老”之一许南英为开社宗师的；台北瀛社的首任社长洪以南系菽庄吟社核心吟侣龚显鹤的嫡传弟子，第二任社长谢汝铨则是许南英的表弟兼受业弟子，第三任社长魏清德乃菽庄吟社社中“祭酒”[①]施士洁的“后学私淑”[②]；台中栎社的发起人林朝崧、林资修、陈怀澄、林资铨及林献堂等，也分别与林尔嘉、施士洁、许南英等菽庄“社侣”交谊深厚，早在台中栎社创立之初，施士洁就作有“而今栎社添佳话，诸子风流似月泉”[③]等诗句进行过勉励。可见，“浪屿诗坛”的创立不仅对于菽庄吟社，而且对于日据时期的整个台湾本岛诗坛均具有重要的意义。

三、菽庄吟社所在地——林氏府与菽庄花园

从上述有关菽庄吟社创立时间的辨析及对“浪屿诗坛”的考述中可以看到，菽庄吟社的活动中心经历了从草创期之林氏府到正式创立以后之菽庄花园的转移过程。林氏府与菽庄花园可谓菽庄吟社的两座标志性建筑，它们不仅是菽庄吟社的活动中心，而且也是菽庄主人林尔嘉追求中西合璧、向往传统与现代交融这一审美理念的象征。这里就对林氏府与菽庄花园，分别作个简略的介绍。

（一）林氏府

林氏府也称旧府，在今鼓浪屿鹿礁路 13 号至 17 号。内有三幢别墅：一幢叫大楼，英式两层建筑，为光绪二十一年（1895 年）林维源定居鼓浪屿时从一位英国船长手里买下；一幢叫小楼，西班牙式两层建筑，

---

① 《红叶草堂笔记》。厦门图书馆编：《厦门轶事》，厦门：厦门大学出版社，2004 年 12 月第 1 版，第 22 页。

② 施士洁撰：《润庵来诗有“后学私淑”之称，如韵答之》（二首）。施士洁著：《后苏龛合集》，台北：台湾银行经济研究室，1965 年 11 月版，第 194 页。

③ 施士洁撰：《寄答陈槐庭代柬》附诗六首之二。施士洁著：《后苏龛合集》，台北：台湾银行经济研究室，1965 年 11 月版，第 128 页。

为林维源在光绪二十三年(1897 年)前后创建;一幢叫八角楼,因外墙立面呈八边菱形而得名,处大楼与小楼之间,为法国巴洛克式五层建筑,系林尔嘉在民国四年(1915 年)创建。八角楼是林氏府的中心建筑,正门高柱拱券,双旋台阶,门楣和窗棂均塑缠枝蔷薇与飞翔白鸽,庭前曲径铺以素彩卵石,颇具西欧风情。在大小楼的左右映衬下,八角楼更加显示出它的华贵与威仪。

林氏府既是林尔嘉家族生活起居的地方,也是菽庄吟社的雏形期或草创期——“浪屿诗坛”的活动中心。林尔嘉曾经常邀集文人雅士,在这里吟咏聚作;即使在菽庄花园建成以后,像菽庄主人历次寿庆及结婚纪念这样的重大活动,也仍然是在林氏府举行的,足见其与菽庄吟社关系之密切。

(二)菽庄花园

菽庄花园位于鼓浪屿东南山麓的港仔后。该园初步建成于“癸丑重阳(1913 年 10 月 8 日)”。园成当日,林尔嘉亲撰《菽庄记》一篇,云:“余家台北,故居曰‘板桥别墅’,饶有亭台池馆之胜。少时读书其中,见树木阴翳,听时鸟变声,则欣然乐之。乙未(1895 年)内渡,侨居鼓浪屿,东望故园,辄萦梦寐。癸丑(1913 年)孟秋,余于屿之南得一地焉。翦榛莽,平粪壤,因其地势,辟为小园,手自经营,重九落成。名曰‘菽庄’,以小字叔臧谐音也。当春秋佳日,登高望远,海天一色,杳乎无极。斯园虽小,而余得以俯仰、瞻眺、咏叹,流连于山水间,亦可谓自适其适矣。”①

菽庄花园落成之初,只有“补山”一园,嗣后,林尔嘉又拓建“藏海园”,并增置壬秋阁、小兰亭、蔚然亭、熙春亭(已塌毁)、小板桥、渡月亭、千波亭、伞亭等景点,成为现今之布局。关于“补山园”与“藏海园”

① 见于菽庄花园内林尔嘉所撰“菽庄题刻”。

之寓意，林尔嘉的老朋友、菽庄"十八子"之一李禧尝谓："（林尔嘉）先生以藏海、补山名园，惧有陆沉之痛，并喻填石之意耳。"[①]彭一万先生进一步阐释说："藏海即把大海一隅藏入园中，隐含把山河揽入祖国怀抱、切莫再任人宰割的意思；补山即补山之胜，以人工构筑补缀天然景色之不足，隐含山河破碎、亟待修补之意。"[②]

"补山园"主要有顽石山房、亦爱吾庐、十二洞天、小兰亭、蕙香榭、茅亭、芦溆、听潮楼诸景。"顽石山房"，系菽庄主人的书斋名，盖用"顽石点头"之典，以励志自勉；"亦爱吾庐"，是菽庄主人起居之所，语出陶渊明《读山海经》"众鸟欣有托，吾亦爱吾庐"[③]一句，庐前多种菊花，经霜更显傲态；"十二洞天"，是用岩石垒叠而成的假山，分别以十二生肖名之，洞洞相连，童趣无穷；"小兰亭"，乃仿浙江会稽山阴之兰亭修造而成，用以袚除不祥于乱世，祈求国运于荣昌；"听潮楼"，为菽庄花园之最胜处，登斯楼也，可览"水天一色，晴雨万态。冷红辞树，吹上人衣；浓翠过江，扑于酒面。有如情移海上，宫徵相生；何止道入山阴，应接不暇。贤者乐此，君其仙乎"。

"藏海园"主要有眉寿堂（又称"眉阁"或"谈瀛轩"）、壬秋阁、真率亭、四十四桥、剑潭、枕流诸景。"眉寿"，系菽庄主人之小字，《诗经·豳风·七月》有"此为春酒，以介眉寿"[④]一句；"壬秋"，表是阁建成于壬戌（1922年）秋日，以纪念苏东坡赤壁泛舟十四周甲；"真率"，乃菽庄主人为人之道，意即"与人交，毋求世故，诚信可矣"；"四十四"，志该桥建成时菽庄主人之年赓，盖化实为虚，以指其多且长；"剑潭"，为明末民

① 李禧撰：《菽庄主人六十寿文》。沈琇莹题签：《菽庄主人六十寿言》，厦门永明印刷社承印，刊行时间未详，第6—7页。

② 彭一万撰：《林尔嘉的〈菽庄诗稿〉》，厦门：《厦门晚报》，2005年1月19日。

③ 陶渊明撰：《读山海经》（十三首）之一。陶渊明著：《陶渊明全集》，上海：上海古籍出版社，1998年6月第1版，第27页。

④ 程俊英、蒋允元注译：《诗经》，长沙：岳麓书社，2000年8月第1版，第139页。

族英雄郑成功磨剑之水，忠义所聚，英气浩然；“枕流”，出自“漱石枕流”一典，亦励志自勉之意。“藏海园”外是“金带水”，传说南宋末代皇帝赵昰逃出临安（今杭州），辗转来到鼓浪屿之南湄，遇九龙江的九条龙兴风作浪，御舟被掀得颠簸跌宕，眼看就要葬身鱼腹，赵氏猛然记起“黄金镇邪”的传说，急忙解下腰带投入水中，顿时江平浪静，从此鼓浪屿南边这湾水域就叫“金带水”。正是“山不在高，有仙则名”，景不在奇，因史而胜。

菽庄花园落成近百年来，文人骚客之题咏已如浮烟涨墨，可谓多矣；然而最得乎旨趣者，盖非耐道人施士洁甲寅（1914 年）正月所作《菽庄序言》莫属。其文谓曰：

仆与叔臧，两世纪、群，十年嵇、阮。鹭门市隐，同作宾萌；鲲岛燹余，犹留幸草。乃者佛轮风荡，帝纲天开；谢傅之山高卧，温分之园独乐。羊欣止足，亦老亦庄；潘岳闲居，一邱一壑：于鼓浪屿之阴，得鹤墅焉。礁通鹿耳，渡近龙头；此亦鉴湖，何须甫里？七松盖瓦，自成半亩之宫；六枳揵篱，不费中人之产。嵇含归厚，杜佑安仁；即以“菽庄”额之，从其主人之号也。大山属于何点，岂必千万买邻？小园比之庾信，恰好二分种竹。日涉成趣，风流在兹：闻田水作声，是栗里琴外谱；得雪蕉遗意，有辋川画中诗。净碧所栖，软红自远。入善人之室，十步搴芳；缅空谷之姿，九畹纫佩。盖主妇字曰“蕙香”，因以颜其榭云。梁、孟偕隐，几生修到梅花？刘、樊欲仙，前身合是明月。与榭并揖，眉阁岿然。“眉”者何？主人之小名也。知白为式，涂臒不施，傲绿野之裴堂，侣青山之谢宅。时或飞笺扫榻，盲杜小冠而来；载酒题襟，髯苏大瓢以出。会者英于林下，图主客于诗中，亦足以贡罗情、卷叶语矣。去阁数武，有石台焉。严仆射望乡，呼拾遗以狂酌；阮嗣宗长啸，引公和为古欢。台之外曰“茅亭”，燕喜赓诗，即宾僚互答；醉翁作记，则山水皆姿。亭之外曰“芦溆”，订“白云”之约，鸥鹭能来；歌“秋水”之章，蒹葭亦韵。由是驾木为彴，担榔栗以如飞；凿土为池，弄芙蕖而欲笑。到公于焉移石，阿对使之引泉；得此殊观，诧为能事。仆以为园最胜处，曰“听潮楼”；水天一色，晴雨万态。冷红辞树，吹上人衣；浓翠过江，扑于酒面。有如情移海上，宫徵相生；何止道入山阴，应接不暇。贤者乐此，君其仙乎！

然而拊今追昔，仆有感焉。以主人黄散门基、青箱家学，官贵早施行马，壮夫岂屑雕虫？又况故里鸣珂，安世之貂蝉无恙；华堂昼锦，元康之犀犬犹存。夙号原尝，宁甘田舍？乃居室自铭其陋，而入山惟恐不深，岂千头之橘、可与千户等，三径之松、不以三公易哉？嗟乎！陆沈忽忽，几见沧桑；天醉茫茫，何论魏、晋！若主人者，负其嵚崎磊落，投于寂寞宽闲，筚路以启山林，甕牖而储经济。出门西笑，肯缁入洛之尘；绕树南飞，宁变踰淮之枳？诚不若雌蝉抱叶、旅雁含芦，拙巢以遂鸠居，高枕而营兔窟。含章葆素，天将厚以烟霞；漱石枕流，世已高其岩谷。质之同志，岂曰虁言？且夫九柯十匠者，建设之符也；四违八窗者，飞腾之券也。方今外堂有雀、破壁无龙，徒肉食以乘轩，竟道谋而筑室！而或者董常一木，留为支厦之材；郭隗千金，始于筑台之召。主人出而应之，则南金东箭，自异欂栌；格笔阶干，斯成乔梓。古有钟阿草屩，拜车下之尘；衡岳布衣，设禁中之坐。羊裘罢钓，鹖冠就征；又何有终南捷径之嘲、北山移文之诮耶？

仆老矣，鬓丝禅榻，纱帽隐囊。杜陵屋破，茅龙不衣，相如壁立，瓜牛自篆；皋庑赁舂而无地，晏宅近市以甚嚣。梦中之故国莼鲈，两惭吏隐；眼底之孤山梅鹤，迥别仙凡！他日草堂有资，桃源可到；誓将访白社之侣，结红树之邻。我于芝岭高歌，追踪四皓；君与竹林群从，平揖七贤。蒐裘宛然，息壤在彼。取为弁首，藉以引喤。

此外，黄仲训曾为菽庄花园撰楹联云："缩海为园，戛戛造成一胜地；爱诗若命，年年作主大吟坛。"上联描述菽庄花园藏海园"造成"之奇异与独特，下联摹写菽庄主人林尔嘉"爱诗"之痴狂及野心。不过，孤立理解上下联的意思未免太过于片面。其实，菽庄花园本身就是林尔嘉"爱诗若命"的结果，而林尔嘉"缩海为园"的目的则是为了更好地"爱诗"。换言之，菽庄花园创建的初衷固然有林尔嘉怀恋台北板桥"故园"的成分，但其实际用途则主要用于开展诗社活动，以遂其"年年作主大吟坛"的野心。林辂存所撰《林叔臧先生四十双寿庆序文》即谓："先生虽目击时事变迁，又不忍文风之歇绝，近筑小园，名曰菽庄。与海内外知名士旦夕吟咏，藉大雅扶轮，为维持风教斯文不坠，其在先生。"①

"菽庄是我寻诗地，醉归得句入奚囊"②。菽庄花园占地面积约近十亩，"谈瀛有轩，观涛有台，听潮有楼，招凉有亭；堂有眉寿，阁有壬秋；吾庐赏菊，香海吟梅；小兰修禊，真率爱晚；绿意调琴，山房随笔"，移步换景，触眼即诗；而且，通过"藏海"、"巧借"、"动静结合"等建筑艺术的巧妙运用，更是产生衔太武而涵东海的恢宏气势，"足以啸侣命侪

① 林辂存撰：《林叔臧先生四十双寿庆序文》。林景仁辑：《菽庄主人四十寿言》，"甲寅(1914年)冬月"刊本，第18—19页。

② 施士洁撰：《庚申除夕，菽庄主人为馈岁会，同吟社诸子作》。施士洁著：《后苏龛合集》，台北：台湾银行经济研究室，1965年11月版，第315页。

抒衷写衷"[①]，从而极大地激发了菽庄吟侣们的敏锐才思和创作灵感。可以说，正是由于有了菽庄花园这一广阔、自由而富于诗意的活动空间，才使菽庄吟社摆脱"浪屿诗坛"时期因受林氏府空间限制而不得不到处辗转的窘境，并且发展成为"可与辛亥革命时期的上海南社相媲美"[②]的、具有全国性影响的重要社团。

第三节　菽庄吟社的发展分期

菽庄吟社的发展，大致经历了四个阶段：一是从光绪三十三年(1907 年)暮春南普陀岩寺游赏，到民国二年重阳(1913 年 10 月 8 日)菽庄花园落成，为菽庄吟社的雏形期或草创期；二是从民国二年重阳(1913 年 10 月 8 日)菽庄花园落成，到民国十三年六月初六日(1924 年 7 月 7 日)林尔嘉"挈眷自鹭岛放洋"，为菽庄吟社的鼎盛期；三是从民国十三年六月初六日(1924 年 7 月 7 日)林尔嘉"挈眷自鹭岛放洋"，到民国三十三年九月初一日(1944 年 10 月 17 日)沈琇莹去世，为菽庄吟社的持续期；四是从民国三十三年九月初一日(1944 年 10 月 17 日)沈琇莹去世，到 1949 年厦门解放前夕，为菽庄吟社的余绪期。其中，雏形期与鼎盛期均由菽庄主人林尔嘉亲自主盟，可合称作前期菽庄吟社；持续期由沈琇莹主盟，余绪期由林尔嘉五子林履信主盟，可合称作后期菽庄吟社。

一、雏形期或草创期(1907—1913)

从光绪三十三年(1907 年)暮春厦门南普陀岩寺游赏，到民国二年

---

① 沈琇莹撰：《菽庄主人六十寿文》。沈琇莹题签：《菽庄主人六十寿言》，厦门永明印刷社承印，刊行时间未详，第 12 页。

② 彭一万撰：《林尔嘉和"菽庄吟社"》，厦门：《厦门晚报》，2005 年 1 月 19 日。

重阳(1913 年 10 月 8 日)菽庄花园落成,即“浪屿诗坛”时期,可称作菽庄吟社的雏形期或草创期,由菽庄主人林尔嘉亲自主盟。

光绪二十三年(1907 年)暮春,林尔嘉招邀其妻兄龚煦及幕客施士洁、陈威季、汪艾民、邓舜农等,游览厦门南普陀岩寺。在这次活动中,林尔嘉萌生出主盟“骚坛”的念头,随后创立了“浪屿诗坛”,从而开启了菽庄吟社的序幕。从施士洁所著《后苏龛诗钞》相关诗文的记述中,可以了解到:“浪屿诗坛”至少开展过社课 2 次、征歌 1 次及观花、评旦、宴集、游赏等若干次;所作社课题目有《视冰》、《嬉水》等;活动地点以林氏府为中心,另有鼓浪屿日光岩及林尔嘉在漳州龙溪(今福建省龙海市)祖籍地的白石草堂等;参与活动的成员则有林尔嘉、龚煦、龚植、施士洁、陈威季、汪艾民、邓舜农、陈梅生、陈荪田、许鲁山、张履谦等。

“壬子重九日(1912 年 10 月 18 日)”,林尔嘉招邀施士洁等“同里诸诗人”在其林氏府别墅宴集,成为“浪屿诗坛”的一个重要转折。在这次宴集活动中,林尔嘉一方面确立了以“同里诸诗人”为核心的社团发展方针,另一方面对菽庄花园及菽庄吟社的创建工作作了周密筹划与精心部署。在其后一年的时间里,“东海文章”诸家之施士洁及其女弟子邱韵香、许南英及其长子许赞书、汪春源及其长子汪受田,以及卢文启、卢心启等台湾内渡诗人,在进一步加强彼此联络的同时,还积极开展对外交流,到“癸丑重阳(1913 年 10 月 8 日)”菽庄花园落成前夕,已经形成了一个规模相当庞大的诗人群体,沈琇莹、马祖庚、施景琛、江春霖、关其忠、刘庆汾、卢祖洛(用川)、施模(范其)、赵仲麒、洪以南、魏清德等海峡两岸的众多名家均凝聚其中,从而为菽庄吟社的正式创立奠定了坚实的人才基础。

期间,除菽庄主人林尔嘉以外,还有一个非常值得关注的人物是施士洁。首先，施士洁与林尔嘉系“两世纪、群，十年嵇、阮”[①]，而且他长期“谪坠”林氏府，除了课授林景仁、林刚义、林履信等林尔嘉的一大班子弟外，还协助时任厦门保商局总办兼厦门商务总会总理的林尔嘉“襄理厦商政局”[②]，并帮助他维持“浪屿诗坛”这一“骚坛衣钵”[③]，是贯穿“怡园聚咏”、“浪屿诗坛”及菽庄吟社鼎盛期的“三朝元老”。正是由于施士洁的积极鼓动与鼎力襄助，才有了“浪屿诗坛”的形成、菽庄花园的创建以及菽庄吟社的正式创立。其次，施士洁曾于光绪三十四年(1908 年)作有《和许允伯直刺〈三水寄怀〉韵》(三首)之二云：“鲁山贤令紫芝晖，大邑名存惜实非。腔血那堪因宦冷，脂□不合与时违。肄江磊落新冠盖，瀛岛萧条旧钵衣！我欲寓书姜伯约，商量远志或当归。”[④]“许允伯”即在乙未之役中坚持抗战到最后的台南团练局统领许南英，与丘逢甲、汪春源、郑鹏云等同为施士洁在台南海东书院的得意门生，性格刚毅，为人果敢，有将帅气度。诗中，施士洁把许南英比作三国时期为蜀汉立下汗马功劳的姜维，并且要把他从千里迢迢的广东招回来“商量远志”，于是便有了其后菽庄“三老”的“芗江萍水”与“鹭门重聚”，以及许南英多年知交、菽庄吟社另一重要柱石沈琇莹的加入。此外，考察菽庄吟社正式创立初期的吟侣构成情况还可以发现，邱韵香、魏清德等都是施士洁在“浪屿诗坛”时期新招收的门徒。

---

① 施士洁撰：《菽庄序言》。施士洁著：《后苏龛合集》，台北：台湾银行经济研究室，1965 年 11 月版，第 407 页。

② 施士洁撰：《次谢鹖尘大令留别韵》。施士洁著：《后苏龛合集》，台北：台湾银行经济研究室，1965 年 11 月版，第 150 页。

③ 施士洁撰：《林京卿手绘“暗香疏影”赠陈荪田，索句题额》(四首)。施士洁著：《后苏龛合集》，台北：台湾银行经济研究室，1965 年 11 月版，第 173 页。

④ 施士洁撰：《和许允伯直刺〈三水寄怀〉韵》(三首)之二。施士洁著：《后苏龛合集》，台北：台湾银行经济研究室，1965 年 11 月版，第 172 页。

二、鼎盛期(1913—1924)

从民国二年重阳(1913年10月8日)菽庄花园落成,到民国十三年六月初六日(1924年7月7日)林尔嘉"挈眷自鹭岛放洋",是菽庄吟社的鼎盛期,由菽庄主人林尔嘉亲自主盟。

"癸丑重阳(1913年10月8日)",菽庄花园落成,这也标志着菽庄吟社的正式创立。园成当日,林尔嘉举行了隆重的庆典活动,并"欣然为文记之"[①],所作《菽庄记》以隶书直题镌刻于菽庄花园岩石上;兴慨之余,林尔嘉又赋五律一首,施士洁、施模(字范其)等均纷纷作诗以和。林尔嘉又"遍征海内名流为之题咏"[②],所得名联佳句甚夥,其中包括施士洁所作《菽庄序言》,许南英所作《题林叔臧鼓浪屿菽庄》(四首)与《菽庄四咏》(四首),沈琇莹所作《金缕曲·菽庄眉阁》、《水调歌头·听潮楼》、《绛都春·蕙香榭》与《买陂塘·芦溆》,以及江春霖、黄仲训、刘冠雄所撰联对,等等。

诸多史料表明,菽庄吟社正式创立之初是以诗钟创作为号召的,也称作"菽庄钟社"。该社正式创立之初,曾经向闽台两地吟侣征募诗钟,"每星期命题征咏,优给奖赏,藉以鼓舞","闽垣台阳各处,闻风投卷者,每期以千数计,可谓盛极一时"[③]。所知者共征集23期,各期所征钟题分别为:第一期《晚、文,第二唱》、《送、边,第七唱》、《汗、台,第四唱》;第二期《帘、絮,第一唱》、《草、空,第二唱》、《案、索,第五唱》;第三期《深、酒,第一唱》、《海、仙,第二唱》、《才、地,第五唱》;第五期《夕、城,第六唱》、《竞渡、丑妇照相,分咏格》;第八期《藕节,合咏格嵌米

① 林尔嘉撰:《菽庄于癸丑竣工,欣然为文记之,兴慨极浓,墨有余沈,乃赋五律一首》。林尔嘉撰,沈骥编校:《林菽庄先生诗稿》,台北:龙文出版社,1992年3月重印初版,第1页。

② 陈遵统撰:《叔臧林侍郎暨德配龚夫人四十双寿序文》。林景仁辑:《菽庄主人四十寿言》,"甲寅(1914年)冬月"刊本,第7页。

③ "雅人韵事"。《台湾日日新报》第5059号第六版,1914年7月14日发行。

字》；第十一期《香山九老，碎锦格》；第十六期《展、都，第一唱》；第二十期《肥、果，第三唱》；第二十二期《蚕、世，第四唱》。此外，尚有《补、榆，鹤顶格》、《补、榆，第五唱》等。许南英所作《菽庄钟社即事》（三首）等，施士洁所作《和允白韵兼示菽庄主人》（三首）、《简菽庄钟社主人并诸同志》（八首）及初叠、再叠、三叠、四叠、五叠前韵等，沈琇莹所作《金缕曲·菽庄眉阁》、《忆江南·壶天四咏》（四首）等，均是对菽庄吟社诗钟活动的记述之作。其中，沈琇莹"甲寅（1914 年）"所作《金缕曲·菽庄眉阁》，生动描摹了菽庄吟社诗钟"胪唱"的空前盛况与热烈场景，该词云：

梅鹤清吟地。蓦登场，高标赤帜，天南雄视。压倒聚红词社客，上薄闽中十子。问东海，认携袖里，诗佛诗仙遥接引。悟频伽楼上浮眉翠，坛坫主，执牛耳。

三千底用夸珠履。让梁园，邹岩枚马，平分韵事。烛刻金莲催白战，竞病尖叉一例。钟漏急，管城花坠，艳说旗亭人画壁。唱黄河远上歌喉脆，惊下拜，龙标尉。

施士洁"甲寅（1914 年）"所作《简菽庄钟社主人并诸同志》（八首）之第五、七首则叙写道：

滥竽三百上吟坛，涂抹阿婆不耐看！
痴想附名传骥尾，翻怜多累厌猪肝。
偶然求友忘年好，除却鏖诗度日难。
佳句何人堪引例，鹧鸪两字郑都官。

四声七步八叉手，乌有子虚亡是公。

未敢吓人将腐鼠，何曾好我果真龙！
奇才合绣君侯虎，小技空雕壮士虫。
水绘月泉都宿草，只余心血可怜红！

菽庄吟社正式创立初期之所以以诗钟创作相提倡，考究其因主要有二：一，菽庄吟社是以林尔嘉的“同里诸诗人”为核心的文学社团，这些人大都来自清末台湾诗坛，诗钟作为清末台湾诗坛的主流文体，自然为他们所娴熟和钟爱。二，诗钟自从清代嘉庆、道光年间在闽地产生以来，“不数十年，风行薄海内外。名联佳句，亦由好事者之流传，而脍炙人口。盖骎骎乎附庸风雅，割据词场矣”[①]。直到民国期间，诗钟一体在闽地仍然方兴未艾。台中栎社诗人陈怀澄所撰《吉光集·序言》有记：“诗钟之作，始于闽人，有选刻，为《壶天笙鹤》、《雪鸿初集》者。丁巳（1917年）春，余游闽，始于古榕城之东街见之。会处为浙江会馆，待发榜听唱诗者，拥挤络绎，比之各地院课，尤为兴会淋漓，可谓盛矣。”[②]况且菽庄吟社地处福建东南一隅的厦门鼓浪屿小岛，采用“诗钟”这一体裁形式来作为其活动的主要内容，无疑可以吸引更多闽地文士参与到该社的创作活动中来，从而壮大其声威。

然而，在闽地这个“诗钟国”[③]里，单纯开展诗钟活动并不能够显示菽庄吟社的多少优势。为此，该社在创作体裁、征募范围、奖酬额度等方面分别作了拓展与提升。乙卯（1915年）之秋，林尔嘉刊登征诗广告，以“虞美人”（七排二十韵）为题，向海内外广泛征求诗作，且曰：“第

---

① 林资修撰：《吉光集·弁言》。陈怀澄辑：《吉光集》，嘉义：兰记书局，1934年2月版，第1页。

② 陈怀澄撰：《吉光集·序言》。陈怀澄辑：《吉光集》，嘉义：兰记书局，1934年2月版，第2页。

③ 易顺鼎著：《诗钟说梦》。王鹤龄著：《风雅的诗钟》，北京：台海出版社，2003年9月第1版，第221页。

一名赠书券银一百二十员；第二名赠书券银八十员；第三名赠书券银六十员；第四名赠书券银四十员；第五名以下酌赠。”[①]由于取额宽弛，贺赏丰厚，从而极大地刺激了各地诗友参与创作的热情，一时之间应征者蜂拥而至，近如福建、广东、江西、浙江、上海、江苏、安徽、湖南、湖北，远如山东、河南、天津、北京、辽宁、四川、陕西、甘肃，乃至台湾、香港、日本、新加坡等地的诗人也都纷纷投稿，共收到稿件 1704 卷。

继乙卯(1915 年)所征“虞美人”(七排二十韵)之后，菽庄吟社又分别于丙辰(1916 年)征“黄牡丹菊”(七律四首)、己未(1919 年)征“七夕四咏”——“洗车”、“填桥”、“穿针”、“停梭”(七绝四首)与“闰七夕乞巧”(回文七绝)、庚申(1920 年)征“氐州第一·帆影”(词)、辛酉(1921 年)征“三九雅集”(七古)、壬戌(1922 年)征“鹭江泛月赋”、甲子(1924 年)征“小兰亭三修禊序”。其中，除了民国六年(1917 年)至民国七年(1918 年)，因“闽粤事起，风鹤告警”[②]，中断了两年外，其余每年几乎都有向海内外征集诗文。“每逢菽庄征诗，海内名流投稿恒逾千数，由沈傲樵评审次第”[③]，分别赠给“书券银”、辞典、影片等，曾经轰动一时；林尔嘉又将所得吟稿汇编成册，印成单行本，寄赠各地作者，“一时海内文人学士，寓书索赠，殆无虚日”[④]。此外，该社还延请陈衍、施士洁、

① “钟社课题”。《台湾日日新报》第 5494 号第六版，1915 年 10 月 8 日发行。

② 钱丕谟撰：《海天吟社诗存·跋》。钱丕谟辑：《海天吟社诗存》，“癸亥(1923 年)季秋”刊本，第 28 页。《民国厦门市志》载：“(民国 6 年)十一月，粤军侵闽。翌年五月，督军李厚基来厦督战，克数县。八月，北军大败，粤军由闽西入漳，战于江东桥、嵩屿，李督离厦。十一月，双方停战。民国 8 年四月，和议成，陈炯明为福建南部总司令。民国 9 年，粤军返粤，闽省统一。”见厦门市地方志编纂委员会办公室编整理：《民国厦门市志》，北京：方志出版社，1999 年 5 月第 1 版，第 60—61 页。

③ 林尔嘉撰：《庚申菽庄咏菊》(八首) 之一。林尔嘉撰，沈骥编校：《林菽庄先生诗稿》，台北：龙文出版社，1992 年 3 月重印初版，第 5 页。

④ 林尔嘉撰：《菽庄丛刻八种·序》。林尔嘉辑：《菽庄丛刻八种》，九州出版社、厦门大学出版社合刊，2004 年 12 月版，第 567 页。

许南英、龚显燦、龚显鹏、汪春源、吴增、周殿薰、庄善望、苏大山、龚植、龚显鹤、龚显禧、施乾、沈琇莹、马祖庚、庄棣荫、卢文启、李禧、卢心启、陈海梅、施景琛等名家宿望主持坛坫，由此韵事风流，传播益广。

如果说对外“征诗”体现了参与菽庄吟社创作活动的吟侣数量之众、范围之广，那么菽庄主人历次寿庆及结婚纪念则反映了参与菽庄吟社创作活动的吟侣层次之高，以及林尔嘉在民国期间的大陆社会和日本占据下的台湾社会的影响力之大。从民国三年(1914 年)到民国十三年(1924 年)的十年间，菽庄主人林尔嘉共举办过 3 次寿庆、2 次结婚纪念活动，分别是：甲寅(1914 年)四十双寿庆及逢闰重庆、壬戌(1922 年)四十八双寿庆及逢闰重庆、甲子(1924 年)五十双寿庆、丙辰(1916 年)银婚庆典与辛酉(1921 年)结婚三十周年欢祝会。由于台北板桥林家系“台湾第一望族”[①]，而且林尔嘉本人又一身傲骨，满腔忠义，慷慨济世，为富且仁，早已声名远播，誉满天下，所以参加他寿庆及结婚纪念活动的硕儒巨望非常之多。从科分方面看，有光绪庚辰(1880 年)科武状元黄培松、癸卯(1903 年)科状元王寿彭、壬辰(1892 年)科榜眼吴士鉴、庚寅(1890 年)恩科会元许南英、乙未(1895 年)科会元陈海梅，以及进士黄抟扶、陈望曾、施士洁、樊增祥、徐世昌、王清穆、唐文治、陈钜前、张琴、江春霖、林灏深、陈培锟、王式通(榜名“王仪通”)、郭则沄、于君彦、汪春源、关赓麟、陈焕章、林苍等；从诗名方面看，有光宣诗坛之“地魁星神机军师朱武”陈衍、“天立星双枪将董平”樊增祥、“地明星铁笛仙马麟”林纾、“地全星鬼脸儿杜兴”吴士鉴[②]，以及北京寒山社与稊园吟社社长关赓麟、蛰园吟社与瓶花簃词社社长郭

---

① 《林本源史话》。陈三井、许雪姬访问，杨明哲纪录：《林衡道先生访问纪录》，台北：中央研究院近代史研究所，1992 年 12 月版，第 51 页。

② 汪辟疆撰：《光宣诗坛点将录》。汪辟疆著：《汪辟疆文集》，上海：上海古籍出版社，1988 年 12 月第 1 版，第 333－398 页。

则沄、福州托社社长林苍、观社社长王允皙、台南南社社长赵仲麒、台北瀛社社长洪以南等;从宦衔方面看,有"清御史第一人"江春霖、北洋政府大总统徐世昌、国务总理许世英、海军总长及代总理萨镇冰、福建都督孙道仁、福建护军使及漳泉总司令黄培松、厦门道尹陈培锟、漳厦护军使臧致平、思明县县长来玉林乃至大军阀孙传芳等;此外,商业界巨头黄奕住、黄仲训、洪鸿儒等,也都有诗以贺。

菽庄吟社鼎盛期的社团活动不仅吟侣多、规模大、范围广、层次高,而且还非常频繁。每逢菽庄花园新景点落成,菽庄吟社都要举行庆典活动,如己未(1919 年)重阳藏海园落成、壬戌(1922 年)七月既望壬秋阁落成、甲子(1924 年)上巳小兰亭落成等。其它如上元、花朝、上巳、荷花生日、七夕、中秋、重阳等重要节事,菽庄吟社也都要开展宴集游赏活动,其中从乙卯(1915 年)开始,"上元张灯"与"上巳修禊"还成为菽庄吟社每年必定举行的常规性活动。此外,该社鼎盛期还创设有"寿菊会"、"三九会"、"买诗店"、"七七消夏会"、"九九消寒会"等临时性吟咏组织。

三、持续期(1924—1944)

从民国十三年六月初六日(1924 年 7 月 7 日)林尔嘉"挈眷自鹭岛放洋"[①],到民国三十三年九月初一日(1944 年 10 月 17 日)沈琇莹去世,为菽庄吟社的持续期,由"同光体"湖湘耆宿王闿运之及门弟子沈琇莹主盟。

---

① 林尔嘉撰:《辛卯(1951 年)六月六日天贶节,余归台已经三载。回忆甲子(1924 年)此日,余挈眷自鹭岛放洋,自东徂西,迄庚午(1930 年)归国,游兴未阑,年年夏出秋归,仍在大江南北;遨游不倦。丁丑(1937 年)后,避地沪上;癸未(1943 年)亦逢天贶节,适值新历七月七日,集眷宴饮,有七绝二首,并列于后。自甲子(1924 年)此日至今,二十七年矣;此中家国情景,历历如在目前,乃成七绝二首,以纪大概》。林尔嘉撰,沈骥编校:《林菽庄先生诗稿》,台北:龙文出版社,1992 年 3 月重印初版,第 95—96 页。

民国十三年甲子六月初六日（1924 年 7 月 7 日），林尔嘉“挈眷自鹭岛放洋”，“欧游七载，及归国，又寓沪十余年，乃由壶天醉客沈琛笙主持吟社”①。为什么菽庄吟社持续期由沈琇莹主盟，而不是别人呢？首先，菽庄吟社正式创立初期的三位元老——施士洁、许南英、汪春源，已分别于民国十一年（1922 年）、民国六年（1917 年）和民国十二年（1923 年）相继辞世；其次，沈琇莹乃光宣诗坛旧头领“托塔天王晁盖”②、“同光体”湖湘耆宿王闿运之及门弟子，林尔嘉延请他主盟该社，即“亦欲借其才华以张吾军”③；第三，也是最重要的还在于，沈琇莹与林尔嘉有着相同的审美志趣，林尔嘉所作《庚申（1920 年）菽庄咏菊》（八首）之一附注曾有“每逢菽庄征诗，海内名流投稿恒逾千数，由沈傲樵评审次第，多得吾心”④等语。

持续期的菽庄吟社，“修禊事蝉联无间”⑤，并举办诗钟大唱 1 次、菽庄主人寿庆 2 次、菽庄花园景点落成庆典 1 次。分别是：壬申（1932 年）所征诗钟大唱——“剑、潭，第一唱”、甲戌（1934 年）煦春亭落成庆典与菽庄主人六十寿庆、甲申（1944 年）菽庄主人七十寿庆。其中，壬申（1932 年）所征诗钟大唱——“剑、潭，第一唱”，寄寓了菽庄吟侣们崇高的民族大义和深沉的爱国情怀。1931 年 9 月 18 日，盘踞在我国东北三省的日本关东军蓄意策划制造了震惊中外的“九一八”事变，再次

---

① 林尔嘉撰：《己丑（1949 年）上巳静胜楼修禊》。林尔嘉撰，沈骥编校：《林菽庄先生诗稿》，台北：龙文出版社，1992 年 3 月重印初版，第 71 页。

② 汪辟疆撰：《光宣诗坛点将录》。汪辟疆著：《汪辟疆文集》，上海：上海古籍出版社，1988 年 12 月第 1 版，第 326 页。

③ 林尔嘉撰：《寄傲山馆词稿·序》。沈琇莹著：《寄傲山馆词稿》，“庚辰（1940 年）仲冬”刊本，第 2 页。

④ 林尔嘉撰：《庚申菽庄咏菊》（八首）之一。林尔嘉撰，沈骥编校：《林菽庄先生诗稿》，台北：龙文出版社，1992 年 3 月重印初版，第 5 页。

⑤ 林尔嘉撰：《己丑（1949 年）上巳静胜楼修禊》。林尔嘉撰，沈骥编校：《林菽庄先生诗稿》，台北：龙文出版社，1992 年 3 月重印初版，第71 页。

拉开侵华战争的序幕；事变发生后，北平、上海、南京、天津、武汉、福州、广州等地的学生及市民纷纷集会游行，掀起了规模空前的抗日救国运动高潮。菽庄吟社所征诗钟大唱"剑、潭，第一唱"正是在这一历史背景下举行的，萨伯森与郑丽生合撰之《诗钟史话》有载："《剑潭诗刊》一册，陶芸楼校录，公元一九三二年福州铅印本。为厦门林尔嘉在福州征诗，嵌字格'剑、潭，第一唱'诗钟大唱选本，录三千余联。尔嘉筑菽庄花园于鼓浪屿，中有剑潭，相传为郑成功磨剑之水，因以征诗。"①因而，其咏史述怀、托物言志的寓意十分的明显。

不过，菽庄吟社持续期影响最大的文学活动当属"菽庄丛书"六种、"菽庄丛刻"八种等的刊刻印行。"菽庄丛书"六种——吕世宜所著《古今文字通释》、陈棨仁所著《闽中金石略》、沈琇莹所著《寄傲山馆词稿》与《壶天吟》、林尔嘉所著《顽石山房笔记》与江煦所辑《鹭江名胜诗钞》，这套丛书卷帙浩繁，学术价值极高，从民国二年(1913 年)开始校勘，到 1948 年方告完竣，共花费林尔嘉父子两代和沈琇莹师徒二人逾三十年时间，所耗财力物力则不计其数。"菽庄丛刻"八种——《虞美人诗》、《黄牡丹诗》、《七夕四咏》、《闰七夕乞巧诗》、《帆影词》、《三九雅集诗》、《鹭江泛月赋》与《小兰亭三修禊序》，是在菽庄吟社鼎盛期 8 次"征诗"活动及出版单行本的基础上，所作的进一步精选，"书出，各省风雅之士争相索阅，一再翻刻达数万册。江黄耆旧，关岭英彦，无不知菽庄其人矣"②，影响十分广泛。此外，该社在这一时期还梓行有《菽庄观菊》、《剑潭诗刊》、《菽庄主人六十寿言》等专辑。

除了在菽庄花园所开展的活动外，这一时期菽庄主人林尔嘉在香港、上海等地也组织有不少吟咏聚作活动，由于这些活动许多都是与

---

① 萨伯森、郑丽生合撰:《诗钟史话》，1964 年 1 月郑丽生手写本，第 47 页。

② 《林公尔嘉传略》。王国璠编撰:《板桥林本源家传》，台北:林本源祭祀公业，1984 年 7 月版，第 57 页。

菽庄吟社在菽庄花园内开展的创作活动同步进行的，所以也应当列入菽庄吟社的考察范围之内。主要有：(1)“上巳修禊”，包括民国二十七年(1938年)、二十八年(1939年)在香港所组织之“香江修禊”和民国二十九年(1940年)、三十年(1941年)、三十一年(1942年)、三十三年(1944年)在上海所组织之“梵王渡公园修禊”、“锦江酒家修禊”等；(2)“七七消夏会”，为民国二十九年(1940年)、三十年(1941年)在上海所组织，分别开展7期和6期活动；(3)“九九消寒会”，民国二十九年(1940年)冬在上海所组织，共开展9期活动；等等。

四、余绪期(1944—1949)

从民国三十三年九月初一日(1944年10月17日)沈琇莹去世，到1949年厦门解放前夕，为菽庄吟社的余绪期，由林尔嘉五子林履信主盟。

一般认为，民国三十三年九月初一日(1944年10月17日)菽庄吟社持续期主盟人沈琇莹去世后，该社即停止活动。不过，1948年4月30日《厦门大报》刊登的《胜利后隔江小兰亭举行第一次春禊》一文有载：“林尔嘉先生虽然未归，但其子林履信替父亲操办了抗战胜利后吟社的第一次聚会。这次聚会于农历三月三(4月11日)举行，菽庄吟社的施健庵、李禧、柯伯行、卢蔚其等15位诗友重聚于菽庄花园小兰亭吟诗畅叙。”[①]林尔嘉所作《己丑(1949年)上巳静胜楼修禊》诗序另记：“丁亥(1947年)五儿履信归厦，复集新旧社侣举行之，今年定亦如是。”[②]由此推断，1945年抗战胜利后，菽庄吟社在厦门至少还开展过3

---

① 转引自海鹰撰：《鼓浪诗声去复来——文史专家洪卜仁细说“菽庄吟社”当年事》，厦门：《厦门日报》，2006年5月31日。

② 林尔嘉撰：《己丑(1949年)上巳静胜楼修禊》。林尔嘉撰，沈骥编校：《林菽庄先生诗稿》，台北：龙文出版社，1992年3月重印初版，第71页。

次上巳修禊活动。

2006年5月30日至6月2日，鼓浪屿——万石山风景名胜区管委会、厦门市文联、厦门日报社在厦门鼓浪屿联合举办了“鼓浪屿首届诗歌节”。5月31日下午，蔡其矫、洛夫、林莽等来自海内外的近百名诗人齐聚菽庄花园壬秋阁前，在《联名发动恢复菽庄吟社倡议书》上郑重地签下了自己的名字。据悉，恢复后的菽庄吟社“将尝试以新诗为主、兼及旧体诗词，开展各种各样的诗歌活动，广泛交谊海内外诗人，使之成为海峡两岸文化交流的桥梁。这对于把鼓浪屿打造成为南中国的诗歌之岛乃至诗歌中心，将有巨大的推力”[①]，从而为菽庄吟社注入了新的时代内涵。由于这属于“后菽庄吟社”的事情，本著暂不把它列入研究范畴。

① 谢春池撰：《舒婷故乡的第一个诗歌节——2006鼓浪屿诗歌节侧记》。厦门：《厦门文学》，2006年第8期，第30页。

第二章

薮庄吟侣的地域分布

“如果一个社团存在，必须有两个或两个以上的人为了追求共同的目标而协同行动。而且，‘社团’这一术语隐含着至少有一定的组织结构和稳定性。”[①]那么，薮庄吟社究竟有多少吟侣，他们所追求的“共同的目标”是什么，其社团的“组织结构和稳定性”又如何呢？

从对已经辑得的30种薮庄出版物所作统计来看，薮庄吟侣至少有1978位。其中，能够确定籍里或寄居地的1290人，分别来自全国26个省市区及日本、新加坡、印尼等地。具体分布为：福建525人、台湾76人、江苏425人、上海31人、安徽35人、浙江42人、湖北25人、湖南15人、江西7人、北京25人、天津4人、河北1人、辽宁1人、吉林2人、察哈尔（今内蒙古）2人、山东14人、河南5人、山西1人、广东30人、香港2人、广西1人、云南1人、贵州1人、四川4人、陕西2人、甘肃2人、新加坡1人、印度尼西亚2人、日本12人（其中11个为日本人）。薮庄吟侣如此之众，难怪乎康筠庵要说“俾天下骚人墨士皆将尽入其彀中”[②]了。

---

① [德]克里斯蒂安·托姆夏特（Christian Tomuschat）著，蒋小红译：《结社问题》。[英]阿米·古特曼等著，吴玉章、毕小青等译：《结社：理论与实践》，北京：生活·读书·新知三联书店，2006年11月第1版，第28页。

② 康筠庵撰：《甲子（1924年）三月薮庄小兰亭三修禊序》。林尔嘉辑：《薮庄小兰亭征文录》，“戊辰（1928年）春日”刊本，第46页。

菽庄吟社如此众多的"骚人墨士",既是对中国近现代人文发展及地理分布状况的一种体现,也是对近代以来闽派文学在海内外之影响及其接受的一种反映。有关中国近现代人文发展及地理分布的状况,刘师培所撰《南北学派不同论》、丁文江所撰《历史人物与地理的关系》、梁启超所撰《近代学风之地理的分布》、张耀翔所撰《清代进士之地理的分布》与《中国人才产生地》、黄炎培所撰《清代各省人文统计之一斑》、陈序经所撰《南北文化观》、潘光旦所撰《近代苏州的人才》与所著《明清两代嘉兴的望族》、钱基博所撰《近百年湖南学风》等,已经作过详尽、深入的剖析。这里主要就近代以来闽派文学在海内外之影响及其接受,以及各地吟侣参与菽庄吟社创作活动的方式特点等,作个梳理和描述。

第一节 闽台吟侣

文学流派往往是在一个地方的水土、风俗、方言等基础上形成和发展起来的,与地域有着密不可分的联系。汪辟疆尝论曰:"若夫民函五常之性,系水土之情,风俗因是而成,声音本之而异,则随地以系人,因人而系派,溯源于既往,昭轨辙于方来,庶无訧焉。况正变十五,已肇国风,分野十二,备存班志,观俗审化,斯析类之尤雅者乎。"[①]

台湾与福建一衣带水,隔海相望,两岸地缘相近,血脉相通,语言、文化、习俗相同,同属一个文化区域。元代中央政府就曾在澎湖设立巡检司,隶属福建行省泉州路同安县管辖。明天启四年(1624 年),台湾为荷兰殖民者所侵据。清顺治十八年(明永历十五年,1661 年),郑

① 汪辟疆撰:《近代诗派与地域》。汪辟疆著:《汪辟疆文集》,上海:上海古籍出版社,1988 年 12 月第 1 版,第 292 页。

成功驱逐荷夷，收复台湾。康熙二十二年（1683年）施琅统一台湾，并于翌年设立台湾府，隶属台厦道管辖，福建遂为九府建制，史称“九闽”；其间，闽省“内地”与“台地”之间实行官员互调、师资互派、科考同制。光绪十一年（1885年）台湾设立行省，但清德宗光绪皇帝有谕：“台湾虽设行省，必须与福建联成一气，如‘甘肃新疆’之制。庶可内外相维。”[①]而其“文武乡闱”，则“援照由安徽赴江南彙考例，例归福建”[②]。

在台湾科举史上还曾经发生过闽地生员大量冒充台籍参加考试的严重现象。清乾隆二十九年（1764年）巡台御史李宜青尝奏禁止“冒籍”一疏，曰：“台湾四县应试，多福兴泉漳四府人，稍通文墨，不得志于本籍，指同姓在台居住者，认为弟姪，公然赴考。教官不及问，廪保互结未暇详，至于窃取一衿，褰裳而归。按是多虽台士，实则台湾无其人。民于上年抵台，行文观风。四县生员只八十余卷，询之官吏，据称俱在内地。夫庠序之设，凡以宏奖风教，使其土者知所方向。令台湾南北两路广袤一千数百余里，计其庄户不下数万。而博士弟子员，寥寥少□见者，皆内地窜名所致也。”[③]另据《乾隆晋江县志·选举志》载，“从1711年至1762年的五十年间，晋江县士人以台籍而中举及中进士有名可查者达十四人之多”[④]。这也从另一个角度说明，闽台两地实属同一个文化区域。

为了叙述的方便，这里先谈福建吟侣。

---

① 张本政主编：《〈清实录〉台湾史资料专辑》，福州：福建人民出版社，1993年12月第1版，第1146页。

② 转引自张是初撰：《清代台湾之考试制度》，台湾文献委员会编印：《文献专刊》第五卷第一、二期，台北：成文出版社，1983年3月台一版，第1012页。

③ 转引自张是初撰：《清代台湾之考试制度》。台湾省文献委员会编印：《文献专刊》第五卷第一、二期，台北：成文出版社，1983年3月台一版，第1009页。

④ 陈泗东撰：《清代末科泉州的举人进士遗闻录》。政协福建省泉州鲤城区委员会编：《泉州鲤城文史资料》第二辑，1987年9月版，第41页。

一、福建吟侣

闽派文学源远流长。早在南北朝时期，就有江淹、谢飏、王秀之、何胤、王德元、王僧孺、范缜、江洪、萧机、萧乾等一大批名望之士相继入闽为宦，他们在宦闽期间写下大量的诗文作品。唐初福建有了自己的第一个诗人郑露，中唐时期又有了第一个走向全国的文学家欧阳詹，晚唐五代出现了翁承赞、黄滔、徐夤等作家和诗人群体。到了两宋，福建人文鼎盛，名家辈出，其中杨亿一改五代以来鄙芜的创作习气，大力倡导“西昆体”，成为北宋第一个诗歌流派；柳永则是第一位在中国文学发展史上取得卓著地位的闽中作家，两宋慢词，始自于柳；严羽的《沧浪诗话》，在中国文学批评史上也有着极其重要的地位；此外，蔡襄、苏颂、李纲、刘子翚、萧德藻等的诗作，李纲、张元干、刘克庄等的词作，杨时、朱熹等的理学文章，谢翱、郑思肖等的遗民文学，以及刘克庄、魏庆之等的文学批评，都对后世影响很大。元代闽籍诗人，主要有被称为“元诗四大家之一”的杨载，以及洪希文、黄镇成、廖梦观（释大圭）等。明代初年，林鸿、郑定、王褒、唐泰、高棅、王恭、陈亮、王偁以及林鸿的弟子周玄、黄玄等“闽中十才子”，公开打出“诗宗盛唐”的旗号，弘治、正德年间经过郑善夫进一步发扬，万历、天启年间又得到邓原岳、谢肇淛、徐熥、徐𤊹、曹学佺等重振，“风气沿袭，遂成闽派”[①]。晚近以来，福建诗坛又形成“同光体”闽派，该派以“不墨守盛唐”相标榜，主要代表人物有陈衍、林纾、郑孝胥、陈宝琛、严复、沈瑜庆、林旭、李宣龚、张元奇、林苍、王允皙等，他们在大量译介西方哲学、经济、政治思想和文学作品的同时，又始终用渊雅的古文来进行写作，其中林纾的“林译小说”、严复所译《天演论》、陈衍所著《石遗室诗话》、陈宝琛所著

① 参看陈庆元著：《福建文学发展史》，福州：福建教育出版社，1996年12月第1版，第25—398页。

《沧趣楼诗集》、郑孝胥所著《海藏楼诗集》等，影响都十分广泛。

不过，从文学体式的角度来看，真正称得上为福建文人自己所独创、并且在近现代诗坛产生过重大影响的闽派文学特产，只有诗钟与击钵吟二体。诗钟自从清代嘉庆、道光年间在闽地产生以来，即由福建宦京之士携入京城，再由京城播及山东、浙江、江苏、上海、河南、湖北、四川等全国各地，“不数十年，风行薄海内外。名联佳句，亦由好事者之流传，而脍炙人口。盖骎骎乎附庸风雅，割据词场矣。”[①]仅闽省一地，先后创立的诗钟社团就有吟秋诗社、�心社、飞社、可社、琼社、西社、志社、源社、托社、还社、观社、退闲吟社、补闲吟社、补残吟社、晓社、余闲吟社、余社、亦社、简社、留社、瑄江吟社、南琼吟社、马江侗社、澄社、榕社、韬社、则社、夕社、厦门剑社、补余吟社、谈何容易社、罕社、抗社、曦社、凤山吟社、岭南吟社、燕溪吟社、超社、石社、正社、南平剑社、后乐吟社等 40 余个，形成的诗钟集著则有《屏麓草堂诗话》、《停云阁诗话》、《闽杂记》、《雪鸿初集》及续集、《郭中丞诗钟存稿》、《壶天笙鹤初集》等近 40 种，并且涌现出了林则徐、陈寿祺、郭柏荫、沈葆桢、孙乾甫、陈宝琛、林纾、陈衍、沈瑜庆、郭曾炘、郭则沄、王毓菁、张元奇、林苍、王允皙、陈笃初、林绮赓、陈海瀛、陈实懽、杨文继等诗钟大家。击钵吟一体自清代中叶在闽地产生以来，也由福建宦外人士传到北京、湖北、江西、广东等地，先后产生偶集、鄂集、赣集、京集、粤集等，何刚德“辛酉(1921 年)秋”所作《击钵吟赣集·序》有谓：“自道咸来，于今垂百年，虽时有作辍，而晋安风雅固延而未尝绝也。”[②]

菽庄吟社便是以“晋安风雅”这一诗学传统相持倡，并且以诗钟和

---

① 林资修撰：《吉光集·弁言》。陈怀澄辑：《吉光集》，嘉义：兰记书局，1934 年 2 月版，第 1 页。

② 何刚德撰：《击钵吟赣集·序》。何刚德辑：《击钵吟赣集》，民国十年辛酉(1921 年)刻本。

击钵吟创作为号召的文学社团，因而吸引了众多闽地文士的参与。菽庄吟社中的福建吟侣总计525人，占已知籍地吟侣总数的40.7%。其中，福州225人、泉州124人、厦门95人、漳州40人、莆田19人、龙岩15人、三明3人、南平2人、宁德1人，未能确定所属地区1人。分别是：

（一）福州（225人）：

吴曾祺	林　苍	水南居士	施幼笙
邱林韵芳	林米庵	陈遗隐	桐阴书屋
寄庐骚客	郑佩芬	欧阳廷琛	陈琇仪
高　勋	肃　元	陈荫阶	林莪汀
郑芦隐	林吉人	陈炘侯	石　匏
陈与奋	冰　壶	翁仁同	林晚悔
陈海楼	施次寅	池文汉	陈玉峰
胪厦隐庐	郑蒸中	刘友正	林有鋆
池纫绮	榕峤楚狂	林莞尔	碧娟娟山馆主人
陈心鉴	金　汤	刘韵笙	龚文青
胡筱良	戢园主人	龚礼彬	吴炎南
叶绣葆	赵梵清	高文藻	驯鹿山房旧主
吴谷村	林　纾	陈海梅	陈培锟
于君彦	陈遵统	叶大琛	郑祖庚
陈鸣泽	卓孝复	陈柏侯	翁绮铭
陈恩焘	王宣辰	陈　衍	吴征鳌
李景骧	沈冠生	黄允中	廖毓英
钟为桢	高向瀛	杨　钠	郭则沄
陈福敷	王允晳	王贻瑄	陈寿璠

林云康	施景琛	方兆鳌	陈寿彭
萨君陆	林秉章	郭则寿	高　稔
林灏深	洪　勷	刘自逊	魏道恒
廖鸣锵	张南英	林　襄	唐瀚波
方兆景	陈应钧	陈　籧	陈　庚
叶大瑄	陈赞夏	余爕梅	林振先
李景堃	童　咏	叶在镕	杨　逑
杨　穗	郑维棠	郑汝霖	蔡法平
张鹤廉	陈德麟	衲如璧	陈钜前
林孝颖	林孝曾	郑星驷	林幼泉
张晚青	萧梦馥	林剑冶	张如香
张云沛	张福筹	陶慕唐	叶乃菑
黄芗洲	林坦西	陈寄今	沈剑知
林朐端	郑宪纶	张拂潮	余瑰丞
刘霁南	高荼禅	杨莲沅	彭剑翔
林仲笏	郑庆崇	林誉虎	马勋宇
刘吟篁	林谦远	魏道豫	张鹤年
林弢懽	梅道人	钓龙客	王贵芳
余瘦梅	得过且过	丁一士	何良弼
李逢辰	金华居士	陈实怀	麓瘫老者
卓　人	刘伯镐	刘大炯	榕垣本恨人
剑雌女士	郑元鼎	不倒翁	瘿　公
陈捷克	李赓扬	施又森	钱鸿文
林季常	甦　庐	舞则沙	陈笃霖
江西赘叟	可　立	琼江退叟	郑危人
林芳女士	无浑健子	李莼盦	魏师商

大江东去	陈福锟	林河山	林灏观
好便是了	白凫翁	丁香子	漪　湘
沧浪孺子	圆圆居士	韵芳居士	牟尼一串珠
七功泉	邱中基	陈谦抝	江　桐
陈信斋	邱林芳	陈彦卓	张朝弼
乃　禾	萨嘉榘	萨镇冰	萨嘉曦
陈无竞	陶芸楼	林绮赓	严叔夏
托社主人	乌石山樵	潘炳年	陈君耀
陈毓琦	余叙功	苛笠山人	哲　庵
于师会	影　船	王绍沂	何宗文
何赛英	鄢耀枢	吴懿人	康筠庵
邱景雍			

(二)泉州(124人)：

苏大山	龚　植	龚显鹤	龚显鹏
龚显燦	龚显禧	龚显祚	龚　煦
龚鼎隆	林　骚	苏镜潭	陈棨伦
曾　遒	王冠群	汪煌辉	洪锡畴
黄悟曾	李幼岩	杨家栋	张大藩
施　随	杨昌国	李　唐	张炳垣
施　乾	庄善望	庄善信	锦里书生
陈海屋	陈　钊	陈　莹	陈　錢
陈　蓁	王大亨	王大贞	吴国藩
施　模	蔡寿星	王星枢	黄祈年
陈　鍚	杨　舒	吴　曾	蔡凤禨
蔡恩煦	周葆真	陈　铭	粘爻文
许觐东	张大河	林保彝	蔡　玑

张应铨	黄抟扶	黄　鹤	李　钰
蔡孟群	仲恕氏	瑨　团	黄思忠
刘朱司	陈俪桃	砚　傭	游惰民
借憩轩	蛰庐主人	陈一伦	俨　莽
梦　癖	小　幻	李湘蘅	愧　山
戒坛老衲	晋江病隐	元真子	陈添筹
陈寿三	陈寿屋	皆　山	铸　侬
温陵旧隐	古温陵蝶仙	古温陵省吾氏	
吴　增	黄玉成	黄培松	苏警予
黄奕住	黄　荫	黄　荃	黄　桓
黄　琬	雷一鸣	黄毓清	陈鼎元
蔡　瑜	吴大璋	庄棣荫	贺仲禹
杜　唐	胡　巽	林　渊	梨魂别院
张幹枢	杜守钦	陈忠烺	陈蓉光
陈炳辉	翁梦庚	黄肃卿女士	
陈锦标	陈　试	李家树	陈德芳
陈　纪	江懋章	林铬存	林琼存
黄则碧	张锦鸿	林兆龄	林扬孝
林杞材	卧云楼主人		

(三)厦门(95人)：

周殿薰	余焕章	周培榛	柯荣试
刘培元	黄鸿基	陈桂琛	李　禧
柯征庸	欧阳桢	孙渔隐	吴浚源
杨　鉴	钱碧海	虞　愚	黄仲训
孙渭卿	翁兆全	黄登第	黄金木
汪荣秋	陈振泽	周麟书	吴资深

黄南隐	颜莲影	杨廷樑	王隆惠
曾厚坤	吕调镛	曾宗礼	林振明
章永顺	颜少琴	林世谟	陈　培
林敦厚	陈景清	林廷榜	黄庆元
黄植庭	韩福海	孙印川	李　楸
叶骏琛	黄　瀚	谢云声	萧幼山
郑丰稔	曾冷香	陈昌言	林翥桐
殊　群	黄桂菜	林滋芸	海河过客
李　彰	卫嘉怿	丁卓异	古鱼城生
萧　樑	剑　胆	冷　铁	鹭江倦客
鹭水狎鸥翁		如　心	吴心斋
无姓名	颜冠玉	卢山后人	鹭江钓客
螺江逸叟	林之英	刘慕陶	陶　隐
菊　痴	王桂芬	钓龙台客	颜练影
洪澄秋	林钟英	张千里	彭菁士
李梦华	沪南醉影	李兆丰	黄　浦
老学究	洪鸿儒	王步瀛	叶伯埜
李维崧	叶挺秀	吴锡璜	林锡麟

（四）漳州（40 人）：

黄恩培	施香沱	檀　荫	姜淑英
檀鹤皋	凤浦钓客	陈其灼	柯　乔
施甲殿	施氏八郎	苏寿萱	碧溪渔者
周之德	芗江南道人		石渠后人
黄嵩年	郭桢祥	曾谢恩	高　品
胡　湘	陈锡朋	陈锡侯	陈辛槃
陈　亮	倪儒林	施荫杓	徐联梯

马祖庚　　江　煦　　林度生　　陈　铸

邱曾三　　徐振辉　　徐飞仙　　胡玉田

痴　济　　谢家树　　杨士鹏　　玉烟生

陈茯园

（五）莆田（19人）：

江春霖　　张　琴　　关其忠　　林树源

宋启人　　宋席湖　　黄鉴波　　韩叔蕃

林钝夫　　惺　园　　陈斗生　　黄国桢

蔡　瑄　　洪景皓　　涂开化　　刘季鸿

吴春华　　韩阜晋　　知　庐

（六）龙岩（15人）：

江璞岩　　熊霞仙　　江呈辉　　江蕴钧

痴　珠　　孔吟栽　　吴雁峰　　孔听泉

吴　召　　张瀛山　　廖越之　　卢东笙

邱峻生　　薛霞岑　　童蒙吉

（七）三明（3人）：

陈地孙　　雷作霖　　慢　公

（八）南平（2人）：

彭唐卿　　邱锦丹

（九）宁德（1人）：

翁守藩

（十）未能确定所属地区（1人）：

闽南廿七仙

可以看到，福建吟侣又以福州、泉州、厦门、漳州四地为多，其原因比较容易析见。福州作为省会城市，历来就是闽台乡试会所，自然人文荟萃，况乎“晋安风雅”，明初以来即已“郁郁彬彬，猗欤盛矣”[①]。泉州夙有“海边邹鲁”之称，唐代林蕴、林藻兄弟即组织有东安诗会，宋代朱熹创建鳌江书院，元代谢兰芸倡为仁和诗社，明代蔡秉元设立弢社，清代蔡永蒹改创东江吟社，晚近则有陈棨仁、龚显曾与黄梧阳共组之桐阴吟社。厦门乃菽庄吟社所在地，历史上隶属泉州府同安县管辖，民国元年(1912 年)置县，民国二十二年(1933 年)才正式设市，因而在菽庄吟社活动的主要时期，与泉州同属一个府郡。漳州则为菽庄主人林尔嘉的祖籍地，所以凡有能诗者自然也都踊跃参与。

除了上述总体特征外，福建吟侣还有以下几类吟侣或诗人群值得特别关注：

一是“同光体”闽派诸诗人。包括：陈衍、林纾、吴曾祺、郭则沄、林孝曾、林孝颖、陈海梅、于君彦、陈遵统、林苍、王允皙、萨嘉曦、郑星驷、林幼泉、方兆鳌、陈钜前、吴征鳌、江春霖、张琴、施幼笙、吴增、苏大山、周殿薰、李禧等。他们参与菽庄吟社活动的频率未必都很高，但是由于他们在清末民初诗坛的地位显著、影响很大，因而他们参加菽庄吟社活动的象征意义远远超出了其实际意义。其中，陈衍、龚显燦、龚显鹏、吴增、周殿薰、庄善望、苏大山、龚植、龚显鹤、龚显禧、施乾、马祖庚、庄棣荫、李禧、陈海梅、施景琛等人，都曾接受林尔嘉的聘请，主持过菽庄吟社的社课活动，尤其是陈衍，实际上充当了菽庄吟社的精神领袖。

二是晚清民国期间闽地各诗社负责人及骨干成员。包括：福州支社的林纾、陈衍、卓孝复、王允皙，琼社的林纾，志社的张鹤廉、林绮赓，花好月圆吟社的林纾、林孝曾、林孝颖、陈海梅、郑祖庚、林剑冶、李景

---

① 徐熥撰：《晋安风雅·序》。转引自陈庆元著：《福建文学发展史》，福州：福建教育出版社，1996 年 12 月第 1 版，第 6 页。

骧、邱林韵芳，托社的林苍、陈福敷、张云沛、张福筹、林宗泽，源社的陶慕唐、叶乃蔼，融社的黄芗洲，则社的张福筹，观社的林苍、王允皙，还社的王允皙，说诗社的陈衍、陈炘侯、陈寿璠、施景琛、陈海瀛（无竞）、陈鸣泽（虚谷）、沈冠生，退闲吟社的陈海梅、林苍、陈柏侯、陈培锟、林坦西，补闲吟社的陈海梅、张鹤廉、严叔夏、林绮赓，余闲吟社的张晚青，剑社的陈海瀛，夕社的萧梦馥，榕社的陈培锟、林幼泉、陈寄今、林绮赓、沈剑知、张如香、林胸端、陶慕唐、郑宪纶、张鹤廉、林云康、张拂潮、余瑰丞、陈海瀛、刘霁南、高茶禅、黄芗洲、杨莲沅、彭剑翔、林仲笏、郑庆崇、陈福敷、林誉虎、马勋宇、刘吟篁、林谦远；泉州桐阴吟社的陈棨伦，温陵弢社的吴增、苏大山、曾遒、王冠群、汪煌辉、洪锡畴、苏镜潭、黄悟曾、李幼岩、杨家栋、杜唐、林骚、张大藩、黄玉成、欧阳桢、胡巽、施随、杨昌国；厦门海天吟社的周殿薰、陈桂琛、黄瀚、余焕章、柯征庸、李禧、萧幼山、熊霞仙，鹭江梅社的孙渔隐，莲社的柯荣试、苏警予、谢云声，未社的胡巽、李唐，东社的张炳垣，鹭江吟社的周殿薰、余焕章、李禧、柯征庸、吴浚源、汪煌辉、萧幼山、杨鉴、黄瀚，星社的胡巽、李禧、萧幼山、欧阳桢、贺仲禹、陈桂琛、施随、杨昌国、郑丰稔、钱碧海，虎溪吟社的苏警予、曾冷香、谢云声，筼筜吟社的李禧、洪鸿儒、柯征庸、虞愚；莆田壶社的张琴、宋启人；永安燕溪诗社的陈培锟、张如香；等等。在他们的影响及带动下，越来越多的闽地文士纷纷参与到菽庄吟社的创作活动中来。

三是林尔嘉妻族及亲表诸诗人。包括龚煦、龚植、龚显燦、龚显鹏、龚显鹤、龚显禧、龚显祚、龚鼎隆、庄棣荫、苏镜潭、王贻瑄等。他们与林尔嘉的“同里诸诗人”一样，经常出入菽庄花园，是菽庄吟社的核心成员。

四是闽省军界、政界、新闻出版界、商界的名公巨卿。包括：“清御史第一人”江春霖，海军总长、代总理萨镇冰，庚辰（1880 年）科武状元、福建护军使、福建漳泉总司令、培威将军黄培松，咨政院、国会、立法院、众议院议员兼福建暨南局首任总理林辂存，闽海、厦门等道道尹及代理福建省政府主席陈培锟，福建暨南局局长龚显燦、副局长黄恩培；厦门全闽报社的江璞岩；厦门商会总理洪鸿儒，侨领兼大资本家黄奕住、黄仲训；等等。这些说明，林尔嘉创建菽庄花园及菽庄吟社的目的，并非要消极避世，作茧自缚，而是要建立一个平台，以此来广泛结纳天下名士，其意图和用心就很值得进一步推敲和考究了。

二、台湾吟侣

清代末年，诗钟与击钵吟二体一经传入台湾，便得到台湾文士的热情欢迎，迅速占据台湾诗坛的主流地位，社团纷起、人才辈出、佳作纷呈，先后涌现出斐亭吟会、竹梅吟社、荔谱吟社、牡丹诗社、海东吟社等文学社团，从而使台湾诗坛进入到一个“击钵联吟”的创作时代。日人入据以后，诗钟与击钵吟二体在台湾发展到了极致，甚至成为“变态之诗学”，诗社钟会之设更是达到 200 个之多[①]。连横所著《雅言》尝谓：“三十年来，台湾诗学之盛，可谓极矣。吟社之设，多以十数。每年大会，至者尝二、三百人。赖悔之所谓‘过江有约皆名士，入社忘年即弟兄’；诚可为今日诗会赞语矣。顾其所作者，多属击钵吟。……然而今之诗会非击钵吟无诗，今之诗人非作击钵吟之诗非诗；是则变态之诗学也，可乎哉？”[②]

菽庄吟社虽然地处厦门，但该社是以内渡大陆的台湾流寓文士为主导的文学社团，并且在创作活动中采用台湾文士所喜闻乐见且驾轻

---

① 根据赖子清撰《古今台湾诗文社》所作统计。参见台湾省文献委员会编：《台湾文献》第一〇卷第三期、第一一卷第二期，台北：成文出版社，1983 年 3 月版，第 2013－2044、2780－2806 页。

② 连横著：《雅言》，台北：台湾银行经济研究室，1963 年 2 月版，第 41 页。

就熟的诗钟与击钵吟二体。所以，日据台湾时期，尽管日殖当局设置了重重障碍，但是台湾本岛诗人还是敢于冲破日人的封锁与阻挠，积极参与菽庄吟社的创作活动。菽庄吟社中共有台湾吟侣76位，大致又可分为两类：

一类是林尔嘉及其眷属和乙未前后内渡大陆的台湾流寓文士及其后代，也就是林尔嘉所称"同里诸诗人"，计21人。分别是：

林尔嘉	龚云环	林柏寿	林鹤寿
林景仁	林刚义	林崇智	林履信
林熊祥	陈望曾	施士洁	许南英
许赞书	汪春源	汪受田	王人骥
黄鸿翔	蔡谷仁	卢文启	卢心启
邱韵香			

这些人大多来自清末台湾诗坛，诗名早著，而且往往有科分在身，内渡后又集中归籍或寄籍在闽南厦、漳、泉三地，举凡菽庄吟社有开展任何活动他们都必定参加，在菽庄吟社中占据重要的地位。如：陈望曾系同治十三年(1874年)甲戌科三甲第六十九名进士，台南崇正社社员；施士洁系光绪二年(1876年)丙子恩科三甲第二名进士，台南崇正社成员、《诗畸》作者；许南英系光绪十六年(1890年)庚寅恩科会元、三甲第六十七名进士，台南崇正社与浪吟诗社创立人；汪春源系光绪二十九年(1903年)癸卯科三甲第一百二十名进士，台南崇正社社员、《诗畸》作者；王人骥与黄鸿翔系光绪二十八年(1902年)壬寅恩科举人；蔡谷仁系漳化拔贡；卢文启与卢心启系台南秀才；等等。

另一类是日据下台湾本岛诗人，计55人。分别是：

张我军	张纯甫	梦春仙馆	陈　礼
沈相其	洪以南	颜云年	魏清德
谢汝铨	林湘沅	刘育英	许梓桑
谢尊五	王大俊	高肇藩	高重熙
邵福日	林子桢	陈其春	黄启初
杨淑子	黄锡之	吴乃江	邵恩亮
何鉴奎	陈　坤	林知义	吴茂如
林菊塘	苏澄河	曹秋圃	陈　翔
潘际唐	王汝成	张思达	黄星阙
吴石潭	连　横	连城壁	赵云石
黄　桐	洪宣碧	李君曜	观海客
陈国锽	叶际唐	曾吉甫	郑燦南
罗汉章	洪掞材	东瀛女子洪碧梧	
李如月女士	邓旭东	洪介夫	李天民

这些人大多是日据下台湾本岛诗坛的领军人物，在日据时期的台湾诗坛占有举足轻重的地位。如：连横系台南南社发起人之一、台中栎社与台北瀛社社员、《台湾诗荟》主编；张我军系台湾新文学运动的"开拓者"与"奠基人"、《台湾民报》编辑；赵云石（仲麒）系清末台南浪吟诗社社员、台南南社第二任社长、台南锦文吟社社员；洪以南系台北瀛社首任社长、台北婆娑会会员；谢汝铨系台北瀛社第二任社长、台北萃英吟社第二任社长、《台湾日日新报》记者；魏清德系清末新竹竹梅吟社社员、台北瀛社第三任社长、新竹竹社与台北咏霓诗社社员、台北婆娑会会员；张纯甫（汉）系新竹柏社社长、"坚白屋"与"三孝人家"主持人、稻江星社与新竹青莲吟社社员、《台湾诗报》同人；林湘沅（馨兰）系清末新竹竹梅吟社社员、台北萃英吟社首任社长、台北瀛社发起人

之一、台南南社与稻江星社社员、台北婆娑会会员、《台湾日日新报》记者；曾吉甫系清末新竹竹梅吟社社员、新竹竹社副社长、青莲吟社社员；颜云年系台北陋园吟会创立人及瀛社社员；刘育英系台北淡北吟社社长及瀛社社员；谢尊五系台北鹭洲吟社社长、台北瀛社社员、婆娑会会员、沪江吟社顾问；许梓桑系基隆大同吟社社长、台北瀛社社员；叶际唐系新竹竹社社员、《诗报》编辑；高肇藩系稻江星社社员、《台湾诗报》同人；王大俊系台南琅環诗社创立人之一、将军吟社社员、白鸥吟社顾问；郑燦南系清末新竹竹梅吟社社员；连城璧系台南南社社员；邵福日系台北瀛社及淡北吟社社员；陈其春与林子桢系台北瀛社社员及婆娑会会员；等等。必须注意到一点，日据下的台湾本岛诗人，是在摆脱日本殖民当局的严密监视与严格控制的情况下，才将诗稿送抵菽庄吟社的，所以他们的参与显得尤其难能可贵。

从菽庄吟社的台湾吟侣中，还可以了解到：

一是从乙未（1895 年）日人入据台湾到癸丑（1913 年）菽庄吟社在厦门正式创立，尽管日本侵略者在台湾实行殖民同化教育已经有相当长的一段时间，但台湾传统汉学并没有因此歇绝，相反台湾本岛的诗社钟会反而如雨后春笋般涌现出来。其中，成员参与了菽庄吟社创作活动的社团就有 22 个，包括：台北瀛社、淡北吟社、咏霓诗社、萃英吟社、鹭洲吟社、婆娑会、沪江吟社，基隆陋园吟会、大同吟社，稻江星社，新竹竹社、柏社、“坚白屋”、“三孝人家”、青莲吟社，台中栎社，台南浪吟诗社、南社、琅環诗社、将军吟社、白鸥吟社、锦文吟社。

二是日据台湾期间，尽管日本殖民当局设置了重重障碍，限制和阻挠两岸人民的交流往来，但是台湾人民仍然一心向往祖国文化，渴望与大陆诗人声息相通，甚至不惜蹈海以求。其中，连城璧、连横、叶际唐、张我军等人都曾于日据台湾时期内渡大陆，并寓居厦门。

三是所谓台湾人，其实绝大多数都是闽粤移民的后裔，尤以闽南为多,他们都是有籍可考的。在菽庄吟社所有内渡大陆的 25 位台湾诗人(包括乙未以后内渡 4 人)中,除许南英因“旧家谱不存,入台一世祖与揭阳宗祠底关系不得而知,……又因漳州与潮州比邻,语言风俗多半相同,于是寄籍为龙溪县人”[①]外,其余 24 人都在闽南地区找到了自己的祖籍地并认祖归宗,连横还于民国三年(1914 年)向南京国民政府正式申请并获准恢复中国国籍。这些充分说明,海峡两岸人民系同根同源,骨肉相亲。

四是菽庄吟社中的台湾吟侣,相互间关系都十分密切。如:林柏寿、林景仁、林履信、林鹤寿、林熊祥分别是菽庄主人林尔嘉的四弟、长子、五子、堂弟与堂侄;许赞书为许南英的长子,汪受田为汪春源的长子;卢文启与卢心启、连城璧与连横分别为昆仲,谢汝铨系许南英表弟;许南英、汪春源、林景仁、邱韵香均系施士洁的弟子,魏清德也自称是施士洁的“后学私淑”[②],等等。

第二节 苏沪皖浙吟侣

江苏、上海、安徽、浙江四地同属泛长江三角地区,内无高山险碍之阻隔而有湖泊江河之通连,区域内经济贸易、文化往来、人员互动历来都十分频繁。元至元十三年(1276 年)元世祖忽必烈灭宋,即置江淮行省,统领两淮、两浙地区;至元二十一年(1284 年),改称江浙行省。明洪武元年(1368 年)明太祖朱元璋建都南京,以应天、苏州、凤阳等十四个府为直隶,所辖相当于现今江苏、安徽、上海两省一市。永乐十九

① 许赞堃撰:《窥园先生诗传》。许南英著:《窥园留草》,台北:文海出版社,1974 年 12 月版,第 28—30 页。

② 施士洁撰:《润庵来诗有“后学私淑”之称,如韵答之》(二首)。施士洁著:《后苏龛合集》,台北:台湾银行经济研究室,1965 年 11 月版,第 194 页。

年(1421年)明成祖朱棣移都北京,称直隶于北京的地区为北直隶,直隶于南京的地区为南直隶。清顺治二年(1645年)改南直隶为江南省,辖境仍旧;康熙六年(1667年)江南省一分为二,成为江苏、安徽两省;直到民国十六年(1927年),上海才从江苏独立出来,设立特别市。

苏、沪、皖、浙历来物华天宝,人杰地灵。梁启超尝论曰:"大江下游南北岸及夹浙水之东西,实近代人文渊薮,无论何派之学术艺术,殆皆以兹域为光焰发射之中枢焉。"①汪辟疆亦谓:"江左之称,盛于西晋。《史记》则称江东,初指三吴,继乃及于浙皖。清初江左三大家,则举皖而并言之也。"②菽庄吟社中,苏、沪、皖、浙四地吟侣众多,几乎可与闽台吟侣相匹敌,从中也可看到"江左"一派的人文盛况。

一、江苏吟侣

江苏接受闽派文学的影响可以追溯到明初,《列朝诗集小传》甲集有载:明初江苏无锡人浦源,"闻闽人林子羽老于诗,欲往访之而无由。以收买书籍至闽。子羽方与其乡人郑宣、黄玄辈结社,长源谒之,众请所作,初诵数首,皆未应,至'云边路绕巴山色,树里河流汉水声'。惊叹曰:'吾家诗也。'子羽遂邀入社,因避所居舍之,日与唱酬。"③就近代闽派文学特产之诗钟而言,其在江苏的传播与兴盛也是有迹可循的。光绪十一年(1885年),诗钟大家、河南光州人李嘉乐任江苏按察使并代理布政使期间,在苏州组织有修梅社,闽省诗钟名家龚寿图与龚易图昆仲、同治戊辰(1868年)科状元洪钧、潘祖同、恽炳孙等均与其盛,

---

① 梁启超撰:《近代学风之地理的分布》。梁启超著,吴松等点校:《〈饮冰室文集〉点校》,昆明:云南教育出版社,2001年8月第1版,第3190页。

② 汪辟疆撰:《近代诗派与地域》。汪辟疆著:《汪辟疆文集》,上海:上海古籍出版社,1988年12月第1版,第309页。

③ 《列朝诗集小传》甲集。转引自陈庆元著:《福建文学发展史》,福州:福建教育出版社,1996年12月第1版,第294页。

所作辑为《诗梦钟声录》。光绪十二年(1886年),"钟王"易顺鼎随侍其父易佩绅赴江苏布政使任,与其六弟由甫、五妹香畹、妹婿黄玉宗等在署中共结吴社,《诗钟说梦》有载:"由蜀入吴,此会更盛。弟、妹、妹婿而外,子苾、季硕夫妇,及江叔海、梅石卿、朱曼君辈俱在署中。亡姊真一子在蜀降乩,在吴仍降乩,时于沙盘中发诗钟题,评定甲乙,极人天唱和之乐。而吴门又多寓公,如俞曲园先生、戴洗蕉夫人,恽季文昆弟,文小坡同年,诗筒往还几无虚日。余兄弟亦不知仕宦居积治生为何事,惟与诸友文酒谈宴。尝呼灯船,置酒召妓,或游盛氏、顾氏诸园,则吮笔濡墨,拈字分题。游人万目相属,莫知所为,或讪笑之。余辈亦不顾也。是年所作,多存吴社集中。"[①]光绪二十七年(1901年),金武祥、刘树屏、史朗存、缪荃荪、汪洵等又在常州组织鲸华社,所作由江苏阳湖人吕景端辑为《鲸华阁诗钟》。另据《诗钟史话》、《惜馀春轶事》等载,晚清以来江苏的诗钟社团,尚有:扬州人臧穀在当地所组织之冶春后社,广东番禺人蔡乃煌在苏州所组织之寒山社,福州人高乃超在扬州所组织之惜馀春社,民国十六年(1927年)前后福州人士在南京所组织之滨社、法社,等等。

也正因为如此,薮庄吟社中的江苏吟侣众多,达425人之数,仅次于福建。其中,扬州205人、盐城39人、苏州24人、南京23人、泰州22人、镇江22人、淮安17人、南通9人、徐州5人、无锡4人、常州1人,未能确定所属地区54人。具体人员如下:

(一)扬州(205人):

高乃超　高宪安　高　超　郭仁卿

① 易顺鼎著:《诗钟说梦》。王鹤龄著:《风雅的诗钟》,北京:台海出版社,2003年9月第1版,第217—218页。

张嘉树	汪二邱	汪子文	江子云
髯　翁	谭亦纬	烟霞旧友	城北瘦生
王文藻	张晴峰	谭　海	王承霖
独　醒	张剑飞	周筠坡	苏紫蘅
壶　隐	刘逸园	王怡仲	谈　瀛
梅花盦主	石潭渔隐	黄平卿	醉　汉
张凤娥	黄　鼐	侠　魂	慕　之
九日题糕客		刘适农	醉　侬
瘦西湖钓客		谢育宾	芜城瘦鹤
城南逊吏	黄建勋	桃花源里人	
吾　省	倪蠖公	周天翼	曼陀室主
屠泉孙	王瘦梅	黄钟英	丁亥生
周芷芗	水心主人	老　渔	晚香吟室
姚体仁	天倪子	殷婉芬	醉月轩主人
懒　汉	张荩臣	云林旧馆主	
长恨生	炎　炳	幕　寒	赵揖山
仲　英	恨　生	扬州瘦谷	巴郑澂
谪　生	高　琼	王桐冈	剑　南
绣　佛	老　凤	还　泪	陈羹梅
西堂吟主	凌之俨	都门过客	黄冠卿
谢凤雏	耽吟叟	云　坡	惜花侬
菜园主人	黄鼎锐	王天祚	张以忠
王润生	黄乃鼎	江　宽	凌树望
陈　□	徐小轩	汪丙炎	黄昌鼐
余慕寒	驾云词客	汪东耕	邱乃禧
竹荪氏	徐补之	吴门驴背客	

寅斋退叟	谢兆初	周　大	张慕颠
唐寿眉	芜城过客	汪鑽伯	红桥游客
姜民敬	郭　兰	郭　蕙	谢鸾孙
西蜀亭长	师　侗	孙朴盦	侣　鹤
徐蔼叟	咏癯仙馆	汪荫卿	厉鼎芬
郑　观	苏廷权	戴域廷	黄蓬仙
刘宪清	唐屺瞻	陈元焘	徐　烺
赵澜如	章婉芬	孙祖康	谢凤娥
沈善济	包引之	陈元熙	杜鸿秋
陈颖悟	何遯盦	陈公辅	金　康
黄君博	吴鲸生	许云绮女士	真州紫骧
黄公敏	黄明叔	赵永年	孙剑烁
孙遯莽	郭　庆	郭子芳	张锡芳
张士安	幼莼甫	师筱安	田藎臣
张镜人	左德馨	朱贤才	方六皆
谭　济	信阳子	凤　英	孙孝竹
徐吉人	张卓哉	张受生	叶丽春
方长吉	方勉诚	陈尔谦	冯褚卫
卢雨公	卢槐荫	方懋恭	杭雨岩
沈绍李	程芳亭	沈慕韩	杨与龄
周元芝	方燕宜	王世淡	念劬子
张纫秋女史		沈贤襄	胡云汉
畹芬女史	沈绍韩	卞济川	沈　永
姜子臻	姜骈卿	李　芬	宋达权
俞溢中	姜芾棠	马锡麟	邵佛舲
俞　琪	陈厚培	徐崧龄	

(二)盐城(39人):

徐医隐　徐爕亭　刁起凤　胡士廉
曹树桐　周瘦山　梅　隐　曲江花史
鲍春藻　阮养九　笑俗楼主　丙辰生
澹如居士　刁明湖　阮石泉　杨芷江
金式陶　张　祉　张文魁　徐　爕
张彦符　阮寿慈　杨天和　龚士卿
陈琴仙　笔　谈　杨士珍女士　也是诗人
陈植滋　杨瑞文　瘦云女士　醉　蝶
袁力传　醉云轩主人　韦沛霖
姚灼电　李雁笙　姜　通　熊养和

(三)苏州(24人):

金人富　黄湘君　赵明湖　李　衡
菊　禅　啸松龛主　秋　衡　陆法三
天　用　张蛰公　寒　鹄　陆侪佩
陆戒忽　问琴阁　夏子渭　倪起臣
汪远翥　单　镇　顾玉行　朱心安
朱寿芝　俞啸琴　许瘦蝶　唐文治

(四)南京(23人):

沈秉彝　陶秀夫　王鼎卿　笙谿旧社
坚匏子　宋汝璋　杨枝巢　章兆直
夏余庆　陶芷卿　陶岫敷　陶淑媜
坚匏室主人　方佛生　一　笑
陶选卿　陶隆僎　陶隆伟　陶巽人
陶磨蝎女史　陶花奴　方　恺
刘肇荧

(五)泰州(22人):

程大经　李海秋　傭　公　周瘾仙
王鉴清　吴我相　夏澹人　钱兢五
王秉衡　于燕伯　陆元成　周肇鼎
陈岚岑　王镜如　王静庐　黄再春
秦大镛　袁昌和　袁晋和　黄　庭
远　堂　张守甫

(六)镇江(22人):

吴士荣　叶玉森　王墨盦　赵九庄
谢莘昌　冯华夷　赵光荣　张　斌
赵倬云　黄乃桢　刘嘉桢　闵绍熙
童　琮　何希澄　闵金禾　闵毓珍
闵滌晨　闵少希　夏光国　薛云樵
荆凤冈　莽　茧

(七)淮安(17人):

田步蟾　戴回云　戴□人　季凤书
湫石居士　季文骏　李长康　王凤梧
顾璧玖　陈文甫　季逢元　曹遐龄
程蔚君　马宝明　尹图南　沈桐荪
刘梦琴

(八)南通(9人):

叶永勤　黄称寿　任雨楼　薛作民
于亦陶　双　清　李兆薰　潘鹤青
秀　蝶

(九)徐州(5人):

史衣言　张震球　公　美　黄荫坡

黄广恩

（十）无锡（4 人）：

谢蓉昌　　龚穀成　　邹酒㔨　　庄翔声

（十一）常州（1 人）：

刘　宏

（十二）未能确定所属地区（54 人）：

丁传靖	敝　帚	沈　眉	陈灵籁
杨陋庵	云　生	苏守仁	滌　藁
宋家钵	夊　衡	沈浩然	半吟草堂
陈延鏊	懒眠主人	彝　九	求　愚
刘稚樵	赵实昌	菊　隐	邵　恒
周莲翁	蔡选青	王景岳	谢玉冰
鲍耀林	沈则沆	葛月楼	徐祝三
后　知	韩慕陶	袖　海	蒋同节
顾健秋	随天子	崔沚盟	宫　巍
剑　虹	夏传忠	韩道明	黄传厚
桐荫翦梦主		杨雪门	张瑞兰
朱樵薪	方蘋庵	姜星槎	仲开均
刘承继	陆宝树	朱家骅	蒋瘦石
顾邦瑞	吴　卓	敲　月	

江苏吟侣参与菽庄吟社创作活动有两个特点：一是以参加“征诗”活动为主，参与人数众多，而且中奖率极高；二是吟侣主要集中于扬州地区，达 206 人，约占江苏吟侣总数的一半。菽庄主人林尔嘉对这一情况也感到大为吃惊，特地派专使赴扬州访察。杜召棠所著《惜馀春轶事》有载：“清末扬州诗钟之盛，以惜馀春为最。诗钟初盛于闽，高乃

超至扬首倡之。……福建林氏，巨族也。清末'萩庄'告成，广事征诗，酬甚丰。惜馀春社友纷然投稿，揭晓后，皆入选，且多列前茅。萩庄大惊，以为惜馀春人才之盛，甲于全国，乃专使来扬以访。既至，见屋小于舟，不胜奇诧。而往来人士，率衣冠不整、穷愁潦倒之流，以为别有惜馀春在。逡巡三日，遍寻弗得，乃又往，询主人何在。高曰：余即主人。使者犹未之信，高叩其所以，乃详告。高指座中客，指名以示之曰：某在斯，某在斯，皆可诵其原作以征信。某大喜，越日，于某大酒家置盛筵数席，简邀社友，作尽夕之欢，然后去。"[①]除了惜馀春主人高乃超以外，能确切查考到参加过萩庄吟社创作活动的惜馀春社社员，尚有：高乃超二子高宪安、高超、郭仁卿、张谷臣、汪二邱（汪禧）、汪子文、江子云、髯翁[②]、张嘉树、谭亦纬、烟霞旧友、城北瘦生与王文藻。

此外，江苏吟侣中比较值得关注的还有陶巽人、许瘦蝶、田步蟾、唐文治与丁传靖。陶巽人（？—？），《艺林》月刊总编，所编《艺林》于宣统二年（1910年）六月在南京创刊，"以国学为主，科学为辅，加以社论、词林、小说，借以开通风气，陶写性情"（《艺林简章》），所刊多陶巽人作品及陶氏辑录他人之著作，以旧诗词骈文为主；另设有"同文吟社"，出题向海内同好征求诗、诗钟及联语。许瘦蝶（？—？），先后加入过上海丽则吟社、北京著涒社、江苏常熟虞社、太仓甲子吟社等，是清末民初诗坛的一个活跃分子，著有《啸秋阁诗钞》七卷、《梦罗浮馆词钞》三卷、《疚庵文剩》一卷等。田步蟾（1863—1940），字桂舫，又字倜戡，斋号荻芬庐，江苏清河（今淮阴市）人。光绪二十九年（1903年）癸卯科二甲第十九名进士，清末任农工商部员外郎；民国后历任农商部垦牧司及渔牧司司长、陕西省实业厅厅长、山东省实业厅厅长及政务厅厅长、内阁

---

① 杜召棠著：《惜馀春轶事》，扬州：广陵书社，2005年8月第1版，第11—20页。

② 原名林小圃。1927年5月1日，与王汝嘉、叶白花共同创办《谈天说地》（三日刊）；1927年7月7日，又独自创办《上海繁花》（三日刊），后于1928年4月改名《繁华报》。

实业部次长等职，民国十年(1921 年)八月被推为“万国道德会”副会长。抗战期间为北京古学院研究员，从事书法、绘画、诗词、儒学等方面研究，并参与编辑《古学丛刊》。唐文治(1865—1954)，字颖侯，号蔚芝，晚号茹经，江苏元和人。清光绪十八年(1892 年)壬辰科二甲第一百零五名进士，历任户部主事、外务部主事、商部右丞、农工商部左侍郎、邮传部上海高等实业学堂监督等职。著有《茹经堂文集》等。丁传靖(? —?)，字闇公，江苏人，曾入北京寒山社为社友。

二、上海吟侣

上海原本为一个渔村，南宋咸淳年间(1265—1274)建上海镇，隶属两浙西路平江府华亭县管辖；元至元二十九年(1292 年)始置上海县，隶属江苏省松江府管辖；民国十六年(1927 年)设上海特别市，十九年(1930 年)五月改称上海市。不过，上海从道光二十三年(1843 年)成为对外通商口岸并设立公共租界以来，逐渐发展成为东西方文化交融的现代大都市，新闻出版行业异常发达，从而显示出与其它区域不同的文化发展特性。

上海之有诗钟，所知者为光绪二十六年(1900 年)三月李伯元在上海大马路亿鑫里创设海上文社，该社出版《海上文社日报》，“月分诗钟等三课，应课者每卷缴二十文。海内才人，一时毕集，远如香港潘兰史、厦门林菽庄，皆与其盛焉”[①]。所言“厦门林菽庄”，即菽庄主人林尔嘉是也。宣统二年(1910 年)，广东番禺人蔡乃煌任上海道(即苏淞太道)道员，“与幕宾竞字斗格，击钵相催，一联既成，电传金陵。樊云门

---

① 张乙庐撰：《李伯元逸事》。魏绍昌编：《李伯元研究资料》，上海：上海古籍出版社，1980 年 12 月第 1 版，第 14 页。原文录自 1923 年 1 月 26 日《小说日报》第五十四号所载之《天涯芳草笔记》。

尝为之评判甲乙，诚可谓极文人之好事矣”[①]，汪洵、陈三立、王仁东、吕景端、梁鼎芬、潘飞声、杨杏城、江孔殷等名望之士均参与其中，所作辑为《洁园诗钟》。民国二年(1913 年)，樊增祥(天琴居士)在其所居樊园举行“战诗”，前后两次，每次五日，陈三立(伯严)、沈瑜庆(涛园)、梁鼎芬(节庵)、蔡乃煌(伯浩)、吴士鉴(炯斋)、夷叔、黄楼、子琴、和甫等均与其盛，作品逐日刊于报纸，轰动一时。此外，尚有民国十六年(1927 年)前后福州人士所组织之江南吟社，民国十七年(1928 年)苏宝盉等所组织之聊社，等等。

上海参加薮庄吟社创作活动的吟侣共 31 人。分别是：

(一)上海(18 人)：

鸿宣氏	圝麓埜人	寿孝天	陈炳远
蔡公湛	赵廷玉	桃潭旧主	张盥薇
翁啸宇	徐鞠人	味秋斋主人	
三山梦华居士		黄颗斋	侠　客
邹瘦鹤	严昌□	周叔谆	陆云僧

(二)松江(6 人)：

柯亭樵	金济时	宋芳润	冯湘泉
苏开第	张端瀛		

(三)青浦(3 人)：

方仁后	陆保璿	徐公修

(四)奉贤(2 人)：

朱家驹	朱粥叟

(五)宝山(1 人)：

① 徐珂编撰：《清稗类钞》，北京：中华书局，1986 年 3 月第 1 版，第 4018 页。

舒昌森

(六)崇明(1人):

王清穆

其中,比较值得关注的是王清穆、朱家驹、鸿宣氏、圖麓埜人、寿孝天与张端瀛六人。王清穆(1860—1941),字希林,号丹揆、农隐老人,上海崇明人。光绪十六年(1890年)庚寅恩科二甲第二十二名进士,历任户部农曹兼译署行走、商部右参议、湖北按察使、南洋宣慰使、上海南洋公学监督、浙江财政清理官、江苏财政司司长、太湖水利局督办等职。在担任商部右参议期间,曾向清廷大力举荐林尔嘉,因而对林尔嘉有过知遇之恩,吴曾祺所撰《叔臧林先生四十双寿序文》有记:"(林尔嘉)先生世居台阳,甲午中东之役,随其尊人侍郎公挈家内渡,始卜居厦门之鼓浪屿。先生见中国方乱,慨然有澄清宇内之志,日与二三同志讲求经国庇民之计。会清朝命王参议清穆考察东南商务,道出厦门,与先生语,大异之。乃具疏上闻,力言先生之才可当大任,宜破格擢用,以开求贤之路。朝廷俞其请,遂以道员奉调入京,以京堂内用。旋命总理厦门商务,居职五年,百废毕举,部臣才之,派充福建全省矿务议员;又经度支部派充为调查币制员,农工商部复举为头等顾问官。是时,先生已擢侍郎,骎骎大用矣。"[①]朱家驹(1857—1942),字昂若,号遯庸、遯叟,谥端毅,上海奉贤泰日桥人。光绪五年(1879年)中举,清末曾掌肇文、文游两书院讲席,民国后为奉贤县民政长。工诗词,善书法,曾入武进苔岑社、上海鸣社、常熟虞社等为社友。著有《闻妙香斋诗存》、《稀龄唱和集》、《重游泮水唱和集》等。鸿宣氏与圖麓埜人都是

---

① 吴曾祺撰:《叔臧林先生四十双寿序文》。林景仁辑:《菽庄主人四十寿言》,"甲寅(1914年)冬月"刊本,第3页。

上海中华书局职员，其时在该书局供职的尚有福建厦门吟侣陈昌言。寿孝天是上海商务印书馆编译所职员。张端瀛，字蓬洲，为上海南社成员，柳亚子所纂《南社社友姓氏录》载其“江苏松江人”，社员登记号为第974号①。

三、安徽吟侣

安徽在明代与江苏同属南直隶。清顺治二年(1645年)改南直隶为江南省；康熙六年(1667年)始分江苏、安徽两省，但即使分省以后，两地士子也仍然援照旧例赴南京参加乡试。所以，梁启超认为安徽与江苏实为“不可分之一文化区域”②。

葳庄吟社中共有安徽吟侣35人。分别是：

(一)黄山(16人)：

吴承烜　鲍祖德　吴清丽　吴蕊先女士
鲍蘋香女士　吴毓生　汪毓英
吴韵仙　云谷道人　汪诗圃　黄作楷
汪韵琴十四龄女士　汪咏芹　汪诚壹
陈慎安　高世雍

(二)滁州(6人)：

程士型　程芳汀　后　煦　后大经
后大震　方泽久

(三)安庆(2人)：

① 柳亚子纂：《南社社友姓氏录》。柳亚子著：《南社纪略》，台北：文海出版社，1973年12月版，第240页。

② 梁启超撰：《近代学风之地理的分布》。梁启超著，吴松等点校：《〈饮冰室文集〉点校》，昆明：云南教育出版社，2001年8月第1版，第3195页。

程舫汀　　汪周原

（四）合肥（1人）：

沈烈谟

（五）宿州（1人）：

沈则琦

（六）宣城（1人）：

胡近仁

（七）池州（1人）：

许世英

（八）阜阳（1人）：

臧致平

（九）未能确定所属地区（6人）：

吴庄严　　谢蓬仙　　吴佩江　　汪吟龙

张绍存　　汪柏青

与江苏吟侣一样，安徽吟侣以参加萩庄吟社"征诗"活动为主，而且中奖率极高。其中，吴承烜、鲍祖德、吴清丽、吴蕊先、鲍蘋香、吴毓生诸人经常往返于安徽歙县与江苏伍佑之间，沈则琦经常往返于安徽泗县与江苏宝应之间，黄作楷与汪韵琴则经常往返于安徽休宁与上海之间，从中可见两省文化交流与人员互动情况之一斑。

此外，该省吟侣特别值得关注的还有吴承烜、许世英与臧致平三人。吴承烜（1854—？），是参与萩庄吟社活动最频繁、创作作品最多的外省吟侣之一。他曾于民国初年在伍佑创设国粹保存社，向海内外弟子函授诗词之学，影响颇大；又于民国五年（1916年）在扬州创办《邗江杂志》，内设文苑、小说、传奇、弹词、译著等栏目。著有《六朝文挈补释》、《东园传奇十八种》、《东园丛编》，编有《文选类腋》、《蔡瀛壶遐龄集》等。许世英(1873－1964),字俊人,一作静仁,晚号双溪老人,安徽秋浦(今安徽省东至县)人。光绪二十三年(1897 年)拔贡生,参加廷试得一等,以七品京官分发刑部任事,先后担任大理院院长、民政总长、福建省政府民政长、福建巡按使、安徽省省长、国务总理、驻日大使等职,是中国近现代历史上一位著名的政治人物。许世英在担任福建巡按使期间,曾游历鼓浪屿菽庄花园,施士洁所作《蒲月朔日(1915 年 6 月 13 日),园中书所见,三叠"阿"字韵示健人》(二首)有"时闽按使巡厦,来游菽庄"[①]一注。臧致平(1869－1944),字和斋,安徽太和人,民国初年皖系军阀。民国五年(1916 年)四月率军入闽,先后任陆军第十四混成旅旅长、漳汀镇守使、福建第二师师长、漳厦护军使等职,是民国期间左右闽省局势的重要人物。曾经支持过孙中山先生北伐。

四、浙江吟侣

浙江与福建相毗邻,是较早传播诗钟文体的省份。清嘉庆二十五年(1820 年),诗钟大家林则徐外放担任浙江杭嘉湖道道员时,曾在杭州紫阳书院课士,并把浙江钱塘人施鸿保拔置为第一名,施鸿保后来成为早期诗钟集著《闽杂记》的作者。另一早期诗钟集著《停云阁诗话》的著者、福建侯官(今福州市)人李家瑞,也曾于道光、咸丰年间先后担任嘉兴县丞、上虞县尉等职。同治、光绪年间,杭州人葛元煦在其啸园组织诗钟会,所作由戴穗孙辑为《啸园诗钟》,收入光绪三年(1877 年)出版的《闲情小录初集》。光绪十一年(1885 年)冬,江苏长洲人秦云、秦敏树在杭州候见布政使许镁廷时,寂寞无聊,联床夜话,拈题分咏,所作辑为《百纳琴》一集。光绪十五年(1889 年),江苏崇明人童叶庚编成《睫巢镜影》,并于次年在杭州刊刻印行,其中有《雕玉双联》一

---

① 施士洁撰:《蒲月朔日(1915 年 6 月 13 日),园中书所见,三叠"阿"字韵示健人》(二首)。施士洁著:《后苏龛合集》,台北:台湾银行经济研究室,1965 年 11 月版,第 248 页。

卷，录分咏格诗钟204联。

蘋庄吟社中共有浙江吟侣42人。分别是：

(一)杭州(10人)：

翟楚材　金黄香　萧逸民　吴铁庵

曹友兰　钱赐寀　王少廷　鸡鸣风雨楼

吴士鉴　来玉林

(二)嘉兴(6人)：

朱文杓　朱文柄　钱骏祥　朱锡秬

胡惟贤　颖秃生

(三)绍兴(5人)：

王式通　寿涧邻　阮　堉　卢祖洛

蒋鼎文

(四)温州(3人)：

陈　骏　叶裔卿　薛拱才

(五)宁波(2人)：

吕吟舸　张泰然

(六)金华(2人)：

章景枫　王少棠

(七)台州(2人)：

谭震明　应松友

(八)丽水(1人)：

高　鹏

(九)未能确定所属地区(11人)：

娄逸尘　余秀耀　时克昌　林笏臣

陈国兰　汪　熙　赵作铭　扬士钦

熊梦飞　　刘佩兰　　卢承铭

其中，比较值得关注的有来玉林、吴士鉴、王式通与蒋鼎文四人。来玉林（？—？），字彦士，浙江杭州人。曾于民国二年（1913年）至民国五年（1916年）、民国七年（1918年）至十一年（1922年）两度担任福建思明县县长，并于民国八年（1919年）署理厦门道道尹，是参加菽庄吟社活动较为频繁的省外吟侣之一。吴士鉴（1868—1934），字䌹斋，号公詧，一号含嘉，别署式溪居士，浙江钱塘人（今杭州市）人，著名金石学家、藏书家。光绪壬辰（1892年）科榜眼，官翰林院编修、提督江西学政、湖南提学使，民国后任资政院议员、清史馆纂修。以评骘金石、考订碑板、精研史籍而名重一时，著述宏富，有《含嘉室日记》四十册及续记二册、《晋史注》一百三十卷、《补晋书经籍志》四卷、《含嘉室诗集》八卷及文集四卷、《九钟精舍金石跋尾》、《清宫词》、《商周彝器例》等。尝入北京寒山社为社友。王式通（1863—1921），字志盦，号书衡，祖籍浙江绍兴。光绪二十四年（1898年）戊戌科进士，榜名王仪通。清末任刑部员外郎，民国后任司法次长代理部务、清史馆纂修等职。精于法律、历史、地理，著有《志盦诗稿》六卷及文稿四卷，曾参与预修《四库书目》，并纂有《清儒学案》、《清诗钞》等。尝入北京寒山社为社友。蒋鼎文（1895—1974），字铭三，浙江诸暨人。国民党高级将领，先后任黄埔军校区队长、教导团营长，国民革命军团长、师长、军长，第四军团总指挥、赣粤闽湘鄂“剿共”军东路总司令等职；抗战爆发后任第四集团军总司令和第十、第一战区司令长官。1935年被授予陆军二级上将军衔，是蒋介石的“五虎上将”之一。

第三节　湘鄂赣吟侣

湘鄂赣三省，襟江带湖，地理形势相类，区域性特征也非常明显。清初以前，湘鄂两地同属湖广行省；康熙三年（1664 年）始分而治之，洞庭湖以南属湖南省，以北属湖北省，但仍设湖广总督，总管两省的军民政务。汪辟疆有论“湖湘派”云：“湖湘派近代诗家，或有目为旧派者。其派以湘潭王闿运为领袖，而杨度、杨叔姬、谭延闿、曾广钧、程颂万、饶智元、陈锐、李希圣、敬安羽翼之。樊增祥、易顺鼎则别子也。”[①]其中，王闿运与菽庄主人林尔嘉私谊甚厚；樊增祥直接参与了菽庄吟社的创作活动；易顺鼎号称“钟王”，对闽派诗钟的传播与推行起到过重要的作用。

江西在宋代属江南西路，因以得名。元至元十四年（1277 年）设江西行省，此后与福建行省之间几经分合，但在军民厘治、文武综制、官吏察举、封疆修饬方面，历来均由两江总督统辖。实际上，江西、湖南、湖北三省同在长江流域的中部地区，区域内有三江（长江、湘江、赣江）两湖（洞庭湖、鄱阳湖）一水（汉水）相互贯通，水路交通异常发达，而且三省的政治、经济、文化中心——环鄱阳湖地区、环洞庭湖地区与武汉三镇地区彼此邻近，形成完美的金三角态势。历史以来，江西与湘鄂两省的经济、文化联系，远甚于与闽浙苏皖四省的联系。所以，后代学者对于汪辟疆所提出的“闽赣派”一论一直存有微辞。

一、湖北吟侣

清同治六年（1867 年），诗钟与击钵吟大家、福建侯官（今福州市）

---

① 汪辟疆撰：《近代诗派与地域》。汪辟疆著：《汪辟疆文集》，上海：上海古籍出版社，1988 年 12 月第 1 版，第 294 页。

人郭柏荫调任湖北巡抚，并两度署理湖广总督，在督署与其僚属击钵催诗，所作七绝辑为《击钵吟鄂集》，郭柏荫并为序云："吾乡击钵吟之集，倡自都下，踵于闽中，而同梓之仕于外省者未之前闻，盖不特身膺剧职，簿领纷繁，即需次诸贤听鼓应官，亦不能时修觞咏也。酉(1873年)冬犹子咸熙公车过鄂，与兆名二儿并几研摩，始约幕中亲友及同里之官于鄂者，定期吟集。不佞画诺余闲，时亦见猎，心喜良会，既数篇帙渐繁，随题钞辑，但照纳卷，先后不以齿序。为掬归装，携以自随，沿途行次，间复拈题拟作，所得不多，无所附丽，遂亦归并收入。抵里后，重加甄录，付之手民，儿辈请命，其编曰击钵吟鄂集。"[1]光绪三年(1877)年，湖南望城人李篁仙在湖北任候补道台期间，又组织有诗钟聚会，易顺鼎所著《诗钟说梦》有记："余生平作诗钟，以光绪丁丑(1877年)在鄂与李篁仙丈同作为最早。篁仙丈时以后补道主讲经心书院，意不自聊，乃借诗钟以自遣。每会必假四川会馆，集者尝数十人。周子谦、吴社园、徐璧臣数君，尤为能手。"[2]此外，光绪三十一年(1905年)前后，诗钟大家、广东番禺人梁鼎芬任湖北按察使期间，在其使署"乃园"创为诗钟，著名诗论家陈衍、诗钟名家金武祥等均参与其中。

湖北诗钟最为兴盛的时期，应当在张之洞三度担任湖广总督期间(1889年8月至1894年11月、1896年1月至1902年11月、1904年1月至1907年8月)。张之洞是近代诗钟大家，平生酷嗜诗钟，《清稗类钞》有载："张文襄好作诗钟，督鄂时，辄于政暇召集僚友作诗钟，往往限以难字。尝以奇态二字命题，某用杜诗分点一联云：'弟兄陈氏奇皆好，姊妹杨家态正浓。'一日，传某某入署为诗钟。一被传者，妇病方

---

① 郭柏荫撰：《击钵吟鄂集·序》。郭柏荫辑：《击钵吟鄂集》，清光绪"乙亥(1875年)冬月"刻本，第1页。

② 易顺鼎著：《诗钟说梦》。王鹤龄著：《风雅的诗钟》，北京：台海出版社，2003年9月第1版，第216页。

殆,不敢辞,勉具衣冠而往。文襄不衫不履,剧谈久之,始出题,乃皆构思。某哀急万分,知其妇于此数分时,必已不起。瞥见其仆在窗外探望,若有言而不敢入者,心益痛,不觉涕泗交流。文襄见之,大笑曰:'做不出,亦常事,何哭为?'某起立,言实妇病垂危,痛极而流此急泪耳。文襄曰:'何不早言?'即挥之出。文襄入枢垣,结习未除,尝限蛟断二字分嵌一联。梁节庵作云:'射虎斩蛟三害去,房谋杜断两心同。'文襄大悦。"[①]易顺鼎《诗钟说梦》另记:"南皮师为海内龙门,怜才爱士,过于毕沅。幕府人才极盛,而四方人才辐辏。余与伯严追逐其间,文酒流连,殆无虚日。其与诗钟之会者,幕府则杨叔乔、屠竟山、毕若溪、杨范甫、宋芸子、汪穰卿、范仲林、秋门兄弟辈。过客则文芸阁、曾重伯、缪小山、王子裳诸君,而闽派如郑肖彭、沈爱苍亦同会集,洵一时之盛已。"[②]现存《诗钟胪唱》七册一函,即为张之洞总督两湖期间,各地学堂"学生诗钟课考试的'糊名誊录'本"[③]。

湖北参与葭庄吟社创作活动的吟侣共 25 人。分别是:

(一)武汉(8 人):

周竹谿　江世辉　刘茂寅　朱楙炘

吴鹍贤　许　清　彭阁云　陈琴轩女士

(二)襄阳(1 人):

卢颐陔

(二)十堰(1 人):

金石邨

---

① 徐珂编撰:《清稗类钞》,北京:中华书局出版,1986 年 3 月第 1 版,第 4017 页。

② 易顺鼎著:《诗钟说梦》。王鹤龄著:《风雅的诗钟》,北京:台海出版社,2003 年 9 月第 1 版,第 219 页。

③ 王鹤龄著:《风雅的诗钟》,北京:台海出版社,2003 年 9 月第 1 版,第 143 页。

（四）黄冈（1人）：

李培鸿

（五）恩施（1人）：

樊增祥

（六）未能确定所属地区（13人）：

旷世斌	刘筱竹	程守程	端 士
陆树勋	彭祖寿	公 胤	张绍曾
许言善	锡 周	张隐如	陈熙坤
洪翼昇			

其中值得特别关注的是樊增祥。樊增祥（1846—1931），亦名云门，字嘉父，号樊山，晚号天琴老人，湖北恩施人。清同治六年（1867年）丁卯科举人，光绪三年（1877年）丁丑科二甲第四十四名进士。清末历任陕西渭南知府、江苏布政使、陕西布政使，并署理过两江总督；民国后，历任北洋政府总统府秘书长、清史馆总纂等职。著有《樊山诗集》等。樊增祥是诗钟大家，与易顺鼎并称"两雄"，汪辟疆尝论曰："樊山胸有智珠，工于隶事，巧于裁对（按：即诗钟），清新博丽，至老弗衰，迹其所诣，乃在香山、义山、放翁、梅村之间，惟喜摭僻书，旁及稗史，刻画工而性情少，采藻富而真意漓，千章一律，为世诟病。斯又贤智之过也。"[1]薮庄主人林尔嘉四十岁和五十岁寿庆，樊增祥都曾作诗以贺。

二、湖南吟侣

湖南诗钟之盛，虽不如湖北，但却产生了易顺鼎这样的诗钟大家。易顺鼎号称"钟王"，"诗才绮绝，自少至壮，所作将万首。尤工裁对，与

① 汪辟疆撰：《近代诗派与地域》。汪辟疆著：《汪辟疆文集》，上海：上海古籍出版社，1988年12月第1版，第295—296页。

樊增祥称两雄。惟增祥不喜用眼前习见故实，而顺鼎则必用人人所知之典。增祥诗境，到老不变；而顺鼎则变动不居，学大小谢，学杜，学元、白，学皮、陆，学李贺、卢仝，无所不学，无所不似；而风流自赏，以学晚唐温、李者为最佳。”①易顺鼎先后在武汉、贵州、成都、苏州、北京、广东等地倡为诗钟，对诗钟一体的传播与推行起到过重要作用。近代湖南诗人中，“湖湘派领袖”王闿运、济南湘烟阁诗钟社主持人王以慜等也是诗钟界的名望之辈。此外，《诗钟说梦》有载：“京师士大夫作诗钟者，以湘人为最盛。而他省之京朝官多未与焉。王梦湘、曾重伯、陈曼秋、杜乔生、汪颂年诸君为主盟。而英山王伯唐诸君来与重伯言，曼秋辈所作将数千首。”②可见，诗钟在近代湖南诗人圈子里曾经产生过重要的影响。

菽庄吟社中共有湖南吟侣 15 人。分别是：

(一)衡阳(3 人)：

沈琇莹　沈　骧　时　敏

(二)长沙(2 人)：

李　伟　李玉树

(三)湘潭(2 人)：

乐天居士　周大鹍

(四)常德(1 人)：

张丙臣

(五)张家界(1 人)：

---

① 钱基博著：《现代中国文学史》，中国人民大学出版社，2004 年 10 月第 1 版，第 195—196 页。

② 易顺鼎著：《诗钟说梦》。王鹤龄著：《风雅的诗钟》，北京：台海出版社，2003 年 9 月第 1 版，第 220—221 页。

孙道仁

（六）未能确定所属地区（6 人）：

宛凤岐　　周心翼　　冯有翼　　唐书樵

刘通三　　陈嘉言

其中，最值得关注的是沈琇莹、沈骥父子和孙道仁。沈琇莹从菽庄吟社正式创立之初即加入该社，后来得到菽庄主人林尔嘉的高度信赖并被委以重任，从民国十三年六月六日（1924 年 7 月 7 日）开始主盟菽庄吟社，直至民国三十三年九月初一日（1944 年 10 月 17 日）终老菽庄为止，可谓为菽庄吟社的发展与兴盛竭尽了心力。沈琇莹在菽庄吟社中所处地位及对该社所作贡献都仅次于菽庄主人林尔嘉与菽庄“三老”——施士洁、许南英及汪春源，其所著《寄傲山馆词稿》和《壶天吟》，还作为“菽庄丛书”之两种，由菽庄吟社刊刻印行。沈骥则因其父之故，得以骖靳菽庄吟侣之间，并为编校《菽庄诗稿》。孙道仁（1867—1935），字退庵，号静珊，湖南慈利人，为抗法名将、福建提督孙开华之子；以军功致福建候补道台，历任福建福宁镇总兵、陆军武备学堂总办、长门统领、陆军第十镇统制、福建水师提督等职。武昌起义后，在厦门举兵响应，旋福州光复，被推为福建都督，不久被军阀李厚基所逐。孙道仁是菽庄主人林尔嘉的儿女亲家，同时也是菽庄吟社的重要吟侣。以往一些文章认为，孙道仁被李厚基所逐后，便不知所终。实际上，孙道仁一直都蛰伏在菽庄花园，待时而动，直到民国十八年十月廿四日（1929 年 11 月 24 日）还参加了菽庄吟社所组织的观菊活动。

三、江西吟侣

如前所述，闽赣两省虽然地壤相接，但各自的政治、经济、文化中心——福州与南昌相距甚远，而且水路与陆路交通都极为不便，所以两省之间的经济贸易及文化往来算不上密切频繁。近代以来闽赣两省的文化交流与人员往来，所见者有：道光十八年（1838 年）江西宜黄人陈偕灿游历闽地，先后代理过长泰、惠安等县知事，后来留在福州指导士子写作诗文，与诗钟大家林则徐、杨庆琛、张辛田、符雪樵等交游甚密。闽地早期钟集《停云阁诗话》的著者李家瑞，即出自陈偕灿门下；闽地另一诗钟大家林昌彝，亦得陈偕灿之荐卷中取举人，为此，林昌彝专门给陈偕灿写过一个小传——《咄咄翁传》，并为其整理编辑《鸥汀渔隐诗集》。光绪二十一年（1895 年），诗钟与击钵吟大家、福建闽县（今福州市）人何刚德由吏部外放，先后担任江西吉安、建昌、南昌知府，在衙署倡为击钵，所作辑为《击钵吟赣集》；民国三年（1914 年），何刚德又署江西内务司司长、豫章道道尹、江西省省长等职，于是又有《击钵吟赣集》续编、三编之辑。此外，《石遗先生年谱》之"旃蒙大荒落（1905 年）五十岁"有记："与陈伯严年丈会。自伯严丈与家君为同年（丈壬午举人，丙戌进士），相知二十余载。初未相见，此次梁节庵丈大会鄂渚名流，为诗钟之集。首倡系'试、霜'，嵌在第二字，家君取丈第一，句云：'屡试不售名辈老，十霜共醉故人稀。'真可谓本色当行者。"[①]这是"同光体"闽派代表人物陈衍与赣派代表人物陈三立的第一次聚首。

菽庄吟社中的江西吟侣共 7 位。分别是：

---

① 陈声暨、王真编：《石遗先生年谱》，台北：文海出版社，1974 年 12 月版，第 157 页。

(一)南昌(3人):

张　觉　　曹健秋　　曹本章

(二)九江(1人):

姜文辅

(三)上饶(1人):

汪守珍

(四)吉安(1人):

施秀蓉

(五)未能确定所属地区(1人):

卢咸榖

其中比较值得关注的是汪守珍。汪守珍(1875—约1946),字聘耕,江西婺源人。清光绪拔贡。清末历任户部主事、奉天高等检察厅检察长、民政部郎中、黑龙江高等审判厅丞、提法使;民国元年(1912年)任司法部次长,三年(1914年)任福建厦门道尹,十年(1921年)任汀漳道尹,十四年(1925年)任国务院秘书长;南京国民政府成立后,任赈务委员会委员。民国十年(1921年)蔽庄吟社举办蔽庄主人结婚三十周年纪念活动,汪守珍曾作诗以贺。

第四节　京津冀辽吉察与鲁豫晋吟侣

汪辟疆有论"河北派"云:"直鲁地域,雄秀莽苍之气,过于江左。其人抗爽而豁达,其文壮阔而舂容;诗家于古无独成宗派之可言。然魏晋以还,作者云起,雄奇峭拔,气稟幽燕,昌黎所谓古多慷慨悲歌之士,文学风会,犹可想见","近代河北诗家,以南皮张之洞、丰润张佩纶、胶州柯劭忞三家为领袖,而张祖继、纪钜维、王懿荣、李葆恂、李刚已、王树枏、严修、王守恂羽翼之”，“此外有隶旗籍而久居北方，诗名又为人所具知者，有宝廷、盛昱、杨钟羲、志锐、三多、唐晏诸家，其派虽与二张宗趣不同，然渊源固可述也。”[①]所述之“河北”，地域范围涵盖了现今之京津鲁冀等中原大部及辽吉黑蒙等整个北方地区。有趣的是，汪氏列举的张之洞、盛昱、志锐等“河北诗家”，俱为近代诗钟名家；而宝廷侍郎亦曾典试闽省，“同光体”闽派诸诗人陈衍、林纾、郑孝胥、林鹤年、郭名昌、方家澍以及台湾的蔡国琳、陈濬芝等悉出其门下，“壬午(1882 年)乡榜”还被认为是福建科举史上人才最盛的一届乡试。因此，京津重地、鲁豫晋冀中原地区以及辽吉黑蒙等清朝统治者的大后方，近代以来也往往被视为同一个文化区域，而且与闽派文学的关系同样十分密切。

一、北京、天津、河北、辽宁、吉林及察哈尔吟侣

明永乐十九年(1421 年)明成祖朱棣移都北京，称直隶于北京的地区为北直隶，所辖相当于现今北京市、天津市、河北省大部及河南与山东的小部分地区。清顺治二年(1645 年)改北直隶为直隶，康熙八年(1669 年)称直隶省，所辖仍旧；雍正、乾隆以后，领通永、霸昌、清河、天津、大顺广、热河、口北诸道，辖境扩及今内蒙古与辽宁。民国三年(1914 年)前后划长城以北地区设热河、察哈尔和绥远三个特别区；民国十七年(1928 年)改北京为北平、直隶省为河北省、热河特别区为热河省(1955 年撤省，所辖分别归入内蒙古自治区、河北省与辽宁省)、察哈尔特别区为察哈尔省(1952 年撤省，所辖分别归入内蒙古自治区、河北省、山西省和北京市)、绥远特别区为绥远省(1954 年撤省，所辖全部归入内蒙古自治区)，并设天津特别市(1930 年改为天津市)。

---

① 汪辟疆撰:《近代诗派与地域》。汪辟疆著:《汪辟疆文集》，上海:上海古籍出版社，1988 年 12 月第 1 版，第 303—307 页。

东北三省的行政区划沿革则是这样的：明代在辽宁设有辽东都指挥使司，隶属山东省管辖；清初设盛京将军；光绪三十三年(1907 年)设奉天省；民国十八年(1929 年)改奉天省为辽宁省(1931 年至 1945 年日本侵占期间，被划分成奉天、锦州、安东三省)。明代在吉林设有都司及卫所；清顺治十年(1653 年)置宁古塔昂邦章京；康熙元年(1662 年)改称宁古塔将军；乾隆二十二年(1757 年)又改称吉林将军；光绪三十三年(1907 年)设吉林省。黑龙江在清初属宁古塔将军管辖，为了抗御沙俄军队的侵略，康熙二十二年(1683 年)清廷设置黑龙江将军；光绪三十三年(1907 年)，设黑龙江省(1931 年"九一八"事变后，日本侵略者为施行殖民统治，将黑龙江省分割为龙江省和黑河省，于哈尔滨置滨江省，又将黑龙江省西部地区划分为兴安北分省和兴安东分省，另从龙江省和滨江省各划出一部分设置北安省)。

清嘉庆、道光年间，诗钟与击钵吟在闽地产生以后，即由福建宦京之士携至京城。诗钟与击钵吟传入京城之初仅在"馆阁诸公"间流传，随后清王室的上层文人也参与其中，于是上仿下效，迅速风靡整个京兆地区，尤其是诗钟，还形成了"一种娴雅而又风趣的京派风格"[①]。《清稗类钞》有"诗钟风行于京都"一条载："光绪庚子(1900 年)初春，易实甫在京师，诗钟之作，风行一时。琉璃厂南纸铺之门，皆贴有诗钟题，征收试卷，标明彩物。波及内城，亦有发题并送卷者，不知何人所为也。实甫所闻警句，如韩信墨盒云：'国士自真王自假，兼金其外絮其中。'杨柳七夕云：'三起三眠三月暮，一年一度一销魂。'古书老妓云：'文字郁律蛟蛇走，门前冷落车马稀。''零星掇拾秦灰后，去日销磨楚梦中。'逾数月，遂有拳匪之乱，此事亦遂废矣。"[②]京地诗钟社团，影

① 王鹤龄著：《风雅的诗钟》，北京：台海出版社，2003 年 9 月第 1 版，第 138 页。
② 徐珂编撰：《清稗类钞》，北京：中华书局，1986 年 3 月第 1 版，第 4016 页。

响较著者即有：同治十年（1871 年），河南项城人袁保龄所组织之雪鸿吟社；光绪十二年（1886 年），宗室盛昱、椿懋、增杰及光绪帝珍妃的兄长他塔拉志锐、志钧、志润等所组织之榆社；光绪二十九年（1903 年），宗室乐泰、增杰、悦涟等在郑王府所组织之惠园诗钟社；光绪三十三年（1907 年），北京人张瑜在东城所组织之陶情社；光绪三十四年（1908 年），广东番禺人沈宗畸所组织之著涒社；民国二年（1913 年），朱庆佑、曾重伯、顾承曾、顾准曾等所组织之潇鸣社；民国初年，广东南海人关赓麟在宣武门南边所组织之寒山诗钟社和在南池子所组织之稊园吟社；民国五年（1916 年），“钟圣”陈宝琛等所组织之北京灯社；等等。其中，寒山诗钟社规模最大、影响最巨，该社所作辑为《寒山社诗钟选》甲、乙、丙三集，分别录社员 86 人、168 人和 108 人，钟作 2500 余联、3500 余联和 1296 联。此外，民国十七年（1928 年），吴吝白还创制出诗钟新格 110 格，由著名京剧编剧家翁麟声为每格写出作品一例，名曰《诗钟创格》，把诗钟格目推衍细分到了极致。

蕺庄吟社中有北京吟侣 25 人、天津吟侣 4 人、河北吟侣 1 人、辽宁吟侣 1 人、吉林吟侣 2 人、察哈尔吟侣 2 人。分别是：

（一）北京（25 人）：

汉罗扎布	棍布扎布	溥　绪	林　端
陈庆祺	曾焕棨	李莼香	曹宽夫
戚震瀛	张采丞	曾　恂	严　荪
衲寄云	李九星	詹鸿逵	狄郁文
曹岱龙	樊遇琳	乌托轩主	朱寿祺
王鹤沙	杨宝丞	王逸盦	汤东辉
王纬纶			

（二）天津（4 人）：

徐世昌　林汝铮　王汉章　沈家驹

（三）河北（1人）：

高步瀛

（四）辽宁（1人）：

王学来

（五）吉林（2人）：

毓　朗　李步青

（六）察哈尔（2人）：

一不拉引　居庸过客

其中，和硕庄亲王溥绪、贝勒毓朗、扎萨克多罗郡王汉罗扎布、亲王衔多罗郡王棍布扎布、贝子衔辅国公一不拉引均为清王室的宗亲贵族，这也许就是许南英所说薮庄吟社“罗致多遗老，旁招到故侯”①的缘故。爱新觉罗·毓朗（1860—1920），字月华，号余痴，是乾隆皇帝的六世孙、末代皇后婉容的外祖父；光绪三十三年（1907年）袭贝勒，清末任军机大臣。

比较值得关注的，还有徐世昌、高步瀛、陈庆祺、曾焕棨等。徐世昌（1855—1939），字卜五，号菊人，又号弢斋、水竹邨人，直隶天津人。光绪十二年（1886年）丙戌科二甲第五十五名进士，先后任翰林院庶吉士、陆军参谋营务处总办、巡警部尚书、东三省总督兼管三省将军事务、邮传部尚书兼京浦铁路督办、军谘大臣加太保衔、北洋政府国务卿、大总统，是中国近现代历史上的政治风云人物，从中可以看到薮庄吟社“罗致”的不仅仅是“遗老”，还包括新朝的达官显贵。高步瀛

① 许南英撰：《贺林叔臧侍郎暨德配龚夫人四十初度逢闰重庆》。许南英著：《窥园留草》，台北：文海出版社，1974年12月版，第204—205页。

(1873－1940)，字阆仙，河北霸县人，是桐城派后期古文家吴汝纶的学生。光绪二十年(1894 年)甲午科举人，清末曾任定兴书院山长、保定畿辅大学堂教习、学部侍郎。民国后，历任教育部佥事、教育部社会司司长、北京师范大学及北京女子师范大学教授等。学问之渊博、文章之隽秀、情操之高尚，为世人所敬羡，日本学者曾把他的考据与广东黄节的诗学、桐城吴闿生的古文并称为"中国三绝"。平生著述极多，有《吴氏孟子文法读本笺》、《国文教范笺注》、《古今体诗约选笺注》、《唐宋文举要》、《汉魏六朝文选》、《明清文选》、《古今辞类要注》、《文选李注义疏》、《古文辞类纂笺证》、《史记举要笺证》、《周秦文举要笺证》、《两汉文举要笺证》、《魏晋文举要笺证》、《汉魏六朝诗举要笺证》、《赋学举要笺证》、《古文范注》、《讲大集日记》、《古礼制研究》等。陈庆祺为北京大学教员。曾焕桨为北京清华学校教员。这些说明，薮庄吟社确乎如康筠庵所讲的"俾天下骚人墨士皆将尽入其彀中"[①]。

二、山东、河南及山西吟侣

山东、河南、山西诸省处京兆及直隶周边，是广义上所称的中原大地，在政治及文化方面历来受到京畿中心地区的辐照，从而间接接受了闽派文学的影响，其吟侣参与薮庄吟社创作活动的方式特点也有许多类同的地方。

(一)山东吟侣

山东地区的诗钟活动是由京兆直隶一带传入的。同治三年(1864 年)，诗钟名家、河北丰润人赵国华调任山东候补道，在济南组织"鹊华行馆"诗钟会，所作辑为《鹊华行馆诗钟》，录同人姓氏 26 人、分咏格作品 100 联，其中有 15 人来自直隶。光绪四年(1878 年)，诗钟名家、河

① 康筠庵撰：《甲子(1924 年)三月薮庄小兰亭三修禊序》。林尔嘉辑：《薮庄小兰亭征文录》，"戊辰(1928 年)春日"刊本，第 46 页。

南光州人李嘉乐调任青州太守，其后转任济南府太守，并升任兖、沂、曹、济兵备道道员，李嘉乐与赵国华同为同治二年（1863 年）癸亥恩科进士，两人志趣相投，共同推动诗钟在山东的发展。光绪十三年（1887 年），诗钟名家、湖南武陵人王以慜在济南创立湘烟阁诗钟社，北京榆社的萨克达·成昌与赵小鲁、济南鹊华行馆的赵国华等均参与其中，所作辑为《湘烟阁诗钟汇钞初集》，录同人 22 人、作品 196 联。光绪二十二年（1896 年），原北京榆社与湘烟阁诗钟社成员、汉军正黄旗人赵小鲁任山东夏津县令，与原湘烟阁诗钟社社友朱钟琪、萧绍庭等在衙署开展诗钟聚作，所作辑为《蜕庐钟韵》，录同人 13 人、作品 295 联。因此，王鹤龄先生认为山东诗钟的创作风格主要接受了京派诗钟的影响。

尽管山东离福建较远，两地直接的文化交流很少，但由于有了诗钟传播的基础，山东参与菽庄吟社创作活动的吟侣也不在少数，共有 14 人。分别是：

邓问山	孙　沂	瑷沄女史	孙传芳
王寿彭	薛淑周	评花馆主	徐　堉
巴泽惠	支离叟	铁笛生	黄瘦縢
寒匏存叟	唐柯三		

其中比较值得关注的有一文一武，文为王寿彭，武为孙传芳。王寿彭（1875—1929），字眉轩，号次篯，山东潍县（今潍坊市）人。光绪二十九年（1903 年）癸卯科状元，授翰林院编修，后任湖北提学使、提学使兼布政使、代理湖北巡抚等职，创办有两湖优级师范学堂；辛亥鼎革后，先后任北洋政府总统府秘书、山东省教育厅长，创建山东大学并兼任校长。著有《靖盦诗文稿》。孙传芳（1885—1935），字馨远，山东历

城人。光绪三十年(1904 年)从保定北洋陆军速成学堂选送到日本陆军士官学校学习,期间加入中国同盟会;宣统元年(1909 年)回国后,分配到北洋第二镇第三协第五标任教官;辛亥革命后,随王占元驻防湖北,历任第二师辎重第二营营长、第六团团长、第三旅旅长、第二十一混成旅旅长、湖北暂编第一师师长;民国十年(1921 年)湘鄂战争爆发,在吴佩孚推荐下,任长江上游总司令及陆军第二师师长,成为直系将领;民国十一年(1922 年)十月,福建发生驱逐闽督李厚基战争,孙传芳奉曹锟、吴佩孚之命率军入闽,督理福建军务并任闽粤边防督办,期间曾主持菽庄主人林尔嘉五十岁寿庆并撰寿文一篇。

(二)河南及山西吟侣

与山东一样,河南地区的诗钟活动也是从北京传入的。早在同治十年(1871 年),河南项城人袁保龄即组织包括诗钟大家李嘉乐在内的河南籍居京官员 10 余人,在北京创立雪鸿吟社,所作辑为《雪鸿吟社诗钟》,录作品 1300 余联。民国三年(1914 年),河南当地创立有梁园诗社,诗钟名家宗威等加入其中。民国八年(1919 年),浙江绍兴人萧绍清又在梁园诗社的基础上,创立了衡门社;社员 37 人,其中卓启堂曾入北京著涒社与潇鸣社并编撰过北京惠园诗钟社作品选本,李湘则为北京寒山社成员;所作近千联,辑为《衡门社诗钟选》,“作品典雅,有诗趣”[1],与京派诗钟风格相接近。河南吟侣在菽庄吟社中所占比重不大,参与创作活动的频率也不高,无足轻重。其中一个原因是,近代以来中原地区战祸不断,天灾频仍,民生尚不足以聊赖,更遑论风雅以寄兴骚。所见河南吟侣共 5 人。分别是:

张商子　潘炳麟　天南野鹤　张应滨　张渭臣

① 王鹤龄著:《风雅的诗钟》,北京:台海出版社,2003 年 9 月第 1 版,第 155 页。

山西在河南之北与河北之西，远离东海之滨，未见受闽派文学影响的记载，但该省也有吟侣参加萩庄吟社的创作活动，这从另一个侧面说明了萩庄吟社影响之广泛。所见山西吟侣仅 1 人，为：

赵 苏

第五节 粤港、桂滇黔川陕甘、海外华侨及日本吟侣

萩庄吟社中还有粤港吟侣，桂滇黔川陕甘吟侣，日本、新加坡、印度尼西亚华侨吟侣，以及为数不少的日本吟侣。这表明，萩庄吟社的影响不仅及于南部、西部边陲，还远达东亚、东南亚等海外重洋。

一、广东及香港吟侣

汪辟疆有论“岭南派”，曰：“五岭以南，旧为瘴雨蛮烟之地。宋元以后，文物日进，明清之间，外商麇集，货品山积，繁庶侈丽，又逾江左。士生其间，发为文章，有奇丽之观，具坚卓之质，盖山川习俗使然也。……近代岭南派诗家，以南海朱次琦、康有为、嘉应黄遵宪、蕉岭邱逢甲为领袖，而谭宗浚、潘飞声、丁惠康、梁启超、麦孟华、何藻翔、邓方羽翼之，若夏曾佑、蒋智由、谭嗣同、狄葆贤、吴士鉴，则以它籍与岭外师友相习而同其风会者也。此派诗家，大抵怵于世变，思以经世之学易天下，及余事为诗，亦多咏叹古今，指陈得失。或直溯杜公，得其沈郁之境；或旁参白傅，效其讽谕之体。故比辞属事，非学养者不至，言情托物，亦诗人之本怀。其体以雄浑为归，其用以开济为鹄，此其从

同者也。”[①]

(一)广东吟侣

晚近以来,广东先后涌现出梁鼎芬、蔡乃煌、关赓麟、沈宗畸、罗惇曧、梁启超等诗钟大家,并且形成了“尚典实”的“粤派”诗钟风格特点,不过他们的创作活动大多发生于省外,而很少是在粤省当地进行的。浙江杭州人施鸿保所著、清咸丰八年(1858 年)成书的《闽杂记》有载:“徐铁孙太守荣《怀古田舍诗》自注:‘少时与诸友作嵌字联句。’太守广东驻防汉军,则广东先已有之矣。”[②]这是早期诗钟述录中,认为粤地诗钟早于闽地诗钟的一个孤例。其余所见之广东当地诗钟活动的最早记载,为《清稗类钞》所载“李孟符开诗钟会于粤”一条,谓:“李孟符曰:‘嵌珠难稳而易工。’良然。顾其佳者,亦正可讽。光绪丁未(1907 年)旅粤,暇辄从朋辈为诗钟之会。”[③]李孟符就是陕西咸阳人李岳瑞,上述内容即引自其所著《春冰室野乘》。参与该钟会活动的作手尚有虞和甫、陈伯澜、陈少衡、陈埙伯、况晴皋等,悉为闽人。此外,光绪末年黄绍屏、汪兆镛等人在广州组织有惜余吟社;民国六年(1917 年)福州人士沈鬷清、陈海瀛等在广州组织有与社;民国二十四年(1935 年)中山大学法律系师生组织有离合社;抗战胜利后,吴彦伯等人组织有广东诗钟社;等等。综合起来分析,笔者认为,广东诗钟主要还是接受了闽地诗钟的影响,并且是从闽地传入的。至于“粤派”诗钟“尚典实”这一风格特点,宗威认为是“风气自变”的结果,其所撰《诗钟小识》有述:“诗钟既始于闽人,当夫草刱之初,以诗为钟,但取其诗句之工。积之既久,写景言情,俯拾即是。始以为清词丽句者,继以为浮烟涨墨矣;

① 汪辟疆撰:《近代诗派与地域》。汪辟疆著:《汪辟疆文集》,上海:上海古籍出版社,1988 年 12 月第 1 版,第 314—315 页。

② 施鸿保著:《闽杂记》卷八,清光绪四年(1878 年)申报馆仿聚珍版印本,第 7—8 页。

③ 徐珂编撰:《清稗类钞》,北京:中华书局出版,1986 年 3 月第 1 版,第 4018 页。

始以为一夫善射者，继以为众口雷同矣。其弊也失之浅滑，非真性灵也。于是典实如异军特起，连夺名城。”[①]

同时，清代台湾社会中粤地移民占有相当比重，跟闽地移民一样，他们当中的一部分人也于乙未内渡并回到广东原籍，其中包括丘逢甲、陈望曾、许南英等人在内。以丘逢甲(1864—1912)为例，他出生于台湾苗栗县铜锣乡，清末受知于分巡台湾兵备道唐景崧，被选入海东书院就读，受教于施士洁，成为“东海文章”诸家之一。在台期间，丘逢甲与施士洁、陈望曾、许南英、汪春源等过从甚密，并先后加入台南崇正社、斐亭吟社、台北牡丹诗社等；光绪二十年(1894 年)中日甲午战起，丘逢甲积极参与台湾团练的招募、编练及统领工作，并多次领衔上书抵制清廷的割台之议；乙未(1895 年)割台议成，他又首倡成立“台湾民主国”，并出任“台湾义民各军统领”，指挥义军英勇抗击日人入据，“血战二十余昼夜”，“卒以饷绝弹尽”[②]，于当年闰五月朔(6 月 23 日)离台内渡，归籍广东镇平(今蕉岭县)。丘逢甲归籍广东后，颜其庐曰“念台”，表示念念不忘台湾之意；孙中山先生领导的民主革命兴起后，他又加入中国同盟会，积极致力革命活动，并担任广东省革命军政府教育部长；民国元年(1912 年)，中华民国南京临时政府成立，丘逢甲被推举为参议院议员。值得特别关注的是，丘逢甲内渡大陆后，始终还与唐景崧、施士洁、陈望曾、许南英、林鹤年、王毓菁、谢颂臣等昔日师友保持密切联系，所作有《寄怀维卿师桂林》(七首，1898 年)、《寄怀陈省三、许韫白游宦广州》(二首，1898 年)、《春感次许蕴伯大令韵》(十首，1899 年)、《林氅云郎中(鹤年)寄题蚝墩忠迹诗册，追忆旧事，次韵

① 宗威撰:《诗钟小识》。张作梅编订:《诗钟集粹六种》，台北:中华诗苑，1957 年 10 月初版，第 291 页。

② 《仓海先生丘公逢甲年谱》。丘逢甲著:《岭云海日楼诗钞》，台北:文海出版社，1974 年 12 月版，第 782 页。

遥答》(八首,1900年)、《鮀浦将发,寄许韫伯》(1900年)、《答王贡南同年》(四首,1902年左右)、《次韵答维卿师》(二首,1903年)、《送蕴白之京》(二首,1908年)、《寄韫白三水》(1909年)等。作为清末"台湾诗界二公"①之一和诗钟大家,丘逢甲内渡后依然"不忘风雅",与黄遵宪、丘菽园、潘飞声(兰史)、王晓沧、易顺鼎、陈宝琛、沈瑜庆等酬唱往返,并参加了光绪三十四年(1908年)前后广东番禺人沈宗畸在北京所组织的著涒社,与诗钟大家易顺鼎、袁祖光、萨克达·成昌、张瑜等共打过诗钟。可以设想,如果天假以年,丘逢甲完全有可能成为菽庄吟社的核心吟侣。

由于上述原因,参与菽庄吟社创作活动的广东吟侣也非常多,总共达30人。分别是:

关赓麟	唱霞旧侣	蔡祖祺	梁步云
紫藤老屋	廖季延	卢侣卿	麦觉民
龙品恭	林铁云	张汝翘	郑　煦
张辉庭	王国瑞	陈芷云	饶咏薇
补读书楼	杨家驹	陈焕章	周醒南
黄锡铨	李鹦程	平道人	关　霁
罗志安	张莲湖	梁仲仙	杨鹏程
卢达廷	冯祥光		

其中,比较值得关注的是关赓麟、陈焕章与关霁三人。关赓麟(1880—1962),字颖人、伯辰,广东南海人。光绪三十年(1904年)甲辰恩科二甲第一百零一名进士,历任财政部秘书、交通部路政司司长、铁

① 连横著:《台湾诗乘》,台北:台湾银行经济研究室,1960年1月版,第215页。

路总局提调、京汉铁路会办、川粤汉铁路督办、铁路部参事、平汉铁路管理局局长、北平交通大学校长、铁路大学校长等职。曾在北京组织有寒山诗钟社，陈宝琛、易顺鼎、陈衍、王闿运、樊增祥、沈瑜庆、郭曾炘、郭则沄、王允晳、梁鼎芬、蔡乃煌、萨克达·成昌、严复、梁启超、曾福谦、江瀚、黄濬、李岳瑞、高步瀛、黄节、朱祖谋、江孔殷、朱汝珍、冒广生、秦树声、陈衡恪、张昭芹、刘福姚、刘师培、顾印愚、顾瑗、傅增湘、夏仁虎、曾广钧、高旭、叶恭绰、罗惇曧、吴士鉴、王式通、宗威等重要名家均参与其中；又组织稊园吟社，成员有傅增湘、吴北江、夏枝巢、许宝蘅、陈云诰、王道元、章士钊、郭风惠、钟刚中、萧龙友、齐如山、叶恭绰、邢冕之、黄君坦、汤用彤、李培基、刘文嘉、彭八百、张伯驹、王冷斋、言简斋、沈仰放、陈叔通、俞平伯等；另创设有咫社（词社）等。陈焕章（1881－1933），广东高要人。光绪三十年（1904年）甲寅恩科三甲第一百三十一名进士。早年入万木草堂，受学于康有为；光绪三十三年（1907年）赴美留学，创办"昌教会"，从事保皇立宪活动；后发起"孔教会"，出版《孔教会杂志》，主张尊孔读经，并任北京孔教大学校长；民国十七年（1928年）以后，退居香港。关霁（？－？），字吉符，广东人，曾入北京寒山社为社友。

（二）香港吟侣

香港本是一个港口村，清中叶以前隶属广东省新安县管辖。第一次鸦片战争（1839年－1841年）后，香港为英国殖民者所侵据；第二次鸦片战争（1856年－1858年）后，英殖民者扩占了九龙；光绪二十四年（1898年）又强行租借新界。1997年7月1日，我国政府恢复对香港行使主权。

香港地区的诗钟活动历来比较活跃，而且与内地特别是闽粤两省的交流互动很多，至今犹然。如：光绪二十六年（1900年）前后，广东番禺旅港著名诗人、书画家潘飞声（兰史）参加了李伯元在上海所组织之海上文社的诗钟征集活动，事见张乙庐所撰《李伯元逸事》；民国二十年（1931 年），温肃、朱汝珍、江孔殷等在港共同创立正声吟社，所作辑为《正声吟社诗钟集》，社员 50 人都是旧学修养非常高的广东人士；民国三十四年（1945 年），黄伟伯、伍宪子、谢焜彝、冯渐逵等创立硕果社，社员 75 人，所作结为《硕果社》（第一至九集）；1954 年，福州人叶玉超、陈劫余等在港组织三六诗钟活动，成员 34 人，所作辑为《荼苦诗清录》；1959 年，古卓仑、周谦牧、潘学增、郑璧文、萧君亮等人在港创立春秋诗社，编辑出版《春秋诗社》各集；1961 年，潘学增、黄相华、古卓仑等又在港创立健社，发行《健社文艺刊》；等等。葭庄吟社中有香港吟侣 2 人。分别是：

诵先芬室　金铭

二、广西、云南、贵州、四川、陕西及甘肃吟侣

桂、滇、黔、川、陕、甘六省地处南部与西部边陲，历史上曾设云贵、四川、陕甘三位总督统辖诸省军民政务（广西主要由两广总督统辖），军事战略地位十分突出，这些地区同样受过闽派文学的影响。《诗钟说梦》载，“光绪丁（1877 年）、戊（1878 年）间”，易顺鼎侯先君于贵州贵东道道署将近两年，“幕中文士如蒋次香、张子蕃、阮敦甫、胡孟存、张逯泉诸君，极游览唱和之盛”，并有“唱和联句之作”①。《清稗类钞》有“易实甫开诗钟社于蜀”一条云：“光绪乙酉（1885 年），易实甫随侍其尊人叔子方伯于川藩任所，趋庭之暇，与弟由甫、妹香畹及妹婿黄玉宗开诗钟社。时张子苾、曾季硕夫妇居署中，而蜀中群彦有顾印伯、范玉

---

① 易顺鼎著：《诗钟说梦》。王鹤龄著：《风雅的诗钟》，北京：台海出版社，2003 年 9 月第 1 版，第 226—227 页。

宾、刘健乡、江叔海诸人，簪裾毕集，同作诗钟，往往酒阑烛灺，夜分不休。刻成四册，玉宾题签曰《仿建除体诗》。”[①]民国八年(1919 年)，昆明人刘少廷在云南刊行诗钟集《雕玉双联》，录钟作 240 联。民国十一年(1922 年)前后，四川荣县人赵熙依照北京寒山社诗钟题目进行拟写，所作收入《香宋杂记》一著。此外，“钟中将帅”[②]、清末台南斐亭吟会与台北牡丹诗社主持人唐景崧，也于乙未内渡后回到广西灌阳原籍课士授业。

菽庄吟社中有广西、云南、贵州吟侣各 1 人，四川吟侣 4 人，陕西、甘肃吟侣各 2 人。人数虽然不多，但意义却不小。他们分别是：

(一)广西(1 人)：

曾鸿燊

(二)云南(1 人)：

吕　铸

(三)贵州(1 人)：

刘庆汾

(四)四川(4 人)：

易　铭　　谢嘉铨　　谢　珂　　赵心得

(五)陕西(2 人)：

吴乾元　　刘霞举

(六)甘肃(2 人)：

倪昭孟　　张　澂

---

① 徐珂编撰:《清稗类钞》，北京:中华书局，1986 年 3 月第 1 版，第 4015 页。

② 诗钟大家李嘉乐语，原句为“诗钟中乃有将帅才耶？子为吾党增光”。唐景崧辑:《诗畸》，清光绪十九年(1893 年)台湾布政使署刻本，第 1 页。

其中,比较值得关注的是刘庆汾。刘庆汾(? —?),贵州贵筑(今贵阳)人,曾任福建兴泉永兵备道,著译有《日本维新政治汇编》等。

三、海外华侨及日本吟侣

(一)海外华侨吟侣

福建地处东南沿海,山多地少,自然资源匮乏,所以沿海居民历来都把赴南洋谋生当作一条重要的出路,所去目的地主要有新加坡、马来西亚、印度尼西亚、菲律宾、越南等。他们在赴南洋谋生的同时,也把闽地文化带到了那里,其中不乏发财致富后衣锦还乡的人。以林尔嘉的儿女亲家、菽庄吟侣之一黄奕住(1868—1945)为例,他十七岁赴新加坡打工,在码头上为人剃头,人称"剃头住",后转赴印尼改行挑货郎担,稍事积累,开办起杂货店,慢慢扩充成商行,又改成股份公司,最后成为印尼爪哇四大糖王之一;1919 年黄奕住回国,先后创立中南银行、黄聚德堂房地产股份公司等,担任过厦门总商会总理,并捐助过上海复旦大学、上海暨南大学、北京大学、南开大学、岭南大学、厦门大学等。又如菽庄吟社另一吟侣黄仲训(1875—1951),字铁夷,福建南安人,清末秀才;1901 年赴安南(今越南)堤岸协助父亲经营地产、典当,因此致富;1913 年挟巨资回国,在鼓浪屿兴建"黄荣远堂别墅"、"厚芳兰馆"、"瞰青别墅"、"西林别墅"等,成为鼓浪屿别墅群的一道亮丽风景。再如近代著名诗人、福建海澄(今福建省龙海市)人丘菽园(1874—1941),则是中举以后才赴新加坡接管其父巨额产业的,在新加坡期间,他先后组织有丽泽社、乐群文社、会吟社、檀社、南洋崇儒学社等社团,积极推动当地的诗钟活动,并与国内诗坛保持密切联系。由于丘菽园以文会友,慷慨好客,所以近现代诗坛的众多名家都与他有过交谊。光绪二十二年(1896 年)冬,菽庄"三老"之一许南英避走新加坡期间,就曾与丘菽园拈题分韵,争胜斗捷。

此外，菽庄主人林尔嘉在儿女婚姻这点上是很讲究门当户对的，林尔嘉的女儿全部嫁给了南洋华侨巨子，其长子林景仁娶印尼侨领张鸿南（字耀轩）的次女张馥英（亦作福英）为妻，次子林刚义娶日本正金银行买办、神户侨领王敬祥的女儿王臻英为妻，五子林履信则娶王臻英的妹妹王宝英为妻。因此，菽庄吟社中除了黄奕住、黄仲训、林辂存、龚显燦、黄恩培等归国华侨以外，尚有还在国外的华侨吟侣4名。分别是：

日本华侨（1人）：

杜梅和

新加坡华侨（1人）：

嚼墨主人

印度尼西亚华侨（2人）：

黄则登　　胡舜钦

（二）日本吟侣

日本占据台湾以后，林维源与林尔嘉父子尽管已经离台内渡，但是台北板桥林家作为“台湾第一望族”，其在台湾社会的影响仍然很大，所以日殖当局想方设法笼络和拉拢林氏父子，争取他们为其在台湾的殖民统治服务。《林本源史话》有载：“林家内渡后，日人以授伯爵为由，请林维源回台，协助其治理台人，维源拒之；日人退而求其次，冀与之合作，维源亦拒之。虽然日人之企图未售，仍思与林家维持良好关系，厦门日本领事馆的官方宴会，林家都被视为贵宾；日人并且时常劝林家的人，无论他们何时回台湾，随时可帮他们办理返台手续，且说林家在台财产，日本政府会保护它不遗余力。日方与维源合作的计划失败，遂注意到维源的长子尔嘉。……某一时期因民间仍嗜用中国银元，不喜用日方纸币，造成台湾银行发行的纸币流通不佳，总督府请尔嘉在钞票上签名，以便向民众表示台湾银行与林本源关系良好，增加民间对纸币的信心。至今，部分日据时期台湾银行发行的钞票上有林尔嘉签名，即由此来。”①

另一方面，日本是深受汉文化影响的民族。他们不仅谈茶艺、礼佛道，而且还穿唐装、作唐诗、论书法，汉文化早已深深植入和积淀在日本民族的心里。台湾现代小说家吴浊流所著《浊流诗草》曾述及："日本的诗词不像汉诗那样有气魄，所以，他们在狂歌剑舞、悲愤、慷慨激昂时，所吟唱的都是汉诗……社会上对汉诗的喜爱不消说，连研究汉诗的学者、专家、汉诗人，也是被人崇拜的。”②

菽庄吟社中共有日本吟侣 11 名。分别是：

池尾三郎　本田茂吉　大槻嘉造　进上茂
川口庄松　右田吉人　藤井启之助
井上四郎　伊川后秀　尾崎秀真　伊藤贞次郎

这些日本吟侣的身份背景比较复杂，他们参与菽庄吟社活动的目的也来得不是那么单纯。根据日本吟侣的身份背景和他们参与菽庄吟社创作活动的方式特点，大致又可以分为两类：一以参加菽庄主人林尔嘉寿庆及结婚纪念等重大活动为主，往往带有官方或半官方的性质，包括本田茂吉、大槻嘉造、进上茂、川口庄松、右田吉人、藤井启之助、尾崎秀真等；二以参加菽庄吟社“征诗”活动为主，包括池尾三郎、

① 《林本源史话》。陈三井、许雪姬访问，杨明哲纪录：《林衡道先生访问纪录》，台北：中央研究院近代史研究所，1992 年 12 月版，第 50—51 页。

② 吴浊流撰：《汉诗必须改革》。吴浊流著：《浊流诗草》，台北：台湾文艺杂志社，1973 年版，第 341 页。

井上四郎、伊川后秀、伊藤贞次郎等，从他们作品获奖情况来看，其汉诗创作水平还是相当高的。

其中，比较值得关注的是尾崎秀真。尾崎秀真(1874－1949)，字白水，号古村，日本岐阜县人，知名报人、历史学家、汉学家。曾旅居台湾，担任《台湾日日新报》汉文版主编，并创立有南雅诗社、穆如吟社等汉诗社团，所作辑为《鸟松阁唱和集》等；后来与猪口安喜共同担任“台湾总督府史料编纂会”委员。

第六节　未知籍地吟侣

菽庄吟社中尚有未知籍地吟侣 688 人。兹录于下，以备查考。

竹　琴　　采　蘋　　陈福铭　　区　纬
无诸国之民　　　　　率　甫　　嫣仙女史
司徒九郎　瀛洲钓鳌客　　　　　骚坛侍者
陈逸庐　　李天霖　　岭海逸民　天涯浪子
桂林秋史　我非仙　　少邨氏　　源社司书
艾　叟　　逖父孔墉　管城居士　芝道人
张尧咨　　槎上老舌后人　　　　大　癯
适　圃　　珖　章　　李世成　　泪　痕
老　可　　绛桃轩主人　　　　　罗兰小史
鱼我轩主人　庚祖老邨渔　　　　冤　石
钟逸山　　云　癯　　二陵后人　草　我
韩翠蘋　　翼经斋主人　　　　　吕夙星
悟僧子　　玉琳何使者　　　　　陈　器
郑惺庵　　懒　窝　　天池遯叟　林郁士

林谷叟	李　獬	落发在家僧	
山　樵	琴　叟	拙　斋	悭　予
爱月楼仙子		我我园主人	
第一山居士		半董楼	铜　仙
海　客	甘鸿波	陈隐庵	金筱邨
禅外僧	于直生	悭　悭	蝶　仙
越王山逸叟		颐园老人	汪德年
施莺声	果　生	醉乡隐者	湫　卿
见　佛	栽绿草堂	小低头居士	
仙玭啸盦	王景椿	小　隐	漏　仙
梦湖居士	鸥安山人	秋湖居士	眉　仙
黄淑怜	蕉绿山房	万　里	石蒲居士
撷蒲生	友琴生	吴门女士	郑邦泗
黄仲颖	陈采蘩	太瘦生	陈家楫
浑　刚	烟波钓徒	黄祖培	王芸香
燕诒后人	鹭水散人	戴芳坡	空空道人
梁继宪	杜　官	榕垣铁铮	陈天骏
韵笙山人	吴智仁	丁峙宇	吴锐侪
觉　盦	许成敏	伍　佑	泊　如
泰　鸿	竹　谿	郑谷曾	伍　佐
梨云别院	湖边人	爱　独	燕市酒客
鹿　巢	霞溪钓客	蕉　林	护樱子
金门大隐	吴元海	伍涞仙	王思易
静云庵主	书　佣	景　玉	赵醴铭
抱残老人	缨溪钓徒	会稽山人	荔　邨
盘　螵	桐荫樵客	檞　田	陈茑霖

施泉麓	潜　盦	黛　青	何官楳
素修轩主	石痴道人	筠　如	郑玉滨
护花奴	醴陵刚佛	林佩兰	薇　卿
螺阳嗜痂	山阴道人	净　月	陶祖典
林星谟	顾元起	余少铭	藏拙斋主人
后荷生	陈兆芬	龚士清	青　嵒
屈延安	叶小凤	翠屏山牧者	
张景延	退　甦	霖　雨	赵芝谷
代　介	罗阶平	屠龙客	淑兰女史
林子清	剑　秋	林纫兰	拙讷默室
徐尺孙	天南史隐	耻　斋	飞灵仙子
解　珮	镛　生	郑元昭	鹣东使者
刘二骚	散花女史	心太平斋主人	
李庆丰	自由郎	王莲笙	陈芙秋
顾元良	刘章甫	坐虚病叟	张虬公
艾　山	黄狷庵	琴　史	李独觉
陈云卿	充依侍史	刘继文	筠　儿
永　钦	程雁卿	礬　堂	善　羲
鹿　樵	许湘芸	刘又来	菱舢女子
潜玉女士	社　傭	卢省庐	半　痴
陈进宜	何桐龛	郑纤纤	西冷词客
李觉民	四明归客	呻吟女	凌紫烟
寿昌玉	冶里老农	秀悦女生	郭见仙
林幼谷	刘华岩	瑹　雅	季雅南
小卧云主人		史仲子	李卓吾
雪琴女史	寿　齐	茗　参	端木郁

林梓椿	孙逸樵	平平主人	汤经传
袁　复	肇丙女士	戴景熙	秀韵女士
方祝宣	大梦山人	张之骥	百　痴
余少青	李荫岳	青　崖	黄笃蕃
烟波散叟	文　祺	易家襄	顾孟平
郑颂佩	东沤渔老	伍宜山	薛玉华
萧炜基	兰盟社友	周　愈	五知堂
泪　绮	梁叔达	吴山老纳	蔡又襄
含饴叟	刘幹卿	郑笏青	老女倚楼身
蔡亦朋	赵东瓯	刘验庄	薇　楼
亦　彭	武荣倦客	蔡伯谦	篆香女史
一啸台道人	杨又新	鹤栖楼主人	
陈寿铭	钓龙台钓徒		吴应熊
九鲤湖主	林文新	上官云	程召祈
华　珍	陆廷琛	秋水散人	苏馥初
芎　盦	石　葵	陈笏山	陈老八
胡伯鸾	区宗渭	松龛主人	澹　秋
蔡澹伯	黄福楙	郭庆草	莽苍苍馆主人
鲁　盦	铁　尊	陈自信	林古韵
汪素娥	兰英女士	朱海鹏	袁武夷
梅　瘫	梦蕉叟	冰心主人	铁　鼎
朱　方	玉尘仙史	惜红女士	李一山
姚逢熙	杨云孙	杨文葆	刘楕梓
□麓江渔者		廖韵笙	刘珪如
罗裳山人	肇丁女士	任蕴石	蔡云万
张王蕙耽	张翠漪	周紫骧	陈秋舫

邵厚生	鸳　针	啸云仙侣	居学迟
飞过海	王伯琴	秋　星	铿　铿
吴养涵	紫　山	祝香秋士	萧寅廷
林炎年	魏斟者	郑笑白	许耿光
孟　玺	滨海遗民	林玉珍	周振奎
廖运生	星　晓	刘澹公	萧杨骚
应友松	适　我	旧馆仙人	井上草堂
菱　舫	紫□仙馆主		传书女
阮芝圃	卢钟书	孙振亚	淑　纬
庄中正	林志钊	罗郁文	刘墨犀
洪翠娥	淑慎女士	居芷卿	张又石
寿　陶	蔡持平	李朴山	蛰耦斋主
碧　园	陈拙庐	挺　寿	黄玉垣
黄式墉	老　拙	剑　尘	述　畬
代　鸿	夏传信	罗依鉴	黄绮采
张二如	争春道者	晓　六	蓉小舫
苏蕙兰	乞如愿	柔　云	麦　湖
吴崧年	壶中仙	杨　华	黛　宝
林伯思	筱　纬	余奏敷	高隽夫
月　秋	绿衣使者	越麓散人	艾亚通
庄毓秀	刘英士	何子珩	颍川后人
刘禹铭	惜芳女士	苏钓雪	戚　僎
孟尚基	李久英	蔡履中	桑莲释子
曾　泳	天　痴	江　村	任子忠
乙酉生	多寿斋	棠湖小隐	扪　蝨
扬州剩鹤	周君简	醉　尉	梦梦者

史　匠	王履青	绾　郿	曾经沧海客
梦秋吟榭	壶　匏	礼苐康	陈海鳌
刘文煛	林志濂	刘崧英	胡咏琛
萨祖型	刘炳坤	林福熙	薛　莹
梁孝熊	王莹修	郑　骏	李宣璋
王云沧	陈绿殊	王登琦	陈之麟
陈若金	黄庆庸	丁慕韩	靳志仲
吴宝彝	翁　廉	陈嵩毓	许孟学光
林芝山	宋　威	王朝纲	吴拱□
蔡　戊	萧培榛	吴良荣	江蕴和
舒厚德	梁春煦	谢泮水	孙宗蔡
李　新	黄静堂	林国器	林剑波
洪景浩	林国清	张长懋	赖秉书
徐士俊	蔡秋涛	赖绮石	陈　玮
邵恩泽	林古愚	钱达根	陈绍妫
李笙鹤	沈紫若	吴钟诚	池兆莹
郑春瑛	刘敬堂	林　鸿	施荫标
林国赓	许凤藻	黄廷元	杨景文
王震丰	杨　遂	范绍武	林在衡
黄伯权	吴宗慈	林履明	张公量
朱平之	方焕文	孙克修	贺　沆
曾醒我	周家森	王秋瞰	姚　健
徐庆元	叶孚光	蔡百谦	赵　钰
郭汉泉	洪肯堂	陈家栋	李惠人
徐瑞霖	马　灏	林念慈	刘光谦
刘　平	叶崇华	陈允彩	周子秀

林石钟	刘寿祺	林曼馥	李启芳
石广垣	吕锡嘏	陈吉庐	陈时利
刘　靳	林彦京	史　恪	林　皋
唐国谟	辛桂芳	高全忠	易兆雯
李锦修	张敦诚	林邦俊	尤君飏
沈德峻	林欣荣	吴凤鑫	王临丰
张　烽	蔡应昇	鳌东逸民	陈培源
芝山石友	周　鼎	李之华	王宗仁
蒋纯一	卢雨亭	蛰园花僮	红尘过客
张碧华	王尚曾	祝华如	吕魂醒
宋连甲	王廷一	潘喻庐	刘元虢
叶　侃	黄　铎	清源畸士	瑶台使者
吴蕴山	李汉青	怀竹氏	渠　园
云山水月散人		蕃邑人	籁声林莱生
研　霞	一　如	左赋才	冯维常
茅家驹	刘亮斋	罗忠诩	郑方举
叶谷□	卢李纯	罗义侏	卢明之
孙世康	孙世俊	张仲元	陈亮奎
关寿纪	洪　畕	梦蝶楼主	蔡镜吾
林英冕	杨□□	何君超	陈丽川
林英庭	黄念厚	林心甫	陈桂馨
朱子贻	林子敏	林竹影	林香蓉
王云阶	郑碧如	林道周	薛幼兰
刘孟循	陈　权	林纪容	高幼牵
高忧牵	张宛青	范梦樵	高幼铿
林豫甫	朱子奇	林峰三	陈碧齐

郑十易	戴亦海	吴履亭	刘昭文
王美圭	林心印	林孝英	唐亦陶
林星午	江崇光	辜寿丞	赖星西
龚礼仁	傅雪樵	吴捷皋	沈子石
杨瘦石	陈湘屡	胡月川	陈庆馀
陈幼三	林桐轩	林竹轩	绿衣老人
黄宪廷	水仙校书	陈紫杖	弢　□
王良有			

第三章

萩庄吟社的内部结构、组织形式及运作机制等

萩庄吟社如此众多的骚客吟侣,是如何有机地组织在一起,活动又是如何有效地运作起来的呢?萩庄吟侣包含三个基本的结构层次——核心成员、“社侣”及外围吟侣,他们在萩庄吟社中所处的地位、与萩庄主人间关系的疏密程度、参与萩庄吟社创作活动的方式特点及经常性情况等均各不相同。只有洞悉了这点,才有可能把握萩庄吟社发展的主流方向以及社团的本质特征。

萩庄吟社还有一个最为基本的组织形式及运作机制——社课主持人制。社课主持人制是在传统社学及义塾教育的基础上发展起来的,兼具古代养士制度和幕府制度的特点。这一组织形式及运作机制的主要优长就是主客分明,有利于保障社团的高效运作与平稳发展。萩庄吟社明确提出了社课主持人的聘任目的、要求、职责、权限,并且为他们配备有相应的报酬和礼遇,从而使社课主持人制发展得更趋成熟与完善。其中,“迭为宾主”又是萩庄吟社社课主持人制的核心内容,它为该社聘请的所有社课主持人提供了一个公开平等的表现机会,同时也为社团发展注入了持久性活力。以往一些文学社团,虽然也采用过社课主持人制,但是只有到了萩庄吟社,这一组织形式及运作机制才受到高度重视,并得到不断创新。

萩庄吟社创作活动中,除了日常的节事游赏、社课雅集、叠韵唱和,以及萩庄花园及各景点落成庆典、萩庄主人寿庆及结婚纪念等即

兴、砥砺、酬酢、应制之作外，举凡击钵联吟、对外“征诗”等竞技斗捷活动，均有规范的活动程式和严密的创作规制，其中包含了该社特定的评价体系及相应的激励机制。由于菽庄吟社评价体系公正合理，激励措施得当有力，从而极大地刺激和鼓舞了广大吟侣参与活动的热情及创作的积极性。

第一节　菽庄主人、菽庄“十八子”及外围吟侣——关于菽庄吟社的内部结构

根据菽庄吟侣在社中所处的地位、与菽庄主人间关系的疏密程度、参与菽庄吟社创作活动的方式特点及经常性情况等，大致可以把他们划分为三个基本的结构层次——核心成员、“社侣”及外围吟侣。菽庄“社侣”即经常出入林氏府与菽庄花园的内部吟侣约近300人。其中，菽庄主人林尔嘉既是菽庄吟社的创立者，又是菽庄吟社的前期主盟人，在社中占据举足轻重的地位；菽庄“十八子”——施士洁、龚显燦、龚显鹏、汪春源、吴增、周殿薰、庄善望、苏大山、龚植、龚显鹤、龚显禧、施乾、沈琇莹、马祖庚、庄棣荫、卢文启、李禧与卢心启，要么是林尔嘉的“同里”，要么是林尔嘉的姻亲，再不也是林尔嘉的“管鲍知交”，相互间关系异常密切，从而在菽庄吟社中形成了一个以林尔嘉和菽庄“十八子”为核心的内部吟侣圈子。其他吟侣大都是应菽庄主人之邀，或者是在看到菽庄吟社“征诗”广告以后，才临时参加该社创作活动的，因而在菽庄吟社中处于外围地位。

一、菽庄主人林尔嘉——菽庄吟社的创立者及前期主盟人

菽庄主人林尔嘉是菽庄吟社的创立者，菽庄吟社即是以他的“小字”命名的；不仅如此，林尔嘉还是菽庄吟社的前期主盟人。与一般的

文人结社不同，菽庄吟社是在特定社会历史条件下形成的，以内渡大陆的台湾流寓文士为主导、以“抗日复台”为根本宗旨的奋斗志业的台湾流亡文学社团。林尔嘉作为出身“台湾第一望族”的“政治家而兼实业家”，其经济实力与社会影响力都是其他吟侣所难以匹敌的；更为重要的是，林尔嘉忠义爱国，并且“爱诗若命”。这些因素共同决定了菽庄吟社的创立者及主盟人是林尔嘉，而不可能是别人。

(一)“林皮陈骨”——关于林尔嘉的身世

林尔嘉(1875－1951)，字叔臧，别署菽庄或菽庄主人，幼字眉寿，号性公、允明、洁如或洁如居士、识庐或识庐主人、尊生或尊生道人、守中或守中道人、慈卫或慈卫道人，晚年自署百忍老人。台湾省台北县板桥镇人，祖籍福建龙溪(今龙海市)。清光绪元年五月十八日(1875年6月21日)生，其父为清在籍太仆寺正卿、帮办台湾抚垦大臣兼团防大臣林维源。光绪年间秀才。光绪十七年十一月十六日(1891年12月16日)，娶晋江翰林龚显曾之四女龚云环为妻。光绪二十一年(1895年)，侍父内渡，寄籍厦门鼓浪屿。光绪三十一年(1905年)，任厦门保商局总办兼厦门商务总会总理。宣统元年(1909年)，任鼓浪屿工部局华董，凡十四年；同年，襄助在籍内阁学士兼礼部侍郎陈宝琛修建漳厦铁路，嗣受聘为农工部头等顾问。宣统三年(1911年)，任度支部审计员。民国建元(1912年)，被选为临时参议院候补参议员，未赴任。民国四年(1915年)，任福建省政治讨论会会长。民国五年(1916年)，任厦门市政会会长，凡四年。民国十三年(1924年)，赴瑞士养疴，欧游七载以归。抗战爆发后，辗转避居香港和上海。民国三十七年(1948年)，策杖返乡。辛卯十一月初八日(1951年12月6日)，病逝于台北板桥故园。遗有《菽庄诗稿》一册、《顽石山房笔记》四卷、《闽中金石略考证》五卷等。

林尔嘉出身于累世阀阅、号称“台湾第一望族”[①]的台北板桥林家。清乾隆四十三年(1778 年),其高祖林应寅,由福建省漳州府龙溪县二十九都白石堡吉上社(今福建省龙海市角美镇),迁居台湾淡水(今台北县新庄市),以家学渊源,开馆授徒,为入台第一世。

林尔嘉的曾祖林平侯,为林应寅次子。年十六,侍父东渡,“邻有米商郑谷,喜公奋发,延操书算,公忠勤励志,纯谨习劳,谷信之益坚,事无巨细,无不征之而后行。越二年,积俸数百,谷复假以千金,令自经纪,公善奇赢,获利甚丰”,“时竹堑林绍贤以台湾盐务配运失调,约公领办,输课行销,及于沿海诸省,年入数万金,以是饶甲一方”。林平侯致富后,“遵例由成均,捐县丞。……寻之京,由县丞加捐同知,分发广西。庚午(1810 年)诣省垣,大吏耳先生名,即檄署浔州通判,摄来宾县事、补桂林同知,署宣南知府、柳州知府。在粤西凡七年,政通人和,赋平讼理,廉明勤慎,民甚便之”。嘉庆丙子(1816 年)引疾归,“念乡亲贫苦,仿范仲淹义庄之法,在龙溪故里建永泽堂,置良田数百甲,收其益为养瞻(赡)费;复拨奶姑山、八张犁、黄泥塘、四方林、下渡、风墟六庄为学租,邑中贫者、力于农者、勤于女红者、有志向学者、孤寡无告者,皆有赖”;“二十四年(1819 年),公以所居新庄,适当淡水下游,两郡豪勇之夫,咸欲据为货运枢纽。公惧祸根已伏,必罹大戾,乃移家大嵙崁,建厦屋,筑崇墉,启田凿圳,尽力农功。所获俞(愈)丰,周贫账(赈)匮益亟。淡厅兴修文庙,公捐五千金;又割腴田岁收谷百六十石充学租。至捐修贡院,新筑淡水城,重修凤山城、郡之月城、考棚、海东书院等,皆踊跃乐输,而竣其事”;“壬午(1822 年)噶玛兰料匠林泳春作乱,至庚寅(1830 年)合复兴小夫复纠众滋事。壬辰(1832 年)逆匪张丙等

---

① 《林本源史话》。陈三井、许雪姬访问,杨明哲纪录:《林衡道先生访问纪录》,台北:中央研究院近代史研究所,1992 年 12 月版,第 51 页。

戕害县文武员弁，全台俱震。当道谋于先生，先生一一指陈要害，分别剿抚机宜"[①]，叙闻于朝，特加道衔，赏三品顶戴，复晋锡二品顶戴。

林平侯共五子，即国仁、国栋、国华、国英、国芳，分别以饮、水、本、思、源五字为房记；国仁、国华与国芳为亲出，国栋与国英为螟蛉。林国仁"甫冠，染疫卒；未娶，弟国华以家子维让嗣之"。林国华字枢北，"生而颖秀，长而方严。喜读书，目可数行下。经史百家，靡不穷采"；"道光十七年(1837 年)，援捐例为候补同知，分广西尽先任用，以亲老不赴。嗣以济灾有功，授工部员外郎"；"二十一年(1841 年)，英舰犯境，公秉父命输镪五万两佐军需，晋道衔，赏戴花翎"；子二，长维让，出祧国仁，次维源，兼嗣国芳。林国芳字小潭，"器局恢宏，饶有谋智，善击剑，当之披靡"；"道光二十一年(1841 年)，英人窥台，公遵父、兄之命，捐巨款以济海防，授郎中，赏戴花翎"；"(咸丰)八年(1858 年)二月，公纳粟为候选道；七月，海盗黄位寇基隆，公以练乡团助战，克敌致果，加运使衔"；"九年(1859 年)五月，恩赐举人"；"同治元年(1862 年)卒，年不详，方其五十大寿时，膝下犹虚，兄命次子维源祧之，以奉天伦之乐。已而，复育挚交叶化臣庶出为次子，即维得也"。咸丰初年，林国华"以所居大嵙崁地近内山，土番蟠结，虽云薙发输诚，而争杀之祸仍在眉睫，深虑之。乃与弟国芳筹议，析产移家枋桥[②]。枋桥者平侯公所启之地也。于是择弼益馆之侧，筑宅第，置园池，历时二载，方始竣工。迁家人入居，兄友弟恭，妯慈姒敬，号曰'本源'。……本源者实即公与国芳两房之合称也"[③]，简称"板桥林家"。

---

① 王国璠编撰：《板桥林本源家传》，台北：林本源祭祀公业，1984 年 7 月版，第 1—14 页。

② 日据时期改名"板桥"。

③ 王国璠编撰：《板桥林本源家传》，台北：林本源祭祀公业，1984 年 7 月版，第 19—22 页。

林尔嘉的父亲林维源，既是"台湾近代化的大功臣，也是使板桥林家声势如日中天"[①]的人。林维源(1840—1905)，字时甫，号冏卿，生于清道光二十年三月二十一日(1840 年 4 月 22 日)。"幼警敏，才识过人，有奇童称"；光绪二年(1876 年)，福建巡抚丁日昌视台，林维源"捐银五十万两，以助海防。事闻，奉旨褒许，并授四品衔候选道"；"三年(1877 年)，山西、河南两省大旱，饥民数十万，辗转流漓(离)，不知死将何日。朝廷令各省督抚劝募，公禀兄许可，捐五十四万元。日昌上其事，……奉硃批：'着赏林维源三品卿衔'。已而，再献海防军费六十万两，晋内阁中书，追赠三代一品封典，赐建'乐善好施'坊于新庄"；"十年(1884 年)六月，法将孤拔率舰窥我岩疆，台湾势甚危迫。淮军名宿刘铭传奉诏督办军务，尅日前往台北任事。……公谨受命，纠合林氏族人五百余名，开赴沪尾前线助战"；"十一年(1885 年)九月，中、法和议成，铭传实授台湾巡抚，公应召还乡，礼之。欣捐五十万元为善后经费，擢内阁侍读"，迁太常寺少卿；"十二年(1886 年)初，铭传奏办抚番开山，简公为帮办，行抚垦大臣事"；十五年(1889 年)五月以"办事忠诚，然诺无欺，抚垦设防，坚忍不移，诚信昭著，番情翕然，殊堪嘉尚，着授太仆寺正卿，赐侍郎衔"；"二十年(1894 年)，中、日开战，公奉命督办全台团防"；"二十一年(1895 年)三月，马关条约签字。消息传来，全台悲愤欲绝，绅民公议，决心死守，立民主国，推唐景崧为总统，设议院，举公为议长。公应之，献重金以为军费[②]，奈兵多乌合，帅无斗志，未就任而三貂失，基隆破，唐景崧率子挈姬，仓皇遁去。公见大局糜烂已

① 陈三井、许雪姬访问，杨明哲纪录：《林衡道先生访问纪录》，台北：中央研究院近代史研究所，1992 年 12 月版，书前页。

② 《台湾通史》载其"首捐壹百万两"。连横著：《台湾通史》，北京：商务印书馆，1983 年 10 月修订第 2 版，第 71 页。

极，于五月十八日(6月10日)夜[①]，渡往厦门”[②]。

林维源生当逊清末造，朝政衰微，外夷觊觎，“公怀雄健之志，抱拯艰救弊之心，高掌远蹠，屡襄大政，即以捐款输粮而言，几达七百万两，方之各省督抚所筹举者，不可谓之不巨也”[③]。林维源内渡后，“日本台湾总督府民政长官后藤新平访厦，数造公之寓，促公返台，且以亿万资产主理无人动之。公莞尔笑曰：余老矣，风涛良苦，岂能耐乎！终不允”[④]；此外，“日本统治台湾后，遭到台湾人民的激烈反抗，处境困难，日廷束手无策，曾一度出现出卖台湾的议论，维源积极活动，准备出资赎回”[⑤]，卒因伊藤博文重新上台后，日本政府放弃售台之念而未果。黄泽父尝论曰：“李伯元《南亭笔记》，载有林维源门鹑一则，而喻之为半闲堂。维源为何许人，笔记中未说明，使人有茫然感，且亦拟不出也。按林维源，字时甫，台湾人，甲午内渡，寓厦门鼓浪屿。家富有，为台湾望族，尝拜李鸿章为师，清季捐款五十万两，修缮台北城，特旨赏给侍郎衔，异数也。先是，甲午一役，李鸿章与伊藤博文，议和马关，李告伊藤，谓有门生林某，请为善视。故日人据台后，对林族极优遇，然维源竟内渡，始终未受日本爵秩。以视辜某以向导日人入台获封爵，

---

① 据林鹤年所作《五月十三日(1895年6月5日)台北激于和议，兵民交变，偕家太仆遵旨内渡，仓皇炮燹，巨浪孤舟，濒于危者屡矣！虎口余生，诗以志痛》一诗记载，林维源内渡时间应当是“五月十三日(1895年6月5日)”。林鹤年著：《福雅堂诗钞》，九州出版社、厦门大学出版社合刊，2004年12月版，第246页。

② 《林公维源传略》。王国璠编撰：《板桥林本源家传》，台北：林本源祭祀公业，1984年7月版，第30—44页。

③ 林宗贤撰：《板桥林本源家传·序三》。王国璠编撰：《板桥林本源家传》。台北：林本源祭祀公业发行，1984年7月版，第10—11页。

④ 《林公维源传略》。王国璠编撰：《板桥林本源家传》，台北：林本源祭祀公业，1984年7月版，第44页。

⑤ 陈在正撰：《发扬林叔臧祖孙的爱国主义精神》。政协厦门市鼓浪屿区委员会编：《鼓浪屿文史资料》第一辑，1995年12月厦门版，第8页。

任日贵族院议员者，贤不肖远矣。伯元以为宋之贾似道，何其谬也。”[①]

板桥林家传至林尔嘉一辈，已是迁台第五代。从现有传记资料来看，有关林尔嘉的身世，一般都只提及他是“清太仆寺正卿维源公之次子”[②]，或称其“封翁太仆公维源，为前清钦差台湾垦抚兼团防大臣”[③]，而没有更多的枝节与瓜蔓。事实上，林尔嘉并非林维源所亲出，他原名叫陈石子，光绪元年五月十八日(1875 年 6 月 21 日)出生于厦门带溪(今厦门市溪岸路)，是近代抗英名将、振威将军陈胜元之第五子陈宗美的嫡生长子，六岁时才过继给林维源的，所以，闽台民间向来就有林尔嘉乃“林皮陈骨”的流传。原来，“早在清道光十二年(1832 年)，台湾人当中的漳、泉两大势力经常发生械斗，严重影响当地发展。时任福建水师参将的陈胜元，不得不随同提督陈化成多次赴台湾平息械斗。在台驻军期间，陈胜元同台湾板桥林家的有识之士林国芳、林国华兄弟结识后，往来频繁，成为挚友。鸦片战争期间，陈胜元是闽台战场的抗英名将，而深为两岸爱国军民爱戴。道光末年，林国华之长子维让、次子维源同游厦门，维源拜高士陈南金(陈胜元之好友)为师。此后，林维源便时常到溪岸陈家拜会胜元及其家人。因林维源才识过人，忠厚诚恳，深得陈家赏识，陈胜元便将其三女许配给他，厦门溪岸陈家与台北板桥林家就此结成姻亲”[④]。林维源与陈氏婚后生下一子，取名怀训，但不幸在光绪六年(1880 年)夭折了，夫妇俩悲痛欲绝。陈胜元五子陈宗美眼看姐姐、姐夫中年丧子，膝下无欢，于是将六岁的长

---

① 黄泽父著：《厦门杂记》。厦门图书馆编：《厦门轶事》，厦门：厦门大学出版社，2004 年 12 月第 1 版，第 30—31 页。

② 《林公尔嘉传略》。王国璠编撰：《板桥林本源家传》，台北：林本源祭祀公业，1984 年 7 月版，第 53 页。

③ 方豪撰：《林尔嘉先生小传》。台湾“国史馆”编：《国史馆现藏民国人物传记史料汇编》第十三辑，1995 年 2 月台北版，第 131 页。

④ 陈光从撰：《陈林望族 两岸情缘》，北京：《台声》，2003 年第 8 期，第 41 页。

子陈石子抱送给姐姐。陈石子过继到台湾板桥林家后,改小名"眉寿",取字"叔臧",定名"尔嘉",这就是后来闻名遐迩的林尔嘉。

(二)"政治家而兼实业家"

林尔嘉一生大致经历了四个阶段:一是二十岁以前,为求知励学阶段;二是二十岁到三十岁,主要协助其父林维源创业;三是三十岁到五十岁,全心致力于政治、实业、教育等;四是五十岁以后,以避世归隐为主。有关林尔嘉生平历练及事业功勋的述赞,充溢于林尔嘉历次寿庆、结婚纪念序文及各类传记资料,概而言之,不外乎立德、立功与立言。其中,陈遵统以"政治家而兼实业家"①目之,有异于一般的"隐逸"之论,尽管此言是就党派利益而发的,未必精准恰切,但也并非毫无依据。

一般都认为,林尔嘉是靠因袭林本源家族的巨额产业才富甲一方的。林尔嘉的堂侄孙林衡道先生尝述,"维源去世时,其他三子尚幼,尔嘉俨如家长。我曾听二姑说,祖母带她到鼓浪屿旧府探望林维源,见他床旁由地堆到屋顶全是装金块的皮箱。维源死后,这些皮箱全为尔嘉所得。林本源在厦门的财产亦均为尔嘉所有,这是必然的形势,其他各房之子皆年幼,当然无法置喙。"②

不过,林尔嘉本身是个熟知中外经济并且敢于开风气之先的人。林尔嘉先后创办有厦门电话公司、龙溪垦牧公司、广福实业公司、制糖会社、泉州电气公司、泉安汽车公司、湖南樟脑厂等企业。据称,"厦门的自来水公司、电灯公司等等一切公共事业,皆由尔嘉任发起人,着手

① 陈遵统撰:《叔臧林侍郎暨德配龚夫人四十双寿序文》。林景仁辑:《菽庄主人四十寿言》,"甲寅(1914 年)冬月"刊本,第 6 页。

② 《林本源史话》。陈三井、许雪姬访问,杨明哲纪录:《林衡道先生访问纪录》,台北:中央研究院近代史研究所,1992 年 12 月版,第 27 页。

建设，对于厦门市政贡献极大”[①]；“（光绪）三十三年（1907 年），商会设立电器通用公司，安装电灯、电话，奈风气未开，投资乏人。荏苒数月，议定不行，公斥资三十万元以成其事”；“宣统元年（1909 年），福建筹建铁路，举在籍阁学陈宝琛为督办，延公襄助，允之。举凡测绘、丈量、借款、征地、执行等皆亲为规划。嗣有铁路国有之诏，群情疑惧，遂罢所营。而受害者以公最甚，盖自始至终所用经费，公负担实半数；至于体力之劳顿，神智之催颓，更为不可弥补之损失。惟事关国计民生，故甘之如饴，从未有所怨愆也。事闻于摄政王载沣，告军机处曰：‘厦门林尔嘉其人，勇于奉公，不苟私利，是忠臣、孝子、达人、高士兼而有之。值兹圣天子践履天下，宜有所位置也’。因聘为农工部头等顾问”；“三年（1911 年）春，邮传部尚书盛宣怀，奏请推广大清银行，以济币制，得旨：盛宣怀可参与度支部整丽币制事。于是研拟四载尚持两端之划一币制专案。又复重新开议。度支部以公稔知世界经济，为集思广益计，请公为审计员”[②]；等等。

至于林尔嘉的财产具体有多少，也许就是他的管家也未必掌握得十分清楚。陈允敦所撰《泉州翰林龚显曾的女婿林菽庄建造半个颐和园》一文有述：“清廷因甲午海战惨败，议重建海军，正苦于国帑匮乏。林氏因甲午割台，不愿作顺民而毅然内渡，激于爱国义愤，慷慨解囊，报效海军建设费白银二百万两。清廷对此极为嘉奖，慈禧太后立即召见，赐以珍玩，并给予侍郎官衔。龚林翁婿以为早晚就可看到一支强大的舰队了，那知道二百万两白银上缴后，建海军之议便声消响沉，而颐和园却大兴土木，建设海军的经费都被挪去修建颐和园。据说，建

① 《林本源史话》。陈三井、许雪姬访问，杨明哲纪录：《林衡道先生访问纪录》，台北：中央研究院近代史研究所，1992 年 12 月版，第 28 页。

② 《林公尔嘉传略》。王国璠编撰：《板桥林本源家传》，台北：林本源祭祀公业，1984 年 7 月版，第 55 页。

园花费一千万两，实则过半数为虚报，实际用于建园的四百万两已够。了解这段曲折的人都说：'一个颐和园，林菽庄建造了半个。'"[①]《林本源史话》另载："尔嘉因所袭资产丰，生活绰约，为人慷慨，广结善缘，轶事很多。他常由鼓浪屿打电报到日本找本因坊到厦门来下围棋，由本因坊先让两子，尔嘉仍负。某次他邀请本因坊到鼓浪屿，谢礼是输棋的钱，有好几万元之多。"[②]林尔嘉的财力由此可见一斑。

其次，林尔嘉也称得上是个富于政治远见的人。林尔嘉的政治远见最初显露于光绪二十一年(1895 年)，是年"割台之变起，士民处境之艰，千古罔见。内渡则尽弃资财；附之则必受凌辱。公时方十九，盱衡大局，以为不可须臾留。乃仓卒侍父及合宅老幼遄归龙溪原籍。已而至厦门鼓浪屿，市一廛以居，虽极旅人之困，然不复作东归之计。其重节行而轻外物有如是者。清政府尚其操，矜其遇，赏知府以嘉之"。林尔嘉的政治远见还表现在，他在民国时期风云变幻的社会局势下，能够择善弃恶，进退有度，不为各派政治势力所利用。"民国建元，成立临时参议院，公被选为候补参议员，托病不出"；"四年(1915 年)，……李厚基以建武将军领省政。时袁逆世凯当国，阴谋帝制自为。厚基素黠悍，行事暧昧，每悖□理。袁多方笼络，冀其附己。及杨度、严复等组织筹安会，始由严密函厚基共同协力。厚基不可却，然以兹事应由民间表示意见，方合体制。乃约公晋省，嘱代表全闽农工商学各界劝进。公断然拒绝，星夜返回鼓浪屿，不意征衫甫卸，闽籍国民代表施景琛、林辂存、周寿恩等亦有急电至，略以'国体已定，天命攸归，袁氏合牧群生，宜极帝位，务恳推戴'云云。公览电沈吟曰：'名利误人，何其

① 陈允敦撰：《泉州翰林龚显曾的女婿林菽庄建造半个颐和园》。政协福建省泉州市委员会文史资料研究委员会编：《泉州文史资料》第十五辑，1983 年 8 月版，第 148—149 页。

② 《林本源史话》。陈三井、许雪姬访问，杨明哲纪录：《林衡道先生访问纪录》，台北：中央研究院近代史研究所，1992 年 12 月版，第 27 页。

甚也。博学若涵宇、景商、粹白（按即施、林、周三君之字）者，竟不惜后世之讥，宁不可痛’。言讫，裂纸成无数碎片，抛掷窗外，海风飘荡，踪迹无存。未匝月，袁氏覆灭，昔日吮痈舐痔之辈，悉以诪张为幻，捣乱国本，惨遭舆论严谴，惭沮以亡者数十人。论者伤之，而益高公之操节为不可及”；“段祺瑞执政，特任公为华侨总会总裁，其职犹今之侨务委员会委员长也，位至尊荣。公以道远不克赴任，婉却之”[①]；民国十三年（1924 年）萨镇冰掌福建省政时，函电交驰，“深望先生为时而出，以其所学措诸实用，与镇冰相助”[②]，林尔嘉一笑置之。抗战爆发后，日军占领金门，厦门告急，林尔嘉未雨绸缪，离开鼓浪屿，远避香港，其后隐居上海，从而避免了招致失节的耻辱。

当然，林尔嘉也并非一味地消极避让，而是有所为有所不为。《林公尔嘉传略》有载：“（光绪）三十一年（1905 年），……派为厦门保商局总办，兼商务会总理。辞不获，勉应之。厦乃东南通海要津，自道光二十二年（1842 年）开埠以来，华洋杂处，良莠难齐，伪诈之徒，猖獗其间，夷人之不肖者又助长其恶，以是纠纷滋蔓，岁无宁日。公折冲樽俎，竭尽保全维护之力。六载任期，先后制订土地买卖章程、华洋交易规约各六十四款，使商于是者务遵约束。复组织商民义勇队，昼夜巡逻市场，掖难援灾，擿奸发伏，民赖以安”；“（民国）四年（1915 年），许世英主闽，成立政治讨论会，征公为会长，论列得失，兴革利弊，皆能恪尽言责，为民拥戴。以是奖授三等嘉禾章，晋二等大绶嘉禾章。旋以利民福国，弥患无形，授三等文虎章，晋二等大绶文虎章。嗣又以襄赞外

---

① 《林公尔嘉传略》。王国璠编撰：《板桥林本源家传》，台北：林本源祭祀公业，1984 年 7 月版，第 54—59 页。

② 萨镇冰撰：《菽庄林先生暨德配云环龚夫人五十寿文》。菽庄吟社辑：《菽庄林先生暨德配云环龚夫人五十寿言》，九州出版社、厦门大学出版社合刊，2004 年 12 月版，第 509 页。

交，勋劳懋著，授二等大绶宝光嘉禾章"；"五年（1916 年），厦门市政亟谋改善，公以素符物望，膺选市政会会长。凡四年，事必躬亲，擘画周备。举凡建立优良社会；增建公共福利；丰裕人民生活；美化市容环境等，悉能因势利导，臻于善美之境。后之论厦门市政者，莫不推公开创之功也"；"鼓浪屿者，位于鹭江之口，厦门唇齿相依之岛也。十国领事馆暨公共租界在焉。理庶政者曰工部局，局设华洋董事，类若议士。初聘公，不许。嗣为顾念华民荣辱利害，允所请。并以组织华民议事会，正视华民合法地位为交换条件。供职十有四年，吐握劳谦；平亭是赖。终将息无时，积劳成疾"①；等等。

（三）"忠义之士"

早在民国十三年（1924 年）林尔嘉五十岁寿庆之日，吴曾祺就提出："兹更有一语质之先生：自古衰乱之世，隐逸之徒与忠义之士并出于其间，二者相似而实不同。先生今日则兼而有之，余不知先生之自待何如？后来作史之家所以处先生者又何如？"且谓："然余卒以为先生乃忠义之士、非隐逸之徒，则以先生为斯世不可少之人者，固在此而不在彼也。"②吴曾祺何以称林尔嘉为"忠义之士"且"为斯世不可少之人"？林尔嘉进退得失之间又是以什么作为衡量准则的呢？

林尔嘉急公好义、为富且仁、忠贞爱国，堪称"忠义之士"。这种人在内祸不断、外侵构连的中国近现代社会，显得尤其"不可少"，否则家国何以保全，种族何以延续！林尔嘉尝谓："吾之读圣贤书，求义为上，见得思义，见利思义，义然后取。君子知文而无义，乱臣也；小人有勇

① 《林公尔嘉传略》。王国璠编撰：《板桥林本源家传》，台北：林本源祭祀公业，1984 年 7 月版，第 54—59 页。

② 吴曾祺撰：《菽庄林先生暨德配云环龚夫人五十寿文》。菽庄吟社辑：《菽庄林先生暨德配云环龚夫人五十寿言》，九州出版社、厦门大学出版社合刊，2004 年 12 月版，第 521—522 页。

而无义，盗贼也。义之为义大矣哉！”[①]换言之，林尔嘉是把符合“道义”与否，来作为衡量是非的标准和自己处世行事的原则的。

林尔嘉的忠义爱国之举很多。乙未之变发生以及此后的半个世纪里，“正是日本帝国主义者在中国大地上凶焰不可一世的时代，有些无耻之辈，卖身投靠日本犹恐不及，而林维源、林尔嘉父子，虽台湾总督府三番五次派遣民政长官后藤新平等要员‘游说’，威胁利诱，始终不渝地保持中华民族气节，坚决拒绝加入日本国籍，不屑作‘大日本’的‘臣民’”[②]；“(宣统)三年(1911 年)春，……度支部以公稔知世界经济，为集思广益计，请公为审计员。七月，公赴沪与会。途次东海，日本兵船十余艘，方全速巡弋嵊、泗、乍浦间。喷涛吐浪，渔舟翻覆无计。公不禁仰天叹曰：‘国势推移，天禄将终，若言图强，非兴练海军不可’。及归，拜折慨捐大洋四十万元增置舰艇。奉旨擢侍郎衔，赏二品顶戴。朱批‘来京陛见，从优叙用’。公以严制未终，望阙辞谢”；“三年(1911年)五月，漳郡诸邑大水，南靖地当龙江、西河，琯溪交会处，受灾尤烈。米价翔踊，饿殍载道。公谋赈之余，复捐款十万元筑高西溪大堤。并开沟洫五十里，导黄竹坑、纡湖山等地流徙磨常之水，分注于境内归德、永丰、习贤、由义四里六十八陂，以作灌溉之用。历二年而工竣，氾滥之忧，自兹永绝。居民感公德，纪于碑”[③]；等等。

林尔嘉曾经做过一件告倒洋人、长国人志气的事情。案件的起由是，林尔嘉在菽庄花园临水开轩，垒石支桥，修建起招凉亭、四十四桥等胜景，并计划向东延伸，以便与其儿女亲家黄奕住的观海别墅相通

---

① 《林公尔嘉传略》。王国璠编撰：《板桥林本源家传》，台北：林本源祭祀公业，1984 年 7 月版，第 53 页。

② 洪卜仁撰：《林尔嘉生平事略》。政协厦门市鼓浪屿区委员会编：《鼓浪屿文史资料》第一辑，1995 年 12 月厦门版，第 47 页。

③ 《林公尔嘉传略》。王国璠编撰：《板桥林本源家传》，台北：林本源祭祀公业，1984 年 7 月版，第 55—56 页。

连，但住在山顶上厦门海关洋人税务司公馆的洋人们认为此举给他们下海游泳带来不便，而且菽庄吟社的吟咏聚作也影响到环境宁静，于是出面干涉，并且屡生滋扰。民国十八年（1929 年）十一月十日，美国人夏礼威（C. N. Holwill）竟然蛮横拆毁菽庄花园的石桥。林尔嘉忍无可忍，愤而向思明县地方法院提起民事诉讼，并起草《为菽庄石桥被毁及私权横受侵害事谨告同胞书》，印成单行本向社会各界散发。《告同胞书》指出，“现任税务司夏礼威系中国雇佣官吏，其以中国官吏资格所为之犯罪行为，当然适用中国法律，绝对不许其借口领（事裁）判权，逍遥法外”，并且呼吁“法曹当局、社会人士，主持公道，无令洋员凭藉权势欺侮同胞，以后我国人民亦庶免受此种种之凌虐也”[①]。林尔嘉还派其四子林志宽到英国剑桥大学专攻法律，决心把这场官司长期打下去，直到胜利为止。由于林尔嘉辞锋锐利，正气凛然，夏礼威自知理亏，不敢对簿公堂，最后只得托鼓浪屿工部局洋人董事书面调解，并赔礼道歉。这在积贫积弱的旧中国算得上是个特例[②]。

此外，林尔嘉还热心教育事业。“先生当清季制科停后，曾与同志即丹霞书院改办师范学堂而为之监督，与陈弢师改省垣致用书院为全闽师范学堂事相类，惟为时稍后。故省师范学堂今编为第一师范，而漳师范学堂编为第二师范。吾闽师范教育以二校为最早，造就亦较宏，若第三第四两师范乃最近始增设耳”；又在省会福州，“与施君涵宇刱办泉山高等女子学校，盖以今日女学之宜兴，初不亚男校也”；厦门华侨女子学校创办者“将募捐海外，造商于先生，先生……驰书南洋各

① 林尔嘉撰：《为菽庄石桥被毁及私权横受侵害事谨告同胞书》，1929 年 12 月厦门印行。

② 参看连心豪所撰《菽庄花园与海关税务司公馆讼案始末》、洪卜仁所撰《林尔嘉生平事略》（《鼓浪屿文史资料》第一辑，1995 年 12 月厦门版）及戴一峰主编《厦门海关历史档案选编（1911 年—1949 年）》（厦门大学出版社 1997 年 12 月第 1 版）等。

埠为鼓吹。今华侨女校之轮奂，其观绵远，其制者胥，先生之力也。未几，先生以总理兼任校长"；"厦门之大同学校、鼓浪屿之普育学校，亦由先生与黄君复初、黄君枚举先后发起，今二校为厦中小学之翘楚矣"；"(厦门)同文书院开办历二十余年，为先生尊甫太仆公所提倡，先生克承先志，董其事者二十年，今同文且为大学矣，而先生尚肩其任也"；林尔嘉还是香港大学的捐创人之一。为此，李禧认为，"菽庄先生座多词客，亦多学者，盖先生历长男女学校，与学务中人往来密迩，声应气求，宜其然也。……然则先生之治菽庄，亦即先生兴学之意也欤？"①

(四)"爱诗若命"

从社团建设的角度来看，创立者及主盟人的经济实力雄厚、社会声望崇高，固然有助于保障社团的运行、扩大社团的影响，但是这些仅仅为社团发展提供了一种外部可能。作为文学社团的创立者及主盟人，还必须具备一个必要条件，即具有相当的文学修养，并且热衷于所从事的文学事业，只有这样才能引领社团取得更大的文学成就。

林尔嘉"少英敏励学，慷慨有经世志。初从侯官孝廉许贞幹游；贞幹通籍，复师于闽县举人王兰生。未数月，兰生应聘往彰化阿罩雾。自是辟室覃思，扯撝不懈。尝曰：'吾自兰生师辞馆，即沉潜于经史百家之林，年余觉无进境。始知荟萃群书，浩博难罄，窥门户，登堂奥，岂易事也。今当借径于汉学，而攀宋之五子，从流溯源，摭摘新思，或可稍有所成也。'"②难能可贵的是，林尔嘉"累世阀阅，为东南第一家，所

① 李禧撰：《菽庄林先生暨德配云环龚夫人五十寿文》。菽庄吟社辑：《菽庄林先生暨德配云环龚夫人五十寿言》，九州出版社、厦门大学出版社合刊，2004年12月版，第527—531页。

② 《林公尔嘉传略》。王国璠编撰：《板桥林本源家传》，台北：林本源祭祀公业，1984年7月版，第53页。

席厚矣；博通今古，洞悉外情，公卿交荐，由道员擢京堂，晋阶卿贰，所居隆矣；总理厦门商务，部臣倚重，凡币制矿务诸新政，咨而后行，所遇显矣。先生皆夷然不以为意，林泉啸傲，益肆力于诗”[①]。这才是真正使得林尔嘉成为菽庄吟社的创立者及主盟人的根本原因。

有关林尔嘉创作活动的最早记载，是张乙庐1923年1月26日发表在《小说日报》第五十四号的《天涯芳草笔记·李伯元逸事》。该文有记：“（李伯元）氏更创设海上文社，并刊日录，月分诗钟等三课，应课者每卷缴二十文。海内才人，一时毕集，远如香港潘兰史、厦门林菽庄，皆与其盛焉。”[②]李伯元，即“小报界之鼻祖”[③]李宝嘉，生于同治丁卯四月十八日（1867年5月21日），卒于光绪丙午三月十四日（1906年4月9日）。文中提到之“日录”，为李宝嘉在上海创设的《海上文社日报》，“也是当时小型报中的别裁，光绪二十六年（一九〇〇）三月创刊。系海上文社的机关报，文社系李伯元所创办。内容为社说、社榜、社谈、谈薮、笔记、杂著、艺苑。有邱菽园等的著作。馆设大马路亿鑫里。油光纸，单面印，每张售钱四文。”[④]可以断定，林尔嘉在光绪三十二年三月十四日（1906年4月9日）以前，即创作过诗文作品，并且情有独“钟”，对诗钟一体表现出了特别的偏爱。

林尔嘉对诗的喜爱程度，足可用“魂牵梦萦”一词来形容。常言道：日有所思，则夜有所梦。林尔嘉屡屡梦中得句，《菽庄诗稿》所记即

① 张琴撰：《叔臧先生暨德配龚夫人四旬双寿序文》。林景仁辑：《菽庄主人四十寿言》，“甲寅（1914年）冬月”刊本，第12页。

② 张乙庐撰：《天涯芳草笔记·李伯元逸事》，原文载于1923年1月26日《小说日报》第五十四号。转引自魏绍昌编：《李伯元研究资料》，上海：上海古籍出版社，1980年12月第1版，第14页。

③ 孙玉声撰：《李伯元》。魏绍昌编：《李伯元研究资料》，上海：上海古籍出版社，1980年12月第1版，第18页。

④ 阿英编：《晚清文艺报刊述略》。魏绍昌编：《李伯元研究资料》，上海：上海古籍出版社，1980年12月第1版，第15页。

有《辛酉(1921年)暮秋某夜梦得诗一首,醒后仅记“雨后风轻入望凉”七字,因足成七截四首》、《甲戌(1934年)冬日,梦中得句,镶成七绝》、《辛巳(1941年)中秋,梦中得“梦长最是消愁好,老迈尤于守拙宜”十四字,醒后足成一律》等,可见其对诗歌创作达到了何等痴狂迷恋的地步。陈海梅尝序《菽庄梦中得句唱和集》云:“王冕以诗梦乃在孤山处士,而和靖梦中之诗不传,戴复古云:江山花草生诗梦。予观藏海园固已尽江山花草之胜矣,而君又为孤山后人,宜有梦也。昔之诗人多有诗梦。灵运之池塘春草,太白之梦游天姥,皆梦后得诗,非梦中诗也。东坡梦得诗数十篇,觉仅记一首。而放翁前后梦得诗者三:甲子十月梦饮酒赋诗,觉仅记一二;后复梦李知几、范至能诸公请赋诗,觉而仅忘一二字;惟丁巳梦至凤山赋诗,觉则不遗一字。去岁,菽庄梦得诗一首,觉仅记‘雨后风轻入望凉’之句,遂续成四首,征同人唱和。今夏予重来鹭江,菽庄招饮赋诗。予先至,客尚未集,见同年汪君杏泉案上有《菽庄梦中诗句唱和吟草》一集。予维古之诗梦惟陆为最多,今备载《渭南集》中,而菽庄主人之诗视务观亦不多让;而务观为古今诗中第一寿人,菽庄之寿当必有过之者矣。”①

至于林尔嘉为什么会“爱诗若命”,大概就只有像张琴所解释的那样,是性情使然了。张琴所撰《叔臧先生暨德配龚夫人四旬双寿序文》谓:“大凡经术用世强有力者可窃而有之,惟诗不可伪为。王莽精通周礼,及身篡逆;曹操一世枭雄,然对酒临江,诗词独妙千古,没为文王,正其几希,天良未丧耳。世有治乱,诗人遭遇不必同。当其抚景感物,时而喜时而悲,流连慷慨,以寄孤吟之思,几疑天壤间非我同调也,乃

① 陈海梅撰:《菽庄梦中得句唱和集·序》。林尔嘉辑:《菽庄梦中得句唱和集》,“壬戌(1922年)八月”刊本,第1页。

声气之感千里应之；其性情契合，有不知所以然者。”①

二、蕺庄“十八子”与蕺庄主人之关系及其在蕺庄吟社中的地位

除了蕺庄主人林尔嘉以外，蕺庄“十八子”在蕺庄吟社中也占有重要地位。由于蕺庄“十八子”要么是林尔嘉的“同里”，要么是林尔嘉的姻亲，再不也是林尔嘉的“管鲍知交”，相互间关系异常密切，从而在蕺庄吟社中形成了一个以林尔嘉和蕺庄“十八子”为核心的内部吟侣圈子。尤其值得关注的是，蕺庄“十八子”参加蕺庄吟社的创作活动极其频繁，不管是蕺庄吟社对外“征诗”、蕺庄主人寿庆及结婚纪念、蕺庄花园各景点落成庆典等重大活动，还是蕺庄吟社节事游赏、社课雅集、击钵联吟、叠韵唱和等日常活动，都是由林尔嘉与蕺庄“十八子”等内部圈子成员所共同发起和组织运作的。

(一)蕺庄“十八子”一称的形成过程

蕺庄“十八子”一称，并不是蕺庄吟社正式创立一开始就有的。从《蕺庄诗稿》、“蕺庄丛刻”八种等相关载述来看，林尔嘉通常是以“社侣(友)”、“蕺庄(诸)社侣”、“同社诸君(子)”、“吟社诸公”、“同人”等来称呼蕺庄吟社的内部吟侣，以示区别于那些临时参加蕺庄吟社活动的一般“作者”或“吟侣”的。如林尔嘉所撰《蕺庄吟社七夕四咏、闰七夕回文合选・序》有述：“己未(1919 年)七月，余归自东，爰集同人重修社事。既以七夕四题遍征吟咏，越闰月七夕，复有回文乞巧之征，海内外投稿约四千首。誊写既竣，乃与社侣循环雒诵，得其四百首。录其前列，并七夕四咏付之排印。璧合珠联，后先辉映，洵足以酬兹令节已。

① 张琴撰：《叔臧先生暨德配龚夫人四旬双寿序文》。林景仁辑：《蕺庄主人四十寿言》，“甲寅(1914 年)冬月”刊本，第 12－13 页。

因缀数言，质之作者。”[①]其中，对“同人”、“社侣”、“作者”诸概念外延范畴的界定及使用，均清楚明晰，没有丝毫含糊。

林尔嘉所撰《庚申（1920年）菽庄咏菊·序》另记：“庚申（1920年）咏菊七律八首，同作者十八人，均社侣也。家怀楚□，人□□□，雒诵一过，齿□四溢。团就年岁，编次不分甲乙，□付手民排印，永为菊花纪念，亦以志一时墨缘也。惟诗成急就，不无率略，特将原稿先行誊写，请由作者自行修改，求谐竞病，不吝推敲。古人作诗三易其稿，窃取其意，以兴诸公□□之。此请吟安！”[②]林尔嘉还“以齿为序”，详细列出18位“社侣”的姓名、字号及籍贯。分别是：

施士洁沄舫　福建晋江人
龚显燦幼笙　福建晋江人
龚显鹏一愚　福建晋江人
汪春源杏泉　福建龙溪人
吴　增桂生　福建南安人
周殿薰墨史　福建思明人
庄善望畹耕　福建晋江人
苏大山荪浦　福建晋江人
龚　植樵生　福建晋江人
龚显鹤蛰存　福建晋江人
龚显禧颂眉　福建晋江人
施　乾健庵　福建晋江人

① 林尔嘉撰：《菽庄吟社七夕四咏、闰七夕回文合选·序》。林尔嘉辑：《菽庄吟社七夕四咏、闰七夕回文合选》，“已未嘉平朔日（夏历一九一九年十二月初一日）”刊本，第1页。

② 林尔嘉撰：《庚申菽庄咏菊·序》。林尔嘉辑：《菽庄庚申咏菊》，“辛酉（1921年）四月”刊本，第3页。

沈琇莹琛笙　湖南衡阳人

马祖庚亦钱　福建海澄人

庄棣荫瘿民　福建惠安人

卢文启蔚其　福建思明人

李　禧绣伊　福建思明人

卢心启乃沃　福建思明人

在施士洁、沈琇莹、曾宗礼等人的诗文中也可以看到类似的称呼及载述。民国五年(1916 年)九月，许南英赴印尼苏门答腊为侨领张鸿南编辑事略，临行之际，施士洁作有《许允叟南游日里，菽庄吟社诸子以诗饯之》以赠；又如《庚申(1920 年)除夕，菽庄主人为馈岁会，同吟社诸子作》等，多以"吟社诸子"相称。也就在"庚申(1920 年)菽庄咏菊"这次活动中，施士洁将自己创作的七律八首诗作，定题为《菽庄吟社自癸丑(1913 年)至庚申(1920 年)八年矣，花事惟菊特盛，主人属同社十八子各以八律咏之》，并把参加本次聚作活动的 18 位"社侣"称为"同社十八子"。此外，沈琇莹所作《杂感·十二月初三日(1940 年 12 月 31 日)壶天消寒第一集》(五首)之四，有"壶天消寒雅集盛于癸亥(1923 年)，十八人迭为宾主，时有捉雀之戏"①一注；曾宗礼所作《菽庄主人六十寿诗》(1934 年)，有"尧蓂待满再三朝，捧兕介眉须牢记。嘉祥兆应后彫松，十八名公入梦寐"②之句；等等。

庚午三月三日(1930 年 4 月 1 日)，菽庄吟社在菽庄花园小兰亭举行"上巳修禊"，参加本次活动的吟侣同样为 18 人。沈琇莹所作《八声

① 沈琇莹撰:《杂感·十二月初三日(1940 年 12 月 31 日)壶天消寒第一集》。沈琇莹著:《壶天吟》卷五，"癸未(1943 年)夏日"刊本，第 2 页。

② 曾宗礼撰:《菽庄主人六十寿诗》。沈琇莹题签:《菽庄主人六十寿言》，厦门永明印刷社承印，刊行时间未详，第 29—30 页。

甘州·庚午三月三日菽庄小兰亭修禊,列座凡十有八人,纪以是解》一词云:

又东风吹老鹭江春,天气雨初晴。喜乌衣吟侣,片帆飞渡,水熟潮生。四十四桥湾处,渔弟与樵兄。见惯龙头客,杖策登亭。

莫问江南江北,怕风云变色,草木皆兵。任杜鹃啼血,时节近清明。算人生、赏心乐事,只一觞一咏、叙幽情。谁知道,瀛洲十八学士齐名[①]。

词中,沈琇莹把参加本次活动的18位吟侣比作"瀛洲十八学士"。所谓"瀛洲十八学士",本指唐高祖武德四年(621年),李世民为天策上将军时,在宫城之西建立"文学馆",收聘贤才,以大行台司勋郎中杜如晦、记室考功郎中房玄龄与于志宁、军咨祭酒苏世长、天策府记室薛收、文学褚亮与姚思廉、太学博士陆德明与孔颖达、主簿李玄道、天策仓曹参军事李守素、王府记室参军事虞世南、参军事蔡允恭与颜相时、著作郎摄记室许敬宗与薛元敬、太学助教盖文达、军咨典签苏勖等18人为学士,恩遇殊厚。时人谓之"登瀛洲",表如临仙境之意。可见,在菽庄吟社中确乎形成过一个由18人组成的、艺术水平与社会声望相当的核心吟侣圈子。这里姑且称之为菽庄"十八子"。

(二)菽庄"十八子"与菽庄主人之关系

菽庄"十八子"要么是菽庄主人林尔嘉的"同里",要么是他的姻亲,再不也是他的"管鲍知交",相互间关系异常密切。其中,"福建晋

---

① 沈琇莹撰:《八声甘州·庚午三月三日(1930年4月1日)菽庄小兰亭修禊,列座凡十有八人,纪以是解》。沈琇莹著:《寄傲山馆词稿·忏绮词甲稿》,"庚辰(1940年)仲冬"刊本,第4—5页。

江人”施士洁与“福建龙溪(今龙海市)人”汪春源师生俩本系台南进士,“福建思明人”卢文启与卢心启昆仲俩则为台南秀才,四人均于乙未前后离台内渡,是林尔嘉在台湾故土的“同里”;“福建海澄(今龙海市)人”马祖庚,是林尔嘉在漳州龙溪(今龙海市)祖籍地的“同里”;“福建思明人”周殿薰与李禧,是林尔嘉在厦门寄居地的“同里”。厦门在民国二十二年(1933 年)始撤县设市,之前一直隶属泉州府管辖,曰思明县,所以,“福建晋江人”龚显燦、龚显鹏、庄善望、苏大山、龚植、龚显鹤、龚显禧、施乾,以及“福建南安人”吴增、“福建惠安人”庄棣荫,都是林尔嘉在寄居地厦门所属府郡泉州的“同里”。

同时,龚显燦、龚显鹏、龚植、龚显鹤、龚显禧五人还是林尔嘉的妻族成员,其中龚植系林尔嘉元配夫人龚云环的胞兄,龚显燦、龚显鹏、龚显鹤与龚显禧则为龚云环的族叔。《林公尔嘉传略》载:“十八年冬十一月十六日(1893 年 1 月 3 日)[①],夫人龚来归;夫人晋江人,闺讳云环,字蕙香;同治癸亥(1863 年)科进士显曾太史之女。德容天授,慈孝性成,喜文翰,动止悉依礼法。奉事姑嫜,克尽厥职。”[②]晋江龚氏,“一门八文魁,三代两翰林”——龚元、龚维琨、龚丕江、龚丕科、龚丕畴、龚显鹤、龚显鹏、龚显禧八人先后乡试中举,龚维林、龚显曾祖孙钦点翰林,为有清以来古温陵之第一大望族。林尔嘉“很早就进学,中了秀才。为既富且贵,飞黄腾达,乃进而与泉州缙绅之家,缔结婚姻,林菽庄攀上著名翰林龚显曾,成为龚家的乘龙快婿。……于是‘台湾林’这富室,和泉州的大家亲戚往来,富与贵互相提携照应,相得益彰”,而

① 此处记述有误。从林尔嘉长子林景仁出生时间及《菽庄主人银婚帐词》、《菽庄林先生暨德配云环龚夫人结婚三十年帐词》等相关记载来看,林尔嘉与龚云环结婚的日期应当为“光绪十七年冬十一月十六日(1891 年 12 月 16 日)”。

② 《林公尔嘉传略》。王国璠编撰:《板桥林本源家传》,台北:林本源祭祀公业,1984 年 7 月版,第 53—54 页。

“林菽庄自得岳父龚翰林的教导吹嘘，遂声誉日隆”[①]。由此看来，菽庄吟社的创立及兴盛，还得益于林尔嘉妻族的鼎力支持。

此外，湖南衡阳人沈琇莹则是林尔嘉的“管鲍知交”。林尔嘉所作《壶天吟·序》有记：“嗟乎！世变未平，傲樵老矣！予犹留之独居壶天，傲樵达观，亦不作首丘之想，人或窃窃焉议之。殊不知两人交情固结之深，高出寻常万万，有非纵横捭阖之才、坚白异同之辨所能解者。读《壶天吟》庶几得之，仅曰：知交特管鲍耳。”[②]

（三）菽庄“十八子”在菽庄吟社中的地位

菽庄“十八子”不仅与林尔嘉关系密切，而且在菽庄吟社中还占有重要地位。这一方面表现在他们参与菽庄吟社创作活动之频繁；另一方面，更重要的还在于，不管是菽庄吟社对外“征诗”、菽庄主人寿庆及结婚纪念、菽庄花园各景点落成庆典等重大活动，还是菽庄吟社节事游赏、社课雅集、击钵联吟、叠韵唱和等日常活动，都是由林尔嘉与菽庄“十八子”所共同发起和组织运作的。

菽庄“十八子”参与菽庄吟社创作活动的频率极高，举凡菽庄吟社开展任何活动，菽庄“十八子”都必定参加。以民国三年（1914 年）举办的“菽庄主人四十寿庆”为例，这次活动共有 123 位吟侣和 4 个团体单位参加，是菽庄吟社正式创立以来的第一次盛会。菽庄“十八子”中有 14 位参与其盛，分别是施士洁、龚显燦、龚显鹏、汪春源、周殿薰、庄善望、苏大山、龚植、龚显鹤、龚显禧、沈琇莹、庄棣荫、卢文启与李禧，其中施士洁、龚显燦、龚显鹤与龚植，或以其德高，或以其位尊，还分别为《菽庄主人四十寿言》撰写了“序文”。再以民国十一年（1922 年）举办

① 陈允敦撰：《泉州翰林龚显曾的女婿林菽庄建造半个颐和园》。政协福建省泉州市委员会文史资料研究委员会编：《泉州文史资料》第十五辑，1983 年 8 月版，第 147—148 页。

② 林尔嘉撰：《壶天吟·序》。沈琇莹著：《壶天吟》，“癸未（1943 年）夏日”刊本，书前页。

的"葭庄梦中得句唱和"为例，这是一次临时发起的小规模唱和活动，参加活动吟侣仅 43 位，但葭庄"十八子"就有 10 位参与其盛，包括施士洁、龚显燦、龚显鹏、汪春源、庄善望、苏大山、施乾、沈琇莹、马祖庚与庄棣荫。

与此同时，不管是葭庄吟社对外"征诗"、葭庄主人寿庆及结婚纪念，葭庄花园各景点落成庆典等重大活动，还是葭庄吟社节事游赏、社课雅集、击钵联吟、叠韵唱和等日常活动，都是由林尔嘉与葭庄"十八子"所共同发起和组织运作的。林尔嘉所作《葭庄林先生暨德配云环龚夫人结婚三十年帐词·跋》有述："尔嘉夫妇于十一月十六日(1921 年 12 月 14 日)为结婚三十年之辰，承诸戚友暨葭庄社侣开会欢祝，中外人士嘉宾盈庭联翩，暨海内外词坛之以诗古文词杂著投贶者，不远千里，邮筩络绎，张诸四座，尽属琳瑯。"[①]所作《葭庄主人四十有八寿诗·跋》亦记："壬戌(1922 年)五月复逢闰，尔嘉年四十有八矣，葭庄诸社侣复以一年两度称觞为人生适逢之会，均以诗为尔嘉寿，先后计得数十首。"[②]最为典型的是己巳十月廿四日(1929 年 11 月 24 日)开展的"葭庄观菊"活动，其时葭庄主人林尔嘉已赴欧洲大陆游历多年，尚未归国，但所见葭庄吟社刊登的"观菊启事"却写道：

> 良辰美景，赏心乐事；四者得兼，时不可失。小春天气，金带潮平；葭庄丛菊，烂漫盛开；各有佳色，同傲寒霜。藏海娩郦水之胜，补山□女几之观；楼罗按历，园丁扫径；不有嘉

① 林尔嘉撰：《葭庄林先生暨德配云环龚夫人结婚三十年帐词·跋》。林尔嘉辑：《葭庄林先生暨德配云环龚夫人结婚三十年帐词》(下券)，"辛酉(1921 年)十二月"刊本，第 49 页。

② 林尔嘉撰：《葭庄主人四十有八寿诗·跋》。林尔嘉辑：《葭庄主人四十有八寿诗》，"癸亥(1923 年)仲夏"刊本，第 12 页。

客，畴品众芳。月之廿四日达午，□奉迓社侣振响骚坛；旧雨重来，黄英曾识。小饮延龄之酒，高吟晚节之香；幕天席地，兴往情来。闲鸥旁晚，潜虬起舞；留爪于苦竹篱边，写照于斜阳影里。名士衣冠，无妨了鸟；花中隐逸，庶鬯玄风。休沐多暇，惠肯逎我；□其空谷，伫候足音。

菽庄吟社启[①]

由此可见，菽庄“十八子”在菽庄吟社中地位之一斑。

需要说明的是，由于菽庄吟社前后历时四十余年，在不同发展阶段其核心成员难免会有所增减损益，因而各时期所称之菽庄“十八子”，其所指具体人员可能会有所不同；而且在不同活动中参加的人数也难免会有所差异，也可能称作“十六子”、“十九子”、“二十一子”、“二十五子”、“三十八子”，乃至“八十一子”。如沈琇莹儿子、菽庄吟侣之一沈骥即谓：“抑有进者，菽庄别墅，落成癸丑（1913 年）；菽庄吟社，肇自甲寅（1914 年）；……社侣若施沄舫、许蕴白、汪杏泉、陈石遗、林琴南、吴增祺、杨士鹏、蔡廼赓、施健庵、李禧、龚云史、龚樵生、龚绍庭、苏君藻、陈培锟、吴东园、周墨史、陈剑门、林瑄玉诸前辈先生暨先君子傲樵公以及海内外当代诗人词伯，皆欣然与叔臧老伯唱和，日积月累，裒然成帙，畅传于海内外，殊极一时之盛焉。”[②]王国璠所撰《林公尔嘉传略》则谓：“三年（1914 年）七月，公结菽庄吟社于墅中鹿耳礁之西埝，社侣三百余人，皆德行贞绝、道术通明之士；安平施沄舫士洁、闽县林琴南纾、淡水施健庵乾、闽县吴翼庭增祺、侯官陈香雪海梅、湖南孙静珊

---

① 菽庄吟社辑：《菽庄观菊》，“己巳年十月廿四日（1929 年 11 月 24 日）”原稿本，第 1 页。

② 沈骥撰：《菽庄诗稿序——为纪念爱国诗人林叔臧老伯百年诞辰而作》。林尔嘉撰，沈骥编校：《林菽庄先生诗稿》，台北：龙文出版社，1992 年 3 月重印初版，第 3 页。

道仁、思明周墨史殿薰、嘉兴朱老谦文杓、南安吴桂生增、安平许允白南英、漳化蔡乃赓谷仁、侯官陈石遗衍、晋江龚绍庭显禧、龚一愚显鹏、衡阳沈琛笙琇莹、思明李绣伊禧,尤为著誉者也。而石遗、琛笙实先后主其盟。东南坛坫,以是擅场天下垂三十年。"①不过,可以肯定,林尔嘉、施士洁、沈琇莹等在"庚申(1920 年)菽庄咏菊"前后所列之菽庄"十八子",是贯穿菽庄吟社主要发展过程的核心成员,因而也就最值得关注和重视。

三、外围吟侣参与菽庄吟社创作活动的途径方式及对该社的影响

菽庄吟社的绝大多数吟侣,既没有到过鼓浪屿菽庄花园,也不认识菽庄主人林尔嘉,更没有参与过菽庄吟社的组织运作,他们诗文作品中有关菽庄花园及鼓浪屿风光的描写,许多都是通过想象而成的。由于这部分吟侣在菽庄吟社中占据了主体地位,因而他们对该社的创作成就乃至性质定位均产生重要的影响。

(一)外围吟侣参与菽庄吟社创作活动的主要途径及方式

菽庄吟社外围吟侣参与创作活动的途径及方式,主要有以下两种:

一是应邀参加。主要是一些晚清名士及民国时期大陆社会各界的显要人物,如:光绪癸卯(1903 年)科状元王寿彭、壬辰(1892 年)科榜眼吴士鉴、著名翻译家林纾、著名经学家唐文治与吴曾祺、著名诗人樊增祥、北京寒山社与稊园吟社社长关赓麟、北京蛰园吟社与瓶花簃词社社长郭则沄、北洋政府大总统徐世昌、福建巡按使许世英、漳厦护军使臧致平、思明县长来玉林、直系将领孙传芳、蒋介石的"五虎上将"

① 《林公尔嘉传略》。王国璠编撰:《板桥林本源家传》,台北:林本源祭祀公业,1984 年 7 月版,第 57 页。

之一蒋鼎文等。他们一般都是由菽庄主人发简邀请后才撰写诗文或参加菽庄吟社活动的，所参加活动则以菽庄主人历次寿庆及结婚纪念为主。以吴曾祺为例，其所撰《叔臧林先生四十双寿序文》有记："今岁(1914 年)五月为先生初度之辰，其世兄景仁以书来请余一言为寿。余曩者读先生所作菽庄记而好之，以为是工于辞者，今复得其立身行己始末，始知先生不仅一文人已也。谨陈述古义附以己意，敢以质之座右，因以为寿。若夫寻常颂祷之词，度非先生之所愿闻，故略之。"①所撰《菽庄林先生暨德配云环龚夫人五十寿文》又述："岁甲子(1924 年)五月吉日，为余友菽庄先生初度之辰，于是先生年五十矣。德配龚夫人长先生一岁，其哲嗣景仁兄弟将于是日，率其家人及中外亲故，行称觞之礼，先期自海外以书来乞余一言为寿。余因回忆十年以前，先生年方四十余，曾为文以献。凡先生之立身行己，挺挺大节，异乎世俗之所为，与其历官之先后，经济大略有益于人者，皆见于是篇，今者虽欲有言，殆无可言者。然遂默然已乎，则于先生平日厚余之意殊觉其不合，而又无以塞景仁兄弟之请。无已，则且就十年以来先生之志事为余所得知者，谨覙缕以陈之，可乎?"②

二是应征参加。主要是民国期间大陆诗坛及日据下台湾本岛诗坛各文学社团的成员，包括：福州花好月圆吟社的林孝曾、林孝颖、郑祖庚、林剑冶、李景骧、邱林韵芳，说诗社的陈炘侯、陈寿璃、陈海瀛(无竞)、陈鸣泽、沈冠生；扬州惜馀春社的高乃超、高宪安、高超、郭仁卿、张谷臣、汪二邱、汪子文、江子云、髯翁、张嘉树、谭亦纬、烟霞旧友、城

---

① 吴曾祺撰:《叔臧林先生四十双寿序文》。林景仁辑:《菽庄主人四十寿言》,"甲寅(1914 年)冬月"刊本,第 3—4 页。

② 吴曾祺撰:《菽庄林先生暨德配云环龚夫人五十寿文》。菽庄吟社辑:《菽庄林先生暨德配云环龚夫人五十寿言》,九州出版社、厦门大学出版社合刊,2004 年 12 月版,第 515—516 页。

北瘦生、王文藻；台南南社的赵仲麒、连城璧、林湘沅，台北瀛社的洪以南、谢汝铨、魏清德、谢尊五、许梓桑；等等。他们基本上都是在看到菽庄吟社"征诗"启事后才撰写诗文，并且通过邮筒往来的方式把稿件寄到鼓浪屿菽庄花园的，所参加活动主要是菽庄吟社历次对外"征诗"。王怡仲所撰《辛酉（1921 年）重阳菽庄三九雅集》有记："菽庄主人广交天下贤，座中名士来翩翩。金樽旨酒开绮筵，玉盘珍馐勿论钱。不期名园落成今九年，襟山带海气象亿万千。巧逢九月九日茱萸节，三九惠临若比肩。此地风光多胜赏，观潮之乐乐无边。采菊东篱助吟兴，三十庆节又来相后先。屈指藏海园中佳境，擅长有九九四十四桥。迤逦楼台十有二洞天，呼朋啸侣九九八十一。兴酣题句落笔大于椽，恨我远在扬州数千里，未能躬逢盛会相周旋。我有一言敢为菽庄主人贺，得天得地得人。九九循环已兼全，不求仙不逃禅。携我女儿酒，载我薛涛笺。他日乘兴而往兴尽返，酣嬉淋漓直接文字缘。吁嗟乎！人生在世须行乐，安能同流合污饮贪泉。世外桃源惟有菽庄好，等闲富贵如云烟。提笔四顾天地窄，令人神往藏海楼头斗酒诗百篇。"[①]陶磨蝎所撰同题之作亦述："惜当时磨蝎未与斯会，不克驾鹊桥之渡，藉偷燕子之灯心焉，羡之徒唤奈何而已。"[②]蛰庐主人所作《壬戌（1922 年）七月既望鹭江泛月赋》序言另载："仆闭门独坐，馈岁无憀，影戢蜗庐，神游鹭岛。忽得山公启事，情媲琼琚；如闻海客谭瀛，手披图画。败幽居骚兴，梦魂惊四野烽烟；哦名辈佳章，咳唾落九天珠玉。寓公洒落，平吞云梦胸襟；海宇流传，提倡晋安风雅。神交殆遍，订吟侣于三生；韵事堪寻，叙胜游于七月。舟中人得诸想像，飘飘皆李郭仙姿；名下士

① 王怡仲撰：《辛酉（1921 年）重阳菽庄三九雅集》。林尔嘉辑：《菽庄三九雅集诗录》，"壬戌（1922 年）端阳"刊本，第 11 页。

② 陶磨蝎撰：《辛酉（1921 年）重阳菽庄三九雅集》。林尔嘉辑：《菽庄三九雅集诗录》，"壬戌（1922 年）端阳"刊本，第 18 页。

乐与唱酬，衮衮尽邹枚赋手。过雷门而持布鼓，目觉声喑；探月府而泛木槎，倘容缘续。漫道引商刻羽，曲调渐入清高；翻嘲抛玉得砖，主人所求颠倒。”①

（二）外围吟侣对蔬庄吟社的影响

一般理解，所谓外围就是被边缘化、无足轻重的意思。就蔬庄吟社外围吟侣而言，主要是指他们没有直接参与社团的组织运作，至于他们的艺术水平及社会影响力，则未必不如蔬庄主人林尔嘉与蔬庄“十八子”等核心成员；而且，由于外围吟侣在蔬庄吟社中占据了主体地位，其艺术水平如何、思想倾向怎样，也就直接关系到对蔬庄吟社文学成就的评价乃至社团性质的定位等重要问题。

首先，蔬庄吟社的外围吟侣，不管是应邀参加的还是应征参加的，其创作技巧往往都十分高超，甚至可说是代表了蔬庄吟社的最高艺术水平。蔬庄吟社中，有一个非常奇怪而且十分有趣的现象，即该社历次“征诗”活动的所有奖项几乎都为外围吟侣所包揽，绝少看到蔬庄吟社核心成员的身影（仅见蔡谷仁获奖 5 篇次，陈海梅 2 篇次，沈琇莹、庄善望与卢文启各 1 篇次）。其中，获得奖励最多的当属安徽歙县的吴承烜，共得奖 15 篇次；其次是福建闽侯的翁仁同，11 篇次；第三是江苏盐城的胡士廉（让之）与福州陈海瀛，8 篇次。其他如：叶绣葆、吴清丽，7 篇次；石匏、龚文青（清），6 篇次；陈炘侯（肖洁）、陈德麟、沈慕韩、谢蓉昌、鲍祖德（桂荪）、吴蕊先（绛珠），5 篇次；池纫绮、吴炎南（樵笑）、张嘉树（谷臣）、徐医隐、陶隆僎、鲍蘋香、沈则琦、巴泽惠、龚士清，4 篇次；林苍（梦禅室主人）、邱林韵芳、陈福敷（还爽）、施幼笙、肃元、冰壶、林晚悔、高文藻、何良弼、林坦西、杨莲沅（莲元）、林谦远、林绮赓、锦里

---

① 蛰庐主人撰：《壬戌（1922 年）七月既望鹭江泛月赋》。林尔嘉辑：《壬戌（1922 年）七月既望鹭江泛月赋选》，“甲子（1924 年）端午”刊本，第 2 页。

书生、林树源、高乃超（惜馀春主人）、髯翁（林小圃）、城北瘦生、周筠坡、壶隐、黄鼐、周天翼、黄钟英、仲英、黄鼎锐、黄明叔、沈绍李、沈贤襄、顾玉行、陶秀夫、陶巽人、陶磨蝎、方溉芝、闵金禾、闵毓珍、戴回云、季凤书、漱石居士、朱家驹、朱文柄、严荪、寒匏存叟（寒匏道人）、周心翼、蔡祖祺，3篇次；等等。

其次，从外围吟侣可以清楚地看到菽庄吟社与民国时期大陆社会各界及日据下台湾本岛诗坛的交流互动状况。以往一些论者以为，菽庄吟社是由一群生活在"异质空间"下的"遗老们"组成的社团，面对"现代性困境"，他们作茧自缚，固步自封，抱残守缺。事实恰恰相反，菽庄吟社聚集了一大批民国时期大陆的军政显要、社团领袖、报界名流、商业巨子和日据下台湾本岛诗坛各大文学社团的负责人。尽管这些吟侣未必就是菽庄吟社的核心成员，但透过他们，菽庄吟社与风云变幻、波诡云谲的中国近现代社会紧密地联系在了一起。如："1905年，正当同盟会成立之时，史学家连雅堂和在台湾发动抗日事件失败后内渡广东的丘逢甲，都曾对同盟会的活动作了桴鼓之应"，连雅堂即菽庄吟侣连横；"黄花岗起义时，许赞元、罗福星等台籍志士参加了战斗。台南籍的许赞元，是台湾著名爱国诗人许南英的次子，名作家许地山（笔名落花生）的胞兄。年方22岁的许赞元挺身而起，积极参加了黄花岗起义。起义失败后，许赞元不幸被捕，碰巧清军副将黄培松与许南英先生有交情，认识许赞元，就偷偷地把他释放了。因此，许赞元成为黄花岗起义少数生还的义士之一"，所述黄培松与许南英均系菽庄吟侣；"1911年武昌起义时，台湾澎湖爱国志士，纷纷突破日军的阻挠，渡海到福建投入驻军孙道仁部，后来孙被推选为都督"①，孙道仁

① 田鹤年等著：《台海历史纵横》，北京：华文出版社，2007年1月第1版，第140—147页。

乃菽庄主人林尔嘉的儿女亲家，亦为菽庄吟侣之一；台湾新文学运动的“开拓者”与“奠基人”张我军在担任菽庄吟社“文书”期间，曾与菽庄主人林尔嘉共同商谈过“抗日复台”等家国大事，并作有《寄怀台湾议会请愿诸公》（二首），规箴林献堂等“台湾议会设置请愿运动”诸公，与其向日本殖民侵略者与虎谋皮，不如把台湾的出路寄托在孙中山先生所领导的、倡导“民族、民权、民生”的民国政府身上；等等。

第二节　社课主持人制——菽庄吟社的基本组织形式及运作机制

如果再对菽庄“十八子”与菽庄主人之间的关系作出更进一步的深入探究，还会发现：菽庄“十八子”本身就是林尔嘉专门聘请的门客，作为社中领取“月给”的常规性吟侣，其主要职事就是吟诗作对，所以不管菽庄吟社举办任何活动，他们都必定参加；同时，菽庄“十八子”还“迭为宾主”，彼此轮值，分别担任菽庄吟社的社课主持人。换言之，在菽庄“十八子”的背后，还隐藏着一个菽庄吟社的基本组织形式及运作机制——社课主持人制。

一、社课主持人制的形成衍化过程及其一般性特点

（一）社课主持人制的形成及衍化过程

“社课”本指社学及义塾（又称义学）中的科目与课程，后来借指文学社团的吟咏聚作活动，尤其是指其中预先出题、定期交卷的创作活动方式。元制五十户为一社，每社设学校一所，择通晓经书者为教师，农闲时令子弟入学，读《孝经》、《小学》、《大学》、《论语》、《孟子》等基础经典；明代各地仍普遍设立社学，民间凡十五岁以下幼童均可入读，学习冠、婚、丧、祭之礼及经史历算，兼读“御制大诰”、“本朝律令”等；清

代规定“凡府州县每乡置社学，选择文艺通晓、行谊谨厚者，充社师”，又“各省改生祠、书院为义学，延师授徒，以广文教”①。清代中叶以后，在社学及义塾的基础上发展起许多文学社团来，它们借鉴社学与义塾的体制模式，聘请有一定学术声望的人来主持社团的吟咏聚作活动，从而产生了所谓的“社课主持人制”。

《板桥林本源家传·林公维让传略》载：

初漳、泉械斗历年不息，及和，犹不通庆吊，公(按：指林维让)忧死灰复燃，以妹妻晋江举人庄正。正字养斋，名下士也。既莅台，公兄弟请创大观社，集两郡之士而会之。月课诗文，厚给膏火，自是往来无间。

十二年(1873 年)仲春，正撰大观义学记，推公昆仲持正扶危，匡时植教，致使民情骎骎日盛，海邦儒术弥隆。文出，敦节立品之士，穷岩遗佚之徒，以及时流游宦，纷至枋桥，咸以一识荆州为荣。公慷慨好客，识与不识，无不诚心结纳，从不以富贵骄人也。

方枋桥林本源大厝落成时，南国硕学俊士如吕世宜、谢颖苏、叶化成、杨浚、陈彝、陈翼等联翩来游。或以书称，或以画名，或以诗文享盛誉，把臂相逢，互倾所学，公与弟维源、维得回翔其间，颇有古人渊然以深，蘁然而当，恢恢然横奋乎八表之概。于是北台髦彦，翕然景从。依傍门户者有之，冀承謦欬之亦有之。诸君子不吝腹笥，旦夕切劘攻错。淡水自潜园之会戢翼，几二十年，至此，成周遗响，东鲁余芳，浩浩乎其清明而广大也。人云：林氏有振衰起敝，引贤彀士之功，信

① 参见《清实录》之清圣祖康熙九年(1670 年)及清世宗雍正元年(1723 年)谕文。

乎？信也！[1]

此段记述表明：大观社最初是义学，后来发展成为继潜园吟社之后，在北台湾颇具影响的文学社团；林维让与林维源昆仲最开始仅聘请晋江举人庄正一人主持大观义学的社课，但在大观义学发展成为文学社团以后，吕世宜、谢颖苏、叶化成、杨浚、陈彝、陈翼等“南国硕学俊士”也都参与其间。从中也约略可以看出社课主持人制的形成及衍化过程。

菽庄吟社则是在家塾的基础上发展而来。如前所述，菽庄吟社雏形期或草创期的重要人物施士洁，光绪三十一年(1905 年)前后即一直“谪坠朱门”，在鼓浪屿林氏府教授林景仁、林刚义、林履信等菽庄主人林尔嘉的一大班子弟，“浪屿诗坛”就是在施士洁等幕客的积极鼓动与鼎力襄助下创立起来的，菽庄花园的建造以及菽庄吟社的正式创立也与施士洁密不可分。施士洁后来受聘担任菽庄吟社的社课主持人，由于他在社中年龄最长而且诗艺独绝，故又被菽庄吟侣尊称为“祭酒”[2]。除了施士洁以外，林尔嘉还陆续增聘许南英、龚显燦、龚显鹏、汪春源、吴增、周殿薰、庄善望、苏大山、龚植、龚显鹤、龚显禧、施乾、沈琇莹、马祖庚、庄棣荫、卢文启、李禧、卢心启、陈海梅、施景琛、陈衍等名家宿望主持菽庄吟社的“坛坫”，由此韵事风流，传播益广。

(二)社课主持人制的一般性特点

从大观社与菽庄吟社及其社课主持人制的形成及衍化过程中可以看到，两社的社课主持人与社团创立者之间是一种聘用与被聘用的

① 《林公维让传略》。王国璠编撰：《板桥林本源家传》，台北：林本源祭祀公业，1984 年 7 月版，第 28－29 页。

② 《红叶草堂笔记》。厦门图书馆编：《厦门轶事》，厦门：厦门大学出版社，2004 年 12 月第 1 版，第 22 页。

关系。这种关系模式的一个好处就是,社团创立者自己未必一定要学富五车,才高八斗,只要"慷慨好客"、"诚心结纳",便可以使"硕学俊士""翕然景从","俾天下骚人墨士皆将尽入其彀中"①,进而达到"恢恢然横奋乎八表之概"的盛况。同时,对于那些生存在"十儒九丐"状态下的封建文人来说,在生活上无疑是一种重大改善,如此方得以有一份闲情逸致,吟风弄月,求工雕巧。从社团建设与管理角度来看,这样一种聘用与被聘用的关系,也使得社团创立者与社课主持人之间主客分明,从而避免因文人相轻所带来的诸多不必要的人事纠纷,保证了社团的高效运作与平稳发展。

社课主持人制中这种社团创立者与社课主持人之间的聘用与被聘用关系,或称主客关系,无论如何看上去都像是对古代养士制度及幕府制度的一种延续。菽庄吟侣的诗文作品中就每每把菽庄主人林尔嘉比作是战国四公子之一春申君,陈蓉光所作《叔臧先生暨龚夫人四鲽双庆》(四首)之二云:"旧业鲲身万顷田,承家累叶著防边。勋华争羡鸣珂里,史传应修货殖篇。九百金枚分册子,三千珠履满门前。避秦买得青山住,来结平泉水竹缘。"②蔡谷仁所作《菽庄林先生暨德配云环龚夫人结婚三十年》(五首)之三亦谓:"回首珠崖旧板桥,谈瀛偕隐乐观潮。鹭门珠履多吟侣,百福阄题写绛绡。"③沈琇莹所作《菽庄主人四十有八寿诗》(二首)之一也写道:"玉台唱和□□笺,难得瀛寰韵事传。珠履我惭门下客,紫芝人问洞中天。□□真逸陶弘景,勾漏神

① 康筠庵撰:《甲子(1924年)三月菽庄小兰亭三修禊序》。林尔嘉辑:《菽庄小兰亭征文录》,"戊辰(1928年)春日"刊本,第46页。

② 陈蓉光撰:《叔臧先生暨龚夫人四鲽双庆》(四首)之二。林景仁辑:《菽庄主人四十寿言》,"甲寅(1914年)冬月"刊本,第55页。

③ 蔡谷仁撰:《菽庄林先生暨德配云环龚夫人结婚三十年》(五首)之三。林尔嘉辑:《菽庄林先生暨德配云环龚夫人结婚三十年帐词》(下卷),"辛酉(1921年)十二月"刊本,第25页。

仙葛稚川。藏海园居新主客，壬秋自有八千年。”①

事实上，林维源与林尔嘉父子都曾经设置过幕府。清光绪十二年(1886年)，著名诗论家陈衍就曾入时任太常寺少卿、帮办台湾抚垦大臣林维源幕府，连横《台湾诗乘》有载：“台湾建省之时，大启利源。光绪十二年(1886年)，刘省三中丞奏设抚垦大臣，以在籍太仆寺正卿林维源为帮办，驻大嵙崁。维源字时甫，淡水人。既任事，延侯官陈石遗孝廉掌记室。”②光绪三十一年(1905年)，林尔嘉担任厦门保商局总办兼厦门商务总会总理，期间曾聘请施士洁、汪艾民、邓舜农等为幕客，施士洁所作《换巢鸾凰·艾民旅厦，不解方言，填此阕以鹦鹉自嘲，并索和》一词有“时同在林侍郎幕中”③一注，所作《次谢鹍尘大令留别韵》一诗也有“襄理厦商政局”④等语。直到民国三年(1914年)林尔嘉四十岁寿庆，汪春源所作《补祝叔臧先生四十双寿》一诗还写道：“在山泉水清如许，横海风涛幻亦奇。入社名流皆北面，传觞盛会又南皮。弄孙喜点汾阳颔，偕老欣齐德曜眉。愧我郄超刚入幕，效颦聊晋祝延诗。”⑤

二、菽庄吟社社课主持人的聘任目的、要求、职责、权限、报酬及礼遇

菽庄吟社明确提出了社课主持人的聘任目的、要求、职责、权限，

① 沈琇莹撰：《菽庄主人四十有八寿诗》(二首)之一。林尔嘉辑：《菽庄主人四十有八寿诗》，“癸亥(1923年)仲夏”刊本，第1—2页。

② 连横著：《台湾诗乘》，台北：台湾银行经济研究室，1960年1月版，第202页。

③ 施士洁撰：《换巢鸾凰》。施士洁著：《后苏龛合集》，台北：台湾银行经济研究室，1965年11月版，第341页。

④ 施士洁撰：《次谢鹍尘大令留别韵》。施士洁著：《后苏龛合集》，台北：台湾银行经济研究室，1965年11月版，第150页。

⑤ 汪春源撰：《补祝叔臧先生四十双寿》。林景仁辑：《菽庄主人四十寿言》，“甲寅(1914年)冬月”刊本，第60页。

并且配备有相应的报酬和礼遇，从而使社课主持人制这一组织形式及运作机制发展得更加成熟与完善。

（一）菽庄吟社社课主持人的聘任目的及要求

林尔嘉生而富贵，转慕儒风，尝撰联云："甘谷春秋金谷序，平泉草木月泉诗。"春申君的珠履三千、石崇的金谷盛宴、李德裕的平泉韵事、吴渭的月泉遗风，都让他称羡不已。林尔嘉在诗作中，不止一次地表露出要"年年作主大吟坛"的野心。不过，林尔嘉虽然"很早就进学"，但终其努力也只"中了秀才"[①]，而如果仅凭一介秀才要想作主吟坛，这是谈何容易的事情。还好，林尔嘉从小就在板桥林家大观社那种氛围下陶染长大，深谙社课主持人制对于"振衰起敝，引贤彀士"的功能及作用。

为了实现"年年作主大吟坛"的野心，林尔嘉先是聘任施士洁、许南英、汪春源、卢文启、卢心启等"同里诸诗人"担任菽庄吟社的社课主持人，进而又延请陈衍、龚显燦、龚显鹏、吴增、周殿薰、庄善望、苏大山、龚植、龚显鹤、龚显禧、施乾、马祖庚、庄棣荫、李禧、陈海梅、施景琛等"同光体"闽派人物"为主坛坫"[②]，最后扩展到聘请"同光体"湖湘耆宿王闿运之及门弟子沈琇莹入社并且由他来主盟。林尔嘉所作《寄傲山馆词稿·序》有记："菽庄吟社肇自甲寅（1914年），闻南岳傲樵侨居霞中，亟延之入社商略金石文字，暇时则与社侣即景唱和，至相得也。……湘绮老人日记有言：'沈琇莹，石鼓高等生也。'亦欲借其才华以张吾军，予心识之久矣。"[③]

① 陈允敦撰：《泉州翰林龚显曾的女婿林菽庄建造半个颐和园》。政协福建省泉州市委员会文史资料研究委员会编：《泉州文史资料》第十五辑，1983年8月版，第147页。

② 林刚义撰：《先考菽庄诗稿发刊前言》。林尔嘉撰，沈骥编校：《林菽庄先生诗稿》，台北：龙文出版社，1992年3月重印初版，第2页。

③ 林尔嘉撰：《寄傲山馆词稿·序》。沈琇莹著：《寄傲山馆词稿》，"庚辰（1940年）仲冬"刊本，第1—2页。

可以这样理解：在林尔嘉看来，有没有“才华”、是否有助于“张吾军”即扩大社团的影响，是菽庄吟社聘任社课主持人的基本要求。在林尔嘉聘任的菽庄“十八子”当中，除龚显燦与庄善望二人的科分无从稽考外，施士洁与汪春源二人均系进士，吴增乃贡士，龚显鹏、周殿薰、龚显鹤、龚显禧、施乾、沈琇莹六人悉为举人，庄棣荫与苏大山分别是廪生和贡生，马祖庚、卢文启、卢心启三人亦属秀才，李禧则毕业于末代皇师陈宝琛创办的全闽师范学堂，众人皆以诗文著称；学历层次最低的龚植是荫生，但他系清同治二年（1863 年）癸亥科进士、翰林院编修龚显曾之哲嗣，亦即菽庄女主人龚云环的胞兄，且以书画著称于时。可见，菽庄“十八子”基本上还是符合菽庄吟社社课主持人的聘任要求的。

如果从籍地分布的角度来进行考察，菽庄“十八子”的代表性意味就更趋明显了，从中可以更加清楚地看到他们对扩大社团影响所起的作用。菽庄“十八子”中，施士洁、汪春源、卢文启、卢心启四人均来自清末台湾诗坛，他们代表了内渡大陆的台湾流寓文士；龚显燦、龚显鹏、吴增、庄善望、苏大山、龚植、龚显鹤、龚显禧、施乾、庄棣荫十人均来自泉州，周殿薰、李禧二人来自厦门，马祖庚来自漳州，他们代表了福建省内吟侣；沈琇莹来自湖南，代表了闽台两省以外吟侣。其中，施士洁及其弟子丘逢甲、许南英、汪春源、郑鹏云等曾经在清末台湾形成过一个颇具影响的文学流派——“东海文章”[①]，施士洁与丘逢甲还被台湾诗界群推为“二公”[②]；龚显燦、龚显鹏、龚显鹤、龚显禧与龚植，出自“一门八文魁，三代两翰林”的晋江龚氏家族；沈琇莹则是“同光体”

① 许南英《送汪右泉入都补殿试》和《和仙根水部见赠原韵并以送行》诗中有“东海文章余数子”之句。参见刘登翰等编：《台湾文学史》，福州：海峡文艺出版社，1991 年 6 月第 1 版，第 252 页。

② 连横著：《台湾诗乘》，台北：台湾银行经济研究室，1960 年 1 月版，第 215 页。

湖湘耆宿王闿运之及门弟子、湖南石鼓书院的高材生。聘请他们作为社课主持人，无疑可以提高菽庄吟社的声望，扩大菽庄吟社的影响。

（二）菽庄吟社社课主持人的职责及权限

作为菽庄吟社专门聘任的社课主持人，菽庄"十八子"的首要职事就是吟诗作对，所以，举凡菽庄吟社开展任何活动，他们都必定参加。同时，菽庄吟社所有活动的发起组织、该社历次"征诗"稿件的评选审定、菽庄各类出版物的编辑校订等，主要是由该社社课主持人来承担和完成的。对于菽庄吟社的一般吟侣而言，后面三项也算得上是一种权利。有关菽庄吟社社课主持人主要是菽庄"十八子"发起组织菽庄吟社活动的情况，已详前节论述；这里，主要就他们参与菽庄吟社历次"征诗"稿件的评选审定和菽庄各类出版物的编辑校订这两项工作，作个简要介绍。

菽庄吟社历次"征诗"活动所得稿件都是由林尔嘉与该社社课主持人共同评选，并拟定次第的。林尔嘉所撰《虞美人诗·序言》有记："乙卯(1915 年)秋日，偶拈'虞美人'排律，广征海内佳什。诸君子不鄙谫陋，投赠逾千余首。尔嘉与社友循讽而雒诵之，乃拟定次第，录前列作者付之排印，以志一时墨缘云尔。"[①]《黄牡丹菊诗录·序》亦述："余性爱菊。小园蓺菊数千盆，广罗殊种。有黄牡丹来自美国，花大径尺，其种特佳，年年秋日招客觞咏于此。谓对此名花，不可无佳什以张之，乃拈是题，遍征吟咏。一时作者如林，得吟卷千余本。余与社侣循讽数过，酌拟次第，因录前列，付之剞劂。待到重阳菊花开时，携向小园读之，古香冷艳，林泉动色，辄憾不获诸君子来一游也。"[②]《菽庄三九雅

① 林尔嘉撰：《虞美人诗录·序言》。林尔嘉辑：《虞美人诗录》，"丙辰(1916 年)上元日"刊本，首页。

② 林尔嘉撰：《黄牡丹菊诗录·序》。林尔嘉辑：《黄牡丹菊诗录》，"丁巳(1917 年)端阳节"刊本，第 1 页。

集诗录·序》另谓:"辛酉(1921年)重阳,尔嘉以菽庄三九雅集征海内词坛大作,先后得诗一千三百余首。尔嘉与诸社侣循环披诵,自春徂夏,隋珠楚璧,美不胜收。爰编甲乙,略分次第,并以甲选诸作,付诸排印,以赓续墨缘。"[①]其它如《菽庄吟社七夕四咏、闰七夕回文合选·序》、《壬戌七月既望鹭江泛月赋选·序》等,也有"乃与社侣循环雒诵"、"始获集社侣从事披读。……谨略分次第并录甲选付诸排印"等一类的记述。

菽庄吟社聘任的社课主持人如沈琇莹及其弟子江煦,还专门负责过菽庄出版物的编辑校订工作。林尔嘉所撰《寄傲山馆词稿·序》有记:"菽庄吟社肇自甲寅(1914年),闻南岳傲樵侨居霞中,亟延之入社商略金石文字,暇时则与社侣即景唱和,至相得也。"[②]所述"商略金石文字",盖指"菽庄丛书"第一种《古今文字通释》和第二种《闽中金石略》,分别于"壬戌涂月(夏历一九二二年十二月)"和"甲戌(1934年)夏五月"开锓刊刻,二著卷帙浩繁,整整耗费了沈琇莹二十年时间才完成对它们的编辑校订。沈琇莹的弟子江煦,则从"庚辰(1940年)"到"癸未(1943年)",一人独任《寄傲山馆词稿》、《顽石山房笔记》、《壶天吟》、"菽庄丛刻"八种菽庄出版物的"缮写校勘之役"[③]。此外,菽庄女主人龚云环的舅舅兼老师陈棨伦,曾为编《菽庄主人银婚帐词》,其所作跋言有述:"余与菽庄侍郎交四世矣。侍郎年十七,以辛卯(1891年)十一月娶于龚咏樵先生之女,余甥是也。是时,余以媒氏来观其盛,辄忻然为酌酒贺也。越今丙辰(1916年)冬月,侍郎与夫人结婚二十五年周

---

① 林尔嘉撰:《菽庄三九雅集诗录·序》。林尔嘉辑:《菽庄三九雅集诗录》,"壬戌(1922年)端阳"刊本,第1页。

② 林尔嘉撰:《寄傲山馆词稿·序》。沈琇莹著:《寄傲山馆词稿》,"庚辰(1940年)仲冬"刊本,第1页。

③ 林尔嘉撰:《壶天吟·序》。沈琇莹著:《壶天吟》,"癸未(1943年)夏日"刊本,书前页。

矣，西人名之曰银婚，于是中外人士既各致嘉贶，复作诗文以申颂祝。余旧媒也，又久馆侍郎家，获与其盛，益忻然为酌酒贺也。窃谓侍郎之绯福与群公之玮制均宜垂之永久，乃为之图并，辑其诗文，付之手民。”①

（三）菽庄吟社社课主持人的报酬及礼遇

菽庄吟社社课主持人在社中还领取丰厚的报酬，并享受很高的礼遇。许赞堃所撰《窥园先生诗传》有载：“民国四年（1915 年），林叔臧先生组织诗社，聘先生（按：指许南英）为社友，月给津贴若干，以此，先生个人生活稍裕”②。另据汪毅夫先生所述，“小时候曾听祖父讲过，辛亥鼎革后曾祖汪春源进士入聘菽庄吟社，除了每天在菽庄花园饮酒赋诗外，每个月还能从菽庄主人那里领到几十块大洋的月给，这是何乐而不为的事呢！”汪毅夫先生的祖父汪受田，字艺农，与菽庄少主人林景仁过从甚密，也是经常出入菽庄花园的菽庄吟侣之一。此外，龚显鹤所撰《叔臧先生暨德配龚夫人银婚颂》亦记：“显鹤苏门久客，曾与吹箫，谢庭清才，蚤闻咏絮。……鹤依羊叔，惭愧氋氃，铸金以俟，奏瓦未工。何以介之，天赐鳌庞，百年偕老，如日方中。”③可见，即使是作为林尔嘉外戚的龚显鹤也曾经领取过菽庄主人的丰厚报酬。

除了领取丰厚的“月给”，菽庄吟社社课主持人还享受出版资助、丧葬抚恤等礼遇。以社中“祭酒”施士洁为例，他虽然是清末台湾进士，但生性放诞，耽于吟咏，不善经营生计，“乙未之役，士洁痛哭台湾之失，耻为异族之民，挈眷西渡，归泉州晋江县之西岑故里。……既

① 陈棨伦撰：《菽庄主人银婚帐词·跋》。陈棨伦辑：《菽庄主人银婚帐词》，“丙辰嘉平（夏历一九一六年十二月）”刊本，第 28 页。

② 许赞堃撰：《窥园先生诗传》。许南英著：《窥园留草》，台北：文海出版社，1974 年 12 月版，第 38 页。

③ 龚显鹤撰：《叔臧先生暨德配龚夫人银婚颂》。陈棨伦辑：《菽庄主人银婚帐词》，“丙辰嘉平（夏历一九一六年十二月）”刊本，第 6—7 页。

而，寄居厦门之鼓浪屿，颓唐困厄，满腹牢骚，哭以当歌，因有《耐公哭》之作。民国十一年五月二十三日（1922年6月18日），病卒浪屿寄寓，年六十八”[①]，“隔江菽庄主人为经理其丧事”[②]；“著《后苏龛集》，身后菽庄主人将为镂版，哲嗣不欲，携稿归台，瞬廿余载矣，未见出版”[③]。菽庄吟社另一位重要人物沈琇莹，自从民国三年（1914年）入聘菽庄吟社以来即住在林氏府和菽庄花园，直到民国三十三年（1944年）终老菽庄为止；民国二十九年（1940年）林尔嘉“以傲樵词稿刻入菽庄丛书”[④]，民国三十二年（1943年）又以沈琇莹所著《壶天吟》为“菽庄丛书”第五种刊刻印行。许南英受聘菽庄吟社后，“个人生活稍裕，但家境困难仍未减少”；民国五年（1916年）九月，“菽庄主人荐先生至苏门答拉棉兰，为张鸿南先生编辑生平事略”，“因啖水果过多，得痢疾。民国六年，旧历十一月十一日（1917年12月24日）丑时卒于寓所，寿六十三岁。林健人先生（按：即林尔嘉长子林景仁）及棉兰友人于市外买地数弓把先生底遗骸安葬在那里”[⑤]。此外，林尔嘉还以沈琇莹弟子江煦所辑《鹭江名胜诗钞》为“菽庄丛书”第六种，于“戊子（1948年）刊于岭南”，这对于菽庄吟社年轻一代吟侣来说无疑是个莫大的鼓舞。

三、“迭为宾主”——菽庄吟社社课主持人制的核心内容

菽庄吟社还引入“迭为宾主”的运作模式，对社课主持人制作了进

---

① 黄典权撰：《后苏龛合集·弁言》。施士洁著：《后苏龛合集》，台北：台湾银行经济研究室，1965年11月版，第2页。

② 《红叶草堂笔记》。厦门图书馆编：《厦门轶事》，厦门：厦门大学出版社，2004年12月第1版，第22页。

③ 厦门市地方志编纂委员会办公室整理：《民国厦门市志》，北京：方志出版社，1999年5月第1版，第736页。

④ 林尔嘉撰：《寄傲山馆词稿·序》。沈琇莹著：《寄傲山馆词稿》，“庚辰（1940年）仲冬”刊本，第2页。

⑤ 许南英著：《窥园留草》，台北：文海出版社，1974年12月版，第20—39页。

一步创新。从本质上讲，前述之聘任目的、要求、职责、权限、报酬、礼遇等，都不过是社课主持人制的表面形式；只有"迭为宾主"，才是葑庄吟社社课主持人制的核心内容。

(一)"迭为宾主"一语的出处

在探讨葑庄吟社社课主持人制的过程中，我们已经注意到，沈琇莹曾多次提及"迭为宾主"一语。民国二十五年(1936 年)元旦，沈琇莹作有《葑庄消寒第一集》，其诗序云："乙亥冬至后一日(1935 年 12 月 23 日)，葑庄主人约余与仲春三人循环治具，为九九消寒之会，食不求精，饮不及乱，唯拥炉道故旧为笑乐，而北宋真率会西堂豆腐戒此物此志也。若谓岁寒三友，则怨起而毁来矣。吁！可畏哉！十二月初七日新元旦为消寒第一集，即事有作。"该诗则谓：

三正原殊建，羲和久失官。
履端夷变夏，鼎足会消寒。
杯底屠苏酒，炉边苜蓿盘。
迭为宾主约，醉饱且胪欢。[①]

庚辰十二月初三日(1940 年 12 月 31 日)，沈琇莹组织"壶天消寒第一集"，有作《杂感》(五首)，其中第四首并注云：

谁教寒谷飙成暄，点点青袍旧酒痕。
偻指朋簪云散尽，壶天无复雀声喧(壶天消寒雅集盛于

① 沈琇莹撰：《葑庄消寒第一集》。沈琇莹著：《壶天吟》卷一，"癸未(1943 年)夏日"刊本，第 5—6 页。

癸亥(1923年),十八人迭为宾主,时有捉雀之戏)[①]。

可见,“迭为宾主”曾经作为一个重要的运作模式,在菽庄吟社中存在过相当长的一段时间。

(二)“迭为宾主”的主要优长及其在菽庄吟社发展中的作用

所谓“迭为宾主”,就是轮流坐庄、彼此轮值的意思,即由菽庄吟社聘请来的社课主持人依次轮流主持社团的吟咏聚作活动。其主要优长在于:首先,它为菽庄吟社聘请来的每一位社课主持人,都提供了一个公开、平等的展现个人才华的机会;其次,它让该社所有社课主持人,都参与到社团的领导管理与组织运作中来,有利于增强他们的主人翁意识和社团责任感,从而群策群力,共同把社团建设好;第三,这样还可以避免出现一人独霸,或因创立者及主盟人的个人变故,而使社团陷于僵化、停顿乃至解体的局面,从而为社团发展注入了持久性活力。

熟悉菽庄主人的人都知道,林尔嘉通晓“经济大略”[②],“习闻中外之情伪”[③]。菽庄吟社作为林尔嘉悉心经营的文学社团,他在上面所花费的心思和倾注的心血,比之他创办的其它公司企业,可谓有过之而无不及。“迭为宾主”这一运作模式,很可能就是林尔嘉从西方现代企业管理中的董事会轮值主席制借鉴过来的,对菽庄吟社社课主持人制所作的一种改革与创新。

---

① 沈琇莹撰:《杂感——十二月初三日(1940年12月31日)壶天消寒第一集》。沈琇莹著:《壶天吟》卷五,“癸未(1943年)夏日”刊本,第2页。

② 吴曾祺撰:《菽庄林先生暨德配云环龚夫人五十寿文》。菽庄吟社辑:《菽庄林先生暨德配云环龚夫人五十寿言》,九州出版社、厦门大学出版社合刊,2004年12月版,第516页。

③ 陈遵统撰:《叔臧林侍郎暨德配龚夫人四十双寿序文》。林景仁辑:《菽庄主人四十寿言》,“甲寅(1914年)冬月”刊本,第5页。

菽庄吟社所实行的社课主持人制这一组织形式及运作机制，虽然不能说唯一，但它确实是在同时期其它文学社团中很少见到的。即使到了今天，这一组织形式及运作机制也仍然具有值得借鉴的地方。菽庄吟社之所以能够维系长达四十余年，影响及于海内外，与该社所采取之组织形式及运作机制的优长特点存在很大关系。

第三节　击钵联吟与对外"征诗"——菽庄吟社的主要创作活动方式

菽庄吟社创作活动中，除了日常的节事游赏、社课雅集、叠韵唱和，以及菽庄花园及各景点落成庆典、菽庄主人寿庆及结婚纪念等即兴、砥砺、酬酢、应制之作外，举凡击钵联吟、对外"征诗"等竞技斗捷活动，均有规范的活动程式和严密的创作规制，其中包含了该社特定的评价体系及相应的激励机制。由于菽庄吟社评价体系公正合理，激励措施得当有力，从而极大地刺激和鼓舞了广大吟侣参与活动的热情及创作积极性。这里就对菽庄吟社采用得最多、也是最为主要的两种创作活动方式——击钵联吟与对外"征诗"，分别作个探析。

一、菽庄吟社击钵联吟的活动程式及创作规制

击钵联吟又称"刻烛联吟"或"击钵催诗"，起源于南史王子良"刻烛为诗"和萧文琰"打铜钵立韵"①的典故，后来泛指限时吟作的创作活动方式。清嘉庆、道光年间，在击钵联吟这一创作活动方式的基础上衍生出两种文艺类型——击钵吟与诗钟，二者相生相伴，共同促进，在

① 李延寿撰：《南史》卷五十九之《列传》第四十九。上海古籍出版社、上海书店合刊：《二十五史》第四册，1986 年 12 月第 1 版，第 2829 页。

长期的发展过程中各自又形成了一整套规范的活动程式和严密的创作规制。菽庄吟社创作有大量的击钵吟与诗钟作品，并且在活动过程中严格遵循相关程式及创作规制。

（一）击钵吟

击钵吟本指限时、限题、限体、限韵写作的七言绝句。关于击钵吟的活动程式及创作规制，福建侯官（今福州市）人李家瑞所撰《停云阁诗话》有载："吾乡先达在京，有击钵吟课。日清晨早集，以粉牌依次列名签，掣左右词宗各一，左右誊录各一。左词宗命题，右词宗拈韵。题定后，词宗入左右室，诸生各就座次构思。以时钟四刻为限，各成七绝一首，才捷者多多益善，钟鸣截止。各按卷数投缴卷资，列粉牌中本名之下。首卷全额，其二减半。词宗卷资，亦视诸生之半。司课者统核全数若干，左右均分，报明存记。左右誊录照稿分抄两簿，呈送两词宗校阅。词宗于自拟之篇扣除，其余逐卷下笔，标取元、眼、花、录各一，余卷酌选，即以所报卷资，分别标赏。出至大堂，将入选之卷，左右更迭吟诵。先由榜末开头，以元卷为压尾，诸生听唱受赏，是为一唱。一唱所取左元，即为二唱之左词宗；右亦如之。左右同元，则以左眼升补。穷日之力，可得六、七唱。左右同元有贺，连中三元有贺，鼎甲归门有贺。贺视卷资之半，卷资随时酌定。"[①]概而言之，击钵吟包括词宗设置、命题、拈韵、计时、构思、收卷、纳资、誊录、校阅、标取、唱卷、赏贺等活动环节，每一环节又有更加严谨细密的具体规定。

击钵吟一体传入台湾后，体裁范围得到拓展，成为限时、限题、限体、限韵写作的律诗和绝句。菽庄吟社中"击钵吟"的概念主要沿袭了后者，而且还有进一步泛化的现象，包括所有运用"击钵联吟"这一活

---

① 李家瑞撰：《停云阁诗话》卷十五，清咸丰五年（1855年）孔宪瑶刻本，第6页。

动方式创作的“诗古文词各体”[①]。

以“乙卯上巳(1915 年 4 月 16 日)修禊”为例,参加本次活动的吟侣共 40 人。大家首先进行“拈题”,即由社课主持人把预先拟好的题目放入签筒,让参加活动的吟侣抓阄,以确定各自要写作的题目。由于本次活动的主题已经明确是“上巳修禊”,所以所谓“拈题”,主要是确定各自要写作的体裁类型。经过抓阄,施士洁拈得“词(买陂塘)”,许南英拈得“诗(七律)”,沈琇莹拈得“词(金缕曲)”,等等。

其次进行“分韵”,也称“选韵”,一般都是对平水韵之 108 部进行编号,如“上平一”表“东”韵、“上平二”表“冬”韵等,同样放入签筒,让参加活动的吟侣抓阄。不过,本次“上巳修禊”活动比较特别,规定所步之韵必须从王羲之的《兰亭集序》中挑选,即把《兰亭集序》一文总共 324 个字分别进行编号,然后抓阄拈取。其中,施士洁拈得第 34 号,对应原文为“此”字;许南英拈得第 26 号,对应原文为“群”字;沈琇莹拈得第 35 号,对应原文为“地”字;等等。这也算得上萩庄吟社为诗坛增添的又一件韵事。

接下来就是构思创作了。施士洁所作《买陂塘·乙卯(1915 年)三月三日,萩庄修禊,用禊序字分韵得此字》云:

> 莽神州,沧桑劫后,不期簪盍於此。此间况是腥羶地,鲛市蜃楼而已。重三禊,藉曲水流觞,祓尽金银气。主人谁是?是世外逋仙,山中谢傅,吟社执牛耳。
>
> 千秋事,为问芳园隽侣,何如春宴桃李?而今也有兰亭会,肯让右军专美?群贤至。更童冠联翩,风浴咏归矣。文

---

① 林尔嘉撰:《萩庄三九雅集征诗启》。林尔嘉辑:《萩庄三九雅集诗录》,“壬戌(1922 年)端阳”刊本,第 1 页。

豪诗史，把浪屿林泉，洞天图画，收拾管城里。

许南英所作《乙卯(1915年)上巳菽庄修禊分韵得群字》云：

形骸放浪聊乘化，千载风流晋右军。
我亦咏觞同一致，公然山水竟平分。
偶逢令节陪时彦，得与清流挹古芬。
不管苍生霖雨事，招邀谢傅与同群。

沈琇莹所作《金缕曲·乙卯(1915年)三月三日菽庄修禊分韵得地字》则云：

雨洗屏山翠。鹭江阴，镜涵鸥影，楼空蜃气。春色三分何处所，断送二分流水。一分在，杜鹃声里，鸟唤提壶人荷锸。任东风撼得花铃碎，金谷酒，兰亭会。

洞天别有神仙尉。鬯幽情，前觞后咏，主醒宾醉。如画须麋三十六，南国词人老矣。羡王谢，翩翩公子，麤服乱头狂似我。问柳枝可解燕台意，双蝶舞，消魂地。

(二)诗钟

诗钟是指限时、限题、限格、限字写作的五言、六言、七言及骈体对句，在闽地名为“折枝”。从创作活动方式的角度来看，诗钟与击钵吟同属击钵联吟一体，诗钟活动中的词宗设置、命题、拈韵、计时、构思、收卷、纳资、誊录、校阅、标取、唱卷、赏贺等一系列环节与程式，就是参照“击钵吟课”创建起来的。《停云阁诗话》另载：“后进在家塾中，亦有仿(击钵吟课)而为之者，惟不拘定作全首。左右词宗各命一题，绝不相类。限香一寸，吟成七言及八言一联。对偶工整，赋物切当为妙。……或司课者，手执一卷，分请于左右词宗曰：'用第几行第几字？'如命翻看。所指两字，平仄相叶，不准更换。首唱即用此两字冠顶联句；次唱如法拈字，挨次递降，至坐脚止。"[①]之所以称"诗钟"者，是因为"昔贤作此，社规甚严。拈题时，缀钱于缕，系香寸许，承以铜盘，香焚缕断，钱落盘鸣，其声铿然，以为构思之限，故名诗钟，即刻烛击钵之遗意也。"[②]

不过，与击钵吟相比，诗钟有言、体、式、格、目之分，结构体系极其庞杂，拙著《台湾诗钟研究》对此曾作过专门的探讨。另外，"闽派"诗钟"以唱为重"[③]，根据活动规模及发唱方式，分为连环唱与大唱两类。薮庄吟侣、福建闽侯（今福州市）人王贻瑄（字怡轩）所撰《折枝传唱》有论："闽中折枝，有大唱与连环唱之别，故二者之诗，亦微有不同。盖连环唱，始于朋侪小集，人众不多，取法又严，翻书卜字，限香完卷，循环钞取，各自传唱，以验功力之如何，似非戋戋于角胜。至大唱则于岁余春始，人事暇逸，或个人或团体雅兴所至，树韵事以相持倡；其简选眼字，标赏征求，人数自多，卷又不限，故有一唱，卷至万余，少亦数千；礼词宗，评甲乙，预定坛坫，择期揭晓，取法近宽。盖连环唱寓磨砺之意于消遣之中，虽眼字之窘，寸晷之严，固有卒尔随意之作，而往往神来妙句，亦足流传。若大唱则眼字尚宽平，期间非迫促，可以博搜广演，雍容构思，论理与势，均易操胜。然诗侣如鲫之多，卷帙如笋之盛，非有惊人之句，不足尝试。故大唱如试马平原，万骑驰骋，追风绝尘，以尽其才量之所及，非如连环唱之施以羁勒，勉以鞭策，惟恐其驾御之不

① 李家瑞撰：《停云阁诗话》卷十五，清咸丰五年（1855 年）孔宪瑶刻本，第 6—7 页。

② 徐珂编撰：《清稗类钞》，北京：中华书局，1986 年 3 月第 1 版，第 4007 页。

③ 易顺鼎著：《诗钟说梦》。王鹤龄著：《风雅的诗钟》，北京：台海出版社，2003 年 9 月第 1 版，第 225 页。

循。二者虽有宽严拘放之不同，而殊途同归，会其有极，亦从来艺苑词宗，俗己教人，故寓其深意于此中也。夫诗战犹兵战，兵非训练娴习，非足克敌，而诗非炉火工深，亦不足获隽。然则连环唱者，诗人之训练也；大唱者，诗人之决胜也。无训练之工夫，又安能收决胜之奏凯。故连环唱之挫不足耻，而大唱之胜乃足慰。吾辈推此志也，探骊得珠，登龙夸选，可拭目而待之矣。"①

萩庄吟社的诗钟活动基本上沿用了闽派诗钟的创作体例，也是"以唱为重"，分为连环唱与大唱两类，其中又以连环唱为主。该社连环唱活动中，虽然"规矩甚严"，但有美人相陪，名酒以赏，其乐何似。沈琇莹所作《忆江南·壶天四咏》之三并注云：

壶天忆，画壁小旗亭。白战何曾持寸铁，黄河赢得唱双伶。人醉状元醒。（画壁亭在壶天南，左荔支右紫籐，面楼背墙，向未有名。己未(1919年)秋日，主人召吟侣于壶天，作诗钟雅集，题为"荒、尺"，格为鹤膝，斯亭其胪唱处也。时名妓林冰清、史湘云自沪上来，主人招之侑酒，约曰：中状元者各进夷酿三杯，榜眼、探花以次递减。胪唱毕，计分余独多得状元，饮如约；陈香老（按：即陈海梅）得榜眼，龚筠老（按：即龚显鹤）得探花，不胜酒力，玉山颓矣。余按唐人旗亭画壁故事，私以画壁名亭，识韵事也，然有喧宾夺主之罪。）

萩庄吟社举办的诗钟大唱，所知者24次。以壬申(1932年)所征"剑、潭，第一唱"为例，本次诗钟大唱共设正取二门、捐取八门，各门词

① 王贻瑄著：《折枝传唱》，九州出版社、厦门大学出版社合刊，2004年12月版，第315—316页。

宗录取殿元、状元、榜眼、探花、传胪各1名和正录、副录、正监、副监、正斗、副斗各若干名。这说明，菽庄吟社诗钟大唱完全是依照“闽派”诗钟大唱之“简选眼字，标赏征求”、“礼词宗，评甲乙，预定坛坫，择期揭晓”等活动程式及创作规制来进行的。

二、选题、誊录、循讽雒诵、拟定次第、赏贺——菽庄吟社对外“征诗”的五大环节

对外“征诗”的最大好处在于，它能使散处各地的吟侣不受地域的限制，最大限度地参与到社团的创作活动中来，因而这一创作活动方式为菽庄吟社所经常采用。菽庄吟社还借鉴击钵吟与诗钟活动中的相关程式及创作规制，对“征诗”这一创作活动的出题方式、评奖程式、赏贺办法等作了改革与创新。

（一）“征诗”这一创作活动方式的起源

一般认为，“征诗”这一创作活动方式起源于宋末元初浙江义乌人吴渭所组织之月泉吟社。史载，元至元二十三年十月十五日（1286年11月2日），月泉吟社以“春日田园杂兴”为题，檄文各地，广征五言与七言律诗，并且规定兴感不能逾越“田园”二字，于次年正月十五日（1287年1月29日）收卷，三月三日（1287年4月16日）揭榜。此次征诗活动，共收到诗稿2755卷，经由方凤、谢翱、吴思齐等评选，取中280卷；吴渭又将前60名的74首诗作，汇编成册并付梓刊行，署曰“月泉吟社”，末附摘句33联[①]。

菽庄吟侣每每把该社的吟咏活动溯源到月泉吟社。洪鸿儒所撰《菽庄林先生暨德配云环龚夫人五十寿文》有述：“岁在阏逢困敦五月十八日（1924年6月19日），为菽庄先生揽揆之辰，先生与鸿儒定交二

① 参看全祖望所撰《鲒碕亭集·跋月泉吟社社后》及《辞海》、《辞源》等相关条目。

十年矣！此二十年中，虽国体变更，沧桑载易，先生感怀世故。当有清之季知天下事不可为，即翛然有遁世志。癸丑（1913年）后，度地于鼓浪屿之江霞坳，辟菽庄，立吟社；东南坛坫，领袖名流，故乡耆旧，多依先生以老，一时有月泉遗风。”[①]龚显鹤所作《庚申（1920年）菽庄咏菊》（八首）之三亦谓：“记取兰亭作记年，禊堂高会趁归船。秋来重踏垂榕路，书至争传寿菊筵。词客风流分赤帜，佳儿才调学瑶笺。美人盥诵新诗本，韵事千秋嗣月泉。”[②]陈培锟所作《菽庄主人六十寿诗》另记：“春初相见海天东，耳顺吟成各作翁。林下七贤佳日既，峰头五老寿人同。庚寅一例身方降，甲戌何忧道尚穷。闻说月泉今社主，田园兴杂谷音中。”[③]

与月泉吟社一样，菽庄吟社对外“征诗”活动也包含出题、发布征诗启事、评选诗稿、梓行诗册等基本程式。以辛酉重阳（1921年10月9日）所征“菽庄三九雅集（七古）”为例，林尔嘉尝作《菽庄三九雅集征诗启》云：

> 菽庄枕山负海，自癸丑（1913年）落成今九年矣。每岁重九，菽庄故事，观潮之乐胜于登高。同社诸子谓主人曰：今年九月九日，适符三九之数，复与三十庆节相后先，何其不谋而合也。于是集吟侣赏佳节，为三九之会，觞咏于菽庄之藏海园焉。园有眉寿，主人之小名也。轩曰谈瀛，有楼曰半楼。

① 洪鸿儒撰：《菽庄林先生暨德配云环龚夫人五十寿文》。菽庄吟社辑：《菽庄林先生暨德配云环龚夫人五十寿言》，九州出版社、厦门大学出版社合刊，2004年12月版，第522—523页。

② 龚显鹤撰：《庚申菽庄咏菊》（八首）之三。林尔嘉辑：《菽庄庚申咏菊》，“辛酉（1921年）四月”刊本，页码不详。

③ 陈培锟撰：《菽庄主人六十寿诗》。沈琇莹题签：《菽庄主人六十寿言》，厦门永明印刷社承印，刊行时间未详，第38页。

长虹前亘，为四十四桥，上有叠石曰枕流。台曰观钓，曰观涛亭，曰千波，曰渡月，倚山者为真率亭。由藏海园而左曰补山园，室曰蕙香，主妇之字名也。园有十二洞天，上有吾庐，下有池，为上下池。有亭曰梅亭，旁有竹井；前为听潮楼，为小板桥，为草阁，为芦溆；旁为止水，闸上有亭曰拜石，台曰晚对。绕园径者为九曲廊，圃曰菊圃，畦曰菜畦，塘曰荷塘；有湾曰碧石湾，沟曰浣花沟，滩曰白沙滩。是日，设百福阄，以藏海园观潮，及园中诸名目为题，分配诗古文词各体，拈得题者按体分撰。计到会者共得八十一阄，又适符九九之数。以三九而成为九九，则引而伸之、触类而长之，从此菽庄故事、觞咏之乐正无穷期也。所冀海内吟坛相与赓续骚雅，即以是为典实，锡之珠唾，大壮园林景色。异时当裒辑成集，与乙卯（1915年）岁之虞美人课，丙辰（1916年）之黄牡丹，己未（1919年）之七夕四咏、闰七夕之乞巧回文，庚申（1920年）之帆影词诸杰构辉映后先，公之同好焉。海天引领邛须，我友无任拳拳。

菽庄主人林尔嘉谨启

本次“征诗”所得投稿1300余卷，经林尔嘉“与诸社侣循环披诵，自春徂夏”[①]，评选出甲选27名、乙选27名、丙选81名、丁选300名；林尔嘉又将甲选27名作品汇编成册，于“壬戌（1922年）端午”刊刻印行。因此，从“征诗”活动程式角度讲，认为菽庄吟社起源于宋末元初的月泉吟社也未尝不可。

① 林尔嘉撰：《菽庄三九雅集诗录·序》。林尔嘉辑：《菽庄三九雅集诗录》，“壬戌（1922年）端阳”刊本，第1页。

当然，如果从出题方式、评奖程式、赏贺特点等其它具体环节及其相关规制入手，我们看到的更多是菽庄吟社对“征诗”这一创作活动方式所作的改革与创新。

（二）菽庄吟社对外“征诗”的出题方式

菽庄吟社“征诗”活动中非常注重选题。与击钵吟活动中“拈题选韵”或诗钟活动中“翻书卜字”等随机出题的方式不同，菽庄吟社所征诗题都是在该社节事游赏、社课雅集、击钵联吟等日常吟咏聚作的基础上进一步精选出来的，往往蕴涵着深刻的寓意与无穷的诗思。陈培锟所撰《菽庄林先生暨德配云环龚夫人结婚三十年帐词·序七》有述：“菽庄喜吟咏，春秋佳日，幅巾藜杖，与朋辈唱酬其中；遇有佳题，则广征海内名宿，东南坛坫，隐执牛耳，有水绘园①之余风焉。”②

以庚申（1920年）所征“氐州第一·帆影”（词）一题为例。该题原本为菽庄吟社的分支社团——碧山词社的社课题目。施士洁所著《后苏龛词草》有录《氐州第一·帆影》（二阕），其中第一阕题后有注“林兵爪碧山词社题”③。该词则云：

愁里烟波，东望故岛，天外鹭羽如织。片叶云黏，轻花浪皱，微辨樯腰转侧。思妇楼头，正盼断、归鸿消息。隔浦垂杨，沿堤乱苇，动摇秋色。

---

① 水绘园位于江苏省如皋县城东北隅，为明末才子冒襄（字辟疆）的别墅，其园“南北东西皆水绘其中，秋峦葩卉，一一掩映，若绘画然”，钱谦益、吴伟业、王士祯、孔尚任、陈维崧等明末清初名士曾经在园中诗文唱和。

② 陈培锟撰：《菽庄林先生暨德配云环龚夫人结婚三十年帐词·序七》。林尔嘉辑：《菽庄林先生暨德配云环龚夫人结婚三十年帐词》（上券），“辛酉（1921年）十二月”刊本，第12页。

③ 施士洁撰：《氐州第一·帆影》（二首）之一。施士洁著：《后苏龛合集》，台北：台湾银行经济研究室，1965年11月版，第351页。

幅幅青蒲遥挂席，蓦吹去、渺然无迹。落日催鸦，长空度鸟，仗半江风力。一声沧浪欸乃，敧篷背、斜痕飐碧。目极魂飞，刹那间、神山咫尺！

林兵爪，即林尔嘉堂弟、鼓浪屿八卦楼主人林鹤寿；至于碧山词社，沈琇莹、张祉、吴承烜、沈则沆等均认为系林尔嘉于“庚申花朝（夏历一九二〇年二月十五日）”在菽庄花园所创设。

“氐州第一”这一词牌名，创自周邦彦的《氐州第一·波落寒汀》一词。原词云：

波落寒汀，村渡向晚，遥看数点帆小。乱叶翻鸦，惊风破雁，开角孤云缥缈。官柳萧疏，甚尚挂、微微残照？景物关情，川途换目，顿来催老。

渐解狂朋欢意少，奈犹被、思牵情绕。座上琴心，机中锦字，觉最萦怀抱。也知人、悬望久，蔷薇谢，归来一笑。欲梦高唐，未成眠、霜空已晓。

陈廷焯尝论该词曰：“写秋景凄凉，如闻商音羽奏。语极悲婉，一波三折，曲尽其妙。美成词大半皆以纡徐曲折制胜，妙于纡徐曲折中有笔力，有品骨，故能独步千古。”（《云韶集》卷四）我们知道，菽庄吟社是以乙未前后内渡大陆的台湾流寓文士为主导的台湾流亡文学社团，亡国之痛、灭种之恨、流离之苦、乡思之愁，无不使他们侘傺郁悒，难以遣怀；而“氐州第一”这一词牌，全词双调，计 102 字，上阕十一句四仄韵，下阕九句五仄韵，句意绵密，调韵婉转，极尽曲折回环之妙，非常适合用来表达离愁别恨一类的内容。

至于本次“征诗”的题目“帆影”，其寓意就更加明显了。到过鼓浪屿岛上的人都知道，站在菽庄花园的听潮楼或四十四桥，眺望东南大海，只见片帆点点，鳞光跃金，渔歌互答，此乐何极。但是，吴乔《围炉诗话》有谓“情能移景，景亦能移情”，对于菽庄吟社内的台湾流寓文士来说，站在菽庄花园，“东望故岛”，面对如此“愁里烟波”，又怎能不触景伤情、“目极魂飞”呢！所谓“帆影”，表乡愁旅思也，这一意象很容易让人联想到“花间词派”鼻祖温庭筠所作《望江南》：“梳洗罢，独倚望江楼。过尽千帆皆不是，斜晖脉脉水悠悠。肠断白蘋洲！”林尔嘉所撰《菽庄记》尝述：“余家台北，故居曰‘板桥别墅’，饶有亭台池馆之胜。少时读书其中，见树木阴翳，听时鸟变声，则欣然乐之。乙未(1895 年)内渡，侨居鼓浪屿，东望故园，辄萦梦寐。癸丑(1913 年)孟秋，余于屿之南得一地焉。翦榛莽，平粪壤，因其地势，辟为小园，手自经营，重九落成。名曰‘菽庄’，以小字菽臧谐音也。当春秋佳日，登高望远，海天一色，杳乎无极。斯园虽小，而余得以俯仰、瞻眺、咏叹，流连于山水间，亦可谓自适其适矣。”①可以看作是对菽庄吟社庚申(1920 年)所征“氐州第一·帆影”(词)一题的注脚。

菽庄吟社所征其它诗题，如乙卯(1915 年)所征“虞美人”(七排二十韵)、丙辰(1916 年)所征“黄牡丹菊”(七律四首)、己未(1919 年)所征“七夕四咏”(七绝四首)与“闰七夕乞巧”(回文七绝)、辛酉(1921 年)所征“三九雅集”(七古)、壬戌(1922 年)所征“鹭江泛月赋”、甲子(1924 年)所征“小兰亭三修禊序”等，也都是在该社节事游赏、社课雅集、击钵联吟等日常吟咏聚作的基础上进一步精选出来的，均蕴涵深刻的寓意与无穷的诗思，本著将在第四章第三节逐个作出分析。从出题方式这个角度看，如果说菽庄吟社日常开展的节事游赏、社课雅集、击钵联吟、酬唱应答等吟咏聚作活动，其目的主要在于切磋技艺、增进交谊和

① 见于菽庄花园内林尔嘉所撰“菽庄题刻”。

追求所谓的文人雅趣的话，那么该社对外“征诗”所注重的则是思想性与艺术性的高度统一。

(三)菽庄吟社对外“征诗”的评奖程式

林尔嘉在为菽庄吟社历次对外“征诗”作品结集所作序言中，几乎每次都要提及该社“征诗”活动的评奖过程。如《虞美人诗·序》有记：“岁癸丑(1913 年)，小园既成，里中朋好约修吟集，于是有菽庄钟社之举，吟咏无间，二年于兹矣。乙卯(1915 年)秋日，偶拈虞美人排律，广征海内佳什。诸君子不鄙谫陋，投赠逾千余首。尔嘉与社友循讽而雒诵之，乃拟定次第，录前列作者，付之排印，以志一时墨缘云尔。”[①]《黄牡丹菊诗录·序》亦述：“余性爱菊。小园蓺菊数千盆，广罗殊种。有黄牡丹来自美国，花大径尺，其种特佳，年年秋日招客觞咏于此。谓对此名花，不可无佳什以张之，乃拈是题，遍征吟咏。一时作者如林，得吟卷千余本。余与社侣循讽数过，酌拟次第，因录前列，付之剞劂。待到重阳菊花开时，携向小园读之，古香冷艳，林泉动色，辄憾不获诸君子来一游也。”[②]《菽庄吟社七夕四咏、闰七夕回文合选·序》又载：“己未(1919 年)七月，余归自东，爰集同人重修社事。既以七夕四题遍征吟咏，越闰月七夕，复有回文乞巧之征，海内外投稿约四千首。誊写既竣，乃与社侣循环雒诵，得其四百首。录其前列，并七夕四咏付之排印。璧合珠联，后先辉映，洵足以酬兹令节已。因缀数言，质之作者。”[③]概而言之，菽庄吟社对外“征诗”的评奖过程包括三个基本环节——“誊录”、“循讽雒诵”与“拟定次第”。

---

① 林尔嘉撰：《虞美人诗录·序》。林尔嘉辑：《虞美人诗录》，“丙辰(1916 年)上元日”刊本，第 1 页。

② 林尔嘉撰：《黄牡丹菊诗录·序》。林尔嘉辑：《黄牡丹菊诗录》，“丁巳(1917 年)端阳节”刊本，第 1 页。

③ 林尔嘉撰：《菽庄吟社七夕四咏、闰七夕回文合选·序》。林尔嘉辑：《菽庄吟社七夕四咏、闰七夕回文合选》，“己未嘉平朔日(夏历一九一九年十二月初一日)”刊本，第 1 页。

菽庄吟社对外"征诗"的评奖程式是怎么建立起来的？林尔嘉为何要反复提及它？这一评奖程式对菽庄吟社的发展究竟有何作用和意义呢？菽庄吟社对外"征诗"的评奖程式以及"誊录"、"循讽雒诵"、"拟定次第"诸环节，都是从"闽派"诗钟中借鉴过来的。易顺鼎所著《诗钟说梦》有述"闽派"诗钟"连环唱"的"作诗钟、阅诗钟之法"与"唱卷之法"，云："闽人作诗钟以唱为重。其作诗钟、阅诗钟之法：每发题后，人例作四联，投卷于筒，汇交誊录。誊录以小纸分誊，每笺例四联。如每会十人，每人四联，则小笺十纸即可誊毕。每誊毕一纸，即送末座先阅，阅毕递传上座者。以次轮阅。拟取者各另纸录出。所取不过十联以内为止，自定甲乙。如每会十人，则十人各定所取甲乙也。各阅定后以次宣唱之。唱卷之法：从最后先唱，至元卷而毕。诗钟以唱为乐，但颇费时耳。闽派以弢庵阁学为最工。"①

其中，"誊录"一词，本为封建科举考试用语，即由专人对考生答卷重新抄写，以防止主考官通过辨认士子的笔迹进行作弊。南宋吴曾所著《能改斋漫录》卷一《糊名考校》载："取士，至仁宗始有糊名考校之律。虽号至公，然尚未绝其弊。其后袁州人李夷宾上言，请别加誊录。因著为令，尔后识字画之弊始绝。"②菽庄吟社对外"征诗"的"循讽雒诵"一节，则相当于诗钟"连环唱"之"以次轮阅"，即让所有评委对参赛的每一篇文章都仔细诵读，详加品斟。为了避免造成遗珠之憾，菽庄

① 易顺鼎著：《诗钟说梦》。王鹤龄著：《风雅的诗钟》，北京：台海出版社，2003 年 9 月第 1 版，第 225 页。

② 吴曾著：《能改斋漫录》卷一《糊名考校》，上海：上海古籍出版社，1979 年 11 月新 1 版，第 14 页。

吟社甚而至于对所征作品“循讽数过”[1],“自春徂夏”[2],不厌其烦。在完成上述环节的基础上,菽庄主人才综合平衡所有评委的意见,对参赛作品“酌拟次第”。

在录取等次及名额方面,菽庄吟社对外“征诗”主要参照了诗钟“大唱”的做法,取额较为宽弛。以乙卯(1915年)所征“虞美人”(七排二十韵)为例,该次收到投稿1704卷,共录取120名,其中“第一名赠书券银一百二十员;第二名赠书券银八十员;第三名赠书券银六十员;第四名赠书券银四十员;第五名至第十名各赠书券银十员;第十一名至第五十名各赠书券银四员;第五十一名至第一百二十名各赠书券银二员”[3],分别对应诗钟“大唱”所取之状元(亦称殿元)、榜眼、探花、传胪、正录、副录、正监、副监、正斗、副斗等各个等次。

可见,菽庄吟社对外“征诗”的评奖程式,是在综合吸收了“闽派”诗钟“连环唱”与“大唱”活动特点的基础上创建起来的,其目的很明确,就是要建立一个科学、合理的评价体系,以保证评奖过程的客观与公正,从而达到鼓舞人心、激发士气的效果。这可以说是直接关系到一个文学社团兴衰的大事,所以林尔嘉要反复提及它,其用心可谓良苦。菽庄吟社历次对外“征诗”所得稿件呈逐年递增的态势,从乙卯(1915年)所征“虞美人”(七排二十韵)“投赠逾千余首”[4],到己未(1919年)所征“闰七夕乞巧”(回文七绝)“海内外投稿约四千首”[5],增

---

① 林尔嘉撰:《黄牡丹菊诗录·序》。林尔嘉辑:《黄牡丹菊诗录》,“丁巳(1917年)端阳节”刊本,第1页。

② 林尔嘉撰:《菽庄三九雅集诗录·序》。林尔嘉辑:《菽庄三九雅集诗录》,“壬戌(1922年)端阳”刊本,第1页。

③ 林尔嘉辑:《虞美人诗录》附录,“丙辰(1916年)上元日”刊本,第18—19页。

④ 林尔嘉撰:《虞美人诗录·序》。林尔嘉辑:《虞美人诗录》,“丙辰(1916年)上元日”刊本,第1页。

⑤ 林尔嘉撰:《菽庄吟社七夕四咏、闰七夕回文合选·序》。林尔嘉辑:《菽庄吟社七夕四咏、闰七夕回文合选》,“己未嘉平朔日(夏历一九一九年十二月初一日)”刊本,第1页。

长约近三倍，期间菽庄吟社“征诗”标赏的奖金并没有提高，个中原因应该与广大吟侣对该社评价体系的认可存在很大关系。此外，菽庄吟社核心成员在该社历次对外“征诗”活动中的中奖率都很低，仅见蔡谷仁、陈海梅、沈琇莹、庄善望、卢文启等偶有得奖，这也从另一侧面说明了该社“征诗”评奖是客观公正的，并非“任人唯亲”。

(四)菽庄吟社对外“征诗”的赏贺特点

如果说菽庄吟社的诗钟活动是“以唱为重”，那么该社对外“征诗”则是“以赏为重”。林尔嘉富夸石崇，一掷千金，赏贺是他用以激励吟侣的重要手段，也是菽庄吟社“征诗”活动的重头戏。菽庄吟社对外“征诗”中的“赏贺”一节也是直接从击钵吟和诗钟活动程式中引入的。按照击钵联吟的活动旧制，本来还要举办隆重的“发唱”仪式，让获奖人员“听唱受赏”，由于参与菽庄吟社“征诗”活动的吟侣众多，而且广泛分布于五湖四海，所以就省略了这道程序。不过，该社“征诗”赏贺仍然有它的特色之处。

首先是受赏面广。该社对外“征诗”，每次奖励名额都在百名以上，约占总投稿人数的一成。如：丙辰(1916年)所征“黄牡丹菊”(七律四首)，收到投稿1116卷，共录取140名，“第一名赠书券银五十员；第二名赠书券银三十员；第三名赠书券银二十员；第四名、第五名各赠书券银十员；第六名至十名各赠书券银八员；第十一名至廿名各赠书券银五员；第廿一名至五十名各赠书券银三员；第五十一名至一百名各赠书券银二员；第一百零一名至一百四十名各赠书券银一员。……余九百七十六名各赠《黄牡丹诗录》一本、《银婚帐词》一部”[①]；己未(1919年)所征“闰七夕乞巧”(回文七绝)，收到“海内外投稿约四千首”，共录取400名，“第一名赠书券银五十六大员；第二名赠书券银四十大员；

① 林尔嘉辑：《黄牡丹菊诗录》附录，“丁巳(1917年)端阳节”刊本，第23页。

第三名赠书券银三十二大员；第四名赠书券银二十八大员；第五名至第十名各赠书券银十大员；第十一名至第二十名各赠书券银五大员；第二十一名至第五十名各赠书券银三大员；第五十一名至第一百名各赠书券银二大员；第一百零一名至第四百名各赠书券银一大员”[①]；等等。

其次是贺赏丰厚。菽庄吟社历次对外“征诗”活动中，提供奖金总额最多的是辛酉（1921 年）所征“三九雅集”（七古），总计 813 银元；其次是壬戌（1922 年）所征“鹭江泛月赋”，为 800 银元；再次是己未（1919 年）所征“闰七夕乞巧”（回文七绝），为 756 银元；等等。所设单项最高奖金，是乙卯（1915 年）所征“虞美人”（七排二十韵），其中第一名奖 120 银元、第二名奖 80 银元、第三名奖 60 银元。据考，“当时连租界巡捕房内的华捕也不过月薪数元”[②]。是故，江苏扬州人杜召棠所著《惜馀春轶事》有录：“福建林氏，巨族也。清末‘菽庄’告成，广事征诗，酬甚丰。”[③]

“寒郊那有不平鸣，转坐诗穷得气清。呼尔路人谁肯受？怪他文士每相轻。苍生岂必思安石？黄祖居然识祢衡！一笑砚田无恶岁，腹中有笥舌能耕。”[④]文人相轻，自古而然。古往今来，多少文学社团虽然也都人才济济，而且不乏“欲一洗前代结社之积弊，以作海内文学之导师”这样的高远目标，然而由于缺乏一个合理的组织体系与有效的运作机制，其结果往往要么是虎头蛇尾，要么是昙花一现，甚而至于诋毁

① 林尔嘉辑：《菽庄吟社七夕四咏、闰七夕回文合选》附录，“己未嘉平朔日（夏历一九一九年十二月初一日）”刊本，第 20 页。

② 袁进著：《中国文学的近代变革》，桂林：广西师范大学出版社，2006 年 6 月第 1 版，第 19 页。

③ 杜召棠著：《惜馀春轶事》，扬州：广陵书社，2005 年 8 月第 1 版，第 20 页。

④ 施士洁撰：《简菽庄钟社主人并诸同志》（八首）之六。施士洁著：《后苏龛合集》，台北：台湾银行经济研究室，1965 年 11 月版，第 233 页。

谩骂、攻讦内讧、四分五裂，最终不得不走上解体之一途。萩庄吟社内部却能够始终保持一团和气，并使得“俾天下骚人墨士皆将尽入其彀中”[①]，扬风扢雅，振衰起弊，历数十年而不衰，其组织形式、运作机制、评价体系、激励机制等宜乎有值得借鉴的地方。

① 康筠庵撰：《甲子(1924年)三月萩庄小兰亭三修禊序》。林尔嘉辑：《萩庄小兰亭征文录》，“戊辰(1928年)春日”刊本，第46页。

第四章

菽庄吟社的主要活动

菽庄吟社不仅规模庞大、吟侣众多，体系完备、机制合理，而且还活动频繁、声势浩大。该社“啸侣命俦，更唱迭和，月以十数，岁以百数；体或古或近，韵或竞或病，晷或分或寸”[①]，“或买诗天南，或征文海内。投稿车前，望而却走；署名纸尾，引以为荣。所以菊寿无算，禊帖三摹；岁岁年年，标新领异。其韵事之多，有如此者”[②]。

菽庄吟社的创作活动，既有面向海内外吟侣的大规模争胜出奇的对外“征诗”，也有仅限于吟社内部的小范围竞技斗捷的击钵联吟；既有围绕菽庄主人寿庆及结婚纪念和菽庄花园及各景点落成而开展的重大庆典，也有伴随四季时序转移及节令更替而进行的节事游赏；既有社团成员用于切磋砥砺的社课雅集，也有友朋之间藉资沟通声息的叠韵唱和；等等。所作除了常见的七律、七绝、五律、五绝外，尚有七排、七古、五排、五古、杂体、词、曲、赋、对联、诗钟、回文诗、序文，以及特定场合才使用的寿言、婚庆帐词等，涉及的文体类型达10余种之多，作品更是不计其数。总之，该社注重日常的砥砺磨练，间杂以竞技

① 沈琇莹撰：《红兰馆诗钞·序》。苏大山著：《红兰馆诗钞》，“著雍执徐之岁涂月（夏历一九二八年十二月）”刊本，第1页。

② 沈琇莹撰：《菽庄林先生暨德配云环龚夫人五十寿文》。菽庄吟社辑：《菽庄林先生暨德配云环龚夫人五十寿言》，九州出版社、厦门大学出版社合刊，2004年12月版，第542页。

比赛,活动方式灵活,创作体例多样,集中体现了菽庄主人之"治菽庄,亦即先生兴学之意"[①]的立社思想。

第一节　菽庄吟社历次对外"征诗"

菽庄吟社影响最大的文学活动当属对外"征诗"。该社先后32次向海内外吟侣征求诗文,其中征诗钟大唱24次、征诗5次、征词1次、征赋1次、征序文1次,另有"买诗店"之设。菽庄吟社对外"征诗",具有这么几个特点:

一是征集范围广泛,参与吟侣众多。菽庄吟社的"征诗"活动牵动了民国期间的大陆诗坛和日据下的台湾本岛诗坛,参加该社历次"征诗"的吟侣少则一千,多逾四千,分别来自福建、台湾、江苏、上海、北京、广东、香港等全国26个省市区,以及日本、新加坡、印度尼西亚等东亚及南洋各地。

二是所征文类繁多,选题富于意蕴。菽庄吟社历次"征诗"题目,都是在该社节事游赏、社课雅集、击钵联吟等日常吟咏聚作的基础上精选出来的,其诗题往往寄寓了深刻的寓意和无穷的诗思。该社所谓"征诗",其实是一种简称,其文体类型涉及七排、七律、七绝、回文七绝、七古、词、赋、序文、诗钟等,几乎囊括了所有传统的"诗古文词各体"在内。

三是"投稿恒逾千数",佳作"满目琳琅"。"每逢菽庄征诗,海内名

---

① 李禧撰:《菽庄林先生暨德配云环龚夫人五十寿文》。菽庄吟社辑:《菽庄林先生暨德配云环龚夫人五十寿言》,九州出版社、厦门大学出版社合刊,2004年12月版,第527—531页。

流投稿恒逾千数”[①]，“鸿篇巨制，满目琳琅”[②]，甚至还出现过“佳作越额，故增录丁选三百名”[③]的情形。

客观地讲，菽庄吟社的规模之大、吟侣之众、成就之高、影响之广，很大程度上得益于该社所开展的“征诗”活动。撇开对外“征诗”，菽庄吟社的创作成就将大打折扣，而且该社吟侣也就真的如一些论者所说的仅剩下“遗老遗少”了。

一、征诗五次

如果严格按照文体类型进行区分，菽庄吟社真正开展的“征诗”活动才5次，分别是：乙卯(1915年)所征“虞美人”(七排二十韵)、丙辰(1916年)所征“黄牡丹菊”(七律四首)、己未(1919年)所征“七夕四咏”(七绝四首)与“闰七夕乞巧”(回文七绝)、辛酉(1921年)所征“三九雅集”(七古)。兹分述如下：

(一)乙卯(1915年)征“虞美人”(七排二十韵)

名士美人，霸业雄风，是文学创作亘古不变的主题。历史上霸王别姬的故事，曾经引发多少文人骚客类似“至今思项羽，不肯过江东”的慨叹，并创造出了多少旷世绝响。南唐后主李煜有《虞美人》一词云：“春花秋月何时了，往事知多少？小楼昨夜又东风，故国不堪回首月明中。雕栏玉砌应犹在，只是朱颜改。问君能有几多愁，恰似一江春水向东流。”词中怀古悼今，充满了作者对于“故国”的黍离之悲和对于自己的身世之叹。民国四年乙卯(1915年)秋日，菽庄吟社首次拟题(与“拈题”相对)“征诗”即以“虞美人”(七排二十韵)为题，可见乙未割

---

① 林尔嘉撰：《庚申菽庄咏菊》(八首)之一。林尔嘉撰，沈骥编校：《林菽庄先生诗稿》，台北：龙文出版社，1992年3月重印初版，第5页。

② 林尔嘉撰：《壬戌七月既望鹭江泛月赋选·序》。林尔嘉辑：《壬戌七月既望鹭江泛月赋选》，“甲子(1924年)端午”刊本，第1页。

③ 林尔嘉辑：《菽庄三九雅集诗录》附录，“壬戌(1922年)端阳”刊本，第23页。

台之痛，对于菽庄社侣来说是何等的既巨且深。

本次征诗，共收到投稿1704卷，经林尔嘉召集菽庄社侣“循讽而雒诵”，评选出前120名进行奖励。“第一名赠书券银一百二十员；第二名赠书券银八十员；第三名赠书券银六十员；第四名赠书券银四十员；第五名至第十名各赠书券银十员；第十一名至第五十名各赠书券银四员；第五十一名至第一百二十名各赠书券银二员”，“余一千五百八十四名各赠《虞美人诗录》一本、菽庄明信片十张”①。

前10名作者依次为：福州龚文青、扬州王睫盦、福州林米庵、江宁陶隆僎、兴化知庐、福州吴翊庭（吴曾祺）、福州池纫绮、福州肃元、新加坡嚼墨主人与苏州金人富。其中，福州龚文青所作第一名作品，着重描写虞姬逝后，楚霸王项羽对她的伤亡与怀悼，全诗悱恻缠绵，如梦似幻，充分展现了排律一体的铺陈叙述之能事。该诗云：

销沈霸业可怜才，剩此丛残亦艳哉。故里锦衣无树挂，深宫玉帐有花开。依然薄命生卿寄，至竟多情种又胎。洒泪莫寻干土在，幻身还向墓田来。旧时手爪欢奚似，抵死葳蕤恨未灰。沅芷卿应忧再写，山榛首欲我频回。钗光明媚红千簇，剑血飘零碧一抔。中道琼枝轻折散，后天金粟总成堆。翩跹月下云裳想，耽搁春前羯鼓催。椒寝何人夸得地，蓬壶他日倘移栽。莺哥饶舌仍呼字，鸠鸟伤心谢问媒。解语犹疑屏后见，觅踪真悔镜前猜。虽云皎洁非秋实，难得伶俜附楚材。即色即空都了澈，如颦如笑辄低徊。舜英久绝同车念，妫馆谁夸贰室陪。看取孤芳侔翠柏，忍教丽质委荒苔。黄陵涕泪苍梧远，青塚留连白草哀。怨魄不衔填海石，羞颜肯上

① 林尔嘉辑：《虞美人诗录》附录，“丙辰（1916年）上元日”刊本，第18—19页。

望夫台。婢将唤汝杨妃菊，仙尚输他萼绿梅。隆准重瞳俱寂寞，惜香且覆掌中杯。

(二)丙辰(1916年)征“黄牡丹菊”(七律四首)

菽庄主人天性爱菊，曾经搜罗天下名种数千盆，置诸菽庄花园，并招请画家为菊写照，引为韵事。其中有一名种叫黄牡丹，来自美国，花大盈尺，最是名贵，林尔嘉于是“年年秋日招客觞咏于此”。民国五年丙辰(1916年)秋日，林尔嘉又以“黄牡丹菊”(七律四首)为题，遍征吟咏于海内。

观乎此题，让人感慨良多。乙未割台以前，台湾社会士大夫阶层普遍喜爱的是象征荣华富贵的牡丹，清末台北牡丹诗社即是因林鹤年所赠德州牡丹而得名的。曾几何时，这些内渡大陆的台湾流寓文士们也像陶渊明一样，唯独就喜爱上了性情孤傲、品格高洁的菊花了呢！这难道不是时势使然吗？“黄牡丹”，菊之名贵者也，然而傲性不改；菽庄主人林尔嘉，“台湾第一望族”者也，但他“立身行己，挺挺大节”①。由此看来，菽庄吟社丙辰(1916年)所征“黄牡丹菊”(七律四首)，盖菽庄主人托物以明志也。

本次征诗所得诗稿1116卷，经林尔嘉组织社侣“循讽数过”，评选出前140名进行奖励。其中，“第一名赠书券银五十员；第二名赠书券银三十员；第三名赠书券银二十员；第四名、第五名各赠书券银十员；第六名至十名各赠书券银八员；第十一名至廿名各赠书券银五员；第廿一名至五十名各赠书券银三员；第五十一名至一百名各赠书券银二员；第一百零一名至一百四十名各赠书券银一员”，“余九百七十六名

---

① 吴曾祺撰：《菽庄林先生暨德配云环龚夫人五十寿文》。菽庄吟社辑：《菽庄林先生暨德配云环龚夫人五十寿言》，九州出版社、厦门大学出版社合刊，2004年12月版，第516页。

各赠《黄牡丹诗录》一本、《银婚帐词》一部”①。

前20名作者依次为：香港诵先芬室、福州榕峤楚狂、北京曾恂、福州吴樵笑、福州陈德麟、台中观海客、福州梦禅室主人、福州水南居士、福州高文藻、泉州介石道人、福州石匏、福州冰壶、福州戢园主人、北京严荪、江苏谢蓉昌、福州龚文青、杭州金黄香、宝应沈绍李、福州陈心鉴与上海赵廷玉。其中，香港诵先芬室所作第一名作品，分别从黄牡丹菊的色泽身姿、所居环境、身世来历、韵事题咏等不同角度、不同侧面进行描写，形成了一组表面上看上去相对独立而实际上彼此关连的菊花组诗。该诗云：

要向洛下斗繁华，远泛黄龙载此花。
别赋天香移郦水，浑疑国艳出姚家。
高茎映日还擎露，老圃藏春不染霞。
似为乾坤留正色，清平旧调莫须夸。

封蜡当酬接树劳，杯分琮栗助题糕。
未妨秋土栖金谷，难得花王假赭袍。
晚节安阳真富贵，诗才小宋补风骚。
沉香亭畔霜飞后，谁倚阑干赠错刀。

梦得休矜径尺荣，人间佳色属秋英。
一茎变化西来意，九锡标题北胜名。
金粉不随春事尽，尊罍还就夕阳明。
剡藤添注群芳谱，会有奇葩笔下生。

① 林尔嘉辑：《黄牡丹菊诗录》附录，“丁巳(1917年)端阳节”刊本，第23页。

碧海扬尘事渺茫，幽花幻出入时妆。
汉宫点额翻新样，琼岛分支作冷香。
彭泽里居抛印绶，釜山云起想衣裳。
色丝一例征题咏，华实兼收胜郑庄。

（三）己未（1919年）征“七夕四咏”（七绝四首）

古诗十九首之《迢迢牵牛星》写道：“迢迢牵牛星，皎皎河汉女。纤纤擢素手，札札弄机杼。终日不成章，泣涕零如雨。河汉清且浅，相去复几许。盈盈一水间，脉脉不得语。”日据台湾时期，由于日本殖民当局的人为限制和刻意阻挠，浅浅海峡成了两岸人民难以逾越的天河，然而天河两岸的牛郎织女尚且能够一年一度鹊桥相会，日据台湾时期的两岸同胞却遥遥没有聚首之期。施士洁尝作《秋居悼亡》云：“小别那知成永诀，况堪吊逝又伤离。鹭门咫尺秋江水，不如天河有会期。”正是悠悠苍天，此曷人极！民国八年己未七月七日（1919年8月2日），菽庄吟社以“七夕四咏——洗车、填桥、穿针、停梭”为题，向海内外名宿广征七绝，其诗题所隐喻的内涵相当之明了。

本次征诗所得稿件不计其数，经林尔嘉组织社侣“循环雒诵”，评选出前150名进行奖励。“第一名赠书券银二十八员；第二名赠书券银二十员；第三名赠书券银十六员；第四名赠书券银十四员；第五名至十名各赠书券银八员；第十一名至二十名各赠书券银四员；第二十一名至五十名各赠书券银二员；第五十一名至第一百五十名各赠书券银一员”①。

① 林尔嘉辑：《菽庄吟社七夕四咏、闰七夕回文合选》附录，“己未嘉平朔日（夏历一九一九年十二月初一日）”刊本，第10页。

前 20 名作者依次为：陈福铭、何良弼、区纬、无诸国之民、陈得麟、率甫、林太古、绣葆、嫣仙女史、司徒九郎、瀛洲钓鳌客、介石氏、骚坛侍者、陈逸庐、李天霖、岭海逸民、天涯浪子、石匏、桂林秋史与我非仙。其中，陈福铭所作第一名作品，先通过化实为虚，把“洗车”、“填桥”、“穿针”、“停梭”四项劳作活动，与牛郎织女鹊桥相会这一民间传说联系起来，然后又化虚为实，对四项劳作活动分别进行细节性描写，使它们成为牛郎织女鹊桥相会的系列性情景，作品也上升到了一个很高的艺术境界。该诗曰：

《洗车》

一雨车尘净若何，七香载汝过银河。

冰轮解借姮娥驭，万古常新不用磨。

《填桥》

成就双星好合昏，鹊儿义不望酬恩。

须知情侠全人美，九死犹甘况一髡。

《穿针》

会少离多恨未伸，世前犹拜作针神。

天孙错绣鸳鸯谱，此谱何堪理度人。

《停梭》

放慵堪喜亦堪悲，惆怅明朝又别离。

慰尽瓠瓜无匹苦，银墙闲煞好机丝。

(四)己未(1919 年)征“闰七夕乞巧”(回文七绝)

己未闰七月七日(1919 年 8 月 31 日)，菽庄吟社又以“闰七夕乞巧诗”为题，向海内外名宿广征回文七绝。所得投稿约四千首，经林尔嘉组织社侣重新誊录并“循环雒诵”，评选出前 400 名进行奖励。“第一名赠书券银五十六大员；第二名赠书券银四十大员；第三名赠书券银三十二大员；第四名赠书券银二十八大员；第五名至第十名各赠书券银十大员；第十一名至第二十名各赠书券银五大员；第二十一名至第五十名各赠书券银三大员；第五十一名至第一百名各赠书券银二大员；第一百零一名至第四百名各赠书券银一大员”①。

前20名作者依次为：李庚扬、介石道人、陈国兰、吴承烜、杨陋庵、陈肖洁、爱独、燕市酒客、戢园主人、鹿巢、还泪、霞溪钓客、蕉林、护樱子、张纫秋、古温陵蝶仙、金门大隐、无诸国之民、吴元海与程大经。其中，李赓扬所作第一名作品，不仅顺诵如流，而且倒读起来，其文理及意蕴也照常清楚明晰，体现出非常高超的汉字组合技巧。该诗云：

秋来雁断盼人归，短烛红阑夜语微。
流水一船天上渡，愁多又织锦中机。

(五)辛酉(1921年)征“三九雅集”(七古)

“独在异乡为异客，每逢佳节倍思亲。遥知兄弟登高处，遍插茱萸少一人。”每到重阳佳节，萦绕在菽庄吟社台湾流寓文士心头的那份乡愁就更加侵袭难挡了。菽庄花园枕山负海，每岁重九，菽庄主人都要组织社侣登高以观潮。林尔嘉尝有句云：“卷帘一色海天清，静里从容见物情。潮水也知人世变，去来时作不平鸣。”②该诗因物移情，发而为声，悉为角徵，充满了对日本殖民侵略者的满腔仇恨。

辛酉九月九日(1921年10月9日)，为菽庄花园落成九年纪念。

① 林尔嘉辑：《菽庄吟社七夕四咏、闰七夕回文合选》附录，“己未嘉平朔日(夏历一九一九年十二月初一日)”刊本，第20页。

② 林尔嘉撰：《甲寅(1914年)菽庄口占》。林尔嘉撰，沈骥编校：《林菽庄先生诗稿》，台北：龙文出版社，1992年3月重印初版，第1页。

是日，林尔嘉招邀社侣，觞咏于藏海园，“设百福阄，以藏海园观潮，及园中诸名目为题，分配诗古文词各体，拈得题者按体分撰”，号为“三九之会”；然后，“以是为典实”[①]，广征“菽庄三九雅集”（七古）于海内外。

本次征诗所得投稿1300余卷，经林尔嘉组织社侣“循环披诵”，评选出前435名进行奖励。其中，“甲选二十七名，各赠书券银九元；乙选二十七名，各赠书券银四元；丙选八十一名，各赠书券银二元；丁选三百名，各赠书券银一元”，“以外各卷各赠诗录一册”[②]。

前27名作者依次为：福州陈还爽、江苏敝帚、奉贤朱家驹、江苏沈眉、江都郭庆、福州我园主人、福州天遗、福州吴樵笑、江苏沈绍李、梁谿邹酒匄、察哈尔居庸过客、永阳何宗文、福州林岥㦥、罗源笴笠山人、泉州晋江病隐、泉州介石道人、扬州刘逸园、虞山俞啸琴、泉州昇文山人、浙江朱文柄、扬州王怡仲、福州梅道人、思明陈桂琛、江苏吴东园、漳州施香沱、江宁陶巽人与江宁陶磨蝎女史。其中，福州陈福敷（字还爽）所得第一名诗作，描述了菽庄主人之“作事”、菽庄花园之“风景”与菽庄吟社之“风雅”，最后概括林尔嘉“风流儒雅是吾师”。全诗结构清晰，用语简洁，但富于质感，很能体现菽庄吟社“以诗存史”的文学观念和注重“实录”的创作精神。该诗并序曰：

> 江南天醉，感故国之河山；林下风高，守胜朝之膢腊。故或有换装金粟，归筑玉山草堂；晞发西台，来主月泉汐社。扶持风雅，即所以培植纲常也。予本兵火余生，供文字清役，效丈人抱瓮，藉悟息机。观天女散花，未忘结习；绝笑鱼龙曼衍，时亦作戏逢场。生憎鸡犬喧豗，苦自闭门索句，不见白衣

① 林尔嘉撰：《菽庄三九雅集征诗启》。林尔嘉辑：《菽庄三九雅集诗录》，“壬戌（1922年）端阳”刊本，第1页。

② 林尔嘉辑：《菽庄三九雅集诗录》附录，“壬戌（1922年）端阳”刊本，第23页。

送酒，望眼欲穿。忽闻青鸟传书，私心窃喜，寸缄折后，珠玉同珍，一序昭然，园林如绘，山公启事默契四海神交，刘郎题糕已播一时佳话。葭庄先生别墅落成，计九年于兹矣。适逢重九之日，广招觞咏，此三九雅集之义所自昉耳。夫海滨避地，长作玩世寓公；天下知名，争说留司中隐。乃复因树为屋，埋盆作池，结构拂水之庄，别求清净，仿佛商飚之馆。弗事纷华，是知三脊取茅，此地不妨盖顶，为计十年树木，异时倏已成阴。是日也，景物清佳，意兴逸隽，追汉上题襟故事，答龙山落帽嘉辰。北海尊开，仿洛下耆英之会；东篱花好，照陈芳主客之图。堂启聚星，白战则不持寸铁；门高平棘，霓裳则同咏众仙。主人笑口频开，道颜自悦。风流富贵，都归鹭岛散人；眷属神仙，更得鸥波隐趣。从此一楼湖海，望益则径辟三三；斗酒岁时，消寒则图披九九。予识荆有素，敢持布鼓而过雷门；学杜未工，聊答尺书以通锦水。此以当古人木李，幸勿嫌明日黄花也。

龙门史笔真好奇，葭庄作事亦如之。平生每自出新意，古所未有能独为。成婚历年已三十，隔海犹及征吾诗。又开雅集曰三九，赓酬宾客多文词。是日胜会惜未与，事后闻之犹轩眉。悬知庄中风景足，亭楼台榭光陆离。望潮最上备沧趣，钱塘胜概饶于斯。一花一石善位置，此中经纬存良规。群疆水绘不专美，瓯香涛园难胜兹。落成偻指已九载，攸居攸芋无弗宜。适逢重九风日美，黄牡丹花开满枝。主人好客本天性，对此良辰神益怡。一时坛坫推祭酒，晋安风雅归主持。襟期一似卢雅雨，四海名下多相知。世间富贵亦多有，往往气为居所移。玉堂金屋极奢侈，能受清福曾伊谁。惟公忘分乐天命，恺爽不惜草堂资。年来著作裒成集，海内早共瞻光仪。我持一句为公诵：风流儒雅是吾师！

二、征词一次——庚申(1920年)征“氐州第一·帆影”(词)

如前所述，菽庄吟社庚申(1920年)所征“氐州第一·帆影”(词)一题，是在该社分支机构——碧山词社社课活动基础上精选出来的。其中，“氐州第一”这一词牌名，创自周邦彦所作《氐州第一·波落寒汀》一词，全词双调，计102字，上阕十一句四仄韵，下阕九句五仄韵，句意绵密，调韵婉转，极尽曲折回环之妙，非常适合用来表达离愁别恨一类的内容；而“帆影”这一题目，很容易让人联想到“花间词派”鼻祖温庭筠所作《望江南》一词，再经由历代文人的反复抒写，也已经积淀为表示乡愁旅思的意象。因此，与己未(1919年)所征“七夕四咏”(七绝四首)与“闰七夕乞巧”(回文七绝)、辛酉(1921年)所征“三九雅集”(七古)一样，菽庄吟社庚申(1920年)所征“氐州第一·帆影”(词)一题，也隐含了菽庄吟侣对日据下台湾故土和亲人的怀恋及思念之情。

从林尔嘉所作《庚申(1920年)菽庄咏菊八首》、《菽庄丛刻八种·序》等可知，菽庄吟社本次征词所得投稿也超过千卷，并由林尔嘉辑为《帆影词》一册，出版有单行本，惜笔者觅遍闽台两地而未得。所见“辛未(1931年)春日”刊行“菽庄丛刻”八种之《帆影词》，录前18名得奖词作，依次为：乙酉生、多寿斋、陈灵籁、棠湖小隐、王睫龛、扪蝨、扬州剩鹤、周君简、醉尉、梦梦者、曼陀室主、史匠、谢蓉昌、王履青、绾郿、曾经沧海客、梦秋吟榭与居学迟。其中，乙酉生所撰第一名词作，描情摹态，生动形象，无不得其神韵；闲愁伤春，如烟似梦，也都恰到三分。该词云：

江鹚遥飞，鸥鹭导引，波心翅、翅浮小。燕雨斜拖，鱼云乱散，翩若惊鸿缥眇。人倚危栏，悄不见、明漪澄照。景急凋愁，期慫误梦，暗催人老。

闪入河桥、欢色少，况无数、酒旗青绕。别早先攲，归迟晚卸，惯替人悬抱。问情深、深几许，春潭底、夭桃对笑。似水流年，耐销磨、烟错月晓。

三、征赋一次——壬戌(1922年)征"鹭江泛月赋"

民国十一年壬戌(1922年)秋日，菽庄吟社以"鹭江泛月赋"为题，向海内外吟侣广泛征求赋作。本次征赋是在民国十一年七月既望(1922年9月7日)菽庄花园壬秋阁落成庆典及是夕菽庄主宾鹭江泛月的基础上进行的。林尔嘉之所以筑壬秋阁于菽庄花园之藏海园，是为了纪念北宋文豪苏东坡赤壁泛舟十四周甲。史载，宋神宗元丰二年(1079年)，苏轼因"乌台诗案"被贬为湖北黄州团练副使，期间侘傺郁悒，无所自适；"壬戌(1082年)之秋，七月既望，苏子与客泛舟游于赤壁之下"，追怀"酾酒临江，横槊赋诗"而又曾经"困于周郎"的一代枭雄曹操，并发出"寄蜉蝣于天地，渺沧海之一粟。哀吾生之须臾，羡长江之无穷"[①]的慨叹，兴游之余，写下传世名篇《前赤壁赋》。

菽庄主宾之泛月鹭江，同苏子与客泛舟赤壁，"何其时境之相仿佛邪"；所不同者，惟"天际鹤语，似带商音"，而"观夫日光岩寂，水操台夷；残垒无次，惊沙自吹"，"此郑延平昔日屯军之地，而今之菽庄主人凭吊而踟蹰者也"[②]。鹭江之畔、鼓浪屿日光岩之水操台，曾经是明末

---

① 苏轼撰：《赤壁赋》。苏轼著，陶文鹏、郑园编选：《苏轼集》，南京：凤凰出版社，2006年11月第1版，第285—286页。

② 沈则沆撰：《壬戌(1922年)七月既望鹭江泛月赋并序》。林尔嘉辑：《壬戌七月既望鹭江泛月赋选》，"甲子(1924年)端午"刊本，第1—2页。

民族英雄郑成功点将阅兵的地方。清顺治十八年(南明永历十五年,1661年),郑成功率领将士两万五千人、战船数百艘,自金门料罗湾出发,经澎湖,在鹿耳门及禾寮港登陆,克赤崁城,继而攻下台南,赶走荷兰殖民者,收复台湾。然而,甲午战后,宝岛台湾却被日本殖民侵略者所侵据。览此故垒,怎能不让人生发“今日江山无霸气,不堪回首水操台”[①]的慨叹呢!简而言之,菽庄吟社壬戌(1922年)所征“鹭江泛月赋”,是为了缅怀“开辟荆榛逐荷夷”[②]的民族英雄郑成功而作的,其中隐晦表达出菽庄吟侣们“抗日复台”的信念和决心。

本次征赋,所得投稿“鸿篇巨制,满目琳琅”,经林尔嘉召集社侣“从事披读”,评选出前300名进行奖励。“甲选二十名各赠书券银十元;乙选八十名各赠书券银五元;丙选二百名各赠书券银一元。”[③]前20名作者依次为:江苏沈则沆、福州蛰庐主人、姑苏问琴阁、扬州周天翼、福州陈福锟、山东巴泽惠、江苏周元芝、南京陶磨蝎女史、扬州谢蓉昌、福州梅道人、湖北陆树勋、扬州黄钟英、南京陶巽人、安徽沈桐荪、粤西平道人、湖北彭祖寿、扬州谭瀛、江苏季凤书、泉州戒坛老衲与江苏沈眉。

其中,江苏沈则沆所撰第一名赋作,行文如沙鸥翔止,飘逸自在;造语如随物赋形,质直自然;或抒旷古之幽思,或发千年之奇想,诗意清芬,理趣无穷。该文并序云:

---

① 林尔嘉撰:《壬戌(1922年)七月既望壬秋阁落成,是夕久雨初霁,与客泛舟鹭江,慨然作七律四首》之三。林尔嘉撰,沈骥编校:《林菽庄先生诗稿》,台北:龙文出版社,1992年3月重印初版,第10页。

② 郑成功撰:《复台诗》。戴光华编选:《厦门诗荟》,厦门:鹭江出版社,1996年10月第1版,第115页。

③ 林尔嘉辑:《壬戌七月既望鹭江泛月赋选》附录,“甲子(1924年)端午”刊本,第22页。

闽南鼓浪屿有菽庄焉，为林侍郎避世之仙居餐霞之别馆也。冠日冕月，襟山带海，韩琦昼锦之堂，郭进筒瓦之第，由今以观，殆无以过。海上诸景纳于一庄，庄中诸胜集于一阁。阁之成也，适丁壬戌(1922年)。榜其阁曰“壬秋”，盖于是秋七月望日以落之也。积阴来旬，斯夕新霁，主宾九人泛月鹭江，览郑延平之故垒，追苏长公之胜游，又何其时境之相仿佛邪！侍郎拥真栖于海山，扩陈遨于弦酌，走笺海内召为文章。淮上野人自忘疏废，乃抽毫命牍，作为斯赋。其辞曰：

岁次壬戌(1922年)七月既望，菽庄主人筑阁既成，燕饮以落之，泛月鹭江。适后宋元丰间苏子瞻赤壁之游，盖八百年于兹矣！天地孤舟，古今片月，胜赏再逢，古欢未歇。秋心警于一箫，春梦醒以三襪。海山苍兮镜影寒，天水碧兮棹歌发。清风无恙，曾经飘黄州江上之须；皓魄欲流，正宜晞青舫酒边之发。披锦袍之在身，掬晶丸而映骨。景曜蓬壶，气吞溟渤；云汉无涯，神仙有窟。观此日琼楼玉宇，自觉高寒；思当年铁板铜琶，如闻清越。主人曰阁成，而榜阁以成阁之岁，故曰壬秋也。其筑阁之地，居眉寿堂之东、观钓台之左，而下枕清流也。夫以阁也者，朱户既敞，金缸欲浮。上烟螺于书幌，下冰蜍于酒瓯。非登高寄慨仲宣之楼也，非纳凉遇雨子美之沟也。樊重十重之房，不若是爽挹云留也；杨雄一区之宅，不若是虹接烟收也。一窗万象，千里双眸；鸳瓦飘兮袭晴霭，螭柱耸兮凌沧洲。凡兰楣芝栭者，延秀支幽，将以脱滕王之画本，写风日之悠悠；而峰清江白，泠然悟南华不系之舟。当其主人燕嘉宾于阁成之夕也，新凉乍流，宿雨初霁。酒醖醁于陶潜之巾，濯沆瀣于浮邱之袂。记上樑兮文存，争题壁兮句丽。昔之米老，胜海岳之英光；今有倪迂，树云林之清第。天际鹤语,似带商音;海上鸥心,别生妙契。于是宾主九人,相与放舟于千波亭外。月到风来,桥奔塔逝;一舸如叶,双桨击桂。卧石印平,断崖剑锐;掠鹢首于中流,招鹿耳而遥翳。带宿醉兮小冠欹,贮新诗兮大瓢曳。论英雄于草木,殉以闲愁;抚风月于河山,眷焉遐睇。嗟嗟,地也!人也!有足使后之人游斯地者而不能无异代之感,往往有览古之触焉。

观夫日光岩寂,水操台夷;残垒无次,惊沙自吹。慨藤牌之骄子,争枯局于孤棋。神牒销烟,末明代二王之路;胡笳咽雨,等楚歌四起之时。噫!此郑延平昔日屯军之地,而今之菽庄主人凭吊而踟蹰者也;且以铜山之墟蔓茁篱矣,金门之浦荞芜茨矣。白石无语兮,而乌沙明、龙蛇疑矣;草山空碧兮,而浯屿横、旌旗移矣。而斯江也,潮信足弄,水輭堪嬉;而斯月也,清质在抱,澄辉生姿;而斯宾斯主也,欣于所遇,醉那知谁?感销沈于寒铁,纳悲忻于虚卮;笑东坡前后之游地其误矣,慕南粤山川之美我欲从之。迨鹭江之泛既罢,月已逾午,客复引去,而主人亦舍舟归矣。万簌沈夕,一丸耿霄;台榭炫其银色,花木振以金飙。极九十九楼之目,指四十四桥之腰;抛黑甜之尘梦,倚青空之泬寥。所觉景随境异,意与天辽;曾经沧海,如此良宵。泻罢金尊,醉碧川之远客;镌来铁笔,传玉局之清标。别营避世仙居,庭阴似水;趁纵谭瀛豪气,诗思如潮。仆也,扬州寄客,石城故僚,岁月虚牝,烟云弄嘲。鼓屿重阳,曾神往黄菊酒杯以外;氐州一曲,犹心随碧山帆影而遥。今则秋槎再问,月鉴重邀。一俯仰兮皆陈迹,四踌躇兮破无聊;觉会心之不远,使俗虑而咸消。又何待松泖桐滩,举张棹严竿为喻;且就此鸾瀛蟾夜,续晓仙水客之谣。

四、征序文一次——甲子(1924年)征“小兰亭三修禊序”

菽庄吟社甲子(1924年)所征“小兰亭三修禊序”,是在民国十三年(1924年)暮春菽庄小兰亭落成庆典及夏历三月三日(4月6日)、十三日(4月16日)、二十三日(4月26日)三修禊事的基础上举行的,已详前述。如果说菽庄吟社乙卯(1915年)所征“虞美人”(七排二十韵)、丙辰(1916年)所征“黄牡丹菊”(七律四首)、己未(1919年)所征“七夕四咏”(七绝四首)与“闰七夕乞巧”(回文七绝)、庚申(1920年)所征“氐州第一·帆影”(词)、辛酉(1921年)所征“三九雅集”(七古)主要拘泥于对日据下台湾故土的黍离之悲和个人的乡愁旅思,壬戌(1922年)所征“鹭江泛月赋”尚且局限在隐晦表达菽庄吟侣们“抗日复台”的信念和决心,那么该社甲子(1924年)所征“小兰亭三修禊序”则上升到了对国家兴亡与民族存废的关注与担忧上来。

所谓“修禊”,本是一种巫术活动。《周礼》载,“女巫”一职,“掌岁时祓除衅浴”。郑玄注曰:“岁时祓除,如今三月上巳,如水上之类。衅浴谓以香熏草药沐浴。”《岁时广记·上巳》引《后汉书注》云:“历法,三月建辰,巳即是除,可以拂除灾也。”[①]自从东晋永和九年(353年)三月三日,王羲之、谢安、孙绰等在浙江会稽山阴之兰亭“曲水流觞”以来,“修禊”逐渐衍变成文人雅士的一种消闲娱乐活动。近代以来,中国社会至为不祥,“佳兵者纷纷,充满宇宙之大;戕贼品类之盛,仰观俯察,蒿目焉耳矣”。菽庄主人林尔嘉“心焉悯之,而无如之何,不得已而托于家园之禊事。殆有意祓除之,而至于再至于三”[②]。所以,菽庄吟社

① 《岁时广记·上巳》。转引自李露露著:《中国节——图说民间传统节日》,福州:福建人民出版社,2005年1月第1版,第74页。

② 朱家驹撰:《甲子(1924年)三月菽庄小兰亭三修禊序》。林尔嘉辑:《菽庄小兰亭征文录》,“戊辰(1928年)春日”刊本,第1页。

“修禊”活动主要是取其本义，即祓除不祥于乱世、祈求国运以荣昌，同时也兼有扬风扢雅、振衰起弊的意思。

本次征序活动，所得投稿逾千篇，经林尔嘉反复“讽诵”，评选出前520名作品进行奖励。“第一名至第十名，各赠书券银二十员、《古今文字通释》一部、菽庄影片一份、《菽庄小兰亭征文录》五册；第十一名至第三十名，各赠书券银十员、《古今文字通释》一部、菽庄影片一份、《菽庄小兰亭征文录》五册；第三十一名至第一百二十名，各赠《古今文字通释》一部、菽庄影片一份、《菽庄小兰亭征文录》五册”，“其余四百名各赠菽庄影片一份、《菽庄小兰亭征文录》二册”①。

前30名作者依次为：奉贤朱家驹、福州陈钜前、福州邱中基、福州陈谦抑、福州江桐、宝应沈则琦、扬州周心翼、宝应沈贤襄、福州叶大瑄、扬州厉鼎芬、江苏陶磨蝎女史、扬州周天翼、福州叶绣葆、扬州郑观、北京王逸龛、福州翁仁同、丹徒谢鸾孙、扬州苏廷权、湖北陈熙坤、扬州戴域廷、扬州张以忠、扬州张谷臣、宝应沈绍韩、邳县黄广恩、扬州张嘉树、仙居应松友、扬州黄乃鼎、江都张受生、扬州黄蓬仙与福清康筠庵。其中，奉贤朱家驹所撰第一名序文，着眼于菽庄小兰亭修禊与浙江会稽山阴兰亭修禊的比较，叙事简约，析理至深，最得乎序文写作之关要和菽庄小兰亭修禊之趣旨。该文谓：

> 甲子(1924年)三月，菽庄主人召客修禊于家园之小兰亭。逢三而会，会三而禊毕，盛举亦创举也。是亭也，经始于癸丑(1913年)，意诚有慕乎会稽山阴之兰亭，而补山之胜，藏海之宽宜有过之无不及也。余尝神游目想于补山之图中，凡兰亭之所谓“崇山峻岭，茂林修竹”者，既无不具之矣。而群

① 林尔嘉辑：《菽庄小兰亭征文录》附录，“戊辰(1928年)春日”刊本，第3页。

贤少长之伦，觞咏畅叙之乐，则月中初会之二十一人，再会之二十五人，三会之二十八人（按：应为“三十八人”）。其人文之蔚秀，诗篇之流美，视右军时之四十二人同不同，未可知也。至于“天朗气清，惠风和畅”，则今之三月无异古之三月也，良辰美景宜非主人之所专。独主人修禊之会，月举再三，又岂徒爱惜光景，及时行乐云尔哉？盖思禊事之举，所以祓除不祥也。今之世界，至为不祥矣！佳兵者纷纷，充满宇宙之大；戕贼品类之盛，仰观俯察，蒿目焉耳矣。后之视今，今之视昔，与东晋时同不同，又未可知也。主人心焉悯之，而无如之何，不得已而托于家园之禊事。殆有意祓除之，而至于再至于三乎？其祓之而不祥远焉，天心之将悔祸也；其祓之而不祥如故焉，人心之未厌乱也。吾于主人远在三千里外，未获与于斯会，取群贤之诗而读之，然知必皆忧国之英、伤时之彦，拔剑斫地，悲歌慷慨之所为作也。呜呼噫嘻！诚如右军序中所云，“兴感之由，若合一契”也乎？临文嗟悼，不能喻之于怀，右军固先我言之矣！是为序。

五、征诗钟大唱二十四次

一般都认为，菽庄吟社总共只开展过 8 次对外“征诗”活动。但据笔者考证，该社至少还开展过 24 次诗钟征集活动。如前所述，菽庄吟社对外“征诗”这一创作活动方式的出题方式、评奖程式、赏贺办法等，本身就是在借鉴击钵吟与诗钟活动中的相关程式及创作规制的基础上创建起来的。因此，如果从出题方式、评奖程式、赏贺办法等角度来考察，菽庄吟社历次所征诗钟，也可以归入对外“征诗”的范畴。

菽庄吟社正式创立之初就曾向闽台两地吟侣征募诗钟，“每星期命题征咏，优给奖赏，藉以鼓舞”，“闽垣台阳各处，闻风投卷者，每期以千数计，可谓盛极一时”[①]。所知者共征集 23 期，各期所征钟题分别为：第一期《晚、文，第二唱》、《送、边，第七唱》、《汗、台，第四唱》；第二期《帘、絮，第一唱》、《草、空，第二唱》、《案、索，第五唱》；第三期《深、酒，第一唱》、《海、仙，第二唱》、《才、地，第五唱》；第五期《夕、城，第六唱》、《竞渡、丑妇照相，分咏格》；第八期《藕节，合咏格嵌米字》；第十一期《香山九老，碎锦格》；第十六期《展、都，第一唱》；第二十期《肥、果，第三唱》；第二十二期《蚕、世，第四唱》。此外，尚有《补、榆，鹤顶格》、《补、榆，第五唱》等。以《补、榆，鹤顶格》为例，作品如：

榆叶缀钱青满地，补蕉作纸绿为天。（甲第一名，台北张希衮）

补骨灵脂搜本草，榆眉古墨重词林。（甲第二名，嘉义苏樱川）

补网蛛愁生计拙，榆巢鸠笑远图非。（甲第三名，同人）

补阙功歌仲山甫，榆关威震霍嫖姚。（甲第十二，新竹郑幼香）

补窝片云无待缀，榆钱满地自然熔。（甲第十五，新庄林光斗）

榆塞未宁犹逐鹿，补牢虽得已亡羊。（甲第十六，新竹高世元）

补山一角云生石，榆塞重围树作城。（甲第廿六，台北刘得三）

---

① “雅人韵事”。《台湾日日新报》第 5059 号第六版，1914 年 7 月 14 日发行。

补阙封书严待漏,榆关锁钥慎防边。(甲第廿七,枋桥澹园)

补陀花散诸天雨,榆谷尘扬万里风。(甲第廿八,嘉义卢昆真)

榆钱匝地贫难疗,补石还天事近讹。(甲第廿九,枋桥澹园)

《台湾日日新报》有载“菽庄钟社”诗钟活动讯息10余则。兹录数则于下:

菽庄社开集　支那自改设学堂以来,风雅道丧,音韵之事,付之阙如。鼓浪屿菽庄园内,于去二十八号,开菽钟社第一集,集在厦骚人墨客,撰阄诗联句。其二唱,拈“晚、文”二字为对;七唱,拈“送、边”二字为对;四唱,拈“汗、台”二字为对。是日,投卷者百有余本,叔臧君为东道主。闻既展限至五月五号交毕,然后定其甲乙。是亦提倡骚坛之一事也。[①]

菽庄征诗　台绅林尔嘉、林景仁乔梓,于厦门鼓浪屿发起诗钟,名曰菽庄钟社。每星期一次,已开唱四集,吾台名士施士洁、林辂存、许南英、汪春源、江呈辉诸君,均与其列。每期各千余卷,赠品约数百金,亦广厦庇寒之一道。兹将第五集题目列下:箝字格,第六唱,“夕、城”;分咏格,“竞渡、丑妇照相”。卷纸不拘封皮,写交厦门鼓浪屿鹿耳礁林本源,转交菽庄钟社。限阴历五月初八日截止,本期船由邮寄厦,尚赶

① “菽庄社开集”。《台湾日日新报》第4993号第六版,1914年5月7日发行。

得及[①]。

雅人韵事 鼓浪屿林绅尔嘉,倡设菽庄钟社。每星期命题征咏,优给奖赏,藉以鼓舞。闽垣台阳各处,闻风投卷者,每期以千数计,可谓盛极一时。昨第七集,经已揭晓。现又届第八集,题文昨夜传出,亟为录下:菽庄钟社第八集,合咏题"藕节"(不犯题字),就十四字中,嵌一"米"字,限本月二十日交齐,二十七日发唱[②]。

钟社复开 鼓浪屿林叔臧君,去年开菽庄钟社,拈字为题,作禀诗联句,分等第奖赏,迨开至第十五集,暂行停止。昨二月二十八号,为旧历元宵节,复开钟社。当会拈出题字,"展、都"二字,为第一唱。限旧历正月底交齐,二月发唱。谅厦中骚人墨客,乘此新春之际,投卷唱诗者,当亦不乏其人也[③]。

钟社题目 鼓浪屿菽庄钟社,第二十二集,经于旧历七月十五日,拈题"蚕、世"两字,限第四唱。订此月杪为截收之期,八月十五日发唱。想本期交卷者,定在千名以上,可豫卜也云[④]。

萨伯森与郑丽生合撰《诗钟史话》另载:"《剑潭诗刊》,一册,陶芸楼校录。公元一九三二年福州铅印本。为厦门林尔嘉在福州征诗嵌字格'剑、潭,第一唱'诗钟大唱选本。录三千余联。尔嘉筑菽庄花园

① "菽庄征诗"。《台湾日日新报》第 5014 号第六版,1914 年 5 月 29 日发行。
② "雅人韵事"。《台湾日日新报》第 5059 号第六版,1914 年 7 月 14 日发行。
③ "钟社复开"。《台湾日日新报》第 5286 号第四版,1915 年 3 月 8 日发行。
④ "钟社题目"。《台湾日日新报》第 5463 号第四版,1915 年 9 月 6 日发行。

于鼓浪屿，中有剑潭，相传为郑成功磨剑之水，因以征诗。”[①]本次所征诗钟大唱，收到投稿不计其数，设正取二门、捐取八门词宗进行评取，共选录1310联进行奖励。各门词宗分别是：正取第一门林柏寿、第二门林熊祥；捐取第一门陈培锟、第二门沈冠生、第三门蔡镜吾、第四门闽报社、第五门华报社、第六门林绮赓、第七门郑宪纶、第八门严叔夏与陶芸楼。各门词宗所录殿元、状元、榜眼、探花、传胪，分别为：

正取第一门：殿元佚　名、状元林心甫、榜眼林仲笏、探花刘吟篁、传胪林胸端

正取第二门：殿元佚　名、状元陈桂馨、榜眼林坦西、探花林竹影、传胪沈剑知

捐取第一门：殿元佚　名、状元陈海瀛、榜眼陈海瀛、探花林绮赓、传胪刘孟循

捐取第二门：殿元陈海瀛、状元何君超、榜眼张如香、探花林竹影、传胪陈　权

捐取第三门：殿元林英冕、状元张拂潮、榜眼朱子贻、探花林香蓉、传胪林纪容

捐取第四门：殿元杨□□、状元杨莲沅、榜眼张鹤廉、探花王云阶、传胪高幼牵

捐取第五门：殿元佚　名、状元陈丽川、榜眼陈海瀛、探花林幼泉、传胪林誉虎

捐取第六门：殿元林幼泉、状元林英庭、榜眼林剑冶、探花郑碧如、传胪张宛青

捐取第七门：殿元佚　名、状元林绮庚、榜眼林子敏、探

① 萨伯森、郑丽生合撰：《诗钟史话》，1964年1月郑丽生手写本，第47页。

花林道周、传胪林绮庚

捐取第八门：殿元佚　名、状元黄念厚、榜眼陈海瀛、探花薛幼兰、传胪范梦樵

陶芸楼还对本次诗钟大唱获奖作品进行了校录，然后汇编成一册，名曰《剑潭诗刊》，于民国二十一年（1932 年）五月在福州刊行。兹录数联于下：

剑气自弢非不武，潭光所照即无遮。（林英冕）
剑尘亦喻还山旨，潭水犹监誓日词。（张福寿）
剑南诗骨存忠孝，潭北归心感乱离。（何君超）
剑气在函通北斗，潭沱如鼓下东溟。（林心印）
剑门细雨林边骑，潭柘秋风辇下诗。（朱子奇）
剑影歌喉千帐夜，潭光吟鬓一筇秋。（林竹影）
剑血染成游侠传，潭声唤出梵王钟。（林香蓉）
剑阁一隅资霸主，潭州万古付骚人。（陈　权）
剑阁西行悲蜀魄，潭州南谪吊湘纍。（朱子贻）
剑陇星轺宣使命，潭湘雨瑟返骚魂。（高幼牵）
潭北拾遗留故宅，剑南节度据雄关。（林峰三）
剑峰杂树犹争地，潭府繁花有怨春。（杜幼泉）
剑矛弭乱民徒苦，潭壑梯荣士所羞。（陈寄今）
剑光沉郁还摇斗，潭影矜持不受云。（黄芗洲）
剑光万马喑犹慄，潭影孤鸿眩欲沉。（张鹤廉）

从中可以看到，所录作品大多富有内涵及意蕴，这在一定程度上纠正了以往闽地诗钟大唱活动中偏重声律和诗艺的创作倾向。

必须注意到，菽庄吟社壬申（1932 年）所征诗钟大唱——“剑、潭，第一唱”，是在“九一八”事变的特殊历史背景下举行的。1931 年 9 月 18 日，盘踞在我国东北三省的日本关东军蓄意策划制造了“九一八”事变，再次拉开侵华战争的序幕；事变发生后，北平、上海、南京、天津、武汉、福州、广州等地的学生及市民纷纷集会游行，掀起了规模空前的抗日救国运动高潮。在这种历史背景下，菽庄吟社以明末民族英雄郑成功在鼓浪屿菽庄花园内的磨剑之水——“剑潭”为题，向海内外吟侣广泛征求诗钟作品，其咏史述怀、托物言志的用意是极其明显的。因此，如果说菽庄吟社壬戌（1922 年）所征“鹭江泛月赋”，还只是隐晦表达出菽庄社侣们“抗日复台”的信念和决心，那么该社壬申（1932 年）所征诗钟大唱——“剑、潭，第一唱”，则是明确号召所有中华儿女奋起反抗，驱除“日虏”，“还我河山”，挽救国家民族于危急存亡的紧要关头。

六、关于“买诗店”之设

民国十二年癸亥（1923 年）十月，菽庄花园内丛菊烂漫，“花发四千”，林尔嘉乃创设“买诗店”，游客只要投诗一首，便可获赠菽庄花园名贵菊花一枝。其韵事风流，与清初厦门玉屏书院的“卖诗店”之设相映成趣，也可算是对外“征诗”的一种变换形式。

林尔嘉尝作《癸亥（1923 年）十月，菽庄菊花盛开时，予有买诗店之设；游客投诗者，屏为之满，亦为菊花增一韵事也。因为长歌以纪之》一诗，云：

> 我闻卖诗店，乃在玉屏书院之堂东，松风谡谡仙坛空，徒留诗句人间世，仙人一去不复逢。我今设店为买诗，遥遥对峙鹭江湄；我不能诗又复爱诗如性命，但愿便便大贾莫居奇。买君诗一首，酬君花一枝；休云价值是便宜，此花本为花中之

隐逸;稜稜夙具傲霜骨,纵被西风吹下到篱东,犹待百花开后花始发;花开花落成古今,寄语诗人仔细寻;收拾秋光归笔底,一般都是惜花心。今年花发四千盆,一花一叶皆诗魂,诗魂缥缈飞上花枝玄化为佳句,来替花写真。几人生受名花福,有诗合在花前读。古人一缣一字亦豪华,何如以菊换诗诗换菊,利市别开风雅场,交易而退愿各足。柳人柳仙汝卖诗,买诗人少囊无钱;我买诗,卖诗客至笔如椽,招牌挂起一轩然,课僮补种花万千,领取年年生意好,不教辜负菊花天。

从诗题中"游客投诗者,屏为之满"一语可知,本次征诗所得投稿亦不在少数。

不过,沈琇莹所作《乌夜啼·题菽庄买诗店》一词,则写道:

西风吹瘦东篱,菊花枝。难得金丹换骨牡丹肥。
君不见,买诗店,浪题词。只恐无盐唐突醉西施。

由此看来,菽庄吟社癸亥(1923 年)创设的"买诗店",所得投稿的创作技巧和艺术水准,则远逊于其它几次对外"征诗"。

第二节 菽庄主人历次寿庆及结婚纪念活动

菽庄吟社不仅以林尔嘉的名字进行命名,而且该社许多重大活动都是围绕林尔嘉个人的婚寿喜庆来展开的。参加菽庄主人历次寿庆及结婚纪念活动的吟侣,除了林尔嘉的戚属及菽庄"社侣"外,大多为民国期间大陆各界的名公巨卿和日据下台湾本岛诗坛的领军人物,乃至各国驻厦门使领馆负责人员。如果说菽庄吟社历次对外"征诗"体现了参与菽庄吟社创作活动的吟侣数量之众与范围之广，那么菽庄主人历次寿庆及结婚纪念则反映了参与菽庄吟社创作活动的吟侣层次之高，以及林尔嘉在民国期间的大陆社会及日本占据下的台湾社会的影响力之大。从中还可以看到，菽庄吟社是一个带有浓厚私人性质的文学社团，林尔嘉的政治立场、思想观念及态度倾向很大程度上影响甚至直接决定了菽庄吟社的发展方向与性质定位。

一、菽庄主人历次寿庆

寿为五福之首，《尚书·洪范》载："五福：一曰寿，二曰富，三曰康宁，四曰攸好德，五曰考终命。"[①]菽庄吟社总共为林尔嘉举办过5次大型的寿庆活动，分别是：甲寅（1914年）四十双寿庆及逢闰重庆、壬戌（1922年）四十八双寿庆及逢闰重庆、甲子（1924年）五十双寿庆、甲戌（1934年）六十寿庆与甲申（1944年）七十寿庆。兹分述如下：

（一）甲寅（1914年）四十双寿庆及逢闰重庆

菽庄主人林尔嘉出生于光绪元年乙亥五月十八日（1875年6月21日），甲寅五月十八日（1914年6月11日）是他四十岁生日；其元配夫人龚云环出生于同治十三年甲戌九月廿四日（1874年11月2日），长林尔嘉一岁，是年四十有一。古制以五十为寿，称"初寿"、"暖寿"或"半百添寿"，按照常理来讲林尔嘉才四十岁，是没有庆寿资格的，所以，林景仁在敦请陈棨伦撰写寿文时即称"长者当不援引古义以四十鲜称寿为辞"[②]。不过，笔者访察闽地习俗发现，如果老发生孙，有后福可享，即能称寿。甲寅（1914年）岁首，适值林尔嘉长孙林桐初生，"彩

① 殷昆主编：《尚书》，北京：当代世界出版社，2007年1月第1版，第95页。

② 陈棨伦撰：《叔庄林侍郎暨德配龚夫人四十双寿序文》。林景仁辑：《菽庄主人四十寿言》，"甲寅（1914年）冬月"刊本，第32页。

舞于庭，饴含于室，既齐眉以偕老，复绕膝以承欢”[①]，正是可喜可贺。五月十八日(6 月 11 日)，林尔嘉戚属与菽庄“社侣”于是在林氏府八角楼举办了隆重而盛大的“菽庄主人暨德配龚夫人四十双寿庆典”，专门为林尔嘉与龚云环夫妇称觞祝寿。是岁恰逢闰五月，所以在闰五月十八日(7 月 10 日)又重新庆贺了一番。期间，“自正五十八(6 月 11 日)至闰五十八日(7 月 10 日)，日均有诗酒之宴”[②]，“士大夫以诗称觞者，箧为之满”[③]。

“菽庄主人暨德配龚夫人四十双寿庆典”，是菽庄吟社正式创立以来所组织的第一次大规模集体性觞咏活动，在菽庄吟社发展历史上有着里程碑式的意义，它标志着菽庄吟社作为一个具有全国性影响的传统文学社团，已经正式登上近代文坛，所以，林尔嘉次子林刚义、沈琇莹之子沈骥等都把这次活动当作菽庄吟社正式创立的时间。参加本次寿庆及重庆活动的吟侣超过了 120 人，共收到寿文 11 篇、颂词 1 篇、诗 141 首、词 1 着、对联 14 副，吴曾祺、于君彦、陈遵统、施士洁、江春霖、张琴、林辂存、龚显燦、江呈辉、陈棨伦、许南英、龚显鹤、龚植、樊增祥、吴士鉴、王寿彭、田步蟾、林纾、来玉林、沈琇莹、吴征鳌、陈海梅、陈钜前、萨嘉曦、郑祖庚、黄国桢、卢文启、苏大山、龚显鹏、庄善望、柯征庸、周殿薰、黄仲训、李禧、连城璧、汪春源、龚显禧、庄棣荫、陈望曾、唐文治、王清穆、孙道仁、黄培松、欧阳桢等硕学耆儒和名公巨望，均有诗文以贺。

本次寿庆及重庆收到的诗文作品，由林尔嘉长子林景仁辑为《菽

① 施士洁撰:《叔臧先生暨德配龚夫人四十双寿序文》。林景仁辑:《菽庄主人四十寿言》,“甲寅(1914 年)冬月”刊本,第 11 页。

② 陈棨伦撰:《重祝叔臧先生寿言》。林景仁辑:《菽庄主人四十寿言》,“甲寅(1914 年)冬月”刊本,第 70 页。

③ 张琴撰:《叔臧先生暨德配龚夫人四旬双寿序文》。林景仁辑:《菽庄主人四十寿言》,“甲寅(1914 年)冬月”刊本,第 13 页。

庄主人四十寿言》二册，于"甲寅(1914 年)冬月"刊行。其中，光绪癸卯(1903 年)科状元、山东潍县(今潍坊市)人王寿彭所作云：

一代才名震迩遐，日新大业世争夸。
声腾遹骏随三坐，患免其鱼颂万家。
兴学不分中与外，通商惟取实无华。
陔兰养志齐眉乐，寿介蒲觞合醉霞。

壬辰(1892 年)科榜眼、被汪辟疆评点为光宣诗坛之"地全星鬼脸儿杜兴"的浙江钱塘(今杭州市)人吴士鉴所作云：

流略该淹腹笥储，承家卿寺佩绯鱼。
刘樊仙眷千秋并，□□清风六代余。
原富精掔斯密论，治生远采□然书。
绿榕丹荔辉炎服，偁祝锵洋遍里闾。

乙未(1895 年)科会元、福建闽县(今福州市)人陈海梅所作云：

福慧双修四十春，德门弧帨绮筵新。
眼看桑海更番劫，身是桃源避地民。
重起楼台为隐所，相夸堂构数家珍。
盛年一个黄冠客，处士孤山此替人。

又著名翻译家、被汪辟疆评点为光宣诗坛之"地明星铁笛仙马麟"的福建闽县(今福州市)人林纾所作云：

四十年前过板桥，陈陈景物忆前朝。
却看鲁殿灵光在，坐见昆明劫燹销。
一老精神寄山水，诸郎英俊想风标。
勋名宁为先生祝，但把乔松媲后彫。

（二）壬戌（1922年）四十八双寿庆及逢闰重庆

壬戌五月十八日（1922年6月13日）为菽庄主人四十八岁生日，林尔嘉戚属与菽庄“社侣”在林氏府八角楼举办了隆重的“菽庄主人暨德配龚夫人四十八双寿庆典”。是岁恰逢闰五，“菽庄诸社侣复以一年两度称觞为人生适逢之会，均以诗为尔嘉寿”[①]。

参加本次寿庆及重庆活动的吟侣也不在少数，所知者有陈海梅、刘培元、沈琇莹、汪春源、周殿薰、施乾、蔡谷仁、李禧、施士洁、雷作霖、关其忠、熊梦飞、龚显鹏、苏大山、谢嘉铨、贺仲禹、郑祖庚、陈钊篠、庄棣荫、蔡寿星等。本次寿庆及重庆共收到诗词39首，由林尔嘉辑为《菽庄主人四十有八寿诗》一册，于“癸亥（1923年）仲夏”刊行。其中，被群推为清末台湾诗界“二公”[②]之一的施士洁所作五排一首云：

菽庄落成时，□岁在癸丑。中有刘樊仙，偕老未白首。去年盛觞咏，乐事数辛酉。矧逢三十节，国庆相先后。至今翰墨场，佳语忆三九。今年尤足庆，两酌兕觞酒。丹圃英添蓂，瑶池节益藕。闰夏必闰寿，直与天长久。我忝众宾末，为公纪鹤筹。公年四十八，计闰方六□。想公悬弧日，岁星人间游。戈印当试晬，十三凤毹修。弱冠正初度，桐叶新芽抽。

① 林尔嘉撰：《菽庄主人四十有八寿诗·跋》。林尔嘉辑：《菽庄主人四十有八寿诗》，“癸亥（1923年）仲夏”刊本，第12页。

② 连横著：《台湾诗乘》，台北：台湾银行经济研究室，1960年1月版，第215页。

强仕复览揆，黄杨照红榴。序齿洛下英，图貌香山俦。不知大椿树，漆园风春秋。壬戌五月中，援例为公寿。不采商岭芝，不挹浮丘袖。青城霞不餐，鹂谷泉不漱。欲以贵祝公，公本金张胄。欲以富祝公，公出陶顿右。惟兹闰端午，瑞典今还又。园林有清福，天肯贵人授。庭闱有真乐，天肯富人购。世之颂公者，多称郭汾阳。我诗不敢侈，但歌燕喜章。公如刘长盛，七子皆书香。又如李迁哲，诸孙尽鸾皇。公妪两懽悦，兰玉森成行。雅化及妪俦，和气盎一堂。王屋山可补，须弥海可藏。松菊自三径，葛天无怀乡。洁也山泽癯，十载萩庄客。眼底鹭江潮，纷纷几朝夕。桑田复何道，蛮触方跳掷。十二洞天问，腥尘了无迹。四十四桥上，风月自珍惜。两字榜吾庐，南面不与易。木公与金母，生本蓬瀛籍。昌蒲酒正香，群仙醉寿席。吟我四八韵，祝公四八龄。我诗六韵转，公龄六闰经。骈四而俪六，福寿齐双星。今我发已白，而公年犹青。愿以养生诀，偕公颂黄庭。及我冻梨而，公亦方瞳形。醉眼看尘世，人醉我独醒。点头顽石子，一笑真通灵。

被誉为“公车上书第一人”的汪春源所作七律二首云：

忆昔甲寅逢闰夏，于今八载又张筵。
画眉京兆闺房韵，点领汾阳福寿全。
诗笔风流主坛坫，梅花眷属总神仙。
园亭真率罗耆旧，洛社温公最少年。

五月重逢介玉觞，万年茀禄咏鸳鸯。
平生爱客同严武，佳日吟诗拓萩庄。

益英阶蓂真瑞事，斟蒲樽酒正浓香。

双星耿耿中天耀，觅句登堂颂寿康。

(三)甲子(1924年)五十双寿庆

甲子五月十八日(1924年6月19日)，为菽庄主人五十岁初寿。其时，孙传芳率部入闽，督理福建军务，以突然袭击的方式把福建帮办王永泉赶下台，从而掌控了闽省局面。据孙传芳自述，他“自束发奔走四方，获交海内通才硕彦，即闻有闽中菽庄林先生为当代人杰，常思欲一见其人而未得其便”，本次林尔嘉五十岁寿庆遂由孙传芳为“主其事”。有趣的是，孙传芳在为林尔嘉撰写寿文中却称：“今日以职守所羁，不获一与称觞之盛，他日军事余闲，得访先生之庐而造焉，过所谓菽庄者，观其亭台竹木之胜，退而与先生促坐深谈，听其名言伟论以豁生平怀抱，何快如之！”[①]多年以后，孙传芳兵败如山倒，“放下屠刀，立地成佛”，在天津创立佛教组织“居士林”，由此看来其心机似乎早已显露。

参加本次寿庆活动的吟侣逾105人，共收到寿文8篇、诗119首，孙传芳、萨镇冰、陈海梅、吴曾祺、洪鸿儒、李禧、周殿薰、沈琇莹、来玉林、柯征庸、曾遒、陈衍、魏清德、吴增、刘庆汾、于君彦、王人骥、龚显禧、龚显燦、关其忠、余焕章、黄鹤、卢心启、黄鸿翔、欧阳桢、贺仲禹、江蕴和、黄鸿基、黄瀚、王步瀛、陈桂琛、庄棣荫、庄善望、黄悟曾、关赓麟、王式通、关霁、丁传靖、高步瀛、叶际唐、黄抟扶、郑祖庚、施景琛、樊增祥、邵福日、大槻嘉造等均有诗文以贺。其中，魏清德、叶际唐与邵福日三氏均为日据下台湾本岛诗人，大槻嘉造则是日本人。

① 孙传芳撰：《菽庄林先生暨德配云环龚夫人五十寿文》。菽庄吟社辑：《菽庄林先生暨德配云环龚夫人五十寿言》，九州出版社、厦门大学出版社合刊，2004年12月版，第496—502页。

本次寿庆共收到的诗文作品，由菽庄吟社辑为《菽庄林先生暨德配云环龚夫人五十寿言》，出版有单行本。兹以当时诗名最著之陈衍、樊增祥、关赓麟三人所作为例。其中，著名诗论家、被汪辟疆评点为光宣诗坛之“地魁星神机军师朱武”的陈衍所作云：

杜陵诗报卫处士，成行儿女昔未婚。
妻梅我识林处士，垂髫看到环诸孙。
卌年世事如转毂，双鹤衔筹添海屋。
诗名恰到达夫年，玉山文酒倾千斛。

与“钟王”易顺鼎齐名、被汪辟疆评点为光宣诗坛之“天立星双枪将董平”的樊增祥所作云：

泱泱台海尚华风，朝命新颂五等崇。
仙乐声蜚幔亭叟，乡亲荣并海澄公。
经帷有妇传韦逞，尊酒留宾伴孔融。
钱浪桃翻秦土墨，芳园荔塾亮功红。
二仪太定天当午，万户讴歌水向东。
月酒榴花齐献寿，五明扇底颂乔嵩。

又北京寒山社与稊园吟社社长关赓麟所作云：

倚于临海此名园，鹭屿西来浪石喧。
文藻江山陈黯宅，衣冠宾客孔融尊。
散财不减鸱夷富，教子先高驷马门。
见说南飞双鹤健，风流何止压蛮村。

（四）甲戌（1934 年）六十寿庆

甲戌五月十八日（1934 年 6 月 29 日），为菽庄主人林尔嘉六十花甲之寿。由于林尔嘉本人其时正“三游庐山，六十初度亦忘之”，乃由沈琇莹主持，假菽庄花园之谈瀛轩，传笺载酒，为林尔嘉颂祝。

参加本次林尔嘉六十寿庆活动的吟侣逾 107 人，所得诗文则“鸿篇巨制，烂若云锦”①。本次寿庆所得诗文，蒋鼎文、陈绍妫、李禧、沈琇莹、陈桂琛、江煦、虞愚、杨士鹏、沈紫若、施乾、柯征庸、蔡谷仁、余焕章、吴国藩、洪锡畴、吴承烜、陈培锟、胡巽、黄奕住、吴增、黄仲琴、洪鸿儒、龚显祚、苏警予、苏镜潭、贺仲禹、杨昌国、沈骥、谢云声、马祖庚、龚显鹏、龚植、龚显禧、卢文启、卢心启、欧阳桢等均在作者之列。包括寿文 4 篇、诗 209 首、词 5 首，由沈琇莹辑为《菽庄主人六十寿言》一册，在厦门永明印刷社出版印行。其中，光绪甲午（1894 年）科举人、福建漳浦人杨士鹏所作七古一首，云：

识荆我忆岁丁未，颇愧衰朽对清鲜。密迩芳邻互过从，丁丁伐木声相连。茶香诗味纷总总，客楼三载忘市廛。北鸿西燕忽分散，曾未几时陵谷迁。横流直下撞一羽，移家避托他人宇。此间虽乐非吾乡，争奈欲归无净土。乱离徒侣叹晨星，那听鸡鸣啼晦雨。来时结识沈休文，慰寂深知同病苦。藉念客槎瀛海游，长生灵秘悟藏修。贫交健在思告慰，水天西望两悠悠。归来迳买匡庐去，今昔交衡识所求。已把浮云

① 林尔嘉撰：《甲戌（1934 年）夏五，三游庐山，六十初度亦忘之。吟社诸公爱我，赐以寿言，鸿篇巨制，烂若云锦，悬制识庐，辉映五老，焚香百读，感不绝心，谨赋一律，用酬雅意》。林尔嘉撰，沈骥编校：《林菽庄先生诗稿》，台北：龙文出版社，1992 年 3 月重印初版，第 19—20 页。

视富贵，有何一物挂双眸。所未能忘怀旧耳，再辟芳洲牵芳芷。林泉本擅孤山胜，放鹤更添园中履。吾衰甚矣怯探幽，欲往从之蹇步履。四月既望又二日，命舆邀致窃心喜。入门主人色如春，大笑一声真芳晨。行年自道逢周甲，后三十日悬弧辰。蒲觞拟泛浔江上，彩舞提前破例新。今年朋来恰三寿，造物瑞气归隐伦。我请主人莫开宴，屈时移尊去会庐。山面远公替我绿，蚁斟静公为我黄。鹅献山客我能五，老招宾筵我命次。宗殿白传诗清可侑觞，永叔文好宜赠绢。主人主人，告汝人间韵事不数见，好对南山安笔砚。准备去扶栗里居士上摩崖，可使庐陵从此添一高人传。

(五)甲申(1944年)七十寿庆

甲申五月十八日(1944年7月8日)，为薮庄主人林尔嘉七十中寿。“人生七十古来稀”，以林尔嘉的身份地位，本应大庆特庆一番，但其时举国抗战正酣，林尔嘉本人也还避居沪上，所以仅由亲友“惠赐诗文”。

本次寿庆活动，所得诗文“鸿篇巨制，满壁琳琅”，惜未刊刻印行，时至今日已经无从稽考。所见林尔嘉撰写的《甲申(1944年)五月十八日七十生日感赋》(十首)有序云：“时值国难，不敢举觞；乃亲友多情，惠赐诗文，鸿篇巨制，满壁琳琅，回环雒诵，荣幸何如！近年衰老，久不作诗，欣感之至，不禁拉杂，率成俚句十首，聊抒谢意，不足以言诗。”[①]其中第五、八首云：

---

① 林尔嘉撰：《甲申(1944年)五月十八日七十生日感赋》(十首)。林尔嘉撰，沈骥编校：《林薮庄先生诗稿》，台北：龙文出版社，1992年3月重印初版，第63页。

两见沧桑刹那间，烽烟尘劫几回看；
生灵涂炭空千古，世界棋枰局已残。

旧事何堪记鹭门，欲归无计枉销魂；
菽庄社侣都星散，硕果壶天客仅存。

二、菽庄主人历次结婚纪念活动

林尔嘉不仅重视中国民间传统习俗，而且还十分热衷西方新式社交仪礼。据载，林尔嘉"喜欢与众不同，令次子刚义、三子鼎礼同日结婚，而自命为这是中国最早的集团结婚。女儿皆嫁南洋华侨巨子，例如侨领剃头住——黄奕住原为剃头师傅，白手起家，便是他的亲家"①。在林尔嘉的私人生活中，时时处处都体现出中西文化的交汇、古典与现代的融合。其中，最能体现林尔嘉对西方礼仪热衷的，当属在丙辰(1916 年)和辛酉(1921 年)举办的两次结婚纪念活动。

(一)丙辰(1916 年)银婚庆典

西俗："婚后五年行纪念礼曰'木婚式'，十年曰'锡婚式'，十五年曰'水晶婚式'，二十年曰'瓷婚式'，二十五年曰'银婚式'，五十年曰'金婚式'，六十年曰'金刚石婚式'。"②

林尔嘉成婚于光绪十七年十一月十六日(1891 年 12 月 16 日)。夫人龚云环(1874－1926)，字蕙香，福建晋江人。清同治十三年九月廿四日(1874 年 11 月 2 日)生，为同治癸亥(1863 年)科进士、翰林院

① 《林本源史话》。陈三井、许雪姬访问，杨明哲纪录：《林衡道先生访问纪录》，台北：中央研究院近代史研究所，1992 年 12 月版，第 27 页。

② 施士洁撰：《菽庄林侍郎偕配龚夫人举行泰西银婚礼式》(八首)。施士洁著：《后苏龛合集》，台北：台湾银行经济研究室，1965 年 11 月版，第 259 页。

编修龚显曾之四女。“德容天授，慈孝性成，喜文翰，动止悉依礼法。奉事姑嫜，克尽厥职”[①]。民国十五年(1926年)病逝于日本。《龚太夫人云环传略》载：“民国成立，侍郎退隐鼓浪屿，筑菽庄花园为栖所。……未几，庄中建设次第完成，举凡一石一堦，一花一木，皆夫人所刻意经营。有四十四桥者，在藏海园临水处，夫人集万安桥字成截句云：‘四十四桥纪落成，梁空支海渡人行；扶栏百丈水千尺，乐事年年长月明’。他如小板桥句云：‘插竹侵沙鱼扈短，篝灯映草蟹埼空’。壬秋阁句云：‘一窗残烛诗声浅，半岭疏星海气间’。鹿耳礁句云：‘积卤夜明千灶月，鹿礁朝散万家灯’。俱见其筹运布置之巧思及文学之造诣也。”[②]李禧所撰《菽庄林先生暨德配云环龚夫人五十寿文》又述：“龚夫人课儿余暇，亦时与女弟子周旋。菽庄诗册恒丽，闺秀篇什亦足觇其概矣。”[③]其女弟子如寄尘、竹琴、采蘋等，所作诗歌也都清新脱俗。《板桥林本源家传》另记：“甲午之战，清师败绩，日人迫割台、澎为议和条件。廷议许之，点交有日矣。侍郎以覆巢之下，焉有完卵，拟先期护家人至厦门。或以资产在台尼之，夫人曰：‘富贵向外物耳，若心安、身安，虽荆布亦乐也’。侍郎意决，遂内渡”；“三十一年(1905年)，朝廷实施新政，需才孔亟。农工商部尚书载振耳公名，保奖四品京堂，请入京条陈利弊；夫人阻止曰：‘时事不可为矣，是不可以已乎’。遂不赴。”[④]为此，闽台民间曾经流传有关林尔嘉惧内的风闻。可见，龚云环不仅

① 《林公尔嘉传略》。王国璠编撰：《板桥林本源家传》，台北：林本源祭祀公业，1984年7月版，第53—54页。

② 《龚太夫人云环传略》。王国璠编撰：《板桥林本源家传》，台北：林本源祭祀公业，1984年7月版，第115—116页。

③ 李禧撰：《菽庄林先生暨德配云环龚夫人五十寿文》。菽庄吟社辑：《菽庄林先生暨德配云环龚夫人五十寿言》，九州出版社、厦门大学出版社合刊，2004年12月版，第531页。

④ 王国璠编撰：《板桥林本源家传》，台北：林本源祭祀公业，1984年7月版，第115—116、54页。

文学造诣不俗，而且还是个善于审时度势和临机决断的人。

民国五年十一月十六日（1916年12月22日），为林尔嘉与龚云环的银婚纪念日。是日，林氏府八角楼华灯焕彩，中堂高挂"SILVER WEDDING（银婚庆典）"的横幅，中外名公逾80人参与其盛，大家拜赐宴饮既毕，又合影留念，方才尽兴而散。本次菽庄主人银婚纪念活动，获赠珍觋不计其数，另收到48位吟侣创作的诗文作品，包括序文2篇、颂词2篇、诗69首、词2首、对联4副，所作由陈棨伦辑为《菽庄主人银婚帐词》，于"丙辰嘉平（夏历一九一六年十二月）"刊行。其中，杨钠所作五排一首云：

银婚之名词，译自欧罗巴。二十世纪前，输入来中华。我国多陋儒，而如井底蛙。有此新礼俗，茫然喑且哑。峨峨林侍郎，金貂七叶夸。先德拜银台，大纛与高牙。德配有徽音，谭经动绛纱。结婚廿五年，燦燦文明花。主义在共诺，同居无纷拏。盛典法西方，重洋路岂赊。倡随旧眷属，蜜月度银槎。游览好园林，跳舞驻银騧。若格兰斯顿，三岛政治家。若俾士麻克，功业极豪奢。若的士黎里，名誉明朝霞。三杰所成就，众口声已哗。是皆内助力，愿公步后车。岂徒披葩经，偕老咏笄珈。

又庄善望所作七排一首云：

天地之数耦二五，人生嘉妃义所取。氤氲使者月下来，银编笑检新鸯谱。林侯少日气峥嵘，台山蒽秀毓精英。乌衣坦腹东床选，尘尾挑谭列座惊。喜赋夭桃与秾李，渤海名门不栉士。银管画蛾泥檀郎，银箫跨凤吹仙史。黄金为屋玉为堂，翠羽明珠绝世妆。儿女帐前弄银鹿，郎君官贵佩银章。闺房之乐如鼓瑟，华年轮指风番疾。银蟾依样旧团圆，问夜何其今迨吉。银花万炬映银屏，迟迟银箭漏冬丁。酒进合欢银凿落，惹妒银河始影星。银兮银兮有价值，仙梅眷属双修得。祝君偕老寿齐眉，伫看再庆金婚式。

（二）辛酉（1921 年）“结婚三十年欢祝会”

西方习俗还把结婚三十周年称作“珍珠婚”，意思是到了这个时候婚姻就像珍珠一般珍贵，让人倍感称羡和珍惜。因此，林尔嘉戚属和菽庄“社侣”于民国十年十一月十六日（1921 年 12 月 14 日），在林氏府八角楼为林尔嘉与龚云环夫妇举办了隆重的“结婚三十年欢祝会”。参加本次菽庄主人结婚三十周年纪念活动的中外嘉宾逾 200 人，是菽庄吟社有史以来所举办的规模最大、实际到会人数最多的活动之一。是日，大家先是拜赐宴饮，所赠珍贶无数；既毕，分批合影留念，然后游览菽庄花园并泛舟鹭江。

本次活动收到的诗文作品鸿篇稠叠，包括序文 10 篇、诗 461 首、词 44 首、曲 18 首，由林尔嘉辑为《菽庄林先生暨德配云环龚夫人结婚三十年帐词》，于“辛酉（1921 年）十二月”刊行。这些作者当中，既有时任安徽省省长许世英、福建护军使黄培松、厦门道道尹陈培锟、漳厦护军使臧致平等当道诸公，也有前清扎萨克多罗郡王汉罗扎布、亲王衔多罗郡王棍布扎布、和硕庄亲王溥绪、贝子衔辅国公一不拉引等故旧王侯；既有郭则沄、陈海梅、吴曾祺、吴征鳌、林苍、王允晢、施景琛、施士洁、吴增、林骚、周殿薰、沈琇莹、许瘦蝶、吴承烜等硕学耆儒，也有吴蕊先、许云绮、杨士珍、鲍蘋香等女界新秀；既有来自日据下台湾本岛的连横、连城璧、洪以南、颜云年、林湘沅、魏清德、谢汝铨、许梓桑、刘育英、高肇藩、谢尊五、王大俊、陈其春等诗坛干将，也有来自日本的尾崎秀真、大槻嘉造、藤井启之助、本田茂吉、进上茂、川口庄松、右田吉人等汉学爱好者；等等。

其中，被誉为“台湾太史公”的连横所作七律一首云：

画烛千行照绮筵，人间富贵艳神仙。
一家独占孤山福，佳耦争传渤海贤。
鸿案齐眉花欲笑，鸾屏同梦月初圆。
试看卅六鸳鸯舞，长护银塘并蒂莲。

前清军机大臣爱新觉罗·毓朗贝勒所作七排一首云：

我昔南游到岭表，人间十月秋未老。街市湫隘不可居，别有仙源似蓬岛。海天空阔白鸥轻，海上风来彻骨清。信美欲留留不得，至今魂梦尚为惊。林逋归来岁月闲，西俗珠婚事可传。名山有主自生色，十年遗憾为君捐。

又日本汉学家尾崎秀真所作五排一首并注云：

本是同庚者，云泥判异途。羡君能载福，愧我尚操觚。别墅庄名菽，高风凤在梧。齐眉佳耦匹，点领众孙趋。卅载恩弥厚，百年爱不渝。谈经来硕老，结社伍鸿儒。蔼蔼长生曲，双双介寿图。绮筵歌保佑，沧海问麻姑。数见人如玉，成行客履珠。曾蒙施蔡屐，亦复扰郇厨。爱读天池草，如观初日芙。长郎真茁玉，次子更怀瑜。邂逅舟中共，殷勤陆上俱。登楼相主客，对酒极欢娱。（余今秋与令次郎刚义君同舟并在神户饮酒。）交谊重重密，名言娓娓铺。自惭无好句，撚断几吟须。

第三节　菽庄花园及各景点落成庆典

菽庄吟社的正式创立又是以菽庄花园落成为标志的。菽庄花园不仅是菽庄吟社的活动中心，而且还是该社创作的一大主题内容。菽庄花园每增建一园一景，林尔嘉都要组织菽庄“社侣”举行隆重的落成典礼，并开展相关吟咏聚作活动，甚至还以此为基础，向海内外吟侣广征诗文。

一、菽庄花园落成庆典

菽庄花园落成于“癸丑重阳(1913 年 10 月 8 日)”，园中置蕙香榭、眉阁、茅亭、芦溆、听潮楼诸景。园成当日，菽庄主人林尔嘉招集吟侣，在园内举行隆重的庆典活动，施士洁、施模(字范其)等均参与其盛。落成典礼完毕，林尔嘉“欣然为文记之”，所作《菽庄记》以隶书直题镌刻于菽庄花园岩石上；兴慨之余，又赋五律一首。诗曰：

安居原是福，吾自爱吾痴。
容膝有茅屋，护花惟竹篱。
林空心易响，山瘦色能奇。
欲识闲中趣，风清月白时①。

---

① 林尔嘉撰：《菽庄于癸丑竣工，欣然为文记之，兴慨极浓，墨有余沈，乃赋五律一首》。林尔嘉撰，沈骥编校：《林菽庄先生诗稿》，台北：龙文出版社，1992 年 3 月重印初版，第 1 页。

众“社侣”于是纷纷作诗以和。其中，施士洁所作《次林侍郎菽庄韵》（三首）之三云：

避世同林类，诗人半黠痴。
故乡自陵谷，吾道此藩篱。
白屋交而耐，朱门淡更奇。
板桥金粉迹，回首劫灰时。

这是菽庄花园创建以来，菽庄“社侣”在园内所开展的第一次、有规模的集体性吟咏活动，它标志着菽庄吟社的正式创立，意义十分重大。此前，尽管林尔嘉已经有招邀吟侣在菽庄花园内开展过零星的“觞咏”活动，并且提出了“菽庄钟社”一称，如施士洁所作《眉生叠韵相调，仍依前韵奉答》（二首）、《林菽庄侍郎和陈鲁村方伯韵，寄诗索和，如韵答之》（四首）等，分别有“钟社鏖吟空有约，绮魔忏孽已无余”[①]、“述古罢官和靖隐，一时觞咏小园来”[②]等句子，但在菽庄花园尚未完全竣工以前，其活动的规模声势毕竟还比较有限，所以不能作为菽庄吟社正式创立的标志。

林尔嘉既“筑菽庄以居”，乃“遍征海内名流为之题咏”[③]，所得名联佳句甚夥。其中，施士洁所作《菽庄序言》，许南英所作《题林叔臧鼓浪屿菽庄》（四首）与《菽庄四咏》（四首），沈琇莹所作《金缕曲·菽庄眉阁》、《水调歌头·听潮楼》、《绛都春·蕙香榭》与《买陂塘·芦溆》，以

① 施士洁撰：《眉生叠韵相调，仍依前韵奉答》（二首）之一。施士洁著：《后苏龛合集》，台北：台湾银行经济研究室，1965年11月版，第227页。

② 施士洁撰：《林菽庄侍郎和陈鲁村方伯韵，寄诗索和，如韵答之》（四首）之四。施士洁著：《后苏龛合集》，台北：台湾银行经济研究室，1965年11月版，第229页。

③ 陈遵统撰：《叔臧林侍郎暨德配龚夫人四十双寿序文》。林景仁辑：《菽庄主人四十寿言》，“甲寅（1914年）冬月”刊本，第7页。

及江春霖、黄仲训、刘冠雄所撰联对，尤具特色。许南英所作《菽庄四咏》（四首）之一《听潮楼》云：

一辈旧人尝往返，十年豪气已除删。
倚栏顾盼兼天浪，举手招呼隔岸山。
澎湃潮声都入耳，参差黛色尽开颜。
客来莫话沧桑事，容我浮生片刻闲！

沈琇莹所作《买陂塘·芦溆》云：

占南溟，天池一角，海潮随月来去。蓬莱清浅麻姑笑，不辨仙源何许。芦也苦，作一派秋声，暮战潇潇雨。征鸿自语，思衔向青冥，书空字字，烟碧结寒缕。

吹箫客，记得是吴是楚，西岩重访渔父。腰横秋水千金剑，惊起鱼龙飞舞。垂钓处，指入尺，竿头欲拂珊瑚树。招邀吟侣，趁萍末风恬，瓜皮艇泛，高唱杜陵句。

又黄仲训为菽庄花园正门所撰楹联云：

缩海为园，戛戛造成一胜地；
爱诗若命，年年作主大吟坛。

二、菽庄花园各景点落成庆典

菽庄花园落成之初，只有“补山园”，嗣后林尔嘉又拓建“藏海园”，并陆续增置壬秋阁、小兰亭、蔚然亭、熙春亭（已塌毁）、小板桥、渡月亭、千波亭、伞亭等景点，成为现今之布局。兹略述藏海园、壬秋阁、小兰亭、熙春亭诸景之落成及所组织之相关吟咏聚作活动如下，以为窥豹之资。

(一)己未(1919 年)藏海园落成

民国六年(1917 年)至七年(1918 年)间，闽粤两省军阀交战，厦门、漳州一带风鹤告警。为躲避战祸，林尔嘉东渡蓬峤，回到台北板桥故园，直到民国八年(1919 年)五月战事平息，才重返厦门鼓浪屿。由于在台北期间看惯了板桥别墅的雍容与阔绰，如今重返菽庄花园愈觉其窄狭，乃决定“旁拓海壖，别构藏海园”，并置眉寿堂(又称“眉阁”或“谈瀛轩”)、真率亭、四十四桥、剑潭、枕流诸景于其中，于当年九月初九日(11 月 1 日)竣工。

藏海园落成当日，林尔嘉招集菽庄“社侣”在园中举行了隆重的落成典礼，参与盛会的名公巨望也不在少数。林尔嘉亲撰《藏海园记》一篇，以楷书直题镌刻于菽庄花园临海石坡上，其文谓曰：“余既成菽庄之七年，己未(1919 年)五月，瀛海归来，旁拓海壖，别构藏海园，临水开轩，垒石支桥，以九月九日(11 月 1 日)讫功。因续为记，劖之于石。”①

本次藏海园落成庆典，还有两件事情很值得记取：一是林尔嘉请求时任北洋政府大总统的徐世昌题撰菽庄花园匾额——“菽庄”二字，仅“润笔费”就花了一万银元；二是是年适逢菽庄主人四十四周岁，林尔嘉于是将藏海园内海上长桥取名“四十四桥”，菽庄女主人龚云环还亲撰七言绝句一首，并集宋代名臣蔡襄所撰《万安桥碑》字，以直题镌刻于菽庄花园临海石坡上，成为鼓浪屿摩崖石刻之一绝。该诗云：

四十四桥纪落成，梁空支海渡人行。

① 见于菽庄花园内林尔嘉所撰“藏海园题刻”。

扶栏百丈水千尺，乐事年年长月明。

(二)壬戌(1922年)壬秋阁落成

民国十一年七月既望(1922年9月7日)，林尔嘉又筑壬秋阁于菽庄花园之藏海园。由于是岁为干支纪年之壬戌，而此阁又落成于初秋，故名“壬秋阁”。更富于文化意蕴的是，是岁适逢宋元丰壬戌(1082年)苏东坡赤壁泛舟十四周甲，合八百四十周年。为纪念一代文豪，林尔嘉特地约请厦门著名书画家吴芾(字石卿)临摹雕刻了一尊苏东坡像，并把它安置在壬秋阁内，供菽庄吟侣们顶礼膜拜。

阁成当日，林尔嘉组织菽庄“社侣”在壬秋阁前举行了隆重的落成典礼暨苏东坡像揭幕仪式。礼毕，大家宴集称觞，拈题分韵。其中，苏大山所作《壬秋阁宴集用东坡司马君实独乐园韵》云：

高阁凌天风，奔涛出其下。一邱一壑间，不数裴绿野。是日作嘉会，主人罗杯斝。天气已新秋，荷香带残夏。齐色润水石，高怀抗骚雅。座客皋羽多，接迹来汐社。为问今之人，何如古作者。有酒且高歌，莫令惜欢寡。况复佳日佳，嫣花夕阳冶。驱使作诗材，工速兼枚马。对此兴颇至，尘念亦已舍。如练复如绮，倒照石皆赭。潮落趁归舟，但闻橹咿哑。

是夕，久雨初霁，天公作美，林尔嘉豪兴勃发，乃与沈琇莹、苏大山、谢子馥等主宾九人泛月鹭江，览郑延平之故垒，追苏长公之胜游。林尔嘉抚今追昔，“慨然作七律四首”[①]，其中第三首并注云：

① 林尔嘉撰:《壬戌(1922年)七月既望壬秋阁落成，是夕久雨初霁，与客泛舟鹭江，慨然作七律四首》。林尔嘉撰，沈骥编校:《林菽庄先生诗稿》，台北:龙文出版社，1992年3月重印初版，第10—11页。

藤牌子弟亦多才，一舸苍茫吊古来。

乱后虎头山色改，淘余鹿耳浪声哀。

英雄往事横吟槊，风月闲愁入酒杯。

今日江山无霸气，不堪回首水操台。（台为郑延平阅水操处，一在鼓浪屿日光岩；一在厦门燕巢巷。）

兴尽归舟，林尔嘉又以“壬戌七月既望鹭江泛月”为题，“走笺海内，召为文章”①。这就是菽庄吟社壬戌（1922 年）所征“鹭江泛月赋”的由来。

（三）甲子（1924 年）小兰亭落成

民国十三年（1924 年）暮春，林尔嘉仿照浙江会稽山阴（今浙江绍兴）之兰亭，在菽庄花园补山园的左边修建了“小兰亭”。为庆祝小兰亭的落成，林尔嘉召集菽庄“社侣”，于当年夏历三月三日（4 月 6 日）、十三日（4 月 16 日）、二十三日（4 月 26 日）在亭前三修禊事，其中初会 21 人、再会 25 人、三会 38 人，前后综计 84 人，比之东晋永和九年（353 年）三月三日王羲之、谢安、孙绰等在浙江会稽山阴所作兰亭修禊的人数整整多了一倍。

这三次修禊活动均采用“拈题分韵”的出题方式，举凡与会吟侣均有所作，可谓人文蔚秀，诗篇流美。兹录沈琇莹参加三次修禊活动所作词稿各一首以示：

《沁园春·三月三日菽庄小兰亭修禊分韵得春字》：

---

① 沈则沆撰：《壬戌（1922 年）七月既望鹭江泛月赋并序》。林尔嘉辑：《壬戌七月既望鹭江泛月赋选》，“甲子（1924 年）端午”刊本，第 1 页。

如此江山，一笑提壶，鸟解劝人。道沙沈画戟，将军破阵；水浮金带，帝子蒙尘。东去虬髯，南巡龙驭，历劫前朝迹已陈。销凝处，又楼罗历换，主客图新。

湔裙美景良辰，叹人海飘零剩此身。正补山园里，群贤高会；小兰亭上，雅韵平分。江左风流，永和觞咏，禊帖重摹王右军。传佳话，有一千五百，七十余春。

《虞美人·三月十三日菽庄小兰亭修禊》：

杖藜重踏青青草，红碎花茵扫。衣香一角酒痕新，人在鹧鸪天里惜余春。

昨宵风雨今朝霁，祓尽残兵气。晚唐韵事绮筵开，铁马金戈飞不过江来。

《蝶恋花·三月二十三日菽庄小兰亭三修禊》：

一刻千金行乐地，分付啼鹃，莫管人间世。眼看蓬莱清浅水，流觞合倩麻姑记。

雅集西园图有几，从此龙眠，画稿增新例。岁岁年年春写意，小兰亭上三修禊。

三修禊事既毕，林尔嘉又以“小兰亭三修禊序”为题，“遍乞海内外椽笔为斯亭增色”①。这就是菽庄吟社甲子(1924 年)所征“小兰亭三修禊序”的由来。

(四)甲戌(1934 年)熙春亭落成

民国二十三年甲戌三月三日(1934 年 4 月 16 日)，林尔嘉又在菽庄花园内增置煦春亭。亭成当日，林尔嘉招邀菽庄“社侣”宴集游乐，

① 林尔嘉撰：《菽庄小兰亭征文录·序》。林尔嘉辑：《菽庄小兰亭征文录》，“戊辰(1928 年)春日”刊本，第 1 页。

以为庆祝。

本次庆祝活动，内容丰富多彩，从琴棋书画，到文虎灯谜，一应俱全，应有尽有；参加盛会的人数，则达到120人之多，超过了甲子(1924年)小兰亭三次修禊人数的总和，堪称为现代文坛的一次“耆英会”。为此，林尔嘉诗兴大发，放歌四十四韵。诗云：

萩庄经始癸丑岁(1913年)，弹指历年二十二。岩穴结构费匠心，一亭一阁有兴废。东西瀛海事远游，归来题壁黄龙寺。匡庐消夏旋买山，平泉草木未遑记。今年摄提贞孟陬，四十四桥东拓地；凿山开道石盘盘，独往独来云踏碎。申命园丁老郭驼，锄月耕烟勤树艺。松柏有心耐岁寒，相期无负栽培意。桃坞三弓花影斜，鞠畦一角蜗涎腻。紫藤架高沙棠支，青油幕小风雨蔽。蔚然既筑又熙春，茆亭草创无藻缋。兴来杖策一登临，振衣千仞冈何异。南望太武古仙坛，孤塔岿然凌空际。东望鲲溟气若吞，胸中洞然不芥蒂。眼前图画天然开，夙昔胡为瓯脱视。玄圃漫道远于天，丹丘自在人间世。双弓米好胜胡麻，宫阙焉用金银气。鹪鹩巢林仅一枝，菟裘宁为子孙计。藏海补山浪得名，经营到此差如志。遐想古人公子荆，苟完苟美言有味。三月三日天气新，熙春落成丁上巳。摩崖刻石待灵芝，啸侣命侪坐其次。题名一百二十人，多于甲子三修禊。画家应补士女图，文苑足称耆英会。伯牙鼓琴曲弥高，康海琵琶非凡器。南琯新声竹枝词，乐操土音殊清脆。山鸟忽作凤鸾鸣，鱼龙起舞寒潮至。幽情畅叙犹未终，分曹射覆春灯谜。永和觞咏无管弦，亦无翩翩之裙屐。韵事敢谓越前人，山阴内史谁能企。兰亭即今迹已陈，历劫不磨惟文字。金谷序存季伦豪，辋川图在摩诘贵。梁园独藉词客传，邹严枚马才不易。月泉吟社以诗雄，西昆酬唱响能嗣。所恨去者日以多，风流云散增感喟。人生行乐当及时，奈何贫者爱惜费。富贵浮云何足论，华屋山丘哀永逝。功名可作等闲观，岘首读碑空堕泪。自古服食求长生，为药误者千万亿。瞻前顾后两茫茫，搔首问天天不对。丘移渊实复何常，鹤悲猿愁非所虑。觅句何须谪仙才，打门不管催租吏。百年三万六千场，只应日日花间醉。放歌狂草寄同人，将毋许我为解事。

蔡谷仁、余焕章、刘敬堂、吴国藩、曾宗礼、林鸿、洪锡畴等均纷纷作诗以和。沈琇莹另作有《金缕曲·熙春亭》一词，则生动描绘了是会热闹空前的盛况。该词云：

柱史玄言在。爱熙熙，春台一语，天全物外。容易菽亭新结构，难避来游冠盖。约名士，平分诗债，记取落成修禊日。有管弦丝竹花如海，觞咏乐，空前代。

天风吹暖三千界。算东皇，曾无一点，炎凉世态。岁岁夭桃红满树，瑶水还输金带。只春色，洞庭须买，谁道不如归去好。看镜中人影朱颜改，词客醉，杜鹃拜。

第四节　菽庄吟社的日常活动

以上三节所述为菽庄吟社规模最大、影响最巨的三类活动。事实上，菽庄吟社非常注重日常的切磋砥砺和锻炼提高，该社“啸侣命俦，更唱叠和,月以十数,岁以百数;体或古或近,韵或竞或病,晷或分或寸”①。因此,要全部穷举该社所有创作活动,几乎是不太可能的事情。本节仅从创作活动类型的角度,对菽庄吟社经常开展的节事游赏、社课雅集、击钵联吟、叠韵唱和等几类活动略作叙述,以期把握该社创作活动的总体风貌和一般性特点。

一、节事游赏

菽庄吟社节事繁缛,上元节要张灯猜谜、花朝节要祭拜花神、上巳节要修禊禳祓、浴佛节要礼佛祈福、天贶节要祷告平安、荷花生日要为荷称寿、七夕节要乞智求巧、重阳节要待菊观潮……等等。该社许多创作活动即是以菽庄花园为中心、以四时节令变换为顺序而次第展开的。由于这些活动本身根植于民族传统文化,讲究道法自然,追求天人合一,所以活动中产生的作品也往往蕴含着丰富的文化内涵和深刻的哲思理念。此外,菽庄吟社对外“征诗”的题目,如所征“黄牡丹菊诗”、“七夕四咏”、“闰七夕乞巧诗”、“三九雅集诗”、“小兰亭三修禊序”等,都是在该社日常节事游赏的基础上精选出来的。

(一)上元张灯

上元又称元宵、元夕或灯节,是中国传统民俗中的四大节日之一。“上元张灯”一俗,起源于远古人类在劳动生活中以火把驱寒避邪。汉代道教盛行,据称三官大帝之一太乙真君降生于阴历正月十五,所以这一天必须祭祀火神。明人郎瑛所纂《七修类稿》载:“上元张灯,诸书皆以为沿汉祀太乙,自昏至明,今其遗事。”②隋代,上元张灯活动曾经

---

① 沈琇莹撰:《红兰馆诗钞·序》。苏大山著:《红兰馆诗钞》,“著雍执徐之岁涂月(夏历一九二八年十二月)”刊本,第1页。

② 郎瑛著:《七修类稿》。转引自李露露著:《中国节——图说民间传统节日》,福州:福建人民出版社,2005年1月第1版,第48页。

盛极一时。南宋以后，随着谜学的发展，又增加了谜制成分，从而成为一种趣味性很强的文化娱乐活动。

菽庄吟社自从乙卯（1915 年）开始，即“年年张灯，诗酒猜谜，极为盛况”[①]，遂成定制。林尔嘉尝作《丙辰（1916 年）上元菽庄张灯感赋五律一首》，古意清芬。诗云：

江汉皆春色，千门此夜情。
俗难佳节废，月尚旧时明。
白社词人集，清尊古意生。
酒阑重剪烛，灯火话西京。

施士洁所作《元夕灯词》（四题，各二首），尤具闽台地域风情。兹每题各录一首于下：

《翦灯》：
盘龙走马费经营，燕尾双捎玉腕轻。
转眴红楼刀尺响，又催寒食制风筝。
《买灯》：
灯市纷纷各斗妍，五光十色幻金莲。
儿童竹马嬉游处，消尽床头压岁钱。
《观灯》：
结伴沿街趁月光，鹭门灯节绮罗香。

① 林尔嘉撰：《戊子（1948 年）元宵漫兴用丙辰（1916 年）菽庄张灯韵》。林尔嘉撰，沈骥编校：《林菽庄先生诗稿》，台北：龙文出版社，1992 年 3 月重印初版，第 71 页。

琵琶一曲泉南调，荔镜[①]风流唱五娘。

《猜灯》：

滑稽曼倩本风谣，射覆藏钩竞得枭。

回首少年狂打虎，海王村厂闹元宵。

（二）花朝祭拜

花朝为百花生日，每年到了这一天，百花竞放，万紫千红。传统习俗，花朝之日，首先要祭拜花神，然后或赏花，或扑蝶，或赋诗作对，因而是个非常富于诗情画意和浪漫气息的节令。由于我国幅员辽阔，各地花信迟早不一，花朝节的时间也不尽相同。闽台地区的花朝节定在阴历二月十五日，施士洁诗句“今夕花朝月又圆，百花香里催归鞭”[②]，可以为证。

菽庄吟社保留了花朝这一习俗传统，并经常开展活动，其中以沈琇莹作品记述最多。所见有《卖花声·戊午（1918 年）花朝》、《浪淘沙·己未（1919 年）花朝菽庄即景，有怀蟫窟公子和南唐后主》、《蝶恋花·题花朝结社图》（1920 年）、《扫花游·祭花神》（1920 年）、《浣溪沙·甲子（1924 年）花朝即景》、《过龙门·壬申（1932 年）百花生日紫籐簃即事》、《浣溪沙·花朝藏海园即事》（1935 年）、《花朝漫兴》（二首，1938 年）、《花朝有会而作》（四首，1941 年）等。其中，《浪淘沙·己未

① “荔镜”，指闽南高甲戏传统剧目《荔镜记》。泉州人陈三（陈伯卿）送兄陈伯贤赴广南任所，路经潮州，在元宵灯市与五娘（黄碧琚）邂逅，互相爱慕。黄之父母已将五娘许配豪富林大，下聘之日，五娘踏坏聘礼，赶走媒人。翌年，陈三重游潮州，两人再遇，五娘投荔枝订情。陈三乔装磨镜匠，打破宝镜，卖身黄家为奴。在婢女益春促使下，两人终成连理，并相偕私奔。陈三被捕入狱，幸得其兄相助，与五娘团聚。此剧目流行于闽南、台湾及东南亚闽南人聚居地区。

② 施士洁撰：《花朝过大甲庄，沈耿廷鹾尹留宿，见月喜作》。施士洁著：《后苏龛合集》，台北：台湾银行经济研究室，1965 年 11 月版，第 25 页。

(1919 年)花朝萩庄即景,有怀蟫窟公子和南唐后主》一词云:

金带水潺潺,蝶梦阑珊,东风犹作一分寒。生怕百花嗔客倦,强起寻欢。

二十四迴栏,摩达仙山,故人天远寄书难。愁听新来双燕子,絮语梁间。

又《浣溪沙·花朝藏海园即事》一词云:

春色消魂到二分,鸟歌花笑媚良辰,伤时莫漫泪沾巾。
扑蝶无人寻韵事,谈龙长此寄吟身,十千沽酒肯辞贫。

(三)上巳修禊

如前所述,“修禊”本是一种巫术活动,自从东晋王羲之等在浙江会稽山阴之兰亭“曲水流觞”以来才逐渐衍变成文人雅士的一种消闲娱乐活动,林尔嘉则以此来祓除不祥于乱世、祈求国运以荣昌,同时也冀望扬风扢雅、振衰起弊。

菽庄吟社从乙卯(1915 年)开始“上巳修禊”,到 1949 年该社解体为止,在菽庄花园内共举办过 35 次“上巳修禊”。期间因沈琇莹去世而中断过两年,但该社曾于甲子(1924 年)三月三修禊事,所以平均刚好每年举办一次。林尔嘉所作《己丑(1949 年)上巳静胜楼修禊·序》有记:“鹭江菽庄,乙卯(1915 年)始修禊,自是年年赓续,至甲子(1924 年),筑小兰亭,三修禊事,征文刊录。(小兰亭征文录。)后余欧游七载,及归国,又寓沪十余年,乃由壶天醉客沈琛笙主持吟社,修禊事蝉联无间;迨甲申(1944 年)秋,琛笙捐馆舍;社友星散殆尽,遂中止。丁亥(1947年)五儿履信归厦,复集新旧社侣举行之,今年定亦如是。”[①]

菽庄吟社历次“上巳修禊”,又以“甲子(1924年)三月,菽庄主人召客修禊于家园之小兰亭。逢三而会,会三而禊毕”,为“盛举亦创举”[②],具体活动情形已详前述。兹不妨再录苏大山所作《三月三日菽庄小兰亭修禊分韵得和字》一首,以观其盛。该诗云:

听风听水复听雨,滂沱小楼昨夜愁杀花辞柯。被中画字不寐低吟哦,朝来蘧蘧一觉手频搓。杲杲日上虎头山,峨峨小兰亭子矗立晃岩阿。海天如画风景足烟萝,银袍楚楚名士鲫鱼多。中流慷慨蛟龙避,棹歌如虹大气磅礴。仰天呵笑,他真本不换山阴鹅。有酒弗醉空教负碧螺,何如登筵大嚼倾醽醝。牛心炙脆更荐天酥陀,及时行乐不管鬓丝皤。莫叹良辰美景天奈何,多少乌衣人物一刹那付与十洲作画留摩挲。况今大地澒洞海扬波,借得桃源一角避秦苛。吁嗟!藏身人海一东坡,落落时宜不合羞婵娿。不祥欲祓偏恨蝎宫磨,未能一咏一饮先颜酡。苍茫怀古拄杖立青莎,一千五百七二年如梭。为问孰继,风流晋永和?

(四)荷日观莲

夏历六月二十四日为荷花生日,旧俗每逢此日都要给荷花上寿。菽庄主人林尔嘉平生“爱菊尤爱莲”[③],并辟有荷田数亩,每逢荷花生

---

① 林尔嘉撰:《己丑(1949年)上巳静胜楼修禊·序》。林尔嘉撰,沈骥编校:《林菽庄先生诗稿》,台北:龙文出版社,1992年3月重印初版,第71页。

② 朱家驹撰:《甲子(1924年)三月菽庄小兰亭三修禊序》。林尔嘉辑:《菽庄小兰亭征文录》,“戊辰(1928年)春日”刊本,第1页。

③ 林尔嘉撰:《爱莲》。林尔嘉撰,沈骥编校:《林菽庄先生诗稿》,台北:龙文出版社,1992年3月重印初版,第54页。

日，都要招邀"社中吟侣"举酒称觞，为荷花作寿。但是，鼓浪屿自从光绪二十八年(1902年)划为公共租界后，即由外国人控制的工部局进行管理。民国十一年(1922年)夏，鼓浪屿工部局规定岛上禁种荷花，并对已经种植的荷花进行灌药根除，真如焚琴煮鹤，大煞风景。

林尔嘉己丑(1949年)所作《荷花生日有怀菽庄·序》有记："农历六月二十四日，俗传为荷花生日，见范石湖《吴郡志》；亦称观莲节，距贱辰刚过月有六日。曩在菽庄花园侧，曾辟荷田数亩，值花盛开时，社中吟侣必于是日举觞为花作寿，兼为余补祝。红灯翠盖，缟袂碧箭，十里香风，一时韵事。乃壬戌(1922年)之夏，鼓浪屿工部局悬禁种莲，旧种者亦强制以药灌注，使其根茎尽绝；自是而亭亭者仆，田田者沉矣。其实凡在所谓'公共租界'地作寓公者，历受欺压，何止乎此！此但其一例耳。辛巳(1941年)消夏，余曾以爱莲一古风纪之。吾台光复，如见再天，回首前尘，益增感喟。鹭屿本第一家乡所在，万国公地收复以后，早脱羁绊。台厦相隔盈盈一水，使陶元亮三径能赋归来，斯庾子山暮年不哀萧瑟，幸复何如！又忆五十年前，在台中宗人献堂家观莲，至今犹为神往。菽庄在望而如遗，灌园固依然无恙，主人今岁且以金婚征咏，并蒂同心，为乐曷极！然则幸之与否，殆各有自来欤？因物移情，发而为声，以寄前之为花寿而兼为我寿者。"[1]该诗则云：

今岁花朝祝以诗，十二翁皆致好辞。四月八日虔浴佛，续招缁素礼深慈。随过四旬逢贱降，百篇嘉贶劳亲知。清讴一什酬珠玉，如斯报答太便宜。自春徂夏转瞬耳，荷花生日又佳期。花寿佛寿人寿庆，敢忘花中君子仪。中通外直为其

---

① 林尔嘉撰：《荷花生日有怀菽庄》。林尔嘉撰，沈骥编校：《林菽庄先生诗稿》，台北：龙文出版社，1992年3月重印初版，第77—78页。

质，轻盈绰约为其姿。其出也不淤不染，其用也不蔓不支。一来人间得所托，太华之巅海之湄。芙蕖命名莲称实，菡萏扶盖藕立基。鉴湖贺监狂乞骨，白社陶令醉攒眉。濂溪道学曾作说，康乐灵智为敷词。消夏我亦爱莲赋，萩庄荷田清而□；张灯设棚觞咏集，裙屐风流致足怡。奈何孤屿供共界，寓公终竟遭人欺；种莲悬禁忆壬戌，泥几尽涸根俱夷！当年此事岂止焚琴煎鹤杀风景，至今念及犹觉丧权蒙耻痛心脾！自从归台见天日，偶然怅触生欢悲！因忆雾峰吾宗田田盛，五十年前一见之。主人金婚歌并蒂，咫尺重逢或解思。更因天热畏炎赤，清凉界里梦魂驰。具八功德妙香洁，百千亿叶七宝池。无量光寿证修持，我仍借花献佛，长吟低喏，朝夕膜顶天人师。

沈琇莹另作有《高阳台·荷花生日萩庄宴集，主人索词，漫成是解》，则生动记述了民国十年（1921年）荷花生日萩庄宴集的情景。该词云：

玉种西湖，珠胎南海，仙乎水佩风裳。说与金轮，六郎应减容光。登台莫打催花鼓，怕轻雷、惊起鸳鸯。唱田田、谁似莲娃，杏子衫黄。　生涯一钵前身幻，任恒沙劫苦，低首空王。但愿年年，并头开满池塘。藕丝香里人无恙，醉蒲桃、美酒千觞。费相思、绿意红情，压倒群芳。

（五）七夕乞巧

夏历七月七日是传说中牛郎织女鹊桥相会的日子，称为七夕节、乞巧节、女儿节、情人节等。往者，到了这一天，士子们要祭拜文昌星，祈求在考试中一举夺魁；女子们则要祭拜织女星，祈求心灵手巧。

菽庄吟社举办的七夕乞巧活动，以己未（1919 年）最盛，是岁还广征“七夕四咏”（七绝四首）与“闰七夕乞巧”（回文七绝）于海内，嗣后由于时局变换，韵事无继。沈琇莹戊寅（1938 年）所作《闰七夕杂感》（五首）序曰：“昔者己未（1919 年）闰七夕，菽庄主人啸侣命俦赓续韵事，乃有闰七夕乞巧广征回文之举。尔时中国内讧虽亟，外衅未开，海滨晏然，犹是衰世之盛也。二十年来，时局大异，人间如此，天上可知。闰节重逢，独客寡欢，抚今追昔，伤如之何？”[①]其中第一、五首云：

秋高银汉未安澜，两度填桥鹊大难。
织女机丝虚夜月，牛郎锦字忍重看。

风吹桐叶打窗棂，二十年来客梦醒。
吟侣如今云散尽，更无韵事报双星。

（六）重阳待菊

九月九日是重阳节，旧俗是日要开展登高、插茱萸、赏菊等活动。由于菽庄主人“平生偏爱菊，颇具渊明癖”[②]，所以菽庄花园“花事惟菊特盛”[③]。菽庄吟社围绕菊花所开展的吟咏聚作活动五花八门、花样繁多，有待菊、观菊、咏菊、玩菊、寿菊等。此外，菽庄主人林尔嘉还于民

① 沈琇莹撰：《闰七夕杂感》。沈琇莹著：《壶天吟》卷三，“癸未（1943 年）夏日”刊本，第 17 页。

② 林尔嘉撰：《癸亥（1923 年）重阳待菊》。林尔嘉撰，沈骥编校：《林菽庄先生诗稿》，台北：龙文出版社，1992 年 3 月重印初版，第 12 页。

③ 施士洁撰：《菽庄吟社自癸丑（1913 年）至庚申（1920 年）八年矣，花事惟菊特盛，主人属同社十八子各以八律咏之》（八首）。施士洁著：《后苏龛合集》，台北：台湾银行经济研究室，1965 年 11 月版，第 312 页。

国十年(1921年)创设过“三九会”、民国十二年(1923年)创设过“买诗店”,林尔嘉长子林景仁则于民国四年(1915年)成立过专门的“寿菊会”,等等。菽庄吟社丙辰(1916年)所征“黄牡丹菊”(七律四首)与辛酉(1921年)所征“三九雅集”(七古),即是在这些活动的基础上进行的。

菽庄吟侣所创作的有关菊花的诗文作品可谓浮烟涨墨,仅专辑就有《黄牡丹菊诗录》、《庚申(1920年)菽庄咏菊》、《菽庄三九雅集诗录》、《菽庄观菊》、《菽庄玩菊诗选:蟫窟,第十期》、《寿菊诗集》[①]等。民国十八年(1929年)十月,菽庄吟社还专门发布“社启”,招邀旧雨新朋宴集菽庄,以赏佳菊。来燕楼主人谢云声为作《菽庄赏菊记》一篇,以记其盛。该文谓曰:

> 菽庄艺菊,历有年矣。魏紫姚黄盛放之时,每举行菊花大会,分日延请各界仕女参观。昨二十四日(1929年11月24日),重赓往例,邀集厦屿社侣,莅园赏菊,极一时之盛。余亦偕陈丹初、苏警予二君往赴花约。至则沈琛笙、苏荪浦、李绣伊、施健庵、蔡乃赓、龚绍庭、杨抟九、龚樵生、卢蔚其、林崖声诸君已先我而来;后到为余雨农、龚昌庭诸君。菽庄小主人四公子崇智招待殷勤,厚礼有加。园中陈列菊花,色色俱备。小主人言今岁菊花,开放稍减去岁;而菊花之会,却较往年为盛也。园左陈有案几,几置署名簿,偶尔展阅,见有孙道仁、来玉林、李汉青等题其上。客之来者,或评花,或品茗,或题诗,或步桥,各适其意,各得其趣。游客中尤以李绣伊、卢

① 林尔嘉撰:《庚申菽庄咏菊八首》。林尔嘉撰,沈骥编校:《林菽庄先生诗稿》,台北:龙文出版社,1992年3月重印初版,第6页。

蔚其二君最善雅谑，动人轩渠。俄而，小主人延宾于眉寿堂，共餐菊花之羹，合饮花雕之酒。筵甫及半，忽有温陵宿儒吴桂生先生至，举座大为欣然。盖先生年近古稀，精神甚为矍铄，兹会之来，荣幸何似。饮毕，复集来宾于菊丛，合摄一影以留纪念。计是日来宾之题句者大都遗忘，只绣伊君之"隔江花放多如鲫"句，以花比名士，名士比花也。又丹初君之末二句云："孤高原有待，端迓岭梅开"，则以菊花比梅，梅比菊花也。余亦有句云："看菊又餐菊，心眼兴俱足。相期明后年，重来此踯躅"，亦纪实也。

二、社课雅集

节事游赏毕竟有其时令性，而且所作又多为即景随兴，目的是给节日增添喜庆气氛，所以很难真正达到切磋技艺、锻炼提高创作水平的效果。为了弥补节事游赏之不足，菽庄吟社又采取了社课雅集的方式进行活动。其活动程式与创作规制一般是：首先，由社课主持人预先出好题目，分由社侣定期完成创作（一般为一个星期）；然后，由社课主持人通知社侣进行雅集，社侣则携带自己创作的作品与会，大家在会上互相交流创作体会、讨论彼此作品的得失，并确定下一期创作题目及雅集时间。

社课雅集这种创作活动方式有两个好处：一是社侣可以把题目带回家去慢慢构思，等到有充分的创作准备并捕捉到艺术灵感时再写，然后反复修改直到自己认为满意后再交稿，这就是通常所说的"宿构"，往往能够得出精品；二是它使社侣始终保持良好的艺术感觉和竞技状态，不至于因俗务缠身而荒疏了学艺。

菽庄吟社开展的社课雅集活动非常多，而且还经常另外成立"九九消寒会”、“七七消夏会”等一类临时性或专题性的社课雅集组织。兹略述如下：

（一）“九九消寒会”

“岁岁消寒成习俗，故园萦梦慷慨多。添香捧砚人皆醉，倚枕孤吟思若何！”①旧历节序，冬至一到，就开始进入数九寒天。人们于是闭户塞牖，一直等到九九八十一天过去后，才又迎来大地春回，阳光明媚。所以，前人制作有各式各样的九九消寒图，以方便人们历数寒燠之候。在这种岁末春初苦寒无聊的季节里，对于文人骚侣来说，最适宜的活动莫过于雅集消闲、切磋砥砺了。

沈琇莹尝谓：“壶天消寒雅集盛于癸亥（1923 年），十八人迭为宾主，时有捉雀之戏。”②另据沈琇莹诗词作品载录，从甲戌（1934 年）到癸未（1943 年）九年间，菽庄吟社都有举办“九九消寒会”，即沈琇莹所说的“壶天消寒雅集”，每年九集，总共八十一集。此外，林尔嘉有句云：“自从海外归来后，岁岁消寒不负期。”③林尔嘉是甲子（1924 年）赴瑞士养疴，并于庚午（1930 年）归国的。可见，菽庄吟社在菽庄花园及林氏府壶天园所举办的“九九消寒会”非常之多，几乎很少中断过，因此社课雅集也是菽庄吟社最为经常的创作活动方式之一。

菽庄吟社历次“九九消寒会”所出社课题目相当广泛，举凡如天文、地理、宫室、器皿、三流、九教等均无所不涉，而且还具有深细与独

---

① 林尔嘉撰：《丁亥（1947 年）岁阑迄戊子（1948 年）早春滞春申江上先后雅集儿孙作消寒会九次慨然有作》（九首）之七。林尔嘉撰，沈骥编校：《林菽庄先生诗稿》，台北：龙文出版社，1992 年 3 月重印初版，第 70 页。

② 沈琇莹撰：《杂感（十二月初三日壶天消寒第一集）》（五首）之四。沈琇莹著：《壶天吟》卷五，“癸未（1943 年）夏日”刊本，第 2 页。

③ 林尔嘉撰：《辛巳（1941 年）元月廿八日，消寒第七期，菽庄吟社寄到丛书第三种寄傲山馆词稿，（傲樵所著），并读傲樵志盛志喜诗，答以一律》。林尔嘉撰，沈骥编校：《林菽庄先生诗稿》，台北：龙文出版社，1992 年 3 月重印初版，第 51 页。

特的特点。以辛巳(1941年)消寒为例,各集题目依次为:

第一集二题:《种梅》、《忆梅》,七绝各一首;

第二集二题:《探梅》、《护梅》,七绝各一首;

第三集二题:《折梅》、《寄梅》,七绝各一首;

第四集二题:《吟梅》、《画梅》,七绝各一首;

第五集二题:《梅魂》、《梅品》,七绝各一首;

第六集二题:《梅香》、《梅影》,七绝各一首;

第七集二题:《梅味》、《梅笑》,七绝各一首;

第八集二题:《腊梅》、《盆梅》,七绝各一首;

第九集二题:《梅铞》、《梅福》,七绝各一首。

本期"九九消寒会",围绕"梅花"这一主题进行创作,但每集抒写的角度均各不相同,对梅花的分类可谓达到了相当细致的地步。

又如庚辰(1940年)消寒第七集,则把鼓浪屿的四种特色物产——内厝芋头、鹿耳海苔、高丽白菜与西洋红薯,作为抒写的对象,可谓别具一格。兹举沈琇莹所作《鼓浪屿物产四咏》(四首)以示。该诗并注云:

《内厝芋头》:

名重龙门货殖传,居奇有买称蹲鸱。

闽产今比蜀产贵,换字莫忘虞伯施(昔人传虞永兴手翦字卖之,鹤口二字易芋二枚)。

《鹿耳海苔》:

旗脚风腥古石华,蛎房空处海云遮。

潮来潮去梳苔发,输与龙头卖饼家(海苔宜春饼内地人无知者)。

《高丽白菜》:

露葵折尽正春分,平壤移根记旧闻。

可惜东来名士菜,晚菘吟不到孤云(晚唐高丽有诗人孤云幕游中国)。

《西洋红薯》:

托根何幸近瑶池,名亚蟠桃贵可知。

王母当年觞穆满,不如中土有银丝(北地有银丝薯称薯中佳品)。

(二)“七七消夏会”

“七七消夏会”乃爰仿“九九消寒会”而作。意即夏至一到,就进入酷热难挡的夏季,要注意防暑;等过了七七四十九天以后,进入秋季,天气自然就凉爽起来。

蕺庄吟社举办的“七七消夏会”,所知者有辛巳(1941年)和壬午(1942年)两次。其中,辛巳(1941年)“七七消夏会”共七集,题目依次为《爱莲》(五排一首)、《荷钱》(七绝一首)、《藕节》(七绝一首)、《西湖采莲歌》(七绝四首)、《荷花生日》(七律一首)、《荷花闰生日》(七律一首)、《莲子》(七律一首),为依照林尔嘉在上海举办的“七七消夏会”社课题目而作。壬午(1942年)“七七消夏会”共五集,每集二题,依次为《榴花》与《荔子》、《蟠桃》与《缥李》、《燎蚊》与《捕蝉》、《品泉》与《饮冰》、《听松》与《看竹》,各作七绝一首。

辛巳六月十八日(1941年7月12日),蕺庄吟社举办消夏第一集,所出社课题目为“爱莲”(五排一首)。其中,沈琇莹所作云:

余年十七八,读书郡城西。旧馆居西湖,湖光碧玻璃。

沄沄三百顷，左右皆莲池。雨过白菡萏，袭余芳菲菲。薰风飒然至，云锦复纷披。长桥接高阁，流水环短堤。士女恣游赏，姗姗其来迟。日斜张荷盖，月上揽荷衣。长啸惊鸥梦，起舞村鸡啼。前尘一回首，红情费题词。自从赋远游，三十年于兹。会稽称南部，此物非土宜。老来说爱莲，谁能规廉溪。主人怀往事，咄咄人不知。花花成祸水，叶叶为劫灰。世变不可测，客散尤足悲。空空花世界，思量不如归。旧馆倘无恙，湖莲犹昔时。故老两三人，醽醁酒自携。重登君子堂，同饮碧筩杯。

(三)其它社课雅集活动

除了专题性社课雅集外，菽庄吟社所开展的日常社课雅集活动还很多。所出社课题目则有：《元夕灯词》之《翦灯》、《买灯》、《观灯》与《猜灯》;《春雨》、《春风》、《春花》与《春草》;《秋衾》、《秋砧》、《秋灯》、《秋扇》与《秋兴》;《吟社重阳四咏》之《题糕》、《送酒》、《落帽》与《佩囊》;等等。兹录施士洁所作《吟社重阳四咏》(四题各二首，1920 年作)每题各一首于下：

《题糕》：

浪传佳节菊花糕，吟社分题愧老饕。
我与刘郎同阁笔，六经文字厄诗豪。

《送酒》：

沈醉乾坤百事非，故园松菊几时归？
陶潜已往王弘逝，何处人间有白衣？

《落帽》：

当年幕府尽环奇，胜地登高想见之。

今日西风尘起处，乌纱白发那禁吹！

《佩囊》：

佩兰艳说汉宫香，玉臂珠罗祓不祥。

此日茱萸应笑我，客中羞涩奈空囊。

三、击钵联吟

经过日常社课雅集的切磋砥砺和锻炼提高，菽庄社侣们最想的是在竞技斗捷的击钵联吟活动中一显身手，比试比试高下。如前所述，击钵联吟又称“刻烛联吟”或“击钵催诗”，起源于南史王子良“刻烛为诗”和萧文琰“打铜钵立韵”的典故，后来泛指限时吟作的创作活动方式，与“社课”、“宿构”等意思相对，其中又分为诗钟与击钵吟二体。兹分述如下。

（一）诗钟

诗钟是运用传统对偶艺术，限时、限题、限格、限字写作五言、六言、七言及骈体对句的一种诗歌体裁，其中又以七言诗钟发展最为成熟和充分。根据活动规模及发唱方式，诗钟分为连环唱与大唱两类。

菽庄主人酷嗜诗钟，早在光绪末年即参加过李宝嘉（伯元）在上海所创设之海上文社的诗钟征集活动。由于林尔嘉的大力提倡，菽庄吟社的诗钟活动曾经盛极一时，菽庄花园之眉阁与林氏府壶天园之画壁亭都是该社经常“胪唱”的地方。林景仁所撰《东海钟声·序》有载：“诗钟之作，盖仿刻烛击钵之遗意。闻前辈言，谓滥觞自吾闽。殆骚人墨客，藉此道游戏，以温修书史，且安顿身心也。曩者余侍家君为菽庄吟社，尝与陈香雪、施耐公、许蕴白、沈傲樵诸老鏖战，累月不息。”[①]沈

---

① 林景仁撰：《东海钟声·序》。张作梅编订：《诗钟集粹六种》，台北：中华诗苑印行，1957年10月初版，第83页。

琇莹所作《再叠前韵(按:指夏五守中道人自庐山寄示书感一律次韵)》亦记:“余初入社阅钟卷,主人置酒高会,鹭江名士咸集,特招白牡丹、黎月樵二女伶侑觞,余乃大醉。”[①]许南英所作《菽庄钟社即事》(三首)之三另描写道:“骚坛俯瞰鼓浪湄,咸籍风流独冠时。高挹群贤同入座,满天风雨夜鏖诗。”[②]

菽庄吟社著名的诗钟作手,就有林纾、陈衍、陈海梅、林苍、王允皙、陈培锟、施士洁、许南英、汪春源、林柏寿、林景仁、林熊祥、沈琇莹、庄棣荫、苏镜潭、王贻瑄、严叔夏、陶芸楼、林绮赓、陈海瀛、林幼泉等。其中,施士洁、许南英与汪春源师生,曾是清末台南斐亭吟会与台北牡丹诗社成员;林柏寿与林景仁叔侄另创有专门的诗钟社团——台北东海钟声社,在日据时期的台湾本岛诗坛影响很大;林纾、陈衍、陈海梅、林苍、王允皙、陈培锟等,则为晚清民国期间福州各大诗钟社团的负责人。

菽庄吟社历次诗钟连环唱活动中,“季绳(按:即林柏寿)、少眉(按:即林景仁)叔侄迭次冠元”[③],沈琇莹“多得状元,……陈香老(按:即陈海梅)得榜眼,龚筠老(按:即龚显鹤)得探花”[④],林绮赓所作曾经“全场爆满遍取为元”[⑤],等等。但是,由于该社诗钟活动“以唱为重”,社侣们参赛的主要目的在于夺取“状元”、“榜眼”、“探花”等及其标赏,对于所作钟稿则往往随作随弃,所以菽庄吟社连环唱活动留存下来的

① 沈琇莹撰:《再叠前韵》。沈琇莹著:《壶天吟》卷一,“癸未(1943年)夏日”刊本,第19页。

② 许南英撰:《菽庄钟社即事》(三首)之三。许南英著:《窥园留草》,台北:文海出版社,1974年12月版,第205页。

③ 许南英撰:《菽庄钟社即事》(三首)之三。许南英著:《窥园留草》,台北:文海出版社,1974年12月版,第205页。

④ 沈琇莹撰:《忆江南·壶天四咏》(四首)之三。沈琇莹著:《寄傲山馆词稿·忏绮词丙稿》,“庚辰(1940年)仲冬”刊本,第4页。

⑤ 杨文继著:《七竹折枝摭谈》,1994年福州刊本,第93页。

诗钟作品不多，仅见林绮赓所作“创开司马东西晋，想吃天鹅大小乔”(《曹操，合咏嵌“鹅”字》)一联。杨文继《七竹折枝摭谈》有载：

> 数十春秋，涉迹吟场，所闻所见，在折枝联吟诗赛中，全场爆满取元之胜事，实属稀罕。足以格外珍视之纪录，仅有三起，兹分叙盛况如下：
>
> 折枝专咏，曩时既指定一个题目，有时还另加一二嵌字，因有嵌字之局限，使专咏更不易为。故今之专咏或分咏与嵌字分为两途，兼施之嗣响鲜矣。其最堪回忆者，一九四一年在鼓浪屿，有一次老侨商林尔嘉，在其菽庄花园邀订吟局，主人命题，临时指定以曹操为题目来专咏。当场有人建议，为防滥求精，另阄一字嵌入句中，大家同意，顺手拈来，拈出一个“鹅”字，虽明知此鹅字在咏曹操句中无处安插，纵牵强嵌入，也是很不贴切，但题目已定，按吟场规矩甚严，不再更换，遂各勉为其难，安坐构思。索句中慨声迭起，及缴卷限时已届，都觉潦草成交，徒呼负负。至发唱结果，竟出人意料之外，有一题咏句曰：“创开司马东西晋，想吃天鹅大小乔。”不惟天鹅、司马属对工整，上联叙其功绩，下联叙其风流，把阿瞒铜雀锁娇，比作癞蛤蟆想吃天鹅肉，非常恰当。此句一唱出，全场惊叹叫绝。参咏者共十六人，除作者本人，及轮到抄此句之吟友，例应回避认字迹不能取之外，剩下十四人均评骘为元卷。全场爆满遍取为元，联席评选，得分最高，可算是旷古未曾有之杰作警句也。此句作者是林绮赓，为福州志社吟坛耆宿，老手斫轮，诚盘错而游刃有余耳。崔颢题诗在上

头，至今尚未见有人足以压倒者[①]。

莪庄吟社另曾征集诗钟大唱 24 次。本著将它归入对外“征诗”范畴进行探讨，这里不作赘述。

（二）击钵吟

击钵吟本指限时、限题、限体、限韵写作的七言绝句。击钵吟一体传入台湾后，体裁范围得到拓展，成为限时、限题、限体、限韵写作的律诗和绝句。莪庄吟社中“击钵吟”的概念主要沿袭了后者，而且还有进一步泛化的现象，包括所有运用“击钵联吟”这一活动方式创作的“诗古文词各体”。有关击钵吟的活动程式及创作规制，已详前述。

莪庄吟侣诗文作品中，有关该社击钵吟活动的载录很多。如陶巽人所作《辛酉（1921 年）重阳莪庄三九雅集》有记：“则是会也，既非依季伦之酒罚，又非张李愿之水嬉；计到会者共八十一人，大都即景拈题，按体分撰。”[②]沈则琦所撰《甲子（1924 年）三月莪庄小兰亭三修禊序》有述：“社成多稔，禊修十年。墨炙金针，活齐梁于腕下；揽英撷秀，储风月于行间。阄韵分吟，拈题赌唱；声将掷地，气欲凌空。”[③]等等。可见，莪庄吟社“上巳修禊”、“三九雅集”等节事游赏中，除了即景随兴之作以外，也经常采用击钵吟的活动方式进行创作，所作则包括“诗古文词各体”[④]。

有关莪庄吟社击钵吟活动创作的作品，前面已经选录很多。这里

---

① 杨文继著：《七竹折枝摭谈》，1994 年福州刊本，第 92—93 页。

② 陶巽人撰：《辛酉（1921 年）重阳莪庄三九雅集》。林尔嘉辑：《莪庄三九雅集诗录》，“壬戌（1922 年）端阳”刊本，第 15 页。

③ 沈则琦撰：《甲子（1924 年）三月莪庄小兰亭三修禊序》。林尔嘉辑：《莪庄小兰亭征文录》，“戊辰（1928 年）春日”刊本，第 12 页。

④ 林尔嘉撰：《莪庄三九雅集征诗启》。林尔嘉辑：《莪庄三九雅集诗录》，“壬戌（1922 年）端阳”刊本，第 1 页。

不妨再举沈琇莹所作《金缕曲·戊辰三月三日(1928年4月22日)小兰亭修禊,寄怀萩庄主人,分韵得会字》一首,以观其盛。该词并注云:

泡幻人间世。蓦回头,小兰亭上,五年前事。典午文章开生面,压倒山阴内史。约共赏,过江名士(甲子小兰亭征文录刊成,是日揭晓),却怪今朝东风恶。阻沙棠舟泛桃花水,酬令节,几人醉。

西园公子称无忌。喜新来,搴芳澧浦(孙静山都督),揽英吴会(缪子才教授)。座次题名平分韵,谁敢成篇率尔。催写照,鹧鸪天气,我似传言三青鸟。拂蛮笺重译珍珠字(以主人札遍示座客),云外客,动归思。

四、叠韵唱和

萩庄吟社留存最多的还是吟侣间彼此酬唱应答的"叠韵唱和"之作,这些作品在萩庄社侣的个人诗文集著中占有相当大的比重,它们往往是作者思想情感最为真实的流露或观念主张最为强烈的表达,具有很高的研究价值。从中可以看到,萩庄吟侣不仅用"叠韵唱和"来作为切磋砥砺、锻炼提高创作水平的途径;而且还以此来沟通声息,达到同声相应、同气相求的目的;更重要的还在于,借助"叠韵唱和"这一创作活动方式,他们得以更加自如地表达出自己的观念主张与价值诉求。一句话,诗歌创作已经成为萩庄吟侣的一种基本生活方式。兹选取三个比较典型的例子,以为窥豹之资。

(一)萩庄梦中得句

萩庄主人"爱诗若命",所以经常能够在"梦中得句",醒来后林尔嘉往往都要招邀社侣"叠韵唱和",这种集体性唱和活动在同时期其它文学社团中是极少见到的，也可算是菽庄吟社的一件韵事。

辛酉(1921年)暮秋某夜，林尔嘉又在梦中得诗一首，可惜醒来后仅记得“雨后风轻入望凉”一句。林尔嘉因之足成七绝四首，然后“征同人唱和”[①]，共43人参与，计得诗220首。所作由林尔嘉辑为《菽庄梦中得句唱和集》，于“壬戌(1922年)八月”刊刻印行。林尔嘉所作原诗为：

雨后风轻入望凉，江天一角写晴光。
四山寂静涛声壮，独立平台待夕阳。

微云低抹暮山苍，雨后风轻入望凉。
行过桥栏四十四，悬崖吹下草花香。

亭真率见人真率，闲坐微吟长抱膝。
雨后风轻入望凉，江湾尽处孤帆出。

大海依然袖里藏，一园深闭日舒长。
开轩恰对双峰塔，雨后风轻入望凉。

江苏伍佑国粹保存社社长、安徽歙县人吴承烜，竟然一口气连和八组诗作。其中第四组并序云：

巢父巢居，自多乐地；壶公壶隐，自适性天。鹿门为偕老

① 陈海梅撰：《菽庄梦中得句唱和集·序》。林尔嘉辑：《菽庄梦中得句唱和集》，“壬戌(1922年)八月”刊本，第1页。

之乡，庞家眷属；蟹舍即钓游之所，张叟生涯。一舸邸夷，五湖鸥梦；烟波遁迹，泉石忘机。海立山飞，六鳌策下；峰回路转，万象在旁。不亦康乎？何其大也。吾想菽庄主人受书而拜长恩，度曲而呼大舍。凉生诗梦，乞趾离助我之灵；远结墨缘，有谢朓惊人之句。投桃报李，永好之情；访藕寻莲，大同之量。仿辘轳体例，俨如意指；挥四叠霓裳，七襄云锦。既见青霞之气，又闻白雪之歌。（烜）念六十年中，猝逢知己；在五千里外，敢赋由庚。东野为云，昔日倾心相向；南楼望月，何时携手同行？老耄无能，其攀有道；虽则神交水淡，庶几弘奖风流。视勿弁髦，倡予和汝；言将冠首，合众乐群。其诗曰：

雨后风轻入望凉，德星聚处有辉光。
邓林不与戈同化，逐日凭谁问鲁阳。

白衣变幻暮云苍，雨后风轻入望凉。
四十四桥栏已尽，蛮花犵草散天香。

雅人高致情麤率，仙药借锄斸牛膝。
雨后风轻入望凉，烟销四壁青山出。

螭殿龙宫雾里藏，双峰塔倚海天长。
厦门十万三千顷，雨后风轻入望凉。

（二）施沈千古叠韵

从菽庄社侣留存下来的诗文作品中可以看到，施士洁、许南英、汪春源师徒三人及与菽庄主人之间，沈琇莹与菽庄主人及菽庄“三老”之间，年青一代的汪受田与菽庄少主人林景仁之间等，相互唱和的频率都非常高，其中也反映出他们彼此交谊的疏密与深浅。

菽庄吟侣间的“叠韵唱和”，曾经有过连叠十一韵的“千古所未有”之韵事。癸丑（1913 年）之冬，施士洁卧病漳州紫阳书院，尝填《金缕曲》一词寄给沈琇莹。词曰：

> 最是冬萧索。对残更，孤灯闪碧，老怀无著。减字偷声真戏耳，谁信沈郎度曲？者神技，解医甜俗，笠屐衡山才入梦。又惊回鬼乌吟风恶，听窗纸，桐声落。
>
> 年时小病狂难药。人道是，贫能铸病，六州皆错。到底狂生贫不病，万古词人落魄。是前世，首阳盟约，笑我颦施君瘦沈。镇相怜槁饿芝田鹤，青白眼，穷途哭！

由于施士洁与沈琇莹均才高而落魄，所以两人惺惺相惜，你来我往，连叠十一韵。施士洁所作《前调十一叠韵》并序云：

> 傲樵以十叠赠行，予谓填词和韵至于十叠，千古所未有也；然东挦西撦，贻笑大方，弃甲曳兵，在所不免，十一叠勉强塞责。明日岁除，从此阁笔，乞降而已。
>
> 不耐吹毛索。者伧荒，许多疵语，防人觑著。施欲效颦真误矣，枉费周郎顾曲。笑钉铰，安能免俗，一片降幡城下竖。早惊他大楚兵氛恶，兵未接，胆先落。
>
> 金丹换骨宁无药？恐前生，法龛香火，兰因注错。待访屯田仙掌墓，酹酒重招词魄。赴吊柳，千秋雅约，更仿玲珑三变格。脱凡胎一去，随黄鹤，知音少，才人哭！

（三）许世英游菽庄

民国期间，孙道仁、许世英、萨镇冰、黄培松、臧致平、孙传芳、蒋鼎文等当道诸公，都曾经到过鼓浪屿菽庄花园。每当这些名公巨卿到来的时候，都会激起菽庄社侣们对于光复台湾的无限热望，并且写下了许多"叠韵唱和"之作。这表明，一方面以林尔嘉为核心的菽庄文人集团在民国期间海峡两岸的社会影响之大，足以引起当道诸公的关注和重视；另一方面菽庄吟社中的台湾流寓文士们始终都没有放弃"复台"的信念，所以只要一有机会，他们就要大声疾呼，以此来唤起当道诸公的警醒并争取他们的决策支持。

乙卯蒲月朔日（1915 年 6 月 13 日），时任福建巡按使的许世英视察厦门，期间游历了鼓浪屿菽庄花园，并作有《三都月夜》七律一首（原诗未辑得），菽庄社侣们纷纷叠韵以和，从而掀起一个小小的"叠韵唱和"高潮。其中，许南英所作《和许巡按使静仁按部三都月夜原韵》并注云：

> 使星炯炯摇银汉，照澈天南海尽头。
> 闽峤八方人望岁，陂塘五月气如秋（时在菽庄避暑）。
> 南巡蔽芾留嘉荫，东望扶桑起远愁。
> 到处树人培国脉，英雄干济老成谋。

又施士洁所作《和许静仁闽按使韵》（二首）云：

> 蜃市蛟宫鲲岛外，蜺旌虎节鹭江头。
> 苍生疾苦谁司命？黄落山川易感秋！
> 露冕六条为世出，星轺九坂使人愁！
> 一韩一范军中在，定慑强邻挫异谋。

粲然百度维新日，草莽遗臣已白头。
何处桃源秦世界？他年郄史汉春秋。
群公纵下神州泪，逋客难埋异地愁！
眼底乘轩三百辈，几人肉食远能谋？

由此观之，菽庄吟社绝对不是简单纯粹的民间文人雅集社团，更不是颓废没落的“遗老遗少”社团，而是一个有着鲜明政治倾向与强烈革命要求的抗日爱国文学社团，他们所代表的是包括日据下台湾全体民众在内的广大中国人民的“抗日”呼声和“复台”要求。

第五节　菽庄主人在外地所组织之吟咏聚作

甲子六月六日(1924 年 7 月 7 日)，菽庄主人“挈眷自鹭岛放洋，自东徂西，迄庚午(1930 年)归国，游兴未阑，年年夏出秋归，仍在大江南北，遨游不倦。丁丑(1937 年)后，避地沪上”[①]。期间，林尔嘉在香港、上海等地组织开展过许多吟咏聚作活动，而且往往与菽庄吟社在菽庄花园内举办的各种活动互动并举。这一方面说明，菽庄主人在外地所组织之吟咏聚作并非游离于菽庄吟社以外的单独行动；另一方面也说明，林尔嘉在菽庄吟社中的核心地位始终都没有动摇过，即使他远在五万里以外的瑞士阿萝莎山上，在难识其“真面目”的庐山深处，以及在香港、上海“孤岛”、光复后的台湾等。因此，应当把林尔嘉在各地开

① 林尔嘉撰:《辛卯(1951 年)六月六日天贶节，余归台已经三载。回忆甲子(1924 年)此日，余挈眷自鹭岛放洋，自东徂西，迄庚午(1930 年)归国，游兴未阑，年年夏出秋归，仍在大江南北；遨游不倦。丁丑(1937 年)后，避地沪上；癸未(1943 年)亦逢天贶节，适值新历七月七日，集眷宴饮，有七绝二首，併列于后。自甲子此日至今，二十七年矣；此中家国情景，历历如在目前，乃成七绝二首，以纪大概》。林尔嘉撰，沈骥编校:《林菽庄先生诗稿》，台北：龙文出版社，1992 年 3 月重印初版，第 95—96 页。

展的吟咏聚作活动看作是菽庄吟社在菽庄花园以外的一个活动分支，并纳入到该社的考察范围中来。

一、香港之聚作

1937年7月7月“卢沟桥事变”发生后，中日战争全面爆发。1938年5月13日厦门沦陷，日本掌控了鼓浪屿工部局，并一度派兵占领鼓浪屿，试图将“公共租界”当作一己独霸的殖民地。为避免招致失节，林尔嘉乃于1938年初携眷远避香港。在港期间，林尔嘉先后于戊寅(1938年)上巳和己卯(1939年)上巳两度在香江岸边举行修禊活动，祈望“祓除不祥干戈止”。

其中，林尔嘉所作《己卯(1939年)上巳，招同客香江旧侣，会于小香江畔，买鱼沽酒，畅叙幽情，回忆菽庄修禊，赓续二十五年矣！感而作歌》一诗，表达了“来春作伴好还乡，及早安排踏青履。浣花沟畔待群贤，重与流觞醉曲水”的美好愿望。该诗云：

癸丑(1913年)菽庄纪落成，兰亭韵事忘所以。记得甲寅(1914年)暮春初，抱孙年正当强仕。一时岛上萃文人，牛耳主盟骚坛启。乙卯(1915年)年暮永和年，菽庄修禊自兹始。是日风和天气清，小妻弄瓦亦可喜。从此每逢三月三，事仿会稽会靡已。甲子(1924年)复筑小兰亭，经营十载曰苟美。三修禊事广征文，琳琅满目差可拟。时当烽火满鹭江，祓除不祥干戈止。旋因采药事远游，历遍瀛寰九万里。忘反流连七载经，归来尤觉厌城市。年年秋作西湖游，岁岁消夏庐山里。丁丑(1937年)仲夏世运乖，时艰不图一至此。家家骨肉叹流离，田园荒芜悲桑梓。虎口余生滞香江，喜见曾孙亦幸矣。一刹那间两经春，又是客中逢上巳。强招旧侣两三人，小集江干感游子。缕指乙卯盛会时，容易春风过二纪。抚景怀人且高歌，不管昨非与今是。何妨免俗笑未能，爱惜良辰聊复尔。临风东望小兰亭，应有骚人同翘企。一觞一咏叙幽情，今朝列坐知何似。来春作伴好还乡，及早安排踏青履。浣花沟畔待群贤，重与流觞醉曲水。

二、上海之聚作

己卯(1939 年)之秋，林尔嘉携眷从香港辗转来到上海公共租界内，直到戊子(1948 年)岁末渡台归里为止，在上海前后寓居达十年之久。期间，林尔嘉几乎年年都要组织“上巳修禊”，岁岁都要开展“九九消寒”，偶尔也举办“七七消夏”、“三展重阳”等，创作活动还算是比较频繁的。

(一)“上巳修禊”

“上巳修禊”历来是林尔嘉最为重视的一项活动，其所作《己丑(1949 年)上巳静胜楼修禊》一诗序曰：“鹭江菽庄，乙卯(1915 年)始修禊，自是年年赓续，……然予在外客居，每逢此日，必集家人于公园或酒家，循例修禊，亦无中辍。”①

林尔嘉在上海所组织之“上巳修禊”，确切可稽者 5 次，分别是：庚辰(1940 年)上巳梵王渡公园修禊、辛巳(1941 年)上巳寓楼修禊、壬午(1942 年)上巳锦江酒家修禊、甲申(1944 年)三月十三日补修禊与丙戌(1946 年)上巳浦行新村修禊。其中，又以丙戌(1946 年)上巳在浦行新村林尔嘉次子林刚义寓庐之修禊，参加人数最多，达 53 人。

林尔嘉尝作《壬午(1942 年)三月三日集客沪眷属，修禊于锦江酒

---

① 林尔嘉撰：《己丑(1949 年)上巳静胜楼修禊》。林尔嘉撰，沈骥编校：《林菽庄先生诗稿》，台北：龙文出版社，1992 年 3 月重印初版，第 71－72 页。

家，来宾惟女弟子寄尘一人，率成五律一首纪之》，诗中表露出“身悲孤岛客”的心境，在同时期作品中具有一定的典型意义。该诗云：

不忘三日节，修禊仿前人。
千古祓除俗，一家觞咏亲。
身悲孤岛客，时惜会稽春。
少长同生日，今朝揽揆辰。（寄尘与五女红芙同生日。）

（二）“九九消寒”

从林尔嘉所作《辛巳（1941 年）二月十六日消寒第九期口占寄傲樵》、《丙戌（1946 年）二月二日消寒第九期，适逢姬人兰芳五三生日，赋诗为寿，用辛巳（1941 年）正月初十日消寒第五期寿姬人冬曦生日韵》、《丁亥（1947 年）阑迄戊子（1948 年）早春滞寓春申江上，先后雅集儿孙消寒会九次，慨然有作》等诗中可以了解到，他在上海共组织过三次“九九消寒会”，分别是庚辰（1940 年）冬、丙戌（1946 年）冬与丁亥（1947 年）冬，每次九期，总计 27 期。

其中，林尔嘉所作《辛巳（1941 年）二月初七日消寒第八期书感》一诗，发出了“消寒容易不消愁”的感叹，与他在壬午（1942 年）上巳修禊中所表露的“身悲孤岛客”心境，刚好互为表里。该诗云：

笑折花枝当酒筹，消寒容易不消愁。
客中莫问家何在，海外徒闻战未休。
棋局河山争一着，英雄成败各千秋。
渔人已失桃源路，黄浦江边且系舟。

（三）“七七消夏”

林尔嘉在上海组织的“七七消夏会”共两次：一是庚辰（1940 年）“七七消夏会”，其中第一期会于蜀生家、第二期会于浴沂家、第三期会于次婿黄友情家、第四期会于梵王渡公园、第五期会于三子林鼎礼寓、第六期会于二子刚义寓、第七期会于丽都酒家；二是辛巳（1941 年）“七七消夏会”，各期题目与同年菽庄吟社在菽庄花园内开展的“七七消夏会”所出社课题目完全一致，其中第一、二、四期举办时间相同，其它各期也相近，可视为协同组织的结果，颇有主分会场的意味。

其中，林尔嘉所作《爱莲·六月十八日消夏第一期》（1941 年）一诗，表达了自己“爱菊香晚节，爱莲濯清涟”的清高守节之志。该诗并注云：

平生何所爱？爱菊尤爱莲。爱菊香晚节，爱莲濯清涟。忆昔营菊圃，莲池在其间。长夏盛开日，嘉客相流连。碧筩杯共醉，艳曲歌田田。无端遭蜚语，聚蚊生绿烟。种者复有禁，割爱绝其根。（鼓浪屿工部局种莲之禁始于壬戌，旧有者以药水杀之。）偻指十九载，思之心犹酸。江南多此物，有若红豆然。通词托生波，曾泛湖上船。爱莲有老佛，妙香自在天。爱莲有道学，名以君子传。和尚一顽石，色界空参禅。光风与霁月，愧我非宋贤。莲亦不解语，相喻于无言。

（四）“三展重阳”

在上海，林尔嘉还有一项每年必定举行的活动就是展重阳。辛巳（1941 年）九月，林尔嘉还有过“三展重阳”的盛举，其所作《辛巳（1941 年）三展重阳，饮于寓楼，适李克芽来自鹭江，把酒论文，诗以志之》云：

江南秋尽黄花瘦，客中再三作重九。此例端为赏菊开，亦似前人未曾有。朝朝赏菊几经旬，把酒持螯左右手。忆昔葭庄菊开时，为人寿还为菊寿。（九月廿四日内子生日。）旧侣云散如梦幻，伤心不堪重回首。鼓棹无计早还乡，剧怜三径荒芜久。惟幸知己有故人，醉卧壶天一拙叟。搜罗旧稿与新编，付之枣梨期不朽。（傲樵勤于著作，尚有诗稿数十卷未刊。）他乡旧侣苦难逢，离愁徒系江边柳。今朝此会欣硕健，惜无佳士同饮酒。忽有客自故乡来，欢然入座称良友。濡毫纪事写新诗，不管后来人覆瓿。

第五章

菽庄吟社主要吟侣的文学及艺术成就

菽庄吟社的创作成果异常丰硕，单纯核心成员的诗文结集就有：林尔嘉所著《菽庄诗稿》、《顽石山房笔记》等，林景仁所著"小眉三草"——《摩达山漫草》、《天池草》与《东宁草》等，施士洁所著《后苏龛合集》，许南英所著《窥园留草》，汪春源所著《柳塘诗文集》，沈琇莹所著《寄傲山馆词稿》、《壶天吟》等，江煦所著《圭海集》、《草堂三集》、《草堂别集》与所辑《鹭江名胜诗钞》等，陈海梅所著《折琼集》与《喷饭集》，施景琛所著《鲲瀛集》、《鹭江集》、《石鼓集》等，吴增所著《吴桂生诗钞》、《蕃薯杂咏》、《泉俗激刺篇》等，苏大山所著《红兰馆诗钞》等，龚植所著《如愚别馆诗存》、《藏斋诗话稿》等，周殿薰所著《棣华吟馆诗文集》等，李禧所著《梦梅花馆诗钞》等，庄棣荫所著《耕余吟集》，等等。在金石及篆刻方面，则有林尔嘉所著《闽中金石略考证》、施景琛所著《泉山古物编》、龚植所著《亦楼印存》等。此外，"同光体"闽派代表人物陈衍、台湾旧文学"主将"连横、台湾新文学运动"开拓者"与"奠基人"张我军等，也都与菽庄吟社有着密切的联系。

菽庄吟社的诗文结集，大都是该社"忧国之英、伤时之彦，拔剑斫地、悲歌慷慨之所为作"[①]，创作上一扫清末台湾诗坛的"游戏"之风与

① 朱家驹撰：《甲子(1924年)三月菽庄小兰亭三修禊序》。林尔嘉辑：《菽庄小兰亭征文录》，"戊辰(1928年)春日"刊本，第2页。

“雕镂”之习，多抒发台湾流寓之士长期以来抑郁心中的亡国之痛、故园之思、流离之苦及复台之志，总体上呈现出悲怆沉郁的风格特点。

第一节 林尔嘉及其子林景仁、林履信等

如前所述，菽庄主人林尔嘉在菽庄吟社中占据举足轻重的地位，他不仅是菽庄吟社的创立者及该社雏形期与鼎盛期的主盟人，而且菽庄吟社的许多重大活动都是围绕林尔嘉个人的婚寿喜庆等来展开的；菽庄吟社持续期，林尔嘉“欧游七载，及归国，又寓沪十余年，乃由壶天醉客沈琛笙主持吟社”，但是举凡菽庄吟社的一举一动、一觞一咏，沈琇莹都有向他请示汇报，两人邮筒往来，络绎不绝；菽庄吟社余绪期，其时台湾已经光复，林尔嘉策杖返乡，回到台北板桥故园，吟社乃由其五子林履信“归厦，复集新旧社侣举行之”[①]，这则是林履信秉承林尔嘉的旨意之所为作。林尔嘉长子林景仁曾“侍家君为菽庄吟社”[②]，菽庄花园及各景点落成庆典、菽庄主人历次寿庆及结婚纪念、菽庄吟社历次对外“征诗”等重大活动，他都曾参与筹措擘画。因此，要了解菽庄吟社的文学思想及创作成就，必须得从他们开始谈起。

一、林尔嘉及其《菽庄诗稿》、《顽石山房笔记》等

林尔嘉“其人非特干济之才有足多者，文学亦非恒人所能几也”[③]。林尔嘉的文学贡献，主要体现在三个方面：一是提倡社团之功，除了

---

① 林尔嘉撰：《己丑(1949年)上巳静胜楼修禊》。林尔嘉撰，沈骥编校：《林菽庄先生诗稿》，台北：龙文出版社，1992年3月重印初版，第71页。

② 林景仁撰：《东海钟声·序》。张作梅编订：《诗钟集粹六种》，台北：中华诗苑，1957年10月初版，第83页。

③ 陈遵统撰：《叔臧林侍郎暨德配龚夫人四十双寿序文》。林景仁辑：《菽庄主人四十寿言》，“甲寅(1914年)冬月”刊本，第7页。

“浪屿诗坛”与菽庄吟社以外，林尔嘉还创立有碧山词社、亦小壶天吟社等文学社团；二是著述之丰，所见有《菽庄诗稿》、《顽石山房笔记》与《闽中金石略考证》三部专著；三是出版之力，先后梓行“菽庄丛书”六种、“菽庄丛刻”八种等菽庄出版物40余种，保存了一大批闽台文献资料，另外还有过编辑发行《菽庄杂志》的设想。这里主要从林尔嘉所著《菽庄诗稿》、《顽石山房笔记》与《闽中金石略考证》入手，来探讨其文学思想及创作风格。

（一）《菽庄诗稿》的思想内容及风格特点

林尔嘉不仅“爱诗若命”，其创作的诗文作品也相当可观。1972年沈骥对其遗稿作了誊录整理与编纂校勘，计得诗311首，都为一册，名曰《林菽庄先生诗稿》，简称《菽庄诗稿》，于“癸丑（1973年）五月”在台北镌行；末附《菽庄花园文献》、《鹭江摩崖》、《庐山文献》、《莫干山西湖摩崖》、《戊辰（1928年）三三小兰亭修禊诗存》、《戊辰（1928年）九九登高诗存》等六种。1992年，台湾文海出版社把《菽庄诗稿》作为“台湾先贤诗文集彙刊”之一种，进行了重印。

《菽庄诗稿》主要包含两个方面的思想内容：

一是抒发忠义爱国之心。“菽庄生当离乱，素抱豪杰拯世之心，所为诗文多关忠义。……其诗稿虽多游历唱和之作，然其平生所怀霖雨之心、所持报秦之志，俱在字里行间，沉雄高迴互见，颇有可观”[①]。沈骥尝谓：“叔臧老伯固为一代爱国诗人也”，“顾叔臧老伯得儒家正统磅礴之浩气，耿介范世，气度超群，守席履丰厚之业，抱豪杰拯世之志，本饥溺之忧，有霖雨之施，礼贤下士，教忠教孝，其发抒于篇什，固足以励

① 林尔嘉撰，沈骥编校：《林菽庄先生诗稿》出版说明，台北：龙文出版社，1992年3月重印初版，书前页。

末俗而扬诗教”,“骥是以深信叔臧老伯之爱国诗篇,足以传诸后世矣”①。1937 年 7 月 7 日,日本侵略者蓄意制造了震惊中外的“卢沟桥事变”,林尔嘉愤然而作《丁丑(1937 年)新历七月七日倭寇侵犯卢沟桥感赋寄壶天醉客》一诗并注云:

年年来消夏,匡庐无所营。虽居在空谷,时闻风鹤声。人心不厌乱,蛮触蜗角生。内度幸既弭,外寇何纵横!卧薪日已久,民苦不聊生。背城拼一战,不为城下盟!匹夫知有责,举国欲皆兵!愧我桑榆景,未能事远征!时不容高卧,安得效渊明!寄语壶天客,在山泉水清。黄龙待痛饮,啸侣歌太平。(庐山黄龙潭有军官刻“痛饮黄龙”四字。)

1945 年 8 月 15 日,抗战胜利,台湾光复。是岁重阳,林尔嘉登上当时号称“远东第一高楼”——上海国际饭店的第二十一层楼酒家,慨然而作《乙酉(1945 年)重阳登春申江上二十一层楼酒家感赋》曰:

老来倍爱重阳节,就菊今情似昔不?
有酒有诗高雅会,无风无雨太平秋;
暮年历劫人尤瘦,一字题糕句已酬。(去年重阳题糕一绝。)
还我河山偿我愿,登临更上几层楼。

兴慨之余,林尔嘉又作《乙未(1895 年)割台湾,挈眷归原籍龙溪,

---

① 沈骥撰:《菽庄诗稿序——为纪念爱国诗人林叔臧老伯百年诞辰而作》。林尔嘉撰,沈骥编校:《林菽庄先生诗稿》,台北:龙文出版社,1992 年 3 月重印初版,第 4—6 页。

五十有余年矣。乙酉(1945 年)台湾收复,余旅辄思回台,未能立即成行,感赋四绝志之》。其中第一首云:

看到瀛东复版图,年过稀古老狂夫。
故人来道故乡事,无恙河山风景殊。

仅此数首,便足以彰显林尔嘉"系怀于国"的胸襟与豪情。

二是表达清高守节之志。陈海梅尝论林尔嘉的"诗福"与"诗品",曰:"予维古之诗梦惟陆梦最多,今备载渭南集中,而菽庄主人之诗视务观亦不多让,而务观为古今诗中第一寿人,菽庄之寿当必有过之者矣。但务观生平虽独享诗人之福,而南园东泉记见讥,清议晦翁忧其为有力所牵挽,不得全其晚节,何如先生于改革之后遁迹园林,不乐仕进,其诗福不让渭南,诗品又在渭南之上,是诚无愧孤山处士者也。"[①]"诗品"即人品,菽庄主人的"挺挺大节",更主要体现在他始终不为日殖当局所利诱,在关乎民族大义的大是大非问题上从来都爱憎分明和正义凛然,其"立身行己"已述如前,此处不复赘言。值得一提的还有,林尔嘉"平生偏爱菊,颇具渊明癖"[②],菊花是林尔嘉诗歌中最为重要的意象,整部《菽庄诗稿》即是以菊花为开篇,又以菊花为终结的。林尔嘉不仅"爱菊香晚节",而且还"爱莲濯清涟"[③],所作《藕节·闰月初三日消夏第三期》(1941 年)云:

---

① 陈海梅撰:《菽庄梦中得句唱和集·序》。林尔嘉辑:《菽庄梦中得句唱和集》,"壬戌(1922 年)八月"刊本,第 1 页。

② 林尔嘉撰:《癸亥(1923 年)重阳待菊》。林尔嘉撰,沈骥编校:《林菽庄先生诗稿》,台北:龙文出版社,1992 年 3 月重印初版,第 12 页。

③ 林尔嘉撰:《爱莲》。林尔嘉撰,沈骥编校:《林菽庄先生诗稿》,台北:龙文出版社,1992 年 3 月重印初版,第 54 页。

藕丝香里铁棱棱，不染淤泥出水清。

小节只应如大节，深根固蒂得长生。

寥寥数语，已然可鉴萩庄主人的铮铮傲骨和高洁品性。

在创作风格方面，林尔嘉的诗歌以“沉哀独写”为主，同时又“秾艳间行”。王国璠尝论曰：“（林尔嘉的诗歌）虽沉哀独写，却无衰飒之讥；秾艳间行，却无浅薄之贬。晚年诗风稍变，一路和平，信手富贵。”[1]如前举之《甲寅（1914年）萩庄口占》、《壬戌（1922年）七月既望壬秋阁落成，是夕久雨初霁，与客泛舟鹭江，慨然作七律四首》、《甲戌（1934年）三月三日，熙春亭落成，同人宴集，放歌四十四韵》等，均可作为林尔嘉诗歌风格的代表。

需要补充一点，林尔嘉在诗歌创作中还十分注重“实录”精神。其所撰《壶天吟·序》有记：“傲樵尝自言，九岁学诗，越三十一岁得若干首。时尚科名，若古若律，未能突出试帖范围，乃尽焚之，而存稿自辛丑（1901年）始，分为五编，曰湖海吟，曰娵隅吟，曰霞中吟，曰缗缑吟，曰壶天吟，藏之行箧，不轻出以示人。予欲为刻之，傲樵唯唯否否，屡索其稿，不能得，近始许以壶天吟六卷排印，而缮写校勘之役则仲春一人任之。其中有《哀玉兰》一首，傲樵欲删之，余曰：‘无庸。是乃壶天之实录，非谤史也。’又有《生日书感》十六首，傲樵欲删之，余曰：‘无庸。是君自家之实录，非詅痴符也。’”[2]所作如《庚申（1920年）萩庄咏菊八首》、《丁丑（1937年）新历七月七日倭寇侵犯卢沟桥感赋寄壶天醉客》、《乙酉（1945年）重阳登春申江上二十一层楼酒家感赋》、《乙未

① 王国璠语。林尔嘉撰，沈骥编校：《林萩庄先生诗稿》出版说明，台北：龙文出版社，1992年3月重印初版，书前页。

② 林尔嘉撰：《壶天吟·序》。沈琇莹著：《壶天吟》，“癸未（1943年）夏日”刊本，书前页。

(1895年)割台湾,挈眷归原籍龙溪,五十有余年矣。乙酉(1945年)台湾收复,余旅沪辄思回台,未能立即成行,感赋四绝志之》、《荷花生日有怀菽庄》等,几乎每首都录事真实,注释详备,不少作品尚且足资史乘参考,具有重要的史料价值。

(二)《顽石山房笔记》的主要内容及学术价值

《顽石山房笔记》为林尔嘉四十岁以后纂录的学术笔记。全书"四万余言",分四卷,共录笔记119则,内容涉及诗古文辞、经史子集、三流九教等。

关于《顽石山房笔记》的成书过程与学术价值,沈琇莹所撰《顽石山房笔记·序》记述颇详。该序云:"菽庄主人尝语琇莹曰:予少年时好为无益之事,载籍极博,不喜涉猎,虚牝岁月,殊为可惜。四十以后,有志向学,顾心粗不能治史,身丁厄运,巨变沧桑,见见闻闻,奇奇怪怪,天下多忌讳,又不欲纵谈时务,以博校邠抗议之名,端居多暇,乃与社侣商量旧学,时或汎览诸子百家之书,旁及近人诗古文辞,有会心处辄笺记之,择未必精,语未必详,聊以备忘而已,积久成帙,藏之箧衍,不敢轻出以示人。何也?无乡先达孟氏《瓜棚避暑录》、谢氏《稗饭杂编》之约而精也。甲子(1924年)出游七年,于外驺衍,所谓海外八十一州者,皆有车辙马迹焉,重译所获,存而不论,西游一记,独让长春。庚午(1930年)归来,皤然一老,年年岁岁,避暑名山,杜门谢客,重理旧业,睡余功夫,时有曾益,若复整齐次第,是有敝帚千金之意,存恐见之者将以我为詅痴也。如拊掌何?如覆瓿何?琇莹曰:不然,昔者仲尼没而微言绝,七十子丧而大义乖,陵夷至于战,国人自立,说家自著,宗派既别,门户纷争,是其所是九流皆是也,非其所非十二子皆非也。笔记者,杂家之支流,小说之余波,盛于晋,靡于唐,滥于宋,时代寖异,纪载寖繁,其书汗牛充栋,日出不穷,主人亦犹行古之道尔。虽然著作之权,与时消息,背古者诬,泥古者愚,神而明之,变而通之,我行我法,无庸规说苑而模论衡也，又何取乎坚白异同之辨，及鸡三足、卵有毛、丁子有尾之说，以骇人听闻耶！此四万余言者，或标新领异，或扼要钩玄，或摘艳薰香，或拾遗补缺，荟萃群言，遂成一家，自以为敝帚千金则可，人以为詅痴或拊掌或覆瓿则不可。古人有言，老而好学，明如炳烛，非穷愁不能著书，故读书为少年欢欣鼓舞之事，著书乃晚年忧勤惕厉之事也。嗟乎！纂言纪事，救野者文，文以载道，道有大小，识大识小，靡作匪述，不朽盛业，其在斯乎？知此者，可与读《顽石山房笔记》矣！"①

其中，"汲古阁歌"、"王缃绮先生论史"、"王缃绮先生论诸子"、"王缃绮先生论文"、"王缃绮先生论词赋"、"王缃绮先生论诗"、"淳化阁帖"、"樊榭秦淮怀古诗"、"渔洋小姑大姑二山诗"、"渔洋广州竹枝词"、"吴学士词"、"祝枝山哭唐子畏诗"、"东坡阳关曲"、"金正希过虎丘寺诗"、"白玉蟾词"、"永乐大典"、"君臣联句"、"董方立词"、"今释词"、"天一阁藏书目录序"、"薇花吟馆藏书目录序"、"有清一代古文家得失"、"读史方舆纪要"、"东坡行书二赋"、"东坡寒食诗"、"东坡行书渔父帖"、"米南宫之达"、"三希堂"、"瘗鹤铭"、"厦门公祭江侍御文"、"四库全书底本"、"山谷道人争坐位帖跋"等则，拾遗补缺，足资志乘，具有很高的学术价值。以"四库全书底本"一则为例，所录宋代李洪词作 9 首、曾协词作 14 首，悉为朱彝尊编纂之《词综》未曾收录者，弥足珍贵。

（三）关于《闽中金石略考证》

林尔嘉还著有《闽中金石略考证》五卷，是对陈棨仁所著《闽中金石略》的进一步考订与补充，附录于民国二十三年（1934 年）五月出版的"菽庄丛书"第二种——《闽中金石略》之后，其学术价值也很高。林

① 沈琇莹撰：《顽石山房笔记·序》。林尔嘉著：《顽石山房笔记》，"壬午（1942 年）仲秋"刊本，书前页。

尔嘉所撰《闽中金石略·跋》有述:"尔嘉虑孤本易失,特抄副本藏之,复以咫闻尺见,次第笺记,彙为考订五卷,洪筠轩《平津馆读碑记》之意,窃有取焉,蛇足之诮,在所不辞。甲子(1924 年)尔嘉出游,东至扶桑,西越大秦,七载归来,重检箧衍,原本副本幸各无恙,亟谋刊印,以广其传。至编中所载诸刻,历劫以来,或为臼,或为础,或为牛砺角而折,或为樵摩刃而裂,皆在不可知之数;幸而得存,雨淋日炙,非复旧观,而沈薶于荒烟蔓草中者,又不知其凡几,后之寻碑闽中者苟能按籍索之,庶乎十得七八。考订附后,并以质之博雅君子。"[①]

二、林景仁及其"小眉三草"——《摩达山漫草》、《天池草》与《东宁草》

林景仁(1893—1940),字健人,又字小眉,号蟫窟,别署蟫窟主人。光绪十九年正月初二日(1893 年 2 月 18 日)出生于台北板桥,为菽庄主人林尔嘉长子。林景仁"性敏悟,才便捷,母龚太夫人督课綦严,十岁能通文事"[②],有神童之目;稍长,从台南进士施士洁学,风华挺拔,秀气沐人,人皆以俊士相期;及冠,又赴英国牛津大学深造,精通英、法、日、荷诸国语言。民国元年(1912 年)"就姻于日里"[③],娶印尼侨领张鸿南次女张馥英为妻。翌年归厦,"侍家君为菽庄吟社,尝与陈香雪、

① 林尔嘉撰:《闽中金石略·跋》。陈棨仁著:《闽中金石略》卷十五,"甲戌(1934 年)夏五"刊本,第 18—19 页。

② 《林公景仁传略》。王国璠编撰:《板桥林本源家传》,台北:林本源祭祀公业,1984 年 7 月版,第 93 页。

③ 施士洁撰:《岁壬子重九日(1912 年 10 月 18 日),菽庄林先生浪屿别墅宴集同里诸诗人。时,菽将有海外之行,挈其长君小眉就姻于日里;不佞躬兹胜会,乌得无言? 倡为近体二章,权当喤引;饯菽庄,兼以贺文郎也》(二首)。施士洁著:《后苏龛合集》,台北:台湾银行经济研究室,1965 年 11 月版,第 208—209 页。

施耐公、许蕴白、沈傲樵诸老鏖战，累月不息”[①]，并成立过“寿菊会”等。民国十二年(1923年)，在台北创设东海钟声社，与其季叔林柏寿、从弟林熊祥、表叔庄棣荫与王贻瑄、表兄苏镜潭，及台湾名士连横、罗秀惠、谢汝铨、魏清德、张汉、黄赞钧、刘育英、刘克明、黄欣、庄嵩等，共打诗钟，盛极一时；所作由林景仁辑为《东海钟声》，在连横主编的《台湾诗荟》连载，对日据中后期的台湾本岛诗坛影响很大。民国十三年(1924年)侍父欧游，越七载而归。晚年迷失心志，出任伪满洲国外交部欧美司司长，为板桥林家留下一个污点。民国二十九年(1940年)十月，在进退失据中颓靡委顿以殁。遗有《摩达山漫草》、《天池草》、《东宁草》、《小眉剩稿》、《春日偕季叔及二弟眉生游园唱酬稿》、《忆梅诗录》等，另辑有《菽庄玩菊诗选》、《风尘三侠图诗录》等。

林景仁以“小眉三草”及诗钟创作而名，尝“以诗谒郑太夷、沈爱苍、陈石遗、夏敬观诸先生，酬唱盘桓，遂以韵语动士林”[②]，并被誉为日据时期台湾的“天才诗人”[③]。“小眉三草”，系林景仁所著《摩达山漫草》、《天池草》与《东宁草》的总称。其中，《摩达山漫草》为民国五年(1916年)至民国六年(1917年)林景仁旅居印尼摩达山期间所作，录诗109首，民国九年(1920年)在印尼棉兰刊行；《天池草》为民国七年(1918年)至民国八年(1919年)林景仁辗转游历菲律宾、香港、广州、厦门、台湾、新加坡、印尼等地所作，录诗130首，民国八年(1919年)在新加坡刊行；《东宁草》为民国十二年(1923年)林景仁在台所作，录诗208首(内含《咏史三十首》和《东宁杂咏一百首》)，民国十二年(1923

---

① 林景仁撰：《东海钟声·序》。张作梅编订：《诗钟集粹六种》，台北：中华诗苑印行，1957年10月初版，第83页。

② 廖一瑾著：《台湾诗史》，台北：文史哲出版社，1999年3月初版，第320页。

③ 《台湾诗荟》出版说明。《台湾诗荟》，九州出版社、厦门大学出版社合刊，2004年12月版，第120页。

年)在台北刊行。1974年,台湾风物杂志社将“三草”都为一册,单行问世,名曰《林小眉三草》。

“小眉三草”的创作空间尽管跨度很大,但它们主要都是围绕菽庄吟社的人和事来进行的。如:《摩达山漫草》所录《许蕴叟偕眉生仲氏上山见访》、《秋日怀人六首》、《山庄雨后望不老湾火水山两港寄蕴叟并示眉生》、《送眉生归国兼寄呈樵生舅氏》、《恒心园寄呈迂叟先生》、《绝句呈蕴叟》、《伽曼耶裔时多大风扬尘,行者苦之,戏效西昆体作五言一首寄蕴叟以博一粲》、《重九赠蕴叟》、《叠移居韵答公愚即以送行》等;《天池草》所录《香江呈陈省三前辈》、《适庐晏集叠韵》、《省三前辈叠诗送行仍次前韵奉别》、《答沈傲樵先生即次见怀原韵》、《闻铸侬近况以诗慰之》、《雨窗遣闷叠前韵柬社友》、《二十叠赠许赞元》、《次韵寄艺农》、《次艺农韵》、《次韵题艺农小照》、《答艺农次见赠韵》、《送艺农赴槟城》、《秋日忆菽庄别业》、《九日偕漱石耕心登摩达山寄台厦诸吟侣》、《次韵答傲樵》、《挽林辂存丈》、《秋日过蕴叟墓》等;《东宁草》所录《寓斋雅集质诸同好并寄鹭门菽庄社侣七十韵》、《大屯山歌寄沈琛笙》、《重阳待菊寄菽庄社侣》、《雨夕戏问瘿叟疾》、《偶检敝簏中得亡友许蕴白遗诗书感》、《汪杏泉丈挽词》、《十月十六日盘古生日柬苏庄二君》、《寄甘肃孙静山上将》,《送瘿民归鹭屿》、《瘿叟以事迟数日行再赋一律送之》、《同菱槎游新店溪分得衫字》等,其吟咏兴寄的对象始终不离“菽庄”二字。以《秋日忆菽庄别业·谨遵家大人己未(1919年)重阳自东初归偶集同人观菊菽庄原韵》为例。该诗云:

瘴雨蛮烟踏塞沙,秋来张翰倍思家。
平堤潮长轻舠进,乔木风高老屋斜。
容易棋枰消岁月,更多词笔擅清华。
归装已订明年约,先遣新诗报菊花。

总体上讲，林景仁“三草”时期创作的作品，“才情奔放，藻绘雄奇”，同时又“商音满纸”。舒州月认为，“他是以勃发的才情，淋漓的兴会，侠士的气质，不羁的性格，来写胸中的块垒与抑郁。从格调上看，似梅村，似青邱，似空同，似放翁，也似少陵”；从体裁上看，“歌行豪宕开阖，有如江河万里，奔腾而下；七律构思窅渺，愈折而意愈深，可歌可泣；七绝则如美女簪花，窈窕多致，不过有些作品，却又沉挚悲凉，自为声调，间有流之噍杀者”①。如《题友人淡水湖秋泛图(湖在摩达山中)》云：

并刀剪取吴松水，千里晴涛来眼底。酒樯茶幔空明间，放歌应是玄真子。我昔曾游莺脰湖，二月烟雨春糊模。又向洞庭系短艇，木落秋高孤雁迴。频年负却散人舟，展轴闲窗怅旧游。山水蛮中开别面，莼鲈图里引清愁。指点朝霞应万变，须臾日出净如练。桨边似有白凫双，飞入芦花看不见。复观清气满平堤，石古枫奇人迹希。欸乃一声秋梦阔，苍波不动野云飞。平生爱作鸱夷想，每披此卷真神往。何当添我画图中，头衔愿署五湖长。

《答瀛社诸子》(四首)之三云：

去年走马入荒寒，贳酒悲歌行路难。

霸气六朝哀建业，狂名一日满长安。

---

① 舒州月撰：《林小眉诗的研究》。台北市文献委员会编印：《台北文献》第三卷第七期，台北：文海出版社，1983年3月台一版，第906—907页。

群无龙首争窥器，侯有羊头竞拜官。
半壁残棋孰收拾，可怜儿戏等闲看。

又《东宁杂咏一百首》之三云：

中原门户扼瓯闽，棋布星罗万里津。
轻弃东南天堑险，无谋竖子尔何人。

据载，林景仁曾于民国十二年(1923 年)游历京沪，经闽人梁鸿志介绍，得识海藏楼主人郑孝胥，并与赵熙、李宣龚、诸宗元等交往甚笃；“廿一年一月十七日(1932 年 2 月 22 日)，废帝溥仪受日人挟制，潜往满洲，一时逊清遗孽，麇集沈阳，小眉附墨既久，不能自拔，竟受伪命出任满洲国外交部欧美司司长”[①]。林景仁的堂侄林衡道先生另述，“景仁一生轶事很多，某年搭船赴南洋，途遇船难，幸获救。虽未罹难，但他心想这条命是好运捡回来，就去赌场大肆挥霍，赌输几百万元，欠债由乃父尔嘉代还。于是尔嘉便告诉他，说他所拥有的长子部分的财产已偿债用罄，以后林家财产已无他的份，要他自己去努力奋斗。后景仁前往东北谋生，在长春去世。”[②]林景仁晚年没有什么创作成就，并且贫困窘顿而死，大概与此有关。早在林景仁结识郑孝胥当年，其堂弟林熊祥就曾作《癸亥(1923 年)冬日呈小眉哥》一诗进行过规箴。该诗并注云：“同自天涯返(余与小眉俱新由京沪归)，了知已往迷。几年藏雾豹，此日识家鸡。丧志犹诗酒(连日吟唱虽云雅兴，不免玩物丧志)，

① 舒州月撰：《林小眉诗的研究》。台北市文献委员会编印：《台北文献》第三卷第七期，台北：文海出版社，1983 年 3 月台一版，第 904 页。

② 陈三井、许雪姬访问，杨明哲纪录：《林衡道先生访问纪录》，台北：中央研究院近代史研究所，1992 年 12 月版，第 28 页。

参玄尚径蹊。寒松岁晚节,及此未分携。”①惜乎林景仁未能警心策志,悬崖勒马,以致“晚节”不保,着实令人叹惋。

三、菽庄吟社余绪期主盟人——林履信

林履信(1899—1954),号希庄,林尔嘉五子。清光绪二十五年二月十日(1899年3月21日)出生于厦门鼓浪屿。早岁曾入日本皇家学校学习院;后入东京帝国大学文学部,师从日本著名社会学家建部遯吾,毕业后留学英国。林履信创设有训眉建筑株式会社,并担任过厦门《全闽日报社》副社长、《台湾新民报》董事等职。民国三十六年(1947年)春,秉承父旨回到厦门,重新组织菽庄社侣开展吟咏聚作活动,成为菽庄吟社余绪期的主盟人。著有《希庄学术论丛》、《台湾产业界之发达》、《萧伯纳研究》等,另辑有《毗舍耶同游草》等。“履信自认一生最得意事,乃日本有名杂志《改造》刊登他的文章《萧伯纳研究》,他亦以此文为得意之作品。”②所研究之萧伯纳,即爱尔兰著名剧作家兼评论家Shaw. George Bernard,著有《鳏夫的房产》、《人与超人》、《巴巴拉少校》、《伤心之家》、《圣女贞德》等。

菽庄主人林尔嘉众多眷属中,诗名较著者尚有其四弟林柏寿、堂弟林鹤寿、堂侄林熊祥等,将在第七章分别进行介绍。

第二节　菽庄“三老”——施士洁、许南英与汪春源

《台湾近代文学丛稿》有载:“菽庄吟社社友有施士洁、许南英、汪

① 《林文访先生诗文》。王国璠编撰:《板桥林本源家传》,台北:林本源祭祀公业,1984年7月版,第187页。

② 陈三井、许雪姬访问,杨明哲纪录:《林衡道先生访问纪录》,台北:中央研究院近代史研究所,1992年12月版,第29页。

春源为社中三老。此三人者，台南乡贤也。”[①]以笔者理解，所谓“社中三老”有两层意思：一是指他们的年龄岁齿与学历履资在社中最老；二是指他们的文学造诣与创作成就在社中最高。施士洁、许南英与汪春源三人都是进士出身，其中施士洁以其年龄最长而且诗艺独绝，“社中称祭酒焉”[②]；许南英与施士洁“生同岁、长同里，处同笔砚、出同袍泽；凡所遭际、科名、仕宦、兵革、羁旅，举一生安乐忧患，盖亦未尝不同”[③]；汪春源虽然出生稍晚，但“蚤岁获交于允白许君，彼此观摩，遂成益友”[④]，二人又入海东书院，共同受业于施士洁。更为重要的是，“施士洁、许南英和汪春源三进士早年在台南颇负文名，他们都是唐景崧所主之斐亭吟社的社友，同为台南崇正社的中坚人物。许南英还是台南浪吟诗社的倡起人，被台南南社社友尊为开社之人”，所以他们一入菽庄吟社便“成为诸社友所推重的执牛耳之人”[⑤]。

以往一些研究文章称菽庄“十八子”中的吴增也是进士，经查考，吴增虽然有参加甲辰(1904 年)恩科会试，但他以为自己不会中式，在会试完毕即遄返闽地，待发榜知道自己中式后，已经来不及参加当年殿试了，嗣后废除科举，于是永远失去补行殿试、进士题名的机会，因此只能称作贡士；况且吴增成名也迟，大概在他中式贡士以后。所以，菽庄“十八子”中真正能够与施士洁相提并论的，大概就只有许南英与

---

① 汪毅夫著：《台湾近代文学丛稿》，福州：海峡文艺出版社，1990 年 7 月第 1 版，第 5 页。

② 《红叶草堂笔记》。厦门图书馆编：《厦门轶事》，厦门：厦门大学出版社，2004 年 12 月第 1 版，第 22 页。

③ 施士洁撰：《窥园留草·施序》。许南英著：《窥园留草》，台北：文海出版社，1974 年 12 月版，第 3 页。

④ 汪春源撰：《窥园留草·汪序》。许南英著：《窥园留草》，台北：文海出版社，1974 年 12 月版，第5 页。

⑤ 汪毅夫著：《台湾近代文学丛稿》，福州：海峡文艺出版社，1990 年 7 月第 1 版，第 5 页。

汪春源二人。

一、施士洁及其《后苏龛合集》

施士洁(1856—1922),字应嘉,又字沄舫或作云航,号芸况、哲园、楞香行者、鲲海弃甿,晚号耐公或耐道人,别署定慧老人。台南米街(今台南市新美街)人,祖籍福建晋江西岑(今石狮市永宁乡西岑村)。清咸丰五年乙卯十二月十九日(1856年1月26日)生,为道光乙巳(1845年)恩科进士施琼芳之子。同治十三年(1874年),"补博士弟子员,县、府、院三试第一,号小三元,时论荣之"[①];光绪元年(1875年)参加乙亥科乡试,中取举人;光绪二年参加丙子(1876年)恩科会试,中取进士,列三甲第二名,钦点内阁中书员外郎衔诰授奉直大夫。同年岁暮返台,历掌彰化白沙书院、台南崇文书院与海东书院,"于制义试帖外,倡为诗古文词之学"[②],台湾名士丘逢甲、许南英、汪春源、郑鹏云等悉出其门下,其中丘逢甲、许南英与汪春源三人先后考取进士,海东书院师生还在台湾近代文学史上形成了一个颇具影响的文学流派——"东海文章"[③]。期间,施士洁曾加入许南英所创立之台南崇正社及唐景崧所倡设之台南斐亭吟会与台北牡丹诗社,并且成为三社的中坚人物;又与唐景崧、罗大佑、丘逢甲酬唱往返,所作辑为《四进士同咏集》。

"寻值甲午(1894年)中东之役,乙未(1895年)廷旨割让台湾,仓葛大呼,王人不服",施士洁乃协同台南团练局统领许南英招募义军并

---

① 《台南市志》卷七《人物志》。转引自汪毅夫著:《台湾近代文学丛稿》,福州:海峡文艺出版社,1990年7月版,第16页。

② 汪春源撰:《窥园留草·汪序》。许南英著:《窥园留草》,台北:文海出版社,1974年12月版,第5页。

③ 刘登翰等编:《台湾文学史》,福州:海峡文艺出版社,1991年6月第1版,第252页。

随同行军，“枕戈泣血，连结豪帅，敌忾同仇”[①]。日人入据前后，施士洁“痛哭台湾之失，耻为异族之民，挈眷西渡，归泉州晋江县之西岑故里”[②]，随后迁居厦门。施士洁在厦门先是参加怡园主人林鹤年与林辂存父子所组织之“怡园聚咏”；光绪三十一年（1905 年）前后，入时任厦门保商局总办兼厦门商务总会总理林尔嘉幕府“襄理厦商政局”[③]，并帮助他维持“骚坛衣钵”[④]；辛亥（1911 年）冬，一度出任同安县马巷厅长；民国六年（1917 年）初，入聘福建省通志局。民国十一年五月二十三日（1922 年 6 月 18 日），病逝于鼓浪屿寄寓。遗有《后苏龛诗钞》、《后苏龛词草》、《后苏龛文稿》、《后苏龛日记》、《哲园吟草》、《乡谈律声启蒙》等。1965 年，黄典权先生将《后苏龛诗钞》、《后苏龛词草》与《后苏龛文稿》都为一册，曰《后苏龛合集》，凡十七卷，由台湾银行经济研究室出版印行。

施士洁不仅是菽庄吟社的社中“祭酒”，而且还是台湾近代诗坛最有成就的诗人之一。从前面有关菽庄吟社创立及沿革的考述中我们已经知道，施士洁与菽庄主人林尔嘉“两世纪、群，十年嵇、阮”[⑤]，他长期“谪坠”林氏府，是贯穿菽庄吟社滥觞期、雏形期与鼎盛期的“三朝元老”；正是由于施士洁的积极鼓动与鼎力襄助，才有“浪屿诗坛”的形成、菽庄花园的创建以及菽庄吟社的正式创立和鼎盛繁荣。《后苏龛

① 施士洁撰：《窥园留草·施序》。许南英著：《窥园留草》，台北：文海出版社，1974 年 12 月版，第 3 页。

② 黄典权撰：《后苏龛合集·弁言》。施士洁著：《后苏龛合集》，台北：台湾银行经济研究室，1965 年 11 月版，第 2 页。

③ 施士洁撰：《次谢鹍尘大令留别韵》。施士洁著：《后苏龛合集》，台北：台湾银行经济研究室，1965 年 11 月版，第 150 页。

④ 施士洁撰：《林京卿手绘“暗香疏影”赠陈荪田，索句题额》（四首）。施士洁著：《后苏龛合集》，台北：台湾银行经济研究室，1965 年 11 月版，第 173 页。

⑤ 施士洁撰：《菽庄序言》。施士洁著：《后苏龛合集》，台北：台湾银行经济研究室，1965 年 11 月版，第 407 页。

合集》中的大部分作品都是施士洁与菽庄吟侣酬唱应答所作，这也从另一侧面说明施士洁与菽庄吟社关系之密切。关于施士洁在台湾近代诗坛的地位，连横已经作过评价，其所著《台湾诗乘》有述："光绪以来，台湾诗界群推施沄舫、邱仙根二公，各成家数。"①

一般都认为，由于施士洁与北宋文学家苏轼出生月日相同，年辰相应（苏轼出生于北宋景祐三年丙子十二月十九日卯时，即1037年1月8日），施氏遂以苏东坡再世自况，并以"后苏龛"冠其各类著述，所以在创作上也有意追求苏东坡的风格。实际上，施士洁的文学创作以乙未内渡为界，分为前后两个时期。前期施士洁科途通达，春风得意，加上他生性放诞，才气纵横，体现在创作风格上就是豪放恣肆，确实很像苏东坡。以光绪二年（1876年）所作《艋川除夕遣怀》为例。该诗云：

海外有狂生，自号曰"芸况"。请君听我歌，勿嫌语太放！我年十七时，文场藻采何纷披，邑宰见之称神奇，拔以童军第一枝。知己不过大宗师，报道康了徒酸悲。我年十八九，沾沾制义不释手。屡列前茅屡掣肘，无聊权向棘闱走。依然毷氉复垂首，桂窟芹黉两乌有！是时秋风萧瑟天边鸣，拂衣弹剑辞榕城，醉题桥柱不敢过，匆匆买棹归东瀛。萱堂见我笑且慰，外虽坦荡中未平。荆妻见我独缄默，入室幸无交谪声。吾兄疑我不经意；阿婆得无孩倒绷。吾师责我不攻苦，"墨水何止饮一升"？出门戚友既我薄，入门仆婢皆我轻。强装聋哑无片语，造化颠倒如儿婴！岂知天道不常屈，丈夫奇气况勃勃；若使终为池中物，世人何苦争芒忽？二十举茂才，明漪绝底花初胎，六街走马看放榜，龙头夺得声如雷。廿一登乡

① 连横著：《台湾诗乘》，台北：台湾银行经济研究室编印，1960年1月版，第215页。

荐，寸晷风檐快文战，脱将一领旧青衿，来赴嘉宾鹿鸣宴。廿二捷礼闱，昔时铩羽今高飞；南宫两世有家学，□攀红杏吟紫薇。紫薇省，渊而静，黄扉双阙向晨趋，绛蜡一条终夕秉。始觉官真如水清，五更愁对直庐冷。今日敝了黑貂裘，明日黄金尽了还须忧，不如乘风破浪谈笑凌沧洲！落拓复落拓，长揖别纶阁，敝车羸马津门行，片楫孤舟海岛泊；南舟北马一任其所之，来似鸿兮去似鹤。翩跹何翩跹，七鲲在眼前，朝见安平渡口树，暮见赤嵌城角烟。故乡衣锦如此亦得意，岂必世外求神仙？人道得意有如此；我道失意又如彼。风尘仆仆胡为乎？利锁名缰心不死。此心无乃多偏营，不为利使为名使，熊鱼两欲兼者谁？画饼充饥悟是理。矧兹微名宇宙间，恒河太仓沙粟耳。立谈唾手博虚声，贤者羞称达者鄙。我今对酒作长歌，放浪形骸聊自喜。奇哉子房一少年，刚则击椎柔进履，矫然出没若游龙，事后能从赤松子。古人已往倘有知，九原我欲呼之起。客中除夕醉昏昏，六尺绳床睡而已；梦上九十九峰绝顶高于天，逸兴遄飞我狂矣。

“叕余诗境渐颓唐，少壮无憀老大伤。”[①]施士洁内渡大陆以后，一直过着王粲依刘、困厄窘迫的生活，而且眼看白发益雪，但华表尚非，国恨家愁，交相侵袭，所有这些反映在创作中就呈现出沉郁凄怆的特点，因此施士洁后期创作风格看起来更像杜甫。菽庄吟侣苏镜潭有《悼施士洁》一诗，即谓：“文心六代称丽都，诗律三唐有正宗。直把心

---

① 施士洁撰：《同谢鹍尘和俞卓丞二尹〈登金门城感怀〉韵》（四首）之四。施士洁著：《后苏龛合集》，台北：台湾银行经济研究室，1965年11月版，第173页。

肝都呕尽，万篇太富一身穷。”[1]以施士洁民国二年(1913 年)所作《题省长张君常(元奇)诗集(时在福州民政公署)》为例。该诗并序云：

捧读“知稼轩诗”，绠涕几不能作一语。以公自序见公之真，则又矍然于世宙间之元气尚存。夫非公责，谁责耶？孑遗垂尽，言善而鸣哀；敢贡一二，用题斯集，冀他日附骥传焉。不传而传，抑不幸之幸哉！鲲海弃甿呈草。

阎浮忽金容，震旦遂漆色，中有万蚍蜉，何处著缝掖？公住陈芳国，亦丁叔末厄，“斐亭钟声”死，七鲲水为黑(谓翰林集中台湾诗)。沅湘问芷兰，不见楚骚客(谓《洞庭集》)。辽鹤倘来跻，华表已非昔(谓《辽东集》)！津桥听杜鹃，宾萌微太息(谓《津门集》)。回首望燕阙，沧趣髩今白(谓陈弢庵)。海藏既卜楼(谓郑苏龛)，石遗复牓室(谓陈叔伊)。劫后一浩歌，与公互肝鬲。洁也山泽臞，虫吟更凄恻！各抱杞人忧，擎天孰柱石？老榕古名郡，钓龙剩遗迹。署公以大长，稍苏真名脉；虱以鲰生洁，危巢托卵翼。抉目悬国门，桑海见历历。此即道消长，天醉世莫识！使公作诗人，茹痛鲠吾臆(郑太夷有《海藏楼诗》，陈叔伊有《石遗室诗》，陈弢庵有《沧趣楼诗》)。

诗中由“捧读”张元奇的诗集《知稼轩诗》，回想起以前在台南斐亭吟会一起共打诗钟的情景，然后联想到乙未以来众位诗友的际遇遭逢，进而感叹自己流寓生活的“凄恻”之苦。通过这种纵向与横向的对

---

① 《红叶草堂笔记》。厦门图书馆编：《厦门轶事》，厦门：厦门大学出版社，2004 年 12 月第 1 版，第 22 页。

比,已使人产生不胜今昔之慨。在这种心境下,作者却又“抉目”东望,只见“桑海”历历,怎能不让人觉得“茹痛鲠吾臆”呢!其中,“海藏既卜楼,石遗复牓室”、“各抱杞人忧,擎天孰柱石”等句,有叙述,也有议论,有实指,也有隐喻,有感慨,更有期待。全诗回环往复,层层递深,无不传达出作者“逐臣不死悬双眼,再见英雄缚草鸡”[①]的亡国之痛与复台之志。

施士洁的诗歌创作还有两个突出特点:一是“以诗存史”;二是“笃爱乡邦”。黄典权所作《后苏龛合集·弁言》尝谓:“作者生平淡于仕宦而勤于吟咏,所历、所见、所为、所闻,概入诗文;因而他替与有相关的时地保存了丰富的史料。其次,他笃爱乡邦,在台时可无论;即西渡大陆后,梦寐驰思,未尝或忘。故‘鹿耳’、‘鲲身’,流露笔锋,几触目可见。所以不管他早期在台的作品或后期在大陆的吟咏,都涵蕴著多方面的台湾文献,值得重视。”[②]作品如《鼇丈同林时甫太仆登万松关吊林刚愍少保、谢琯樵参军殉□□,□感台事,次韵和之》、《榕城除夕梦台南明延平王祠古梅》、《穹宾旋沪,来诗兼及国家情事,次韵答之》(十二首)、《同谢鷃尘和俞卓丞二尹〈登金门城感怀〉韵》(四首)、《庚申(1920年)除夕,菽庄主人为馈岁会,同吟社诸子作》等,俯拾即是。笔者正是以施士洁诗文作品为基础,爬梳出菽庄吟社的渊源流向及发展脉络的。此外,施士洁另有一些作品用典冷僻、遣词深晦,体现出“以学为诗”的倾向特征。譬如《后苏龛诗钞》开篇之《览古》(十一首)、《林母陈太宜人遗像,次皋索题》、《城西次岱亭留别韵》(三首)及叠前韵、《新春试笔》、《登红毛楼和同年祁辛陔明府韵》等。

---

① 施士洁撰:《别台作》(三首)之三。施士洁著:《后苏龛合集》,台北:台湾银行经济研究室,1965年11月版,第73页。

② 黄典权撰:《后苏龛合集·弁言》。施士洁著:《后苏龛合集》,台北:台湾银行经济研究室,1965年11月版,第2页。

这里要特别指出，施士洁内渡大陆以后，尽管一直窘迫困厄，但他从来都没有失去"复台"的信念，更没有放弃"复台"的努力。"犁庭早试禽渠手，避地终存报国心"[①]，由于厦门与台湾隔海相望，是日据台湾时期大陆与台湾对渡的唯一口岸，又是内渡台湾人士聚集的地区，最容易沟通联络声息，所以施士洁一归籍晋江西岑故里，即马上迁居厦门。"我欲寓书姜伯约，商量远志或当归"[②]。菽庄社侣的风云聚会并不是偶然无意的文人雅集，而是施士洁为了"商量远志"并且经过精心组织筹划的结果。施士洁把许南英比作三国时期为蜀汉立下汗马功劳的姜维，那么他自己充当了什么角色，菽庄主人林尔嘉在施士洁心目中又是什么形象呢？"名流如鲫过江年，痴想寒灰死复然"[③]，当乎菽庄吟社"诗侣日多，诗学日上"的时候，施士洁曾经踌躇满志；"愿公为国塞漏卮，愿公为民苏癸痍"[④]、"一韩一范军中在，定慑强邻挫异谋"[⑤]，施士洁还时时处处劝勉大家，要为国家的完整统一、为人民的幸福安康而努力奋斗，只要大家团结起来、一致对外，日本侵略者的殖民野心就不可能得逞；"千秋孤愤梅花知，馨香俎豆君所司"[⑥]，在施士洁看来，只要是支持民族正义和"抗日复台"事业的，即使是日本人，也应当团结联合起来；等等等等。

---

① 施士洁撰：《寿蔡晓沧观察五十（生闰八月，与今闰同）》（十四首）之五。施士洁著：《后苏龛合集》，台北：台湾银行经济研究室，1965年11月版，第107－108页。

② 施士洁撰：《和许允伯直刺〈三水寄怀〉韵》（三首）之二。施士洁著：《后苏龛合集》，台北：台湾银行经济研究室，1965年11月版，第172页。

③ 施士洁撰：《林菽庄侍郎和陈鲁村方伯韵，寄诗索和，如韵答之》（四首）之一。施士洁著：《后苏龛合集》，台北：台湾银行经济研究室，1965年11月版，第229页。

④ 施士洁撰：《陈威季、龚樵生招同许鲁山度支、张履谦司马游日光岩寺，即鼓浪洞天处也》。施士洁著：《后苏龛合集》，台北：台湾银行经济研究室，1965年11月版，第185页。

⑤ 施士洁撰：《和许静仁闽按使韵》（二首）之一。施士洁著：《后苏龛合集》，台北：台湾银行经济研究室，1965年11月版，第248页。

⑥ 施士洁撰：《鹭门晤日本诗人串宇铃村让（时司台南延平王开山神社）》。施士洁著：《后苏龛合集》，台北：台湾银行经济研究室，1965年11月版，第187页。

二、许南英及其《窥园留草》

许南英(1855－1917),字蕴白,亦作允白,号厓厈、雰云、窥园主人、留发头陀、龙马书生、昆舍耶客、春江冷宦等。台湾府城(今台南市)西定坊武馆街人,祖籍广东揭阳。清咸丰五年十月初五日(1855年11月14日)生。光绪四年(1878年)创立崇正社,社名取崇尚正义之意,为台南诗社之嚆矢。光绪十一年(1885年)参加乙酉科乡试,中取举人;十六年(1890年)参加庚寅恩科会试中取会元,殿试为三甲第六十一名进士,签分兵部车驾司加员外郎衔;同年,奉命回台办理垦土化番事宜。光绪十七年(1891年)创立浪吟诗社,成为台南南社的渊源所自。光绪二十年(1894年)应台湾巡抚唐景崧之聘,入台湾通志总局协修《台湾通志》;同年中日甲午海战爆发,改台南探访局为团练局,许南英募勇二营并被佥举为统领。二十一年(1895年)奉帮办台湾防务总兵刘永福之命镇守台南,直到九月初三日(10月20日)台南失陷后才被迫离台内渡。许南英内渡后,先是避走星洲(新加坡)、暹罗(泰国)等地,其后历任广东徐闻、阳春、三水等知县,又调署阳江同知。宣统三年(1911年)寄籍福建漳州,被推举为漳州民事局长。民国二年(1913年)三月任龙溪县知事。民国四年(1915年)正式入聘莪庄为"钟社诗友"[①]。民国五年(1916年)赴印尼苏门答腊为侨领张鸿南先生编辑生平事略,翌年十一月十一日(1917年12月30日)客死棉兰。遗有《窥园留草》,录诗1039首;《窥园词》,凡50阕。

许南英出入林氏府及莪庄花园的时间虽然前后才四年左右,正式入聘则不到两年,但是他在莪庄吟社的地位却是非常特殊而重要的。首先,许南英性格刚毅,为人果敢,有将帅气度,所以施士洁寓书把他

① 《窥园先生自定年谱》。许南英著:《窥园留草》,台北:文海出版社,1974年12月版,第20页。

从千里迢迢的广东招回来“商量远志”[①]。这“远志”是什么呢？其中可以清楚看到的一项，就是创立菽庄吟社。有一点非常值得注意，菽庄吟社尽管经过“浪屿诗坛”的初步尝试和长期准备，但此前一直都没有太大起色，只有到了民国二年（1913 年）许南英参加进来以后，该社才得到迅猛发展，这不能不说与许南英有着直接的关系。其次，菽庄吟社的重要柱石、持续期主盟人沈琇莹，还是通过许南英引荐给林尔嘉的。所以，林尔嘉不仅给予许南英优厚的“月给”，而且还帮助他找工作，把他推荐给自己的儿女亲家张鸿南先生编辑生平事略；临赴印尼之际，林尔嘉还专门为许南英举宴饯行，其所作《庚申（按：应当为“丙辰”，即 1916 年）蕴叟有日里之行，适值重阳，同社诸君宴集菽庄即席赋赠》有记其事。许南英死后，林尔嘉又嘱咐长子林景仁为他买地安葬。在菽庄吟社众多吟侣中，惟有他一人享受过如此高的礼遇。

许南英与施士洁“生同岁、长同里，处同笔砚、出同袍泽；凡所遭际、科名、仕宦、兵革、羁旅，举一生安乐忧患，盖亦未尝不同”[②]，两人既是师生，又是朋友，交谊异常深厚，所以在诗词创作及思想倾向方面也颇多相似之处，譬如“以诗存史”、“笃爱乡邦”等。当然，所谓文如其人，二者的创作风格还是存在较大差异的，与施士洁多情善感、“以学为诗”不同，许南英性格豪迈率真，在创作上也往往直抒胸臆，质朴无华。汪春源尝论许南英曰：“君以厓岸自号，胸之所寓，笔之于诗”，“君诗不事涂饰，栩栩然自镜其元象”[③]。以所作《叔臧主人暨德配龚夫人四十逢闰重庆》为例。诗云：

---

① 施士洁撰：《和许允伯直刺〈三水寄怀〉韵》（三首）之二。施士洁著：《后苏龛合集》，台北：台湾银行经济研究室，1965 年 11 月版，第 172 页。

② 施士洁撰：《窥园留草・施序》。许南英著：《窥园留草》，台北：文海出版社，1974 年 12 月版，第 3 页。

③ 汪春源撰：《窥园留草・汪序》。许南英著：《窥园留草》，台北：文海出版社，1974 年 12 月版，第 5 页。

主人豪兴足，遁世已无求。又值天中节，重逢五月秋。家庭崇地望，弧帨荷天庥。吉礼仍铺设，虚文谢应酬。华堂森剑佩，绮席别珍羞。酌酒何须斗，飞觞不用筹。伶人开菊部，词客泛兰舟。芝自麻姑献，桃疑曼倩偷。艺姬能赵舞，歌伎善吴讴。庭桂飘金粟，墙花灿火榴。熏风鸣佩玉，皎月涌晶球。斯世沦文教，先生有隐忧。狂澜思一挽，砥柱作中流。拓地开诗社，傍山筑草楼。勋名存社稷，经济寄林丘。文献推宗主，风骚续胜游。叨陪元白侣，晋接纪群俦。日或山庄集，诗应水阁留。清风来蕙榭，晚涨入芦洲。好客闻严武，畸人惜马周。望门争御李，入幕愿依刘。罗致多遗老，旁招到故侯。劳劳蓬自转，息息芥相投。我愧弹冯铗，公能识卞璆。在山思太傅，借地仰荆州。不舞嗤羊鹤，无文笑郑牛。肚皮时不合，鲠骨傲难柔。士贵伸知己，人还爱自由。名心消覆鹿，野兴狎眠鸥。笑索延年酒，诗成大白浮。

诗中一方面表达了作者对菽庄主人四十寿庆的祝祷之意，另一方面又寄托兴怀，传达出自己王粲依刘、傲骨难柔的郁悒之思。

许南英的创作大致可分为三个时期：一是乙未（1895年）内渡以前在台及三度赴榕乡试、两度晋京会试所作；二是乙未内渡后辗转星洲（新加坡）、暹罗（泰国）、京城及广东各地，与易顺鼎、丘逢甲、丘炜萲（菽园）、陈望曾、张鲁恂（昭芹）等酬唱应答所作；三是辛亥（1911年）以后寄籍福建漳州、入菽庄吟社、三度返台及旅居印尼所作，其中又以菽庄吟社为创作和活动中心。汪春源所撰《窥园留草·汪序》尝述："回念数十年：陵谷沧桑，陆沉天醉，死生聚散于汎棼杂乱中者，君诗历历在心目焉。矧附相知之末，能无酸辛乌邑于山阳之笛、黄公之垆？读君之诗，屋梁落月，犹见颜色也！”[①]黄典权先生另谓：“《留草》和《窥园词》本身，是一个台湾名进士家破国危幽思凄切的心声，交织着很多地方掌故以及当时文人风雅际会的纪录，所以《留草》的文献价值，好像比同时代的一些诗文集更高得多。”[②]在许南英的众多诗词中，最能表达作者对于“家破国危幽思凄切”的，还是一些小令作品。如《如梦令·别台湾》云：

望见故乡云树，鹿耳、鲲身如故；城郭已全非，彼族大难相与！归去、归去，哭别先人庐墓！

又如《如梦令·自题小照》云：

已矣旧邦社屋，不死犹存面目！蒙耻作遗民，有泪何从恸哭！从俗！从俗！以是头颅濯濯。

顺便提到一下，许南英的长子许赞书，字叔西，又字少云。光绪十年(1884年)生，曾任厦门同盟会会长；也是菽庄吟侣之一，曾作有《叔臧先生暨龚夫人四骈双庆》。三子许赞元，字叔壬。光绪十七年(1891年)生，黄埔陆军小学肄业，后赴日本东京留学；宣统三年(1911年)参加广州黄花岗起义失败被捕，清军副将黄培松素闻许南英的爱国忠义，私下释放了许赞元，黄培松后来也成为菽庄吟侣之一。五子许赞堃，字叔丑，号地山，笔名落花生，为“文学研究会”发起人之一，是现代

① 汪春源撰:《窥园留草·汪序》。许南英著:《窥园留草》，台北:文海出版社，1974年12月版，第5—6页。

② 黄典权撰:《窥园留草·后记》。许南英著:《窥园留草》，台北:台湾银行经济研究室，1965年11月版，第249页。

著名作家、学者。光绪十九年(1893 年)生,曾受聘福建省立第二师范学校,后入燕京大学、美国哥伦比亚大学、英国牛津大学深造;著有《空山灵雨》、《缀网劳蛛》等。

三、汪春源及其《柳塘诗文集》

汪春源(1869—1923),字杏泉,号少羲,晚署柳塘。台湾安平(今台南市)人,祖籍福建南安。清同治八年己巳(1869 年)生,行八。先后师事台湾名儒黄子及、李占五与施士洁,诗文受知于刘璈、祁征祥、唐景崧等当道诸公。光绪十四年(1888 年)参加戊子科乡试,中取举人。期间,曾入台南崇正社与斐亭吟会为社友。乙未(1895 年)之岁,清廷与日本签订丧权辱国的《马关条约》,汪春源时在京参加会试;四月四日(4 月 28 日),他偕台湾举人罗秀惠、黄宗鼎,联合在京任职的户部主事叶题雁、翰林院庶吉士李清琦,上疏都察院,坚决反对割让台湾,表示"与其生为降虏,不如死为义民"[①],成为"公车上书第一人"[②];四月八日(5 月 2 日),又参加由康有为发起的千人"公车上书"。日人据台前后,汪春源"耻为异族之奴,尽去田园,举家内渡"[③],寄籍福建龙溪(今龙海市)。

汪春源内渡后,继续攻读举业。光绪二十四年(1898 年)参加戊戌科会试,中取贡士;二十五年(1899 年)补行殿试,列癸卯(1903 年)科三甲第一百二十名进士,也是台湾科举史上最后一位进士。光绪二十九年(1903 年)担任江西省乡试同考官,大力荐拔寒峻有为之士;其后,

---

① 转引自汪毅夫著:《台湾近代诗人在福建》,台北:幼狮文化事业股份有限公司,1998 年 4 月初版,第 219—220 页。

② 鲍焱撰:《公车上书第一人——宜春知县汪春源事迹考略》。宜春:《宜春学院学报》,2006 年第 1 期,第 109 页。

③ 《台湾省通志稿》。转引自汪毅夫著:《台湾近代诗人在福建》,台北:幼狮文化事业股份有限公司,1998 年 4 月版,第 24 页。

历宰江西大庾、宜春、建昌、安义、安仁等县，勤政爱民，奉公洁己，著有政声。辛亥(1911年)鼎革，归返寄籍地福建龙溪。民国三年(1914年)正式入聘菽庄吟社。期间，另参加漳南钟社的吟咏聚作活动。民国十二年(1923年)，病逝于漳州振成巷"进士第"。林景仁有《汪杏泉丈挽词》云："风痕泡影若为情，叹逝今朝赋又成。海外再无前进士，社中群惜古先生。青蝇吊客死何恨，雏凤佳儿声已清。曾记从容承誓约，他年鸡酒肯寒盟。"①

"大笔推陈龚，高才并施汪。"②与乃师施士洁一样，汪春源也是一位很有才气的诗人，并遗有《柳塘诗文集》。据汪春源曾孙汪毅夫先生所述，《柳塘诗文集》为手稿本，未经梓行，"文革"期间被抄没，其后佚失，令人扼腕。笔者近年稍事辑录，计得汪春源所作律绝22首、诗钟5联、对联1副，另有自述、书序、信函若干，从中可约略窥见其创作的风格特点。

汪春源创作的诗文作品大致可分为两类。一类是婚寿喜庆的祝祷之作，多用典故，稳重持成。以《叔臧侍郎暨德配龚夫人银婚诗》(四首)之第一、三首为例。诗云：

刘樊同醉合欢杯，富贵神仙把臂来。
忆昔鹭江张寿宴，于今凤阁又春回。
西河公子调梅手，渤海名闺咏絮才。
艳说银婚欧俗始，华堂酒熟绮筵开。

---

① 林景仁撰：《汪杏泉丈挽词》。林景仁著：《林小眉三草》，台北：龙文出版社，1992年3月版，第233页。

② 许南英撰：《寿菽庄主人》。许南英著：《窥园留草》，台北：文海出版社，1974年12月版，第257页。

韦平家世百年新，曾阅沧桑几度春。
白社谈诗扶大雅，银台对月证前身。
房中一曲歌清颂，石上三生话夙因。
我托龙门叨末座，愧无彩笔赋园宾。

其中“刘樊同醉”、“西河公子”、“渤海名闺”、“韦平家世”、“白社谈诗”等语，均运用了典故。另一类是写景抒怀的记事之作和雅集酬唱的砥砺之作，虽然语辞平易，但往往诗境清新，富于趣韵。兹录其《菽庄梦中得句唱和集》(四首)之第一、二首。诗云：

小筑亭台好纳凉，岚光面面映波光。
辋川别业平泉记，闲坐吟诗对夕阳。

青山入画色苍匕，红藕方塘半亩凉。
记得张灯花似海，年年祝嘏酒尊香。

江春源的哲嗣汪受田也是菽庄吟侣之一。汪受田，字艺农，小字阿井。光绪十五年(1889 年)生。乙未前后随父内渡。光绪二十八年(1902 年)中取秀才。民国三年(1914 年)入菽庄吟社，与菽庄少主人林景仁过从甚密，并作有《补祝叔臧先生四十双寿诗》、《叔臧侍郎暨德配龚夫人银婚诗》等。民国八年(1919 年)，游历新加坡、马来西亚等南洋各地；回国后，任《漳州日报》主笔。是闽南地区知名诗人与书法家。

第三节　菽庄吟社持续期主盟人——沈琇莹及其弟子江煦

民国十三年(1924 年)，菽庄主人林尔嘉由于在担任厦门保商局总办兼厦门商务总会总理、厦门市政会会长、鼓浪屿工部局华人董事等职期间，吐握劳谦，将息无时，以致积劳成疾，不得不赴瑞士养疴，由谁来接替主盟人的问题于是摆上了菽庄吟社的议事日程。按照常理来讲，菽庄吟社作为以台湾流寓文士为主导的文学社团，社中“三老”理所当然地成为菽庄吟社的主盟人，但是施士洁、许南英与汪春源已分别于民国十一年(1922年)、六年(1917年)和十二年(1923年)相继辞世，这就是林景仁所说“海外再无前进士，社中群惜古先生”[①]的原因。在菽庄吟社核心吟侣中，所余台湾流寓文士尚有卢文启与卢心启。但他们昆仲俩都是秀才出身，而且诗名及社会影响力相对有限，不足以代表菽庄吟社。所以，只能从非台湾流寓文士中考虑主盟人人选。

可以想象，林尔嘉在确定菽庄吟社持续期主盟人之前，是经历过一番比较和斟酌的。因为在菽庄吟社剩下的核心吟侣中，与沈琇莹同属举人这一学历层次的非台湾流寓文士，尚有龚显鹏、周殿薰、龚显鹤、龚显禧与施乾五人，另有高出半级的贡士吴增，而且他们还兼带地利、人和、岁齿较长等诸多优势。不过，林尔嘉最终还是选定沈琇莹作为菽庄吟社持续期的主盟人，大概基于以下两点因素考量：一是沈琇莹乃“同光体”代表人物、光宣诗坛旧头领“托塔天王晁盖”[②]、湖湘耆宿王闿运的及门弟子，由他来主盟菽庄吟社，借助其身份背景，可以提升菽庄吟社的声望地位，进而扩大菽庄吟社的社会影响，即林尔嘉所谓“亦欲借其才华以张吾军”[③]；二是沈琇莹与林尔嘉有着相同的审美志趣。林尔嘉尝谓“每逢菽庄征诗，海内名流投稿恒逾千数，由沈傲樵评

---

① 林景仁撰：《汪杏泉丈挽词》。林景仁著：《林小眉三草》，台北：龙文出版社，1992年3月版，第233页。

② 汪辟疆撰：《光宣诗坛点将录》。汪辟疆著：《汪辟疆文集》，上海：上海古籍出版社，1988年12月第1版，第326页。

③ 林尔嘉撰：《寄傲山馆词稿·序》。沈琇莹著：《寄傲山馆词稿》，“庚辰(1940年)仲冬”刊本，第2页。

审次第，多得吾心”[①]，又谓“（沈琇莹）每有所作，……频烦见寄，迴环雒诵如尊酒，细论时至实获我心处，辄击节高歌，慷慨激昂，有王处仲击碎唾壶之概，而羁愁万斛，悉藉以排遣矣”[②]。

事实也证明，林尔嘉选定沈琇莹作为菽庄吟社持续期主盟人的决策是正确的。甲子六月六日（1924 年 7 月 7 日），林尔嘉“挈眷自鹭岛放洋”[③]，“欧游七载，及归国，又寓沪十余年，乃由壶天醉客沈琛笙主持吟社”。菽庄吟社持续期，“修禊事蝉联无间”[④]，并举办诗钟大唱 1 次、菽庄主人寿庆 2 次、菽庄花园景点落成庆典 1 次，尤其是“菽庄丛书”六种、“菽庄丛刻”八种等的梓行，使得“江黄耆旧，关岭英彦，无不知菽庄其人矣”[⑤]，影响十分广泛。期间，举凡菽庄吟社的一举一动、一觞一咏，沈琇莹都有向菽庄主人林尔嘉及时请示汇报，两人邮筒往来，络绎不绝，其“交情固结之深，高出寻常万万，有非纵横捭阖之才、坚白异同之辨所能解者”[⑥]。所以，沈琇莹对于菽庄吟社持续期的发展功绩实不可没，其在菽庄吟社中的地位仅次于菽庄主人林尔嘉与菽庄“三老”

---

① 林尔嘉撰：《庚申菽庄咏菊》（八首）之一。林尔嘉撰，沈骥编校：《林菽庄先生诗稿》，台北：龙文出版社，1992 年 3 月重印初版，第 5 页。

② 林尔嘉撰：《壶天吟·序》。沈琇莹著：《壶天吟》，“癸未（1943 年）夏日”刊本，书前页。

③ 林尔嘉撰：《辛卯（1951 年）六月六日天贶节，余归台已经三载。回忆甲子（1924 年）此日，余挈眷自鹭岛放洋，自东徂西，迄庚午（1930 年）归国，游兴未阑，年年夏出秋归，仍在大江南北；遨游不倦。丁丑（1937 年）后，避地沪上；癸未（1943 年）亦逢天贶节，适值新历七月七日，集眷宴饮，有七绝二首，并列于后。自甲子（1924 年）此日至今，二十七年矣；此中家国情景，历历如在目前，乃成七绝二首，以纪大概》。林尔嘉撰，沈骥编校：《林菽庄先生诗稿》，台北：龙文出版社，1992 年 3 月重印初版，第 95—96 页。

④ 林尔嘉撰：《己丑（1949 年）上巳静胜楼修禊》。林尔嘉撰，沈骥编校：《林菽庄先生诗稿》，台北：龙文出版社，1992 年 3 月重印初版，第 71 页。

⑤ 《林公尔嘉传略》。王国璠编撰：《板桥林本源家传》，台北：林本源祭祀公业，1984 年 7 月版，第 57 页。

⑥ 林尔嘉撰：《壶天吟·序》。沈琇莹著：《壶天吟》，“癸未（1943 年）夏日”刊本，书前页。

之后。

沈琇莹的弟子江煦，长期协助乃师主盟菽庄吟社，并且一人独任《寄傲山馆词稿》、《顽石山房笔记》、《壶天吟》、“菽庄丛刻”八种等菽庄出版物的“缮写校勘之役”[①]，其所辑《鹭江名胜诗钞》还作为“菽庄丛书”之第六种，“戊子（1948 年）孟秋刊于岭南”，因而也是菽庄吟社后期——包括持续期与余绪期的核心成员。

一、沈琇莹及其《寄傲山馆词稿》、《壶天吟》等

沈琇莹（1870—1944），字琛笙，号傲樵、南岳傲樵、南岳第一峰傲樵，别署拙叟、壶天醉客。湖南衡阳人。清同治九年十月初十日（1870 年 11 月 2 日）生。曾受业于经学大师、“同光体”湖湘耆宿王闿运，是湖南石鼓书院的“高等生”。光绪二十八年（1902 年）参加壬寅恩科乡试，中取举人；其后赴日本留学。岁辛亥（1911 年），“识许蕴白先生于羊城听秋声馆，谈艺甚欢。暇则招同唱和，或至忘昏晓”[②]。民国二年（1913 年），受时任福建龙溪县（今龙海市）知事许南英之聘，纂修《龙溪县志》；菽庄主人林尔嘉得闻，“亟延之入社商略金石文字，暇时则与社侣即景唱和”[③]，遂此成为菽庄吟社的一大柱石，菽庄吟社持续期的韵事赓续多有以赖。民国十六年（1927 年），受林景仁、林履信昆仲之邀，与苏大山一起游历台湾全岛。期间，与林献堂、林南强、庄嵩、黄欣、杨宜绿、洪以南、魏清德、谢汝铨、林石崖、杜仰山等台湾诗界诸公进行了广泛交游。民国三十三年九月初一日（1944 年 10 月 17 日），病逝于鼓

① 林尔嘉撰:《壶天吟·序》。沈琇莹著:《壶天吟》,“癸未(1943 年)夏日”刊本,书前页。

② 沈琛笙撰:《窥园留草·沈序》。许南英著:《窥园留草》,沈云龙主编“近代中国史料丛刊第八十辑·798”,台北:文海出版社有限公司,1974 年 12 月版,第 7 页。

③ 林尔嘉撰:《寄傲山馆词稿·序》。沈琇莹著:《寄傲山馆词稿》,“庚辰(1940 年)仲冬”刊本,第 1 页。

浪屿林氏府壶天园之玉兰室。林尔嘉己丑(1949 年)有怀沈琇莹云:"休文儒雅最知音,琴意兰心叙更深。卅载壶天同研席,纵教忍泪已霑襟。"①

沈琇莹生性简傲,才高不群,有乃师湘绮老人之风,在菽庄吟社内则与菽庄主人林尔嘉最为相契。《民国厦门市志》载:"琇莹为古文,疏宕有奇气,骈文渊博而出以沈雄,长短句亦工,颇为王湘绮所许。性嗜酒。其为诗文也,率成腹稿,枕上得句,辄起就灯下狂草,非其徒不识也。惟性简傲,非所心契,虽社友不能得其只字。人以是多之。能度昆曲,姬人解音律。莆田黄文清为绘《荔音图》。"②沈琇莹自谓:"易曰:'二人同心,其利断金。'诗曰:'虽有兄弟,不如友生。'叔臧先生与余为莫逆交,向不以余简傲而拒余,更不以余老拙而弃余,此叔臧先生知余之深也。春秋佳日,风月良宵,涉园寻趣,杖策同游,饮真长之酒,说吴均之饼,持江蟹之螯,餐秋菊之英。颜怡花木,心托豪素;梁园词赋,西昆酬唱;奇文欣赏,险韵推敲;刻烛题襟,焚香读画;兴往情来,形骸相忘。即当远适异国,消夏名区,古迹新闻,长笺短札,邮筒往复,殆无虚日。至于仁义纂组,道德琢磨,音不辍于骤雨,色不渝于严霜;虽鲍叔之于管仲,庞公之于司马,勤勤恳恳,无以复加。"③

沈琇莹一生穷愁苦吟,著述甚富,但大都由他自己删削或焚毁了。留存下来的诗词文稿,除了菽庄吟社已经刊行之《寄傲山馆词稿》与《壶天吟》二种外,所知者尚有《湖海吟》、《娵隅吟》、《霞中吟》、《绾缑吟》等,均未见梓行。菽庄主人林尔嘉尝谓:"湘绮老人日记有言:'沈

① 林尔嘉撰:《沈岁霖夫妇适来自鹭江,为余祝寿,意外重逢,诗以志之》(二首)之二。林尔嘉撰,沈骥编校:《林菽庄先生诗稿》,台北:龙文出版社,1992 年 3 月重印初版,第 75 页。

② 厦门市地方志编纂委员会办公室整理:《民国厦门市志》卷三十三"流寓传",北京:方志出版社,1999 年 5 月第 1 版,第 693 页。

③ 沈骥撰:《菽庄诗稿序——为纪念爱国诗人林叔臧老伯百年诞辰而作》。林尔嘉撰,沈骥编校:《林菽庄先生诗稿》,台北:龙文出版社,1992 年 3 月重印初版,第 2 页。

琇莹，石鼓高等生也。'亦欲借其才华以张吾军，予心识之久矣。以傲樵词稿刻入菽庄丛书，犹湘绮老人意也。"①且曰："琛笙即南岳傲樵，为王湘绮高足，其诗词均可与湘绮颃颉也。"②以林尔嘉与王闿运、沈琇莹师徒二人交谊之深，此言应当不谬。

(一)《寄傲山馆词稿》的基本内容及沈琇莹词作的风格特点

《寄傲山馆词稿》为沈琇莹的词作总汇，录沈琇莹从辛丑(1901 年)至己卯(1939 年)所撰词稿 358 阕，内含《泡影词》甲乙丙丁稿、前后《燕游词稿》、《鲛珠词》甲乙丙丁稿与《忏绮词》甲乙丙丁稿，计四辑十四卷。其中，《鲛珠词》乙稿以降，基本上都是在菽庄吟社所作。

沈琇莹"幼学填词，好为绮语"③，婉约绮丽，颇似易安。以己亥(1899 年)所作《浪淘沙·湘中新月》为例。词云：

> 流水去潺潺，风信平安。篷窗一角透光寒。钓钩疑挂横江树，鱼跃空滩。
>
> 相对忆团圞，何处家山。思量三五棹舟还。今夕女儿阶下拜，学画眉弯。

三十岁以后，沈琇莹转学白石，以韶律为重。其《后燕游词稿》所录《少年游·夜饮蕖华馆》(1907 年)一词云：

> 一庭香雾，一帘凉月，一样薄罗衣。弄影花娇，镇神棋

---

① 林尔嘉撰：《寄傲山馆词稿·序》。沈琇莹著：《寄傲山馆词稿》，"庚辰(1940 年)仲冬"刊本，第 1—2 页。

② 林尔嘉撰：《琛笙如兄七十晋一揆辰诗以寿之》(二首)之二。林尔嘉撰，沈骥编校：《林菽庄先生诗稿》，台北：龙文出版社，1992 年 3 月重印初版，第 49 页。

③ 沈琇莹撰：《泡影词丁稿·跋》。沈琇莹著：《寄傲山馆词稿·泡影词丁稿》附录，"庚辰(1940 年)仲冬"刊本，第 1 页。

倦，莲漏夜迟迟。

合欢开宴，酒边灯底，眉语费相思。玉树歌残，樱桃欲去，红烛泪双垂。

湘绮老人王闿运尝述曰："往者朱衡州校士石鼓，属余定卷，卷以千数，例糊名。一岁中，沈生琇莹高列独多。既而沈生负笈从余游，治经之暇，辄肆力于诗古文辞，凡汉魏六朝三唐诸作者，类能通其家法。至浙派野狐之学，未屑屑也。乡举后，尝为饥驱，大河以北，大江以南，多其足迹所经，方且驰观域外而消摇于蓬莱瀛洲方丈之间。今年归国，谒选北都，不卑小官，奉檄适粤，道出里门，棹舟来见。叩其近业，以《燕游词》进余。览竟，喜其词有规格，不杂苏黄粗鄙之音，若《满江红》、《夜行船》、《少年游》诸阕，居然三变。庶几起，余余老矣，颇以绮语为戒。沈生方壮年，感均顽艳，亦固其所行矣。岭南风物，宜词者众，盐荚闲曹，咏叹必及，将以引商刻羽，一变株离之土音，不亦善乎？"①言下之意，《少年游·夜饮蕖华馆》一词，虽然语辞优美，韵调和谐，富于变换，但终感"顽艳"，未能摆脱"绮语"之结习。

沈琇莹的词作风格真正发生变化是从《鲛珠词甲稿》开始的。光绪三十四年(1908年)以后，沈琇莹由湘而粤而漳州而菽庄，转篷漂泊，半生磨蝎，所撰词作也"引商刻羽，一变株离之土音"。以《貂裘换酒·壬戌(1922年)春感》为例。该词云：

苦恼人闲世。忏闲愁，一天飞絮，一江流水。不憾嫣红花落尽，只憾瘗花无地。奈尘海，飘零到此，多少月泉吟社

① 王闿运撰：《后燕游词稿·序》。沈琇莹著：《寄傲山馆词稿·后燕游词稿》，"庚辰(1940年)仲冬"刊本，第1页。

客。问西台痛哭何人记，晞发集，竹如意。

夜来寒雨朝来霁。耐思量，蜂肥蝶瘦，莺猜燕忌。万里湖南芳草绿，家在鹧鸪天里。便归也，迷阳难避，著破吴棉春不煖。又东风吹得人沈醉，寒食近，客心碎。

与《少年游·夜饮蕖华馆》中的莫名春愁相比，《貂裘换酒·壬戌(1922年)春感》中的乡愁却是实实在在的，因而该词也显得更加具体可感。

从《寄傲山馆词稿》中，还可以看到沈琇莹词作的两个特点：

一是选取题材广泛。南岳懒樵李邃甫有论沈琇莹词曰："盖默将天时人事之变纳入诗囊供其谐谑。……凡耳所接目所注，吾辈所未经意与虽经意而不能形诸咏叹者，琛笙一一谱之为词，使读者已经则生眷恋之情，未至则发苍茫之想。呜呼！非才之富且美，能如是乎？"[①]如沈琇莹所作《高阳台·辛亥三月二十九日羊城纪事》一词云：

幕燕闲愁，池鱼暗泣，蛮天色变风云。炮挚红衣，声声画角销魂。越王台下呼銮道，碧模糊、血染王孙。夜沈沈、深闭荆扉，花落镫昏。

传闻巷战兵相接，有田横死士，仓海神君。棨戟灰飞，朝来劫火犹温。焦头烂额将军客，又联翩、捧袂龙门。倚危城、十万人家，大索黄巾。

该词所记乃1911年4月27日广州黄花岗起义事。其它如《如此

① 李邃甫撰：《前燕游词稿·序》。沈琇莹著：《寄傲山馆词稿·前燕游词稿》，"庚辰(1940年)仲冬"刊本，第1—2页。

江山·桂林寇警》、《百字令·鼓浪屿日光岩是郑延平驻兵处》、《貂裘换酒·丁丑(1937年)暮春,守中道人北游返沪,寓书报我,感喟遥深,为倚是解》等,不遑胜举。

二是使用曲调甚夥。《寄傲山馆词稿》使用的曲调达110余种,除了常见的《虞美人》、《沁园春》、《满江红》、《蝶恋花》、《满庭芳》、《高阳台》、《苏幕遮》、《采桑子》、《绛都春》、《望江南》、《昭君怨》、《鹊桥仙》、《踏莎行》、《迈陂塘》、《菩萨蛮》、《扬州慢》、《点绛唇》、《八声甘州》、《貂裘换酒》、《长亭怨慢》、《霜天晓角》、《减字木兰花》、《摊破浣溪沙》等以外,尚有《台城路》、《夜行船》、《入宝装》、《风入松》、《壶中天》、《醉落魄》、《凄凉犯》、《喝火令》、《转应曲》、《淡黄柳》、《一萼红》、《罗敷媚》、《杨柳枝》、《胡蝗儿》、《如此江山》、《烛影摇红》、《拜星月慢》、《辘轳金井》、《雨中花令》、《玲珑四犯》、《法驾导引》、《金鞠对芙蓉》、《琴调相思引》、《瑶台第一层》等较少见到的曲调。

沈琇莹对于自己在词作方面的艺术造诣向来是颇感自负的。据其弟子江煦所述,沈琇莹尝谓:“词兴于唐,盛于宋,变于元,乱于明。有清一代,作者纷纷,其初犹沿填词图谱,之误于律,多所未觇;迨《万氏词律》、康熙《钦定词谱》,先后出于词苑,有廓清之功。然《钦定词谱》乃天府宝笈,非草茅之士所能梦见;《万氏词律》刊于岭外,内地亦不易得,故律之一字,倚声者仍多未能刻意讲求。吾尝流览《瑶华集》、《国朝词综》、《词综续编词综》三编及诸家词集,而知之矣。光绪间,北海郑叔问徵君词学精深,守律特严,晚年删定《樵风乐府》,兼有清真、石帚、梦窗、草窗之胜,虽使饮水复生,亦当下拜。吾于有清一代词人所最服膺者,惟此一人而已。惜乎乙巳(1905年)客游吴门,不知冷红阁子近在樵风，未能一登词坛，面质词源斠律之疑义，至今以为憾事。”[①]有关沈琇莹的词学艺术及其在晚清民国词坛的地位，尚须对其作品作出更深入、细致的探讨，并且与同时代其他名家进行更广泛、全面的比较，才能得出精准的评价和定位。

(二)《壶天吟》的基本内容及沈琇莹诗作的风格特点

《壶天吟》为沈琇莹所撰“寄傲山馆诗稿五编”(即《湖海吟》、《娵隅吟》、《霞中吟》、《绾缤吟》与《壶天吟》)之一，录乙亥(1935 年)至癸未(1943 年)所撰诗作 748 首，共六卷，作为“菽庄丛书”之第五种，“癸未(1943 年)夏日刊于鹭江”。

《壶天吟》所录诗作，大致可分为三类：一是与菽庄主人林尔嘉的酬唱应答之作。这类作品所占比重最大，如《暮秋得菽庄主人庐山寄书，报以三律》、《菽庄主人挈眷下庐山，道经武昌，登黄鹤楼，赋诗见寄，叠均和之》、《春日菽庄主人自香江寄赠万寿籐杖，赋诗志感》、《次韵奉和菽庄主人春日雨后游九龙康乐园即景一律》、《暮春百忍老人自沪上寄示上巳梵王渡修禊两绝，即次其韵》等，其中清楚地记载了林尔嘉的行迹踪影及沈林之间的深挚交谊。因此，林尔嘉说“读《壶天吟》庶几得之，仅曰：知交特管鲍耳”[②]。二是菽庄吟社日常社课雅集所作。如壬午(1942 年)“九九消寒”所作《咏菘》、《咏芥》、《咏薑》、《咏菌)》、《咏薤》、《咏蒿》、《咏葱》、《咏蒜》、《咏韭》、《咏葵》、《咏菽》、《咏瓠》、《蕹菜》、《菠菜》、《芹菜》、《荸荠行》、《五辛盘》、《屠苏酒行》等，从中可以看到菽庄吟社持续期的吟咏聚作活动依然十分频繁。三是个人的吟兴感怀之作。如《过亡姬纫兰墓》、《么凤叹》、《垒块》、《哀玉兰》、《九日登

---

① 江煦撰：《寄傲山馆词稿·编后记》。沈琇莹著：《寄傲山馆词稿》附录，“庚辰(1940年)仲冬”刊本，第 1—2 页。

② 林尔嘉撰：《壶天吟·序》。沈琇莹著：《壶天吟》，“癸未(1943 年)夏日”刊本，书前页。

日光岩放歌》、《生日醉歌》等，从中可以看到沈琇莹把许多在词作中不能或难以完满表达的思想情感，借助诗歌的体裁形式来作进一步的记叙和补充。

沈琇莹的诗歌风格与李商隐相近，他不仅在诗作中经常提到“玉谿诗”，而且还每以“蟫窟公子尝称余诗似玉谿生”[①]自诩。概括地讲，其诗歌创作有两个特点：一是“寄托深而措辞婉”；二是多用典故。以辛巳（1941 年）所作《哀玉兰》为例。该诗云：

噫嘻乎悲哉玉兰！尔胡不似丹桂，生于天上之蟾宫，年年岁岁花开不谢，非色亦非空；又胡不似蟠桃，生于王母之瑶池，能得深根固蒂长生久视之道，一花三千载为期。乌衣古国非福地，托根壶天遭乱世；巢借一枝谈何易，后皇嘉树忍仇视。西园公子称无忌，家居郁郁不得意；锦衣玉食厌寻常，焚琴煮鹤浑闲事。平生未解读楚辞，伤时那有灵均泪；搴芳南国恼骚人，纷纷夷卉满阶砌。二十四番风不同，二十四气时不利；萼绿华来迷住所，化身无端试斤斧。当年忘却旧家风，梅花树树皆诸母；此日祸及女儿花，宁知梓泽是故家。过客题门为凤鸟，市侩如虎磨其牙；何时得逢桓司马，攀条流涕长咨嗟。噫嘻乎悲哉玉兰！有鸟呼，天作怪；天作怪，风风雨雨，屈橘、贾柑、许荆、窦桂、王槐、葛桑、陶柳今安在？有鸟大呼，提葫芦，沽美酒，一杯浇黄土；树乡无何有，木以材见杀，兰以香见烧，可怜生生死死，不如望秋先零之蒲柳。

嘻乎悲哉玉兰！树有精兮花有神，木居士能祸福人；南

① 沈琇莹撰：《再叠前韵（按：夏五守中道人自庐山寄示书感一律次韵）》。沈琇莹著：《壶天吟》卷一，“癸未（1943 年）夏日”刊本，第 19 页。

强北胜分大小，为妖为祥不可晓。众香有国无纪元，群芳同谱何敢言；时耶命耶孰主宰，万物芸芸归其根。君不见，秦阿房、汉建章，祝融怒，劫灰扬，一片焦土青葱玉，何处藏？又不见，金人纵火烧大梁，千古伤心宋之艮，空费财赋花石纲！

该诗所咏叹的对象本是林氏府壶天园的玉兰树，沈琇莹所作《望江南·壶天好》（四首）有序："乙亥（1935 年）仲秋，移研林宅后园，是曰壶天，其间荔二桂五紫籐二，玉兰以十数。当清风徐来，秋香满径，儿童歌舞，鸡犬皆仙。余把卷坐绿阴中，欣然自得，无复羁愁，爰制小令以识幽赏。"[①]但是《哀玉兰》一诗，字里行间却隐喻了对自己的身世际遇之慨，并且交织着对亡姬纫兰的比红之悼。

沈琇莹的儿子沈骥也是菽庄吟侣之一。沈骥（？ —？），字岁霖。曾随父寓居鼓浪屿菽庄花园，得以每日骖靳于菽庄吟社的众多硕学耆儒之间，所作有《菽庄主人六十寿诗》（1934 年）等。1949 年前后旅居台湾。1972 年，为编《林菽庄先生诗稿》。

二、江煦及其《草堂别集》等

江煦（1895—？），字仲春，号晴庵，福建海澄县三都乡贞庵村（今厦门市海沧区）人。"擅才学，好游观"[②]。民国五年（1916 年）前后，寓居厦门鼓浪屿，供职于厦门海关；期间加入菽庄吟社，并成为该社的核心吟侣。江煦之所以能够进入菽庄吟社内部的核心圈子，除了与菽庄主人林尔嘉同郡的缘故外，还因为他是菽庄吟社持续期主盟人沈琇莹的

① 沈琇莹撰：《望江南·壶天好》（四首）。沈琇莹著：《寄傲山馆词稿·忏绮词乙稿》，"庚辰（1940 年）仲冬"刊本，第 6 页。

② 林尔嘉撰：《鹭江名胜诗钞·跋》。江煦辑：《鹭江名胜诗钞》附录，"戊子（1948 年）孟秋"刊本，第 1 页。

弟子。江煦尝述:"《寄傲山馆词稿》十四卷,吾师傲樵先生三十以后所作也。师著述甚夥,词特其一耳。……煦生长海澨,前无师承,瞻仰山斗,执贽憾晚。公余多暇,载酒问奇,得闻绪余,亦云幸矣。"[①]江煦一生著述宏富,所撰有《圭海集》、《草堂三集》、《草堂别集》等,所辑有《鹭江名胜诗钞》、《闽四家诗》、《饮水诗选》、《民国年间厦门名人尺牍墨宝》等。

《草堂别集》为江煦在菽庄吟社期间所作诗词文稿专辑,内含《读我书室文存》、《风月平分草堂诗存》、《无尽藏庐词存》各一卷,分别录文 30 篇、诗 136 首、词 44 阕,并附沈琇莹、金鞠逸等名家对各作之点评,"甲午(1954 年)仲春刊于岭南"。林尔嘉尝为序曰:"江子仲春好学不倦,生平所为诗文词甚多,皆为匡时济世、有益于人心者,是得古人为诗文之旨,殊非庸俗游戏虚汎之论,摹写风花雪月淫靡之辞。夫如是,其不蝇笑鳖咳、磔鼠谴猫、巫鞶优涕,动天地、感鬼神,变郑卫之风者乎?至其工拙,固有名师宿儒评定之,毋须余之喋喋也。"[②]

江煦所作诗词往往节短音长,古意清芬,但似乎少了一些个人情感的融入以及意象与诗境的创新,略嫌简淡。以丁卯(1927 年)所作《落花》一诗为例。该诗云:

今日泥中悴,明年枝上荣。
逢迎蜂有语,惜别蝶无声。
肠断随流水,魂消听啭莺。
天机原往复,吾亦悟吾生。

---

① 江煦撰:《寄傲山馆词稿·编后记》。沈琇莹著:《寄傲山馆词稿》附录,"庚辰(1940年)仲冬"刊本,第 2 页。

② 林尔嘉撰:《草堂别集·序》。江煦著:《草堂别集》,1954 年春满堂岭南铅印本,第 1—2 页。

金鞠逸先生评点曰："澹然意远。"①

相对而言，江煦的词作往往语辞流丽，描摹细腻，更得乎沈琇莹的真传。以《貂裘换酒·壬午(1942年)上巳小兰亭修禊即景倚声效傲樵先生体》一词为例。该词云：

雨后苔痕绿。任东风，飞扬跋扈，朝寒暮燠。开到荼蘼春欲尽，零乱一襟怅触。又却换，称身春服，令节重三修禊事。小兰亭引水流觞曲，情畅叙，当丝竹。

踏青底处留芳躅。想丽人，联翩扑蝶，蛾眉双蹙。回首当年弦管盛，惹得流莺出谷。指香海，熙春亭北，射虎将军今老矣。祝昇平海上归帆速，商韵事，好赓续。

南岳傲樵沈琇莹评点曰："写景如绘，颇近玉田。"②

第四节 陈海梅、施景琛、吴增、苏大山、龚植、周殿薰、李禧等其他核心吟侣

蔬庄吟社核心吟侣中，文学及艺术成就较大者尚有陈海梅、施景琛、吴增、苏大山、龚植、周殿薰、李禧、庄棣荫等。兹分述如下：

一、陈海梅及其《折琼集》与《喷饭集》

陈海梅(1847—?)，字香雪，号我园老人，福建闽县(今福州市)人，世居福州城内朱紫坊。是"同光体"闽派代表人物之一。清道光二十

① 江煦著：《草堂别集·风月平分草堂诗存》，1954年春满堂岭南铅印本，第4页。

② 江煦著：《草堂别集·无尽藏庐词存》，1954年春满堂岭南铅印本，第10页。

七年(1847 年)五月生。弱冠即文名藉甚。光绪二十一年(1895 年)参加乙未科会试,中取会元;二十四年(1898 年)补行殿试,中取进士,列戊戌科三甲第七十九名,其长子陈培锟则列二甲第七十八名。父子同榜中取进士并且同时被点为翰林,一时传为佳话。"癸卯(1903 年)散馆,培锟授编修,海梅以家贫年长,改外,补浙江龙泉县知县。在任五年,以兴学、清讼、修水利为务,邑人名所筑堤为'陈公堤'。性旷逸,不拘仪节。郡守常某以修谒独后为轻己,以耽诗酒、疏民事劾去官。时人以比永福黄任云,而海梅生平实未尝近杯勺也。旋里,主国学研究会词章讲席。先是,海梅丁丑(1877 年)、己亥(1899 年)间,一再游厦,主余澧沅家。培锟既官厦道尹,遂寓厦鼓浪屿,加入菽庄诗社,与施沄舫、沈傲樵等相唱和。在厦则邀周墨史、柯硕士、蔡维中、余雨农、翁亦卿辈,组织鹭江吟社于图书馆,斗诗联吟自遣"[1]。另外,陈海梅还在福州与林孝箕、林孝颖、林孝曾、郑祖庚、邱林韵芳等共组有花好月圆吟社,与林苍、张鹤廉等共组有退闲吟社、补闲吟社、补残吟社,等等。遗有《折琼集》、《喷饭集》等手稿,多为以福州地方传说、俚俗谚语为题材创作的白话诗,是研究福州民间文化的极好资料,惜虽经多方访求而未得。

陈海梅与台北板桥林家"缔交三世",且与菽庄主人林尔嘉为"忘年之友"。陈海梅所作《菽庄林先生暨德配云环龚夫人五十寿文》有述:"刘樊美眷,人夸行地之仙;瑜肃知交,我是忘年之友。方幸梁园宾客,座上延枚,岂知牛党嫌猜,军中斥李,贱子遂买舟归里,同侪亦自息影闭门。白云馨香,所思远道,沧海契阔,每怀故人,盖予往来于我菽庄先生社中者,固有年矣。……海梅缔交三世,本为孔李通家;分襟两

① 厦门市地方志编纂委员会办公室整理:《民国厦门市志》,北京:方志出版社,1999 年 5 月第 1 版,第 694 页。

秋,每羡鲍宣佳耦。”①林尔嘉所作《奉和香雪世丈庚申(1920 年)鹭屿重游菽庄吟集赋赠两律敬步元韵》之一则谓:“廿年鸿爪识先生,古屿重逢笑口迎。荒径早归陶靖节,小园曾赋庾兰成。诗能惊座身长健,水是在山泉更清。百丈元龙豪气在,谢墩谁复与公争。”另从陈海梅所作“初度与君同五月,厚施惭愧感恩先”②等诗句看来,他也像菽庄“三老”——施士洁、许南英、汪春源等一样,是领取过菽庄主人“月给”的社课主持人之一。

陈海梅“性旷逸,不拘仪节”,所作诗文也往往多逸致,重情趣。陈海梅在菽庄吟社创作的作品,所知者有《菽庄主人四十寿诗》(1914 年)、《菽庄主人银婚联》(1916 年)、《重游鹭屿宴菽庄》(1920 年)、《菽庄梦中得句倡和集序》及诗(1921 年)、《辛酉重阳菽庄三九雅集》(1921 年)、《菽庄林先生暨德配云环夫人结婚三十年序文》及诗(1921 年)、《菽庄主人四十有八寿诗》(1922 年)、《壬戌(1922 年)七月既望鹭江泛月赋选》、《菽庄林先生暨德配云环龚夫人五十寿文》(1924 年)等。其中,《辛酉重阳菽庄三九雅集》一诗,还获得菽庄吟社辛酉(1921 年)“征诗”比赛第六名,并得到过 9 银元的奖金。该诗云:

去年消夏鹭江来,西风吹梦乘舟回。主人笑我归何速,不能留待重阳杯。今年又到重阳节,吟樽不为登高设。主宾循例争观潮,龙山往事何须说。眼前沧海变桑田,名园犹记落成年。光阴弹指逝川迅,九度谈瀛开菊筵。海内共和已十

① 陈海梅撰:《菽庄林先生暨德配云环龚夫人五十寿文》。菽庄吟社辑:《菽庄林先生暨德配云环龚夫人五十寿言》,九州出版社、厦门大学出版社合刊,2004 年 12 月版,第 509—514 页。

② 陈海梅撰:《菽庄主人四十有八寿诗》。林尔嘉辑:《菽庄主人四十有八寿诗》,“癸亥(1923 年)仲夏”刊本,第 12 页。

载，十月十日明朝届。三十节与三九逢，天公若为巧支配。我君风雅好谈诗，大集吟朋建鼓旗。梁园宾客尽英俊，文采风流盛一时。八十一人夸胜友，嗟予迟暮空搔首。自揣我倘厕其间，九九图中增一丑。诸君忆我若为情，我□诸君心更倾。于今耆旧少新语，海上谁为牛耳盟。曩会不及兹会盛，君真爱才直如命。未知再续是何时，老夫还拟重游庆。

又所作《菽庄梦中得句倡和》(四首)云：

雨后风轻入望凉，沧波一片写诗光。
黄昏滋味无人领，独倚桥阑看夕阳。

晚山塔外远烟苍，雨后风轻入望凉。
追忆去年消夏到，吟余饱啖荔支香。

高贤不任人牵率，啸侣清谭常促膝。
雨后风轻入望凉，浴波时见沙鸥出。

构得园亭迹自藏，得专一壑趣尤长。
海天无际诗心阔，雨后风轻入望凉。

菽庄吟社其他吟侣诗文集中有关陈海梅的撰述颇多。林景仁所撰《东海钟声·序》尝载："曩者余侍家君为菽庄吟社，尝与陈香雪、施耐公、许蕴白、沈傲樵诸老鏖战，累月不息。”[①]施士洁所作《和陈香雪老友〈重游鹭屿宴菽庄〉韵》（二首）之一有述：“修到顽仙白发生，揭来关尹笑相迎。此间鹿耳皆朋辈，当日龙头更老成。松菊未荒三径在，沧桑已往六尘清。自惭水绘园中客，敢与迦陵片席争？”[②]沈琇莹所作《忆江南·壶天四咏》（四首）之三另注：“画壁亭在壶天南，左荔支右紫籐，面楼背墙，向未有名。己未（1919 年）秋日，主人召吟侣于壶天，作诗钟雅集，题为荒尺，格为鹤膝，斯亭其胪唱处也。时名妓林冰清、史湘云自沪上来，主人招之侑酒，约曰：中状元者各进夷酿三杯，榜眼、探花以次递减。胪唱毕，计分余独多得状元，饮如约；陈香老（按：指陈海梅）得榜眼，龚筠老（按：指龚显鹤）得探花，不胜酒力，玉山颓矣。”[③]可见，陈海梅不仅参与菽庄吟社活动的次数频繁，而且创作的诗文作品还经常入选高列。

陈海梅长子陈培锟也是菽庄吟社的重要吟侣。陈培锟（1877—1964），字韵珊。光绪戊戌（1898 年）科二甲第七十八名进士，选翰林院庶吉士，散馆授编修；光绪三十四年（1908 年），赴日本法政大学留学；宣统元年（1909 年）回国，任福建高等学堂监督、福建去毒总社长等职。民国后，历任汀漳龙道、厦门道、闽海道道尹及福建省财政厅厅长、省赈务委员会主任、代理省府主席等职。抗战胜利后，曾随陈仪参与接收台湾；返闽，任福建省政府委员兼省银行行长。解放后，历任福建省人民代表、省政府委员、省政协委员、省文物管理委员会主任、省文史馆馆长等职。其书法被称作“翰林字”，流传于闽台、香港及南洋各地。

---

① 林景仁撰：《东海钟声·序》。张作梅编订：《诗钟集粹六种》，台北：中华诗苑印行，1957 年 10 月初版，第 83 页。

② 施士洁撰：《和陈香雪老友〈重游鹭屿宴菽庄〉韵》（二首）之一。施士洁著：《后苏龛合集》，台北：台湾银行经济研究室，1965 年 11 月版，第 310 页。

③ 沈琇莹撰：《忆江南·壶天四咏》之三。沈琇莹著：《寄傲山馆词稿·忏绮词丙稿》，“庚辰（1940 年）仲冬”刊本，第 4 页。

著有《岁寒寮诗藏》、《海滨谈屑》、《闽文偶录》、《闽文辑要》等。

陈培锟"与林菽庄、黄奕柱等富豪深交"[①]。民国七年(1918 年)至民国八年(1919 年),署理厦门道道尹期间,曾参与菽庄吟社的吟咏聚作;民国二十一年(1932 年),菽庄吟社举办诗钟大唱——"剑、潭,第一唱",陈培锟担任捐取第一门词宗。所作与菽庄吟社相关诗文作品,有《菽庄梦中得句倡和》(1921 年)、《菽庄林先生暨德配云环龚夫人结婚三十年序文》(1921 年)、《菽庄主人六十寿诗》(1934 年)等。此外,还与陈海梅、林苍、陈柏侯、林坦西等共组有退闲吟社,与陈海梅、张鹤廉、严叔夏、林绮赓等共组有补闲吟社,与陈福敷、张鹤廉、林幼泉、林绮赓、沈剑知、陈海瀛、林仲笏等共组有榕社,与张如香等共组有永安燕溪诗社,等等。

二、施景琛及其《鹭江集》、《泉山古物编》等

施景琛(1870—1954),字涵宇,晚号泉山老人,福建长乐人。同治九年八月十一日(1870 年 9 月 6 日)生;前清秀才,中国同盟会会员,清末民初教育家、社会活动家、金石鉴赏家。"景琛少颖悟,勤学,能诗,钻研金石独有心得。由于苦心孤诣,学业大进。善词令,喜交游,榕城文士如陈衍、林纾、董翔藻、何振岱、马天翮、陈培锟、刘通等均乐与周旋"[②]。曾于癸卯(1903 年)、甲辰(1904 年)两度赴日本考察学制,"归国后,次第手创泉山幼稚园、女子职业学校、男女丙等小学校、苍霞中学校、高等工业学校,投身教育"[③];"旋创办《华同日报》于福州之丽文

---

① 刘德城、周羡颖主编:《福建名人词典》,福州:福建人民出版社,1995 年 10 月第 1 版,第 213 页。

② 施秉雅撰:《施景琛事略》。福建省政协文史资料委员会编:《文史资料选编》,福州:福建人民出版社,2001 年 12 月第 1 版,第 58 页。

③ 施景琛撰:《鲲瀛日记》。池志征等著:《台湾游记》,台北:台湾银行经济研究室,1960 年 1 月版,第 41 页。

坊，任经理。……民国初黎元洪任总统时期，任国务院秘书。旋任参议院议员。是时，景琛交游颇广，与林琴南等组织诗社”[1]。民国五年(1916年)前后，入陈衍所主持之说诗社。民国十七年(1928年)以后，任福建省闽侯县古迹古物保管委员会常务理事。1949年前后旅居台湾。1954年6月5日殁于台北市新竹糖厂。遗有《鲲瀛日记》、《鲲瀛集》、《鹭江集》、《石鼓集》、《鲲瀛续集》、《泉山楹联初集》、《泉山古物编》、《泉山沿革志略》、《施山志》等。

早在光绪末年，施景琛就曾与菽庄主人林尔嘉一起在福州剏办泉山高等女子学校，并且与菽庄吟社另一发起人、怡园少主人林辂存为多年深交，情如兄弟。民国元年(1912年)，施景琛赴台湾考察实业途中，在厦门逗留多日。期间，与时任厦门商会总理洪鸿儒、坐办施士洁及林辂存、林尔嘉、林祖密(字季商)、陈藻耀、叶谦丞等厦门官、绅、商、学、警界代表广泛接触，并酬唱应和。所作《赠林叔臧京卿》云：

椒糈登筵岁又新，朝衣恍惚认京尘。
东西莫说吴和越，朝暮谁分楚与秦。
万事都成黄雀后，两家难共绿杨春。
七鲲风月同杯酒，热闹场中冷落人。

《赠林君景商》云：

十载深交俨弟兄，登堂拜母并班荊。
花时箫鼓吟身健，枌社衣冠酒趣生。

---

① 施秉雅撰：《施景琛事略》。福建省政协文史资料委员会编：《文史资料选编》，福州：福建人民出版社，2001年12月第1版，第58页。

行色旧曾遍湖海，才名早已动公卿。
谤书盈箧终何碍，一剑天涯为不平。

又《呈沄舫宗年伯》云：

不才小阮久怀惭，贫富奚论北与南。
汉室昔年惊党锢，晋廷今日尚清淡。
故家燕子凄凉在（割台后家产荡然），客岁梅花子细探。
国事伤心知莫补，妇人醇酒学曹参。

民国三年（1914年）九月至民国四年（1915年）八月，施景琛寓居厦门，前后整整一年时间。期间，施景琛加入菽庄吟社，与林尔嘉、林景仁等吟咏雅集，尤其对东瀛才女、菽庄吟侣之一洪碧梧嘘寒问暖，关怀备至，相互间唱酬最多，所作辑为《鹭江集》，录诗102首。作品如《谢菽庄主人赠菊》、《菽庄观菊（限阳韵）》、《步林君健人元韵》、《端阳阻雨柬健人》、《再叠端阳阻雨原韵呈健人词宗》、《赠洪碧梧女士》、《碧梧女士倒叠前韵见和再步四章答之》、《闻碧梧女士暑病未愈诗以讯之》、《久别碧梧女士》、《旅次无聊读碧梧女士和诗且愧且感倚装谨赋四律藉表谢忱并乞粲正》等。

民国九年三月三日（1920年4月21日），菽庄吟社举行上巳修禊，施景琛特地从福州赶往与会。林尔嘉所作《庚申三月三日菽庄修禊社友施君涵宇自榕垣来与会赋诗索和依韵酬之》一诗，题中即以“社友”称呼施景琛。该诗云：“禊事风流仿晋人，相从怀抱为君伸。客逢佳节身仍健，家买青山近更贫。洛社阄诗觞曲水，京游感旧袯征尘（时君有都门之行）。犹存三径思招隐，可许羊求来作邻。”施景琛所作与菽庄吟社相关的作品，尚有《菽庄林先生暨德配云环夫人结婚三十年诗》

(1921 年)、《菽庄林先生暨德配云环龚夫人五十寿诗》(1924 年)等。

施景琛的成就主要还是在金石鉴赏方面。在这点上,林尔嘉与他有着共同的嗜好,所以两人交谊特别深厚。据载,民国初年,值清廷鼎革不久,古物充斥都门,景琛颇能鉴别古玩真赝,遗老阀阅及国初新贵请其鉴别者甚众;又室中陈列大铜器颇夥,而郑丽生则藏小铜器不少,时人遂戏称施景琛为“大同”,郑丽生为“小同”。施景琛还于民国十三年(1924 年)撰有《泉山古物编》一著,并自序云:“粤自禹鼎铸奸汤盘,垂戒文字则寿之金岣嵝立碑岐阳,造鼓文字则寿之石金石,足以不朽者如此。北宋以来,金石学日盛,宣和博古图作自官家,仅举大端,繁征博引弗取焉;而私家之研求金石者,如薛尚功、阮元《钟鼎彝器款识》,王昶《金石粹编》,冯云鹏《金石》,索搜罗广,鉴别精实,为官家所不及。金石外,考玉则有吴大澂《古玉图考》,砚则有吴兰修《端溪砚史》、陈龄之《端石拟考》,瓷则有屠陆《考槃余事》、黄一正《事物绀珠》、张应文《清秘藏谷》、应泰《博物要览》、饮流斋《说瓷》、寂园叟《匋雅考》。古之录燦乎大备,然私家著述,类多借他人酒杯浇胸中垒块,未必历数家珍也,兹编则异是。余少嗜金石,壮游四方,搜岩采穴,未尝或倦;近以兵燹余生,收藏转易,盖有数存焉。甄择品精者,都一百则,分金属、石属、陶属三卷,参以考证,或系以诗歌祝古物之寿,奚翅自祝古物编之寿耶!或曰:诗者,心之声,言情为上,咏物为下,窃以为此伧俗之见也,吾生情寄于物,咏物即所以言情,亦即所以娱情,何上下之有。昔韩昌黎歌石鼓、陆甫里咏越窑,未尝不以咏物著于时、名于世,则吾之古物编,间有仅录考证,未系以诗歌者,亦随兴之所至,未尝有厚薄于其间。嗟夫!世变亟矣,鲰生老矣,不能出而建非常之勋,创非常之业,徒以识麒麟为圣、辨羵羊为智,敝帚自珍,青毡独守,岂得已哉！知我、罪我，吾亦无所动于心焉。”[①]

三、吴增及其《吴桂生诗钞》、《蕃薯杂咏》、《泉俗激刺篇》等

吴增（1868—1945），字桂生，号古丰州人、养和居士，福建南安人。清同治七年八月十六日（1868 年 10 月 1 日）生于泉州。家世寒微，父长福公弃农从军，远戍皖鄂及台湾各地，母陈氏辛苦佣作以维持生计。“幼入塾就学，家綦贫，时学时停。年十六，失所怙，益无力。就傅试，为艺徒，白昼操作，夜辄就坊中灯下持卷诵读，坊主吝惜灯油，毁书而詈之；愤而归家，刻苦奋发，研读益力。南安名进士傅公国英见其文而奇之，曰：‘是可造才，焉可使郁郁于市廛间耶！’命从之游，授以经古文辞，学益进。年十八，设帐授徒。二十五，为邑诸生。光绪壬寅（1902 年），举于乡。甲辰（1904 年），成进士（按：应为贡士）”[②]。清末旅居菲律宾，因讥讽朝政，言辞激烈，被清廷驻菲领事迫令归国。历任泉州保安会会长、清源书院山长及南安中学、嘉福职业学堂、昭昧国学专修学校、泉中中学等校校长。民国二十二年（1933 年），与苏大山、林骚、曾遒、苏镜潭、汪煌辉、洪锡畴、吴钟善、黄悟曾等共组温陵弢社。民国三十四年八月二十一日（1945 年 9 月 26 日）卒。遗有《吴桂生诗钞》（又名《养和精舍诗剩稿》）、《蕃薯杂咏》、《泉俗激刺篇》、《毛诗订诂》等；前三种又曾都为一集，称《养和精舍诗存》，于 2000 年 7 月在泉州出版。

早在清宣统年间，吴增就曾受菽庄主人林尔嘉之聘，入林氏府教授林尔嘉三子林鼎礼诗古文辞，暇则参加“浪屿诗坛”的宴饮雅集活

① 施景琛撰：《泉山古物编·自序》。施景琛著：《泉山古物编》，“甲子（1924 年）五月”刊本，第 1 页。

② 《吴桂生事略》。吴增著：《养和精舍诗存·养和精舍诗剩稿》，泉州：泉州市新闻出版办公室，2000 年 7 月版，第 79 页。

动。吴增在民国八年(1919 年)所作《读菽庄主人东归观菊诗有感赋此二律并次其韵》之二有述:"年来亲友类抟沙,莲幕招延著作家。评菊分题名次第,替梅写照影横斜。大难清福关天授,容易秋风感物华。回首十年邀宴集,城西吟馆醉薇花。"吴增所作与菽庄吟社相关作品,尚有《七夕四咏》(1919 年)、《闰七夕乞巧回文》(1919 年)、《庚申菽庄咏菊八首》(1920 年)、《菽庄林先生暨德配云环龚夫人结婚三十年诗》(1921 年)、《菽庄先生、云环夫人五十寿诗》(1924 年)、《菽庄主人六十寿诗》(1934 年)等。可见,吴增也是菽庄吟社的核心吟侣之一。

吴增"诗不常作",但风格却变化多样,或雅正工丽,得杜陵义山之神韵;或博考赡稽,树"以学为诗"之典范;或激刺疾呼,摄方言俚谚于笔端。所见《吴桂生诗钞》,为 1979 年 3 月泉州市图书馆手抄本,录诗 198 首,作品大都雅正工丽,如《闽中怀古》、《题晞发集》、《吊郑延平故垒》、《又吊郑延平故垒》、《苏髯荪浦归舟载书图》、《洛阳桥重修落成》、《劫后春》、《抗敌歌八首》等。以《吊郑延平故垒·水操台》为例。该诗云:

> 遗镞沉枪铁未销,水操台畔石岧峣。
> 笑人五百田横岛,强弩三千伍子潮。
> 往事已忧蕉鹿梦,谶文犹说草鸡谣。
> 凭谁捣尽兴亡恨,拍岸惊涛暮复朝。

《蕃薯杂咏》为泉山书社之"强圉赤奋若余月(夏历一九三七年四月)"刊本,录诗 197 首。该辑为联章绝句,"细写蕃薯传播之情况、品种之区别、风味之佳美、有益国本民生之作用、古贤饥饱之相关、其他果谷之殊珍,取材兼及古先域外之载籍,又富自身生活之感受,故虽博考赡稽、词旨朴素,而皆风趣盎然、饶有神韵,得陶诗之高境而发东坡放翁之笔墨，殆坡文所谓‘质而实，绮癯而实腴’”[①]。其中，“起结数十首独具见解；中间百数十首逐层分咏，意亦多有寄托。章法整然，如作一篇古文，又如作一首长篇古体诗。”[②]概而言之，《蕃薯杂咏》是“以学为诗”的作品典范。不过，与一般之以学问、知识来作诗不同，吴增是用学术研究的态度及方法来写作《蕃薯杂咏》的。确切地说，应当称作“以诗为学”，即用诗歌的形式来阐述学术观点。如第九首并注云：

> 科仑布得美洲栽，欧士尚疑是药材。
> 二十七年时未久，菲滨何得遽传来。
> （西班牙领菲律宾在西历一五六五年，即明嘉靖四十四年；陈振龙传吕宋薯在万历二十二年，即西历一千五百九十四年，距西班牙领菲不过二十七年。）

《泉俗激刺篇》录诗46首，包括“写政治黑暗十四首，社会问题二十三首，迷信恶习九首”[③]，刊于清光绪三十四年（1908年）。陈祥耀先生谓：该篇“皆叙当时政治腐恶、民俗积敝之作，讽时刺世，大声疾呼。诚如生存生序所云：‘长歌当哭者，辞显而意深，情激而心恫，深有契于白香山氏所云为时为事而为诗之旨，体格亦近白氏之新乐府，而足与林畏庐之《闽中新乐府》并时媲美者也。’其深刻沉痛处，盖不胜举”[④]。

---

① 陈祥耀撰：《养和精舍诗存·序》。吴增著：《养和精舍诗存》，泉州：泉州市新闻出版办公室，2000年7月版，第5页。

② 叶青眼撰：《蕃薯杂咏·序》。吴增著：《蕃薯杂咏》，泉州：泉山书社，“强圉赤奋若余月（夏历一九三七年四月）”刊本，第1页。

③ 《泉俗激刺篇》重刊说明。吴增著：《养和精舍诗存·泉俗激刺篇》，泉州：泉州市新闻出版办公室，2000年7月版，第1页。

④ 陈祥耀撰：《养和精舍诗存·序》。吴增著：《养和精舍诗存》，泉州：泉州市新闻出版办公室，2000年7月版，第4页。

以《缠足》为例。该诗云：

> 人为万物灵，圆颅方趾天生成。悲哉我中国，女不读书瞽其目。眯其心，乃复缠其足，坐使人种弱。有骨拗之断，有肉揉之烂，跬步不能行。四万万人减一半，如此野蛮真可叹。

四、苏大山及其《红兰馆诗钞》等

苏大山(1869—1957)，字荪浦，号君藻，福建晋江人。清末贡生。宣统二年(1910年)寓居鹭门后，即经常出入林氏府及菽庄花园，并与施士洁、李禧、黄培松等菽庄吟侣酬唱应和；民国八年(1919年)仲冬，"始馆菽庄，为幼安之渡海，作皋羽之入社"[①]，正式入聘菽庄吟社。民国十六年(1927年)，受林景仁、林履信昆仲之邀，与沈琇莹一起游历台湾全岛，期间与林献堂、林南强、庄嵩、黄欣、杨宜绿、洪以南、魏清德、谢汝铨、林石崖、杜仰山等台湾诗界诸公进行了广泛交游。民国二十二年(1933年)，与吴增、林骚、曾遒、苏镜潭、汪煌辉、洪锡畴、吴钟善、黄悟曾等在泉州共组温陵弢社。著述宏富，撰有《红兰馆诗钞》、《红兰馆文钞》、《红兰馆游仙诗册》、《温陵碎事》、《鹿礁随笔》、《晋江私乘人物列传》等，辑有《鹤南集》、《镜山诗拾》、《温陵诗征》等；藏书万余卷，尝为编《红兰馆藏书目录》。

苏大山所著《红兰馆诗钞》，内含八卷，即八个专集，分别是《桐南集》、《桐南后集》、《幔亭集》、《镡州集》、《鹭门集》、《甲子诗卷》、《婆娑洋集》与《鹿礁集》，合计录诗1070首，由苏大山的外甥兼弟子、菽庄吟侣杨昌国等醵资，于"著雍执徐之岁涂月(夏历一九二八年四月)"刊

---

① 苏大山撰：《鹿礁集·序》。苏大山著：《红兰馆诗钞·鹿礁集》，"著雍执徐之岁涂月(夏历一九二八年十二月)"刊本，第1页。

行。其中，《鹭门集》、《甲子诗卷》、《鹿礁集》三集，有许多关于菽庄吟社创作活动的记载；《婆娑洋集》则为民国十六年(1927 年)游历台湾所作，具有很高的史料价值。沈琇莹所撰《红兰馆诗钞·序》云："菽庄主人开东阁招诗客，有古月泉之风。予与苏浦后先来集，忽忽踰十年矣。往者啸侣命俦，更唱迭和，月以十数，岁以百数；体或古或近，韵或竞或病，晷或分或寸。急就之章，雷同之句，可则存之，否则焚之。何者为副墨之子？何者为雒诵之孙？无暇过而询焉。苏浦谬以予为解人，乃搜其箧中积稿，整齐之，次第之，以示予曰：'丁敬礼所请于曹子剑者，窃有志焉。'幸无疑难，予竭五日之力读竟，不禁掩卷而叹曰：'予闻之，诗有貌、有神、有体、有骨。貌可饰，神不可袭，清浊之谓也；体可规，骨不可移，疆弱之谓也。必也寝馈乎三馆四库、诸子百家之书，以隽其才；驰驱乎汉魏六朝三唐作者之林，以藻其思。为诗也，古无落调，今无失律，兀而突，飘而忽，窈而曲，往而复，或雅如竹，或淡如鞠，或润如苍玉，或朴如枯木，或清如雏凤，或哀如寡鹄，或矫矫如秋隼，或呦呦如野鹿，或如云之诡，或如波之谲，或诙谐如滑稽，或循环或转毂；使读之者欲起欲伏，欲伸欲缩，欲绝欲续，欲角欲逐，欲雍欲肃，欲笑欲哭，辟诸成连之琴使人情移，雍门之瑟使人心悲。诗乎，诗乎！至于斯乎！'吾师湘绮王子数数语予：'昔能识之，不能制之；今能道之，不能造之。'顾苏浦之诗，往往有近似之者，岂非衰世之麟角耶！"①

概而言之，苏大山的诗歌创作往往豪吟勃发，才思纵横，词藻绮丽，韵调往复，尤长于歌行一体，颇如苏轼之"天马脱羁，飞仙游戏，穷极变化，而适如意中之所欲出"(沈德潜著《说诗粹语》)。以丙辰(1916年)所作《十月十三日菽庄看菊》为例。该诗云：

---

① 沈琇莹撰：《红兰馆诗钞·序》。苏大山著：《红兰馆诗钞》，"著雍执徐之岁涂月(夏历一九二八年十二月)"刊本，第 1 页。

天风吹我渡江来，主人为语花正开。山月照我渡江去，花亦笑人离别遽。如此江山如此花，人生不赏空咨嗟。搔首独立向花笑，扁舟独客天之涯。月圆花好会有时，柴桑人去徒相思。怎不长圆与常好，更与人寿无尽期。不如把酒花间坐，且邀明月来伴我。翛然相对淡无言，世外何物是韁锁。此中真意付篱东，夕照斜偎片片红。主人留客夜张宴，千灯映月光熊熊。楼台俯瞰吞海色，澎湃万顷浮天白。座中宾客皆瑰奇，豪气元龙高百尺。酒酣微吟绕花行，千枝万枝纷纵横。占得前王一抔土，为花世界作诗城。果然邱壑胸中具，此间亦复饶佳趣。鲲洋旧梦劫灰枯，三弓聊复闲余步。小园谁识子山心，不为忧时自苦吟。桂子荷花多惹眼，输他晚节耐霜侵。今夜月明为谁好，哀丝豪竹倾怀抱。欲借娇歌荡旅愁，飘零惭愧东坡老。乡乐关心入耳频，故山我是未归人。谐世也思开笑口，插头生恐被花嗔。拍手长歌还起舞，不知花月谁宾主。陶然一醉别花行，孤舟月冷沈江鼓。回忆分曹斗彩笺，斜风疏雨九秋天。差喜顽躯同菊健，看花记我第三年。

五、龚植及其《如愚别馆诗存》等

龚植（1869—1943），字樵生，号亦楼，福建晋江人。清同治癸亥（1863年）科进士、翰林院编修龚显曾之子，亦即菽庄女主人龚云环之胞兄。荫生。幼承庭训，喜吟咏，擅丹青。光绪二十二年（1896年）起，长期寓居鼓浪屿林氏府，与林尔嘉、沈琇莹、黄仲训、苏大山、李禧、施乾、虞愚等酬酢唱和。民国二十六年（1937年）抗战军兴，龚植既老且贫，以治印卖画为生。民国三十二年（1943年），卒于鼓浪屿寓所。遗有《如愚别馆诗存》、《藏斋诗话稿》、《亦楼题画诗》、《亦楼随笔》、《亦楼印存》等。

龚植"诗才敏赡"。所见《如愚别馆诗存》"卷之二",为龚植手稿本,以小楷誊写,录甲子(1924 年)至丙寅(1926 年)所作诗稿 137 首。其中,《元夕感怀寄沈琛笙、苏荪浦》(四首)、《悔客寄沈琛笙孝廉》(四首)、《花朝即景寄沈琛笙孝廉琇莹》(二首)、《和菽庄主人重九日登大仓山即依元韵》、《乙丑(1925 年)五月病中寄黄仲训》(二首)、《自感寄黄仲训》(三首)、《中秋日感怀即柬沈琛笙》(二首)、《丙寅(1926 年)十月十日沈琛笙孝廉以书感两律索和即依元韵答之》(二首)等,均为与菽庄吟侣的酬唱应答之作。龚植的诗作往往描摹形象,诗中有画。以甲子(1924 年)所作《元夕感怀寄沈琛笙、苏荪浦》(四首)之一为例。该诗云:

去年元夕月如霜,何意今春转日旸。
几树梅花争雨放,六街流水半泥香。
繁华过眼灯同幻,名利驱人梦热粱。
忆得儿时骑竹马,不堪回首少年场。

又有《闲居》一首,则"闲情逸致,潇洒出尘"①。该诗云:

侵窗密雨湿轻纱,无数寒梅尽着花。
一掬茗香闲领略,小炉活火试春茶。

龚植的文艺成就还体现在书法、绘画、篆刻三个方面。"龚植书法别

① 厦门市地方志编纂委员会办公室整理:《民国厦门市志》卷三十二"艺术传",北京:方志出版社,1999 年 5 月第 1 版,第 664 页。

具一格，笔法多糅合汉隶魏碑的风格，刚劲有力，而结体略似郑板桥‘六分半书’，本市（按：厦门市）日光岩、南普陀寺诸名胜多有他的书法题字刻石”。他“擅长花卉画，尤精工笔设色菊花，深得恽寿平双钩敷彩的技巧，线描流利挺劲，色彩典雅秀丽。其它梅、藤萝之属则多以写意画为之，也清新可爱”，作品广泛流传于闽台港澳及东南亚地区。“龚植的篆刻很有西泠八家秀劲明快的韵味”[①]，曾在民国十七（1928 年）、十八年（1929 年）年间辑有印谱六册，名曰《亦楼印存》，稿存厦门市图书馆。

附：龚植绘画作品——《竹》、《梅》、《牡丹》、《菊》。

① 何丙仲撰：《民国年间厦门书画家传略》。政协厦门市委员会文史资料研究委员会编：《厦门文史资料选辑》第十七辑，1990 年 12 月版，第 195 页。

六、周殿薰及其《棣华吟馆诗文集》等

周殿薰(1867—1930),字墨史,号曙岚,福建思明(今厦门市)人。清光绪二十三年参加丁酉(1897年)科乡试,与其兄周殿修同榜中取举人,一时传为佳话。"性孝友,学识渊懿,德器粹然。……缔交陈孝廉宗超,潜研理义之学,往复讨论,见道尤深邃。清季废科举,兴学校,刘观察庆汾创办官立中学堂,拓玉屏书院,改建校舍,延殿修为监督、殿薰任讲席,为厦倡办中学之始。宣统间,疆吏保送会考,授吏部主事,以国事日非,弃官归。辛亥革命,城市汹汹,军士荷枪索饷。原道尹鸿逵设参事会于道署,推为长,与当地绅商遇事因应,地方秩序以定。民国初,设参、众两院,当道仰其才望,以钜资怂恿应选,力却之,曰:'此可以金钱市耶?'殿薰于子史、舆地、算术,罔不探讨。曾任思明修志局局长,访稿盈架,市志(按:《民国厦门市志》)之续成实赖之。长厦门图书馆,以搜集善本、保存国粹为首务。任同文中学校长,该校前偏重外国语文,殿薰力为改革,注重本国文化。诱掖后进,口讲指画,务使自悟。尝曰:'率教则以兄友之,不率教则以父督之。'受陶成者多有闻。治经有心得,著有《诗经汇事纂编》,次其正变,节《礼记》之合世用者,编为一书,以教学子。为文刻峭,似王介甫;诗清新,挽胞兄殿修孝廉句云:'一室自相师友,再世愿为弟兄',性情语也。著《棣华吟馆诗文集》,未梓。"①

周殿薰作为厦门本地的硕学耆儒,参加菽庄吟社创作活动很多。所作与菽庄吟社相关诗文,有《菽庄主人四十寿诗》(1914年)、《菽庄主人银婚诗》(1916年)、《庚申菽庄咏菊八首》(1920年)、《菽庄主人四十有八寿诗》(1922年)、《菽庄林先生暨德配云环夫人结婚三十年序文》

① 厦门市地方志编纂委员会办公室整理:《民国厦门市志》,北京:方志出版社,1999年5月第1版,第540—541页。

(1921年)、《菽庄林先生暨德配云环龚夫人五十寿文》(1924年)、《庚午菽庄小兰亭修禊》(1930年)等。其中,《庚申菽庄咏菊八首》之第六、七首云:

尽收海色袖襟中,填海新成地百弓。
万顷沧茫环郦水,一场黄白战西风。
镜间背指人摇舻,桥上迴看露满丛。
客莫谈瀛感秋思,平泉零落七鲲东。

爱士曾如爱菊不,尽招名士共园邱。
淡如花品交情永,瘦称诗身傲骨留。
海内风尘余净土,隐中人物自瀛洲。
正因开后无为继,寂寞相看惜素秋。

周殿薰所遗《棣华吟馆诗文集》手稿,笔者虽经多方访求而未得。值得一提的是,周殿薰曾于民国六年(1917年),与钱丕谟、陈桂琛、黄瀚、余焕章、柯征庸、李禧、萧幼山、熊霞仙等共组有海天吟社;又于民国九年(1920年),与余焕章、李禧、柯征庸、吴浚源、汪煌辉、萧幼山、杨鉴、黄瀚等共组有鹭江吟社;等等。这些社团与菽庄吟社有着千丝万缕的联系。

七、李禧及其《梦梅花馆诗钞》等

李禧(1883—1964),字绣伊,号小谷,福建思明(今厦门市)人。清末毕业于福建师范学堂。历任厦门竞存小学校长、思明教育会副会长、市政会董事等职。民国二十七年(1938年)厦门沦陷,不肯俯首事敌,乃避居香港。抗战胜利后,任厦门市临时参议员、市立图书馆馆长、市文献委员会副主任。解放后，任厦门市图书馆馆长、市政协常委、省文史馆馆员。著有《梦梅花馆诗钞》、《紫燕金鱼室笔记》等，并为编纂《厦门市志》。

李禧与菽庄主人“交最久而过从数”[①]，其《读林鼇云丈福雅堂集》一诗有注：“余家燕子花自丈怡园移种，丈每遇先严辄询禧读书情况，逮禧与哲嗣景商入菽庄诗社时，丈归道山已久。”[②]可见，李禧与林辂存一样，在菽庄吟社正式创立之初即已加入该社。李禧所作与菽庄吟社相关诗文有《菽庄主人四十寿诗》(1914 年)、《菽庄即事》(1917 年前后)、《菽庄庚申看菊八首》(1920 年)、《庚申菽庄咏菊八首》(1920 年)、《菽庄林先生暨德配云环夫人结婚三十年诗》(1921 年)、《菽庄主人四十有八寿诗》(1922 年)、《菽庄林先生暨德配云环龚夫人五十寿文》及诗(1924 年)、《咏菽庄异菊黄牡丹》(1924 年)、《菽庄主人六十寿文》及诗(1934 年)、《叔臧示白燕诗知白燕生四儿矣》(1939 年)、《寿菽庄主人(时住申浦渔光村)》(1942 年前后)、《题傲樵荔音度曲图》、《感怀寄荪浦逸云》、《悼健庵词兄》等，非常之多。

李禧所著《梦梅花馆诗钞》，“壬寅(1962 年)孟秋”刊于厦门。内含二集：一《鹿呦集》，录诗 268 首，主要为 1957 年以前所作；二《解放集》，录诗 63 首，主要为 1957 年以后所作。陈培锟所撰《梦梅花馆诗·序》有记：“诗以言志，凡作诗者各有其所欲言之志趣，然足以感人心、端世教，而政治之隆污、国家之兴替，亦于是征焉。当承平之世，政平、事理、人心、逸豫发而为诗，率皆融怡雅澹；及其季也，祸乱迭作，人心愁苦，其所发则多哀思促节。诗为心声，不其信欤！李君绣伊，邃于

---

① 李禧撰：《菽庄林先生暨德配云环龚夫人五十寿文》。菽庄吟社辑：《菽庄林先生暨德配云环龚夫人五十寿言》，九州出版社、厦门大学出版社合刊，2004 年 12 月版，第 528 页。

② 李禧撰：《读林鼇云丈福雅堂集》。李禧著：《梦梅花馆诗钞·鹿呦集》，“壬寅(1962 年)孟秋”厦门刊本，第 27 页。

学又久长厦门市国书馆，得以博涉群籍，尤精地方掌故；清季辟厦门为商埠，外商麇集，交涉频繁，凡与国体关系较巨者，绣伊率纪其经过，或作诗歌，有裨史乘；近编所著诗为一集，征序于余。余曾在厦任职，今又与绣伊为同馆知交，夙谂其文德相承，道风特秀；七七抗战时，厦门沦陷，日伪以其素负物望，足资号召，欲加强致，绣伊誓死不屈，人以此高之。诗特绪余耳，但陶写性灵，自抒所得，不屑章缝句绘，读斯集，可想见其蕴旨之深厚矣！”[①]李禧所撰《梦梅花馆诗钞·跋》另述：“岁壬寅(1962年)，余年八十，旧友门生，环劝刊集，辞不获已，遂以儿辈频年所摭拾者付之，校刊时适卧病，未及料简。余夙读诗，爱青莲之高旷、昌谷之谲诞、玉谿之工丽，欲冶三李于一炉，究之仙鬼殊才，别开境界，迥乎难矣。其次，拟效金亚匏、梁任公诸彦，广搜史迹，打破成规，公是公非，亦庄亦俚，以篇什补志乘之未备，以讴歌击掌，故之长存，才虽未逮，志则不移，博雅君子，进而教之，所深企焉。”[②]

李禧诗作沉郁清壮，纵横飘逸。苏逸云所撰《梦梅花仙馆诗钞·序》尝论曰：“苏眇公、李绣伊，乌石山同舍生也。苏，狂者；李，狷者，而皆以诗鸣。苏诗学龚定庵，李诗似黄仲则。眇公有句云‘天下文章在苏李’，此虽狂者之言，其心折绣伊可知。盖绣伊诗学，幼得诸母教，长秉诸庭训，且性之所好，三十年来，几成诗癖，癖斯工、工斯传矣！戊子(1948年)冬，予来厦修市志，曾采其禽言及鸣机课读图诗附杂录。绣伊性情中人，读二诗可见，但此仅一脔之尝耳。近哲嗣颂眉、仲眉出其箧中所钞诗稿，将付手民，索予序，予跫然喜曰：‘由一脔而尝全鼎，屠

---

① 陈培锟撰：《梦梅花馆诗钞·序》。李禧著：《梦梅花馆诗钞》，“壬寅(1962年)孟秋”厦门刊本，书前页。

② 李禧撰：《梦梅花馆诗钞·跋》。李禧著：《梦梅花馆诗钞》，“壬寅(1962年)孟秋”厦门刊本，附录页。

门大嚼快意，为何如耶！'"[1]以《庚申菽庄看菊八首》之一为例。该诗云：

重起楼台岁在申，板桥回首莫伤神。
郦泉异种三千朵，瀛海名流十八人。
雅集餐英花作主，清谈霏屑玉成尘。
韩公爱菊甘高隐，绿野堂前醉几巡。

又《送伯行赴菲岛》一首云：

去国反如归思急，杏帘过雨夕阳时。
市楼草草端阳酒，虚负鲥鱼与荔支。

八、庄棣荫及其《耕余吟集》

庄棣荫（？—1931），字怡华，号瘿民，福建惠安人。为林维源的外甥，亦即菽庄主人林尔嘉的表兄。清廪生。"初客厦门鼓浪屿林菽庄氏，与施沄舫、许南英、汪杏泉结社吟咏，继受聘于本源彭记，为家庭教师。羁寓台北数十年。功课余暇，即耽韵学，尝与连雅堂、谢雪渔、魏清德、刘克明、林文访，分笺斗巧，赓扬风雅"[2]。民国二十年（1931年）殁于台北。遗有《耕余吟集》，惜虽经多方访求而未得。

庄棣荫是菽庄"十八子"之一，其在菽庄吟社中创作的诗文作品也不在少数。所见有《菽庄主人四十寿诗》（1914年）、《菽庄主人银婚诗》

① 苏逸云撰：《梦梅花仙馆诗钞·序》。李禧著：《梦梅花馆诗钞》，"壬寅（1962年）孟秋"厦门刊本，第1页。

② 廖一瑾著：《台湾诗史》，台北：文史哲出版社，1999年3月初版，第380页。

(1916 年)、《庚申菽庄咏菊八首》(1920 年)、《菽庄梦中得句倡和》(1921 年)、《菽庄林先生暨德配云环夫人结婚三十年诗》(1921 年)、《菽庄主人四十有八寿诗》(1922 年)、《菽庄林先生暨德配云环龚夫人五十寿诗》(1924 年)等。此外,《东海钟声》录其钟作 21 联。

庄棣荫"工于诗文,有悱恻之情,旷逸之抱,士林咸推为闽南大家。尝自谓:'吾诗如赵瓯北,无燕并豪宕气'"①。以《秋思》为例。该诗云:

江皋木落觉秋深,检点闲愁付苦吟。
两度科名蕉鹿梦,百年辛苦蓼虫心。
不祧斯世惟文字,转瞬流光使古今。
底事穷途犹结习,漫题诗句与鸡林。

又《新历元旦》一首云:

婆娑洋外海东头,犹是朝宗水倒流。
建丑重逢殷甲子,尊王费读鲁春秋。
归心笑指梁间燕,劳债差怜阁道牛。
强说忘年忘不得,客中蓂荚又重周。

九、陈棨伦、柯荣试、龚显鹤、龚显禧、王人骥、蔡谷仁、施乾、苏镜潭等

菽庄吟社核心吟侣中,陈棨伦、柯荣试、龚显鹤、龚显禧、王人骥、蔡谷仁、施乾、苏镜潭、黄瀚、黄鸿翔、杨士鹏、欧阳桢、陈桂琛、苏警予、

① 许俊雅撰:《光复前台湾诗钟史话》,台北:《台湾师范大学国文学报》第十八期,1989 年 6 月 5 日版,第 252 页。

谢云声、虞愚等，也取得一定文艺成就。兹简介如下：

陈棨伦（？ —？），字剑门，号迂叟，福建晋江之石狮永宁人。清同治甲戌（1874 年）科进士、翰林学士陈棨仁之五弟。光绪元年（1875 年）乙亥科举人。曾入泉州桐阴吟社为社友。陈棨伦与板桥林家为四世之交，且为菽庄女主人龚云环的舅舅、老师兼媒人，“久馆侍郎家”[①]，经常与施士洁、龚煦、龚显鹤、沈琇莹等菽庄吟社老辈吟侣诗酒酬唱。沈琇莹所作《窥园留草·沈序》有提及：“嗟乎，先生已矣！而迂叟、耐公、筠老、翊翁复先后下世；老辈风流，一时销歇！夜台有知，其亦吟想悲凄于风清月白时否耶？”[②]陈棨伦尝为编《菽庄主人银婚帐词》，龚显曾所辑《桐阴吟榭诗》（甲乙选）录其诗作 42 首。

柯荣试（1854—1937），字硕士或作硕甫，号璞园，先世自龙溪迁厦门。“光绪丁酉（1897 年）拔贡，朝考二等询门教谕。以国事日非，隐居教授以养母。邑中大家如林维源、叶寿堂皆延聘教子弟。荣试督责綦严，不稍宽假，谓师严而后道尊也。与陈孝廉宗超、周铨部墨史，董恤无告堂及义仓事，勤慎公正，贫户蒙惠。为文明朗疏岩，周观察子迪考观风，拔置第一。书法初参欧、赵，自成一家，晚年尤秀劲，直入褚河南之室，间画竹石，亦萧洒有致。名其轩曰：‘古钱’，取其外圆而内方也。卒年八十四”[③]。

龚显鹤（1871—1920），字筠史，或作云史，号蛰存，福建晋江人。光绪十七年（1891 年）辛卯科举人，复试一等，钦点法部主事，诰授中宪

① 陈棨伦撰：《菽庄主人银婚帐词·跋》。陈棨伦辑：《菽庄主人银婚帐词》，“丙辰嘉平（夏历一九一六年十二月）”刊本，第 28 页。

② 沈琇莹撰：《窥园留草·沈序》。许南英著：《窥园留草》，台北：文海出版社，1974 年 12 月版，第 7 页。

③ 厦门市地方志编纂委员会办公室整理：《民国厦门市志》，北京：方志出版社，1999 年 5 月第 1 版，第 558 页。

大夫，郡人称之“龚部爷”。曾于光绪年间渡台，课授洪以南诗文[①]。洪后来成为日据时期北台诗坛领袖，并且成为菽庄吟侣之一。辛亥鼎革后，任泉州商会长兼教育会长。民国元年（1912年）起，从菽庄主人林尔嘉而游，经常出入林氏府及菽庄花园，与陈棨伦、施士洁、龚煦、沈琇莹等唱和往返。所作诗文收入龚诗模选编之《南塘龚氏诗存》。

龚显禧（1876—1944），字绍庭，号颂眉，福建晋江人。“幼颖异，庄重若成人。髫龄应童子试，补博士弟子员。光绪丁酉（1897年）领乡荐，试礼部备而未售，时论惜之。龚于泉为望族，先达均以大器期之。然家故贫窭，十八即授徒自给，循循善诱，虽老师宿儒不啻也。清季停科举，兴学校，小吕宋密迩漳、泉，侨胞子弟，苦未受国学，且乏师资，领事陈紫衍延主中西学堂监督，兼教习，阅时六载，造就宏多。以教习期满，叙劳绩。伍廷芳、梁诚两星使，先后保举知县，升用直隶知州，需次粤东，年少英发，处事谙练，大府才之。适丁艰归里，仍执教鞭于郡。素持实业救国之论，时刘观察庆汾、林京卿尔嘉，创办樟脑公司于两湖，以显禧经纪其事，基础已具矣。武汉首义，公司付之一炬，颓然遄归厦门。旋任省立十三中学教员，暇则与菽庄吟侣相唱和。卢沟桥事变，厦将沦陷，重游菲岛。战事爆发，禧素有哮喘症，益以机声震耳，竟卒于旅次。时年七十有一”[②]。

王人骥（1878—1947），字选闲，号蒜园，台湾安平（今台南市）人。“性孝友，端重寡言，年十五入邑庠。甲午中日之战，清廷割台湾，人骥世为台巨室，田宅丰腴，弃弗顾，奉大母及父母，内渡归籍龙溪，居厦门。复从名孝廉吕澂、吴增祺两先生游，学识渊懿。壬寅（1902年）举

---

① 赖子清撰：《北市科举题名录》。台北市文献委员会编：《台北文物》第六卷第一期，台北：成文出版社有限公司，1983年3月台一版，第2391页。

② 厦门市地方志编纂委员会办公室整理：《民国厦门市志》，北京：方志出版社，1999年5月第1版，第691页。

于乡。制科废，士夫竞言新学。人骥赴日本习法政，毕业归国，补会计司主事，晋员外郎。以堂上年高，告假归省。刘庆汾、郭道直观察等钦其才望，且淹通新、旧学，先后礼聘，襄助新政。民国后，长思明中学校，造士尤多。厦门沦陷，人骥避居鼓浪屿。敌人以其旧隶台籍，又留学彼邦，意必雅有情愫，利诱势迫，冀为己用。人骥峻拒不为动，絜聒者日踵门，戒阍人不为通，寇虽悍，卒无如何”[①]。与林尔嘉交谊甚厚，林尔嘉所作《甲戌(1934 年)展上元后一日，冒雨访王选闲孝廉，见亭中牡丹盛开，有感而作》等，有记其事。晚年充厦门市文献会委员，志事未成，遽归道山。尝作《感怀》(三首)，为民国二十七年(1938 年)厦门沦陷当时作品，其中第二首云：“鹭江夜夜泣胥潮，蜃雾漫空毒不消。可有温犀穷水怪，终期汉节弭天骄。烽烟惨淡悲焦土，城郭迷离梦覆蕉。国难未纾家已毁，男儿生愧霍骠姚。”

蔡谷仁(? —?)，字乃赓，号澍邨、介石道人、介石氏，世居台湾。前清贡生。乙未挈眷内渡。“与许允白、丘沧海同趋，皆有志之士，所谓义不帝秦者也。循循儒者，从无疾言遽色，一望而知其学养。工于诗，恬吟密咏，一字不苟。居鼓时，时与漳浦杨抟九倡和。书法清遒，颇似张船山。晚年重游泮水，卒于鼓屿”[②]。蔡谷仁参加菽庄吟社“征诗”比赛常得高列，如：《黄牡丹菊诗》(1916 年)获第十名，《七夕四咏》(1919 年)获第十二名，《闰七夕乞巧回文》(1919 年)获第二名，《辛酉重阳菽庄三九雅集》(两首，1921 年)分获第十六名与第六十八名，等等。

施乾(1874—1956)，原名至华，字健庵，福建晋江龙湖衙口村人。

---

① 厦门市地方志编纂委员会办公室整理：《民国厦门市志》，北京：方志出版社，1999 年 5 月第 1 版，第 558 页。

② 厦门市地方志编纂委员会办公室整理：《民国厦门市志》，北京：方志出版社，1999 年 5 月第 1 版，第 692 页。

清同治十三年(1874年)生。光绪壬寅(1902年)恩科举人。清末旅居菲律宾,初任华侨中西学校第二任校长,后任《警铎新报》及《中华日报》总编辑。民国九年(1920年)归国后,长期寓居厦门。曾担任厦门暨南局局长,并加入菽庄吟社、鹭江吟社等社团。施乾工诗擅书,蜚声闽南及东南亚一带。李俊承所辑《闽三家诗》录其诗作;"长于行书,早期临摹魏碑,对《崔敬邕墓志》等名碑深有体会;后专心研习'二王',兼吸收苏东坡、赵孟頫诸家之长,广而揉之,故其书法内涵刚健而体势苍秀"[①]。

苏镜潭(1883—?),字菱槎,福建晋江人。清嘉庆甲戌(1814年)科进士、翰林学士苏廷玉的曾孙;又为菽庄少主人林景仁的表兄。光绪壬寅(1902年)恩科举人。曾署理晋江县令,并担任全闽日报社社长;期间经常出入林氏府及菽庄花园,与施士洁、沈琇莹等吟咏唱和。民国七年(1918年),受聘为林柏寿之西席,寓台北板桥别墅,并先后加入寄鸿吟社、板桥吟会及东海钟声社;据载,"(林)景仁曾作《东宁杂咏》百首,时人无敢次其韵者,而镜潭以一夕之力,亦成百首。高逸夷澹,不让原玉,人称誉之"[②]。民国二十二年(1933年)前后归返郡,与苏大山、吴增、林骚、曾遒、汪煌辉、洪锡畴、吴钟善、黄悟曾等共组温陵弢社。晚年编纂《南安县志》。

黄瀚(1867—1939),原名瀚卿,号雁汀,厦门禾山仓里社人。光绪二十八年(1902年)举人。"性淡泊,学识深邃,诗文皆戛戛独造。清季科举废,观察使刘庆汾创办官立中学堂,聘周孝廉梅史为监督,瀚主讲席,诲人孜孜靡倦。以禾山文教不振,智识未开,少年多远商南洋,与

① 何丙仲撰:《民国年间厦门书画家传略》。政协厦门市委员会文史资料研究委员会编:《厦门文史资料选辑》第十七辑,1990年12月版,第194页。

② 许俊雅撰:《光复前台湾诗钟史话》,台北:《台湾师范大学国文学报》第十八期,1989年6月5日版,第252—253页。

侨商黄瑞坤等创办禾山甲种商业学校而为之长，后改禾山中学，建校舍于双涵，育人甚众。晚年隐处家园，自署‘螺山小隐’。治《说文》、《春秋》，不离铅椠，忧时感事，一发之于诗。中日战争事起，移家鼓浪屿，与施健庵、蔡澍村、林枫丹等结‘三韭社’。厦门沦陷后，复与门下陈清保、陈通、陈崇礼、钟钖年、陈景枢、陈杰组‘秋社’。以词多愤激，几肇祸端。著有《禾山诗钞》数十卷、《文钞》数卷”[①]。

黄鸿翔（1881－1944），字幼垣、景度，台湾嘉义人。乙未割台内渡，归籍龙溪，后居厦。“博闻强识，与兄鸿藻竞爽。吴增祺赠诗，有‘二陆才名洛下分’句。鸿藻光绪丁酉（1897 年）中式，翔壬寅（1902 年）举于乡。毕业于日本东京法政大学，曾任厦门大学教授，创办育才学社。性廉介正直，社会事业，多与有力，收回海后滩一案，尤赖其擘画之功。厦岛沦陷，避难香江。福建商会组救济难民会，鸿翔被举执委，努力赞襄。日人侵港，讫民国 33 年（1944 年）秋，海外被盟军统制，粮食恐慌，多以糟糠、木茨粉、玉黍充饥，鸿翔素患胃病，因致肠胃出血而卒。著有《幼学》、《台游》、《燕游》、《东游》、《粤游》、《菲游》各草，《杜诗、白诗研究》等书”[②]。

杨士鹏（？－？），字搏九，号禾犀石，福建漳浦人。清光绪甲午（1894 年）科举人。“工制艺，以古文为时文，每稿出，人争传诵。诗尤能自铸词，尝与陈弢庵、陈仲起、沈琛生（笙）等唱和。弢庵诵其《瀛台行》‘莫把莲房取子啖’句，眼为之红。晚年仿黄山谷，极得神似。民国十三年（1924 年），家被兵，挈眷居鼓岛，凡十余年。性戆直，嫉恶如仇，时事日非，贪人黩货，遇有闻见，辄痛心疾首，概托之于诗，而又出以浑

---

① 厦门市地方志编纂委员会办公室整理：《民国厦门市志》，北京：方志出版社，1999 年 5 月第 1 版，第 553 页。

② 厦门市地方志编纂委员会办公室整理：《民国厦门市志》，北京：方志出版社，1999 年 5 月第 1 版，第 558 页。

含，洵诗史也”①。

欧阳桢（？—？），字少椿。未弱冠，入邑庠。尝入菽庄吟社为社友，又与胡巽等共组星社。“工篆刻，擅行楷，晚攻魏碑。陶濬宣、蔡公时过厦，咸推重之。远近碑匾，多出其手，腕灵妙，破管秃毫，辄能因势书写。惟墨非其妇磨难称意。妇，书家杨江春女也。桢尝云：‘此墨足支三十年。’自诩艳福。妇没年才五十，为磨墨恰三十年，竟成谶语。居与苏眇公邻，偶成一绝云：‘神交我辈总忘形，同是浮家感梗萍。忽有长房为缩地，沧浪亭接醉翁亭。’”②

陈桂琛（1889—1944），字丹初，别署丹父，号漱石山人，福建思明（今厦门市）人。幼读书玉屏中学堂，为光绪丁酉（1897年）科举人周殿薰的弟子；后毕业于全闽优级师范学堂。历任思明中学、厦门同文中学教员及上海泉漳中学校长，并创办厦门励志女学，造就甚宏；期间加入菽庄吟社为社友。“民国二十六年（1937年），受菲律宾宿务华侨中学聘充国文教员，后应古达描岛中华中学之聘，咸推耆宿。太平洋战争爆发，菲岛相继沦陷。桂琛与同事十余人避居兰老毕雅渊山中，日耕夜读，备尝艰苦，忧时爱国辄发于吟咏。日寇猝至，以其集团垦荒，疑有异图，围捕之，咸被惨杀。同难华侨凡二十九人。卅六年（1947年）十二月，内政部令予褒扬。桂琛读书勤奋，能诗工书，著《漱石山房笔记》及诗文集若干卷”③。

苏警予（1894—1965），又名甦，福建思明（今厦门市）人。世居厦门广平巷，与谢云声、虞愚合称“广平三杰”。早年加入中国同盟会，积

---

① 厦门市地方志编纂委员会办公室整理：《民国厦门市志》，北京：方志出版社，1999年5月第1版，第690页。

② 厦门市地方志编纂委员会办公室整理：《民国厦门市志》，北京：方志出版社，1999年5月第1版，第656页。

③ 厦门市地方志编纂委员会办公室整理：《民国厦门市志》，北京：方志出版社，1999年5月第1版，第624页。

极宣传孙中山先生的革命学说。后来致力教育，历任厦门同文书院、励志女校教员，兼任《思明日报》、《江声报》、《厦声商报》等主笔，暇则参加菽庄吟社及鹭江吟社的吟咏聚作活动。抗战期间避居菲律宾，任菲律宾华侨援助抗敌协会秘书，后任菲律宾文学社团籁社的首届社长。诗学龚定庵，书学刘石庵，"其诗追求韵律自然，返璞归真，平淡却耐人寻味"[①]。著有《菲岛杂诗》、《旷劫集》、《怀归集》、《唐人律诗之研究》、《诗本事补》、《食破砚斋谈艺录》、《红豆吟窝小品》等。

谢云声(1900—1967)，字龙文，号来燕楼主人，自署灵箫阁主人，福建南安人。少时随父迁居厦门。曾任厦门同文书院文史教员及《江声报》编辑部主任，期间加入菽庄吟社与萃新谜社；后入广州中山大学，专门研究民俗学。民国二十六年(1937 年)赴新加坡，历任华侨学校、裕廊分律裕华学校、巴耶黎培基学校等校校长。著有《来燕楼诗话》、《闽歌甲集》等。

虞愚(1909—1989)，原名德元，字竹园，号北山或作杞山。福建思明(今厦门市)人，祖籍浙江山阴。曾入武昌佛学院、南京支那内学院学习；民国十九年(1930 年)，毕业于上海大夏大学。历任贵州大学、厦门大学、中国佛学院等校教授。在厦门期间，经常参加菽庄吟社的聚作活动。1979 年入中国社会科学院为研究员，兼任中国佛教协会常务理事。1989 年 7 月病逝于厦门。著有《虞愚文集》、《因明学》、《中国名学》、《印度逻辑》等。

此外，菽庄吟社核心吟侣中，林辂存(已详前述)、龚显燦、龚显鹏、庄善望、马祖庚、卢文启、卢心启、贺仲禹、柯征庸、林琯玉、余焕章、杨昌国等也都诗名颇盛，这里不作一一考述。

---

① 刘德城、周羡颖主编:《福建名人词典》，福州:福建人民出版社，1995 年 10 月第 1 版，第 277 页。

第六章

菽庄吟社的出版成就

“琳琅广集选诗编”①、“纂成集续续同人”②。与一般文学社团不同，林尔嘉一开始就给菽庄吟社定下很高的发展基调，其目标就是要把该社创建成为像宋末元初月泉吟社一样可以流传千古的文学社团。所以，菽庄吟社正式创立伊始，就十分注重创作成果的甄选、保存与出版。该社先后梓行“菽庄丛书”六种、“菽庄丛刻”八种等40余种出版物，并且还有过编辑发行《菽庄杂志》的动议。出版发行文献及著述是贯穿菽庄吟社整个发展过程的一条活动主线。

菽庄吟社之所以如此大张旗鼓，甚至是不惜代价地开展出版发行活动，其目的同样是为了“假旗鼓以张吾军也”，即扩充社团的影响、壮大社团的声势。林尔嘉“辛未（1931年）春日”所撰《菽庄丛刻八种·序》有述：“菽庄自结社以来，凡征诗五、征词一、征赋一、征序一，亦既录其鸿篇巨制先后刊印，寄赠诸作者，一时海内文人学士，寓书索赠，殆无虚日，因之分饷略尽。兹综八种重付剞劂，命曰‘菽庄丛刻’，盖欲假旗鼓以张吾军也。昔宋元之际，浦阳吴氏月泉吟社以田园杂兴征

① 陈蓉光撰：《菽庄林先生暨德配云环龚夫人五十寿诗》。菽庄吟社辑：《菽庄林先生暨德配云环龚夫人五十寿言》，九州出版社、厦门大学出版社合刊，2004年12月版，第564页。

② 徐联梯撰：《菽庄林先生暨德配云环龚夫人五十寿诗》。菽庄吟社辑：《菽庄林先生暨德配云环龚夫人五十寿言》，九州出版社、厦门大学出版社合刊，2004年12月版，第613页。

诗，得若干首，属方谢诸公甄录成集，镂版行世，逮清乾隆时编入《四库全书》，而月泉吟社之名，可与诸作者并传千古矣！夫奇文欣赏，古今所同，将来文治昌明，重纂四部，必有明令征求私家藏帙，例以月泉吟社斯编，倘亦在所不遗乎？”①因此，聘请硕学耆儒主持坛坫、向海内外吟侣广征诗文与出版发行文献著述，堪称为菽庄吟社的三大发展战略。

第一节 “菽庄丛书”六种

菽庄吟社众多出版物中，以“菽庄丛书”六种的出版成就最大、学术价值最高。所称“六种”，分别指：第一种，吕世宜所著《古今文字通释》；第二种，陈棨仁所著《闽中金石略》；第三种，沈琇莹所著《寄傲山馆词稿》；第四种，林尔嘉所著《顽石山房笔记》；第五种，沈琇莹所著《壶天吟》；第六种，江煦所辑《鹭江名胜诗钞》。这套丛书卷帙浩繁，共花费了林尔嘉父子两代与沈琇莹师徒二人逾三十年时间，才完成全部内容的编辑、校订、锓刻与出版，所耗财力物力则不计其数。

一、《古今文字通释》

《古今文字通释》十四卷，为吕世宜所著，录古今文字 4353 个并详加注解。该著原题为《宜略识字》，初稿撰成于清咸丰三年（1853 年），经陈棨仁与庄正“细加雠勘”②，由林维源醵资锓刻，于光绪五年（1879 年）刊行初版。由于初版“岁久版佚，传本寖尠”，民国三年（1914 年）林

---

① 林尔嘉撰：《菽庄丛刻八种·序》。林尔嘉辑：《菽庄丛刻八种》，九州出版社、厦门大学出版社合刊，2004 年 12 月版，第 567 页。

② 林维源撰：《古今文字通释·序》。吕世宜著：《古今文字通释》，“壬戌涂月（夏历一九二二年十二月）”刊本，第 2 页。

尔嘉延请沈琇莹对旧本重加校雠，并于“壬戌涂月（夏历一九二二年十二月）”付诸剞劂，是为“菽庄丛书”第一种，也称“菽庄藏书之第一种”。该著刊成以后，曾作为菽庄吟社甲子（1924 年）所征“小兰亭三修禊序”的奖品分赠各吟侣，影响十分广泛。

关于《古今文字通释》的成书及再版过程，林尔嘉所撰《古今文字通释·跋》有述：“《古今文字通释》十四卷，同安吕西邨先生撰，原题《宜略识字》，后改今名。先生自叙称：二十读书，三十学隶，四十学篆，迄今七十，于六书之恉犹茫乎若迷，因取段氏说文注，或删或补，辑成此书。虽未能遍晓尽识，而于文之古今、字之正变、六书之假借、习俗之伪谬，亦稍究心焉。盖是编为先生晚年定本，择之精而说之详，以成其一家之学者也。……昔者吾先子与吾世父逊甫公同受业于先生之门，为日甚久。先生尝以是编授逊甫公，逊甫公受而藏之箧，未及杀青，而先生归道山矣。越二十有余年，逊甫公亦下世，先子检其箧，得是编，亟付剞劂，是为光绪祝犁蝉焉之岁（1879 年）秋七月也，校雠之役则庄养斋舍人与有力焉。岁久版佚，传本寖尠，幸得旧本为校勘而重刊之，即菽庄藏书之第一种也。”[①]

《古今文字通释》的著作者吕世宜（1784－1858），字可合；原住金门西村，故号西村，后随父迁居厦门；“性戆直，不苟同于人，尤不顾人之是非。人曰然，翁或以为然，人曰可，翁独以为不可”[②]，故又号不翁。清道光二年（1822 年）壬午科举人。曾执教厦门玉屏书院，并协助福建兴泉永兵备道周凯修纂《厦门志》与《金门志》。道光十七年（1837 年）受台湾淡水富豪林国华之聘，教授其弟林国芳、其子林维让与林维源

---

① 林尔嘉撰：《古今文字通释·跋》。吕世宜著：《古今文字通释》，“壬戌涂月（夏历一九二二年十二月）”刊本，附录页。

② 厦门市地方志编纂委员会办公室整理：《民国厦门市志》，北京：方志出版社，1999 年 5 月第 1 版，第 533 页。

兄弟的课业，期间林氏建板桥别墅，亭园匾额，多出于吕氏之手。吕世宜博学多才，对文字学、训诂学、音韵学、书法、金石等均研究精深，是清代中叶著名的文字学家、书法家、金石学家，有“台湾金石学宗师”之誉；尝“以金石篆隶见重于文宗皇帝，命入觐。吕固高士也，不欲以功名显，辞以母病”[①]；所作书法，“苍润古秀，自成一家，日人尾崎称为台湾体”[②]。著有《古今文字通释》、《千字文通释》、《爱吾庐文钞》、《爱吾庐笔记》、《爱吾庐题跋》、《吕西邨类稿》等，另留下大量篆隶作品。

陈棨仁所撰《古今文字通释·序》，有述及《古今文字通释》一著的学术价值及在清代学术界的影响。该序云：“不通六书之恉，不足以治群经；不通形、声、义之原，不足以治六书。经犹键也，六书者钥也，若形、若声、若义，则其钥之范也。不得其范，不能以为钥；不得其钥，又何以抟键乎？……然则欲通六书之恉者，舍形义之求而谁求哉？同安孝廉吕西邨先生，精篆隶之法，盛有时名；沿波订原，因而究心六书之恉。所著《古今文字通释》十四卷，取金坛段氏《说文》之注而甄择之，凡重文者或体者、经典异文者、篆隶媘变者、假借者、通用者、俗作俗渻者，盖四千三百五十三字；依邢氏部居详为疏证，最凡用段注者十之六，补段注者十之三，正段注者十之一；略音韵而姱，讲形义于戏，先生之书可谓能得其要者矣，朝我（按：应为“我朝”）说文之学，推为绝诣。始一终亥之说，学僮胥知，盖几于家叔重而户洨长矣，而段氏之书，独敻出于严钱钮桂之上，虽其武断者有可议，而其精碻者则不磨，先生独取材于段，增删而折衷之。然则知段注之善，即可以知先生之书之善，

① 《林公国华传略》。王国璠编撰：《板桥林本源家传》，台北：林本源祭祀公业，1984年7月版，第22页。

② 《板桥林本源园纪事诗》。王国璠编撰：《板桥林本源家传》，台北：林本源祭祀公业，1984年7月版，第196页。

精而审之，拓而充之，以之治六书可，以之治群经亦无不可。"[①]

二、《闽中金石略》

《闽中金石略》十五卷，为陈棨仁所著，成书于清同治四年乙丑(1865 年)。该著经沈琇莹校勘，由林尔嘉醵资，请上海中华书局代印，于"甲戌(1934 年)夏五"刊行，末附林尔嘉所著《闽中金石略考证》五卷，是为"菽庄丛书第二种"。

关于《闽中金石略》的编纂及出版过程，林尔嘉所撰《闽中金石略・跋》记述颇详。该跋云："闽中金石，向无专书，其散见于《宝刻丛编》、《舆地纪胜》、《金石林》、《时地考》、《金石萃编》、《环宇访碑录》补录诸书者，少或数种，多亦不过数十种。《福建通志》续志及各府县志采辑，往往多略。郑夹漈《通志・金石略》、林同人《来斋金石考》，大抵搜罗四方，不专注意于三山二水间。刘澹斋《莆阳金石初编》，著录独限于一邑而不及其他。耆古之士欲综览全闽金石文字，卒不可得，抑一憾事也。晋江陈铁香先生，笃好金石之学，平日访山丐友，披榛剔藓，寒暑弗辍，撰成《闽中金石略》十五卷，上自三代，下讫有元，吉金乐石，繁稽博综，近五百余种，可谓富矣。当闻先生有言：吾辑《闽中金石略》一书，同志之友，若钱塘魏稼孙、会稽何竟山、大兴傅节之、侯官杨雪沧、同里许瀓甫、龚亦园诸君子，相与参同考异，部勒成编，而莆田刘澹斋数数以所得其乡石刻椎拓邮赠，历二十余年而始脱稿，敝帚之享，视如千金，方将付诸手民。会东西搆兵，时局大变，戎焉烽燧之际，无复有谈斯业者，田居无事，怃然伤时，爽然若失，所习之学、所订之书束而置之高阁者久矣，云云。可见一书之成，其难如此，而遭时多故，镂版无期，先生心焉伤之，不亦宜乎？先生归道山后，其胤子收拾遗稿什

① 陈棨仁撰：《古今文字通释・序》。吕世宜著：《古今文字通释》，"壬戌涂月(夏历一九二二年十二月)"刊本，第 1—4 页。

袭珍藏，不肯轻出以示人，尔嘉独得假而读之，至再至三，然后知其体例之精，能驾关中、中州、山左金石诸书而上之。每种录其全文，用《隶释》隶续例，计其尺寸、行数、字数；用《金石萃编》例，每种皆据目见，不泛征引，各为考其事迹，以校史传志乘，书法工拙则在所略，盖考古之书，非论字之书也。尔嘉虑孤本易失，特抄副本藏之，复以咫闻尺见，次第笺记，彙为考订五卷，洪筠轩《平津馆读碑记》之意，窃有取焉，蛇足之诮，在所不辞。甲子（1924 年）尔嘉出游，东至扶桑，西越大秦，七载归来，重检箧衍，原本副本幸各无恙，亟谋刊印，以广其传。至编中所载诸刻，历劫以来，或为臼，或为础，或为牛砺角而折，或为樵摩刃而裂，皆在不可知之数；幸而得存，雨淋日炙，非复旧观；而沈薶于荒烟蔓草中者，又不知其凡几，后之寻碑闽中者苟能按籍索之，庶乎十得七八。考订附后，并以质之博雅君子。”①

《闽中金石略》的著者陈棨仁（1837—1903），字戟门，又字铁香，福建晋江人。清代著名金石学家。“先世自闽县徙晋江，十三传至棨仁。幼有神童之目，闳览强识。尝游颂南门。治经通《说文》，旁及金石之学。年十五补县学生，七试始举于乡。同治甲戌（1874 年）成进士，与馆选，改官刑部。以父年高假归，归遂不出。先后主泉、漳书院，凡三十余年。主厦玉屏、紫阳，尤历年所。棨仁既澹荣利，日事著述，为文宏赡雅丽。晚嗜聚书，自四部迄稗官杂说，以及泰西、政艺诸学，靡不探讨。著《闽中金石录》十五卷、《说文丛义》四卷、《闽诗纪事》十卷、《海纪辑要》二卷，注岑嘉州诗数万言，诗文丛稿甚夥。顾感愤世变，辄束高阁，所已刻者，仅与龚编修显曾合纂之《温陵诗纪》、《温陵文纪》数

① 林尔嘉撰：《闽中金石略·跋》。陈棨仁著：《闽中金石略》卷十五，“甲戌（1934 年）夏五”刊本，第 18—19 页。

十卷而已。厦士受其薰陶,今犹乐道之”[①]。此外,曾于咸丰九年己未(1859年),与龚显曾、黄梧阳、王恩培、庄为瑶、陈棨仪、陈棨伦等在泉州共组桐阴吟社,“为联吟之会”[②],所作由龚显曾辑为《桐阴吟榭诗》(甲乙选);与怡园主人林鹤年为儿女亲家,所以经常参加“怡园聚咏”,与林鹤年、施士洁、林辂存等诗酒唱和;又尝为校雠吕世宜所著《古今文字通释》,并遗有《藤花吟馆诗录》六卷。

龚显曾对《闽中金石略》的学术价值评价甚高。其所撰《闽中金石略·序》有谓:“金石之学,足与经史相证明,补阙正误,信而可征。欧阳氏《集古录》、赵氏《金石录》、洪氏《隶释》隶续,抉剔史传,阐扬经典,疏通博证,为金石记之权舆。国朝以来,精是学者多于寿代,盖以竹帛之纪传、写板刻之文,积岁累代,□转失真;独金石铭勒,虽雨淋日炙,沈薶已久,经千百年后,出于文人学士之摎讨,独得岿然独存,见真面目。好古者取资博览,增崇五岳,助澜百川,良足珤也。吾闽名山大镇、祠庙伽蓝之迹多有唐宋石刻,乌石、武夷、清源、九日、太姥诸山雄视东南,历代名人、筮仕、流寓先后寄迹于其间,碑记题咏、大书深刻,多为前人所未收、志书所未载。余友陈戟门生长东越,留心古迹,数□以来,蒐罗抉摘,既出无仆马,步履为劳□□,舐毫怀墨,披莽剔苔,踯躅于树木猨鸟之际、卧碑残石之旁,得其可句读者,辄喜动颜色,欣然示余,一二同志亦复出其所蓄、述其所闻,互相讨究抄录。既久,卷帙遂繁,所得金石文字,起自岣嵝摹本,中及汉唐,讫于宋元,凡若干通。七闽奇秀,矗具于是,虽或荟萃未备,目力尚窘,而得是编为嚆矢,从此山高水深,登临所及,秦碑汉碣,博采弥增,发吾闽未发之幽光,视欧阳

---

① 厦门市地方志编纂委员会办公室整理:《民国厦门市志》,北京:方志出版社,1999年5月第1版,第684页。

② 龚显曾撰:《桐阴吟榭诗·序》。龚显曾辑:《桐阴吟榭诗》(甲选),“清同治三年(1864年)甲子花朝”刊本,第1页。

洪赵诸书，尤为过之，乌能测其所至哉！余生是邦，尝恨见闻浅匙，读君新著，如拱异珍，它日按籍而求，而昭然可睹，庶不至如田父仓丁，日偃息于碑林之下，茫不知为古物，是亦君之所贻也。”①

三、《寄傲山馆词稿》

《寄傲山馆词稿》，内含《泡影词》（甲乙丙丁稿）、前后《燕游词稿》、《鲛珠词》（甲乙丙丁稿）与《忏绮词》（甲乙丙丁稿），共四辑十四卷，录沈琇莹从辛丑（1901 年）至己卯（1939 年）所撰词稿 358 阕。该著经沈琇莹弟子江煦校勘，“庚辰（1940 年）仲冬刊于鹭江”，是为“萩庄丛书”第三种。词稿梓行当日，沈琇莹欣然作《萩庄主人为刊寄傲山馆词稿既成志感》一诗，云：“词苑搴芳五十年，晓风残月柳屯田。相公何处呼三影，居士无心仿一篇。煞费衔笺春燕子，自怜犯戒野狐禅。偷声减字知音少，莫道人间有井泉。”

沈琇莹词名早著，在林尔嘉为刊《寄傲山馆词稿》以前，已经有不少书商想要梓行该稿。据沈琇莹弟子江煦所述：“《寄傲山馆词稿》十四卷，吾师傲樵先生三十以后所作也。师著述甚夥，词特其一耳。……煦生长海澨，前无师承，瞻仰山斗，执贽憾晚。公余多暇，载酒问奇，得闻绪余，亦云幸矣。抑又闻之师在都时，有贽郎欲为刻前后《燕游词稿》，在粤时有新闻社友欲为刻《泡影词稿》，入闽后有东宁公子欲为刻《鲛珠词稿》，师皆未之许也。萩庄主人以世乱未已，恐师之词稿久而散佚，再四索取，全稿刊之鹭江，校雠之役，则煦请任之。手民苦拙，摹印稽迟，既断手矣，谨举夙昔所闻于师者而并识之。”②

---

① 龚显曾撰：《闽中金石略·序》。陈棨仁著：《闽中金石略》，“甲戌（1934 年）夏五”刊本，第 1—2 页。

② 江煦撰：《寄傲山馆词稿·编后记》。沈琇莹著：《寄傲山馆词稿》附录，“庚辰（1940 年）仲冬”刊本，第 1—2 页。

沈琇莹表面上看起来非常简傲，骨子里其实十分谦卑，其词稿是林尔嘉经过"三申前约，敦促再四"，才出示以梓行的，"犹惴惴焉，以祸枣殃梨为虑"。林尔嘉所作《寄傲山馆词稿·序》有记："菽庄吟社肇自甲寅(1914 年)，闻南岳傲樵侨居霞中，亟延之入社商略金石文字，暇时则与社侣即景唱和，至相得也。傲樵尤喜倚声，每有所作，辄以未予。予于此道素未研求，然读其所作，未尝不为之起舞也。洎索其行箧所有之稿，读之若饮醇醪，心有醉焉。时予方有菽庄丛书之刻，约刻其词稿为菽庄丛书之一种，傲樵自谦，以为未敢自信，弗应也。甲子(1924 年)予游海外，勾留七载，庚午(1930 年)归来，社侣云散，韵事赓续，独傲樵一人如旧耳。所幸吕西村先生《古今文字通释》、陈铁香先生《闽中金石略》二书先后刻成，乃与傲樵复申前约，傲樵自谦，以为未敢与先哲并列。予曰：'不然。昔周密撰《绝妙好词》、谭献撰《箧中词》均以自作附后，未尝以与先哲并列为嫌，况各自为书，又何嫌于与先哲并列乎？'顾傲樵自谦，仍弗应也。无何，时局日益幻，傲樵词心日益苦，而年亦已七十矣。己卯(1939 年)予自沪上寓书傲樵，三申前约，敦促再四，傲樵始以词稿十四卷寄予，犹惴惴焉，以祸枣殃梨为虑，何其慎与。湘绮老人日记有言：'沈琇莹，石鼓高等生也。'亦欲借其才华以张吾军，予心识之久矣。以傲樵词稿刻入菽庄丛书，犹湘绮老人意也。至于词之佳处，读者自知，无庸予一词之赞为。"[①]从该序中也可约略窥见《寄傲山馆词稿》的学术价值及其在晚清民国词坛的地位。

四、《顽石山房笔记》

《顽石山房笔记》四卷，录林尔嘉所撰学术笔记 119 则，内容涉及诗古文辞、经史子集、三流九教等。该著由江煦负责校雠，并请上海聚

① 林尔嘉撰：《寄傲山馆词稿·序》。沈琇莹著：《寄傲山馆词稿》，"庚辰(1940 年)仲冬"刊本，第 1—2 页。

珍馆代为印行，前二卷刊于“壬午（1942 年）仲秋”，后二卷刊于“癸未（1943 年）夏日”，是为“蓛庄丛书”第四种。

由于《顽石山房笔记》本身是一部学术性很强的著作，涉及许多繁难文字，梓行当时又正值最为艰苦的抗战后期，加之上海聚珍馆的有意为难，所以该书出版过程费尽周折。江煦在《顽石山房笔记》前二卷编后有按：“《顽石山房笔记》原本四卷，付刊经二百余日之久，手民因循排印仅及其半，再四催促，则以聚珍字数不足，铸无铅，雕无木，他处购致，道阻且长，藉口辍工，无办法也。煦据实函告蓛庄主人，覆命煦将前两卷排印已成者付装，以防散佚，其后二卷姑待异日排印可耳。煦谨如命，以为《海国图志》有补刊之卷，寓意编有嗣出之本，二书即其例也。读者尚无以傲樵先生序中之四万余言为疑哉。”[①]后二卷编后又按：“《顽石山房笔记》前两卷排印于辛巳（1941 年）秋日，书贾因聚珍缺字太多，铸无铅，刻无木，别无办法，故后两卷未能排印，姑以前两卷装而藏之。今年暮春，余与书贾约缺字自备，书贾以为然，函告蓛庄主人亦以为然，于是促书贾督率工人，从速排印，越月告成，计工费较前两卷增四倍有奇矣。嗟乎！刻书乃太平世之事，世不太平，其难如是，使毋昭裔有知，得不废书三叹乎！”[②]

五、《壶天吟》

《壶天吟》六卷，录沈琇莹乙亥（1935 年）至癸未（1943 年）所作诗稿 748 首，为沈琇莹晚年诗作专辑。该著经江煦“缮写校勘”，“癸未（1943 年）夏日刊于鹭江”，是为“蓛庄丛书”第五种。

关于沈琇莹在蓛庄吟社的晚年生活以及《壶天吟》的出版刊行情况，林尔嘉所撰《壶天吟·序》记述颇详。该序云：“乙亥（1935 年）之

① 江煦按语。林尔嘉著：《顽石山房笔记》前二卷，“壬午（1942 年）仲秋”刊本，附录页。

② 江煦按语。林尔嘉著：《顽石山房笔记》后二卷，“癸未（1943 年）夏日”刊本，附录页。

夏，傲樵有比红之悼，独与一稚女两雏婢同居寓舍。予悯其孤寂，亟命家僮扫除壶天之玉兰室，请其移居，傲樵未遽从也。予既避暑庐山，数数寄谕儿辈促之，至中秋后始移居焉。傲樵目如欧九，山色有无，视近犹远。闻其移居之后，杜门不出，卓荦观书，到无聊时，诗酒自娱；每有所作，多在枕上腹稿成篇，披衣而起走笔书之，大草狂怪，惟仲春能辨。尝为录付邮筒，频烦见寄，迴环雒诵如尊酒，细论时至实获我心处，辄击节高歌，慷慨激昂，有王处仲击碎唾壶之概，而羁愁万斛，悉藉以排遣矣。傲樵尝自言，九岁学诗，越三十一岁得若干首，时尚科名，若古若律，未能突出试帖范围，乃尽焚之；而存稿自辛丑(1901 年)始，分为五编，曰《湖海吟》，曰《娵隅吟》，曰《霞中吟》，曰《绾缑吟》，曰《壶天吟》，藏之行箧，不轻出以示人。予欲为刻之，傲樵唯唯否否，屡索其稿不能得，近始许以《壶天吟》六卷排印，而缮写校勘之役则仲春一人任之。其中有《哀玉兰》一首，傲樵欲删之，余曰：'无庸。是乃壶天之实录，非谤史也。'又有《生日书感》十六首，傲樵欲删之，余曰：'无庸。是君自家之实录，非詅痴符也。'至于隶事遣言，雄奇要眇，风雨争飞，鱼龙百变，犹之长爪郎百锦囊中物。杜少陵云：'读书破万卷，下笔如有神。'元遗山云：'诗家只爱西昆好，独恨无人作郑笺。'四语不啻为《壶天吟》题也。嗟乎！世变未平，傲樵老矣！予犹留之独居壶天，傲樵达观，亦不作首丘之想，人或窃窃焉议之，殊不知两人交情固结之深，高出寻常万万，有非纵横捭阖之才、坚白异同之辨所能解者。读《壶天吟》庶几得之，仅曰：知交特管鲍耳。若夫以傲樵为列子，壶天即郑圃也；以傲樵为亢仓子，壶天即畏垒也。列子、亢仓子之书传，郑圃、畏垒与之俱传；傲樵之诗传，壶天安得不与之俱乎！"①

---

① 林尔嘉撰：《壶天吟·序》。沈琇莹著：《壶天吟》，"癸未(1943 年)夏日"刊本，书前页。

六、《鹭江名胜诗钞》

《鹭江名胜诗钞》为江煦“以石刻及刊集钞录而成”[①]，初稿编成于民国十五年(1926 年)。该著经林履信校勘，“戊子(1948 年)孟秋刊于岭南”，是为“菽庄丛书”第六种。

《鹭江名胜诗钞》是一部专门吟咏厦门风景名胜的诗集，与清乾隆年间黄日纪所辑《嘉禾名胜记》“相辅而行”。所录包括朱熹、俞大猷、何乔远、戚继光、孙尔准、周凯、黄道周、王仁堪、杨庆琛、苏廷玉、黄日纪、王步蟾、池显方、薛起凤、叶大年、蔡德辉、林鹤年、郑鹏云等宋代以来名贤 93 家、诗作 300 首(内含江煦所附己作 19 首)，涉及五老山、玉屏山、白鹿洞、南普陀、万石岩、鼓浪屿等厦门名胜景点二十余处。江煦所作自序云：“余生草野，每好登山临水，流连泉石，故吾故乡之文圃、龙门、苏岭、洪坑诸名胜，无不足迹殆遍。忆十年来，浪迹鹭江，抱牍榷署，公余偶暇，辄携酒斗双柑作名山游，无何遂穷大小八景矣。顾余性酷嗜石刻，见丹崖苍壁间前人手泽，不尽摩挲之感，爰钞而存之，案积盈尺，复搜集古今名著，及己所作者，统计凡三百篇。因念向者荔崖黄日纪先生有《嘉禾名胜记》之作，传诵一时。然则嘉禾名胜既有记矣，安得无诗以张之耶？乃编辑成帙，彼此相辅而行，鹭江名胜其不朽乎？若谓传得其人，则吾岂敢。”[②]

《鹭江名胜诗钞》的出版，是菽庄吟社为保存地方文献所作的又一贡献。林尔嘉所撰《鹭江名胜诗钞·跋》有述：“我国山川名胜多矣，古今题咏夥矣，何以或传或不传哉？盖未尽得有心人而传之耳，是亦有

---

① 江煦撰：《鹭江名胜诗钞·例言》。江煦辑：《鹭江名胜诗钞》，“戊子(1948 年)孟秋”刊本，第 1 页。

② 江煦撰：《鹭江名胜诗钞·序》。江煦辑：《鹭江名胜诗钞》，“戊子(1948 年)孟秋”刊本，第 5 页。

幸、有不幸也。鹭江于我国版图仅一弹丸小岛,虽然于中外交通、商务贸易,世称为五口通商之一,则其闻达欧美各国岂不著哉。况宋幼主蒙尘抵此,明延平郡王抗清于斯,及骚人隐士啸傲其间,题咏不鲜。江子仲春与余同郡,亦同久客鹭江,乃今之有心人也。擅才学,好游观,每于春秋佳日,辄与余及二三知己作山水游,且喜攀危跻险,搜索残碑断碣之古今人题咏,读罢即录而藏之。久之,鹭江名胜之诗积之盈尺,其中颇多名贤佳作,为世所未见者。因裒而集之,署曰《鹭江名胜诗钞》,其友人为之题序甚多,复纵恿付梓。适江子索题于余,捧而诵之,诚足以传。因与江子议,与余为'菽庄丛书'第六种,付之剞劂,以公于世,则不仅名贤之遗作不致湮没,而鹭江名胜亦因以传,岂非江子与余之大快事与。"①

第二节 "菽庄丛刻"八种及其单行本

"菽庄丛刻"八种,是对"庚辰(1940年)夏五排印"之《虞美人诗》、《黄牡丹诗》、《七夕四咏》、《闰七夕乞巧诗》、《帆影词》、《三九雅集诗》、《鹭江泛月赋》与《小兰亭三修禊序》的专门称呼。它是在菽庄吟社鼎盛期8次"征诗"活动及出版单行本的基础上,所作的进一步精选,分别由沈琇莹负责审订、江煦负责校勘,上海聚珍馆代为排版印行。梓成当日,沈琇莹有作《"菽庄丛刻"八种告成纪之以诗》(二首)。其中第一首云:"月泉韵事续前朝,文选名家例广萧。煞费江郎重校字,聚珍版胜手民雕。"

在菽庄吟社众多出版物中,以"菽庄丛刻"八种的影响最为广泛。

---

① 林尔嘉撰:《鹭江名胜诗钞·跋》。江煦辑:《鹭江名胜诗钞》,"戊子(1948年)孟秋"刊本,附1页。

《林公尔嘉传略》有述:"三年(1914年)七月,公结菽庄吟社于墅中鹿耳礁之西埝,社侣三百余人,皆德行贞绝、道术通明之士;安平施沄舫士洁、闽县林琴南纾、淡水施健庵乾、闽县吴翼庭增祺、侯官陈香雪海梅、湖南孙静珊道仁、思明周墨史殿薰、嘉兴朱老谦文构、南安吴桂生增、安平许允白南英、漳化蔡乃赓谷仁、侯官陈石遗衍、晋江龚绍庭显禧、龚一愚显鹏、衡阳沈琛笙琇莹、思明李绣伊禧,尤为著誉者也。而石遗、琛笙实先后主其盟。东南坛坫,以是擅场天下垂三十年。修禊、雅集不计,凡征诗五;征词一;征赋一;征序一;共得诗、文、词、赋、序万二千余首。公自为评选外复倩琛笙精心审订,择其佳者梓为菽庄丛刻八种。八种者:虞美人诗也;黄牡丹诗也;七夕四咏也;闰七夕乞巧诗也;帆影词也;三九雅集诗也;鹭江泛月赋也;小兰亭三修禊序也。书出,各省风雅之士争相索阅,一再翻刻达数万册。江黄耆旧,关岭英彦,无不知菽庄其人矣。"①

一、《虞美人诗》

《虞美人诗》为"菽庄丛刻"八种之第一种,是菽庄吟社乙卯(1915年)所征"虞美人"(七排二十韵)的精选本。录龚文青、王睫盦、林米庵、陶隆僎、知庐、吴翊庭、池纫绮、肃元、嚼墨主人与金人富10人所作各1首,合计10首诗作。

菽庄吟社乙卯(1915年)所征"虞美人"(七排二十韵)得到的稿件,曾由林尔嘉辑录,于"丙辰(1916年)上元日"刊行有单行本,曰《虞美人诗录》。录福州龚文青、扬州王睫盦、福州林米庵、江宁陶隆僎、兴化知庐、福州吴翊庭、福州池纫绮、福州肃元、新加坡嚼墨主人、苏州金人富等前10名获奖人员作品各1首,合计10首诗作;集前有林尔嘉所撰

① 《林公尔嘉传略》。王国璠编撰:《板桥林本源家传》,台北:林本源祭祀公业,1984年7月版,第57页。

序言，集后附录前120名获奖人员名单及奖励等次、金额等。林尔嘉所撰《虞美人诗录·序》有记："岁癸丑（1913年），小园既成，里中朋好约修吟集，于是有菽庄钟社之举，吟咏无间，二年于兹矣。乙卯（1915年）秋日，偶拈虞美人排律，广征海内佳什。诸君子不鄙谫陋，投赠逾千余首。尔嘉与社友循讽而雒诵之，乃拟定次第，录前列作者，付之排印，以志一时墨缘云尔。"①

二、《黄牡丹诗》

《黄牡丹诗》为"菽庄丛刻"八种之第二种，是菽庄吟社丙辰（1916年）所征"黄牡丹菊"（七律四首）的精选本。录诵先芬室、榕峤楚狂、曾恂、陈德麟、观海客、梦禅室主人与高文藻7人所作各4首，合计28首诗作。

菽庄吟社丙辰（1916年）所征"黄牡丹菊"（七律四首）得到的稿件，曾由林尔嘉辑录，于"丁巳（1917年）端阳节"刊行有单行本，曰《黄牡丹菊诗录》。录香港诵先芬室、福州榕峤楚狂、北京曾恂、福州吴樵笑、福州陈德麟、台中观海客、福州梦禅室主人、福州水南居士、福州高文藻、泉州介石道人、福州石匏、福州冰壶、福州戢园主人、北京严荪、江苏谢蓉昌、福州龚文青、杭州金黄香、宝应沈绍李、福州陈心鉴、上海赵廷玉等前20名获奖人员作品各4首，合计80首诗作；集前有林尔嘉所撰序言，集后附录前140名获奖人员名单及奖励等次、金额等。林尔嘉所撰《黄牡丹菊诗录·序》有记："余性爱菊。小园蓺菊数千盆，广罗殊种。有黄牡丹来自美国，花大径尺，其种特佳，年年秋日招客觞咏于此。谓对此名花，不可无佳什以张之，乃拈是题，遍征吟咏。一时作者如林，得吟卷千余本。余与社侣循讽数过，酌拟次第，因录前列，付之

① 林尔嘉撰：《虞美人诗录·序》。林尔嘉辑：《虞美人诗录》，"丙辰（1916年）上元日"刊本，第1页。

剞劂。待到重阳菊花开时，携向小园读之，古香冷艳，林泉动色，辄憾不获诸君子来一游也。”①

三、《七夕四咏》

《七夕四咏》为“菽庄丛刻”八种之第三种，是菽庄吟社己未(1919年)所征“七夕四咏”(七绝四首)的精选本。录陈福铭、何良弼、区纬、林太古、绣葆与嫣仙 6 人所作各 4 首，合计 24 首诗作。

菽庄吟社己未(1919 年)所征“七夕四咏”(七绝四首)得到的稿件，曾由林尔嘉辑为《七夕四咏诗录》，录陈福铭、何良弼、区纬、无诸国之民、陈得麟、率甫、林太古、绣葆、嫣仙女史、司徒九郎、瀛洲钓鳌客、介石氏、骚坛侍者、陈逸庐、李天霖、岭海逸民、天涯浪子、石匏、桂林秋史、我非仙等前 20 名获奖人员作品各 4 首，合计 80 首诗作，末附前 150 名获奖人员名单及奖励等次、金额等，于“己未嘉平朔日(夏历一九一九年十二月初一日)”与《闰七夕乞巧回文诗录》合刊，名曰《菽庄吟社七夕四咏、闰七夕回文合选》。林尔嘉为撰《菽庄吟社七夕四咏、闰七夕回文合选·序》有记：“己未(1919 年)七月，余归自东，爰集同人重修社事。既以七夕四题遍征吟咏，越闰月七夕，复有回文乞巧之征，海内外投稿约四千首。誊写既竣，乃与社侣循环雒诵，得其四百首。录其前列，并七夕四咏付之排印。璧合珠联，后先辉映，洵足以酬兹令节已。因缀数言，质之作者。”②

四、《闰七夕乞巧诗》

《闰七夕乞巧诗》为“菽庄丛刻”八种之第四种，是菽庄吟社己未

① 林尔嘉撰：《黄牡丹菊诗录·序》。林尔嘉辑：《黄牡丹菊诗录》，“丁巳(1917 年)端阳节”刊本，第 1 页。

② 林尔嘉撰：《菽庄吟社七夕四咏、闰七夕回文合选·序》。林尔嘉辑：《菽庄吟社七夕四咏、闰七夕回文合选》，“己未嘉平朔日(夏历一九一九年十二月初一日)”刊本，第 1 页。

(1919年)所征"闰七夕乞巧"(回文七绝)的精选本。录介石道人、陈国兰、吴承烜、陈肖洁、爱独、燕市酒客、戢园主人、鹿巢、还泪、霞溪钓客、张纫秋、金门大隐、无诸国之民、吴元海与程大经15人,计18首诗作。

菽庄吟社己未(1919年)所征"闰七夕乞巧"(回文七绝)得到的稿件,曾由林尔嘉辑为《闰七夕乞巧回文诗录》,录李庚扬、介石道人、陈国兰、吴承烜、杨陋庵、陈肖洁、爱独、燕市酒客、戢园主人、鹿巢、还泪、霞溪钓客、蕉林、护樱子、张纫秋、古温陵蝶仙、金门大隐、无诸国之民、吴元海、程大经等前20名获奖人员作品,计24首诗作,末附前400名获奖人员名单及奖励等次、金额等,于"己未嘉平朔日(夏历一九一九年十二月初一日)"与《七夕四咏诗录》合刊,名曰《菽庄吟社七夕四咏、闰七夕回文合选》。

五、《帆影词》

《帆影词》为"菽庄丛刻"八种之第五种,是菽庄吟社庚申(1920年)所征"氐州第一·帆影"(词)的精选本。录乙酉生、多寿斋、陈灵籁、棠湖小隐、王睫盦、扪蝨、扬州剩鹤、周君简、醉尉、梦梦者、曼陀室主、史匠、谢蓉昌、王履青、绾鄘、曾经沧海客、梦秋吟榭与居学迟18人词作各1阕,合计18阕。

从林尔嘉所作《庚申(1920年)菽庄咏菊八首》、《菽庄丛刻八种·序》等可知,菽庄吟社庚申(1920年)所征"氐州第一·帆影"(词),曾由林尔嘉辑录并出版过单行本,惜笔者找遍闽台两地而未得,只能暂付阙如。

六、《三九雅集诗》

《三九雅集诗》为"菽庄丛刻"八种之第六种,是菽庄吟社辛酉(1921年)所征"三九雅集"(七古)的精选本。录陈还爽、朱家驹、沈沈眉、我园主人、沈绍李、酒匄、朱文柄与施香沱 8 人所作各 1 首，合计 8 首诗作；集前有林尔嘉所作《菽庄三九雅集征诗启》。

菽庄吟社辛酉（1921 年）所征“三九雅集”（七古）得到的稿件，曾由林尔嘉辑录，于“壬戌（1922 年）端午”刊行有单行本，曰《菽庄三九雅集诗录》。录福州陈还爽、江苏敝帚、奉贤朱家驹、江苏沈眉、江都郭庆、福州我园主人、福州天遗、福州吴樵笑、江苏沈绍李、梁谿邹酒匄、察哈尔居庸过客、永阳何宗文、福州林弢懂、罗源笱笠山人、泉州晋江病隐、泉州介石道人、扬州刘逸园、虞山俞啸琴、泉州昇文山人、浙江朱文柄、扬州王怡仲、福州梅道人、思明陈桂琛、江苏吴东园、漳州施香沱、江宁陶巽人、江宁陶磨蝎女史等前 27 名获奖人员作品各 1 首，合计 27 首诗作；集前有林尔嘉所撰序言及《菽庄三九雅集征诗启》，集后附录前 435 名获奖人员名单及奖励等次、金额等。林尔嘉所撰《菽庄三九雅集诗录·序》有记：“辛酉（1921 年）重阳，尔嘉以菽庄三九雅集征海内词坛大作，先后得诗一千三百余首。尔嘉与诸社侣循环披诵，自春徂夏，隋珠楚璧，美不胜收。爰编甲乙，略分次第，并以甲选诸作，付诸排印，以赓续墨缘。”①

七、《鹭江泛月赋》

《鹭江泛月赋》为“菽庄丛刻”八种之第七种，是菽庄吟社壬戌（1922 年）所征“鹭江泛月赋”的精选本。录沈则沆、蛰庐主人、问琴阁、陈福锟、巴泽惠、谢蓉昌、沈桐荪与平道人 8 人所作各 1 篇，合计 8 篇赋作。

菽庄吟社壬戌（1922 年）所征“鹭江泛月赋”得到的稿件，曾由林尔嘉辑录，于“甲子（1924 年）端午”刊行有单行本，曰《壬戌七月既望鹭江

① 林尔嘉撰：《菽庄三九雅集诗录·序》。林尔嘉辑：《菽庄三九雅集诗录》，“壬戌（1922 年）端阳”刊本，第 1 页。

泛月赋选》。录江苏沈则沆、福州蛰庐主人、姑苏问琴阁、扬州周天翼、福州陈福锟、山东巴泽惠、江苏周元芝、南京陶磨蝎女史、扬州谢蓉昌、福州梅道人、湖北陆树勋、扬州黄钟英、南京陶巽人、安徽沈桐荪、粤西平道人、湖北彭祖寿、扬州谭瀛、江苏季凤书、泉州戒坛老衲、江苏沈眉等前20名获奖人员作品各1篇，合计20篇赋作；集前有林尔嘉所撰序言，集后附录前300名获奖人员名单及奖励等次、金额等。林尔嘉所撰《壬戌七月既望鹭江泛月赋选·序》有记："壬戌（1922年）七月征赋，承海内诸君子惠以鸿篇。正拟盥薇讽诵，适逢沿海变乱，各郡相继骚然。社侣既散，吟声亦辍。回首秋江一叶，有如天上所有。先后收到诸作袭什珍藏，以致稽延经岁，迭劳函问。甲子（1924年）暮春，始获集社侣从事披读。鸿篇巨制，满目琳琅，谨略分次第并录甲选付诸排印，爰书数语以答来讯，藉致歉忱。"①

八、《小兰亭三修禊序》

《小兰亭三修禊序》为"菽庄丛刻"八种之第八种，是菽庄吟社甲子（1924年）所征"小兰亭三修禊序"的精选本。录朱家驹、陈钜前、邱中基、陈谦拺、江桐、沈则琦、周心翼、沈贤襄、叶大瑄与厉鼎芬10人所作各1篇，合计10篇序文。

菽庄吟社甲子（1924年）所征"小兰亭三修禊序"得到的稿件，曾由林尔嘉辑录，于"戊辰（1928年）春日"刊行有单行本，曰《菽庄小兰亭征文录》。录奉贤朱家驹、福州陈钜前、福州邱中基、福州陈谦拺、福州江桐、宝应沈则琦、扬州周心翼、宝应沈贤襄、福州叶大瑄、扬州厉鼎芬、江苏陶磨蝎女史、扬州周天翼、福州叶绣葆、扬州郑观、北京王逸盦、福州翁仁同、丹徒谢鸾孙、扬州苏廷权、湖北陈熙坤、扬州戴域廷、扬州张

---

① 林尔嘉撰：《壬戌七月既望鹭江泛月赋选·序》。林尔嘉辑：《壬戌七月既望鹭江泛月赋选》，"甲子（1924年）端午"刊本，第1页。

以忠、扬州张谷臣、宝应沈绍韩、邳县黄广恩、扬州张嘉树、仙居应松友、扬州黄乃鼎、江都张受生、扬州黄蓬仙、福清康筠庵等前30名获奖人员作品各1篇，合计30篇序文；集前有林尔嘉所撰序言，集后附录前120名获奖人员名单及奖励等次、金额等。林尔嘉所撰《菽庄小兰亭征文录·序》曰："甲子(1924年)莫春，余构小兰亭于补山园之左既，同社侣三修禊事，复遍乞海内外椽笔为斯亭增色。是夏，顽躯不适，就医扶桑。旋为静摄计，西渡瑞士。承国中宗工先后贻我鸿文，而病中心志疲茶，虽有希世之宝，仅什袭珍藏，未敢轻出而欣赏之也。今春宿恙告平，始发箧讽诵，觉小园风物如在眉睫间，四载客居抑塞之况荡涤无余，吁诸君子厚我胜锡百朋矣！谨录三十篇邮付剞劂，以贻同好。来春归国，当置酒斯亭重作永和胜会。斯时也，诸君子傥亦惠然肯来而为我浮一大白乎？"①

第三节 《菽庄主人四十寿言》等其它出版物

除了"菽庄丛书"六种、"菽庄丛刻"八种及各单行本外，菽庄吟社还梓行有《菽庄主人四十寿言》、《菽庄主人银婚帐词》、《庚申菽庄咏菊》、《菽庄梦中得句唱和集》、《菽庄林先生暨德配云环龚夫人结婚三十年帐词》、《菽庄主人四十有八寿诗》、《菽庄林先生暨德配云环龚夫人五十寿言》、《菽庄观菊》、《剑潭诗刊》、《菽庄主人六十寿言》等出版物20余种。兹简述如下：

一、《菽庄主人四十寿言》

《菽庄主人四十寿言》为民国三年五月十八日(1914年6月11日)

① 林尔嘉撰：《菽庄小兰亭征文录·序》。林尔嘉辑：《菽庄小兰亭征文录》，"戊辰(1928年)春日"刊本，第1页。

"菽庄主人暨德配龚夫人四十双寿庆典"及闰五月十八日(7月10日)重庆的诗文专辑，由林景仁辑录，于"甲寅(1914年)冬月"刊行。林景仁所撰《菽庄主人四十寿言·跋》有记："甲寅(1914年)五月家大人四十生日，群公多以诗文为寿。凡得文十一首，诗一百四十一首，词联文十六首，所以肸饰而光荣之者贶莫大焉。景仁兄弟受而张之，得博堂上懽娱，其为忻感，盖靡有量。谨畀手民，都为二册，既以酬群公厚谊。而景仁兄弟岁岁鞠□上寿，将托于群公诗文永永无穷云。"①

该辑录寿文11篇、颂词1篇、诗141首、词1首、对联14幅。其中，吴曾祺、陈遵统、施士洁、张琴、林辂存、江呈辉、陈棨伦、龚显鹤、杨鞆等所撰寿文，从不同侧面、不同角度描述了林尔嘉的身世经历及事业功勋，所涉清末民初共和党、进步党、福建暨南局、厦门保商局、厦门商务总会、鼓浪屿工部局等史实材料，均弥足珍贵，足资史乘参考；樊增祥、吴士鉴、王寿彭、田步蟾、林纾、沈琇莹、吴征鳌、陈海梅、江春霖、于君彦、陈钜前、萨祖型、萨嘉曦、郑祖庚、张琴、卢文启、苏大山、庄善望、柯征庸、周殿薰、李禧、连城璧、柯荣试、陈棨伦、施士洁、许南英、汪春源、陈望曾、龚显鹤、龚显禧、陈蓁、庄棣荫、林辂存等所作诗词及联对，则大都中正平和，醇厚隽永。

二、《菽庄主人银婚帐词》

《菽庄主人银婚帐词》为民国五年十一月十六日(1916年12月22日)林尔嘉与龚云环"银婚庆典"的诗文专辑，由陈棨伦辑录，于"丙辰嘉平(夏历一九一六年十二月)"刊行。陈棨伦所作《菽庄主人银婚帐词·跋》有记："余与菽庄侍郎交四世矣。侍郎年十七，以辛卯(1891年)十一月娶于龚咏樵先生之女，余甥是也。是时，余以媒氏来观其

① 林景仁撰:《菽庄主人四十寿言·跋》。林景仁辑:《菽庄主人四十寿言》,"甲寅(1914年)冬月"刊本,第75页。

盛,辄忻然为酌酒贺也。越今丙辰(1916 年)冬月,侍郎与夫人结婚二十五年周矣,西人名之曰银婚,于是中外人士既各致嘉贶,复作诗文以申颂祝。余旧媒也,又久馆侍郎家,获与其盛,益忻然为酌酒贺也。窃谓侍郎之絣福与群公之玮制均宜垂之永久,乃为之图并,辑其诗文,付之手民。独感念余家有糟糠,垂老无恙,与西人所谓金婚者年相若,而频年旅食,曾不获偕享安闲之福。观侍郎之盛举,弥增余歉也。过此二十五年,侍郎与夫人金婚期届矣。倘天假之年尚容,五十年前老媒新见其盛,其忻然酌酒贺者,正未有艾也,故乐书其简末以为之券。”①

该辑录序文 2 篇、颂词 2 篇、诗 69 首、词 2 首、对联 4 幅。其中,陈槃伦、施士洁、沈琇莹、许南英、汪春源、刘庆汾、杨钠、苏大山、庄善望、庄棣荫等所作诗稿,均富于情趣和意蕴。

三、《庚申菽庄咏菊》

《庚申菽庄咏菊》为民国九年(1920 年)秋菽庄吟社社课雅集作品专辑,由林尔嘉辑录,于“辛酉(1921 年)”刊行,所见为“辛酉(1921 年)四月”油印之修改稿。林尔嘉所撰《庚申(1920 年)菽庄咏菊·序》有记:“庚申(1920 年)咏菊七律八首,同作者十八人,均社侣也。家怀楚□,人□□□,雒诵一过,齿□四溢。团就年岁,编次不分甲乙,□付手民排印,永为菊花纪念,亦以志一时墨缘也。惟诗成急就,不无率略,特将原稿先行誊写,请由作者自行修改,求谐竞病,不吝推敲。古人作诗三易其稿,窃取其意,以兴诸公□□之。此请吟安!”②

该辑录林尔嘉及菽庄“十八子”——施士洁、龚显燦、龚显鹏、汪春

① 陈槃伦撰:《菽庄主人银婚帐词·跋》。陈槃伦辑:《菽庄主人银婚帐词》,“丙辰嘉平(夏历一九一六年十二月)”刊本,第 28 页。

② 林尔嘉撰:《庚申菽庄咏菊·序》。林尔嘉辑:《菽庄庚申咏菊》,“辛酉(1921 年)四月”刊本,第 3 页。

源、吴增、周殿薰、庄善望、苏大山、龚植、龚显鹤、龚显禧、施乾、沈琇莹、马祖庚、庄棣荫、卢文启、李禧与卢心启,所作七律各8首,合计152首。所录作者悉为"菽庄社侣"即菽庄吟社的内部核心成员,经常在一起切磋砥砺,并且"十八人迭为宾主"[①],轮流主持菽庄吟社的社课活动,作品醇厚隽永,难分轩轾。

四、《菽庄梦中得句唱和集》

《菽庄梦中得句唱和集》为民国十年(1921年)暮秋林尔嘉梦中得句,所"征同人唱和"作品专辑,由林尔嘉辑录,于"壬戌(1922年)八月"刊行。陈海梅所撰《菽庄梦中得句唱和集·序》有记:"王晁以诗梦乃在孤山处士,而和靖梦中之诗不传,戴复古云'江山花草生诗梦'。予观藏海园固已尽江山花草之胜矣,而君又为孤山后人,宜有梦也。昔之诗人多有诗梦。灵运之池塘春草,太白之梦游天姥,皆梦后得诗,非梦中诗也。东坡梦得诗数十篇,觉仅记一首。而放翁前后梦得诗者三:甲子十月梦饮酒赋诗,觉仅记一二;后复梦李知几、范至能诸公请赋诗,觉而仅忘一二字;惟丁巳梦至凤山赋诗,觉则不遗一字。去岁,菽庄梦得诗一首,觉仅记'雨后风轻入望凉'之句,遂续成四首,征同人唱和。今夏予重来鹭江,菽庄招饮赋诗。予先至,客尚未集,见同年汪君杏泉案上有《菽庄梦中诗句倡和吟草》一集。予维古之诗梦惟陆为最多,今备载《渭南集》中,而菽庄主人之诗视务观亦不多让;而务观为古今诗中第一寿人,菽庄之寿当必有过之者矣。但务观生平虽独享诗人之福,而南园、东泉记见讥清议,晦翁忧其为有力所牵挽,不得全其晚节,何如先生于改革之后遁迹园林,不乐仕进,其诗福不让渭南,诗品又在渭南之上,是诚无愧孤山处士者也。菽庄诗侣日多,诗学日上,

---

① 沈琇莹撰:《杂感——十二月初三日(1940年12月31日)壶天消寒第一集》。沈琇莹著:《壶天吟》卷五,"癸未(1943年)夏日"刊本,第2页。

异日全集梓行，当必风行海内，而酬唱一集特其嚆矢耳！爰僭数言以弁其首。”①

该辑录林尔嘉原作及陈海梅等 43 人和作，合计七绝 224 首。参与唱和的 43 人，分别是陈海梅、陈培锟、陈望曾、林苍、吴炎南、陈福敷、吴承烜、吴清丽、吴爇先、鲍蘋香、鲍祖德、陆宝树、俞瑱、胡士廉、朱家骅、朱家驹、蒋瘦石、顾邦瑞、徐公修、吴卓、刘霞举、敲月、蔡寿星、黄鹤、马祖庚、龚显燦、施乾、黄鸿基、陈蓁、梦蝶楼主、施士洁、汪春源、苏大山、沈琇莹、庄善望、苏镜潭、龚显鹏、叶伯埜、陈茯园、王承霖、黄作楷、汪韵琴与庄棣荫，悉为近现代诗坛的名望之辈，作品诗意清芬，韵致别具。

五、《菽庄林先生暨德配云环龚夫人结婚三十年帐词》

《菽庄林先生暨德配云环龚夫人结婚三十年帐词》为民国十年十一月十六日（1921 年 12 月 14 日）林尔嘉与龚云环“结婚三十年欢祝会”的诗文专辑，由林尔嘉辑录，于“辛酉（1921 年）十二月”刊行。林尔嘉所撰《菽庄林先生暨德配云环龚夫人结婚三十年帐词・跋》有记：“尔嘉夫妇于十一月十六日（1921 年 12 月 14 日）为结婚三十年之辰，承诸戚友暨菽庄社侣并会欢祝，中外人士嘉宾盈庭联翩，舄海内外词坛之以诗古文词杂著投贶者，不远千里，邮筒络绎，张诸四座，尽属琳琅。尔嘉夫妇德薄，曷克当此，惟有焚香盥诵，衮刻双心，以志不忘兹者。谨依收到先后，分类编录，排印已竣。第恐中途鳞羽，偶尔见遗，传钞之余，或有疏漏，爰缀数语，以附于后。”②

① 陈海梅撰：《菽庄梦中得句唱和集・序》。林尔嘉辑：《菽庄梦中得句唱和集》，“壬戌（1922 年）八月”刊本，第 1 页。

② 林尔嘉撰：《菽庄林先生暨德配云环龚夫人结婚三十年帐词・跋》。林尔嘉辑：《菽庄林先生暨德配云环龚夫人结婚三十年帐词》（下券），“辛酉（1921 年）十二月”刊本，第 49 页。

该辑录序文10篇、诗461首、词44首、曲18首。其中,黄荃、来玉林、尾崎秀真等所作五古,郑祖庚、黄仲训、王允皙、黄鹤、鲍秋白、毓朗、沈琇莹、连城璧等所作七古,陈吉庐、林灏深、庄棣荫、林襄、黄南隐等所作五律,方兆鳌、许世英、陈海梅、林苍、吴曾祺、吴承烜、臧致平、关其忠、萨君陆、叶际唐、谢尊五、刘育英、李如月、颜云年、魏清德、刘庆汾、苏镜潭、陈桂琛、柯征庸、王人骥、汪春源、连横、谢汝铨、许梓桑、洪以南等所作七律,陈纪、蒋纯一等所作五绝,黄作楷、张祉、蔡谷仁、溥绪、庄棣荫等所作七绝,袁晋和、袁昌和、吴清丽、郭桢祥、龚植、沈琇莹、欧阳桢、庄善望、许瘦蝶等所填词作,吴承烜、沈琇莹等所谱曲作,皆思致清新,别有心裁。

六、《菽庄主人四十有八寿诗》

《菽庄主人四十有八寿诗》为民国十一年五月十八日(1922年6月13日)"菽庄主人暨德配龚夫人四十有八双寿庆典"及闰五月十八日(7月12日)重庆的诗文专辑,由林尔嘉辑录,于"癸亥(1923年)仲夏"刊行。林尔嘉所撰《菽庄主人四十有八寿诗·跋》有记:"甲寅五月十八日(1914年6月11日)为尔嘉四十生日,是年逢闰,辱承海内骚坛洎诸戚好以诗文投赠者,一时篇什纷纶,悉皆瑰宝,于是有四十寿言之刻。壬戌(1922年)五月复逢闰,尔嘉年四十有八矣,菽庄诸社侣复以一年两度称觞为人生适逢之会,均以诗为尔嘉寿,先后计得数十首。谨付手民排印,以志诸公厚谊于不忘云。"①

该辑录陈海梅、刘培元、沈琇莹、汪春源、周殿薰、施乾、蔡谷仁、李禧、施士洁、雷作霖、关其忠、熊梦飞、龚显鹏、苏大山、谢嘉铨、贺仲禹、郑祖庚、陈钊筱、庄棣荫、蔡寿星等20人,所作诗稿39首。由于这些

---

① 林尔嘉撰:《菽庄主人四十有八寿诗·跋》。林尔嘉辑:《菽庄主人四十有八寿诗》,"癸亥(1923年)仲夏"刊本,第12页。

吟侣大都是菽庄吟社内部经常在一起切磋砥砺的核心成员，因而作品工力悉敌，难分轩轾。

七、《菽庄林先生暨德配云环龚夫人五十寿言》

《菽庄林先生暨德配云环龚夫人五十寿言》为民国十三年五月十八日(1924 年 6 月 19 日)“菽庄林先生暨德配云环龚夫人五十双寿庆典”的诗文专辑，辑录者及刊行时间未详。

该辑共录寿文 8 篇、诗 119 首。其中，寿文部分尤具特色，孙传芳所作雄人快语，萨镇冰所作儒将气度，陈海梅所作博洽风流，吴曾祺所作邃于深思，洪鸿儒所作精谨绵密，李禧所作老成纡阔，周殿薰所作古硬质朴，沈琇莹所作典僻深晦。诗作方面，樊增祥、陈衍、关赓麟、王式通、关霁、丁传靖、高步瀛、靳志仲、于君彦、王人骥、庄棣荫、郑祖庚、施景琛、来玉林等所作，也都诗意清新，不落一般颂祷性诗词的俗窠。

八、《菽庄观菊》

《菽庄观菊》为菽庄吟社“己巳年十月廿四日(1929 年 11 月 24 日)”所举办之“观菊”活动的作品专辑，由菽庄吟社辑录，所见为原稿本。书前有《菽庄吟社启》，云：“良辰美景，赏心乐事，四者得兼，时不可失，小春天气，金带潮平，菽庄丛菊，烂漫盛开，各有佳色，同傲寒霜，藏海媲郦水之胜，补山□女儿之观，楼罗按历，园丁扫径，不有嘉客，畴品众芳。月之廿四日达午，□奉迓社侣振响骚坛，旧雨重来，黄英曾识，小饮延龄之酒，高吟晚节之香，幕天席地，兴往情来，闲鸥旁晚，潜虬起舞，留爪于苦竹篱边，写照于斜阳影里，名士衣冠，无妨了鸟花中，隐逸庶邕，玄风休沐，多暇惠肯，遼我□其空谷，伫候足音。”①

① 菽庄吟社辑：《菽庄观菊》，“己巳年十月廿四日(1929 年 11 月 24 日)”原稿本，书前页。

该辑录诗20首，分别为云山水月散人、蕃邑人、荪浦（苏大山）、傲僬（沈琇莹）、沈骥、籁声林莱生、研霞、一愚（龚显鹏）、樵生（龚植）、颂眉（龚显禧）、介石道人（蔡谷仁）、蔚其（卢文启）、杨鉴、绣伊（李禧，2首）、一如、丹初（陈桂琛）与谢云声所作，虽然悉为即兴口占，但亦不乏佳构。该辑又录参加本次活动的40人签名及题词，从中可以了解菽庄吟社日常游赏的活动规模、组织方式、主要人员等情况。此外，该辑末尾还附录参加菽庄吟社“庚午（1930年）三月三日修禊雅集”的16人名录，分别是李绣伊（禧）、萧幼山、苏荪浦（大山）、林寄凡（端）、周墨史（殿薰）、杨晓潭（鉴）、柯伯行（征庸）、洪鬲、陈丹初（桂琛）、谢云声、沈傲樵（琇莹）、贺仙舫（仲禹）、江蕴和、蔡乃赓（谷仁）、陈亮奎与龚一愚（显鹏）。

九、《剑潭诗刊》

《剑潭诗刊》为菽庄吟社壬申（1932年）所征诗钟大唱“剑、潭，第一唱”的作品专辑，由陶芸楼校录，于“民国二十一年（1932年）五月十五日”在福州刊行。萨伯森与郑丽生合撰之《诗钟史话》有载：“《剑潭诗刊》，一册，陶芸楼校录。公元一九三二年福州铅印本。为厦门林尔嘉在福州征诗嵌字格‘剑、潭，第一唱’诗钟大唱选本。录三千余联。尔嘉筑菽庄花园于鼓浪屿，中有剑潭，相传为郑成功磨剑之水，因以征诗。”①

该辑录钟作1310联，其中正取第一门词宗林柏寿录150联、第二门词宗林熊祥录200联，捐取第一门词宗陈培锟、第二门词宗沈冠生、第三门词宗蔡镜吾、第四门词宗闽报社、第五门词宗华报社、第六门词宗林绮赓、第七门词宗郑宪纶、第八门词宗严叔夏与陶芸楼各录120

① 萨伯森、郑丽生合撰：《诗钟史话》，1964年1月郑丽生手写本，第47页。

联。由于本次所征诗钟大唱是在“九一八”事变的特殊历史背景下举行的，而且以明末民族英雄郑成功在鼓浪屿菽庄花园内的磨剑之水——“剑潭”为题，所以选录的作品大都富有内涵及意蕴。

十、《菽庄主人六十寿言》

《菽庄主人六十寿言》为民国二十三年五月十八日（1934 年 6 月 29 日）菽庄主人林尔嘉六十花甲之寿的诗文专辑，由沈琇莹辑录、厦门永明印刷社代为印行，刊行时间未详。

该辑录寿文 4 篇、诗 209 首、词 5 首，末附林尔嘉所作《甲戌（1934 年）三月三日熙春亭落成，同人宴集，放歌四十四韵》。其中，蔡穀仁、余焕章、刘敬堂、吴国藩、曾宗礼、林鸿、洪锡畴等所和林尔嘉的“四十四韵”，李筌鹤、吴钟诚、柯征庸等所作七排，杨士鹏、沈紫若、施乾等所作七古，皆气势磅礴，汪洋恣肆；而安徽歙县的吴承烜，竟然一口气写下七律 30 首、词 2 阕，更是创下了菽庄吟社之一最。

十一、《菽庄玩菊诗选》、《寿菊诗集》等

菽庄吟社梓行的出版物，所知者尚有：

（一）《菽庄玩菊诗选》十册。为林景仁所组织之“玩菊”活动的作品专辑，每期活动辑录诗选一册，共计十册，由全闽报社编辑出版，刊行时间未详。未辑得。

（二）《寿菊诗集》一册。为林景仁所组织之“寿菊会”的作品专辑，由林景仁辑录，刊行时间未详。林尔嘉所作《庚申（1920 年）菽庄咏菊八首》之三有注：“乙卯（1915 年）长子景仁邀诸社侣为寿菊会，有《寿菊诗集》。”①

---

① 林尔嘉撰：《庚申（1920 年）菽庄咏菊八首》。林尔嘉撰，沈骥编校：《林菽庄先生诗稿》，台北：龙文出版社，1992 年 3 月重印初版，第 6 页。

此外，菽庄吟侣沈骥又曾于1972年辑录林尔嘉“自民国二年癸丑（1913年）至四十年辛卯（1951年）”诗作311首，都为一册，名曰《林菽庄先生诗稿》，简称《菽庄诗稿》，末附《菽庄花园文献》、《鹭江摩崖》、《庐山文献》、《莫干山西湖摩崖》、《戊辰（1940年）三三小兰亭修禊诗存》、《戊辰（1940年）九九登高诗存》等六种，由林尔嘉哲嗣林刚义醵资出版，以供林氏族裔典藏。这虽然是菽庄吟社解体以后发生的事情，但所涉及人事均与菽庄吟社密切关联。

第四节　菽庄吟社未落实的出版计划

菽庄吟社另外还有过编辑发行《菽庄杂志》等计划，尽管由于种种原因，这些计划最终没有得到落实，但还是非常值得记取的。

一、关于“编辑《菽庄杂志》之议”

菽庄吟社正式创立之初，林尔嘉、沈琇莹等菽庄“社侣”踌躇满志，一心想把菽庄吟社创建成为在海内外均具有重要影响的“大吟坛”。经过林尔嘉招集社侣共同商议，该社拟编辑发行《菽庄杂志》。林尔嘉所著《顽石山房笔记》有录“《菽庄杂志·序例》”一则，云：“乙卯（1915年）同人有编辑《菽庄杂志》之议，既而不果。时傲樵为撰《序例》一篇，已脱稿矣。杂志虽罢议，《序例》则可存也。”

按照沈琇莹的规划，《菽庄杂志》共设置七个栏目：一曰图画；二曰论说；三曰国粹；四曰说林；五曰译丛；六曰中外大事记；七曰菽庄笔记、诗话、词话。其中，“国粹”一栏又是《菽庄杂志》的重头戏，主要登载经、史、子、文、诗、词、金石等七个方面的内容。这里不妨将沈琇莹所撰《菽庄杂志·序例》引录于下，以窥其全貌。

余壹不知：鸿濛既辟，三五迭隆，钩河摘洛，图书间出，庖犧何感而画卦也，仓颉何本而造字也。盛世何衰，鬼夜哭也；衰世何盛，麟吐书也。七十二家之古文，何管子不能尽识也；百二十国之宝书，何孔子力能致之也。姒王藏书于洞庭，龙威何祕也；桓公读书于堂上，轮扁何议也。老子著书于函谷，浮提二子何洒血也；刘向校书于天禄，太乙老人何然藜也。漆简晚出，何瘗家也；石经寿世，何沈河也。王俭七志，缺者何志也；阮孝绪七录，亡者何录也。伤五厄者，牛弘何仅一见之隋也；论八求者，郑樵何仅一见之宋也；纂四徵者，孙毂何仅一见之明也。

余又不知：华胥之国，闷闷淳淳，黄帝何梦也；裸国之民，不冠不裳，姒王何慕也。海外九洲，大瀛环之，大章不见经，竖亥不见纬，稷下谭天，驺衍何据也；南华好寓言，南溟鹏，北溟鲲，南帝儵，北帝忽，是游方之外者，六合以外存而不论，何谓也。书右行，效飞龙，昉何氏也；书左行，效佉卢，昉何代也。单于诂帝，撑犂诂天，何诡也；日出处天子，日没处天子，何盭也。算法东来，原本几何，何师冉子也；兼爱上同，游艺上精，何师墨子也；以正治国，以奇用兵，以无事取天下，何师老子也。

嗟乎！道有夷隆，学有麤密，言有大小，时有通塞，知今不知古，盲瞽也；知古不知今，陆沈也。天下文明，作者云起；灵珠璞玉，不翼而飞。杂志一编，余窃有志，类甄义别，可得而言。

一曰图画。楚祠呵壁，三闾问天；武梁观象，古制寖传；妙极丹青，五色相宣；笔补造化，莫测其端；君则治水，臣则凌烟；客则兰亭，主则辋川；神明之式，重素叠笺；回光反照，一镜莹然。始以图画，快先觏也。

二曰论说。雄辨碧鸡，剧谭黄马；既腾口说，笔锋四射；学海积霾，晦如长夜；攫珠赤水，谟及神化；匹夫盱衡，天下之大；见弹思炙，食鸡求蹠；飞钳转丸，议论上下；重逾九鼎，畴罪言者；继以论说，表空文也。

三曰国粹。三极彝训，鸿教不刊；道枢玄奥，实胎群言；言微用释，义大用诠；汉宋分派，江河同源；通则致用，守则道传；干城洙泗，似续儒先；九流百家，文章斐然；兔鱼偶获，毋忘蹄筌。首录经。左右执简，记言记事；朝章国故，整齐次第；一家马擅，断代班始；嗣是作者，综为廿四；维别与杂，亦称辅翼；证以通鉴，编年之类；名山多藏，富于金匮；直笔犹存，南董不死。史次之。周秦魁杰，去圣未遥；持之有故，言之有条；自汉以后，道术日消；精研麟角，依附牛毛；雕龙论列，分歧揣镳；出规比比，入矩寥寥；原其志趣，尚远尘嚣；捃华百代，匪风所飘。子又次之。孳乳相生，文字始炳；体制代兴，名家称盛；两京鸿篇，康衢驰骋；六朝小品，别开蹊径；缀文之士，抗希先正；求茂于古，求雅于劲；笔精墨妙，三光辉映；雕虫篆刻，壮夫何病。文又次之。人具七情，与世推移；揽物起兴，咏叹随之；思无定位，体有恒裁；籁分天人，音判盛衰；鸟以春乐，虫以秋哀；鬼神惊诧，风雨飞来；逆旅孤吟，或遘镇西；高车奇制，亦感昌黎。诗又次之。乐府递变，倚声自度；意内言外，怨慕泣诉；玉宇高寒，乘风归去；残月低唱，有井水处；昔之好事，琴川汲古；珍珠密字，乌孙逐蠹；钱史胠箧，黄绢幼妇；金风亭长，宁惜青鼠。词又次之。夏鼎商彝，周鼓秦碑；证经证史，博古之资；欧目赵录，传信传疑；牛图冯索，摹刻精微；陋明青浦，癖汉覃谿；册不同制，说不相师；承其流者，纸尾补题；家有三例，苑有骈枝。金石又次之。搢以国粹，存旧学也。

四曰说林。齐谐志怪，小说权舆；源出稗官，起于虞初；以外分传，以隐名书；街谭巷议，侏儒胡卢；搜神一记，鬼慑董狐；侈之为海，谲之为觚；好之为铃，彙之为郛；见闻以广，心目以娱。标以说林，翔异闻也。

五曰译丛。域外驰观，大秦问故；荒岛无人，师子回顾；兵战国强，商战国富；海上霸权，祖饵之五；稗海西流，百灵鼓舞；谲波诡云，妖飚神雾；奇于诺皋，豔于神女；三九通词，繙经殊趣。益以译丛，传奇书也。

六曰中外大事记。时局翻覆，迅若飞电；心计难测，巧历莫辨；畴划四极，讹传鳌断；畴驱列强，俄惊龙战；万国梯航，入夷出险；沧海朝经，桑田夕见；焉有桃源，不闻世乱；焉有杞人，不忧天变。重以中外大事记，怵时艰也。

七曰蕺庄笔记、诗话、词话。杀青倦读，沦鼎煎茶；墨客挥尘，风刮窗纱；夜雨潇潇，手翦灯花；长笺短楮，败管涂鸦；风流韶事，竞病尖叉；大江东去，铁板铜琶；野狐参禅，目迷恒沙；浮白载笔，比于杂家。终以笔记、诗话、词话，作余波也。

凡此七类。作居十四，述居十六；中居十八，外居十二。精覈如吕氏春秋鸿烈解之属，皆所取也。诬罔如周秦行纪碧云騢之属，皆所弃也。剽窃如庄子郭注齐丘化书之属，皆所禁也。伪托如刘炫鲁史司马潜虚之属，皆所绝也。

可以想见，如果沈琇莹的规划真正得以施行，那么《蕺庄杂志》将是一份内容丰富、图文并茂的杂志，相信一定会赢得众多读者的青睐。可惜，沈琇莹的规划最终被束之高阁了。林尔嘉在谈及此事时，曾感喟云："余家本鲲溟，侨居鹭岛；先世藏书，厄于兵火；艺海角逐，自伤寒俭。窃意：羽陵有坠简焉；小酉有残灰焉；河东老屋有古泰誓焉；佛寺废龛有古文苑焉；过江葫芦有汉书焉；沈水铁匣有心史焉；绛云已烬有割裂之遗文焉；天一已荒有传钞之善本焉；东国有古佚丛书焉；西国有鸣沙祕籍焉；海客谭瀛有吟草焉；查客犯斗有程记焉；炫玉有人，邮筒可寄，一卷一缣，麟台有故事焉。且夫春温秋肃，夏燠冬寒，天道也；是丹非素，耆甘忌辛，人情也；大惭大好，小惭小好，文章小技，尚不敢以自信也；同一史记，或以为良史，或以为谤史也；同一太玄，或以为覆酱，或以为必传也。老子云：上士闻道勤而行之，中士闻道若存若亡，下士闻道大笑之，不笑不足以为道也。庄子云：言恶乎隐而有是非，彼亦一是非，此亦一是非，是亦一无穷，非亦一无穷也。夫如是，宾不能戏班固也，客不能难东朔也，崔骃之旨可达也，杨雄之嘲可解也。"[①]以林尔嘉我行我素、敢开风气之先的个性，说出如此隐晦的言辞，表明《菽庄杂志》之所以"议"而"不果"，其中一定隐藏着菽庄主人内心某种莫大的苦衷。这有待于作进一步的发掘和研究。

二、《爱吾庐文钞》、《后苏龛集》等

菽庄吟社未曾落实的出版计划尚夥，所知者有：

(一)吕世宜所著《爱吾庐文钞》、《爱吾庐笔记》、《爱吾庐题跋》等。林尔嘉所撰《古今文字通释·跋》有按："(吕世宜)先生箸述为先子所校刊者，尚有《爱吾庐文钞》、《爱吾庐笔记》、《爱吾庐题跋》诸书，版皆不存，传本亦不多见，当一一重刊之，以上继先子之志，庶先生遗书得

---

① 《〈菽庄杂志〉序例》。林尔嘉著：《顽石山房笔记》卷三，"癸未(1943年)夏日"刊本，第15—20页。

以流传于不朽云。”①

(二)施士洁所著《后苏龛集》。《民国厦门市志》有载:“施沄舫著《后苏盦集》,身后菽庄主人将为镂版,哲嗣不欲,携稿归台,瞬廿余载矣,未见出版。”②

(三)沈琇莹所著《寄傲山馆诗稿》之《湖海吟》、《娵隅吟》、《霞中吟》、《绾缑吟》等四编。林尔嘉所撰《壶天吟·序》有述:“傲樵尝自言,九岁学诗,越三十一岁得若干首,时尚科名,若古若律,未能突出试帖范围,乃尽焚之;而存稿自辛丑(1901 年)始,分为五编,曰《湖海吟》,曰《娵隅吟》,曰《霞中吟》,曰《绾缑吟》,曰《壶天吟》,藏之行箧,不轻出以示人。予欲为刻之,傲樵唯唯否否,屡索其稿不能得,近始许以《壶天吟》六卷排印,而缮写校勘之役则仲春一人任之。”③菽庄吟社“癸未(1943 年)夏日”所刊之“菽庄丛书”第五种——《壶天吟》六卷,书页中缝均印有“寄傲山馆诗稿五编”字样,也表明菽庄吟社曾经把《寄傲山馆诗稿》其余四编——《湖海吟》、《娵隅吟》、《霞中吟》与《绾缑吟》列入出版计划。可惜,由于沈琇莹“唯唯否否”、狷介优柔,时至今日《湖海吟》、《娵隅吟》、《霞中吟》与《绾缑吟》诸编大概都已经散佚失传了。

---

① 林尔嘉撰:《古今文字通释·跋》。吕世宜著:《古今文字通释》,“壬戌涂月(夏历一九二二年十二月)”刊本,附录页。

② 厦门市地方志编纂委员会办公室整理:《民国厦门市志》,北京:方志出版社,1999 年 5 月第 1 版,第 736 页。

③ 林尔嘉撰:《壶天吟·序》。沈琇莹著:《壶天吟》,“癸未(1943 年)夏日”刊本,书前页。

第七章

菽庄吟社衍生的文学社团

菽庄吟社先后还衍生出6个文学社团——寄鸿吟社、碧山词社、板桥吟会、东海钟声社、薇阁诗社与亦小壶天吟社，它们对民国期间的厦门诗坛，以及日据时期、光复初期的台湾诗坛分别产生过一定影响。其中，东海钟声社是日人据台以后台湾创立的第一个专门诗钟社团。该社荟萃了日据时期台湾诗坛的重要名家，所作辑为《东海钟声》，分八期刊载于连横主编的《台湾诗荟》，在台湾诗坛引起强烈反响，使得日据中后期台湾诗钟的创作风气日渐浓厚并趋于鼎盛，为保存和延续台湾汉文化发挥过重要的作用。

第一节　寄鸿吟社

寄鸿吟社由林尔嘉从弟林鹤寿创设于“戊午（1918年）十月”[①]，地点在台北板桥别墅，主要成员有林鹤寿、林柏寿、龚亦癯、陈蓁（髯僧）、苏镜潭（菱槎）、吴钟善（元甫）及其长子吴普霖（伯施），号称“寄鸿七子”。之所以说该社是菽庄吟社的衍生社团，理由有三：一是光绪三十

---

① 王国璠认为该社创立于“民国十一年（1922年）壬戌三月”，出入较大。兹从吴钟善所撰《泛梗集·序》。

一年(1905 年)林维源去世时,“其他各房之子皆年幼”[①],林尔嘉实际上充当了林本源家族的大家长,林鹤寿、林柏寿等都是在他管教下成长起来的,他们在文学方面的兴趣自然也与林尔嘉的影响密不可分;二是“寄鸿七子”中的林鹤寿、林柏寿、陈蓁与苏镜潭悉为菽庄吟侣,其中林鹤寿、林柏寿、苏镜潭三人还是菽庄吟社的核心吟侣;三是寄鸿吟社所采取之“拈韵分题,联珠叠唱”的活动形式,以及所抒写之“不忘君国,痛念家山”的创作精神,都是对菽庄吟社的承续。

一、寄鸿吟社的创立及沿革

“戊午(1918 年)十月”,林尔嘉从弟林鹤寿创设寄鸿吟社于台北板桥别墅。台北板桥别墅亦称板桥花园,素有“台湾大观园”之誉。该园占地数十亩,园内设十二胜景——汲古书屋、方鉴斋、来青阁、开轩一笑、横虹卧月、香玉移、观稼楼、定静堂、月波水榭、榕阴大池、云锦淙与海棠池,其中方鉴斋是寄鸿吟社经常开展吟咏聚作的活动中心。该社创作活动持续约近一年,嗣后由于日本殖民当局的干涉而被迫解散。

《台湾诗史》之“林鹤寿”一目有载:“林氏有园,自咸同而后,能文通艺之士云集。民国建鼎,龚亦癯、陈蓁、苏镜潭、吴钟善等尤以诗文负重名。鹤寿相与周旋,唱和不间。而执礼之恭,供张之盛,决非寻常阀阅公子所克能。知者咸称其贤。五年(按:应为“七年”,即 1918 年)戊午十月,从兄(按:应为“从弟”)柏寿自英伦归;钟善之子普霖渡海来,遂议设寄鸿吟社于方鉴斋。拈韵分题,联珠叠唱,虽无开榜次名之趣,却有斟酌推敲之乐。越数载,裒然成《泛梗集》,……讵奈日本台湾当局,对于台人使用汉文,悬有峻法。寄鸿诸子所作,又多系不忘君国,痛念家山者,禁网将及,宜有以避之。于是蓁与镜潭渡往厦门,骎

---

① 《林本源史话》。陈三井、许雪姬访问,杨明哲纪录:《林衡道先生访问纪录》,台北:中央研究院近代史研究所,1992 年 12 月版,第 27 页。

骎以老；普霖乞食南洋，长羁荒服；鹤寿偕钟善，观潮钱塘江，揽胜姑苏台，涉杨子，走幽燕，出居庸关，吊十三陵，旋轸青岛，泛大明湖，道泰安，登岱顶，一宿而下，止于春申。独柏寿身肩新民报、工商银行、柏记会社及林氏公业管理重任，淑慎其身，聊以商隐。”①

二、关于“寄鸿七子”

寄鸿吟社的成员共七人，分别是林鹤寿、林柏寿、龚亦癯、陈蓁、苏镜潭、吴钟善及其长子吴普霖，号称“寄鸿七子”。兹简介如下：

林鹤寿(1884－1937)，字兵爪，为板桥林本源家族第三房林维得之次子，人称“二孙爷”。尝建八卦楼于鼓浪屿之西，又称八卦楼主人。清光绪十年二月十八日(1884 年 3 月 15 日)出生于台北板桥，一说生于光绪二十年二月十八日(1894 年 3 月 24 日)。“在林维源的众多子侄辈当中，他最有商才，维源最信任他，许多经济事务委托他办理”；曾经在厦门水仙宫开设建祥钱庄，嗣因八卦楼工程浩大而被拖垮破产；后在沪组织鹤木公司，“赚了许多钱，在上海法租界买了许多大楼”②。林鹤寿是菽庄吟社的核心吟侣之一，并参与过碧山词社的组织筹创；民国七年(1918 年)，又在台北板桥别墅倡为寄鸿吟社。“工词翰，旖丽高华，涵情绵渺，有誉庠序间”③。廖一瑾尝论曰：“鹤寿之诗，隶事精切，遣词高迥，使人有婉约清新之感。是能兼古名家之长而自有机杼者。”④

吴钟善(1879－1935)，字元甫，号顽陀，又号荷华生，别署守砚庵

---

① 廖一瑾著：《台湾诗史》，台北：文史哲出版社，1999 年 3 月初版，第 320－322 页。

② 《林本源史话》。陈三井、许雪姬访问，杨明哲纪录：《林衡道先生访问纪录》，台北：中央研究院近代史研究所，1992 年 12 月版，第 35 页。

③ 《林公鹤寿传略》。王国璠编撰：《板桥林本源家传》，台北：林本源祭祀公业，1984 年 7 月版，第 159 页。

④ 廖一瑾著：《台湾诗史》，台北：文史哲出版社，1999 年 3 月初版，第 322 页。

主，福建晋江人。清光绪庚寅(1890年)恩科状元吴鲁之季子。光绪二十八年(1902年)中取壬寅恩科乡试副举人；光绪二十九年(1903年)入都参加癸卯经济特科考试，中取二等第五名，名气大振。宣统二年(1910年)，任广东石门州判，辛亥鼎革前夕辞官归里。民国四年(1915年)，其父之得意门生许世英为福建民政长，欲延之入幕，婉辞未就。民国七年(1918年)，应台北板桥富绅林鹤寿之聘，寄居东宁，前后三载，期间与林鹤寿等共为寄鸿吟社。民国九年(1920年)春，入厦门碧山词社；嗣与林鹤寿一同壮游，历览祖国名山大川，然后归返泉郡，杜门索居，以诗书画自娱。民国二十二年(1933年)，与苏大山、吴增、林骚、曾遒、苏镜潭、汪煌辉、洪锡畴、黄悟曾等共组温陵弢社。吴钟善文宗桐城，诗上溯鲍谢、下宗少陵，蔚然为闽南大家；书法篆刻亦工。著有《守砚庵诗稿》、《荷华生词》等，所录达1800余首(阕)。

陈蓁(？—？)，字髯僧，又字佑予，或作佑余、幼舆，福建晋江人。尝入菽庄吟社，并作有《菽庄主人四十寿诗》(1914年)、《菽庄主人银婚诗》(1916年)、《菽庄梦中得句唱和诗》(1921年)、《菽庄林先生暨德配云环夫人结婚三十年诗》(1921年)等。民国七年(1918年)前后渡台，入寄鸿吟社为社友。嗣后，寓居厦门。

吴普霖(？—1969)，字伯施，福建晋江人。为吴钟善长子。民国七年(1918年)十月渡台，入寄鸿吟社；后旅居菲律宾。亦工书善诗。

其余三子，苏镜潭已述如前，林柏寿详见本章第四节论述，惟龚亦癯生平履历未详，有待考证。

三、寄鸿吟社的创作活动特点及影响

寄鸿吟社的创作活动持续约近一年，期间“或再集于一辰；或分题于午夜；或联珠而叠唱；或属物而命篇。搜奇抉怪，程铢律黍。一字之窘，钵心刿目。一篇之出，吹毛索疵”；所作或“吊旧国之青山”，或“抚古春之红树”，悉为黍离之词、商徵之音，作品辑为《泛梗集》[①]。吴钟善所撰《泛梗集·序》云：“戊午(1918年)以后，寄居东宁者三载，主人林氏富而能文，贤而好客。撰辰卜胜，澡虑延欢，烛醉既酣，琴话方永。晓黛频入，吊旧国之青山；夕蟾娟来，抚古春之红树。人民未改，城郭已非，感慨系之矣。道同于内，而气相求；情发于中，而声成文。爰立吟社，命曰寄鸿，匪卜渐陆之吉，用贞苍冥之踪。夫其坐对天涯，兴怀之致一；境捐世染，尔汝之形忘。或再集于一辰；或分题于午夜；或联珠而迭唱；或属物而命篇。搜奇抉怪，程铢律黍。一字之窘，钵心刿目。一篇之出，吹毛索疵。金谷之罚罕逃；颔下之珠谁探。五音迭奏，韵于一堂。群山出云，蒸为一气。锲而不舍，春也再华。寻而，龚君亦癯征赴修文，化为异物。欢踪日坠，近局遂荒。嗟乎，赏心之事，遇于不期；造适之辰，恒苦其不久。若巨浸之纳百谷，其靳之也；若蓬莱之引回风，情随事迁，感从中出也。知为乐而乐已逝；方言愁而愁已来。索遄风于前林；征昔梦于既寤，不可及也，曷其云忘。幸诗草尚存，围已混乎朱墨。郊居多暇，勤理丛残。前尘宛其在目，蜕雪泥之一爪，遣此未能；享敝帚以千金，则吾岂敢。作者七人。龚君而外，则林兵爪鹤寿；季丞柏寿；陈髯僧蓁；苏菱槎镜潭；吴元甫钟善；及大儿伯施普霖也。”[②]

寄鸿吟社创立之时，日人占据台湾已达二十余年，经过长期的武力镇压，其在台湾的殖民统治渐于巩固；另一方面，由于日殖当局大肆推行民族同化教育，禁止台湾人民学习和使用母语，汉文化在台湾遭到严重摧残甚至濒于灭绝。然而，寄鸿诸子所作却“吊旧国之青山”、“抚古春之红树”，这自然不能被日殖当局所容忍，所以寄鸿吟社的解

---

① 王国璠所撰《林公鹤寿传略》记作“《寄鸿吟社诗稿》”。待考。

② 吴钟善撰:《泛梗集·序》。廖一瑾著:《台湾诗史》,台北:文史哲出版社,1999年3月初版,第321页。

散几乎成为一种必然。

寄鸿吟社解散不久，林柏寿与苏镜潭便同庄棣荫、黄乃州、蔡寿三、黄玉树、辜菽庐、张葫芦生、张京甫、蔡伯毅、林垂拱、龚已生等，在板桥别墅另组织有板桥吟会；又于民国十二年(1923 年)七月，与林景仁、林熊祥、庄棣荫、王贻瑄、连横、谢汝铨、魏清德、张汉、刘育英、罗秀惠、黄欣、黄赞钧、刘克明等，在台北组织有东海钟声社。可见，寄鸿吟社解散以后，其“不忘君国，痛念家山”的创作精神并没有因此而断绝。

第二节 碧山词社

碧山词社是一个专门研习词学艺术的文学社团。该社创立于“庚申花朝(1920 年 4 月 3 日)”，活动地点在蔋庄花园，主要成员则有林尔嘉、林鹤寿、施士洁、沈琇莹、吴钟善、江煦等。社名“碧山”，取自南宋浙江词人王沂孙之号，盖因其所著《碧山乐府》多“感时伤世之言，而出以缠绵忠爱”[①]，碧山词社中的众多词客与之感同身受，于心有戚戚焉。

一、关于碧山词社的创设者

蔋庄吟侣诗文作品中，关于碧山词社创设者的记述有所不同。施士洁认为，碧山词社系林尔嘉的堂弟林鹤寿所创，《后苏龛词草》有录《氐州第一·帆影》(二首)，其中第一首题后附注：“林兵爪碧山词社题”[②]。

沈琇莹、张祉、吴承烜、沈则沆等则认为，碧山词社系林尔嘉在“庚

① 陈廷焯著：《白雨斋词话》卷二，上海：上海古籍出版社，1984 年 5 月第 1 版，第 10 页。

② 施士洁撰：《氐州第一·帆影》(二首)之一。施士洁著：《后苏龛合集》，台北：台湾银行经济研究室，1965 年 11 月版，第 351 页。

申(1920 年)”所设。沈琇莹所作《菽庄林先生暨德配云环龚夫人结婚三十年诗》有述:“记曾丙辰(1916 年)颂银婚,倚声五福降中天。偻指一千八百日,韵事年年与细论。丁巳(1917 年)拓地鹭江曲,日课园丁植花木。骚坛唱和三千人,牡丹九锡加黄鞠。戊午(1918 年)渡海七鲲身,板桥无恙故里门。东游携取童男女,药探长生徐福邨。己未(1919年)归来扫三径,谈瀛从此轩名定。搜尽回文织锦才,针楼乞巧逢秋闰。庚申(1920 年)碧山结社时,花朝商略飒影词。摩崖字变灵飞体,四十四橘彩题笔。即今纪岁为辛酉(1921 年),重阳雅集称三九。观潮士女盛如云,抽毫进牍命枚叟。”[①]张祉所作同题诗作四首之四并注云:“姚家当日贺金婚(己未上海姚东木行婚礼同人均以诗贺),欧美遗风子细论。今日碧山(君家有碧山词社)播新咏,一般佳话到儿孙。”[②]吴承烜所作《辛酉(1921 年)重阳菽庄三九雅集》则记曰:“课应碧山曾歌帆影,词填白石且认襟痕;戏问碧纱笼谁留旧句,料知青玉案必索新诗。”[③]沈则沆所作《壬戌(1922 年)七月既望鹭江泛月赋并序》另谓:“鼓屿重阳,曾神往黄菊酒杯以外;氐州一曲,犹心随碧山帆影而遥。”[④]

碧山词社创设者究竟是谁,说到底属于林本源家族的内部事务,又岂是外人所能道清。不过,由于碧山词社的活动地点在菽庄花园,而且参与活动的主要成员除吴钟善一人外,悉为菽庄吟社的核心吟侣。因此,在笔者看来,不管碧山词社的创设者是林尔嘉还是其堂弟

---

① 沈琇莹撰:《菽庄林先生暨德配云环龚夫人结婚三十年诗》。林尔嘉辑:《菽庄林先生暨德配云环龚夫人结婚三十年帐词》(上券),“辛酉(1921 年)十二月”刊本,第 12—13 页。

② 张祉撰:《菽庄林先生暨德配云环龚夫人结婚三十年诗》(四首)之四。林尔嘉辑:《菽庄林先生暨德配云环龚夫人结婚三十年帐词》(下券),“辛酉(1921 年)十二月”刊本,第 23 页。

③ 吴承烜撰:《辛酉(1921 年)重阳菽庄三九雅集》。林尔嘉辑:《菽庄三九雅集诗录》,“壬戌(1922 年)端阳”刊本,第 13 页。

④ 沈则沆撰:《壬戌(1922 年)七月既望鹭江泛月赋并序》。林尔嘉辑:《壬戌七月既望鹭江泛月赋选》,“甲子(1924 年)端午”刊本,第 2 页。

林鹤寿，都可以把该社看作是菽庄吟社的一个分支社团。

二、碧山词社的主要成员及创作活动

从施士洁、沈琇莹等人的诗文作品看来，碧山词社的主要成员有林尔嘉、林鹤寿、施士洁、沈琇莹、吴钟善、江煦等。这些人在前面均已作过介绍，这里不复赘言。

碧山词社的创作活动，所知者有“庚申花朝（夏历一九二〇年二月十五日，即 1920 年 4 月 3 日）”社课雅集，所出课题为“氐州第一·帆影”。其中，施士洁创作有二阕。第二阕云：

何处凉云，吹度镜浦，横扫风尾笺幅？雾外摇帘，虹余挂练，烟树迷离漾目。斜日江头，黯半被、轻阴遮却。荡桨随鸥，欹樯舞燕，柳边低掠。

倒叠明漪新鸭绿，似千百、银蹄相逐。趁雨蒲张，招风叶展，误水帘纹复。莽惊涛无恙否？凌空去、将飞又落。点点萍踪，梦魂飘、连番舶趠。

该题随后被菽庄吟社选录，作为庚申（1920 年）对外“征诗”的题目。

是日，沈琇莹除了完成社课规定的创作任务外，另作有《蝶恋花·题花朝结社图》、《高阳台·春闺》、《扫花游·祭花神》等。兹录于下：

《蝶恋花·题花朝结社图》：

沈醉东风春不语，人在花前，蝶在花间舞。花外夕阳流水去，阿谁解唱黄金缕。

难得逋仙坛坫主，白鹭江头，词客如萍聚。料理碧山新乐府，天涯芳草销魂处。

《高阳台·春闺》：

鞋小裁罗，钗轻堕玉，新来觅觅寻寻。妬煞夭桃，为谁含笑墙阴。红亭一角分携处，悄无人、碧藓斜侵。梦醒时、莫打莺儿，莫恋鸳衾。

帘不怕东风恶，怕梨花细雨，滴碎琴心。宝鸭温香，昼长庭院深深。远山愁黛眉难画，有鸾笺、分付青禽。替殷勤、说与郎边，一刻千金。

《扫花游·祭花神》：

冷红世界，悟一(去)切(上)华鬘，化身如许。画中翠羽，便春来梦好，怎禁风雨。见说西湖，破碎前朝庙古。断肠否，记淡酒三杯，浇过黄土。

谁念花历误，尽故国飘零，众香无主。绮愁万缕，怕金铃也解，作伤心语。燕燕莺莺，懊恼残歌剩舞。费吟侣，诉衷情，替修箫谱。

碧山词社的社团活动并没有持续太久。该社创设当年暮春，林鹤寿即因八卦楼工程的债务问题远避香港，嗣后寓居上海并热衷经济，无暇顾及诗余词末；吴钟善也于当年远赴粤省，嗣与林鹤寿一同壮游，复归返泉郡，杜门索居，以诗书画自娱；施士洁则于民国十一年五月二十三日(1922年6月18日)病逝。此外，林尔嘉虽然对碧山词社有提倡之功，但是对于倚声一道则“素未研求”[①]。因此，碧山词社尽管拥有沈琇莹这样的词学大家，但其影响还是比较有限的。

---

① 林尔嘉撰：《寄傲山馆词稿·序》。沈琇莹著：《寄傲山馆词稿》，“庚辰(1940年)仲冬”刊本，第1页。

第三节 板桥吟会

板桥吟会为林尔嘉季弟林柏寿所创设,地点亦在台北板桥别墅。主要成员 10 余人,除林柏寿与林景仁叔侄外,尚有大陆渡台诗人苏镜潭、庄棣荫、黄乃州、蔡寿三、黄玉树、辜菽庐,以及台北稻江吟社诗友张葫芦生、张京甫、蔡伯毅、林垂拱、龚已生等。其中,台北稻江吟社诗友是以被邀身份参加的。从中可以看到,一方面,板桥吟会是以林柏寿、林景仁、苏镜潭、庄棣荫等菽庄吟社及寄鸿吟社成员为核心和主导的,是对二社的继承与发展;另一方面,与寄鸿吟社相比,板桥吟会开始吸收接纳台湾本地诗友参加活动,并且还面向全岛开展对外“征诗”,这又是对寄鸿吟社所作的一种拓展。

一、板桥吟会的创立及沿革

板桥吟会创立于寄鸿吟社解散后不久,约在民国九年(1920 年)初。该社由林尔嘉季弟林柏寿所设,地点在台北板桥别墅,来青阁是该会经常社课雅集的活动中心。该会创作活动大致可以分为前后两个时期:

前期从民国九年(1920 年)初至民国十三年(1924 年)九月。民国八年(1919 年)末,龚亦癯去世,林鹤寿、陈蓁、吴钟善与吴普霖内渡厦门,寄鸿吟社在无形中解散。惟林柏寿与苏镜潭二子尚留台北,稍后又有林景仁、庄棣荫、黄乃州、蔡寿三、黄玉树、辜菽庐等诗侣从大陆来台。骚人相聚,故技难忍,所以虽然日殖当局禁锢甚严,但他们私下的雅集酬唱却间而不断。附近稻江吟社诗友听闻其盛,也不时参与其中。直到民国十三年(1924 年)九月,林柏寿赴英伦深造,该会才中断活动数年。

后期从民国十七年(1928年)初至民国二十年(1931年)秋。民国十七年(1928年)初,林柏寿从海外学成归来,返台置业,闲暇之余,复集吟侣,重商韵事。民国二十年(1931年)秋,日本关东军蓄意制造了“九一八”事变,东亚战事重起,台岛风声鹤唳,林柏寿内渡厦门,板桥吟会遂归于沉寂。

二、板桥吟会的主要成员

板桥吟会共有成员10余人,除林柏寿与林景仁叔侄外,尚有大陆渡台诗人苏镜潭、庄棣荫、黄乃州、蔡寿三、黄玉树、辜菽庐,以及台北稻江吟社诗友张葫芦生、张京甫、蔡伯毅、林垂拱、龚已生等。

林柏寿(1896—1986),原名尔准,字季丞。林维源第四子,亦即林尔嘉季弟。清光绪二十一年十二月十二日(1896年1月26日)出生于厦门鼓浪屿。“神气凝远,骨相非凡。年十六,只身负笈东瀛。家人虞其少,颇不舍。曰:‘书生乐业,学问为上,何患风波险恶也’。老辈壮其言,饯之行。三年卒业,展墓至台。明春,复归左海,谒父执中通人硕士,请授诗古文辞。沈潜既久,剔抉益精,上下数千年,毋论其派别之流行,风气之变易,靡不瞭然于心矣。民国七年(1918年),复返故国,斥资二百万元,在大稻埕创立林本源柏记产业株式会社,兼营林本源制糖株式会社。十三年(1924年)九月,深造于英国伦敦大学,攻经济;十五年(1926年)八月,转法国巴黎大学,修法律,及学成,遍历欧洲诸国,考察金融贸易。年余,始经美利坚赋归。其时,台湾金融尚未能循正轨环行,融通机构多操于统制者之手,寻常商号仍难摆脱‘妈振馆’、‘汇兑馆’高利之盘剥。公远蹠高掌,倡设台湾工商银行,并将柏记产业株式会社,增资为二百七十万元。举凡家屋购建;买卖融资;农林拓殖,暨嘉惠社会民生事业之筹办,弥不悉力牵援。一时闾怿之声,罔有涯涘”[①]。台湾光复后，历任台湾水泥公司董事长、中华开发信托股份公司董事长、“中国国际商业银行”董事长、台湾电视公司董事长等职。1986年病逝于香港，享年九十有二。夫人陈氏，字琼枝，为同治甲戌（1874年）科进士、广东巡按使陈望曾之女，姿明才秀，唱和情深，有举案齐眉之乐。

林柏寿“为人笃实而工诗文，精鉴赏，所藏历朝文物甚夥，尝以尤为贵重者若干件，赠送国立故宫博物院公开展览，贵义轻财，人称其高洁”[②]。林柏寿在菽庄吟社历次诗钟活动中“迭次冠元”[③]，并担任过该社壬申（1932年）所征诗钟大唱“剑、潭，第一唱”的正取第一门词宗；民国七年（1918年），加入寄鸿吟社；民国九年（1920年）初，创设板桥吟会；民国十二年（1923年）七月，参加林景仁所组织之东海钟声社并任社长。惟所作随作随弃，少有存稿。尝辑有《中华古瓷图录》，另林宗慎为辑《林季丞鉴藏名家印谱》二卷、谭旦冏为辑《兰千山馆印谱》二卷、日本二玄社为辑《兰千山馆书画》二卷、王国璠为辑《林公柏寿诗钟存》28联。

苏镜潭与庄棣荫已详前述，其他成员均未详。

三、板桥吟会的主要创作活动及意义

有关板桥吟会创作活动的载录不多。所知者有：

民国十二年（1923年）六月，板桥吟会多次招邀苏镜潭、庄棣荫、黄乃州、蔡寿三、黄玉树、辜菽庐等大陆渡台诗人，以及张葫芦生、张京

---

① 王国璠编撰：《板桥林本源家传》，台北：林本源祭祀公业，1984年7月版，第45—46页。

② 许俊雅撰：《光复前台湾诗钟史话》，台北：《台湾师范大学国文学报》第十八期，1989年6月5日版，第252页。

③ 许南英撰：《菽庄钟社即事》（三首）之三。许南英著：《窥园留草》，台北：文海出版社，1974年12月版，第205页。

甫、蔡伯毅、林垂拱、龚已生等稻江吟社诗友，在来青阁酬唱聚作。其中，林景仁所作《季叔斋中小集示诸吟侣》云：

桑下无端三宿恋，菊前容易一秋过。
浮萍暂聚偶然尔，秉烛为欢能几何。
底事真灵寻绝境，即今安乐署行窝。
蒲团禅板中年业，与子同降十种魔。

民国十三年(1924年)一月八日，板桥吟会以"汲古书屋后人"的名义发起征诗活动。所征诗题有二：一为"赤崁楼"(七古)，禁用长短句；二为"论诗"(五古)，限置韵。各得诗四十余卷。"赤崁楼"(七古)所取前十名，依次为：连震东、阿尚、周思礼、左去非、王则修、亭亭、洞天仙侣、水如、诗兵与肖鹤。"论诗"(五古)所取前十名，依次为：ST生、王了庵、瑶英、诗奴、王则修、周思礼、古余、孟华、迈公与南丰逸客。其中，王则修与王了庵乃台湾诗坛名宿，连震东则为"台湾太史公"连横之哲嗣。本次征诗录取的作品分别发表于连横主编的《台湾诗荟》之第二、三号，在台湾诗坛产生一定影响。以连震东所作"赤嵌楼"(七古)第一名作品为例。该诗云：

炎风倒海海水立，鲸鱼跋浪瘦蛟泣。翩然独上赤嵌楼，万瓦鳞鳞眼底集。废堞残砖长绿苔，当年海岛霸图开。牛皮地借金城固，鹿耳潮高铁舰来。殖民拓地争侵略，揆一英风尚如昨。浩歌拔剑屠青虬，痛饮倾樽待黄鹤。黄鹤高飞秋月明，青虬怒吼春嘲生。刺桐红落楼头雪，东溟夜半鸣草鸡。草鸡本是奇男子，半壁残疆赖扶倚。王气江南望孝陵，雄图海上追徐市。舳舻十万乘潮来，潮头浩浩如奔雷。林茶井废红毛避，□秩门深黑鬼哀。经营缔造多辛苦，蛮荒化作中原土。可怜三世覆朱明，楼头又见降旗舞。清时海晏久无波，飞花落絮春婆娑。白沙墩畔闻樵笛，青草湖边发棹歌。三百年来几迁变，七鲲莽莽争传箭。忍噙红泪待桑田，弱水蓬山皆不见。绣闼雕甍俯太空，兴亡事业随秋风。夕阳倒照成金碧，惟见飞来蝙蝠红。

又 ST 生所作“论诗”(五古)第一名作品云：

论诗古今人，比比先四义。独有严沧浪，借禅以喻意。玲珑透彻中，终竟有文字。我老废吟哦，古诗但编次。亦爱今人诗，未敢轻拟议。规模不必同，气骨勉勿坠。诗为心之声，作者身世异。其言足动人，乃为诗之至。

此外，板桥吟会还曾于民国十七年(1928 年)秋，举办过一次菊花盛会，具体活动及创作情况未详。

如前所述，日人据台以来，汉文化在台湾日渐式微并濒于灭绝，然而板桥吟会大力倡导汉诗写作，主张“诗为心之声”、“气骨勉勿坠”，并且热情讴歌明末民族英雄郑成功的雄风霸业——“草鸡本是奇男子”，无情鞭挞日本殖民者的侵略行径——“殖民拓地争侵略”，批判矛头直接指向日本殖民当局及其民族同化教育政策，简直就如吹响了反抗日本殖民统治的战斗号角。因此，板桥吟会的创立有着重要的历史意义。

第四节 东海钟声社

东海钟声社为林尔嘉长子林景仁所创设，并由林尔嘉季弟林柏寿担任社长。主要成员 17 人，其中林熊祥系林尔嘉的堂侄，庄棣荫、苏镜潭与王贻瑄则为林尔嘉的表亲，其他如连横、林馨兰、谢汝铨、魏清德、张汉、刘育英等，虽然是台湾本岛诗人，但都曾参与过菽庄吟社的创作活动。此外，东海钟声社作为日人据台后台湾创立的第一个专门诗钟社团，其创作体例及活动程式又基本上沿袭了菽庄吟社的相关规制。因此，该社同样是菽庄吟社衍生的文学社团。

一、东海钟声社的创立及沿革

东海钟声社亦称钟社或台北钟社，创立于民国十二年(1923 年)七月，为菽庄主人林尔嘉长子林景仁在台北所创设，并由林尔嘉季弟林柏寿担任社长。该社创作活动至少持续到了民国十三年(1924 年)二月，即连横所主编之《台湾诗荟》创刊以后。

林景仁所撰《东海钟声·序》有记："诗钟之作，盖仿刻烛击钵之遗意。闻前辈言，谓滥觞自吾闽。殆骚人墨客，藉此道游戏，以温修书史，且安顿身心也。曩者余侍家君为菽庄吟社，尝与陈香雪、施耐公、许蕴白、沈傲樵诸老鏖战，累月不息。弱冠后，南遊印毒诸邦，风尘鞅掌，盖久不复唱渭城矣。癸亥(1923 年)七月，自金台归，乍入舴艋，萧然有渔钓旧想，而里闾相善者，殷勤携袖，邀作文字饮；于是闲日有诗钟会之聚，一笑相乐，不自知其衣焦不申，头尘不去也。俄而季叔将有远行，从香江回里治装；从弟文访亦至自沪上；瘿民、夷轩、菱槎诸君后先东渡。岁晏业闲，促席接膝，而钟声之盛，遂无虚日。按弦拭徽，量敌选对，雅音浏亮，迭互锋起。诸格悉备，计不下百数十题。余重加芟汰，分别门类，辑而藏之，曰此庄舄越声也。异时内渡，携示菽庄社侣，亦足识海外净土之缘。时连君剑花适有诗荟之刊，因以此稿付之，并略书各格体例于后，以备补白云尔。”①

二、东海钟声社的主要成员

东海钟声社的主要成员17人。分别是：台北的林柏寿、林景仁、林熊祥、刘育英与黄赞钧，新竹的张汉、魏清德与刘克明，漳化鹿港的庄嵩，台南的连横、罗秀惠、林馨兰、谢汝铨与黄欣，晋江的庄棣荫，泉州的苏镜潭，闽侯的王贻瑄。除林柏寿、林景仁、林熊祥、庄棣荫与苏镜潭五人已述如前外，其他成员简况如下：

王贻瑄（？—？），字怡轩，又署夷轩、忆仙、夷先，福建闽侯（今福州市）人。为菽庄主人林尔嘉的表兄。工诗善画。曾入厦门菽庄吟社为社友；又久寓台北，入东海钟声社为社友，与林柏寿、林景仁、林熊祥、连横等交往甚笃。著有《怡轩诗集》等。王贻瑄是闽地著名的诗钟作手，尝为撰《折枝传唱》一著，介绍闽地诗钟创作活动的基本类型和一般性特征，并选录闽地“折枝”作品30题173联，分六期刊载于连横主编的《台湾诗荟》，对日据中后期台湾钟手的创作及台湾诗钟的兴盛分别起到了指导和推动的作用。

连横（1878—1936），初名允斌，乳名神送，谱名重送，字天纵、武公，号慕陶、慕真、雅堂（亦署雅棠）、剑花等。台湾台南人，祖籍福建省漳州府龙溪县万松关马崎社二十七都（今龙海市步文镇长州村）。清光绪四年正月十六日（1878年2月17日）生；二十一年（1895年），内渡厦门避难，次年返台；二十三年（1897年），与陈渭川、李少青等重振台南浪吟诗社，旋入台澎日报（后改为台南新报）社；二十八年（1902年），内渡赴福州参加壬寅恩科乡试，嗣寓厦整理编校《福雅堂诗钞》，并于次年春末返台；三十一年（1905年），再次内渡厦门，协助侨领黄乃

① 林景仁撰：《东海钟声·序》。张作梅编订：《诗钟集粹六种》，台北：中华诗苑，1957年10月初版，第83页。

裳创办《福建日日新闻》；三十二年（1906 年）前后，与蔡国琳、赵仲麒、谢石秋等共创台南南社；三十三年（1907 年），入台中栎社；三十四年（1908 年），入台湾新闻社汉文部，以《台湾府志》之疏误，开始纂修《台湾通史》，历十年而成。民国元年（1912 年），回祖国大陆观光，先后游历南京、杭州等地；二年（1913 年），赴北京参选国会议员，后入新吉林报社工作；三年（1914 年）冬仍回台湾，潜心著述；十二年（1923 年）冬，入林景仁所组织之台北东海钟声社为社友；十三年（1924 年）二月，创办《台湾诗荟》月刊；二十五年（1936 年）六月，病逝于上海。著有《台湾通史》、《大陆诗草》、《宁南诗草》、《剑花室诗集》、《台湾诗乘》、《台湾语典》、《雅言》等。连横是台湾著名的历史学家、诗人，毕生致力于汉文化的保存与传播，并享有"台湾太史公"的盛誉；曾参与菽庄吟社乙卯（1915 年）所征"虞美人"（七排二十韵）并获奖，另作有《菽庄林先生暨德配云环夫人结婚三十年诗》（1921 年）等。陈逢源尝论曰："先生之诗悲壮不减元遗山，奇拔近于龚定庵，历来本省诗人中能与比美者，惟有南社胡南溟、台中栎社之林南强、台北板桥之林小眉四人。"①

刘育英（1858—？），字得三，台北板桥人。光绪六年（1880 年）进县学，食廪饩。日据后，执教于板桥公学校。民国十一年（1922 年），创设淡北吟社，并被推为社长。民国十二年（1923 年），入东海钟声社为社友。曾参与菽庄吟社己未（1919 年）所征"七夕四咏"（七绝）并获奖，另作有《菽庄林先生暨德配云环夫人结婚三十年诗》（1921 年）等。

林馨兰（1869—1923），字湘沅，又署湘远，号寿星、六四居士，台湾台南辜妇妈街人。清光绪间台南府学生员。清末曾入新竹竹梅吟社为社友。日据后入台南南社为社友；嗣后移砚稻江，为《台湾日日新

---

① 陈逢源撰：《论连雅堂先生之诗对我的影响》。台南市文献委员会编印：《台南文化》（新刊）第二卷第四期，台北：成文出版社，1983 年 3 月台一版，第 665 页。

报》记者。宣统元年(1909 年),与谢汝铨等共同倡设台北瀛社。民国四年(1915 年),与张汉、林述三、骆香林等共创研社,后改为星社。民国十一年(1922 年),与门人共创萃英吟社,并任社长;又与洪以南、谢汝铨、黄纯青、黄赞钧、陈其春、谢尊五、倪炳煌、林搏秋、林子桢等二十人,共设婆娑会;另曾参与菽庄吟社创作活动,并作有《菽庄林先生暨德配云环夫人结婚三十年诗》(1921 年)等。著有《湘沅吟草》等。林馨兰为人傲骨激越,愤世嫉俗,"文笔老苍,诗工近体,对律齐整,句多感慨"[①],为台湾诗界所推许。

谢汝铨(1871—1953),字雪渔,号奎府楼主人,又号奎府楼老人,台湾台南人。清同治十年(1871 年)生。前清秀才。沧桑后迁居台北,曾任《台湾日日新报》汉文栏记者。宣统元年(1909 年)与林馨兰等共同创设台北瀛社,并担任该社第二任社长。民国十二年(1923 年),担任萃英吟社第二任社长,同年入东海钟声社为社友;民国十三年(1924 年),任高山文社顾问;另曾参与菽庄吟社及亦小壶天吟社的创作活动,并作有《菽庄林先生暨德配云环夫人结婚三十年诗》(1921 年)等。著有《奎府楼诗草》、《诗海慈航》等。

魏清德(1887—1964),字润庵,台湾新竹人。清邑庠生。久寓台北。清末入新竹竹梅吟社为社友。日据后,任《台湾日日新报》汉文部编辑;先后加入台北瀛社、咏霓诗社、东海钟声社、婆娑会及新竹竹社为社友,并担任瀛社第三任社长、高山文社顾问等;另曾参与菽庄吟社创作活动,并作有《菽庄林先生暨德配云环夫人结婚三十年诗》(1921 年)、《菽庄林先生暨德配云环龚夫人五十寿诗》(1924 年)等。著有《满鲜纪游诗》、《润庵吟草》、《尺寸园诗集》等。

---

① 陈世庆撰:《星社》。台北市文献委员会编印:《台北文物》第四卷第四期,台北:成文出版社,1983 年 3 月台一版,第 1764 页。

张汉(1888—1941),字纯甫,号筑客、寄民、寄星、渔星,别署老钝,台湾新竹人。少受文教,沉潜经史,博览群书。尝入新竹竹社、台北瀛社为社友;民国四年(1915年),与林馨兰、黄水沛、吴梦周等共创研社,后改星社;民国十二年(1923年),入东海钟声社为社友;民国十三年(1924年),与星社同人创刊《台湾诗报》,宏扬汉学,不遗余力,同年入新竹青莲吟社为社友;民国十六年(1927年),在基隆创立松社;民国二十四年(1935年),在松山创立柏社;又曾参与菽庄吟社丙辰(1916年)所征"黄牡丹菊"(七律)并获奖。著有《守墨楼诗存》、《古陶渔村人四时闲话》等,"诗多伤时慨世之作,生平行谊尤多,充满热爱国家民族之情操"①。

罗秀惠(1865—1943),字蔚村,号蕉麓,又号花花世界生,台南大人庙街人。清同治四年(1865年)生。光绪间举人。乙未割台时,罗秀惠在京参加会试,偕汪春源、黄宗鼎、叶题雁、李清琦等,上书都察院,抵制《马关条约》,随后又参加由康有为发起的"公车上书"。日据后,任《台澎新报》、《台湾日日新报》等编辑,先后加入台南南社、台北东海钟声社等为社友。罗秀惠富于才情,诗工艳体,绮丽秀艳,不拘一格。

黄赞钧(1874—1952),字石衡,号立三居士,台湾台北大龙洞人。日据后,在公学校任教;嗣入台湾日日新报社,操觚二十余年;又入瀛社、东海钟声社等为社友。"雅善诗文,所作或叙诸方之变迁,或写民俗之风物,补史观风,可堪讽诵"②,著有《海鹤楼诗抄》等。

庄嵩(1880—1938),字伊若,号太岳,又号松陵,台湾彰化鹿港人。出身书香世家,父士哲为清之明经,叔士勋乃光绪己卯(1879年)科举

① 许俊雅撰:《光复前台湾诗钟史话》,台北:《台湾师范大学国文学报》第十八期,1989年6月5日版,第253页。

② 许俊雅撰:《光复前台湾诗钟史话》,台北:《台湾师范大学国文学报》第十八期,1989年6月5日版,第253页。

人。毕业于台中师范。尝设革新青年会及义塾各一，专授国学。光绪三十二年（1906 年），入台中栎社为社友，并参与编辑《栎社第一集》。民国六年（1917 年）重阳，与施家本、丁式周、郑玉田、陈怀澄、蔡世贤等创为大冶吟社，并任该社第二任社长。民国十二年（1923 年），入东海钟声社为社友。著有《太岳诗草》等。李渔叔尝论曰："大抵先生之诗，清健沉郁，风调类南宋人；怨悱之情，一一传诸篇什，初若无可遏抑，终则深制凝敛，如微风度箫，而忠愤耿耿，悉在耳目，使人低徊往复，挹之无尽。"①

刘克明（？ —？），字篁村，台湾台北人。终身从事教育；善画，私淑吴昌硕。光绪二十九年（1903 年），与黄纯青、王明等共创咏霓诗社；嗣入瀛社、东海钟声社等为社友。著有《篁村小稿》等。

黄欣（？ —1947），字茂笙，后改南鸣，号固园主人，台湾台南人，祖籍福建晋江。曾从胡殿鹏（南溟）习汉诗，先后担任台南市西区区长、台南州协议会会员、"总督府"评议会会员等；民国十七年（1928 年）创共励会，后改为共励义塾；民国二十五年（1936 年）三月，任台南南社第三任社长。

三、东海钟声社的主要活动及创作成就

东海钟声社是日人据台后台湾创立的第一个专门诗钟社团。该社"每逢星期及星期三五，相约小集，各作诗钟二三唱，分选甲乙"②；"该社钟会规矩甚严，短兵接战，不许携带参与书，连辞源亦禁在场查阅"③。从中可以看到，该社诗钟活动基本上沿袭了菽庄吟社的相关创

① 李渔叔撰：《太岳诗草·序》。庄嵩著：《太岳诗草》，台北：龙文出版社，1992 年 6 月重印初版，第 6—7 页。

② 连横主编：《台湾诗荟》第一号"骚坛纪事"，1924 年 2 月 15 日发行。

③ 赖子清撰：《古今台湾诗文社》（一）。台湾省文献委员会编印：《台湾文献》第一〇卷第三期，台北：成文出版社有限公司，1983 年 3 月台一版，第 2033 页。

作规制。

东海钟声社所作诗钟"诸格悉备，计不下百数十题"①，经林景仁重加芟汰，得68题254联，辑为《东海钟声》一册，分八期刊载于由民国十三年(1924年)二月创刊、连横主编的《台湾诗荟》。该社倡导"绮藻抽思"的性灵之作，作品多抒发亡国之痛、故园之思与抗日之志，艺术技巧非常高超，堪称诗钟极品。兹举数联于下：

《爱、清，鹤膝格》：

从编骈首清眉目，绮藻抽思爱性灵。(林柏寿)

《吟、粟，雁足格》：

残生永愧餐周粟，多病终伤托越吟。(庄　嵩)

《战、怀，雁足格》：

心常轳辘如宣战，事到艰难且放怀。(苏镜潭)

《走、台，笼纱格》：

腐迁太史称牛马，醉白仙人赋凤凰。(黄赞钧)

《颜、墨，晦明格》：

宋塔千金玄秘拓，颜筋三表武当书。(苏镜潭)

《山中春雪，流水格》：

山绕中条云不断，春归上苑雪初融。(魏清德)

《半夜中宫，双钩格》：

半世狂名嵇叔夜，中朝才士米南宫。(林柏寿)

《雄、带；五六，八叉格》：

六朝金粉消雄气，万劫江山带怒容。(苏镜潭)

① 林景仁撰：《东海钟声·序》。张作梅编订：《诗钟集粹六种》，台北：中华诗苑印行，1957年10月初版，第83页。

《青春作伴,碎锦格》:

红袖伴吟编乐府,青灯作史继春秋。(连　横)

《东林道士,碎锦格》:

东海士逃无道世,竹林人羡不羁才。(庄棣荫)

《鸟声非故国,碎锦格》:

宗国事非人有恨,故园春尽鸟无声。(谢汝铨)

《西湖忆旧,碎锦格》:

狂客鉴湖归贺老,旧人西域忆张骞。(罗秀惠)

四、东海钟声社对日据时期台湾诗坛的影响及意义

东海钟声社荟萃了日据时期台湾诗坛的重要名家,他们分别担任台湾本岛各大社团的社长、顾问、词宗等,经由他们的传播和进一步提倡,使得日据中后期台湾诗钟的创作风气日趋鼎盛,从而对保存和延续台湾汉文化起到了重要的作用。同时,该社诗钟活动盛况空前,创作的诗钟作品艺术水平十分高超,所作由林景仁辑为《东海钟声》一册,分八期刊载于连横主编的《台湾诗荟》,在日据时期的台湾诗坛产生很大反响。可以看到,从寄鸿吟社到板桥吟会,再到东海钟声社,菽庄吟社对日据下台湾本岛诗坛的影响也在不断扩大。

第五节　亦小壶天吟社

亦小壶天吟社创立于“己丑花朝(1949 年 3 月 14 日)”,为菽庄主人林尔嘉在稻江别业所设,是林尔嘉创立的第四个文学社团。社名“亦小壶天”,盖怀念鼓浪屿林氏府壶天园之意。林尔嘉所撰《读陈冰如五老吟感赋》(四首)之三有注:“鼓浪屿宅旁小园名壶天;庐山别业

名小壶天；稻江别业名亦小壶天，人因呼我为壶公。”[①]该社不仅为林尔嘉所创设，而且还照搬了菽庄吟社的创作活动模式，因而也是菽庄吟社的衍生社团。

一、亦小壶天吟社的创立及沿革

乙酉（1945 年）台湾光复，林尔嘉“旅沪辄思回台，未能立即成行”[②]，直到戊子（1948 年）六月始策杖返乡。林尔嘉回到故乡以后，诗心不改，旧业重操，并修葺稻江别业，名曰“亦小壶天”，作为雅集活动的专门场所。己丑花朝（1949 年 3 月 14 日），“亦小壶天”修葺竣工，林尔嘉乃集亲友十二人，仿北宋司马光与故老之游集，创为“真率会”，赋诗甚夥。这可视作亦小壶天吟社的正式创立。

亦小壶天吟社创立以来，先后开展有己丑（1949 年）花朝仿真率会、上巳静胜楼修禊、闰七八皓会、三展重阳，庚寅（1950 年）三展上巳、三展重阳，辛卯（1951 年）上巳修禊、消夏会等创作活动。直到辛卯十一月初八日（1951 年 12 月 6 日）林尔嘉病逝前夕，该社才渐于沉寂。

二、关于“壶天八皓”

亦小壶天吟社历次创作活动，少则三五人，多则二三十人。除“壶天八皓”——林尔嘉、林刚义、林鼎礼、林崇智、林履信、谢汝铨、黄纯青、王静波以外，林贤贺、林赐湖、李薇盟、陈冰如、沈骥等也参与其中。

“壶天八皓”是亦小壶天吟社的核心成员。林尔嘉己丑（1949 年）所作《亦小壶天八皓会·序》有记：“习俗于人之生日，其龄为九，其月

---

① 林尔嘉撰:《读陈冰如五老吟感赋》(四首)之三。林尔嘉撰，沈骥编校:《林菽庄先生诗稿》，台北:龙文出版社，1992 年 3 月重印初版，第 82 页。

② 林尔嘉撰:《乙未割台湾，挈眷归原籍龙溪，五十有余年矣。乙酉台湾收复，余旅沪辄思回台，未能立即成行，感赋四绝志之》。林尔嘉撰，沈骥编校:《林菽庄先生诗稿》，台北:龙文出版社，1992 年 3 月重印初版，第 65 页。

为闰；恒必深为致祝，以其难逢也。今岁七月值闰，二十三日，宽儿四十九岁生日，其兄义，礼，智，信四人俱已过知非之年，皆已抱孙，双鬓亦皆斑白，时同侍吾侧，进曰：六弟与七弟同庚同月生，六弟虽居厦岛，其生日已在圆山台湾大饭店开筵为祝；七弟同在台湾，更宜为之祝。乃并邀八十一叟静波，七十九叟雪渔，七十五叟纯青，集亦小壶天为置酒焉。因忆南史宋徐伯珍兄弟四人白头相对时，呼为四皓，盖云皓首也。今洪、谢、黄三老，皆享大年，合之余，添附商山之数。窃慕壶公之隐，爰以大小八皓称斯会，且写照赋诗纪之。”[①]其中，林尔嘉、林履信与谢汝铨已述如前，其余五皓简介如下：

林刚义(1894－?)，字眉生。林尔嘉次子。毕业于日本神户高等工业学校。其余未详。

林鼎礼(1896－1973)，字铭三。林尔嘉三子。清光绪二十一年十二月十一日(1896 年 1 月 25 日)出生于厦门鼓浪屿。“少怀大志，沉敏有器局，师事南安名儒吴桂生增，以茂异为长老所许可”。年十九，留学于英国剑桥大学经济系，毕业后受聘为厦门同文书院院长。越三年，上海中南银行成立，以金融专家被举为常务董事。妻孙慧英，为福建都督孙道仁之次女，“精通书史，克孝翁姑，里党称其贤德”[②]。

林崇智(1897－1996)，字肖庄。清光绪二十三年九月二十一日(1897 年 10 月 16 日)出生于厦门鼓浪屿，为林尔嘉四子。曾入日本皇家学习院学习，后毕业于东京帝国大学植物学系。民国十六年(1927 年)，任厦门慈勤女子中学校长。民国二十六年(1937 年)，避居上海。光复后返台，历任台湾省文献委员会副主委、南山工业职业学校董事

---

① 林尔嘉撰：《亦小壶天八皓会·序》。林尔嘉撰，沈骥编校：《林菽庄先生诗稿》，台北：龙文出版社，1992 年 3 月重印初版，第 75－76 页。

② 《林公鼎礼传略》。王国璠编撰：《板桥林本源家传》，台北：林本源祭祀公业，1984 年 7 月版，第 96－97 页。

长、林本源中华文化教育基金会董事长等职。著有《台湾省通志稿·土地志》之“生物篇”与“植物篇”，译有《植物学大观》、《细胞学总论》等。

黄纯青（1875—1956），又名炳南，晚年自号晴园老人。台湾台北人。日据期间，长期担任台北树林区区长；光复后，任台湾通志馆与台湾省文献委员会主任委员。曾于光绪二十九年（1903年）与刘克明、王明等共创咏霓诗社，嗣入台北瀛社为社友；日据末期倡设汉诗研究会；1946年端午与李翼中、丘念台二人共同发起“全国诗人大会”；1949年5月，与林熊祥共设薇阁吟社，同年秋与林熊祥、黄水沛、贺嗣章、雷一鸣、郭海鸣、陈世庆、吴梦周、黄得时等台湾省文献委员会同人共设心社。著有《晴园诗草》等。

王静波（1869—?），字求定。其余未详。

三、亦小壶天吟社的主要活动

亦小壶天吟社的创作活动，主要有：己丑（1949年）花朝仿真率会、上巳静胜楼修禊、闰七八皓会、三展重阳；庚寅（1950年）三展上巳、三展重阳；辛卯（1951年）上巳修禊、消夏会；等等。兹略举一二如下：

己丑上巳（1949年3月31日），林尔嘉集三五吟友及儿女侄辈孙曾等共24人，在稻江亦小壶天别业之静胜楼重修禊事。林尔嘉所作《己丑（1949年）上巳静胜楼修禊》并注云：

欣逢令节老犹狂，三十五年韵事长。
故里初归重结屋，崇山遥对共倾觞。（对观音山）
清江楼上好风月，佳客座中有谢王。（谢雪渔、王求定）
积习未除聊仿古，群贤少长快同堂。

己丑重阳(1949年10月30日),林尔嘉招邀林贤贺、林赐湖、李薇盟、陈冰如、沈骥,登草山(阳明山),会于介庐。是日,用《东坡九日戏曹卿》韵,大家各有所作。林尔嘉率成一绝以纪之。该诗并注云:

篱下黄花复艳红,儿孙群拥美髯翁。(亲友雅爱呼我为美髯公)

何来海内诸名宿,共醉吾家别业中。

庚寅上巳(1950年4月19日),林尔嘉集儿孙及三五至友,于亦小壶天赓修禊事。本思典衣沽酒,但恐违节约之条,乃命九孙女若玑画小兰亭图一帧,煮茗征吟,纪此佳节。林尔嘉成一绝以题之。诗云:

三十六年修禊事,菽庄旧话还追思。

今朝茗咏当觞咏,一例祓除尚有诗。

庚寅重阳(1950年10月19日),林尔嘉邀同三五吟友,作高会于阳明山之林樑(林尔嘉之孙)寓庐。林尔嘉作一律以纪之。诗云:

东篱有菊未开花,地老天荒物序差。

闻道盟邦传捷报,欣同契友驾轻车。

去年冒雨登临乐,今日喜晴笑语赊。

重节每逢唯把注,只谈风景莫思家。

辛卯(1951年)夏,林尔嘉重新修葺阳明山介庐小屋,额曰"养性居",并撰联云:"种菜栽花,聊当起舞;编篱补屋,可以安居。"是夏七月七日(8月9日),林尔嘉携宠姬兰谷,并招集吟友十八人,作消夏会于养性居。林尔嘉所作七绝二首云：

昨日银河雨洗车，今宵驾鹊乐何如！
约卿来乞山中巧，省识介庐养性居。

莫谈天上会牛郎，且看人间祝寿长。
何幸此清凉世界，骚人雅集共称觞。

第六节 薇阁诗社

薇阁诗社源于林尔嘉堂侄林熊征（字薇阁）兴办之“熊征学田”，由林熊征之弟林熊祥与学田副长黄纯青共同创设于1949年5月4日。之所以说该社是菽庄吟社的衍生社团，一则因为薇阁诗社的主要创立者之一林熊祥是菽庄主人林尔嘉的堂侄，他出生于厦门鼓浪屿新府，其成长过程深受林尔嘉的影响；二则因为林熊祥本身为菽庄吟社核心吟侣，曾经担任过该社壬申（1932年）所征诗钟大唱“剑、潭，第一唱”的正取第二门词宗；三则因为薇阁诗社最为主要的创作活动方式——“征诗”，即沿自菽庄吟社。

一、薇阁诗社的创立及沿革

薇阁诗社由林熊祥与黄纯青共同创设于1949年5月4日。赖子清所撰《古今台湾诗文社》有载：“板桥林本源家始祖林应寅，自乾隆四十三年（1778年），由漳州龙溪渡台，历五世而至熊征。氏字薇阁，甲午之役，年尚幼，随其父尔昌渡厦；日据后再回台，承先人之厚泽，富冠全台。生前兴办林本源制糖公司、华南银行等实业。光复后溘逝，遗命以其产业之一部，充作办理熊征学田、薇阁幼育院诸文化事业。薇阁诗社则由学田分立，台北黄纯青为学田副长。民国三十八年(1949 年)五月四日，因与熊征介弟文访，议结薇阁诗社，以林文访、陈逢源、赖子清、吴梦周、林啸鲲、黄得时为社员。该社事业，凡征诗、剑潭山雅集、全国诗人大会、编刊板桥诗苑别集诸务，皆由纯青及文访嘱赖子清为之；计向全台公开征诗为赤崁楼、守宫声、秋兴、岁暮吟诸题，且于三十八年(1949 年)九月三日陆军胜利佳辰，柬邀在北内外省诗家四十四名，雅集剑潭山，以'秋夜宴剑潭山'为题，分韵赋诗，得七律四十四首，席间唱和诗若干，刊于板桥诗苑别集，又曾主办三十九年(1950 年)庚寅端午节全国诗人大会，协办四十年(1951 年)辛卯全国诗人大会。"[①]

二、薇阁诗社的主要成员

薇阁诗社的主要社员有林熊祥、黄纯青、赖子清、陈逢源、黄得时、吴梦周、林啸鲲等，都是台湾诗坛的名望耆宿。黄纯青已述如前，其余成员简介如下：

林熊祥(1899－1973)，字文访，号宜斋，别署大屯山民。为林尔康次子，即林维让之孙；又为末代皇师陈宝琛的外甥兼女婿。清光绪二十五年七月初十日(1899 年 8 月 29 日)出生于厦门鼓浪屿。曾赴日本东京学习院高等科专修哲学，与日本天皇裕仁为同学；后回台主持台湾建兴株式会社、大有物产株式会社。民国八年(1919 年)前后，任北京图书馆助理研究员。民国十一年(1922 年)，任福州台湾公会会长。光复后，任台湾省文献委员会主任委员，主持《台湾省通志稿》的编纂工作。在文学活动方面，林熊祥曾担任菽庄吟社壬申(1932 年)所征诗钟大唱"剑、潭，第一唱"的正取第二门词宗，又先后加入台北东海钟声

① 赖子清撰：《古今台湾诗文社》(一)。台湾省文献委员会编印：《台湾文献》第一〇卷第三期，台北：成文出版社有限公司，1983 年 3 月台一版，第 2040 页。

社、瀛社、寄社、心社等为社友，并于1949年与黄纯青共同创立薇阁诗社。著作宏富，除《台湾省通志稿》“史略”、“哲学”两部分外，还有《书学原论》及杂稿数十种、诗百余首，另王国璠尝为编注《林文访先生诗文集》。

赖子清(1894—1988)，字鹤洲，台湾嘉义人。曾任《台湾日日新报》记者及编辑。民国四年(1915年)，与王殿沅、赖惠川、许藜堂、林缉熙等共同创设玉峰吟社；民国五年(1916年)，创设青年吟会；另曾入台北瀛社为社友。光复后，任台湾省文献委员会协纂，并入台北薇阁诗社、心社等为社友。著有《鹤洲诗话》、《古今台湾诗文社》等，编有《台湾诗醇》、《台湾诗海》、《台湾诗珠》等。

陈逢源(1893—1982)，字南都，一字芳园，台湾台南人，祖籍福建南安。幼从台南耆儒王钟山习汉文；嗣毕业于台北“台湾总督府”国语学校。曾入台南南社为社友，又于民国四年(1915年)与洪坤益、王芷香、吴子宏、赵剑泉等共组春莺吟社；民国十一年(1922年)赴大陆各地游历，返台后与林献堂、王敏川、林呈禄、蔡惠如、林资修、蒋渭水、蔡培火等共组台湾文化协会；民国十八年(1929年)，与吴三连、林呈禄等共同创办《台湾新民报》；又尝与菽庄吟侣张我军等共同提倡新文学，并于1932年1月17日和2月1日在《南音》第一卷第2、3期发表《对于台湾旧诗坛投下一巨大炸弹》一文，成为台湾新文学运动的重要文献之一。光复后，与于右任、贾景德、王开运、林熊祥、吴梦周等共组“台湾诗坛”，并入台北薇阁诗社、心社等为社友。著有《溪山烟雨楼诗存》等。

黄得时(1909—1999)，台湾台北人。民国二十二年(1933年)，与郭秋生等共组台湾文艺协会，并创刊《先发部队》与《第一线》；二十六年(1937年)，任《台湾新民报》中文版副刊主编；二十九年(1940年)，任《文艺台湾》编委；三十年(1941年)，与张文环等共组启文社，并创办

《台湾文学》杂志。光复后，历任《台湾新生报》编辑主任、董事，《国民日报》董事，台湾省文献委员会及台北市文献委员会委员。另曾入台北瀛社、薇阁诗社、心社等为社友，并担任过台北瀛社副社长。著有《黄得时诗选》、《台湾文学史》、《一百年来日本汉学研究》等。

吴梦周（? —?）。台北耆儒赵元安的弟子。尝入剑楼吟会为吟侣；民国四年（1915 年），与林馨兰、张汉、黄水沛等共创研社，后改星社；光复后，先后加入台北薇阁诗社、心社、春人诗社等为社友。

林啸鲲（? —?），台湾台南人。民国三十二年（1943 年），担任“新台湾社”主编，刊行《“新台湾”书报》。光复后，入台北薇阁诗社等为社友。

三、薇阁诗社的主要活动

薇阁诗社在光复后的台湾本岛诗坛具有一定影响力。该社先后四次向全台公开“征诗”，所征诗题分别为“赤崁楼”、“守宫声”、“秋兴”与“岁暮吟”。1949 年 9 月 3 日，该社又柬邀在台北的内外省诗家 44 名，雅集剑潭山，以“秋夜宴剑潭山”为题，分韵赋诗，计得七律 44 首，刊载于《板桥诗苑别集》。此外，该社还主办过庚寅（1950 年）端午节“全国诗人大会”，协办过辛卯（1951 年）端午节“全国诗人大会”等。

第八章

菽庄吟社与同时期其它社团的交流往来

菽庄吟社与同时期其它文学社团的交流往来也十分频繁。这种交流往来,可以从两个方面进行考察:一方面,晚清民国期间各地社团纷纷参与到菽庄吟社的创作活动中来,这已在第二章作过简要论述;另一方面,菽庄吟社的众多吟侣也积极参与到各地社团的创作活动中去,或者另行组建文学社团,但仍然与菽庄吟社保持密切联系。本章着重对第二方面作出探讨。

需要特别指出,以往一般都认为,日人据台以后海峡两岸的文化交流便从此断绝。但从日据时期台湾本岛诗坛众多诗友参与菽庄吟社创作活动,以及菽庄吟社众多吟侣参与台湾本岛诗坛创作活动等情形来看,日据台湾时期尽管日本殖民当局设置重重障碍,企图隔断两岸人民的血脉联系,但依然阻绝不了两岸诗人同声相应、同气相求的渴望,其中许南英、施景琛、沈琇莹、苏大山、连横、张我军等都曾蹈海以求。

第一节　与闽地社团的交流往来

由于天时、地利、人和等诸多方面的原因,菽庄吟社与闽地社团的交流往来最为频繁。事实上,民国期间福建的文学社团,许多都是在菽庄吟社的直接影响下创建起来的;个别社团,如厦门的海天吟社、莲社、鹭江吟社、未社、星社、虎溪吟社,泉州的温陵弢社等,甚至可以当作菽庄吟社衍生的文学社团来看待。

一、厦门海天吟社等及与菽庄吟社之关系

如前所述,从宋初到清末的近千年间,厦门地区(包括金门)总共出过26位进士、92位举人,但却没有一个见诸记载的文学社团。只是到了乙未割台以后,由于台湾文士的大量流寓,才使得厦门地区人文骤兴,先后产生"怡园聚咏"、"浪屿诗坛"、菽庄吟社、碧山词社等多个由台湾流寓文士创设的文学社团。在这些社团的影响下,厦门地区又陆续涌现出海天吟社、梅社、莲社、鹭江吟社、未社、声社、东社、星社、虎溪吟社、筼筜吟社等众多由本地诗人创设的文学社团,从而形成了民国期间厦门地区社团纷立的鼎盛局面。民国期间厦门本地诗人创设的文学社团有这么一个基本特点:创设者或主持人及主要成员大都曾经加入菽庄吟社为社侣,后来则兼有两个乃至多个社团成员的身份。

(一)海天吟社

海天吟社由施士洁的门生、海天楼主人钱丕谟(字文显)创设于"丁巳(1917年)夏",本来聘请厦门当地宿儒、丁酉(1897年)科举人周殿薰"主其事",周殿薰以"于诗未尝学问"自谦,转而爰介菽庄吟社社中"祭酒"、台南进士施士洁充任"盟主"[①]。周殿薰"癸亥(1923年)季秋"所撰《厦门海天吟社诗存·序》有记:"岁丁巳(1917年),钱子文显集同志友于其楼为诗社,即以楼名之曰'海天吟社',请予主其事。予于诗未尝学问,偶有所作,亦以文为诗耳,何敢当。爰介绍于云航施先生,以施先生善为启发,而诸诗友兴高采烈。予左右其间,亦日获其

---

① 施士洁所作《墨史叠韵索和》有"骚坛我已惭盟主,吟伴君堪托蹇修"一句。施士洁著:《后苏龛合集》,台北:台湾银行经济研究室,1965年11月版,第278页。

益,而不谓施先生之遽归道山也。两年之间,社中得诗共五百首,多施先生命题而复为之点定其辞句者也。钱子诸人讽吟旧作,怀念前型,不忍自没其诗以没先生之教,录得百首,名曰'诗存',将付印刷,请序于予。夫风雅沈沦,后起之英欲歌咏性情,苦无门径,而老师宿儒复日伤零落,斯则斯文之一大阨也。是诗之存,谓为存吟社诸友之诗,也可谓为存施先生之诗教也。可愿诸友寻绎旧绪,益自致力以各成一家言。施先生虽没,有施先生之老友在,当亦为之快慰也。"①

海天吟社共有社侣 14 人,分别是施士洁、钱丕谟、李时熙、徐思防、柯征庸、陈杰、陈桂琛、洪炁生、许梓溪、许廷慈、徐铭庆、陈桂锟、陈乾、陈桂珸,周殿薰、黄瀚、余焕章、杨振衡等亦时常唱和其间。其中,施士洁、周殿薰、黄瀚、余焕章、柯征庸与陈桂琛悉为菽庄吟社的核心吟侣。该社每周一集,月凡四课,由施士洁出题并评点,所作社课题目有《久雨书怀》、《久雨初晴》、《雨后闻蝉》、《花影》、《女伶》、《鸠妇》、《蒲葵扇》、《斗蟋蟀》、《花醉春》、《泥美人》、《闰巧节》、《自由车》、《寿文显二十四》、《海天吟社雅集》、《商山四皓》、《淮阴侯传书后》、《卫青》、《霍去病》、《吊郑延平王故垒》、《日本刀歌》等。其中,《淮阴侯传书后》、《卫青》、《霍去病》、《吊郑延平王故垒》诸题皆藉咏史以述怀,而《日本刀歌》则直接指斥日本帝国主义的侵略行径,并且告诫他们"莫恃凶锋轻黩武",所作尤有深意。

海天吟社前后持续十个月,计出社课 40 题,所得诗作 500 余首;嗣因闽粤军阀交战,风鹤告警,社团活动于是中辍。该社所作经同人略加甄选,由钱丕谟辑为《海天吟社诗存》与《海天吟社唱和诗》各一卷,于"癸亥(1923 年)季秋"在厦门刊行。钱丕谟"壬戌(1922 年)秋八

① 周殿薰撰:《海天吟社诗存·序》。钱丕谟辑:《海天吟社诗存》,"癸亥(1923 年)季秋"刊本,第 1 页。

月”所作《海天吟社诗存·跋》有记:“丁巳(1917年)夏,谟与前辈及同学诸君子结社学诗,得施师耐公主讲其中,每周一集,月凡四课,先后阅十月,得课四十。未几,闽粤事起,风鹤告警,吟朋星散,因是中辍,同人每以未得赓续为憾。今岁夏,施师耐公遽尔仙逝,噩耗传来,同深哀悼。时翻旧稿,点窜犹新,手泽所存,何敢弃置。爰谋之同人略为选择,刊诸梨枣,题曰《海天吟社诗存》,计古近体诗都若干首,聊以表师泽之不忘,非敢以其诗之可存而存之也。至于佳夕良辰,周墨史、黄雁汀两夫子,及余雨农、杨钝坚诸先生亦时常聚会,兹并将唱和诗附之于此,聊以志一时师友之盛云尔。”①

(二)梅社

梅社由陈梅陔创立于民国八年(1919年),社址设在厦门典宝街镒成号楼上,成员有孙渔隐、李实秋、黄静仙、高尚志等。其中,孙渔隐曾为菽庄吟侣。未几,又有梅社乙组之设,社员有陈维垣、洪孝怡、陈作舟、陈逢春、陈材骐、陈国器、王慕韩、徐狱、张济川、陈辅、陈鼎川、纪镜潭、郑连仙、纪瑞金、苏清岁等十余名,并辑有《鹭江乙组梅社吟草》十册。

(三)莲社

莲社由柯荣试创设于民国九年(1920年)前后,社员有李轩甫、陈佩真、苏警予、谢云声、柯伯耀等。其中,柯荣试、苏警予与谢云声悉为菽庄吟社的核心吟侣。

(四)鹭江吟社

鹭江吟社由周殿薰创设于民国十年(1921年),社址设在厦门图书

① 钱丕谟撰:《海天吟社诗存·跋》。钱丕谟辑:《海天吟社诗存》,“癸亥(1923年)季秋”刊本,第28页。

馆。“菽庄吟侣多半加入”[①]，所知者有李禧、柯征庸、余焕章、黄瀚、汪煌辉、杨鉴、吴浚源与曾谢恩；其他成员尚有唐绩庭、蔡维中、吕懒禅、林崖声、钱定国、传开三、张时觉、吴古干、叶国庆、陈沙、郑江涛、苏霁峰、黄天爵、翁士薰等。

（五）东社

东社创立于民国十三年(1924年)。“东社者，乃由海天吟社、梅社、莲社、鹭江吟社诸社员混合而成也。此外，如惠安之陈绍宗、蔡瑞书、张炳垣、张子敬、谢瑞庭，龙溪之郑江涛、徐宗文、林小庸，闽之欧阳楫园等，均先后参与其盛。当时几达百人。外而与大江南北各诗社联络，内而得海澄苏眇公[②]之助，以《江声报》副刊作为东社特刊。”[③]

（六）声社

声社约创立于民国十三年(1924年)，由厦门海军联欢社、法院、道尹、公署各名流所组织，鹭江吟社的部分吟侣加入其中。所知成员有林熊祥、陈赞唐、吴棠、陈寿桀等，其中林熊祥系菽庄吟社核心吟侣。

（七）星社

星社创立于民国二十三年(1934年)，由胡巽倡设于其律师事务所。成员有李禧、欧阳桢、贺仲禹、陈桂琛、卢文启、杨昌国、萧幼山、施

---

① 厦门图书馆编：《厦门轶事》，厦门：厦门大学出版社，2004年12月第1版，第270页。

② 苏眇公(1888－1943)，原名维祯，又名郁文，号监亭，福建海澄(今龙海市)人。光绪三十一年(1905年)，就读福建优级师范学堂；翌年，因倡导革命被迫逃亡日本，期间加入中国同盟会。曾参与领导和组织福州、厦门、漳州等地的光复活动，被誉为辛亥革命志士。民国六年(1917年)起，活跃于新闻界，先后任印尼爪哇《公报》、福州《群报》、厦门《江声报》与《闽南报》等编辑，并赴上海创办《昌言报》。为孙中山先生舆论宣传方面的得力干将，多次被捕入狱，其左目因在狱中遭受酷刑致瞎，故又自号“眇公”。民国三十二年(1943年)病逝。遗有《眇公遗诗》。

③ 《厦门杂记》。厦门市图书馆编：《厦门轶事》，厦门：厦门大学出版社，2004年12月第1版，第38页。

随、郑丰稔、钱碧海、吴尚、陈畿、王天士等。其中，胡巽、李禧、欧阳桢、贺仲禹、陈桂琛、卢文启、杨昌国、萧幼山、施随、郑丰稔与钱碧海悉为菽庄吟侣。该社“分韵推敲，逢星必聚，名句落尘，争相欣赏”[①]。

（八）虎溪吟社

虎溪吟社后于星社数月成立，星社吟侣“加入者八人”[②]，其他尚有谢云声、苏警予（甦）、曾冷香（玉林）、林素兰（子白）、杨文昭等。可见，该社成员也以菽庄吟侣为主。

（九）筼筜吟社

筼筜吟社成立于1946年12月15日，由时任厦门市市长黄天爵和国民党厦门市党部书记长黄谦若发起，设址于厦门中山公园管理处。所知成员有李禧、洪鸿儒、柯征庸、虞愚、曾沧浪、吴春熙、陈醒民、赵复纾、高梦熊、陈隘清、王谷青、叶国庆、曾一平、张国辉、翁吉人、梁泽辅、陈雨涛、刘铁庵、杨绍丞、陈菊痴、陈秋影、施可思、施耀奇、施耀亭、方骏、曾逸萍、何思衡、秦达泉等。其中，李禧、洪鸿儒、柯征庸、虞愚等悉为菽庄吟侣。

筼筜吟社每月举行集会一次，由社员轮流召集；集会时交流诗作，以诵吟为乐，并确定下次集会诗题、交卷时间、召集人等。该社曾于1948年初，向社会各界征求诗钟大唱——“晓、春，一唱”，所得作品数百联，由谢隽人、李禧二人分别担任左右词宗，评选出前50名作品进行奖励。该社另作有“冬青”、“消寒”、“买书”、“琵琶洲”、“水操台”、“相思树”、“邵晓夫”、“荷庵听雨”、“筼筜渔火”、“晓春桥观渔”、“秋扇菩提纱”、“筼筜吟社周年”、“吊厦门抗战烈士”等课题。

---

① 厦门图书馆编：《厦门轶事》，厦门：厦门大学出版社，2004年12月第1版，第244—245页。

② 厦门图书馆编：《厦门轶事》，厦门：厦门大学出版社，2004年12月第1版，第271页。

此外,菽庄吟社核心吟侣卢文启"于龙山学校,创兴文学社,亦极一时之盛"[①];菽庄吟侣黄悟曾、胡巽、李删痴(唐)等,曾在厦门组织有未社;等等。这些社团都曾经受到过菽庄吟社的影响,并且与菽庄吟社保持着密切的联系。

二、泉州温陵弢社及与菽庄吟社之关系

唐朝以来泉州地区虽然即代有社团兴起,但是自从清咸丰、同治年间,陈棨仁、龚显曾与黄梧阳在泉州城西创为桐阴吟社(1859—1871)以后,该地社团活动歇绝达七十余载,直到民国二十二年(1933年)九月才重新出现温陵弢社。苏大山所撰《温陵弢社初稿(乙亥)·序》有记:"山洪落后,井里秋萧,白云堆空,郁而成热,扇已藏笥,襟披不凉,同社振仲老友翻然而入,以春夏社作排印既竣,出以示山,一披览间,清风泠泠,翦卷而出,顿觉积愠为涤。夫吾泉自欧阳四门以来,以诗鸣于世者,家有其集,而以诗社著称则前朝中叶有陈鸥诸人,明季鼎革之后有阮文锡诸人,乾隆之间有陈一策诸人,然其诗均未见,其人亦不尽可考,清源诗会所传之作亦仅畴生一人而已。惟桐阴吟社有甲乙二编之刻,时主其事者为黄陔南、陈铁香、龚咏樵前辈,距今复七十余年矣。吾社始于癸酉(1933年)九月,岁已两周,候虫时鸟,各鸣其天,万不敢以瓦缶之鸣,希声钟吕,第既有所作,不忍弃捐,录付手民,以代传抄之劳,而索居之余,一编在手,如相见于酒温茶熟,拈韵斗句间也。山顾有憾焉者,忆四月饯春小集,予有'汐社偕来人老健,骚坛相见岁平安'之句,曾几何时元甫既殁,菊尊继殒,远道投诗者,禹门、少椿亦先后逝,昔逸少达者,尚惓惓于兰亭之会,录其诗、书其人,盖亦缘于情之不能自已。矧吾辈乎,自兹以往,赓续社事,爱惜景光,当此

① 黄泽父著:《厦门杂记》。厦门图书馆编:《厦门轶事》,厦门:厦门大学出版社,2004年12月第1版,第38页。

秋高气爽，篱菊花开，相与遥吟，俯倡于清紫葵罗之下，张我一军，是亦一快事也。世有同好者乎？倘闻声而起，则吾道为不孤矣，因缀数语，以弁简端。”①

温陵弢社的主要成员有苏大山（荪浦）、宋应祥（云五）、林骚（半郙）、吴增（桂生）、吴钟善（元甫）、曾遒（振仲）、王冠群（笠峰）、汪煌辉（蔚霞、玮瑕）、洪锡畴（禹郙、禹川）、苏镜潭（菱槎）、黄悟曾（莪生）、李钰（幼岩）、杨家栋（柏香）、杜唐（印陶）、张鼎（冷香）、张大藩（汝垣）、黄玉成（礼贞）、吴国藻（菊尊）、颜勤（补庄）、郑廷雨（雪亭）、程梦龙（禹门）、陈稹（真巘）、陈天球（韵珂）、欧阳桢（少椿）、胡巽（迍默）、施随（子怿）、杨昌国（宜侯）等。该社“诗会每星期一次，由各社员承值，周而复始。首会在宋云五书斋，公拟诗题曰‘龙角石’，其后集会作东道，多在各自书斋。如醒我‘半村风雨之庐’、桂生“养和精舍”、菊尊‘思子楼’、荪浦‘红兰馆’、菱槎‘迟香楼’、蔚霞‘莲花吟馆’、柏香‘定香精舍’、元甫‘棣华楼’、禹川‘寿萱楼’、振仲‘清远堂’。或趁春秋佳日，驾言出游，寻幽揽胜，即景赋诗”②；直到解放前夕，该社创作活动才逐渐归于沉寂。所作曾结集为《弢社初稿》（石印本）、《温陵弢社初稿（乙亥）》（铅印本）、《温陵弢社》（洪锡畴手抄本）、《温陵弢社九日山两游诗草》（石印本）、《温陵弢社双江泛月诗草》（石印本）等。

温陵弢社与菽庄吟社的关系极其密切。首先，温陵弢社是由菽庄吟社核心吟侣苏大山最先发起倡设的，“苏长于诗，曾客鹭岛林菽庄家，为掌菽庄吟社事务。晚年归来乡里，即与宋（应祥）、林（骚）诸人筹

① 苏大山撰：《温陵弢社初稿（乙亥）·序》。曾遒辑：《温陵弢社初稿（乙亥）》，乙亥（1935 年）泉州同文斋刊本，第 1 页。

② 詹掇裕撰：《温陵弢社》。政协福建省泉州市委员会文史资料研究委员会编：《泉州文史资料》第十三辑，1982 年 12 月版，第 102 页。

商结社事。事成,取名弢社,弢有'养晦'的意思"[①]。其次,温陵弢社主要成员中,苏大山、林骚、吴增、曾遒、王冠群、汪煌辉、洪锡畴、苏镜潭、黄悟曾、李钰、杨家栋、杜唐、张大藩、黄玉成、欧阳桢、胡巽、施随、杨昌国等都曾为菽庄吟侣,苏大山、吴增、苏镜潭、欧阳桢、杨昌国等还是菽庄吟社的核心吟侣,吴钟善则为菽庄吟社衍生社团——寄鸿吟社与碧山词社的成员。第三,温陵弢社创立以来,与菽庄吟社的联系极为热络。以温陵弢社"乙亥(1935 年)重阳"登九日山活动为例,苏大山曾向李禧索和,李禧所作《弢社吟侣登九日山苏荪浦兄索句》云:"溪山何地不飞埃,九日峰高落木哀。吾辈九尊无置处,人间鸡犬可憎才。过江此日来名士,绝顶当年胜钓台。欲继杨侯题石壁,白云井畔剔苍苔。"[②]又如菽庄吟社"甲戌(1934 年)上巳修禊",温陵弢社同人大都参与其盛,吴国藩所作《菽庄主人六十寿诗》有记:"我泉弢社诸同人,年当甲戌日上巳。苍颜白发颓乎中,浅唱低吟列其次。"[③]

三、莆田壶社及与菽庄吟社之关系

民国期间,莆仙地区影响最大的文学社团是壶社。壶社创立于"辛酉(1921 年)、壬戌(1922 年)之交",由林翰(字西园)、陈元璋(字翼才)、张琴(字治如)等当地人士共同倡设,"旋因地方多故,社事中辍";民国二十二年(1933 年)春,陈元璋招集旧友,重启社事。该社成员尚有关佛心、陈朗如、陈又铭、林东村、林锐之、萧濬颐(字敦甫)、游定远(字介园)、郑少白、林树源(字远堂)、吴台(字星夫)、郑栋臣、陈韵玱、

---

① 詹掇裕撰:《温陵弢社》。政协福建省泉州市委员会文史资料研究委员会编:《泉州文史资料》第十三辑,1982 年 12 月版,第 101 页。

② 李禧撰:《弢社吟侣登九日山苏荪浦兄索句》。李禧著:《梦梅花馆诗钞·鹿呦集》,"壬寅(1962 年)孟秋"厦门刊本,第 16 页。

③ 李禧撰:《菽庄主人六十寿诗》。沈琇莹题签:《菽庄主人六十寿言》,厦门永明印刷社承印,刊行时间未详,第 6—7 页。

宋湖民、林景滢（字剑华）与林蒲民，另有田谷士、黄仲良、林君汉、蒲阳散人、宋萱怀、陈晴山、罗翰（汉）波、陈明如、宋幼石、郑铭安、温起凡、郑庶咸、陈少朗、萧叔宣、郑慰农、陈慰民、宋子平、郑翼六、宋启人、叶宣陔、刘韵石、李稺纯、黄统甫、郑竹岩、林梅如、宋棋石、傅蒲、陈蔼庭等亦参与其盛。从该社所刊《壶社诗钞》、《壶社诗刊》等作品结集来看，张琴在社中占据了实际主盟人的重要地位。

壶社主要采用社课雅集的创作活动方式，由社团成员"排月值课"。该社前期所作"得诗三百余章"，惜诗稿散佚无存；后期"得诗二百余章，彙为一集，以聚珍铅字印行"[①]，颜曰《壶社诗钞》。该社所出社课题目有"和陈翼才碧藏楼招饮"、"上巳日寄赏园修禊"、"和合仙花"、"东山赏雨"、"题吴将军英画像"、"送吴星夫社兄之南京"、"雷山即景"、"登城四首"、"访刘后村故居"、"次陈翼才社兄留别韵"、"秋吟四首（秋痕、秋香、秋色、秋声）"、"碧藏楼观唐光化琴"等。此外，壶社曾于民国二十二年（1933 年）以"小西湖春柳"（七律限江韵）为题对外征诗，"得诗百余首"；该次征诗共设八门词宗，由萧叔宣、郑翼六、黄仲良、罗汉波、张琴、吴台、林景滢、陈元璋分别担任，对所得诗稿评定甲乙；张琴又"择其入选者，录为一卷"[②]，颜曰《壶社诗刊》。

壶社也与莪庄吟社有着密切关联。首先，壶社成员张琴、林树源、宋启人等都曾为莪庄吟侣。张琴（1876—1952），字治如，号石匏老人，福建莆田人。清光绪甲辰（1904 年）恩科进士，授翰林院编修；民国二年（1913 年）当选为国会众议院议员，时袁世凯阴谋复辟帝制，他和友人创办《亚东新闻》，发表"反袁"文章，后编为《张琴反袁社论选辑》。

---

① 张琴撰：《壶社诗钞·序》。陈元璋辑：《壶社诗钞》，"民国二十二年（1933 年）十月"壶社刊本，第 1 页。

② 张琴撰：《壶社诗刊·叙》。张琴辑：《壶社诗刊》，"癸酉（1933 年）春莫"刊本，第 1 页。

诗、书、画皆工,著有《桐云轩声画集》、《桐云轩读〈尔雅〉》、《六书考源》、《南山志》、《莆田县新志稿》等。张琴素与菽庄吟社发起人之一林辂存相善,经其绍介,又与菽庄主人林尔嘉过从甚密,并经常参加菽庄吟社的创作活动;民国十二年(1923年),张琴接受曹锟贿赂,成为"猪仔议员",从此声名一落千丈,并被林尔嘉等菽庄吟侣所疏远。其次,壶社所采用的"社课雅集"与"对外征诗"这两种创作活动方式,也是从菽庄吟社借鉴过来的。

四、菽庄"三老"与民国初年的漳州诗坛

民国以前,漳州地区少有文学社团闻见。宣统三年(1911年),武昌事起,一月之间,闽粤响应,孙道仁被推为福建都督,随后张元奇出任福建民政长。孙道仁系抗法名将、福建陆路提督孙开华之子,曾参加中法战争,以军功得台湾巡抚刘铭传的赏识,保加四品衔并委前敌营务,由是与台湾诸公相周旋。张元奇乃光绪丙戌(1886年)科进士,曾于光绪十九年(1893年)前后渡台,入时任台湾布政使唐景崧幕府,并参与其在使署所组织之牡丹诗社的吟咏聚作。辛亥鼎革,百废待举,正是用人之秋,而乙未内渡大陆的台湾文士如施士洁、许南英、汪春源等,都是才识超拔之士,并且与张元奇、孙道仁两人均交谊深厚,所以自然被列入人事任用的考虑范围。

早在"浪屿诗坛"创立不久,施士洁就曾作《和许允伯直刺〈三水寄怀〉韵》(三首),要求许南英从千里迢迢的广东回到自己身边来共同"商量远志"[①]。武昌革命军起,许南英"得漳州友人电召回漳",并被推举为漳州民事局长。民国元年(1912年),"恰巧同年旧友张元奇先生为福建民政长,招(许南英)先生到福州。张先生意思要任他为西路观

---

① 施士洁撰:《和许允伯直刺〈三水寄怀〉韵》(三首)之二。施士洁著:《后苏龛合集》,台北:台湾银行经济研究室,1965年11月版,第172页。

察使，他辞不胜任，请任为龙溪县知事"[①]。其时，汪春源从江西辞官归返福建南安祖籍，因家谱不存，一时难以厘清与南安汪氏同族的世系，得知老朋友许南英在漳为宦，于是一同寄籍漳州龙溪。由于备尝漂泊为宦的艰辛，汪春源早已宦意阑珊，所以没有再出任什么职务。施士洁曾于辛亥(1911 年)冬月被任命为同安县马巷厅厅长，但他天性旷达不羁，过惯了"醉归栗里久逍遥"[②]的生活，不堪为五斗米折腰，所以次年夏天即挂冠归隐。

自从自己的两个得意门生都寄籍漳州后，施士洁便经常从厦门赶往龙溪与他们相聚，而且一住就是十天半个月，其所作《许允白、汪杏泉两君，劳燕分飞，倏逾十稔。今日芗江萍水，天假之缘。读允白〈寿杏泉诗〉，感憾系之；走笔次韵，用质吟坛》云："汝南许劭存乡粹，潭水汪伦识友心。不分辞官效彭泽，依然寄食类淮阴。此生薇蕨仍周土，吾道荆榛遍孔林。安得芗江都化酒，三人邀月影同斟。"许南英及其长子许赞书、汪春源及其长子汪受田也时常赴厦门拜望施士洁，并由此参与菽庄吟社的吟咏聚作，乃至成为菽庄吟社的核心吟侣。许南英尝作《甲寅(1914 年)闰五月七日偕沈琛笙、徐蕴山赴菽庄诗社；夜发芗江，晓至江东桥趋谒黄石斋先生讲堂》(二首)之一云："后游从二客，老兴拟东坡。北斗天容净，南山树色多。炎威消酷吏，幻梦冷春婆。酬酒芗江下，回头吊汨罗。"

许南英"对民国前途很有希望"[③]，所以一被任命为龙溪县知事，便

① 许赞堃撰:《窥园先生诗传》。许南英著:《窥园留草》，台北:文海出版社，1974 年 12 月版，第 37 页。

② 施士洁撰:《受篆舫山，感时十二绝句，录寄厦门菊池领事、台南铃村宫司》之二。施士洁著:《后苏龛合集》，台北:台湾银行经济研究室，1965 年 11 月版，第 202 页。

③ 许赞堃撰:《窥园先生诗传》。许南英著:《窥园留草》，台北:文海出版社，1974 年 12 月版，第 37 页。

着手整顿当地文教，大有“救弊扶衰”[①]的雄心壮志。他先是聘请“同光体”湖湘耆宿王闿运的及门弟子沈琇莹修纂《龙溪县志》；接着，又在其郡署之余园种菊甚夥，公余辄邀文朋诗侣诗酒唱和，极一时之盛，这里权且称它为“余园聚咏”。从许南英所作《和福建西路观察使吴芝青留别原韵》、《王少涛嘱题曾经沧海图画册》、《题胡君湘笔记》、《汪杏泉寿辰登堂拜祝，书此志感，即以奉贺》、《沈琛笙五日有感，和其原韵并以慰之（时聘修《龙溪志》）》、《示四儿叔丑》、《送关介堂明经归莆阳》、《寿施耐公六十初度（时同客芗江）》、《和陈忏真原韵》、《送李偕莯年兄归武夷》、《甲寅（1914 年）闰五月七日偕沈琛笙、徐蕴山赴菽庄诗社；夜发芗江，晓至江东桥趋谒黄石斋先生讲堂》，以及施士洁所作《送别关介堂明经（其忠）归莆阳（癸丑十一月同客龙溪邑署）》、《江干小集，次许肖云韵柬陈眉生》、《艺农、幼青强欲觞予初度，自维屈正则庚寅谪降，不禁感怀身世，无限苍凉，伏枕口占，沈沈睡去；醒后录尘允白、杏泉，并谢诸君子（除夕前十一日）》等约略可知，除许南英及其长子许赞书与五子许赞堃（字叔丑，号地山）、汪春源及其长子汪受田、施士洁、沈琇莹以外，漳州南靖的徐振辉（字蕴山）、莆田的关其忠（字介堂）、台湾的王少涛、武夷山的李偕莯以及吴芝青、胡君湘、陈忏真、许肖云、陈眉生、许幼青等均曾参与“余园聚咏”的创作活动。其中，施士洁、许南英、汪春源、沈琇莹、许赞书、汪受田、徐振辉与关其忠后来都成为菽庄吟侣，施士洁、许南英、汪春源与沈琇莹还是菽庄吟社的核心成员。笔者认为，菽庄“三老”的“芗江萍水”以及许南英所组织之“余园聚咏”，实开了民国期间漳州地区文人结社的先风，同时也成为菽庄吟社正式创立与兴盛的一个重要基础和前提，在追溯菽庄吟社的发展过程中不

---

① 许南英撰：《癸丑（1913 年）三月任命龙溪县知事，视事日偶成》。许南英著：《窥园留草》，台北：文海出版社，1974 年 12 月版，第 191 页。

可不提及它们。

此外，汪春源还参加了民国初年漳南钟社的诗钟聚作活动。其所作《和林景仁〈叠移居均答公愚即以送行〉》（四首）之二并注云："芗江刻烛夜阄诗（是日赴漳南钟社小集），展诵吟笺月影移。万里关山劳问讯，一灯风雨入书帷。宦情似水栖身隐，世事如棋冷眼窥。廿载浮字萍泛感，愧无刘尹买山赀。"[①]该诗作于民国六年（1917 年）九月，从"是日赴漳南钟社小集"一注中可知，漳南钟社是继"余园聚咏"以后，在漳州地区创立的第一个专门诗钟社团，而其提倡之功则宜乎归诸菽庄"三老"。

五、施士洁、林熊祥等与晚清民国期间的福州诗坛

菽庄吟社的兴盛与福州地区文学社团的参与和支持密不可分。从对菽庄吟社主要吟侣及其参与创作活动情况的统计来看，福州地区共有 17 个社团、225 人参与了菽庄吟社的创作活动。其中，除了前述之种种原因外，还有以下两点：一是福州地区文学社团的主要负责人如陈衍（见第九章第二节论述）、林纾、陈宝琛、陈海梅、陈培锟、施景琛等，本身与板桥林家为累世深交，有通家之好；二是施士洁、林熊祥等菽庄吟社核心吟侣，均曾长期寓居福州，并经常参与当地社团的吟咏聚作，与福州诗友有着广泛而深厚的交谊。

（一）施士洁与福州诗友之酬唱应答

乙未割台，施士洁挈眷西渡，归籍福建晋江之西岑故里，随即迁居厦门。由于生活无所着落，施士洁乃于光绪二十二年（1896 年）赴省垣福州开幄讲学，前后达十年时间，故其《后苏龛诗钞》中有"十年讲幄坐

① 汪春源撰：《和林景仁〈叠移居均答公愚即以送行〉》（四首）之二。林景仁著：《林小眉三草》，台北：龙文出版社，1992 年 3 月版，第 86 页。

榕坛，几局楸枰冷眼看”[①]、“十年五度榕城别，送客江头泪不干”[②]等诗句。期间，施士洁与福州当地诗友广为唱和，所作则有《上巳日陈香雪会元招游台江》、《乞巧夕和同年林椒辰大令韵》、《台江本事诗，□□□□检讨韵》、《清明日，钟寿若太史招同陈香雪庶常、林鹿俦、陈青湘、林可山三孝廉、林小蝓上舍作展花朝台江雅集诗》、《柬香雪、寿若雨太史》、《年伯林苍翘先□用□题后》等。其中，陈海梅（香雪）系福州花好月圆吟社、退闲吟社、补闲吟社等社团的主要负责人，林苍则为福州托社、观社、退闲吟社等社团的主要负责人，二者后来均成为菽庄吟侣乃至核心吟侣。

清光绪三十一年（1905 年），施士洁入时任厦门保商局总办兼厦门商务总会总理林尔嘉的幕府，协助其“襄理厦商政局”[③]。期间，施士洁由于商务往来的需要，经常往返福州、厦门两地，所作有关福州人事的作品有《赠墨仙》、《偲园以海物相贻，书扇答之》、《偲园和韵叠韵答之》、《偲园和痕字韵叠韵答之（时偲园方省试优榜）》、《台江新竹枝词》、《家又六明经、缉庭上舍、玉章太学约友同游鼓山，小憩水镜亭撮影》、《郡伯叠韵邮寄索和，叠韵答之，时客南台》、《台江录别》、《家涵宇大令□□□归以诗相质（下缺三、四字）》、《题省长张君常（元奇）诗集（时在福州民政公署）》、《台江感旧》等。其中，施景琛（涵宇）后来成为菽庄吟社的核心吟侣。必须注意到，菽庄吟社的雏形——“浪屿诗坛”，就是在这一时期创立的，施士洁作为该社的幕后主谋者，其时正

① 施士洁撰：《林健人公子见和前韵，叠韵酬之》（八首）之四。施士洁著：《后苏龛合集》，台北：台湾银行经济研究室，1965 年 11 月版，第 234 页。

② 施士洁撰：《赠墨仙》（二首）之二。施士洁著：《后苏龛合集》，台北：台湾银行经济研究室，1965 年 11 月版，第 158 页。

③ 施士洁撰：《次谢�尘大令留别韵》。施士洁著：《后苏龛合集》，台北：台湾银行经济研究室，1965 年 11 月版，第 150 页。

到处网罗人才，以维持“浪屿诗坛”这个“瀛岛萧条旧钵衣”[①]。

民国六年（1917 年）初，施士洁入聘福建省通志局，寓福州荔支园。福建省通志局创设于民国五年（1916 年），由时任福建巡按使许世英聘请前清贵州巡抚沈瑜庆、学部主事陈衍分别担任正、副总纂，经沈瑜庆与陈衍会同遴选，局所设在福州市乌石山沈葆桢祠内涛园，并延聘刘瀛、何振岱为协纂，沈觐冕（冠生）、叶大琛、林苍、陈钜前、施士洁、林翊、陈敬、王庆湘、郑祖庚、林孝颖、吴炎南、陈聄、陈谦、叶心炯、李苑之、龚乾义、林宗泽等为分纂。其时，菽庄吟社已经社侣日多，诗学日上，影响范围日渐扩大，福建省通志局的林苍、郑祖庚、陈钜前、叶大琛、吴炎南等均曾参与菽庄吟社的创作活动，所以施士洁一入该局，旧雨新朋少不了一番酬唱应答，施士洁所作有《灯节冒雨，病卧兼旬，时正赴闽省修志局之聘》、《病中和志局同事诸子叠前韵》、《园夕病枕遣怀》、《郑星帆孝廉来园问病并示和诗，叠韵答之》、《再叠韵答星帆》、《三叠韵答星帆》、《四叠韵答星帆》、《和同局林天遗大令韵》、《叠韵答天遗》、《和总纂陈石遗韵》、《星帆来诗，用石遗韵，叠此答之》、《局友陈竺初诗来视病，如韵和之》、《幼女痘殇，天遗邮诗相慰，次韵为谢》等。尤其值得关注的是，福建省通志局诸局友中，沈瑜庆、陈衍、何振岱、沈觐冕、叶大琛、林苍、陈钜前、郑祖庚、林孝颖、林宗泽等悉为“同光体”闽派代表人物；其中，陈衍组织有福州支社与说诗社，林孝颖与郑祖庚共组有花好月圆吟社，林宗泽参加了林苍、陈国麟与陈福敷所组织之托社及陈衍所组织之说诗社，沈觐冕参加了陈衍所组织之说诗社，他们以及上述诸社的其他众多成员后来都成为了菽庄吟侣。顺便提及，沈瑜庆与林尔嘉的堂弟林尔康系儿女亲家；郑祖庚（字星帆）乃林尔康

---

① 施士洁撰：《和许允伯直刺〈三水寄怀〉韵》（三首）之二。施士洁著：《后苏龛合集》，台北：台湾银行经济研究室，1965 年 11 月版，第 172 页。

的姐夫，同时也是施士洁在台南斐亭吟会及台北牡丹诗社的老社友；陈衍曾于光绪十二年(1886 年)入时任太常寺少卿、帮办台湾抚垦大臣林维源幕府；……他们与菽庄主人林尔嘉分别有着这样或那样的联系。

(二)林熊祥与民国期间的福州诗坛

林熊祥是林尔康的遗腹子，其母乃前清太子太傅陈宝琛的妹妹陈芷芳，其妻则为陈宝琛的四女陈师桓。乙未割台，林尔康携眷内渡，避居鼓浪屿新府；光绪二十四年(1898 年)冬，林尔康去世，遗下三子二女，林熊祥尚在腹中，其时陈宝琛的妻子恰好也有孕在身，于是姑嫂二人指腹为婚，亲上加亲。光绪三十一年(1905 年)林本源家族大家长林维源去世，陈芷芳孤儿寡母，在厦门无所依靠，乃投奔舅家，迁居福州南街杨桥巷登俊里，然后派一个叫张碰头的家勇，每个月到鼓浪屿旧府(即林氏府)装一布袋银元回来作为全家的生活开销；林熊祥则接受舅氏陈宝琛的亲自教诲，诗学功力日见精进，加上陈宝琛的引荐与推介，很快便在福州诗坛崭露头角。民国十九年(1930 年)五月，福州青年会中学(今福建商业专科学校前身)举行建校二十五年校庆，向社会广征诗钟大唱"青、高，第三唱"，林熊祥被聘为捐取第一门词宗；民国二十四年(1935 年)十月，福州各文学社团联合举办诗钟大唱，所征钟题为"明、远，第六唱"，林熊祥被聘为正取第三门词宗。由此可见，林熊祥在民国时期的福州诗坛上还是具体一定地位和影响的。

民国二十一年(1932 年)春，菽庄吟社在福州举办诗钟大唱——"剑、潭，第一唱"，这是该社唯一一次在鼓浪屿岛外举办的大型"征诗"活动。该次"征诗"得到福州当地诗友的热情支持并踊跃参与，钟坛耆宿陈培锟、沈觐冕、蔡镜吾、林绮赓、郑宪纶、严叔夏与陶芸楼还分别出任各门词宗，闽报社、华报社等舆论媒体也出面帮助鼓动宣传。参加作者如张鹤廉、林幼泉、张晚青、萧梦馥、林剑冶、张如香、张云沛、张福筹、陶慕唐、叶乃蕾、黄芗洲、林坦西、陈寄今、沈剑知、林胸端、郑宪纶、张拂潮、余瑰丞、刘霁南、高茶禅、杨莲沅、彭剑翔、林仲笏、郑庆祟、林誉虎、马勋宇、刘吟篁、林谦远、张鹤年、陈海瀛、陶芸楼、林绮赓等，悉为经常与林熊祥一起吟咏聚作的诗朋钟侣。所作名联佳句则层涌迭现，单单被录取的诗钟作品就达 1310 联，是一次非常成功的大唱活动。

此外，林尔嘉季弟林柏寿曾于民国四年（1915 年）春，“归左海（按：福州之别称），谒父执中通人硕士，请授诗古文辞。沈潜既久，剔抉益精，上下数千年，毋论其派别之流行，风气之变易，靡不瞭然于心矣”[①]；林尔嘉长子林景仁也曾“以诗谒郑太夷、沈爱苍、陈石遗、夏敬观诸先生”[②]，长期周旋于“同光体”闽派诸代表人物中间；等等。

第二节　与台地社团的交流往来

民国期间，菽庄吟社的核心吟侣如林尔嘉、许南英、林鹤寿、林柏寿、林景仁、林履信、林熊祥、林铬存、施景琛、沈琇莹、苏大山、庄棣荫、苏镜潭、王贻瑄、蔡谷仁等均曾先后渡台，他们在台期间与台地诗友吟咏无间，并对日据下的台湾本岛诗坛产生过重要影响。菽庄吟社的其他核心吟侣如施士洁、汪春源、龚显鹤等，尽管民国期间没有渡台，但与日据下台湾本岛诗坛的联系也都十分密切。

一、乙未以来施士洁与台湾本岛诗坛之联系

乙未之役，施士洁挈眷内渡，从此便没有再回台湾。不过，从《后

① 王国璠编撰：《板桥林本源家传》，台北：林本源祭祀公业，1984 年 7 月版，第 45 页。
② 《林小眉三草》出版说明。林景仁著：《林小眉三草》，台北：龙文出版社，1992 年 3 月版，书前页。

苏龛合集》所录诗文作品可以看出，施士洁不仅与日据下台湾本岛诗坛的联系没有因此而中辍，而且他本人在台湾本岛诗坛仍然受到众多诗友的高度尊崇。

光绪二十八年(1902 年)，新竹名士郑鹏云偕堂弟郑以庠冲破日人的重重封锁与层层阻挠，内渡福州参加壬寅恩科乡试，荐而未售，郁悒难遣，施士洁为作《毓臣、养斋秋试不售，景商以诗慰之，即次其韵》(十首)进行宽慰。其中第九首云："科名今又落孙山，墨汁磨人那得闲？同辈儒衣皆左衽，不堪回首旧台湾！"所谓"左衽"，即衣襟向左掩，喻指为异族所统治。在施士洁看来，郑鹏云此番秋闱不捷，不是他个人没有努力的原因，而是日殖当局在台湾实行苛酷的文化统治所造成的结果，诗中还对生活在日本殖民统治下的台湾儒士表达了深切的同情。施士洁这一看法并不是没有依据的。首先，与郑鹏云一起在台南海东书院共同受业于施士洁的丘逢甲、许南英、汪春源三人均先后中取进士；其次，日人据台后，在台湾实行苛酷的文化统治，对台湾文人的日常行动及文化活动进行严格限制与严密监视，人身自由尚且遭到严重干涉，更遑论诗艺的切磋与砥砺，鹿港名士洪弃生在致友人书信中尝述："……今则时迁地易，九儒仅居十丐之上。彼族之官吏，每以读书为无职业之人，载之户籍，明用稽查。今且悬之禁令。此境此情，何堪回想！弟在此地，非不欲笔耕而墨织。无如举国之人，皆以通译为奇才，而以通诗书为废材，更从何处求徒侣乎！一、二村夫子咿唔度日，每须向所属官厅恳求许可，百不获一，而又限之以短晷，束之以异例。有时官雇之教员一出辄来踞上坐，肆嘲骂，真真牛溲马渤之不如矣。"[①]

施士洁另作有《寿郑香谷部郎七十》、《王友竹五十寿诗》、《寄和赵

---

① 洪弃生撰：《与王则澍》。转引自汪毅夫著：《台湾近代诗人在福建》，台北：幼狮文化事业股份有限公司，1998 年 4 月版，第 95 页。

剑楼韵》、《寿蔡晓沧观察五十(生闰八月,与今闰同)》、《寄答陈槐庭代柬》、《意有未尽,辄书纸尾》、《赠魏润庵(台北报社汉文主笔)》等,所述之郑如兰(字香谷)、王松(字友竹)、赵元安(号剑楼)、蔡晓沧、陈怀澄(字槐庭)、魏清德(字润庵)等,悉为日据时期台湾本岛诗坛的名望之辈。其中,郑如兰、王松与魏清德系清末新竹竹梅吟社成员,魏清德另担任台北瀛社第三任社长,郑如兰著有《偏远堂吟草》,王松著有《台阳诗话》、《沧海遗民剩稿》、《友竹行窝遗稿》等;赵元安曾在台北板桥创立剑楼吟会,课授经书之余,还开展诗学指导活动,桃李遍及台湾全岛;陈怀澄则是台中栎社与大冶吟社的创立人,辑有《吉光集》;等等。

以施士洁所作《王友竹五十寿诗》为例,该诗云:"曲学以阿世,儒者所不齿。至今丞相弘,千载笑牧豕。友竹抱遗经,埋首蟫丛底。咄哉家赤贫,胸次富图史。僧孺笔可耕,髯仙字可煮。纵谈隘五洲,览古洞廿纪。长揖通德门,布衣傲珠履。鲲鹿竞维新,华士聊尔尔。审音聋雅郑,辨色瞶朱紫。赖此一诗痴,风骚存正始。弹指小沧桑,年今半百矣。索和自寿诗,重瀛犹尺咫。君我信同病,读之悲且喜。我闻孟东野,工诗穷欲死。然而白香山,境老诗愈美!为白固可娱,为孟亦不耻。將寿补蹉跎,或者有是理。竹城旧诗薮,才隽拍肩起。开筵擘麟脯,登坛执牛耳。高唱鹤南飞,腰笛烦李委。惜我滞鹭屿,故关渺千里。屋梁梦颜色,渴念何时止!朔吹起天末,吟筒付双鲤。以诗寿诗人,人远诗则迩。苦忆嵇阮交,转眼成黄绮。伫君杖乡日,跻堂共称兕。落落耆英会,盈盈衣带水。引领幔亭樽,馋涎滴满纸。"诗中一方面赞扬了王松的清高守节之志,另一方面对他在日据时期竹堑地区诗学兴盛中的倡导之功作了高度评价。

此外,施士洁还得到魏清德、陈怀澄、谢石秋、林痃唐等日据下台湾本岛诗坛众多诗友的高度尊崇。《台湾日日新报》汉文部编辑、台北瀛社第三任社长魏清德，在写给施士洁的诗中尝以“后学私淑”[1]自称；陈怀澄、谢石秋、林陔唐等内渡大陆期间，均曾拜望过施士洁；等等。另据闽台民间流传，民国十一年(1922年)施士洁去世后，其魂幡送回台湾，台岛民众以为神物，争相一睹为幸，台湾海关对此还专门课以重税。

二、许南英三度返台及对日据时期台湾本岛诗坛的影响

菽庄“三老”之一许南英，曾于民国元年(1912年)、三年(1914年)和五年(1916年)三度返台，在台期间与台南南社、台北瀛社、台中栎社、桃园桃社、新竹竹社、台北淡社等各社诗友酬唱往返，并被陋园主人颜云年延为“环镜楼唱和”的主盟，对日据时期的台湾本岛诗坛产生过重大影响。

(一)民国元年(1912年)首度返台

民国元年(1912年)，南北共和，各地民事局撤销，许南英不再担任漳州民事局长，转而退居漳州海澄县海沧墟(今厦门市海沧区)，过着“挥手坐空山，独与梅花弄”[2]的日子，于是“台湾亲友请先生且回故乡，先生遂带着叔午(许赞祥)、叔未(许赞能)同行”[3]。

许南英初次返台期间，住在其亲戚兼门生吴筱霞的家里，每日与岛上各社诗友流连唱和，分韵敲诗。所作有《挽陈瘦云》、《赵云石赠诗，即步原韵二首》、《南社同人在醉仙楼开欢迎会，酒后放歌》、《绅商学界在台南公馆开欢迎会，赋此志谢》、《六月二十四日与社友往竹溪

---

① 施士洁撰：《润庵来诗有“后学私淑”之称，如韵答之》。施士洁著：《后苏龛合集》，台北：台湾银行经济研究室，1965年11月版，第194页。

② 许南英撰：《壬子(1912年)春日自题画梅》。许南英著：《窥园留草》，台北：文海出版社，1974年12月版，第159页。

③ 许赞堃撰：《窥园先生诗传》。许南英著：《窥园留草》，台北：文海出版社，1974年12月版，第36页。

寺参谒关圣》、《与谢石秋、星楼、林湘畹、黄茂笙游冈山超峰寺中途遇雨》、《窥园梅花二株被日人移植四春园，闻亦枯悴而死；以诗吊之》、《敝庐因日人筑路取用，子弟辈将别谋住所》、《题画梅，寄赠洪以南》、《壬子中秋吴园小集，对月分韵》、《重阳后二日送黄西圃东航》、《谢石秋酒后赠句，即用原韵酬答》、《赠萧莲卿女史》、《游台北基隆杂咏》、《留别瀛社、桃社、竹社、栎社、南社诸同人（时在新竹北郭园郑氏别墅）》、《旧友陈基六相遇于新竹吟坛，口占绝句见赠。即用原韵，口占两绝以报》、《壬子冬日吴园小集，以"鸳鸯"命题，林湘畹得双元，谢籁轩、赵云石俱得眼。余兴未已，往宝美楼开宴》、《题南社同人吴园送别图》、《留别南社同人》等。从中可以看到，许南英与台南南社、台北瀛社、台中栎社、桃园桃社、新竹竹社等日据下台湾本岛诗坛的众多社团均有联系，尤其与台南南社社友间的酬唱联吟最为热络。

"南社（台南）素为骚坛重镇，与北之瀛社、中之栎社，鼎足而三"[①]，该社把自己的"渊源所自"追溯到光绪四年（1878 年）许南英在台南创设的崇正社，并把许南英奉为台南南社的宗师。台南南社社友许丙丁尝谓："虽然，许南英风雅所寄者不是南社，而是不甚著名的崇正社，但是南社社友却把南社创立之功归之许南英。推究其故，或许是因为崇正社系南社渊源所自；而由许南英、施沄舫、邱仙根诸君子所散播推演的诗风经崇正社而浪吟诗社，蕃衍至南社成立而始壮，南社诸社友饮水思源，遂有许南英创立南社的想法。"[②]因此，许南英此次返台受到台南南社社友的热情欢迎。其中，台南南社社长赵仲麒（字云石）、干事杨鹏抟（字云程）与谢石秋、社友林馨兰（字湘沅，或作湘畹）、黄欣（字茂笙）、邱学海（字及梯）、卢蕴山、余君屏、谢星楼、胡殿鹏（号南溟）、黄

---

① 连横主编：《台湾诗荟》第一号"骚坛纪事"，1924 年 2 月 15 日发行。

② 许丙丁撰：《五十年来南社的社员和诗》。台南市文献委员会编印：《台南文化》（旧刊），台北：成文出版社，1983 年 3 月台一版，第 364 页。

拱五、洪坤益、蔡兰亭、谢溪秋、谢霁若、陈筱竹、林竹友、陈献其、吴旭初、吴宴珍、吴筱霞、连应榴等均曾与许南英唱和，赵仲麒与林馨兰后来还成为菽庄吟侣。

此外，许南英诗作中提到的洪以南与谢汝铨，分别是日据时期台湾诗坛三大"重镇"之一——台北瀛社的首任和第二任社长，二者后来均成为菽庄吟侣；陈基六（名锡金）则为日据时期台湾诗坛另一"重镇"——台中栎社的发起人之一。

（二）民国三年（1914年）再度返台

民国三年（1914年）十月，许南英再度返台，并主持了基隆陋园吟会举办的"环镜楼唱和"。赖子清所撰《古今台湾诗文社》之"瀛社"一目有载："宣统元年己酉（1909年），台日记者谢汝铨、林馨兰两茂才倡设，时让台已十四年，台局渐定，骚坛落寞，不免有髀肉复生之慨，一经号召，望风挂籍者，多至百五十余名，旧闰花朝，遂假艋舺平乐游旗亭开会，推淡水洪逸雅茂才以南为社长，谢汝铨副之，台日报汉文版，又从而报导鼓吹，自是诗帜高标，月开一次吟宴，且出宿题，年开大会一次，民国三年（1914年）小春望日，社员颜云年之环镜楼落成式，柬邀内台诗人戾止，大启吟筵，淡社、瀛社、桃社、竹社、栎社、南社，骚坛少长咸集，多至百十人，会许南英部郎归自鹭江，延请临席，是为全台诗人大会滥觞，所得佳章，编为环镜楼唱和集。"①

"全台诗人大会"又称"全台诗社联吟大会"或"全岛诗人大会"，是日据时期台湾诗坛活动规模最大、参与人数最多、影响范围最广的联吟组织，它使得日据下台湾本岛诗坛的诗社钟会由原来的散点分布，逐渐汇聚成声势浩大的诗海钟涛，进而掀起一股股反抗日本殖民统

---

① 赖子清撰：《古今台湾诗文社》（一）。台湾省文献委员会编印：《台湾文献》第一〇卷第三期，台北：成文出版社，1983年3月台一版，第2027页。

治、延续和传承中华传统文化的民族文化浪潮,意义十分重大。除了赖子清以外,连横、谢汝铨等也都认为日据时期台湾本岛诗坛的“全台诗人大会”,滥觞自民国三年(1914年)十月基隆陋园吟会所举办之“环镜楼唱和”。谢汝铨所撰《全岛诗人大会由绪》有述:“全台诗人大会”以民国三年(1914年)十月五日颜云年环镜楼落成为发端,促成了“瀛、桃、竹联吟会”;民国十二年(1923年)颜云年逝世,三社联吟因主持乏人而弛废。“但是,其间经三社洽议,于民国十年(1921年)十月三日举行首届‘全岛诗人大会’,后由五州轮值于台中,台南各地继续举行数次‘全岛诗人大会’,民国十三年(1924年)四月五日,民国十七年(1928年)春,又在台北举行二次‘全岛诗人大会’,这是台北诗社最昌盛时期,同时也是本省诗社最发展的时期的。”①

不过,真正推究起来,日据时期台湾本岛诗坛之“全台诗人大会”,可以追溯到民国元年(1912年)许南英首度返台。许南英在首度返台期间曾作有《留别瀛社、桃社、竹社、栎社、南社诸同人(时在新竹北郭园郑氏别墅)》一诗,该诗云:“碧云如水月如霜,北郭园亭尚未荒。萍聚竹城人小集,葭飞冬至夜初长。廿年聚散看双鬓,五社风流萃一堂。今夕会吟明日别,新诗为我压行装。”其中“五社风流萃一堂”一句,尤其值得深味。只要略作比较便可发现,从民国元年(1912年)冬至新竹北郭园的“五社”荟萃,到民国三年(1914年)小春基隆陋园的“六社”联吟,中间仅仅多了一个淡社;但是,不管是新竹北郭园的“五社”荟萃,还是基隆陋园的“六社”联吟,其活动的主角都是许南英。由此可见,许南英与日据时期台湾本岛诗坛规模最大、影响最巨之联吟组织——“全台诗人大会”的形成有着密切的关联。

---

① 《台北市诗社座谈会》(1955年10月27日下午)。台北市文献委员会编印:《台北文物》第四卷第四期,台北:成文出版社,1983年3月台一版,第1727页。

此外，还必须注意到一点，民国元年(1912年)许南英首度返台，其主要目的是“回台南省墓，兼与诸亲友叙旧”[①]，纯属因私性质；然而，民国三年(1914年)许南英再度返台，其时他已经是菽庄吟侣，且为该社“三老”之一，因而此行代表的更多是菽庄吟社的态度和意愿。由此看来，菽庄吟社正式创立之初，即已渗透并影响到日据下台湾本岛的整个诗坛。菽庄吟社的雏形期或草创期——“浪屿诗坛”时期，施士洁曾经要求许南英从千里迢迢的广东回到自己身边来“商量远志”，曰：“肄江磊落新冠盖，瀛岛萧条旧钵衣！我欲寓书姜伯约，商量远志或当归。”[②]许南英之所以在很短时间内频繁返台，目的大概就是要沟通联络日据下台湾本岛诗坛的各社社友，同声相应，同气相求，从而形成一个强大的联吟网络——“全台诗人大会”，以重新振作在日本殖民当局文化统治下日渐“萧条”和“式微”的台湾本岛诗坛，进而对抗日本的殖民统治，直至驱除“日虏”、“还我河山”、光复故园。这或许就是施士洁与许南英所共同商量的“远志”。

(三)民国五年(1916年)三度返台

民国五年(1916年)四月，许南英三度返台，一是为了“省墓”，二是为了“参观‘共进会’”[③]。此番回台，许南英居留了近三个月时间，所作则有《赠许梓桑》、《赠谢石秋》、《赠连雅棠》、《浴佛节过开元寺》、《四月二十一日南社同人小集》、《吊梅》、《追悼陈瘦云》、《游开元寺小集，同云石、籁轩分韵得鱼字》、《喜晤谢星楼暑假归省》、《六月初二恭逢先慈忌日，趋拜墓田》、《南社小集，集归去来辞字成五律一首》、《十六晚游

---

① 《窥园先生自订年谱》。许南英著：《窥园留草》，台北：文海出版社，1974年12月版，第19—20页。

② 施士洁撰：《和许允伯直刺〈三水寄怀〉韵》(三首)之二。施士洁著：《后苏龛合集》，台北：台湾银行经济研究室，1965年11月版，第172页。

③ 《窥园先生自订年谱》。许南英著：《窥园留草》，台北：文海出版社，1974年12月版，第20页。

公园，与茂笙、石秋、景山各口占数诗》、《二十五日为五妃殉节日，同云石祭奠，成诗二首》、《临别写墨梅赠黄茂笙》、《留别南社诸君子》等，悼古伤今是该组作品的共同主题。以《六月初二日恭逢先慈忌日，趋拜墓田》为例，该诗云："涕涟老泪坠斜阳，犹记当年此筑场。忾慨幽冥成异路，迟留岁月况他乡。千年华表悲归鹤，一亩荒丘哭跪羊。我愧不如欧九笔，陇阡墓表有文章。"诗中国恨与家仇交织、死别与生离相侵，其情至深，其境至痛，直欲摧人肝胆。

许南英此行还会晤了"台湾太史公"连横，并作《赠连雅棠》一首进行宽慰与勉励，该诗云："天与连生著作才，何缘潦倒困尘埃！世方板荡遭非偶，愿已睽违志不灰。苏轼不生沧玉局，燕丹已死冷金台。新诗尽有幽并气，知自居庸跃马回。"其时，连横新近刊行《大陆诗草》，所著《台湾通史》也已大致草成，故有"天与连生著作才"和"新诗尽有幽并气"之语。值得关注的是，连横是台南南社及其前身——浪吟诗社重振期的发起人之一，同时还是台中栎社、台北瀛社等重要社团的成员，在日据时期的台湾本岛诗坛上具有举足轻重的地位。因此，这次"许连会"，不仅是许南英与连横两个人之间的会晤，而且也是台南南社宗师与后起之英、葭庄吟社核心成员与日据下台湾本岛诗坛领袖之间的一次重要会晤，其意义非同一般。

三、林景仁寓台期间的文学活动

林景仁曾经多次寓台，在台期间除了创设东海钟声社及参与林柏寿所设板桥吟会的创作活动外，还与台北瀛社、台南南社、台中栎社等重要社团往来密切，并创作有大量的诗文作品，对日据时期的台湾本岛诗坛影响很大，被誉为日据时期台湾的"四大诗人"[①]之一，与连横、

① 《连雅堂先生生平事迹座谈会纪录》。台南市文献委员会编印：《台南文化》（新刊）第二卷第四期，台北：成文出版社，1983 年 3 月台一版，第 665 页。

胡殿鹏、林资修齐名。所作则有《南溟寓斋雅集》、《雨窗遣闷叠前韵柬社友》、《书怀三四五六叠韵答漱石》、《赠连剑花》、《瀛社诸吟侣邀集稻江酒楼即事》、《答瀛社诸子》、《九日邀雪渔小饮》、《叠前韵赠润庵》、《送石崖北上次久别韵》、《颜君招饮陋园赋赠》、《戏效吴体次韵答润庵》等。诗中所述之南溟乃台南南社柱石胡殿鹏，连横（号剑花）、陋园主人颜云年、谢汝铨（字雪渔）、魏清德（字润庵）、林石崖等则为台北瀛社重要成员，其中连横、颜云年、谢汝铨、魏清德等均参与过菽庄吟社的创作活动。

民国十三年（1924 年）二月创刊、由连横主编的《台湾诗荟》，也有关于林景仁参与台北瀛社活动的诸多载录。如第一号“骚坛纪事”载：“瀛社（台北）：以（1924 年）一月六日，假江山楼开联吟会，至者六十余人。诗题为《醉春，七绝东韵》；诗钟为《寿长，嵌字蝉联格》，并邀林季丞、林小眉、林文访、庄怡华、苏菱槎诸氏莅会，以作新春雅集。觞咏之乐，当不减于永和矣！”[①]第三号“骚坛纪事”载：“瀛社（台北）：以（1924 年）三月十九日，适逢旧历花朝，假江山楼开联吟会，至者五十余人。题为《花朝雅集，七律麻韵》，推林小眉、黄纯青两氏为词宗；又诗钟《白沙，八叉格》，以苏菱槎、郑永南二氏阅之。选后开宴，钟鸣九下，始各散去。”[②]第七号“骚坛纪事”载：“瀛社（台北）：以（1924 年）七月十二日，假稻氏江山楼开会，协议改组事宜。既毕出题，首唱《消夏词，七绝支韵》；次唱诗钟《故园，凫胫格》。适林菽庄氏率其长郎小眉东游，途次台北，而社侣刘篁村氏亦将东上，考察学务，遂并为祖饯，欢谈而散。”[③]等等。

最能体现林景仁在日据时期台湾诗坛的地位和影响的，当属民国

① 连横主编：《台湾诗荟》第一号“骚坛纪事”，1924 年 2 月 15 日发行。
② 连横主编：《台湾诗荟》第三号“骚坛纪事”，1924 年 4 月 15 日发行。
③ 连横主编：《台湾诗荟》第七号“骚坛纪事”，1924 年 8 月 15 日发行。

十三年(1924 年)四月二十五日在台北江山楼举办的首届“全台诗人大会”(亦称“全台诗社联吟大会”或“全岛诗人大会”)。是会由台北瀛社主办,推举赵仲麒与林景仁分别担任左右词宗。连横所撰《台湾诗社大会记》有载:“曩年瀛社大会时,连雅堂氏曾以联合全台诗社之议,商诸颜云年氏,并拟刊行杂志,藉作鼓吹。盖以今日之台湾汉学式微,群德沦落,文运之延,赖此一线,自非纠集多士,互相勉励,不足补弊起衰。云年深韪其说,而顾虑经费,不敢举行,其议遂止。本年(1924 年)春初,台中开中嘉南联合吟会,北部诗人亦有至者,乃议联合全台吟社,岁开大会一次,以孚声气,众皆赞同。于是瀛社遂邀各社,以四月二十有五日,假台北江山楼开会,至者百七十余人。推南社赵云石、钟社林小眉二氏为左右词宗,题为《八角莲,五律真韵》,人各一首,选后发表。六时开宴,先由瀛社长洪以南氏代表联吟会起述礼辞;次相贺,‘内务局长’道谢。于是南社黄茂笙氏提议拟定联吟会规则,并次回开会地点,乃定明年开于南部,后年开于中部,轮流办理,并举茂笙为起草委员,各社各选干事一名,以董其事,九时始散。”[①]由此可见,日据时期台湾本岛诗坛规模最大、影响最巨的联吟组织——“全台诗人大会”,从滥觞到创立,都与菽庄吟社密不可分。

四、施景琛旅台期间与台地诗友之唱和

民国元年正月初三日(1912 年 2 月 20 日)至正月二十九日(3 月 17 日),施景琛奉制军松鹤龄之命,以“福建实业协会”的名义,偕林辂存、林尔嘉、陈少铁、林祖密等赴台湾考察实业,前后历时近一个月。施景琛一行先后参观了台北之台湾日日新闻报社、铁道课、权度课与专卖局,台南共进会、教育展览会与开山神社,打狗港口工事,阿缑血

① 连横撰:《台湾诗社大会记》。连横主编:《台湾诗荟》,九州出版社、厦门大学出版社合刊,2004 年 12 月版,第 407 页。

清作业所与台湾制糖会社，大目降糖业试验场，嘉义竹器制造传习所与苗圃，台中葫芦墩制麻会社与制造砖瓦工场，瑞芳金矿，新店瑠公圳工事，龟山水源地、第二发电所与电话交换所，以及台北监狱、土木局等。施景琛还将所见所闻记录下来，都为一册，颜曰《鲲瀛日记》，具有非常高的史料价值。

施景琛此行受到台湾官、绅、商、学、报等社会各界的高度重视和热情欢迎，"台湾总督府""以优遇各国钦使、领事之礼遇之"[①]，全台绅士尝公宴于台南公馆，台湾日日新闻社、台湾新闻社、台南新闻社等记者以及台南南社、台中栎社、台北瀛社等诗人也频频招饮并相与酬唱。正月十五日（3 月 3 日）晚，台南绅士邀集全岛绅士公宴施景琛一行于台南公馆，施景琛发表演讲，对日殖当局在台湾所实行的差别教育、裁判及实业制度作了严厉抨击，道出了台湾同胞长期以来压抑在心中的强烈不满，并即席赋诗云："落拓青衫泪欲盈，琵琶呜咽不成声。汉家伏腊今犹在，晋代衣冠近未更。燕雀处堂知自警，驽骀伏枥感哀鸣。尊前无限伤心事，抛却天涯旧弟兄。"全座无不黯然以泣。

施景琛另作有《赠辜君显荣》、《赠林君薇阁》、《赠魏君润庵》、《游瑞芳金山》、《蔡君法平两宴北投松涛园留题一律》、《赠赵君云石》、《赠连君雅堂》、《题洪君逸雅兰石图》、《鹿耳门怀古（限迟疲谁韵）》、《春夜会赤崁城（限尘巾匀韵）》等。所述之"林君薇阁"，即林尔嘉堂侄林熊征，光绪三十年（1904 年）加入中国同盟会，与林森、方声涛、蔡法平等同为革命志士，并曾捐巨资作为广州黄花岗起义的活动经费；"洪君逸雅"即台北瀛社社长洪以南，与连横（号雅堂）、赵仲麒（字云石）、魏清德（字润庵）等俱为日据时期台湾诗坛的名望之辈。临别台湾，施景琛

① 施景琛撰：《鲲瀛日记》。池志征等著：《台湾游记》，台北：台湾银行经济研究室，1960 年 1 月版，第 46 页。

又作《赠台湾日日新闻社、台湾新闻社、台南新闻社记者及南社、栎社、瀛社诸词宗》云："肠断桄榔黯黯天，弃民身世有谁怜？东山丝竹中年感，北海琴樽异地缘。田岛英风怀五百，孔门遗教仗三千。诗人寄托原余事，此去休忘祖逖鞭。"诗中以田横、祖逖等史事，勉励台湾同胞砺志图强、英勇抗日。

五、沈琇莹、苏大山旅台期间与台地诗友之唱和

民国十六年(1927 年)，沈琇莹与苏大山二人受林景仁、林履信昆仲之邀，一起游历了台湾全岛。林履信所辑《毗舍耶同游草》和苏大山所著《婆娑洋集》，就是此行与台地诗友唱和的作品专辑。苏大山所撰《婆娑洋集·序》有记："台湾为古毗舍耶国，见马贵与《文献通考》；曰婆娑洋，见何镜山《名山藏》。丁卯上元前一日(1927 年 2 月 15 日)，小眉、希庄兄弟约傲樵及予游焉；花朝后二日(3 月 20 日)归。斯行二十日，在舟车者十之四，登涉观游之余，予与傲樵、小眉和汝唱，予时有所作，希庄彙而录之，居然成帙，题曰《毗舍耶同游草》。归后，检行箧中，尚余若干首，不忍弃去，因复为编次，别为《婆娑洋集》，以作海天鸿爪之识。"[①]

在台期间，沈琇莹与苏大山一行先后游览了基隆古迹、剑潭、圆山动物园、板桥别墅、雾峰茶园、延平郡王祠、鹿耳门、赤崁楼、台南公园、宁靖王墓、斐亭、固园、江山楼等，并与林献堂、林南强、庄嵩、黄欣、杨宜绿、洪以南、魏清德、谢汝铨、林石崖、杜仰山等台湾诗界诸公酬唱应答。其中，莱园主人林献堂系台中栎社第四任社长、"台湾文化协会"总理，曾领导日据时期台湾的政治及文化运动，与梁启超交谊甚厚；林南强系台中栎社发起人之一，与连横、胡殿鹏并称为日据时期台湾诗

① 苏大山撰：《婆娑洋集·序》。苏大山著：《红兰馆诗钞·婆娑洋集》，"著雍执徐之岁涂月(夏历一九二八年十二月)"刊本，第 1 页。

坛的“三大诗人”[①]；固园主人黄欣系台南南社第三任社长；杨宜绿系台南南社发起人之一；杜仰山则为台北星社与剑楼吟会重要成员；等等。

苏大山此行作有《基隆览古》、《台北车中口占》、《饮希庄寓斋》、《剑潭》、《笼鹤叹（游圆山动物园作）》、《篏鸳吟》、《圈虎谣》、《槛狮怨》、《和澍村赠别并用原韵》、《板桥别墅杂咏》、《台中道上》、《雾峰作》、《赠林南强》、《莱园杂咏》、《过石洲故居》、《题痴仙〈无闷草堂遗集〉》、《谒明延平郡祠》、《鹿耳门观海》、《赤崁楼》、《台南公园》、《宁靖王墓》、《斐亭》、《固园主人招饮，归途车中赋此却寄，并赠南社诸公》、《赠魏润庵》、《赠谢雪渔》、《赠林石崖》、《赠洪以南》、《江山楼即席赠瀛社诸公》、《题杨宜绿见寄诗后》、《咏古八首》、《次韵酬庄太岳》、《临行赠杜仰山》等。其中，《江山楼即席赠瀛社诸公》（二首）之二云：“剑南诗思听春雨，慷慨还歌结客行。谁向骚坛飞一骑，高吟唤起草鸡声。”诗中以“剑南诗思”为号召，呼吁“瀛社诸公”等台湾诗友，要像爱国主义诗人陆游一样多创作一些充满“慷慨”气概的作品，以“唤起”像郑成功一样的民族英雄，早日驱除“日虏”，光复台湾。

第三节　与上海、江苏等地社团的交流往来

从《李伯元逸事》、《惜馀春轶事》等相关载录来看，菽庄吟社的对外交流联络，并不仅仅局限于闽台两地。该社还与晚清民国期间上海的海上文社，江苏的扬州惜馀春社、伍佑国粹保存社、常熟虞社、南京同文吟社、武进苔岑社、太仓甲子吟社，以及北京的“宣南三社”——寒山社、稊园吟社与蛰园吟社，乃至与菽庄吟社诗学主张完全对立的上

---

① 《爱国诗人连雅堂》。台南市文献委员会编印：《台南文化》（旧刊），台北：成文出版社，1983年3月台一版，第3330－3331页。

海南社等，均有或多或少、或疏或密的联系。

一、光绪末年林尔嘉与上海海上文社

早在光绪末年，菽庄主人林尔嘉就曾参与过上海海上文社的诗钟征集活动。张乙庐所撰《李伯元逸事》有载："上海小报，创于常州李伯元氏之《游戏报》。其体裁略如旧式大报，销路甚广。……氏更创设海上文社，并刊日录，月分诗钟等三课，应课者每卷缴二十文。海内才人，一时毕集，远如香港潘兰史、厦门林菽庄，皆与其盛焉。"[①]魏绍昌尝为注曰："本文录自一九二三年一月二十六日《小说日报》第五十四号所载之《天涯芳草馆笔记》。本文提到的李伯元创设海上文社，并出刊日录，即指《海上文社日报》。查阿英编《晚清文艺报刊述略》（古典文学出版社一九五八年三月出版）中记《海上文社日报》云：'也是当时小型报中的别裁，光绪二十六年（一九〇〇）三月创刊。系海上文社的机关报，文社系李伯元所创办。内容为社说、社榜、社谈、谈薮、笔记、杂著、艺苑。有邱菽园等的著作。馆设大马路亿鑫里。油光纸，单面印，每张售钱四文。'"[②]据查，海上文社的创设者李伯元（名宝嘉），"卒于光绪丙午三月十四日（1906 年 4 月 9 日）"[③]。由此推断，林尔嘉参与上海海上文社的创作活动时间，是在光绪二十六年（1900 年）三月至光绪三十二年（1906 年）三月之间，即菽庄吟社的雏形期或草创期——"浪屿诗坛"创立前夕。

以上载录说明，林尔嘉很早就开始关注整个大陆诗坛的发展动

---

① 张乙庐撰：《李伯元逸事》。魏绍昌编：《李伯元研究资料》，上海：上海古籍出版社，1980 年 12 月第 1 版，第 14 页。

② 魏绍昌编：《李伯元研究资料》，上海：上海古籍出版社，1980 年 12 月第 1 版，第 15 页。

③ 吴沃尧撰：《李伯元传》。魏绍昌编：《李伯元研究资料》，上海：上海古籍出版社，1980 年 12 月第 1 版，第 10 页。

态，并积极参与到其创作活动当中，而不是像个别论者所说的那样，孤芳自赏，故步自封，完全生活在与世隔绝的"异质空间"里。

二、《惜馀春轶事》中有关菽庄吟社之载录

菽庄吟社正式创立以后，林尔嘉更加关注大陆诗坛的发展动态，甚至还派出专人，赴各地考察联络，以期"俾天下骚人墨士皆将尽入其彀中"[①]。杜召棠所著《惜馀春轶事》有载："清末扬州诗钟之盛，以惜馀春为最。诗钟初盛于闽，高乃超至扬首倡之。……福建林氏，巨族也。清末'菽庄'告成，广事征诗，酬甚丰。惜馀春社友纷然投稿，揭晓后，皆入选，且多列前茅。菽庄大惊，以为惜馀春人才之盛，甲于全国，乃专使来扬以访。既至，见屋小于舟，不胜奇诧。而往来人士，率衣冠不整、穷愁潦倒之流，以为别有惜馀春在。逡巡三日，遍寻弗得，乃又往，询主人何在。高曰：余即主人。使者犹未之信，高叩其所以，乃详告。高指座中客，指名以示之曰：某在斯，某在斯，皆可诵其原作以征信。某大喜，越日，于某大酒家置盛筵数席，简邀社友，作尽夕之欢，然后去。菽庄于四十年（1951年）逝于台北，年七十有七。余因友人黄樾荪之介，展转将此事达于其子眉生，不胜朝露之感。"

"惜馀春"本为一酒肆，设于扬州教场北首，"屋小于舟，前后仅一间有半，前之半尚设一柜，后之半为设厨案之所。乃于市口楼短桁，亦仅容膝，诗人多猬集之，暮益盛。一灯如豆，户限为穿，莫知其所自。四壁粘贴诗笺，琳琅满目，不啻诗城。门首窗棂间，为各吟社张贴课题处"。蒋孝达尝论"惜馀春"功绩有二：一是"惜馀春作为重要的诗人沙龙，致力于推动并形成诗歌活动的高潮，厥功固未可小觑"；二是"它还曾为后来扬州人引以为豪的富春包子引进'良种'"，"数十年来脍炙人

---

① 康筠庵撰：《甲子（1924年）三月菽庄小兰亭三修禊序》。林尔嘉辑：《菽庄小兰亭征文录》，"戊辰（1928年）春日"刊本，第46页。

口的富春包子(也包括千层油糕、翡翠烧卖等品),其实大都是从惜馀春借鉴而来”。

“惜馀春”共有社员120余名,大都参与过菽庄吟社的“征诗”活动,确切可考者即有:高乃超及其二子高宪安、高超(字仰之)、郭仁卿、张嘉树(字谷臣)、汪二邱(汪禧)、汪子文、江子云、髯翁(林小圃)、谭亦纬、烟霞旧友、城北瘦生与王文藻。“惜馀春”主人高乃超,“闽人,伛偻其背,人以‘高驼子’呼之。清光绪间来扬,携留声机设肆于教场。机圆桶形,系以皮管,塞耳以听,声似蚊蝇。市人好奇,麇集之。每客收铜币二枚,日售数十千。旬日后,积资数百千,乃赁屋设可可居酒肆。址在教场中心,为怡亭茶社旧址。……主人极醇厚,彀彀焉有古君子风。当设可可居时,囊甚裕,所售肴馔较丰。食者以主人好客,率赊欠之;及期不能偿,高一笑置之。资因以耗,不能为继,乃缩小范围而设惜馀春焉”[①]。《清稗类钞》另载:“高乃超,名超,闽人。其先世为扬关榷吏,遂家于扬。尝于扬之教场,设可可居小酒肆。营业日起,乃增益资本而扩之。闽人好作嵌字诗钟,高尤嗜之,日夕集文士从事吟咏。其司簿籍之某,亦能诗能棋。有客过其门,辄闻咿唔之声。店小二报帐,而居停与司帐者方闭目推敲,其营业遂因诗钟以败。”[②]前辈风流,足称绝俗。

三、林尔嘉与吴承烜、鲍祖德等伍佑国粹保存社成员的“艺苑神交”

民国初年,安徽歙县人吴承烜(字东园)在江苏伍佑创设国粹保存社,向海内外弟子函授诗词之学,暇余则与同样来自安徽歙县的鲍祖

① 杜召棠著:《惜馀春轶事》,扬州:广陵书社,2005年8月第1版,引言及第1—20页。

② 徐珂编撰:《清稗类钞》,北京:中华书局出版,1986年3月第1版,第4018—4019页。

德、吴清丽、吴蕊先、鲍蘋香、吴毓生，以及当地文士金式陶、徐燮、张祉、胡士廉、徐医隐、张文魁、杨瑞文、杨天和、龚士卿、陈琴仙、杨士珍、陈植滋等诗酒酬唱，影响颇大，时人誉之为汉平津侯开馆纳士。林尔嘉所作《辛酉(1921 年)敬和吴东园见怀之作原韵》有谓："神交漫费数由旬，如此江山苦劫尘。君擅仙才称太白，谁开宾馆继平津？振衣独立三千界，把袖长吟十二辰。箧有阴符莫轻试，磻溪记取钓璜人。"

吴承烜还经常组织国粹保存社成员参与菽庄吟社举办的各种活动。仅从对菽庄吟社 9 次"征诗"获奖作品的统计来看，吴承烜就达 15 篇次，居所有参赛吟侣之冠；胡士廉 8 篇次，与福州陈海瀛并列第三名；吴清丽 7 篇次，与福州叶绣葆并列第五名；其他鲍祖德 5 篇次，吴蕊先 5 篇次，鲍蘋香 4 篇次，徐医隐 4 篇次，等等。此外，吴承烜等还参与过菽庄吟社辛酉(1921 年)所征"菽庄梦中得句唱和"、"菽庄林先生暨德配云环龚夫人结婚三十年庆"、"菽庄主人六十寿庆"等活动。可见，伍佑国粹保存社成员参与菽庄吟社活动的频率以及作品获奖比率均不亚于高乃超所组织之扬州惜馀春社。

伍佑国粹保存社成员主要是通过邮筒往来的方式参与菽庄吟社创作活动的，他们当中的绝大多数成员，包括吴承烜在内都没有到过厦门菽庄花园，然而这并不影响林尔嘉与伍佑国粹保存社成员之间的交谊。民国二十二年十一月二十八日(1934 年 1 月 13 日)为伍佑国粹保存社创设人吴承烜的八秩揆辰，林尔嘉为作《癸酉十一月二十八日为东园先生八秩揆辰，寿以一律》以贺，该诗云："频年唱和寄相思，名士江南识憾迟。老去金丹换凡骨，劫余玉树茁孙枝。钓璜宁羡磻溪遇，藏籍还搜孔壁遗。文字即今能寿世，梅村诗稿梦窗词。"从民国四年(1915 年)吴承烜初次参加菽庄吟社"虞美人"(七排二十韵)征诗，到民国二十三年(1934 年)参加"菽庄主人六十寿庆"，林尔嘉与吴承烜之间的"艺苑神交"前后刚好二十年，堪称近现代诗坛的一桩韵事。

伍佑国粹保存社的另一成员鲍祖德（字桂荪），从民国十年（1921年）首次参加菽庄吟社所征“菽庄三九雅集”（七古），到民国二十三年（1934年）参加“菽庄主人六十寿庆”，与菽庄主人林尔嘉之间的交往前后也有十四年之久。民国二十二年十一月十九日（1934年1月4日）为鲍祖德的七秩揆辰，林尔嘉作有《癸酉十一月十九日为桂荪先生七秩揆辰，寿以一律》以贺，该诗云：“艺苑神交逾十年，邮筒唱和寄吟笺。方书本章生涯淡，家学参军韵事传。绛县老人忘甲子，黄山故里隔云烟。悬知客里称觞者，不是诗仙即酒仙。”

此外，北京“宣南三社”——寒山社、稊园吟社与蛰园吟社的社长关赓麟、樊增祥、郭则沄，及其社员林纾、陈衍、王式通、丁传靖、高步瀛、关霁等；北京著涒社的许瘦蝶等，江苏常熟虞社的朱家驹、许瘦蝶、王良有等；南京同文吟社的陶巽人等；武进苔岑社的朱家驹等；太仓甲子吟社的许瘦蝶等；上海南社的张端瀛等；上海鸣社的朱家驹等；上海丽则吟社的许瘦蝶等；……均曾参与过菽庄吟社的创作活动。林尔嘉与他们之间亦当有所交谊，这里不作一一考述。

第九章

菽庄吟社的社会内涵及历史意义

从前面诸章的论述中可以看到，菽庄吟社是中国近现代历史上牵一发而动全身的重要文学社团。该社不仅规模庞大、吟侣众多、活动频繁、成果丰硕，而且还与海峡两岸同时期的其它文学社团几乎都有联络，尤其是对日本占据下的台湾本岛诗坛产生过重大影响。然而，一般人仅知道，菽庄花园的风景非常优美，菽庄主人林尔嘉十分富有，而对于菽庄吟社的社会内涵及历史意义却不甚了了。更有甚者，认为“内渡中国的林尔嘉尽管逃离了‘殖民性’的历史困境，却面对了一个‘现代性’的难题，而‘菽庄吟社’及其诗社所标榜的古典主义的实践，则是吟社内遗老们面对现代性困境的方案，由此推衍，笔者认为，这意味着‘祖国’作为一种救赎的希望，其本质乃是虚幻不实的，也说明了，自割台的那一刻起，台湾与中国就走向了不同的历史道路，不论是政治或是文学”①。这种看似悬乎的胡乱“推衍”，其潜在修辞阴谋不外乎是要为台独行径张目。且不说乙未以来林尔嘉等菽庄吟侣是如何为“抗日复台”而努力奔走，以及日据台湾时期海峡两岸诗人是怎样同声相应与同气相求的，单就 1945 年台湾光复这一历史事实，就足以证明其“推衍”逻辑的“异质”性和荒谬程度。因此，非常有必要正本清源，

① 申惠丰撰：《异质空间：论菽庄的空间象征及其意义》，台北：《台湾文学学报》第 9 期，2006 年 12 月版，第 155 页。

尤其是对菽庄吟社的“政治”和“文学”意义作出专门探析，以还菽庄吟社一个历史的本真面目。

第一节 “抗日复台”——关于菽庄吟社的创立宗旨

由于乙未割台后的国内国际形势，以及菽庄吟社所处历史时间与地理空间的特殊性等原因，菽庄吟社并没有像上海南社等同时期其它文学社团一样，发表过什么“宣言”或制订过什么“条例”，来大张旗鼓地标榜自身的社团宗旨，以至一些论者错误地认为这给他们提供了一个任意“推衍”和肆意歪曲的“空间”。实际上，菽庄吟侣所作诗文的字里行间，清楚地表明了他们的政治立场、思想观点及态度倾向，这些立场、观点和态度倾向集中在一起，可以用四个字来概括——“抗日复台”，这便是菽庄吟社的创立宗旨。正是在“抗日复台”这一宗旨的召唤下，菽庄吟社才将海峡两岸数以千计的仁人志士凝聚其中，并且发展成为日据台湾时期海峡两岸诗人同声相应、同气相求的纽带与桥梁。

一、乙未割台后的国内国际形势及菽庄吟社所处之历史时间与地理空间

在接连遭遇甲午(1894 年)中日海战和庚子(1900 年)八国联军入侵的打击后，中华民族的自尊心与自信力受到前所未有的重创；另一方面，日本、美国、英国、法国、德国等帝国主义的气焰则一日比一日嚣张。光绪二十八年(1902 年)，在西方帝国主义的合谋下，鼓浪屿被迫划作公共租界。菽庄吟社就是在这种特殊的历史时间和地理空间下形成的，所以该社没有发表什么“宣言”或制订什么“条例”，来大张旗鼓地表明自身的社团宗旨。

（一）乙未割台后的国内国际形势

甲午(1894年)一役，日本不仅从中国窃取了台湾及澎湖列岛，而且还获得二亿两白银的巨额赔款，一跃成为世界强国，这极大地刺激了西方帝国主义列强瓜分中国的野心。光绪二十六年(1900年)，英、法、德、俄、美、日、意、奥八国联军侵入北京，大肆屠杀掳掠，然后迫使清政府签订《辛丑条约》，赔偿白银四亿五千万两，史称"庚子赔款"。仅这两项赔款加在一起，就相当于清朝政府十年的财政收入，已经把中国人民推到了贫穷与落后的深渊。为了偿付巨额赔款，清政府一方面加紧向人民搜刮，另一方面大量举借外债，从而使西方列强进一步控制了中国的经济命脉。此外，新的通商口岸的开放、关税及盐税的抵押、公共租界的设立、外国军队的长期驻扎等，无不把中华民族推向更加深重的危机之中。

不仅如此，甲午以来，中华民族的自尊心与自信力也遭到严重的创伤。清人文廷式所撰《闻尘偶记》有录："台湾既割，举国遂讳言台湾。刘铭传卒，特旨予恤，而不正言其官为前台湾巡抚，不知草拟诸臣果何用心也。"①庚子(1900年)八国联军入侵以后，中华民族的自尊心与自信力更是跌到了冰点，慈禧太后甚至表示要"量中华之物力，结与国之欢心"②。然而，在鸦片战争以前，清王朝统治者曾经何等狂傲地说："天朝物产丰盈，无所不有，原不藉外夷货物以通有无"③。因此，梁启超谓："吾国四千余年大梦之唤醒，实自甲午战败，割台湾、偿二百兆

---

① 文廷式撰：《闻尘偶记》。转引自汪毅夫著：《闽台缘与闽南风》，福州：福建教育出版社，2006年7月第1版，第21页。

② 故宫博物院明清档案部编：《义和团档案史料》下册，北京：中华书局，1959年5月版，第945—946页。

③ 清高宗乾隆五十八年(1793年)复英王乔治三世信。梁廷枏等纂：《粤海关志》卷三十二，台北：文海出版社，1975年12版，第8页。

以后始也。”[1]

（二）菽庄吟社所处之历史时间与地理空间

菽庄吟社所在地——鼓浪屿位于福建省厦门市西南，是一个面积约1.6平方公里的小岛。史载，明末民族英雄郑成功曾在这里安营扎寨，操练水师，留下“水操台”、“剑潭”、“寨门”等遗址。岛上最高峰龙头山，土名岩仔山，又名日光岩或晃岩，海拔96米。登上日光岩，向南俯瞰，菽庄花园坐落在石堪顶下的港仔后湾；向北近眺，林氏府耸立于鹿耳礁之西埝；极目东望，云海苍茫处就是美丽富饶的祖国宝岛——台湾。

鼓浪屿岛虽小，却见证了近代以来中国社会的全部沧桑。清代嘉庆以前，鼓浪屿主要是作为协防厦门的一个军事据点，驻军百余名；岛上另住有几户农家，过着男耕女织、怡然自得的世外桃源生活。道光二十年五月二十九日（1840年6月28日），鸦片战争爆发；次年七月初九日（1841年8月25日），英军派战舰38艘、士兵3500名进犯厦门，镇守鼓浪屿的总兵江继芸率部英勇抗击，嗣因寡不敌众，全部壮烈殉职，鼓浪屿亦为英军所据。道光二十二年七月二十四日（1842年8月29日），第一次鸦片战争结束，中英签订《南京条约》。条约规定：清政府将香港岛割让给英国；向英国赔偿2100万两银元；开放广州、福州、厦门、宁波、上海五处为通商口岸，准许英国派驻领事，准许英商及其家属自由居住；等等。

道光二十五年（1845年），英国在鼓浪屿修建了第一座领事馆。其后，美国、西班牙、法国、德国、日本、荷兰、丹麦、瑞典、挪威等国，也相继在鼓浪屿设立领事馆、领事代理、商业领事及洋行经理，并企图“阳

---

① 梁启超撰：《戊戌政变记》。梁启超著：《饮冰室合集》第六册，北京：中华书局，1989年3月版，第1页。

袭上海工部局之名，而阴收包占鼓浪屿之实”[①]。甲午海战，日本尝到了殖民侵略的甜头，胃口大开，先后多次要求把鼓浪屿划作日本租界，甚至还派出陆战队进行武力强占。在日、美、英、德、法、荷等国的合谋下，光绪二十八年十月二十二日（1902 年 11 月 21 日）清政府被迫签署了《厦门鼓浪屿公共地界章程》，鼓浪屿遂此沦为继上海租界区之后的第二个“公共租界”。

根据《厦门鼓浪屿公共地界章程》规定，光绪二十八年十二月（1903 年 1 月）鼓浪屿公共租界成立了工部局，“专理”租界内治安、财政、建设、卫生等一切“应办事宜”。工部局设局长一名，规定只有洋人才能担任；另设局董事会，负责对工部局的监督，内置董事七名，除华董一名由福建兴泉永道道台指派租界内“殷实妥当之人”担任外，其余六名悉为洋董；等等。在工部局“专理”鼓浪屿的数十年间，鼓浪屿公共租界成为“外国侵略者和冒险家的‘天堂’，买办资产阶级的‘乐园’”，但对租界内的居民，他们却“极尽敲骨吸髓之能事”[②]。1937 年 7 月 7 日，抗日战争爆发；次年 5 月 12 日，日军占领厦门；1939 年 5 月 11 日，日军登陆鼓浪屿，随后掌握工部局的实际控制权；1941 年 12 月 8 日，太平洋战争爆发，日本派兵进驻鼓浪屿，工部局乃由日本一方独霸。1945 年 8 月 15 日，日本宣布无条件投降，鼓浪屿才结束被外国殖民者强占与奴役的历史。

由此看来，生活在鼓浪屿公共租界内的台湾流寓文士们并没有逃脱“‘殖民性’的历史困境”，而且不管是在大陆还是在台湾，只要外国

---

① 清光绪四年十月初五日（1878 年 10 月 30 日）闽浙总督何璟致总理各国事务衙门函。转引自余丰、张镇世、曾世钦撰：《鼓浪屿沦为“公共地界”的经过》。政协福建省厦门市委员会文史资料研究委员会编：《厦门文史资料选辑》第二辑，1963 年 3 月版，第 83 页。

② 张镇世、叶更新、杨纪波、洪卜仁撰：《“公共租界”时期的鼓浪屿》。政协福建省厦门市委员会文史资料研究委员会编：《厦门文史资料选辑》第三辑，1980 年 12 月版，第 38—40 页。

殖民侵略者还没有被驱除，所谓“现代性”都是一厢情愿的、不切实际的虚假命题和凭空想象。举一个例子，民国十一年(1922 年)夏鼓浪屿工部局悬禁种莲，对已经种植的荷花施行灌药根除，林尔嘉所辟荷田数亩亦未能幸免，多年以后他还写道“当年此事岂止焚琴煎鹤杀风景，至今念及犹觉丧权蒙耻痛心脾”[①]。再如，民国十八年(1929 年)十一月十日，美国人夏礼威(C. N. Holwill)蛮横拆毁菽庄花园内的石桥，林尔嘉忍无可忍，愤而向思明县地方法院提起诉讼，并起草《为菽庄石桥被毁及私权横受侵害事谨告同胞书》，呼吁“法曹当局、社会人士，主持公道，无令洋员凭藉权势欺侮同胞，以后我国人民亦庶免受此种种之凌虐也”[②]。身为鼓浪屿工部局华董的林尔嘉尚且如此，一般民众所遭受之欺侮盘剥就可想而知了。在“弱国无外交”的旧中国，在没有公理可言的公共租界内，菽庄吟社又怎么可能发表什么“宣言”或制订什么“条例”，来大张旗鼓地表明自己的社团宗旨呢？

二、菽庄吟社主要吟侣的政治立场、思想观念及态度倾向

菽庄吟社既然没有发表过什么“宣言”或制订过什么“条例”来表明自己的社团宗旨，那么其社团宗旨究竟是什么？它又是通过什么方式表达出来的？为什么海峡两岸依然还有数以千计的骚客吟侣凝聚其中呢？

“为有幽居欲避人，转因岁月费留宾。无多白社新词客，半是东瀛旧弃民。菊爱陶潜饶逸兴，诗吟杜甫枉伤神。沧桑过后烽烟起，历劫

① 林尔嘉撰：《荷花生日有怀菽庄》。林尔嘉撰，沈骥编校：《林菽庄先生诗稿》，台北：龙文出版社，1992 年 3 月重印初版，第 79 页。

② 林尔嘉撰：《为菽庄石桥被毁及私权横受侵害事谨告同胞书》，1929 年 12 月厦门印行。

余生语已陈。"[①]菽庄吟社尽管规模庞大、吟侣众多，但该社核心吟侣也就才林尔嘉及菽庄"十八子"等数十位，其中半数又都为乙未前后内渡大陆的台湾流寓文士。因此，要分析菽庄吟社的社团宗旨其实并不太难，只要抓住了菽庄吟社核心吟侣特别是其中台湾流寓文士的政治立场、思想观念及态度倾向，也就把握了菽庄吟社的发展主流和基本宗旨。这里就以菽庄吟社创立人林尔嘉和社中"祭酒"施士洁为代表，试作分析。

（一）关于林尔嘉的"（心）愿"

林尔嘉四十岁以前所作诗词，经他自己反复删削，仅剩下两首：一首是《菽庄于癸丑（1913 年）竣工，欣然为文记之，兴慨极浓，墨有余沈，乃赋五律一首》；另一首是《甲寅（1914 年）菽庄口占》。其中，第一首诗题已经载明是为了纪念菽庄花园落成而作的，无须多谈。第二首所作云："卷帘一色海天清，静里从容见物情。潮水也知人世变，去来时作不平鸣。"该诗采用拟人化的手法，认为"潮水"像人一样也是有感情的，它也知道人世的沧桑巨变，潮去潮来、潮涨潮汐就是它所发出的"不平之鸣"。作品由物见情，然后寄情于物，名为咏物，实则言志，所谓潮水的"不平之鸣"，其实就是作者的"不平之鸣"，但全诗起承转合之间随意而天然，看不到丝毫的矫揉造作，可列为诗中极品。

大家知道，"甲寅（1914 年）"以前中国社会发生过两次沧桑巨变，一是乙未（1895 年）割台，一是辛亥（1911 年）鼎革。然则究竟是哪次巨变，让林尔嘉时常发出"不平之鸣"呢？这可以从林尔嘉癸丑（1913 年）重阳所作《菽庄记》一文中得到答案，该文谓："余家台北，故居曰'板桥别墅'，饶有亭台池馆之胜。少时读书其中，见树木阴翳，听时鸟

---

① 林尔嘉撰：《壬戌（1922 年）菽庄感事柬耐公枢南杏泉乃赓》。林尔嘉撰，沈骥编校：《林菽庄先生诗稿》，台北：龙文出版社，1992 年 3 月重印初版，第 11 页。

变声，则欣然乐之。乙未（1895 年）内渡，侨居鼓浪屿，东望故园，辄萦梦寐。癸丑（1913 年）孟秋，余于屿之南得一地焉。翦榛莽，平粪壤，因其地势，辟为小园，手自经营，重九落成。名曰'菽庄'，以小字叔臧谐音也。当春秋佳日，登高望远，海天一色，杳乎无极。斯园虽小，而余得以俯仰、瞻眺、咏叹，流连于山水间，亦可谓自适其适矣。"菽庄花园也"称为小板桥，表示念念不忘台湾之意"[①]，李禧尝谓："（林尔嘉）先生以藏海、补山名园，惧有陆沉之痛，并喻填石之意耳。"[②]可见，林尔嘉日夜魂牵梦萦的是台北板桥"故园"，是乙未割台这一"陆沉之痛"让他时常发出"不平之鸣"。同样写菽庄花园，林尔嘉所作《戊午（1918 年）敬步陈省三寄陈剑门原韵》（四首）之二则谓："趋时更觉感时多，东望鲲洋怅若何！国事休论新与旧，古来为政在人和。"在林尔嘉看来，只要政通人和，国富民强，不管是君主旧制也好，还是共和新政也好，并不十分紧要。这更加充分说明，林尔嘉的"不平之鸣"乃在乙未割台，而非辛亥鼎革。所以，林尔嘉一生最大的心愿就是光复台湾故土，用他自己的诗句来表达，就是"还我河山偿我愿，登临更上几层楼"、"看到瀛东复版图，年过稀古老狂夫"。

然而，"复台"的前提条件是"抗日"，要光复台湾故土，首先必须驱除"日虏"，即赶走占据台湾的日本殖民统治者。为此，林尔嘉经常踏访水操台、演武场、太平岩、国姓井、嘉兴寨、羊角寨、集美寨等郑成功遗址，来凭吊这位"开辟荆榛逐荷夷"[③]的明末民族英雄。其所作《壬戌七月既望壬秋阁落成，是夕久雨初霁，与客泛舟鹭江，慨然作七律四

① 《林本源史话》。陈三井、许雪姬访问，杨明哲纪录：《林衡道先生访问纪录》，台北：中央研究院近代史研究所，1992 年 12 月版，第 6 页。

② 李禧撰：《菽庄主人六十寿文》。沈琇莹题签：《菽庄主人六十寿言》，厦门永明印刷社承印，刊行时间未详，第 6—7 页。

③ 郑成功撰：《复台诗》。戴光华编选：《厦门诗荟》，厦门：鹭江出版社，1996 年 10 月第 1 版，第 115 页。

首》之三并注云:“藤牌子弟亦多才,一舸苍茫吊古来。乱后虎头山色改,淘余鹿耳浪声哀。英雄往事横吟槊,风月闲愁入酒杯。今日江山无霸气,不堪回首水操台。(台为郑延平阅水操处,一在鼓浪屿日光岩;一在厦门燕巢巷。)”表面上看,林尔嘉吊古只是因为“伤”今,但实际上其吊古更多是为了“励”己,如其所作《丙子(1936年)二月题延平公园》即云:“为惜花起早,扶筇来此间。雄心怀故垒,海气逼重关。舟趁春潮急,诗题古石顽。眼看风景好,无恙旧江山。”为了激励自己的“雄心”壮志,林尔嘉还特地选取“郑成功磨剑之水”[①]——剑潭,在那里筑起了菽庄花园。

1937年7月7日,日本侵略者又制造了震惊中外的“卢沟桥事变”。林尔嘉愤然而作《丁丑(1937年)新历七月七日倭寇侵犯卢沟桥,感赋寄壶天醉客》一诗并注云:“年年来消夏,匡庐无所营。虽居在空谷,时闻风鹤声。人心不厌乱,蛮触蜗角生。内度幸既弭,外寇何纵横!卧薪日已久,民苦不聊生。背城拼一战,不为城下盟!匹夫知有责,举国欲皆兵!愧我桑榆景,未能事远征!时不容高卧,安得效渊明!寄语壶天客,在山泉水清。黄龙待痛饮,啸侣歌太平。(庐山黄龙潭有军官刻“痛饮黄龙”四字。)”尽管林尔嘉其时已届桑榆之年,未能征战沙场,但他仍然认为“国家兴亡,匹夫有责”,并且表态自己不愿作独自高卧、不关世事的陶公,全诗表达出作者大无畏的英雄气概和“抗日”必胜的坚定信念。1942年,抗日战争进入最为艰苦的相持阶段,林尔嘉为作《次韵奉和子石五十自寿四首》之二云:“枯局河山一着争,时闻动地鼓鼙声。雁从北返知边信,鹤向南飞慰客情。五饵迂疏讥贾谊,六奇游戏笑陈平。劝君收拾灵均泪,底事伤心白发生。”诗中极力倡导“争枯棋于一着”、永不言放弃的革命乐观主义精神,表达了要与

① 萨伯森、郑丽生合撰:《诗钟史话》,1964年1月郑丽生手写本,第47页。

日本侵略者血战到底的决心。

1945 年 8 月 15 日，日本宣布无条件投降。中国人民经过艰苦卓绝的八年抗战，终于取得了最后的胜利；宝岛台湾也在被日本殖民侵略者占据五十年后，终于回到祖国的怀抱。是岁重阳，林尔嘉登上当时号称“远东第一高楼”——上海国际饭店之第二十一层，欣然而作《乙酉(1945 年)重阳登春申江上二十一层楼酒家感赋》云：“老来倍爱重阳节，就菊今情似昔不？有酒有诗高雅会，无风无雨太平秋。暮年历劫人尤瘦，一字题糕句已酬。还我河山偿我愿，登临更上几层楼。”兴慨之余，林尔嘉又作《乙未(1895 年)割台湾，挈眷归原籍龙溪，五十有余年矣。乙酉(1945 年)台湾收复，余旅沪辄思回台，未能立即成行，感赋四绝志之》之一云：“看到瀛东复版图，年过稀古老狂夫。故人来道故乡事，无恙河山风景殊。”

丙戌五月十八日(1946 年 6 月 15 日)，为林尔嘉的七十二揆辰。其时抗战刚刚结束，百废待举，而且林尔嘉因事尚且淹留申江，但依然难以掩抑他“眼见中华列五强”的喜悦，其所作《丙戌五月十八日七十二龄生日口占》云：“行年七秩亦客常，眼见中华列五强。莫笑庸人多厚福，应知积善有余庆。避秦遁世离乡久，爆竹张灯祝寿长。国步艰难犹未已，榴红照眼漫称觞。”戊子(1948 年)六月，林尔嘉回到阔别已久的台北板桥故园，乃修葺稻江别业，然后重开韵事，所作《己丑(1949 年)花朝亦小壶天修葺竣工，集亲友十二人仿古作真率会并写照，客多赋诗，旋成七律一首纪之》云：“图仿洛中真率会，豪情雅致笔难描。寿花觅句语尤吉，对月开尊兴倍饶。今昔不同休感喟，安闲自爱且逍遥。春光容易清明近，共待踏青竞脚腰。”又《己丑(1949 年)上巳静胜楼修禊》云：“欣逢令节老犹狂，三十五年韵事长。故里初归重结屋，崇山遥对共倾觞。清江楼上好风月，佳客座中有谢王。积习未除聊仿古，群贤少长快同堂。”辛卯六月六日(1951 年 7 月 9 日)，林尔嘉其时回归故土已经三年，尚且作《辛卯六月六日天贶节，余归台已经三载。回忆甲子(1924年)此日，余挈眷自鹭岛放洋，自东徂西；迄庚午(1930年)归国，游兴未阑，年年夏出秋归，仍在大江南北，遨游不倦；丁丑(1937年)后，避地沪上；癸未(1943年)亦逢天贶节，适值新历七月七日，集眷宴饮，有七绝二首，并列于后。自甲子此日至今，二十七年矣，此中家国情景，历历如在目前，乃成七绝二首，以纪大概》之二云："天南一去如黄鹤，稀古年逾竟复还；寥落田园三五亩，分明是我旧家山。"其对家国与故土的感受是如此的真挚，如此的热切，又怎么能说"这意味着'祖国'作为一种救赎的希望，其本质乃是虚幻不实的"呢！？

(二)关于施士洁的"远志"

施士洁与菽庄主人林尔嘉为"两世纪、群，十年嵇、阮"[①]，而且长期"谪坠"林氏府，帮助他维持"浪屿诗坛"的"骚坛衣钵"[②]，是贯穿"怡园聚咏"、"浪屿诗坛"及菽庄吟社鼎盛期的"三朝元老"。正是在施士洁的积极鼓动与鼎力襄助下，才有了"浪屿诗坛"的形成以及菽庄吟社的正式创立。菽庄吟社中的众多吟侣如许南英、汪春源、林景仁、林刚义、林履信、魏清德、邱韵香等，都曾是施士洁的弟子并且深受其影响，施士洁也因此被菽庄吟侣群推为社中"祭酒"[③]。所以，施士洁的政治立场、思想观念及态度倾向在菽庄吟侣中非常具有典型性和代表意义。

丁未(1907年)、戊申(1908年)之间，即菽庄吟社的雏形期或草创期——"浪屿诗坛"创立之初，施士洁尝作《和许允伯直刺〈三水寄怀〉

---

① 施士洁撰：《菽庄序言》。施士洁著：《后苏龛合集》，台北：台湾银行经济研究室，1965年11月版，第407页。

② 施士洁撰：《林京卿手绘"暗香疏影"赠陈荪田，索句题额》(四首)。施士洁著：《后苏龛合集》，台北：台湾银行经济研究室，1965年11月版，第173页。

③ 《红叶草堂笔记》。厦门图书馆编：《厦门轶事》，厦门：厦门大学出版社，2004年12月第1版，第22页。

韵》(三首),其中第二首云:"鲁山贤令紫芝晖,大邑名存惜实非。腔血那堪因宦冷,脂□不合与时违。肄江磊落新冠盖,瀛岛萧条旧钵衣!我欲寓书姜伯约,商量远志或当归。"诗中施士洁要求许南英从千里迢迢的广东回到自己身边来"商量远志",随后便有了菽庄"三老"的"芗江萍水"、菽庄吟社的正式创立、许南英的三度返台等一系列事情的发生。可见,施士洁所作《和许允伯直刺〈三水寄怀〉韵》(三首)直接关系到菽庄吟社的创立与发展,并且影响甚至左右了许南英晚年生活的运行轨迹,因此,该诗中"远志"一语,是破解施士洁乙未内渡以后的政治立场、思想观念、态度倾向以及菽庄吟社创立宗旨的关键。

要解析施士洁乙未内渡以后的政治立场、思想观念及态度倾向,还得从乙未内渡以前说起。甲午(1894 年)中日战起,海氛渐炽,施士洁协同其弟子、台南团练局统领许南英招募义军,行军之余为作《感时示诸将和陈仲英廉访韵》(四首)、《同许允白兵部募军感叠前韵》(四首)、《瀛南军次再叠前韵示同事诸子》(四首)等,积极宣传反抗异族侵略、保家卫台的民族大义,殷勤勉励乡关子弟和衷共济,同仇敌忾,扫除"鲸鲵",建立"殊勋"。其中《同许蕴白兵部募军感叠前韵》(四首)之三云:"回首边筹十二年,灵光诸老散如烟。无金谁济公家帑。有石难耕恶岁田。士不归秦宁蹈海,人虽在杞岂忧天?飞刍挽粟浑闲事,争奈双眉急欲然!"表达了作者与日本侵略者势不两立,宁可像鲁仲连一样蹈海而死,也不接受外敌屈辱而苟且偷生的气节情操。

乙未(1895 年)割台议成,继而"台湾民主国"覆亡,施士洁"痛哭台湾之失,耻为异族之民"[①],乃挈眷内渡。临别台湾,施士洁愤然写下《别台作》(三首),其第三首云:"百雉高城赤墈西,鹧鸪啼罢子规啼。

---

① 黄典权撰:《后苏龛合集·弁言》。施士洁著:《后苏龛合集》,台北:台湾银行经济研究室,1965 年 11 月版,第 2 页。

楼前人去如黄鹤，夜半军来尽水犀。鬼已无头怨罗刹，僧犹有发愧阇黎。逐臣不死悬双眼，再见英雄缚草鸡!”诗中，“逐臣不死悬双眼”一句，出自《史记·伍子胥列传》，原文为“抉吾眼，悬吴东门之上，以观越寇之入灭吴也”[①]，意即死不瞑目。末尾“再见英雄缚草鸡”一句，“草鸡”即繁体“鄭”字，此处代指清初盘踞台湾的郑氏集团；“英雄缚草鸡”本指康熙二十二年(1683 年)靖海侯施琅大将军征讨郑氏集团并统一台湾的史事，这里泛指光复台湾。全诗表达了作者“抗日复台”的坚定决心和必胜信念。

“甲、乙重经两劫深，磺溪旧垒渺难寻。犁庭早试禽渠手，避地终存报国心。□有战□酬豸绣，漫将仕谱度鸳针。相期□享耆英福，岁岁华嵩庆盍簪。”[②]内渡大陆后的施士洁，尽管一直都过着窘迫困顿的生活，但他不仅没有放弃“抗日复台”的信念，而且还为“抗日复台”而到处呼吁和努力奔走。光绪二十四年(1898 年)，施士洁拜见了时任闽浙总督许应骙，并作有《呈闽浙制府许筠庵师》(十首)以呈，其中第八首云：“节楼引领越王台，故国鲸波话劫灰。何□□□□□去，那堪望帝蜀鹃来。蝇头名利穷途泪，虎口妻孥异地哀! 谁念东门丧家狗，皋尧项颡在尘埃?”又第九首云：“瀛南夜夜泣胥潮，蜃雾凌空毒不消。可有温犀穷水怪? 更无汉豸弭天□。□□摇落悲抄蔓，城郭迷离梦覆蕉。国难未□家已毁，□□□□霍嫖姚。”

当夫“东海文章”诸家“芗江萍水”、菽庄吟社正式创立，曾经激起施士洁对于“抗日复台”的多少憧憬与无限热望。其所作《杏泉汪大令(春源)以诗寿我兼以赠别，如韵答之》(四首)之二云：“自后夙慧困杨

---

① 司马迁撰:《史记·伍子胥传》。上海古籍出版社、上海书店合刊:《二十五史》第一册,1986 年 12 月第 1 版,第 251 页。

② 施士洁撰:《寿蔡晓沧观察五十(生闰八月,与今闰同)》(十四首)之五。施士洁著:《后苏龛合集》,台北:台湾银行经济研究室,1965 年 11 月版,第 107—108 页。

修，市骏金台又几秋？眼见蓬莱已三浅，七鲲东望使人愁！”“市骏”者，表征战也，北朝民歌《木兰诗》有“愿为市鞍马，从此替爷征”、“东市买骏马，西市买鞍鞯，南市买辔头，北市买长鞭”等句。为何征战呢？只因“眼见蓬莱已三浅，七鲲东望使人愁”，即为了光复台湾故土而战。又《林菽庄侍郎和陈鲁村方伯韵，寄诗索和，如韵答之》（四首）之一云：“名流如鲫过江年，痴想寒灰死复然。三浅桑田东岛客，回头碧玉早成烟！”“寒灰复然”，即夙愿重萌也。愿何所在？依然是“三浅桑田”，即台湾故土。

民国四年蒲月朔日（1915 年 6 月 13 日），时任福建巡按使许世英视察厦门，期间游览了鼓浪屿菽庄花园，并作有《三都月夜》七律一首。施士洁乃作二首以和，其中第一首云：“蜃市蛟宫鲲岛外，蜺旌虎节鹭江头。苍生疾苦谁司命？黄落山川易感秋！露冕六条为世出，星轺九坂使人愁！一韩一范军中在，定慑强邻挫异谋。”又第二首云：“粲然百度维新日，草莽遗臣已白头。何处桃源秦世界？他年瓠史汉春秋。群公纵下神州泪，逋客难埋异地愁！眼底乘轩三百辈，几人肉食远能谋？”等等等等。所有这些共同表明，施士洁的“远志”，不仅仅在于结成一个菽庄吟社，而是要“驱除日虏”，并且“光复台湾”。

三、菽庄吟社历次对外“征诗”的隐喻意味

菽庄吟社历次“征诗”题目，都是在该社节事游赏、社课雅集、击钵联吟等日常吟咏聚作的基础上进一步精选出来的，寄托了菽庄社侣们深刻的寓意和无穷的诗思。如果从这个角度入手进行分析，可能更容易看清菽庄吟社的创立宗旨。

以乙卯（1915 年）首次所征“虞美人”（七排二十韵）为例。“虞美人”即楚霸王项羽的爱妾虞姬，《史记·项羽本纪》载：“项王军壁垓下，兵少食尽，汉军及诸侯兵围之数重，夜闻汉军四面皆楚歌，项王乃大惊

曰:‘汉皆已得楚乎?是何楚人之多也。’项王则夜起饮帐中。有美人名虞,常幸从;骏马名骓,常骑之。于是项王乃悲歌忼慨,自为诗曰:‘力拔山兮气盖世,时不利兮骓不逝。骓不逝兮可奈何,虞兮虞兮奈若何!’”①正所谓英雄末路、美人迟暮也。南唐后主李煜有咏《虞美人》词云:“春花秋月何时了,往事知多少?小楼昨夜又东风,故国不堪回首月明中。雕栏玉砌应犹在,只是朱颜改。问君能有几多愁,恰似一江春水向东流。”为“虞美人”这一词牌定下了黍离之悲与身世之叹的基调。然而,自从南宋女词人李清照写下“生当做人杰,死亦为鬼雄。至今思项羽,不肯过江东”这一铮铮之句以来,有关歌咏项羽与虞姬的诗词在意境上得到了很大的拓展,增添了几分曾经失却的英雄霸气,菽庄吟社乙卯(1915 年)所征“虞美人”(七排二十韵)诗稿即便如此。以林米庵所作第三名作品为例,该诗云:

楚宫烟雨散胭脂,濠水芳魂逐逝骓。负力拔山空霸业,啣恩入地是蛾眉。化为弱草赢愁绪,舞向微风认履綦。封后效垌开的烁,怨留原上见葳蕤。褒斜谷远春如染,益部名新记不遗。丽粉宁输蝴蝶活,啼妆暗结杜鹃悲。洞庭斑竹怀湘女,故国夭桃笑息妫。妾比尧蓂徒晦朔,人言随柳逊腰肢。孤茎裛露常弹泪,翠叶凝烟肯弄姿。偶遇启脣哦纂纂,未辞鞞影对僛僛。苔衣铺处氍毹展,罂粟丛中锦绣披。侑饮罢倾金凿落,承恩忆按玉参差。广筵长袖传鞶扇,羽调柔铃竞柘枝。怎似轻讴翻旧谱,俨然妙拍感离思。若教垓下冲围出,重有江东捲土期。莺啭细喉容不复,鹿归谁手尚难知。请看

① 司马迁撰:《史记·项羽本纪》。上海古籍出版社、上海书店合刊:《二十五史》第一册,1986 年 12 月第 1 版,第 38 页。

军帐高歌夜，胜唱哀蝉短气词。璧月犹惊声四起，峡云终遣梦相随。阴陵何恨迷田父，性准无能庇戚姬。自古菀枯浑一体，龙门本纪至今垂。

笔者认为，菽庄吟社乙卯（1915 年）所征“虞美人”（七排二十韵），其诗题所隐喻的正是该社台湾流寓文士们心中乙未以来一直都无法抚平的割台之痛。宣统元年己酉（1909 年），其时距离乙未割台已有十四年，施士洁作有《百字令·和卢坦公司马》一词并注云：“地球量遍，莽天涯，那有者般情种？吾血自凉君自热，懒作忧时面孔。骨铁成灰，肝冰化石，彼此酸辛共。无干净土，可容三尺诗塚。怪底海气嘘楼，市声沸鼎，搅破林泉梦。谁把俗尘千万斛，埋透老夫顶踵？隙里驹忙，灯前蛾险，冷籁秋风送。沧桑回首，至今痛定思痛（谓割台事）！”[①]直到民国八年（1919 年），施士洁在所作《哀安海》一诗中犹然写道：

君不见罗平妖乌市中出，雀伺螳螂蚌持鹬，三里街连五里桥，可怜一炬阿房虱。承平古填称安平，千年万年不遭兵。笱江通流鹭江接，估客自在烟轮行，百货闽南罗水陆，□顿陈椽日相逐；年时更擅菲滨雄，几辈贾胡炫大腹？归装陆贾千金舟，老来于此营菟裘，翛然市隐半村郭，素封平揖千户侯。一旦萧墙阋者起，八公草木夜疑鬼，蓦地枪烟弹雨中，万瓦鳞鳞赤如洗！城门历劫池鱼殃，虫沙老小同一僵；至今屋底髑髅语，冤磷未敢飞还乡。嗟尔麼麼斗蜗角！两戒谁蛮复谁触？况堪同室此操矛，井里安能免荼毒？模糊黑白纷楸枰，

① 施士洁撰：《百字令·和卢坦公司马》。施士洁著：《后苏龛合集》，台北：台湾银行经济研究室，1965 年 11 月版，第 342 页。

黠鼠据社狐凭城！狂炎到处玉石毁，芸芸曷以聊其生？弹丸黑子新成县，凋残不耐沧桑变；尽饱乌鸢七尺躯，谁怜泽国鱼虾贱？郡邑金缯豢犬羊，苍黔膏血饵豺狼，何人痛定还思痛？幕燕安巢雀处堂！青衫白发伤心客，乱世曾闻避流贼。嫠余十室今九空，使我一编哀蜀碧。同时苦乐那堪论，咫尺桃花别有村；鼓浪洞天衣带水，隔江便当武陵源。昆明劫后留灰烬，虎口余生相问讯。凭君两字报平安，从今休说安平镇！

壬戌七月既望(1922年9月7日)，林尔嘉筑“壬秋阁”于菽庄花园之藏海园，以纪念北宋文豪苏东坡赤壁泛舟十四周甲。是夕，积雨新霁，林尔嘉“主宾九人泛月鹭江，览郑延平之故垒，追苏长公之胜游，……拥真栖于海山，扩陈遨于弦酌”，然后以“鹭江泛月”为题，向海内外骚侣广征赋文。其中，沈则沆所作第一名作品有句云：“观夫日光岩寂，水操台夷；残垒无次，惊沙自吹。慨藤牌之骄子，争枯局于孤棋。神牒销烟，末明代二王之路；胡笳咽雨，等楚歌四起之时。噫！此郑延平昔日屯军之地，而今之菽庄主人凭吊而踟蹰者也，且以铜山之墟蔓荘篱矣，金门之浦荞芜茨矣。白石无语兮，而乌沙明、龙蛇疑矣；草山空碧兮，而浯屿横、旌旗移矣。而斯江也，潮信足弄，水輭堪嬉；而斯月也，清质在抱，澄辉生姿；而斯宾斯主也，欣于所遇，醉那知谁？感销沈于寒铁，纳悲忻于虚卮；笑东坡前后之游地其误矣，慕南粤山川之美我欲从之。迨鹭江之泛既罢，月已逾午，客复引去，而主人亦舍舟归矣。万簌沈夕，一丸耿霄；台榭炫其银色，花木振以金飙。极九十九楼之目，指四十四桥之腰；抛黑甜之尘梦，倚青空之泬寥。所觉景随境异，意与天辽；曾经沧海，如此良宵。泻罢金尊，醉碧川之远客；镌来铁笔，传玉局之清标。别营避世仙居，庭阴似水；趁纵谭瀛豪气，诗思如潮。”[①]诚如是言，林尔嘉壬戌（1922年）鹭江泛月与八百年前苏东坡赤壁泛舟“何其时境之相仿佛邪”，惟“天际鹤语，似带商音”，“日光岩寂，水操台夷”，怎能不令人发出“今日江山无霸气，不堪回首水操台”[②]的喟叹呢！作者在通篇文章中热情讴歌郑成功敢于“争枯局于孤棋”的霸气与雄风，这是英雄气短、儿女情长的楚霸王所无法比拟的，其字里行间无不隐喻着菽庄吟侣们长期以来抑郁心中的抗日之志与复台之梦。

如果说菽庄吟社壬戌（1922年）所征“鹭江泛月赋”，尚且只是隐晦表达出菽庄吟侣们的抗日之志与复台之梦；那么，该社壬申（1932年）所征诗钟大唱——“剑、潭，第一唱”，则明确发出了驱除“日虏”、“还我河山”的号召。1931年9月18日，盘踞在我国东北三省的日本关东军蓄意策划和制造了震惊中外的“九一八”事变，再次拉开侵华战争的序幕；事变发生后，北平、上海、南京、天津、武汉、福州、广州等地的学生及市民纷纷集会游行，掀起了规模空前的抗日救国运动高潮。菽庄吟社壬申（1932年）所征“剑、潭，第一唱”正是在这一历史背景下举行的，《诗钟史话》有载：“《剑潭诗刊》一册，陶芸楼校录，公元一九三二年福州铅印本。为厦门林尔嘉在福州征诗，嵌字格‘剑、潭，第一唱’诗钟大唱选本，录三千余联。尔嘉筑菽庄花园于鼓浪屿，中有剑潭，相传为郑成功磨剑之水，因以征诗。”[③]作品如“剑气凌霜寒虏胆，潭光印月证禅心”、“剑光足慄仇家胆，潭影能怡隐者心”、“剑不许人亲在日，潭宁葬

---

① 沈则沆撰：《壬戌（1922年）七月既望鹭江泛月赋并序》。林尔嘉辑：《壬戌七月既望鹭江泛月赋选》，“甲子（1924年）端午”刊本，第1—2页。

② 林尔嘉撰：《壬戌（1922年）七月既望壬秋阁落成，是夕久雨初霁，与客泛舟鹭江，慨然作七律四首》之三。林尔嘉撰，沈骥编校：《林菽庄先生诗稿》，台北：龙文出版社，1992年3月重印初版，第10页。

③ 萨伯森、郑丽生合撰：《诗钟史话》，1964年1月郑丽生手写本，第47页。

我国危时"、"剑气在函通北斗，潭沱如鼓下东溟"、"剑胆十年过海梦，潭心一掬在山泉"、"剑影歌喉千帐夜，潭光吟鬓一笳秋"、"剑在当为天下死，潭空益念万家寒"、"剑气自弢非不武，潭光所照即无遮"、"剑血染成游侠传，潭声唤出梵王钟"、"剑光万马喑犹慄，潭影孤鸿眩欲沉"、"剑光沉郁还摇斗，潭影矜持不受云"等，无不表达出菽庄吟侣们马革裹尸、甘洒热血的抗日之志。因此，其咏史述怀、托物言志的寓意是相当明显的。

可见，菽庄吟社尽管没有发表过什么"宣言"或制订过什么"条例"，但是该社日常活动中的一觞一咏，以及菽庄吟侣诗文作品中的字里行间，均清楚地表明了该社的创立宗旨——"抗日复台"。彭一万先生曾经一语穿的，指出："这些'海东遗民'(丘逢甲语)，不同于宋末元初和明末清初的遗民、逸民或流人，他们内渡是避祸而非避世，返回大陆是为了东山再起、驱日复台。"①

第二节　从陈衍看菽庄吟社与"同光体"闽派之关系

菽庄吟社与在清末民初大陆诗坛上占据统治地位的"同光体"闽派有着千丝万缕的联系。该社不但与"同光体"闽派有着共同的诗学传统，而且还接受了该派有关"宗宋"、"以诗存史"、"以学为诗"等文学观念；不仅如此，菽庄吟社还把"同光体"闽派代表人物陈衍尊奉为该社的精神领袖。从文学角度看，菽庄吟社最大的价值和意义在于：它既继承了"同光体"闽派的文学观念、创作方法、艺术风格，同时又紧密结合社会历史主题、深入体察现实苦难生活，体现了"以诗存史"的诗学观念及对现实人生的深切关怀，从而把"同光体"闽派的创作艺术推

① 彭一万撰：《林尔嘉和"菽庄吟社"》，厦门：《厦门晚报》，2005年1月19日。

到了一个新的发展高度。

一、陈衍"曾为主坛坫"考辨

以往论者以及菽庄吟侣大都认为,"同光体"闽派代表人物陈衍曾经主持过菽庄吟社"坛坫",并充当过该社的前期"主盟"。菽庄主人林尔嘉的次子林刚义即云:"民国三年(1914 年),岁次甲寅,菽庄吟社成立,吟侣约近千人,唱酬奚止万首! 耆宿陈石遗丈曾为主坛坫,沈傲樵丈更为刻壶天吟、寄傲山馆词稿、顽石山房笔记诸书,豪情逸韵,海内慕风。"[①]沈琇莹儿子、菽庄吟侣之一沈骥亦述:"抑有进者,菽庄别墅,落成癸丑(1913 年);菽庄吟社,肇自甲寅(1914 年);……社侣若施沄舫、许蕴白、汪杏泉、陈石遗、林琴南、吴增祺、杨士鹏、蔡乃赓、施健庵、李禧、龚云史、龚樵生、龚绍庭、苏君藻、陈培锟、吴东园、周墨史、陈剑门、林琯玉诸前辈先生暨先君子傲樵公以及海内外当代诗人词伯,皆欣然与叔臧老伯唱和,日积月累,裒然成帙,畅传于海内外,殊极一时之盛焉。"[②]王国璠另谓:"(民国)三年(1914 年)七月,公结菽庄吟社于墅中鹿耳礁之西埝,社侣三百余人,皆德行贞绝、道术通明之士;安平施沄舫士洁、闽县林琴南纾、淡水施健庵乾、闽县吴翼庭增祺、侯官陈香雪海梅、湖南孙静珊道仁、思明周墨史殿薰、嘉兴朱老谦文杓、南安吴桂生增、安平许允白南英、漳化蔡乃赓谷仁、侯官陈石遗衍、晋江龚绍庭显禧、龚一愚显鹏、衡阳沈琛笙琇莹、思明李绣伊禧,尤为著誉者也。而石遗、琛笙实先后主其盟。东南坛坫,以是擅场天下垂三十

---

① 林刚义撰:《先考菽庄诗稿发刊前言》。林尔嘉撰,沈骥编校:《林菽庄先生诗稿》,台北:龙文出版社,1992 年 3 月重印初版,第 2 页。

② 沈骥撰:《菽庄诗稿序——为纪念爱国诗人林叔臧老伯百年诞辰而作》。林尔嘉撰,沈骥编校:《林菽庄先生诗稿》,台北:龙文出版社,1992 年 3 月重印初版,第 3 页。

年。”[①]

但据笔者查考，陈衍虽然与菽庄主人林尔嘉相识甚早，并且与施士洁、周殿薰、李禧、黄翰、柯征庸、陈桂琛、苏警予、谢云声、余焕章等众多菽庄吟侣均交谊深厚，但菽庄吟社各类诗文结集所录陈衍作品，仅见《菽庄林先生暨德配云环龚夫人五十寿诗》一首，而且所参与之甲子五月十八日(1924 年 6 月 19 日)“菽庄主人林尔嘉暨德配云环龚夫人五十双寿庆”，也不是由陈衍所主持，而是由其时督理福建军务的大军阀孙传芳为“主其事”[②]。然而，为什么那么多论者甚至菽庄吟侣都认为，陈衍曾经主持过菽庄吟社“坛坫”，并且充当过该社的前期“主盟”呢？推究起来，大概有以下几个方面的原因：

首先，陈衍曾入林维源幕府，并且与林尔嘉“卌年”相识，交谊深厚。光绪十二年(1886 年)九月，陈衍受林尔嘉的父亲、时任太常寺少卿兼帮办台湾抚垦大臣林维源之聘，在台居留一年有余，直到次年岁暮方辞归乡里。连横所著《台湾诗乘》有载：“台湾建省之时，大启利源。光绪十二年(1886 年)，刘省三中丞奏设抚垦大臣，以在籍太仆寺正卿林维源为帮办，驻大嵙崁。维源字时甫，淡水人。既任事，延侯官陈石遗孝廉掌记室。石遗名衍，举乡荐，工诗，著《石遗诗集》行世。有《游台诗》一卷。”[③]陈衍此番渡台，在林维源幕府中担任“掌记室”，主要负责文书事务，深得林维源倚重，而其时从厦门溪岸陈家过继给林维源的林尔嘉，虽然贵为长子，但尚且是个年方十二的垂髫少年，所以对

---

① 《林公尔嘉传略》。王国璠编撰：《板桥林本源家传》，台北：林本源祭祀公业，1984 年 7 月版，第 57 页。

② 孙传芳撰：《菽庄林先生暨德配云环龚夫人五十寿文》。菽庄吟社辑：《菽庄林先生暨德配云环龚夫人五十寿言》，九州出版社、厦门大学出版社合刊，2004 年 12 月版，第 497 页。

③ 连横著：《台湾诗乘》(第二册)，台北：台湾银行经济研究室，1960 年 1 月版，第 202 页。

陈衍自然是以长者之礼侍之。光绪十三年(1887 年)岁暮陈衍离开林维源幕府后,与台北板桥林家始终保持密切的联系和交往,直到民国十二年(1923 年)九月陈衍应厦门大学校长林文庆之聘“主大学文科教授”[①]为止,陈衍与林尔嘉之间的交谊已经将近有四十个年头。陈衍所作《菽庄林先生暨德配云环龚夫人五十寿诗》有述:“杜陵诗报卫处士,成行儿女昔未婚。妻梅我识林处士,垂髫看到环诸孙。卌年世事如转毂,双鹤衔筹添海屋。诗名恰到达夫年,玉山文酒倾千斛。”[②]其中,“成行儿女昔未婚”一句,出自杜甫《赠卫八处士》一诗,原句为“焉知二十载,重上君子堂。昔别君未婚,儿女忽成行”,极言世道沧桑。

其次,陈衍作为“同光体”闽派代表人物,是林尔嘉“欲假旗鼓以张吾军”的重要对象。从对菽庄吟社形成及发展过程的考察中可以了解到,林尔嘉并不满足于一觞一咏,其野心是要“年年作主大吟坛”,即把菽庄吟社打造成近现代文坛上规模最大、影响最巨的一流社团。为了扩充社团的影响、壮大社团的声势,林尔嘉可以一掷万金,请求时任北洋政府大总统的徐世昌题写“菽庄”二字;可以高薪终身聘任“同光体”湖湘耆宿王闿运之及门弟子沈琇莹主盟诗社;可以不惜代价对“菽庄丛刻”八种一版再版;等等等等。所谓“近水楼台先得月”,陈衍作为“同光体”闽派代表人物,而菽庄吟社又地处福建,林尔嘉没有理由舍近以求远。

第三,也是最为重要的还在于,菽庄吟社的文学观念诸如“崇宋”、“实录”、“以学为诗”等,都是从“同光体”闽派借鉴而来的(将在第三点详细论述)。陈衍作为“同光体”一名的最初提出者及其相关理论的主

---

① 陈声暨、王真编:《石遗先生年谱》,台北:文海出版社,1974 年 12 月版,第 300 页。

② 陈衍撰:《菽庄林先生暨德配云环龚夫人五十寿诗》。菽庄吟社辑:《菽庄林先生暨德配云环龚夫人五十寿言》,九州出版社、厦门大学出版社合刊,2004 年 12 月版,第 558—559 页。

要创建人，他理所当然地被尊奉为菽庄吟社的精神领袖。所以，尽管陈衍参与菽庄吟社创作活动的次数不多，但他在社中仍然享有崇高的地位。

二、"晋安风雅"——菽庄吟社与"同光体"闽派共同的诗学传统

"正声吾代已沈沦，振响骚坛起海滨。富贵最难能本色，园林大好见天真。浩然亭筑刚强仕，子羽家传有替人。自笑东坡慵太甚，也歌南鹤侧嘉宾。"[①]其实，菽庄吟社与"同光体"闽派一样，也是在继承"晋安风雅"这一诗学传统的基础上发展起来的，而且该社在发展过程中始终都以"晋安风雅"这一诗学传统相持倡。林尔嘉尝谓："吾园经始于癸丑（1913年），会稽内史作序之岁也。……若夫典午风流汔今未沬，晋安风雅历兵火而不歇绝者，殆亦昌黎伯所谓鬼神守护，呵禁不祥者欤。盱衡今宙，沧海几尘，黄垆旧交，新亭往涕，每一念至，感喟无任，浮云变灭，倏为古今，俯仰之间，岂徒陈迹已哉！"[②]江桐所作《甲子（1924年）三月菽庄小兰亭三修禊序》亦记："俄而击钵而开樽，或为酒龙，或为诗虎。松篁拥肿，拓我吟怀；云水苍茫，供人醉眼。消受此中清福，搜罗海内名贤。索句人来，衔杯客满；词题黄绢，一往深情；酒送白衣，重逢胜饯。提倡晋安风雅，十日为期；招邀汐社咏觞，群贤毕至。"[③]蛰庐主人所作《壬戌（1922年）七月既望鹭江泛月赋·序》另述："仆闭门独坐，馈岁无憀，影戢蜗庐，神游鹭岛。忽得山公启事，情媲琼

① 苏大山撰：《菽庄主人四十寿诗》。林景仁辑：《菽庄主人四十寿言》，"甲寅（1914年）冬月"刊本，第51—52页。

② 蛰庐主人撰：《甲子（1924年）三月菽庄小兰亭三修禊序》。林尔嘉辑：《菽庄小兰亭征文录》，"戊辰（1928年）春日"刊本，第16—17页。

③ 江桐撰：《甲子（1924年）三月菽庄小兰亭三修禊序》。林尔嘉辑：《菽庄小兰亭征文录》，"戊辰（1928年）春日"刊本，第9页。

琚；如闻海客谈瀛，手披图画。败幽居骚兴，梦魂惊四野烽烟；哦名辈佳章，咳唾落九天珠玉。寓公洒落，平吞云梦胸襟；海宇流传，提倡晋安风雅。神交殆遍，订吟侣于三生；韵事堪寻，叙胜游于七月。”[①]其它如“一时坛坫推祭酒，晋安风雅归主持”、“会稽觞咏再提倡，晋安风雅能继嗣”、“晋安风雅已寥寥，共让君家树一帜”等一类的赞誉之词，更是不胜枚举。

顺便解释一下，所谓“晋安风雅”，是指由明初林鸿（字子羽）、郑定、王褒、唐泰、高棅、王恭、陈亮、王偁、周玄、黄玄等“闽中十才子”所开创的“才隽辈出”、“彬彬风雅”[②]的盛况，其后经由郑善夫、邓原岳、谢肇淛、徐熥、徐𤊹、曹学佺等进一步鼓吹，到明末已经发展成为具有全国性影响的文学流派。陈荐夫所作《晋安风雅·序》有述：“国家扫除胡运，文治聿新，时则林膳部、王典籍十子与张、林二学士辈并建旗鼓，指麾中原。自尔以后，飙合景从，云蒸霞绚，二百余年，号称极盛。”[③]该派诗学的最大特点是“规仿盛唐”。高棅所作《唐诗品汇·凡例》尝谓：“汉魏骨气虽雄，而菁华不足。晋祖玄虚，宋尚条畅，齐、梁以下但务春华，殊欠秋实。唯李唐作者可谓大成。然贞观尚习故陋，神龙渐变常调，开元、天宝间神秀声律灿然大备，故学者当以是楷式。”[④]不过，“晋安风雅”历经几百年的发展，其诗学观念也在不知不觉中产生诸多变化，到了明末，谢肇淛、徐𤊹、曹学佺等都十分看重“书”与“学”，从而开

① 蛰庐主人撰：《壬戌（1922年）七月既望鹭江泛月赋并序》。林尔嘉辑：《壬戌（1922年）七月既望鹭江泛月赋选》，“甲子（1924年）端午”刊本，第2页。

② 李东阳撰：《怀麓堂诗话》。永瑢等撰，周仁主编：《传世藏书·史库·四库全书总目》之“卷一六九·集部二二·别集类二二·鸣盛集”，海口：海南国际新闻出版中心、诚成文化出版有限公司，1995年版，第1703页。

③ 郑荐夫撰：《晋安风雅·序》。转引自陈庆元著：《福建文学发展史》，福州：福建教育出版社，1996年12月第1版，第308页。

④ 高棅撰：《唐诗品汇·凡例》。高棅编选：《唐诗品汇》，上海：上海古籍出版社，1982年8月第1版，第14页。

启了清代诗坛“以学为诗”的创作风气。同治、光绪年间，陈衍、郑孝胥等在总结闽派诗歌发展历史的基础上，进一步提出“三元皆盛，不分唐宋”、“以学为诗”、“以诗存史”等诗学主张，号称“同光体”闽派。

萩庄吟社渊源于清末台湾诗坛，但如果从更进一个层次来看，清末台湾诗风本身主要又承自闽地。首先，闽地文士占据了清末台湾诗坛的主导与主体的双重地位。清末台湾六个文学社团中，荔谱吟社与海东吟社分别由福建晋江人蔡德辉和福建安溪人林辂存所创；斐亭吟会与牡丹诗社虽然为广西灌阳人唐景崧所设，但他“于闽人为亲”，在二社作品总集《诗畸》所录58位作者中，闽地文士就占了24位，另有“无稿可辑者，计凡十余人。……皆闽中作手”①；竹梅吟社活动期间，福建福清人施天钧时任新竹县学训导，其在社团中的地位及作用也不可小视。其次，占据清末台湾诗坛统治地位的诗钟与击钵吟二体，均源自闽中，被称作“晋安风雅之遗”②，是近代福建文学的特产。黄濬所著《花随人圣盦摭忆》载：“诗钟始于吾乡，号为折枝之戏，其始十四字行于乡里；而七言绝句击钵张于京僚，所谓榕荫堂钵集者，自道光末已盛，郭远堂先生（柏荫）尤喜之，至光绪末犹然。及宣统初，弢庵先生再起，风气始一变，钟盛于钵，以弢老最工此，号为钟圣，其所作上下风味，表里故实，五雀六燕，势均力敌，而又俨为诗中断句，可资吟讽，非南皮节庵所及，易樊更无论矣。”③第三，从严格意义上讲，清末以前的所谓台湾文学，只能称作“福建的台湾文学”，是福建文学的一个组成部分。台湾素有“九闽”之称，清康熙二十二年（1683年）施琅统一台湾

① 唐景崧撰：《诗畸·序》。唐景崧辑：《诗畸》，清光绪十九年（1893年）台湾布政使署刻本，第1页。

② 杨庆琛撰：《击钵吟偶存·序二》。曾元海辑：《击钵吟偶存》，清道光十一年（1831年）广西省城九经堂唐玉田刻版本，第1页。

③ 黄濬著：《花随人圣盦摭忆》，上海：上海古籍书店，1983年10月第1版，第309页。

后，随即设立台湾府，隶属福建管辖，这种行政上的隶属关系，一直到光绪十一年(1885 年)台湾建立行省以前都没有改变。期间，闽省“内地”与“台地”之间实行官员互调、师资互派、科考同制，由于闽省“内地”人文鼎盛，因而主要是“台地”接受“内地”人文的强势影响。换言之，“晋安风雅”本来就是闽台两地共同体认的诗学传统。

实际上，以“晋安风雅”这一诗学传统相持倡，是菽庄吟社的必然选择。台湾孤悬海外，经过闽粤历代移民的开荒拓殖，到清代中叶社会经济才渐趋繁庶，人文风气方始兴起。光绪十一年(1885 年)设立行省以前，台湾虽然出现过海外几社、东吟社、引心文社、钟毓诗社、郁郁社、文彦社、崇正社等社团，但从来没有形成过一个像样的文学流派，更没有提出过系统的理论主张。台湾设立行省以后，先后涌现出“东海文章”这样的文学流派，以及斐亭吟会、荔谱吟社、竹梅吟社、牡丹诗社、浪吟诗社、海东吟社六社交辉的繁荣局面，但是还没有等到它们获得更加充分的发展和作出更多的文学建树，即由于日本殖民侵略者的入据而被迫停顿下来。所以，尽管“斐亭钟声”振响瀛壖，在清末台湾诗坛影响很大，但如果把它放到清末全国整个诗坛来看待，其体认范围毕竟十分有限，尚不足以号召人心。另一方面，考察清末民初的福建诗坛，仅福州一地，就有可社、支社、琼社、西社、志社、源社、托社、还社、秋社、说诗社、观社、花好月圆吟社、退闲吟社、补闲吟社、补残吟社等数十个之多，这些社团大都以“晋安风雅”相持倡，创作上则以诗钟和击钵吟二体为主。可想而知，菽庄吟社作为一个以台湾内渡诗人为主导的文学社团，要想在诗社林立的清末民初福建诗坛上立足，并不是一件容易的事情，更何况该社还地处福建东南一隅的厦门鼓浪屿小岛上。因此，菽庄吟社的组织者们不得不溯及远源，对“晋安风雅”这一闽台共同的诗学传统加以提倡。由此看来，菽庄主人林尔嘉殷勤延请陈衍、龚显燦、龚显鹏、吴增、周殿薰、庄善望、苏大山、龚植、龚显鹤、龚显禧、施乾、马祖庚、庄棣荫、李禧、陈海梅、施景琛等"同光体"闽派人物，乃至"同光体"湖湘耆宿王闿运之及门弟子沈琇莹"为主坛坫"，其"亦欲借其才华以张吾军"的一片苦心就很容易理解了。

三、关于"崇宋"、"实录"、"以学为诗"等

菽庄吟社在发展过程中先后提出"崇宋"、"实录"、"以学为诗"等文学思想及观念主张，这些思想主张在"同光体"闽派代表人物陈衍的诗话著录中都能找到相关理论阐述，从中也可以看到菽庄吟社所受"同光体"闽派影响的明显印记。

(一)"崇宋"

"同光体"闽派诗学主张的核心是"宗宋"。陈衍曾经讲过两段被后来论者引用了不止千百次的经典话语：一是"丙戌(1886 年)在都门，苏堪告余，有嘉兴沈子培者，能为同光体。同光体者，余与苏堪戏目同、光以来诗人不专宗盛唐者也"；一是"盖余谓诗莫盛于三元：上元开元，中元元和，下元元祐也。君(沈曾植)谓三元皆外国探险家觅新世界、殖民政策、开埠头本领，故有'开天启疆域'云云。余言今人强分唐诗宋诗，宋人皆推本唐人诗法，力破余地耳"①。

菽庄吟社对宋诗尤其是苏东坡的尊崇，可以说达到了无以复加的地步。最富有典型意义的一个例子是，民国十一年七月既望(1922 年 9 月 6 日)，菽庄花园壬秋阁落成，林尔嘉专门约请厦门著名书画家吴芾临摹了一尊苏东坡塑像，并把它安置在壬秋阁内，供菽庄吟侣们顶礼膜拜。是夕，积雨新霁，林尔嘉主宾九人又泛月鹭江，"览郑延平之

---

① 陈衍撰：《石遗室诗话》。陈衍著，钱仲联编校：《陈衍诗论合集》(上册)，福州：福建人民出版社，1999 年 9 月第 1 版，第 6—9 页。

故垒，追苏长公之胜游”[①]，然后以“鹭江泛月”为题向海内外骚侣广征赋文，以纪念北宋文豪苏东坡赤壁泛舟十四周甲。林尔嘉尝作《壬戌(1922年)七月既望壬秋阁落成，是夕久雨初霁，与客泛舟鹭江，慨然作七律四首》以记其事，其中第二首并注云：“小阁临江纪落成，洒酣汩汩汐初生；片帆我欲乘风去，雨桨人争荡月行；遗貌重模姿飒爽，(曾约吴石卿模东坡像，刻于壬秋阁中。)豪吟勃发思纵横；(座中琛笙、荪浦才思敏捷，是日均有诗。)数残甲子元丰后，为问当头几度明。”[②]

“公生乙卯时，我生乙卯岁。十二月十九日，生日遥相对”[③]。不无巧合的是，菽庄吟社社中“祭酒”施士洁，恰好与北宋诗人苏东坡出生月日相同、年辰相应。苏东坡出生于北宋景祐三年丙子十二月十九日(1037年1月8日)卯时，施士洁则出生于清咸丰五年乙卯十二月十九日(1856年1月26日)。施氏遂以苏东坡再世自况，并以“后苏龛”冠其各类著述，如《后苏龛诗钞》、《后苏龛词草》、《后苏龛文稿》等。施士洁诗词作品中，有关苏东坡的句子很多，如“调古怜牙旷，交深爱谷坡”、“鲲洋避面如邢尹，鹭屿联踪似谷坡”、“消尽命宫磨蝎恨，黑甜安稳老坡仙”、“颖士诗名香岛国，眉山家学艳坡仙”、“知否前身苏内翰，命宫磨蝎是平生”、“年年生日说东坡，磨蝎身宫奈命何”、“命宫磨蝎老坡仙，白首犹难脱俗缘”、“相见惟应梦里坡，旧游星散念羊何”、“坡翁抵死居无竹，老子平生患有身”、“同时坡谷两仙才，索句花神幻腊胎”、

---

① 沈则沆撰：《壬戌(1922年)七月既望鹭江泛月赋并序》。林尔嘉辑：《壬戌七月既望鹭江泛月赋选》，“甲子(1924年)端午”刊本，第1页。

② 林尔嘉撰：《壬戌(1922年)七月既望壬秋阁落成，是夕久雨初霁，与客泛舟鹭江，慨然作七律四首》。林尔嘉撰，沈骥编校：《林菽庄先生诗稿》，台北：龙文出版社，1992年3月重印初版，第10—11页。

③ 施士洁撰：《二十初度，臞仙长兄招同刘拙庵、陈榕士两司马、杨西庚、朱树吾两明府、梁定甫拔萃、傅采若上舍、沈竹泉布衣口口颖轩礼东坡像，以洁与坡老同生日也。次日，口题苏诗后，成八十韵》。施士洁著：《后苏龛合集》，台北：台湾银行经济研究室，1965年11月版，第6页。

"别有老坡生日感,老坡生日较君迟"、"共就甫里林泉癖,为订坡翁笠屐缘"等,举不胜举。不仅如此,施士洁在言谈举止、为人处世、创作风格等方面也都刻意模仿苏东坡。其所作如《艋川除夕遣怀》、《浴佛前一日,唐维卿廉访招同倪耘劬太令、杨稚香孝廉、张漪蓂广文、熊瑞卿上舍、施幼笙茂才游竹溪寺,次廉访韵》、《三角庄歌寄厚庵》、《法兰西国大革命歌》、《林菽庄京卿招同陈威季太守、汪艾民司马、龚叔翊主政、邓舜农少尉游南普陀岩寺撮影》、《浪屿征歌次艾民韵》、《寄题蟫窟驯象图》等,无不纵横捭阖,狂放恣肆。这种风格特点,也广泛见诸林尔嘉、许南英、沈琇莹、陈海梅、吴增、苏大山等其他菽庄吟侣创作的诗词作品。

(二)"实录"

菽庄吟社向来注重"考文献于盛时"、"纪真元以实录"[①]的"实录"精神。林尔嘉所撰《壶天吟·序》有记:"傲樵尝自言,九岁学诗,越三十一岁得若干首。时尚科名,若古若律,未能突出试帖范围,乃尽焚之,而存稿自辛丑(1901年)始,分为五编,曰湖海吟,曰娵隅吟,曰霞中吟,曰缩紾吟,曰壶天吟,藏之行箧,不轻出以示人。予欲为刻之,傲樵唯唯否否,屡索其稿,不能得,近始许以壶天吟六卷排印,而缮写校勘之役则仲春一人任之。其中有《哀玉兰》一首,傲樵欲删之,余曰:'无庸。是乃壶天之实录,非谤史也。'又有《生日书感》十六首,傲樵欲删之,余曰:'无庸。是君自家之实录,非詅痴符也。'"[②]李禧所撰《梦梅花馆诗钞·跋》亦述:"余夙读诗,爱青莲之高旷、昌谷之谲诞、玉谿之工丽,欲冶三李于一炉,究之仙鬼殊才,别开境界,迥乎难矣。其次,拟效

---

① 厦门进步党交通处撰:《叔臧林先生暨德配龚夫人四十双寿颂词》。林景仁辑:《菽庄主人四十寿言》,"甲寅(1914年)冬月"刊本,第32页。

② 林尔嘉撰:《壶天吟·序》。沈琇莹著:《壶天吟》,"癸未(1943年)夏日"刊本,书前页。

金亚匏、梁任公诸彦，广搜史迹，打破成规，公是公非，亦庄亦俚，以篇什补志乘之未备，以讴歌击掌，故之长存，才虽未逮，志则不移，博雅君子，进而教之，所深企焉。”[①]菽庄吟侣中，即使是武状元出身的黄培松也认为“安可无诗为纪实”[②]。

“实录”精神，往往也被称作“以诗存史”的诗学思想。该派诗学主张诗歌创作应当真实反映社会现实生活，特别是要关注那些在社会生活中产生重大影响、关系到历史“得失”的重大事件，并把“诗圣”杜甫尊崇为宗师。晚唐孟棨尝论曰：“杜（甫）所赠十二韵，备叙其事，读其文，得其故迹。杜逢禄山之难，流离陇蜀，毕陈于诗，推见至隐，殆无遗事，故当时号为‘诗史’。”[③]其后，宋祁、胡宗愈、文天祥等又作了进一步的阐释与论述，胡宗愈所撰《成都新刻草堂先生诗碑序》谓：“（杜甫）先生以诗鸣于唐。凡出处去就，动息劳佚，悲欢忧乐。忠愤感激，好贤恶恶，一见于诗，读之可以知其世，学士大夫谓之诗史。”[④]民国年间，陈衍更提出：“诗纪事之体，专采一代有本事之诗，殆古人所谓诗史也。国可亡，史不可亡，即诗不可亡。有事之诗，尤不可亡。然或以为异族而主中国，则其国之诗可听其亡，于是宋之计有功氏，清之厉鹗氏、陈田氏，有《唐诗纪事》、《宋诗纪事》、《明诗纪事》，而辽、金、元阙如。”[⑤]

菽庄吟侣所作诗词，大都录事真实，注释详备，不少篇什尚且足以

---

① 李禧撰：《梦梅花馆诗钞·跋》。李禧著：《梦梅花馆诗钞》，“壬寅（1962年）孟秋”厦门刊本，附录页。

② 黄培松撰：《菽庄林先生暨德配云环龚夫人结婚三十年》。林尔嘉辑：《菽庄林先生暨德配云环龚夫人结婚三十年帐词》（下券），“辛酉（1921年）十二月”刊本，第6页。

③ 孟棨撰：《本事诗·高逸第三》。丁福保辑：《历代诗话续编》，北京：中华书局，1983年8月第1版，第15页。

④ 胡宗愈撰：《成都新刻草堂先生诗碑序》。转引自陈平原著：《中国小说叙事模式的转变》，北京：北京大学出版社，2003年7月第1版，第297页。

⑤ 陈衍撰：《辽金元诗纪事总叙》。陈衍著，钱仲联编校：《陈衍诗论合集》（下册），福州：福建人民出版社，1999年9月第1版，第1131页。

"补志乘之未备",具有重要的史料价值。如林尔嘉所作《庚申(1920年)菽庄咏菊八首》、《丁丑(1937年)新历七月七日倭寇侵犯卢沟桥感赋寄壶天醉客》、《乙酉(1945年)重阳登春申江上二十一层楼酒家感赋》、《乙未(1895年)割台湾,挈眷归原籍龙溪,五十有余年矣。乙酉(1945年)台湾收复,余旅沪辄思回台,未能立即成行,感赋四绝志之》、《荷花生日有怀菽庄》,施士洁所作《感时示诸将和陈仲英廉访韵》(四首)、《同许允白兵部募军感叠前韵》(四首)、《瀛南军次再叠前韵示同事诸子》(四首)、《别台作》(三首)、《唐维卿中丞挽诗》(四首)、《和江杏村侍御韵(时因言事解职家居)》(三首),许南英所作《题画梅,赠陈焕耀(时中日失和,海氛方炽,有感作此)》、《和祁阳陈仲英观察感时示诸将原韵》(四首)、《和哭庵道人易实甫观察台舟感怀原韵》(四首)、《丙申(1896年)九月初三日有感(去年此日日人登台南)》、《戊申(1908年)入都门感兴》(二首),等等。黄典权尝论施士洁云:"作者生平淡于仕宦而勤于吟咏,所历、所见、所为、所闻,概入诗文;因而他替与有相关的时地保存了丰富的史料。其次,他笃爱乡邦,在台时可无论;即西渡大陆后,梦寐驰思,未尝或忘。故'鹿耳'、'鲲身',流露笔锋,几触目可见。所以不管他早期在台的作品或后期在大陆的吟咏,都涵蕴著多方面的台湾文献,值得重视。"①

(三)"以学为诗"

陈衍还主张"合学人诗人之诗二而一之"。尝谓:"诗有四要三弊,骨力坚苍为一要,兴味高妙为一要,才思横溢,句法超逸,各为一要。然骨力坚苍,其弊也窘。才思横溢,其弊也滥。句法超逸,其弊端也轻与?惟济以兴味高妙则无弊端";而要做到"兴味高妙",须得"学有根

---

① 黄典权撰:《后苏龛合集·弁言》。施士洁著:《后苏龛合集》,台北:台湾银行经济研究室,1965年11月版,第2页。

柢”,“文端学有根柢,与程春海侍郎为杜为韩为苏、黄,辅以曾文正、何子贞、郑子尹、莫子偲之伦,而后学人之言与诗人之言合”。其中,所谓“学人之言”,即“素讲朴学”、多“用经史”、“证据精确,比例切当”,简言之就是“以学(问)为诗”;所谓“诗人之言”,即“真性情,无心流露”、“不假雕饰”、“感慨有味”[①],简言之就是“以才(情)为诗”。不难看出,陈衍所要强调的主要是前者,即“学人之言”或“以学(问)为诗”。

菽庄吟社中包含众多学问渊深、道术通明之士。菽庄主人林尔嘉及其四弟林柏寿、堂弟林鹤寿、长子林景仁、五子林履信,本身就学贯中西;沈琇莹乃近代大学问家王闿运之及门弟子,尝为校勘《古今文字通释》与《闽中金石略》;施景琛精于金石铜器鉴赏,尝为撰《泉山古物编》;苏大山藏书宏富,尝为编《红兰馆藏书目录》;等等。是故,林尔嘉的老朋友、菽庄“十八子”之一李禧谓:“菽庄先生座多词客,亦多学者。盖先生历长男女学校,与学务中人往来密迩,声应气求,宜其然也。……然则先生之治菽庄,亦即先生兴学之意也欤?试举此以质先生,先生或引为知言而满浮一大白也。”[②]菽庄吟侣创作的诗词作品,都在不同程度上带有“以学为诗”的倾向,其中又以沈琇莹、施士洁、吴增等为代表。如施士洁所作《览古》(十一首)、《林母陈太宜人遗像,次皋索题》、《城西次岱亭留别韵》(三首)及叠前韵、《新春试笔》、《登红毛楼和同年祁辛陔明府韵》等,往往用典冷僻,遣词深晦,非引经据典,字征句考,不足以索解。

---

① 陈衍著,钱仲联编校:《陈衍诗论合集》(上册),福州:福建人民出版社,1999年9月第1版,第87—879页。

② 李禧撰:《菽庄林先生暨德配云环龚夫人五十寿文》。菽庄吟社辑:《菽庄林先生暨德配云环龚夫人五十寿言》,九州出版社、厦门大学出版社合刊,2004年12月版,第527—533页。

第三节 从连横与张我军看日据台湾时期海峡两岸的文化交流

菽庄吟社与日据下台湾本岛诗坛的联系，前面已经谈论得很多。这里，不妨以被誉为日据时期台湾旧文学“主将”的连横和被誉为台湾新文学运动“开拓者”与“奠基人”的张我军为例，对上述论题再作探析。目的只在说明：即使在日本占据台湾以后，海峡两岸诗人也仍然敢于冲破日殖当局的层层封锁与重重阻挠，同声相应，同气相求，其中日据下台湾本岛诗人连横、张我军等都曾经蹈海以求；日据时期台湾文学仍然自觉接受祖国文化的滋养，而菽庄吟社则在其中充当了“两岸文化交流的‘桥头堡’”[①]的作用。

谈到连横与张我军，首先让人想到的是发生在台湾现代文学史上的“新旧文学之争”。这场论争，被许多台湾新文学史撰写者描述成“不是你死，就是我活”的殊死搏斗，并且认为新文学最终以压倒性姿态战胜了旧文学。鲜为人知的是，这场论争双方的主将——连横与张我军都曾经是菽庄吟侣，尤其张我军，不仅向菽庄主人林尔嘉拜过师学过艺，而且担任过菽庄吟社的“文书”一职，“张我军”这一名字还是菽庄主人林尔嘉给取的，这就显得非常富有意味了。

一、连横在福建之文学活动及其所受影响

连横曾于乙未(1895 年)、壬寅(1902 年)、乙巳(1905 年)、乙卯(1915 年)等多次内渡福建。期间，他与流寓闽地的台湾文士及闽省当地名士进行过广泛交游并写下许多诗作，这些流寓闽地的台湾文士及

① 彭一万撰：《林尔嘉和“菽庄吟社”》，厦门：《厦门晚报》，2005 年 1 月 19 日。

闽省当地名士后来很多都成为菽庄吟社的核心吟侣。连横每次从闽地返台，都要提倡新思想、施行新举措，这不能不说与他在闽地所接受的影响有着密切的关联。

(一)乙未(1895年)内渡避难

光绪二十一年九月初三日(1895年10月20日)，日军占领台南，到处烧杀掳掠。连横时年十八岁，为躲避战祸，乃与其兄连城璧一起“走番仔反”，内渡大陆；连横于次年返回台南，而其兄连城璧则留在了厦门，后来成为菽庄吟侣之一。由于时局混乱，连横此间在厦门的交游活动少有文献记载，所见仅《台湾诗乘》有录：“乙未之秋，干戈俶扰，巷无居人。余于道上得施沄舫手写诗稿一卷，大都少年之作。后为友人所借，久假不归，思之喟然。”[①]郑喜夫认为，连横所得施士洁诗稿“或系内渡时或内渡后之事也”[②]。

值得关注的是，光绪二十二年(1896年)连横一回到台南，即联络陈渭川、李少青等，着手重振浪吟诗社。浪吟诗社系施士洁得意门生许南英所设，初创于光绪十七年(1891年)，社侣有蔡国琳、赵钟麒、胡殿鹏、谢石秋等数辈；该社承自光绪四年(1878年)由许南英所发起，陈望曾、施士洁、汪春源、丘逢甲等共同参与的台南崇正社。赖子清所撰《古今台湾诗文社》有载：“台南市武馆街许南英，光绪四年(1878年)，年仅二十四，为诸生时代，充富室西席，后设闻樨学舍，于马公庙边，课授童蒙，暇则与同里士人，于竹溪寺斗韵敲诗，设崇正社，取崇尚正义之意，为清代台南诗社之滥觞，南市诗教，由此发源，一直演变为浪吟诗社、南社、春莺吟社、西山吟社、桐侣吟社、留青吟社、锦次吟社、珊社，以至现在之延平诗社，凡八十年间名虽异而实同，作南台骚坛中

① 连横著:《台湾诗乘》，台北:台湾银行经济研究室，1960年1月版，第217页。

② 郑喜夫编撰:《民国连雅堂先生年谱》，台北:台湾商务印书馆，1980年11月初版，第31页。

坚,可谓源远流长也。”[①]乙未(1895年)九月,台南沦陷,许南英内渡厦门,其后避走星洲(新加坡)、暹罗(泰国)等地,韵事遂歇。由此推断,连横重振台南浪吟诗社之举,很可能是在得到施士洁与许南英师徒授意的情况下所进行的。

(二)壬寅(1902年)赴榕乡试

光绪二十八年(1902年)秋,连横再次内渡。与第一次内渡避难不同,连横此番是为了赴福州参加壬寅恩科乡试而来,一起同行的尚有新竹名士郑鹏云与郑以庠堂兄弟。其时,日人占据台湾已经七年,并且在台湾实行苛酷的文化统治,但这些仍然阻止不了台湾士子们对于祖国文化的执着依恋和对于“桂籍留题”的无尽向往。由于同行中郑鹏云兄弟与鼓浪屿怡园主人系世交,所以三人从厦门口岸登陆后,就直接奔往海关近旁的怡园。在接受怡园少主人林辂存的一番热情款待后,郑氏兄弟留宿怡园,连横则来到其兄连城璧在厦门大走马路的寓所住下。

连横先是在厦门捐了个监生,取得乡试资格后,又与林辂存、郑鹏云、郑以庠等人,一同起程前往省垣。按照清朝科场条例规定,乡试本来应当在子、卯、午、酉年的秋季举行,会试则于乡试次年的春季举行;但是,由于庚子(1900年)八国联军攻占北京,慈禧太后挟光绪皇帝逃往西安,而辛丑(1901年)和约虽成,但局势未靖,所以直到壬寅(1902年)才补行庚子正科和辛丑恩科乡试。由于双科并举,本次乡试录取名额也扩大了一倍,谓之“双榜”,计录取正榜举人193名、副榜举人34名。乡榜揭晓,连横、郑鹏云、郑以庠三氏均落第,连横不第的原因是

---

① 赖子清撰:《古今台湾诗文社》(一)。台湾省文献委员会编印:《台湾文献》第一〇卷第三期,台北:成文出版社有限公司,1983年3月台一版,第2019页。

其答卷“有过激语，干时政”，考官批语曰“荒唐”[①]。不过，该榜中试的举人，后来许多都参与到了菽庄吟社中来，如王人骥、施乾、黄鸿翔、吴增、苏镜潭、黄鹤、黄翰、余焕章、林骚、曾遒、汪煌辉、陈蓉光、吴钟善等。因此，在菽庄吟社尚未创立以前，连横就已经与该社中的众多吟侣有着同赴乡试的经历和交谊。

在福州乡试期间，连横一行住在林辂存的好友施景崧家里。施景崧字节宇，即菽庄吟社核心吟侣施景琛的四弟，尝于光绪二十四年(1898年)与林辂存一同入都“应日经济特科之荐”，并一起留学日本，两人交情甚笃；以是之故，施景琛得识林辂存并成为至友。尽管连横、郑鹏云、郑以庠三人在这次乡试中均名落孙山，但文人相聚，少不了要诗酒相酬、唱和往返一番，于是主宾多人，白天揽胜三山，夜晚泛舟马江。连横《剑花室诗集》所录《闽中怀古》(前一首，后三首)、《马江夜泛》、《三山旅次寄内》、《寄内》诸诗，即为此间在榕城乡试所作。其中《马江夜泛》一诗云：“暝色迷天末，清空起棹讴。山随帆影转，月逐浪花浮。横槊苍凉夜，艰危击楫秋。马江呜咽水，何日挽东流？”该诗借祖逖“中流击楫”之典事，来表达自己要力挽国家民族于危急存亡的胸襟与抱负。

乡试结束，连横一行回到厦门。由于这是郑鹏云第六次参加乡试而未售，所以他的心情显得极度郁悒，林辂存乃作七绝十首进行宽慰；而施士洁作为怡园的常客，且系郑鹏云在台南海东书院的老师，于是也作《毓臣、养斋秋试不售，景商以诗慰之，即次其韵》(十首)加以勉励。与郑氏兄弟相比，连横对待此次乡试未售的态度则显得洒脱多了，在连横这一时期所作诗文中几乎看不到他流露过任何失落或怨愤

---

① 郑喜夫编撰：《民国连雅堂先生年谱》，台北：台湾商务印书馆，1980年11月初版，第42页。

的情绪。连横既然乡试未售，一时无所聊赖，而自从怡园老主人林鹤年于光绪二十七年(1901 年)去世后，留下大量诗稿尚待整理梓行，林辂存于是招请连横暂留厦门，帮助整理编校《福雅堂诗钞》，连横因是得以每日骖靳于许贞幹、陈棨仁、施士洁、郑兆璜、杨士鹏、龚显鹤、周缵祖、苏淞、苏大山、吴国垣等名家宿望之间。在《福雅堂诗钞》的众多编校者中，连横年纪最轻、资历最浅，但是由于他用勤最多，所以很得怡园少主人林辂存的赏识。光绪二十九年(1903 年)三月，《福雅堂诗钞》正式付诸剞劂，作为对连横工作的肯定，林辂存坚持把连横的名字排在周缵祖、苏淞、苏大山、吴国垣和自己的前面，仅列许贞幹、陈棨仁、施士洁、郑兆璜、杨士鹏、龚显鹤之后。这应当是连横首次跻身于近代诗坛诸名家之列，对于初出茅庐的连横来讲无疑是个莫大的鼓舞，并直接影响他其后走上“红袖伴吟编乐府，青灯作史继春秋”[①]的学术道路，成就为“台湾太史公”，而所有这些又都缘起和得益于林辂存当年的提携与奖掖。

连横既入怡园，在整理编校《福雅堂诗钞》之余，经常参与“怡园聚咏”的各种雅集遣兴活动。其所作《鹭门旅兴》(二首)之一云：“海上何人赋草薰，天涯游子暗伤魂。虎溪夜月凤山雨，手写家书寄细君。”又第二首云：“客囊犹似草年贫，尘海琴樽倍怆神。添个新诗三五首，归装端好赠同人。”离家日久，思乡之愁于是与日俱增。其间，林氏府与怡园仅一步之遥，林维源一家经常光顾怡园，连横又作为林维源的在故土台湾和祖籍漳州龙溪的双重“同里”，而且与连横每日一起周旋的陈棨仁、许贞幹、施士洁三人，分别为林维源、林尔嘉、林景仁祖孙三代的老师。所以，连横光绪二十八年(1902 年)内渡期间应当与林氏府有

---

① 连横撰：《青春作伴，碎锦格》。张作梅编订：《诗钟集粹六种》，台北：中华诗苑印行，1957 年 10 月初版，第 88 页。

所交谊，否则民国十二年(1923年)林景仁渡台期间，连横与他就不可能那么热络。

此外，连横还发挥其曾在《台澎日报》当记者的优长，积极向厦门当地报纸投稿。光绪二十八年十一月初一日(1902年11月30日)出版的《鹭江报》第十八号，曾刊登连横撰写的5篇新闻稿，分别是政策新闻《巡捕章程》，时政新闻《办厘认真》、《宏开矿利》与《宠召使臣》，以及社会新闻《防差惨死》。同年十一月十一日(1902年12月10日)出版的《鹭江报》第十九号，又刊登了连横撰写的7篇新闻稿件，分别是《洋行倒闭》、《盗匪横行》、《不尊约束》、《无妄罹灾》、《燕赏洋花》、《钟磬无声》与《保甲一新》。《鹭江报》是厦门地区第一份报纸，由英国牧师山雅各(J. Sadler)创办于鼓浪屿并自任社长。这为连横日后接受爱国侨领黄乃裳邀请，参与创办《福建日日新闻》作了铺垫。

笔者认为，连横光绪二十八年(1902年)内渡参加壬寅科乡试，虽然没有考取科名，但却是连横一生中最为重要的时期。期间，连横一方面通过交游福建当代名士，历览闽中山水，激发出自己的爱国情操与抗日志节；另一方面，通过参与《福雅堂诗钞》的整理编校，从林鹤年诗词中汲取艺术养分，得窥诗学门径，并在与许贞幹、陈棨仁、施士洁、郑兆璜、杨士鹏、龚显鹤、周缵祖、苏淞、苏大山、吴国垣等名家的切磋砥砺中，诗艺大为精进，由此奠定了其思想和诗学两方面的基础。毋庸讳言，连横在光绪二十八年(1902年)以前创作的诗词作品确实显得相对稚拙，但之后创作的诗词作品则显得“悲壮”“奇拔”[①]，其技法之娴熟与境界之高妙，虽然不能说判若云泥，但至少也可以说是不能同日而语，可见此番赴榕乡试及参与整理编校《福雅堂诗钞》对连横带来的

① 陈逢源撰：《论连雅堂先生之诗对我的影响》。台南市文献委员会编印：《台南文化》(新刊)第二卷第四期，台北：成文出版社，1983年3月台一版，第665页。

影响之大。

(三)乙巳(1905年)渡厦办报

光绪二十九年(1903年)夏初,连横在完成《福雅堂诗钞》的整理编校后,回到台南与妻人团聚,得慰相思之苦;次年三月,喜得贵子。光绪三十一年(1905年)春,连横受侨领黄乃裳的邀请,挈妇将雏,再次内渡厦门。途次淡水,连横为作《携眷渡厦,舟泊淡水,偕妻子入台北城竟日,归舟记之》(七首)之五云:"剑潭夜夜跃龙光,古木参天荫四旁。惜我不能潭上望,停鞭一试水云乡。"又第七首云:"濒年作客滞天涯,差喜妻孥共唱随。携手同游又同返,归舟恰是上灯时。"虽然一家团聚,得享天伦之乐,但连横依然没有忘记国家的危难与民族的忧患。

连横这次内渡,是为了协助黄乃裳创办《福建日日新闻》。《福建日日新闻》由黄乃裳创刊于光绪三十年七月初一日(1904年8月11日),社址设在鼓浪屿公共租界内。三十一年(1905年)八月,该报曾因反美华工禁约一事被清廷课以罚金,停刊七天后,更名为《福建日报》;三十二年(1906年)五月,该报又因揭发福建水陆提督马金钗贪赃枉法,遭当局多次威胁,并于同年八月停刊。《福建日日新闻》创办人黄乃裳(1849—1924),字绂丞,又名玖美、慕华,福建闽清人,是中国近代历史上著名的报人、华侨领袖、爱国志士、革命活动家和教育家。清道光二十九年六月初六日(1849年7月25日)生。光绪三年(1877年),与美国传教士武林吉(Franklin Ohlinger)在福州共同创办福建最早的教会刊物《郇山使者》(月刊),发起"天足运动"。光绪二十年(1894年),参加甲午科乡试并中取举人。光绪二十一年(1895年),入京参加乙未科会试,期间参加康有为、梁启超等组织的"公车上书"。光绪二十二年三月十六日(1896年4月28日),在福州创办福建近代第一张报纸——《福建》,引起康有为、梁启超、王锡蕃等维新人士的关注。光绪二十四年(1898年),得王锡蕃推荐,入京参加经济特科考试;期间,遍访谭嗣同、康广仁、林旭、杨深秀、杨锐、刘光第“戊戌六君子”，并6次晋谒李鸿章、8次上书光绪皇帝，倡言变法维新，另奏《请行简字》一折，提出汉字“切音”论。光绪二十五年(1899年)，远渡南洋英属沙捞越开荒拓殖，建立诗巫新福州垦场。光绪二十六年(1900年)七月，在新加坡结识孙中山先生，其后积极投身于孙中山先生领导的中国同盟会及其革命活动。光绪三十年(1904年)六月，从南洋归国，归国前把邹容所著《革命军》改名《图存篇》，随行携带5000册回国内；同年七月初一日(8月11日)，在厦门创办《福建日日新闻》报。清光绪三十三年(1907年)，创建闽清教育会，在全县创办高、初、小学34所。宣统三年(1911年)，武昌起义爆发，福州响应，黄乃裳亲擎大旗，冲锋陷阵，光复后任福建军政府交通部部长。在黄乃裳影响下，连横的抗日意志愈发坚定，其光绪三十一年(1905年)所作《厦门秋感》即云：“虎头鹿耳拥屏藩，天险生成界海门。地近南洋通贾舶，秋高北斗驻文轩。半空鸿雁鸣声急，大陆龙蛇战气昏。谁谓弹丸难用武，当年孤岛抗中原。”

在《福建日日新闻》报社工作期间，连横一家三口租住在英国牧师山雅各(J. Sadler)的别墅内，地点即现今鼓浪屿福州路199号，距离怡园和林氏府都很近，因而经常参加林辂存所组织的雅集宴游活动。与之前两次内渡相比，连横这一时期所作诗文甚夥，所见有《中秋登鼓浪山》、《鹿泉》、《万石岩》、《重过怡园晤林景商》(三首)、《鹭江秋感》(四首)、《丙午(1906年)除夕书感》、《作客鹭江，次庄仲渔旅次题壁》等。以光绪三十一年(1905年)所作《重过怡园晤林景商》(三首)为例，其中第三首并注云：“拔剑狂歌试鹿泉(鹿泉在怡园内，相传郑延平手凿，景商有铭泐石其旁)，延平霸业委荒烟。挥戈再拓田横岛，击楫齐追祖逖船。眼看群雄张国力，心期吾党振民权。西乡月照风犹昨，天下兴亡任仔肩。”一直以来，学术界对连横是否加入过中国同盟会的问题始终争论不休，其实该诗中“心期吾党振民权”一句，已经确切表明连横在光绪三十一年(1905年)就加入了孙中山先生领导的中国同盟会。那么,他的入会介绍人是谁呢?可能性最大的就是孙中山先生的老战友、身为福建日日新闻报社长的黄乃裳。

连横还把自己在大陆接触到的新思想、新主张,及时传播到日据下的台湾本岛诗坛。所作如《酬瘦云并和南社诸子》、《在厦柬乡中诸友》(四首)等,即为与陈瘦云、胡殿鹏、赵仲麒、谢石秋、陈鞠谱等台湾诗友的酬唱共勉之作。其中写给陈瘦云的《在厦柬乡中诸友》(四首)之一并注云:"诗界推君称健将,文坛我欲建奇勋。中原逐鹿归谁手,忙杀胡儿鼎足分(戏调胡南溟)。"光绪三十二年(1906年),连横又在台湾提出"诗界革新"的主张,《台湾诗荟》第十九号"余墨"有载:"二十年前,余曾以台湾诗界革新论登诸南报,则反对击钵吟之非诗。中报记者陈枕山见而大愤,著论相驳,栎社诸君子助之。余年少气盛与之辩难,笔战旬日,震动骚坛。"①日人入据台湾以来,一方面加紧文化统治,另一方面刻意把原来咏史为长、有着"晋安风雅之遗"美誉的击钵吟一体引向酬酢应和之一途,台湾诗坛弥漫着浓重的媚日与媚俗风气。连横深切担忧"台湾汉文,日趋日下。私塾之设,复加制限。不数十年,将无种子"②,乃提出"台湾诗界革新论"。不过,真正推究起来,梁启超早在光绪十五年(1889年)就提出了"诗界革命"的主张,其后经过黄遵宪、台湾内渡诗人丘逢甲等"导师"、"巨子"们的进一步倡导,到光绪三十二年(1906年)"诗界革新"一说在大陆诗坛可说是家喻户晓了。

光绪三十二年(1906年),也就是连横在厦门《福建日日新闻》报工作期间,还参与了日据时期台湾诗坛三大"重镇"之一——台南南社的发起创立。赖子清所撰《古今台湾诗文社》之"南社"一目,有载:"光绪

---

① 连横主编:《台湾诗荟》第十九号"余墨",1925年7月15日发行。
② 连横主编:《台湾诗荟》第二十号"余墨",1925年8月15日发行。

三十二年(1906 年),即日据后第十二年,由台南赵云石上舍钟麒,谢籁轩茂才石秋,连雅堂等创立,推蔡玉屏孝廉国琳为社长,赵钟麒副之,干事杨鹏搏、谢石秋,蔡社长为鼓励社员写作起见,自成立后,每月命题,向社内外征诗,春秋佳日,假开元寺、竹溪寺、西华堂、三官堂诸胜地,小集击钵。民前三年,蔡玉屏以六十七岁赴召修文,选赵云石补后,民国十一年八月廿九日(1922 年 10 月 19 日)孔诞,在孔子庙明伦堂,开南社创立十五周年纪念大会,招请全省诗人莅会,下午假黄干事茂笙固园,又开诗会。十四年(1925 年)二月主办诗人大会,廿五年赵社长逝世,公举黄茂笙袭缺,三十六年(1947 年)一月,黄社长长病殁,举吴子宏继之。三十七年三月二十八九日(1948 年 5 月 6、7 日),与西山、锦文、留青、鸡林、嵌南、珊社等,主办全省诗人大会,民国四十年(1951 年),已与台南各社,并设延平诗社。”①

光绪三十三年(1907 年)春,连横携眷返台。临行之际,连横为作《留别林景商》(四首)、《携眷归乡,久别厦中诸友》等。其中,《携眷归乡,久别厦中诸友》一诗云:“苏海韩潮涌大观,三年报界起波澜。文能惊世心原壮,力可回天事岂难!地上云深龙战血,空中风劲鹫伤翰。他时卷土重来日,痛饮高歌鼓浪山。”至此,连横的诗歌创作已经骎骎然到了戛戛独造的境界。连横这次返台以后,曾于民国元年(1912 年)招邀林辂存、林尔嘉、施景琛等游历台湾,以答谢自己在闽期间他们所给予的悉心关照和热情款待,连横所作《送林景商归鹭门》、《柬林景商》(四首)等,以及施景琛所作《赠连君雅堂》等,均有记其事。值得注意的是,在连横从十八岁到三十岁这一人生的黄金时段中,有一半时间都是在厦门度过的,而对他的诗艺和思想产生重大影响的则是施士

① 赖子清撰:《古今台湾诗文社》(一)。台湾省文献委员会编印:《台湾文献》第一〇卷第三期,台北:成文出版社有限公司,1983 年 3 月台一版,第 2027 页。

洁、林辂存、黄乃裳等一般“厦中诸友”。

(四)乙卯(1915 年)参与菽庄“征诗”活动

民国四年(1915 年),连横再次内渡厦门,住在鼓浪屿龙头徐寓。此番内渡,连横除了与昔日的吟朋诗侣们“痛饮高歌鼓浪山”外,所知者还参与了菽庄吟社当年秋天所举办的“虞美人”(七排二十韵)征诗活动。菽庄吟社“丙辰(1916 年)上元日”所刊《虞美人诗录》附录有载:“第九十五名　剑花　福建厦门鼓浪屿龙头徐寓”,又“第五十一名至第一百二十名各赠书券银二员”[①]。“剑花”即连横的雅号,可见连横不仅参加过菽庄吟社乙卯(1915 年)所征“虞美人”(七排二十韵),而且还获得了菽庄主人颁赠的两银元奖金。

此外,民国十年十一月十六日(1921 年 12 月 14 日),连横还参与菽庄吟社举办的“菽庄林先生暨德配云环龚夫人结婚三十年庆典”,并作有贺诗一首。该诗云:“画烛千行照绮筵,人间富贵艳神仙。一家独占孤山福,侍耦争传渤海贤。鸿案齐眉花欲笑,鸾屏同梦月初圆。试看卅六鸳鸯舞,长护银塘并蒂莲。”[②]这说明,日据台湾时期尽管日本殖民当局层层封锁和重重阻挠,妄图阻绝海峡两岸人民的血脉联系,但是两岸同胞仍然有贺同往,庆吊相通,血脉之亲是异族殖民统治者永远都无法隔断的坚韧脐带。

---

① 林尔嘉辑:《虞美人诗录》附录,“丙辰(1916 年)上元日”刊本,第 18—19 页。

② 连横撰:《菽庄林先生暨德配云环龚夫人结婚三十年》。林尔嘉辑:《菽庄林先生暨德配云环龚夫人结婚三十年帐词》(下卷),辛酉(1921 年)十二月刊本,第 20 页。

二、"张我军"一名之来历及其参与莿庄吟社活动考

20世纪20年代初,台湾新文学运动的"开拓者"[①]与"奠基者"[②]张我军在厦门期间,也与莿庄吟社有过密切往来,并且成为他一生中最为美好的记忆。这段经历,对于提高张我军古典文学的修养、培养其写作传统诗文的习惯、增强其"抗日复台"的责任心与使命感等都很有帮助,同时也为他其后开展对台湾旧文坛的抨击做好了文体上、思想上等方面的准备。

(一)"张我军"一名之来历

《张我军年表》载:民国十年(1921年),时年十九岁的张清荣,"协助林木土到福建省厦门市创设新高银行支店。在厦门同文书院习汉文,并在一文社当文书。接受祖国'五四'新文化运动熏陶。改名张我军"[③]。许多论者据此认为,张我军内渡大陆后,便接受了"五四"新思想、新文化的洗礼,并因此而改名,开始对日据下的台湾旧文坛进行猛烈抨击。但据笔者所考,厦门同文书院创办于清光绪二十四年(1898年),是一所教会学堂性质的学校,先后由美国人韦荣霁、吴禄贵担任院长,直到民国十七年(1928年)才"遵部令以华人为校长","改聘"莿庄吟侣周殿薰"接充"[④]。历史上,该校还曾因校方"贱视华人"、拒绝增设汉文课程、无理责打学生而发生过退学风潮,在这样一所学堂中学习,所接受新思想、新文化的影响应当说是相当有限的。因此,张我军

① 张深切著:《三百年来台湾作家与作品》。转引自刘登翰等编:《台湾文学史》(上卷),福州:海峡文艺出版社,1991年6月第1版,第407页。

② 张克辉撰:《张我军全集·序言》。张光正编:《张我军全集》,北京:台海出版社,2000年8月第1版,第1页。

③ 《张我军年表》。张光正编:《张我军全集》,北京:台海出版社,2000年8月第1版,第512页。

④ 厦门市地方志编纂委员会办公室整理:《民国厦门市志》,北京:方志出版社,1999年5月第1版,第337页。

改名与其接受“五四”新文化运动影响之间并不存在直接的、必然的联系。

《台湾近代名人志》另载：“张我军来到厦门后，除了做林木土的得力帮手外，开始接触到中国文化，并将名字由清荣改为我军，业余跟当地一名老秀才攻读中国旧文学。‘我军’两字即系这位秀才使用过的笔名之一。”[①]然则，这位“老秀才”究竟是谁？“张我军”一名又是怎么得来的呢？笔者认为，这位“老秀才”就是菽庄主人林尔嘉，“张我军”一名就是他帮助给取的。依据有三：

一、张我军是林尔嘉在故土台北板桥和祖籍地福建漳州的双重“同里”，在厦门工作期间经常出入菽庄花园，曾参与菽庄吟社壬戌(1922年)所征“鹭江泛月赋”并获奖，另还担任过菽庄吟社的“文书”一职。详见本节本点之第二小点“张我军参与菽庄吟社活动考”论述。

二、林尔嘉是个“老秀才”，不仅自己的别名很多，而且还有嗜改别人名字的癖好。“林菽庄很早就进学，中了秀才”[②]，但也就此止于进境，“林家人士历代所得到的官衔全部都是用钱捐来的，即因为应考举人进士，生活非常刻苦，不是他们所能忍受”[③]。林尔嘉原名陈石子，过继到台北板桥林家以后，改小名眉寿，取字叔臧，定名尔嘉，别号性公、允明、菽庄或菽庄主人、洁如或洁如居士、识庐或识庐主人、尊生或尊生道人、守中或守中道人、慈卫或慈卫道人，晚年自署百忍老人。“尔嘉因所袭资产丰，生活绰约，为人慷慨，广结善缘，轶事很多。……又，尔嘉嗜改媳妇名字，故媳妇名字之末字皆为‘英’字，如福英、臻英、慧

① 秦贤次撰：《台湾新文学运动的奠基者——张我军》。张炎宪、李筱峰、庄永明编：《台湾近代名人志》(第五册)，台北：自立晚报社文化出版部，1990年10月第1版，第208页。

② 陈允敦撰：《泉州翰林龚显曾的女婿林菽庄建造半个颐和园》。政协福建省泉州市委员会文史资料研究委员会编：《泉州文史资料》第十五辑，1983年8月版，第147—148页。

③ 《林本源史话》。陈三井、许雪姬访问，杨明哲纪录：《林衡道先生访问纪录》，台北：中央研究院近代史研究所，1992年12月版，第17页。

瑛、竹瑛、宝英等等”[①]。

三、“张吾军”是林尔嘉提出来，用以扩充菽庄吟社影响、壮大菽庄吟社声势的社团发展口号及纲领方针。林尔嘉“辛未(1931年)春日”所作《菽庄丛刻八种·序》云：“菽庄自结社以来，凡征诗五、征词一、征赋一、征序一，亦既录其鸿篇巨制先后刊印，寄赠诸作者，一时海内文人学士，寓书索赠，殆无虚日，因之分饷略尽。兹综八种重付剞劂，命曰‘菽庄丛刻’，盖欲假旗鼓以张吾军也。昔宋元之际，浦阳吴氏月泉吟社以田园杂兴征诗，得若干首，属方谢诸公甄录成集，镂版行世，逮清乾隆时编入四库全书，而月泉吟社之名，可与诸作者并传千古矣！夫奇文欣赏，古今所同，将来文治昌明，重纂四部，必有明令征求私家藏帙，例以月泉吟社斯编，倘亦在所不遗乎?”[②]“庚辰(1940年)春日”所作《寄傲山馆词稿·序》又谓：“菽庄吟社肇自甲寅(1914年)，闻南岳傲樵侨居霞中，亟延之入社商略金石文字，暇时则与社侣即景唱和，至相得也。……湘绮老人日记有言：‘沈琇莹，石鼓高等生也。’亦欲借其才华以张吾军，予心识之久矣。”[③]“吾”即“我”也，可见菽庄主人林尔嘉之所以把“张清荣”的名字改为“张我军”，其中寄寓了他对于菽庄吟社发展壮大的美好愿望和对于“年年作主大吟坛”[④]的无限憧憬。

(二)张我军参与菽庄吟社活动考

如前所述，《张我军年表》有载，民国十年(1921年)，张我军由台湾来到厦门，“在一文社当文书”，并且把自己的名字由原来的“张清荣”

---

① 《林本源史话》。陈三井、许雪姬访问，杨明哲纪录：《林衡道先生访问纪录》，台北：中央研究院近代史研究所，1992年12月版，第27—28页。

② 林尔嘉撰：《菽庄丛刻八种·序》。林尔嘉辑：《菽庄丛刻八种》，九州出版社、厦门大学出版社合刊，2004年12月版，第567页。

③ 林尔嘉撰：《寄傲山馆词稿·序》。沈琇莹著：《寄傲山馆词稿》，“庚辰(1940年)仲冬”刊本，第1—2页。

④ 见鼓浪屿菽庄花园内楹联。

改成了“张我军”。其中之“文社”,究竟是指民国期间厦门的哪个文学社团,张光正先生未曾注明,而历来论者也全都含糊敷衍,不作深究。

考察厦门地区社会经济及人文发展的历史,清末以前这里的经济并不怎么发达,人文也并不怎么兴盛。只是到了乙未(1895 年)割台前后,由于林鹤年、林辂存、施士洁、许南英、汪春源、王人骥、蔡谷仁、卢文启、卢心启、黄鸿翔等清末台湾名士相继寓厦,该地区的人文才骤然兴起。先是林鹤年与林辂存父子经常招邀文人骚客在其怡园觞咏聚作;其次,则有光绪三十三年(1907 年)林尔嘉在其林氏府倡为“浪屿诗坛”,以及民国二年(1913 年)在其菽庄花园正式创立菽庄钟社(后称菽庄吟社或菽庄诗社);嗣后,厦门地区文学社团纷然而立,先后涌现出海天吟社、梅社、莲社、鹭江吟社、未社、东社、声社、星社、虎溪吟社、筼筜吟社等。这些社团当中,林鹤年父子所创设之“怡园聚咏”虽然没有正式命名,但已经具备了文学社团的性质、特征,所以可称为厦门文学社团之“嚆矢”;不过,随着光绪二十七年(1901 年)怡园老主人林鹤年的谢世,尤其是光绪三十三年(1907 年)春怡园少主人林辂存旅居印尼后,该社聚咏活动遂渐归于沉寂。海天吟社由钱丕谟创设于“丁巳(1917 年)夏”,“得施师耐公主讲其中,每周一集,月凡四课,先后阅十月,得课四十”,但“未几,闽粤事起,风鹤告警,吟朋星散,因是中辍”[①],也就是说该社到民国七年(1918 年)春末业已停止活动。声社、东社、星社、虎溪吟社与筼筜吟社,均创自民国十三年(1924 年)以后,而张我军是民国十年(1921 年)来到厦门,并于民国十二年(1923 年)底离开厦门去上海的。所以,张我军在厦门期间所入之“文社”,只可能在菽庄吟社、梅社、莲社、鹭江吟社与未社之间。

---

① 钱丕谟撰:《海天吟社唱和诗》跋言。钱丕谟辑:《海天吟社诗存》,“癸亥(1923 年)季秋”刊本。

通常我们把专门创作诗歌的文学社团称作“诗社”，把专门创作散体文章的文学社团称作“文社”。台湾文史专家赖子清在《古今台湾诗文社》中，即据此把日据时期台湾的二百多个文学社团分成“诗社之部”与“文社之部”。当然，这只是相对而言，历史上许多文学社团都并不单纯只创作某一种文体类型，而往往是多管齐下的。以菽庄吟社为例，该社最初以创作诗钟为主，称“菽庄钟社”；其后则各体兼备，除常见的七律、七绝、七古、七排、五律、五绝、五古、五排外，尚有诗钟、对联、词、赋、回文诗、序文，以及特定场合中才使用的寿言、婚庆帐词等。其中，赋、序文都属散体文章，诗钟、对联和词也是独立于律诗、绝句之外的文学体裁，“菽庄钟社”后来改称“菽庄吟社”，大概就是其创作文体类型得到扩充与拓展的缘故。比较而言，梅社、莲社、鹭江吟社及未社，创作的文体类型就显得单一多了，所作不外乎是七律、七绝、五律、五绝。因此，如果说张光正先生所说之“文社”，并非泛指一般性的“文学社团”，而是特指有创作“赋”、“序文”等其它“古文”体裁的社团，那么张我军所在“文社”就非菽庄吟社莫属了。

菽庄吟社是日据台湾时期以内渡大陆的台湾流寓文士为主导的台湾爱国流亡文学社团。许南英所作《菽庄钟社即事》（三首）之二曾咏道：“相逢沦落劫余灰，一辈文人尽散材。独自不忘风雅事，招邀名士过江来。”该诗清楚表明，菽庄吟社形成的社会历史背景是甲午（1894 年）海战及乙未（1895 年）割台，其主要成员则是乙未（1895 年）前后内渡大陆的台湾流寓文士。菽庄吟社的创设者林尔嘉，出身于号称“台湾第一望族”的台北板桥林家，富甲一方且慷慨好义，晚清民国期间凡是经由厦门海关往来海峡两岸的台湾人士都乐于造访鼓浪屿林氏府，而菽庄主人总是热情款待，还不时赠送盘资旅费，林氏府实际上也成为晚清民国期间厦门的“台湾会馆”。张我军与菽庄主人林尔嘉“同里”，都为台北板桥人；巧合的是，张我军祖籍漳州南靖，而林尔嘉祖籍漳州龙溪(今漳州龙海市),两地历来均属福建省漳州府(今福建省漳州市)管辖。民国十年(1921 年)张我军初次内渡大陆,人生地不熟,去找林尔嘉这位同乡名望是情理中的事情;其间,出于对文学的兴趣爱好,参与到菽庄吟社这个台湾流亡文学社团的创作活动中来,也很顺理成章。相对而言,同时期的梅社、莲社、鹭江吟社及未社,悉为大陆人士所设,其成员也以大陆文士为主,相形之下张我军少了许多在菽庄吟社所具有的天时、地利、人和等优势条件。

民国二年(1913 年)重阳,菽庄吟社正式创立之初就有吟侣 100 多位,后来发展到 1978 人①。"每逢菽庄征诗,海内名流投稿恒逾千数,由沈傲樵评审次第"②,分别赠给"书券银"、辞典、影片等,曾经轰动一时;该社还延请陈衍、施士洁、许南英、龚显燦、龚显鹏、汪春源、吴增、周殿薰、庄善望、苏大山、龚植、龚显鹤、龚显禧、施乾、沈琇莹、马祖庚、庄棣荫、卢文启、李禧、卢心启、陈海梅、施景琛等名家宿望主持坛坫,由此韵事风流,传播益广。20 世纪 20 年代初张我军在厦门期间,正是菽庄吟社的鼎盛时期,社务特别繁忙。以张我军初到厦门的当年(1921 年)为例,菽庄吟社就先后举办了"三九雅集"(七古)征诗、"菽庄林先生暨德配云环龚夫人结婚三十年庆典"等重大活动。这些重大活动,有很多具体而琐碎的事务,如稿件的登记与誊录、奖金的分发、赠品的邮寄等,不大可能由社中的硕学耆儒亲手操持,所以,非常有必要设置"文书"一职来对它们进行专门办理;而张我军其时风华正茂、办事干练且上进肯学,无疑是个非常适合的人选。与菽庄吟社的发展规模及声势影响相比,同时期厦门的其它文学社团则显得单调而逊色多了。以其中最大之东社为例,《厦门轶事》有载,"岁甲子(1924 年),而

---

① 本数据仅为对已经辑得之 30 种菽庄出版物所作统计,实际吟侣远远超过此数。

② 林尔嘉撰:《庚申菽庄咏菊》(八首)之一。林尔嘉撰,沈骧编校:《林菽庄先生诗稿》,台北:龙文出版社,1992 年 3 月重印初版,第 5 页。

东社兴焉。东社者,乃由海天吟社、梅社、莲社、鹭江吟社诸社员混合而成也",但其成员也不过"几达百人"[①],仅为菽庄吟侣总数的零头,而且这些社团从来也没有像菽庄吟社一样开展过大规模的对外"征诗"活动,因此没有配备专门"文书"的必要。

当然,到目前为止,能够证明张我军参与菽庄吟社最直接、最有力的证据,还是他曾经投稿参加菽庄吟社壬戌(1922 年)所征"鹭江泛月赋"。菽庄吟社"甲子(1924 年)端午"刊行的《壬戌七月既望鹭江泛月赋选》,末尾所附获奖名录明载:"丙选"第 181 名为"张我军漳州",又"甲选二十名各赠书券银十元;乙选八十名各赠书券银五元;丙选二百名各赠书券银一元"[②]。可见,张我军不仅参加过菽庄吟社的创作活动,而且还得到了一个银元的奖金。张我军出生于日人入据台湾以后的光绪二十八年(1902 年),从小就入台北板桥公学校学习日语,接受日殖当局的民族同化教育,按理说他的汉文没有什么根基。但是,张我军一心向往祖国文化,而且向来勤勉好学,孜孜以求。他在台北新高银行工作期间,就利用"星期假日到万华学习汉文",并"在台北永乐町(大稻埕)市场边剑楼书房,随前清秀才赵一山老师读书学诗"[③],因此张我军内渡厦门以前,其传统汉文还是有一定基础的。张我军来到厦门新高银行工作以后,不仅"在厦门同文书院习汉文",而且还在"业余跟当地一名老秀才攻读中国旧文学",古典文学修养得到进一步提高,所以,当他看到菽庄吟社的征赋启事时,自然就很想牛刀一试了。考察同时参赛的其他三名台湾本岛诗人,除洪介夫列丙选第 62 名,名

---

① 《厦门杂记》。厦门市图书馆编:《厦门轶事》,厦门:厦门大学出版社,2004 年 12 月第 1 版,第 38 页。

② 林尔嘉辑:《壬戌七月既望鹭江泛月赋选》附录,"甲子(1924 年)端午"刊本,第 22 页。

③ 《张我军年表》。张光正编:《张我军全集》,北京:台海出版社,2000 年 8 月第 1 版,第 512 页。

次比较靠前外；出身龙潭“一门三秀才”的邓旭东仅列丙选第199名；新竹宿儒曾吉甫也仅列丙选第192名，均排在张我军的后面。可见，张我军这篇赋作的确写得不错，同时也说明张我军在经过万华、剑楼书房、同文书院的学习，以及台北耆儒赵元安和厦门“老秀才”林尔嘉的指点后，古文功底确乎大有进益。

在厦门期间的这段生活以及“鹭江泛月”这一景象给张我军留下的记忆是美好而且深刻的，以至于多年以后他还不时地回想和留恋起它们。民国十五年(1926年)一月，张我军在所撰《南游印象记》中写道：“自今五年前，我从基隆搭船到厦门，这是与海接近的第一次。自是，在厦门、鼓浪屿辗转过了两年。这两年之间，我受了海的感化和暗示不少。早上，太阳将出未出之时，我站在岩仔山腹的洋楼的栏干之傍，两眼注视那苍茫的大海，一直到尽处——是海是天已分不出的地步——凝视着、放歌、驰想……晚上，月亮刚上了山头，照得一面白亮亮的银海，我站在山腹，两眼注视那白茫茫的银世界，一直到尽处，凝视着、放歌、驰想……”[①]“岩仔山”是鼓浪屿日光岩的俗称，而菽庄花园所在地——港仔后就在日光岩东南山腹之间，内中有“听潮楼”，“为园最胜处”，站在上面可以欣赏到“水天一色，晴雨万态。冷红辞树，吹上人衣；浓翠过江，扑于酒面。有如情移海上，宫徵相生；何止道入山阴，应接不暇。贤者乐此，君其仙乎”[②]，在苍海茫茫、天地悠悠之间给人以无尽的遐思与灵感。《南游印象记》也从另一个侧面印证了张我军在厦门期间曾经经常出入菽庄花园，并且饱览了其中胜景，而该记中所描绘的本身就是一幅活脱脱的“鹭江泛月”图。

---

① 张我军撰:《南游印象记》。张光正编:《张我军全集》，北京:台海出版社，2000年8月第1版，第300页。

② 施士洁撰:《菽庄序言》。施士洁著:《后苏龛合集》，台北:台湾银行经济研究室，1965年11月版，第408页。

张我军在厦门期间，还作有《寄怀台湾议会请愿诸公》(二首)、《咏时事》等传统诗文，从中可以看到张我军在政治立场、思想观念、态度倾向等方面所受菽庄吟侣的影响，以及他从旧文学阵营向新文学阵营的渐变与转化过程。1923 年 4 月 10 日，张我军在《台湾》月刊第 4 年第 4 期发表《寄怀台湾议会请愿诸公》(二首)，其中第一首云："故园极目路苍茫，为感潮流冀改良。尽把真情输北阙，休将旧习守东洋。匹夫共有兴亡责，万众还因献替忙。贱子风尘尚沦落，未曾逐队效观光。"又第二首云："鹭江春水怅横流，故国河山夕照愁。为念成城朝右达，敢同筑室道旁谋。陈书直欲联三岛，铸错何曾恨九州。从此民权能战胜，谁云奢愿竟难酬。"诗中之"右达"，以往一般理解为台中雾峰望族林献堂，但考察张我军的行踪，他在民国十五年(1926 年)以前，"北只至小基隆，南到新竹而已"[①]，既没有到过台中雾峰，也没有与林献堂先生有过任何接触和交往。况且，其时台湾真正可以称之为"右达"者，仅林尔嘉一人而已。林献堂虽然担任过所谓的"台湾总督府第一届评议员"，但不过是日殖当局用来拉拢和笼络台湾士绅的幌子罢了。林尔嘉则不同，早在清末他就受到"公卿交荐"、"部臣倚重"，"由道员擢京堂，晋阶卿贰"[②]；民国建立后，又被推举为参议院候补委员，并先后担任福建省行政讨论会会长、厦门市政会会长等职。

明确这点，上述二诗就容易理解了。在张我军看来，林献堂先生所领导的"台湾议会设置请愿运动"，与其去向日本殖民侵略者讨价还价，争"自由"、谋"平等"，无异于是在与虎谋皮(按："台湾议会设置请愿运动"十四年的结果就是最好的证明)，所以他在诗中规箴林献堂等

---

① 张我军撰：《南游印象记》。张光正编：《张我军全集》，北京：台海出版社，2000 年 8 月第 1 版，第 297 页。

② 张琴撰：《叔臧先生暨德配龚夫人四旬双寿序文》。林景仁辑：《菽庄主人四十寿言》，"甲寅 (1914 年)冬月"刊本，第 12 页。

“台湾议会请愿诸公”“休将旧习守东洋”，并为他们指明了“从此民权能战胜，谁云奢愿竟难酬”的方向与出路，即孙中山先生所领导的、倡导“民族、民权、民生”的民国政府。从上述第二首诗中还不难看出，张我军在厦门期间不仅拜访过林尔嘉这位“右达”，而且两人还共同谋划过“抗日复台”等一类的家国大事。

然而，民国期间的大陆，由于军阀长年混战，造成民不聊生的社会局面，又使得张我军的美好愿景很快就幻灭了。张我军在随后发表的《咏时事》(《台湾》月刊第 4 年第 6 期，1923 年 10 月)一诗中写道：“如此江山感慨多，十年造劫遍干戈。消除有幸排专制，建设无才愧共和。北去闻鹃空踯躅，南来饮马枉蹉跎。天心厌乱终思治，忍使苍生唤奈何。”其中“南来饮马枉蹉跎”一句，也隐约透露出作者不想再“每日只知道做些似是而非的诗，来做诗韵合解的奴隶，或讲什么八股文章替先人保存臭味”，而要“读些有用的书来实际应用于社会”[①]。可见，其时张我军反叛旧文学的思想就已经初露端倪了。

与许多台湾新文学史撰写者所描述的决然态度不同，张我军始终都保持着写作传统诗文的习惯。直到民国二十七年(1938 年)秋，张我军还作有《席上呈南都词兄》云：“仆仆燕尘里，韶光逝水流。逢君如隔世，携手共登楼。痛饮千杯酒，难消十载愁。他时归去后，极目故园秋。”[②]诗中作者把自己在北平见到阔别“十载”老友时的惊喜、对台湾故园的眷恋以及对时局的担忧，集中统一在短短的四十个字当中来进行表达，并且为“席上”当场吟就，技法高超，感情深挚，足见张我军古典诗词的创作功力。此外，“据张我军的次子张光直回忆，张我军当时

---

① 张我军撰：《致台湾青年的一封信》。张光正编：《张我军全集》，北京：台海出版社，2000 年 8 月第 1 版，第 3 页。

② 张我军撰：《席上呈南都词兄》。张光正编：《张我军全集》，北京：台海出版社，2000 年 8 月第 1 版，第 228 页。

还有一本旧体诗集，叫做《剑华诗稿》，收录了他写的旧体诗，可惜的是这本诗集已经遗失了，我们无法再见到它的真面目。”①

民国十二年(1923年)底，张我军离开厦门到上海，随即又从上海到北京，进入国立北京师范大学夜间部补习班学习。在那里，张我军接受了“五四”新思想、新文化的洗礼，并得到爱情力量的激发，写下《沉寂》、《对月狂歌》、《无情的雨》、《乱都之恋》、《哥德又来勾引我苦恼》等新诗作品，以及《致台湾青年的一封信》、《糟糕的台湾文学界》、《为台湾文学界一哭》、《请合力拆下这座败草丛中的破旧殿堂》、《绝无仅有的击钵吟的意义》等抨击台湾旧文坛的“檄文”，由此变成了“台湾新文学运动急先锋”②。许多台湾新文学史撰写者都把“台湾新旧文学之争”，描述成“不是你死，就是我活”的殊死搏斗，并且认为新文学最终以压倒性姿态战胜了旧文学。然而，他们忽视了一个重要的历史细节，即这场论争的双方主将——连横与张我军都曾经是菽庄吟侣。况且，张我军在《揭破闷葫芦》一文中就说过：“我的《糟糕的台湾文学界》一文发表了以后，到现在已有两个月之久了。……然而在这两个月中间，却听不到什么反响来，我满以为我的炸弹是掷在烂泥中去了。”③

事实上，日据台湾时期，日本殖民统治者“恨不得台湾人个个立刻变成日本人，个个讲日本话。所以在学校里，照规矩是禁止使用台湾话，何况对于教学上又丝毫没有帮助的‘官话(按：指汉语普通话)’”。台湾人民“心里想要学习祖国的国语”，但是又“不得其门而入”④；相

---

① 田建民著：《张我军评传》，北京：作家出版社，2006年7月第1版，第236页。

② 张光正撰：《〈张我军选集〉编者后记》。张光正编：《张我军全集》，北京：台海出版社，2000年8月第1版，第544页。

③ 张我军撰：《揭破闷葫芦》。张光正编：《张我军全集》，北京：台海出版社，2000年8月第1版，第26页。

④ 陈君玉撰：《五十沧桑话国语》。台北市文献委员会编印：《台北文物》第七卷第一期，台北：成文出版社有限公司，1983年3月台一版，第3062—3063页。

反，日语在台湾却横行肆虐，到光复之初"台湾民众通晓日语者亦约占七成之谱"[①]。毫无疑问，日据台湾时期，需要打倒的，首先应该是日本侵略者用以维护其殖民统治的工具——日语及其日语文学，而不是汉民族具有几千年优秀传统的汉语旧文学。日据后期，"皇民化"运动对台湾汉文化的禁绝与毁灭，告诫我们：在沦为殖民地的台湾，只要日本殖民统治不被推翻与驱除，不管是旧文学，还是新文学，只要是汉文学，就不可能获得生存与发展。其实，就在"台湾新旧文学论争"战罢方酣、愈演愈烈的民国十四年（1925 年）五月，张我军还"偕罗文淑（按：张我军的未婚妻）到厦门鼓浪屿"[②]，在那里拜望了昔日的文朋诗侣。可见，即使在张我军猛烈抨击台湾旧文坛、成为"台湾新文学运动急先锋"以后，他也还与旧文学阵营——菽庄吟社的吟侣们保持密切的联系和良好的交往。这些都是很值得我们去作进一步深味的。

第四节　菽庄吟社待研之课题

围绕菽庄吟社，还有一些重要课题需要研究，但受资讯等方面的限制，一时难于作出深入探讨。这里略列如下，以为抛砖引玉。

一、1936 年林献堂的"祖国事件"及与菽庄吟社之关联

台北板桥林家与台中雾峰林家并称为日据时期台湾的两大望族，因而他们的政治立场、思想观念及态度倾向也成为海峡两岸乃至日本殖民当局所共同关注的焦点。台中雾峰林家与台北板桥林家究竟存

---

① 薛绥之撰：《旅台杂记》。晋鲁冀豫边区文联编：《北方杂志》（月刊）第 6 期，1947 年 5 月。

② 《张我军年表》。张光正编：《张我军全集》，北京：台海出版社，2000 年 8 月第 1 版，第 515－516 页。

在哪些相同与共通之处，两家之间曾经有过怎样的联系和接触，这些都是非常值得探究的问题。

《台湾近代名人志》载，“1936 年 3 月，林献堂偕次子犹龙参加台湾新民报组织的‘华南考察团’游历厦门、福州、汕头、香港、广东、上海等地，在上海对华侨团体演讲时，曾有‘林某归还祖国’之语。为日本间谍获悉转报台湾军部，台湾日日新报揭发其事。当时台湾军参谋长荻洲声威凌驾总督府，恣意干预政治，在其指使下，6 月 17 日，利用献堂赴台中公园参加始政纪念日园游会时，买通流氓卖间善兵卫殴辱献堂，借以警告台人，此即‘祖国事件’。荻洲又强迫台湾新民报必须废除汉文版，林家族人亦蒙受拘押之灾，并动用亲日绅士郭廷俊游说他参拜神社，或派特警人员多方胁迫，他乃决定离台避难。”①

上述之林献堂(1881—1956)，名朝琛，号灌园，是台中雾峰林家的族长，祖籍漳州龙溪(今福建省龙海市)。先后担任过“台湾新民会”会长、“台湾文化协会”总理、台中栎社第四任社长等，发起组织过“六三法案废除运动”、“台湾议会设置请愿运动”等，积极致力于“唤醒台胞的民族意识，摆脱日本统治”②的政治及文化运动。《台湾新民报》则是日据时期唯一由台湾人自己创办的报刊。初名《台湾青年》，民国九年(1920 年)七月十六日创刊于日本东京；民国十一年(1922 年)四月一日更名《台湾》；民国十二年(1923 年)四月十五日改创为《台湾民报》，并于民国十七年(1928 年)八月一日起移入台湾发行；民国二十一年(1932 年)四月十五日更名《台湾新民报》；民国三十年(1941 年)二月十一日改名《兴南新闻》，并于民国三十三年(1944 年)三月二十七日

① 戴宝村撰：《士绅型政治运动领导者——林献堂》。张炎宪、李攸峰、庄永明编：《台湾近代名人志》(第四册)，台北：自立晚报，1987 年 12 月版，第 64 页。

② 江炳成著：《古往今来话台湾》。转引自刘登翰等主编：《台湾文学史》(上卷)，福州：海峡文艺出版社，1991 年 6 月第 1 版，第 351 页。

停刊。

据林尔嘉的堂侄孙林衡道先生所述，林尔嘉五子林履信自东京帝国大学“毕业后返台，接掌台湾新民报。因其为少爷习气，无办事经验，一入报社即大幅更动人事，引起部属杯葛，工作无法顺利进行。然而自他接掌报社，日人甚为礼遇，较少干扰报社业务，且常主动到他家造访，冀拉拢关系”；又，林尔嘉四弟林柏寿“年轻时曾投资台湾新民报，故与蔡培火、吴三连等可以说是同志”①。林献堂先生民国二十五年（1936 年）三月参加的“华南考察团”，即是由台湾新民报社所组织的，而且抵达的第一站就是菽庄吟社所在地厦门，这就为林尔嘉与林献堂这两位日据时期台湾社会的重量级人物提供了很好的会晤契机。他们究竟会晤过没有？会晤中是否谈及他们所共同关心并且为之努力奋斗的“抗日复台”这一重要话题呢？

二、关于菽庄吟社中的将帅武弁

结社联吟，雅集酬唱，其主要目的就是以诗会友，联络声息。但是，日本殖民侵略者并不是凭着几个腐儒的若干首诗词就能被骂死或被赶走的；驱除“日虏”、光复台湾，最终还得依靠强大的军事力量作支持。这一点，菽庄吟侣们心里非常的清楚。菽庄吟社社中“祭酒”施士洁，所作《和许静仁闽按使韵》（二首）之一就曾写道：“蜃市蛟宫鲲岛外，蜺旌虎节鹭江头。苍生疾苦谁司命？黄落山川易感秋！露冕六条为世出，星轺九坂使人愁！一韩一范军中在，定慑强邻挫异谋。”

菽庄吟社中聚集了一大批将帅武弁，其中包括海军总长、代总理萨镇冰，福建都督、永威将军孙道仁，光绪庚辰（1880 年）科武状元、福建护军使、漳泉总司令、培威将军黄培松，漳厦护军使臧致平，直系将

---

① 《林本源史话》。陈三井、许雪姬访问，杨明哲纪录：《林衡道先生访问纪录》，台北：中央研究院近代史研究所，1992 年 12 月版，第 29—32 页。

领、大军阀孙传芳，国民党高级将领、“五虎上将”之一蒋鼎文，等等。尽管这些将帅武弁的政治立场及思想观念未必尽同，个别人甚至还屠刀带血，嗜杀成性，但他们对待日本侵略者的态度却是一致的。这些将帅武弁在参与菽庄吟社创作活动的同时，是否提出过“抗日复台”的实质性方案甚或作出过具体的军事部署呢？

三、关于菽庄吟社中的日本吟侣

菽庄吟社中有11位日本吟侣，分别是池尾三郎、本田茂吉、大槻嘉造、进上茂、川口庄松、右田吉人、藤井启之助、井上四郎、伊川后秀、尾崎秀真与伊藤贞次郎。这些日本吟侣，虽然不排除个别人确实是出于对汉文化的崇慕，才参与到菽庄吟社的创作活动中来的，但他们当中的大多数人主要是在执行日殖当局的政治意图，这一点必须有清醒的认识。林尔嘉是如何区分这两种日本吟侣？又分别采取了怎样的应对策略呢？这些都是在研究菽庄吟社过程中，必须认真加以厘清的问题。

结束语

菽庄主人林尔嘉的侄子林宗贤先生尝谓:“吾父之降世,台湾已久入日本舆图,虽忠荩情殷,而狂澜莫挽。疾首扼腕,无可如何也。乃奉兄率弟,以提倡文化,高尚道学,鼓舞民彝,匡正人心为职志,扬以言论,张之词赋,庶使百代之下,皆得奋然兴起也。礼记儒行篇有云:今世行之,后世以为楷,而志不可夺。中庸至诚无息之义,久而征,进而悠远,讵非吾祖吾父之精神乎?”①

概而言之,菽庄吟社是日据时期以内渡大陆的台湾流寓文士为主导、以“抗日复台”为根本宗旨和奋斗志业的台湾爱国流亡文学社团。该社虽然地处厦门,但始终都与台湾社会声息相通,其发展规模庞大、参与吟侣众多、存续时间很长、创作成就丰硕,影响则及于晚清民国期间的大陆各地和日据下的台湾本岛诗坛,乃至日本、新加坡、印度尼西亚等东亚及南洋地区。该社以其所处历史时间及地理空间的特殊性、人员构成及态度倾向的复杂性、作品思想内容及艺术风格的多样性等特征,成为中国近现代历史上既区别于被称作“遗老遗少”社团的北京寒山社,又不同于“反清排满”的民族主义革命社团——上海南社,有着特定社会内涵和独特历史意义的文学社团。该社中的众多台湾流

① 林宗贤撰:《板桥林本源家传·序三》。王国璠编撰:《板桥林本源家传》。台北:林本源祭祀公业发行,1984年7月版,第11页。

寓文士，虽然生当逊清末造，身经乙未重劫，但仍然胸怀拯艰之心，襟抱救弊之志，饱含着“藏海”、“补山”的深沉爱国情怀。该社是日据时期台湾诗坛上规模最大、吟侣最众、成就最著、影响最巨的文学社团，同时也是晚清民国期间大陆诗坛上可与上海南社相提并论的重要文学社团，在台湾文学史及中国近现代文学史上都应当享有重要的地位。

附 录

菽庄吟社活动年表

光绪元年乙亥(1875 年)

五月十八日(6 月 21 日),菽庄主人林尔嘉在厦门带溪(今厦门市溪岸路)出生,取小名石子。祖父近代抗英名将、振威将军陈胜元;父陈宗美。

光绪六年庚辰(1880 年)

是年,林尔嘉过继给台北板桥在籍太仆寺正卿、帮办台湾抚垦兼团防大臣林维源为子,改小名眉寿,取字叔臧,定名尔嘉。初从侯官孝廉许贞幹游;复师于闽县举人王兰生。

光绪十七年辛卯(1891 年)

十一月十六日(1891 年 12 月 16 日),林尔嘉娶晋江龚氏云环为妻。龚氏生于清同治十三年九月廿四日(1874 年 11 月 2 日),父为同治癸亥(1863 年)科进士、翰林院编修龚显曾。

光绪十九年癸巳(1893 年)

正月初二日(1893 年 2 月 18 日),林尔嘉长子林景仁出生。

光绪二十年甲午(1894 年)

八月十八日(9 月 17 日),中日甲午海战爆发,中方战败。

光绪二十一年乙未(1895 年)

三月二十三日(4 月 17 日),李鸿章代表清廷与日本签订丧权辱国的《马关条约》。该条约第二款规定:中国将"台湾全岛及所有附属各岛屿"以及"澎湖列岛",并"该地方所有堡垒、军器工厂及一切属公物件,永远让与日本"。

四月四日(4 月 28 日),菽庄"三老"之一汪春源,偕台湾举人罗秀惠、黄宗鼎等上疏都察院,反对割台,表示"与其生为降虏,不如死为义民",汪春源由此成为"公车上书第一人"。

五月十三日(6 月 5 日),林维源、林尔嘉父子与怡园主人林鹤年、林辂存父子相偕内渡。林维源内渡后,初归祖籍地漳州府龙溪县二十九都白石堡吉上社(今福建省龙海市角美镇),随后迁居厦门鼓浪屿,并兴建林氏府。林鹤年内渡后,初归祖籍地泉州府安溪县崇信里胪传乡(今福建省安溪县芦田镇芦田村),随后迁居厦门鼓浪屿,兴建怡园并组织"怡园聚咏"。

九月初三日(10 月 20 日),台南失陷。菽庄"三老"之一、时任台南团练局统领许南英坚持抗战到最后,直到九月初五日(10 月 22 日)才离台内渡,初避走星洲(新加坡)、暹罗(泰国)等地,其后在广东为宦。

同年,菽庄"三老"之一施士洁离台内渡,初归祖籍地泉州府晋江县西岑里(今福建省晋江市石狮市永宁乡西岑村),随后迁居厦门,并参与"怡园聚咏"。

光绪二十七年辛丑(1901 年)

十月十六日(11 月 26 日),怡园主人林鹤年去世,"怡园聚咏"乃由其四子林辂存主持。

光绪三十一年乙巳(1905 年)

六月十六日(7 月 18 日),林维源去世,林尔嘉接掌林氏府。

同年,林尔嘉担任厦门保商局总办兼厦门商务总会总理;施士洁入林尔嘉幕府,"襄理厦商政局",并帮助其维持"骚坛衣钵"。

光绪三十三年丁未(1907 年)

暮春,林尔嘉在鼓浪屿林氏府组织"浪屿诗坛",施士洁、龚煦、龚植、陈威季、汪艾民、邓舜农、陈梅生、陈荪田、许鲁山、张履谦、邱守谦等参与其中,所作社课题目有"视冰"、"嬉水"等。

宣统元年己酉(1909 年)

是年,林尔嘉任鼓浪屿工部局华董,直到民国十一年(1922 年)为止,前后十四年。

宣统三年辛亥(1911 年)

春,沈琇莹"识许蕴白先生于羊城听秋声馆,谈艺甚欢。暇则招同唱和,或至忘昏晓"。

八月十九日(10 月 10 日),"武昌革命军起,一月之间,闽、粤响应",许南英"得漳州友人电召回漳",并被推举为漳州民事局长。

同年,汪春源从江西辞官归返,定居漳州龙溪(今福建省龙海市)。

民国元年壬子(1912 年)

夏,许南英初次返台,住在其亲戚兼门生吴筱霞家里,日则与南社、瀛社、栎社、桃社、竹社等诗友流连唱和,分韵敲诗;岁末回漳州。

民国二年癸丑(1913年)

三月,许南英任龙溪县知事,聘湖湘耆宿王闿运之及门弟子沈琇莹来漳纂修《龙溪县志》。公余,许南英在郡署余园倡为“余园聚咏”,许南英长子许赞书与五子许赞堃(字叔丑,号地山)、施士洁、汪春源及其长子汪受田、沈琇莹、徐振辉、关其忠、王少涛、李偕苏、吴芝青、胡君湘、陈忏真、许肖云、陈眉生、许幼青等参与其间。

重阳日(10月8日),菽庄花园落成,菽庄钟社(后称“菽庄吟社”或“菽庄诗社”)正式创立。是日,举行隆重的庆典活动,林尔嘉亲撰《菽庄记》一篇,以隶书直题镌刻于菽庄花园岩石上;然后,“遍征海内名流为之题咏”,所得名联佳句甚夥。

是年,林尔嘉闻沈琇莹“侨居霞中,亟延之入社商略金石文字,暇时则与社侣即景唱和,至相得也”。

民国三年甲寅(1914年)

春,汪春源入林尔嘉幕府。

4月28日,“菽庄钟社”开第一集,集在厦骚人墨客,拈阄诗联句。拈题《晚、文,第二唱》、《送、边,第七唱》、《汗、台,第四唱》,限期至5月5日交卷。是日,投卷者百有余本。截至5月5日,共得三百余卷。

5月5日,“菽庄钟社”第一集揭晓,三唱取元,施沄舫君得两唱,龚仲谦君得一唱,该集由菽庄主人林尔嘉亲任词宗。给赏后,随开第二集,拈《帘、絮,第一唱》、《草、空,第二唱》、《案、索,第五唱》为题,限期至11日交卷。是日,交卷有四五百卷之多。

5月11日,钟社二集揭晓,系由第一集获元之施沄舫君及龚仲谦君,共同鉴定。其三唱取元,施沄舫得两唱,海关监督陈恩焘得一唱。与唱诗客,多不满意,以施沄舫为鉴定人,而自列元首,未免有滋物议。

揭晓后即开第三集，拈《深、酒，第一唱》、《海、仙，第二唱》、《才、地，第五唱》为题，限15日交齐。闻第三集，复由菽庄主人鉴定。

5月下旬，钟社第四集揭晓，并拈第五集钟题《夕、城，第六唱》、《竞渡、丑妇照相，分咏格》，限阴历五月初八日(6月1日)截止。

五月十八日(6月11日)，为菽庄主人林尔嘉四十岁生日。是日，菽庄吟社在林氏府举行"菽庄主人暨德配龚夫人四十双寿庆"，中外名公100余人参与其盛。闰五月十八日(7月10日)，又举行逢闰重庆。期间，"自正五十八(6月11日)至闰五十八日(7月10日)，日均有诗酒之宴"，"士大夫以诗称觞者，箧为之满"。所得诗文由林景仁辑为《菽庄主人四十寿言》，于"甲寅(1914年)冬月"刊行。

7月13日，钟社第七集揭晓，并拈第八集钟题《藕节，合咏格嵌米字》(不犯题字)，限本月20日交齐，27日发唱。

8月16日，开钟社第十一集，拈题《香山九老，碎锦格》，限旧历七月初三日(8月23日)截收。

十月，许南英再度返台。期间曾主持基隆陋园吟会举办的"环镜楼唱和"。

民国四年乙卯(1915年)

元夕(2月28日)，林尔嘉招邀社侣在菽庄花园开展灯谜活动，从此"年年张灯，诗酒猜谜"，成为定制。是日，钟社复开第十六集，当会拈出"展、都"二字，为第一唱，限旧历正月底交齐，二月发唱。

三月三日(4月16日)，林尔嘉招邀社侣在菽庄花园举行"上巳修禊"，"自是年年赓续"。

五月初一日(6月13日)，时任福建巡按使许世英游历菽庄花园，作有《三都月夜》(七律一首)，菽庄社侣纷纷叠韵以和。

五月十五日(6月27日)，菽庄钟社开第二十集，拈出"肥、果"两字，限第三唱。交卷期日，以是月晦日为止。闻本期奖赏品，较前有加。

七月十五日(8 月 25 日)，菽庄钟社开第二十二集，拈题“蚕、世”两字，限第四唱。订此月杪为截收之期，八月十五日发唱。

秋，菽庄吟社举办首届“征诗”。所征诗题为“虞美人”(七排二十韵)，共收到投稿 1704 卷，评选出前 120 名进行奖励；得奖诗稿由林尔嘉辑为《虞美人诗录》，于“丙辰(1916 年)上元日”刊行。

秋，林景仁招集社侣为“寿菊会”，辑有《寿菊诗集》。

是年，林尔嘉聘许南英为菽庄钟社诗友，“月给津贴若干，以此，先生个人生活稍裕”。

民国五年丙辰(1916 年)

元夕(2 月 17 日)，林尔嘉招邀社侣在菽庄花园开展灯谜活动。

三月三日(4 月 5 日)，林尔嘉招集社侣在菽庄花园举行“上巳修禊”。

四月，许南英“返台省墓及参观‘共进会’”，在台居留三月，日则与南社诸子雅集酬唱。

重阳日，许南英赴印尼苏门答腊为侨领张鸿南编辑生平事略，林尔嘉招邀社侣宴集菽庄花园，为之饯行。

秋，菽庄吟社举办第二届“征诗”。所征诗题为“黄牡丹菊”(七律四首)，共收到投稿 1116 卷，评选出前 140 名进行奖励；得奖诗稿由林尔嘉辑为《黄牡丹菊诗录》，于“丁巳(1917 年)端阳节”刊行。

十一月十六日(12 月 22 日)，为菽庄主人林尔嘉暨德配云环龚夫人结婚二十五周年纪念日。是日，林氏府华灯焕彩，中堂高挂“SILVER WEDDING(银婚庆典)”的横幅，中外名公 80 余人参与其盛，所赠珍贶不计其数；拜赐宴饮既毕，合影留念。所得诗文由陈棨伦辑为

《菽庄主人银婚帐词》，于“丙辰嘉平（夏历一九一六年十二月）”刊行。

民国六年丁巳（1917 年）

年初，施士洁入聘福建省通志局，寓福州荔支园。

三月三日（4 月 23 日），林尔嘉招集社侣在菽庄花园举行“上巳修禊”。

夏，施士洁门徒、海天楼主人钱丕谟创设海天吟社，由施士洁为主其事，社侣有李时熙、徐思防、柯征庸、陈杰、陈桂琛、洪泰生、许梓溪、许廷慈、徐铭庆、陈桂锟、陈乾、陈桂珸、周殿薰、黄瀚、余焕章、杨振衡等亦时常唱和其间。

十月二十二日（12 月 6 日），菽庄主人林尔嘉在《台湾日日新报》发布广告，征集诗钟《补、榆，鹤顶格》，限新历 12 月 20 日交卷。

十一月十一日（12 月 30 日），许南英客死印尼棉兰。

十一月，闽粤两省军阀交战，厦门、漳州一带风鹤告警。林尔嘉乃东渡蓬峤，回到台北板桥故园，直到民国八年（1919 年）五月战事平息，重返鼓浪屿。

民国七年戊午（1918 年）

三月三日（4 月 13 日），沈琇莹等社侣在菽庄花园举行“上巳修禊”。

十月，林尔嘉从弟林鹤寿在台北板桥别墅创立寄鸿吟社。社员七人，包括林鹤寿、林柏寿、龚亦癯、陈蓁、苏镜潭、吴钟善及其子吴普霖，号称“寄鸿七子”；所作辑为《泛梗集》。

民国八年己未（1919 年）

三月三日（4 月 3 日），沈琇莹等社侣在菽庄花园举行“上巳修禊”。

七月七日(8月2日),为传统乞巧节。是夕,林尔嘉在菽庄花园宴集社侣,男祀文昌,女拜织女;然后以“七夕四咏——洗车、填桥、穿针、停梭”(七绝四首)为题,向海内外吟侣广征诗作。本次征诗,所得投稿逾千卷,评选出前150名进行奖励;得奖诗稿由林尔嘉辑为《七夕四咏诗录》,于“己未嘉平朔日(夏历一九一九年十二月初一日)”刊行。

闰七月七日(8月31日),林尔嘉在菽庄花园宴集社侣,复为乞巧活动;然后以“闰七夕乞巧诗”(回文七绝)为题,征诗海内。本次征诗,所得投稿约四千卷,评选出前400名进行奖励;得奖诗稿由林尔嘉辑为《闰七夕乞巧回文诗录》,于“己未嘉平朔日(夏历一九一九年十二月初一日)”刊行。

重阳日(11月1日),菽庄花园藏海园落成。是日,举行落成典礼,林尔嘉亲撰《藏海园记》一篇,以楷书直题镌刻于菽庄花园临海石坡;另请时任北洋政府大总统徐世昌题撰菽庄花园匾额——“菽庄”二字,所花“润笔费”为一万银元。

民国九年庚申(1920年)

年初,林尔嘉四弟林柏寿在台北板桥别墅创立板桥吟会,大陆渡台诗人苏镜潭、庄棣荫、黄乃州、蔡寿三、黄玉树、辜菽庐等,以及台北稻江吟社诗友张葫芦生、张京甫、蔡伯毅、林垂拱、龚已生等参与其中。

二月十五日(4月3日),为传统花朝节。是日,林尔嘉及其从弟林鹤寿在菽庄花园创为碧山词社,施士洁、沈琇莹、吴钟善、江煦等参与其中;所作课题有“氐州第一·帆影”(词)等。

三月三日(4月21日),林尔嘉招集社侣在菽庄花园举行“上巳修禊”。

重阳日,林尔嘉招邀社侣在菽庄花园社课雅集。所出课题为《吟社重阳四咏》——《题糕》、《送酒》、《落帽》与《佩囊》,各作七绝二首。

秋，菽庄吟社以碧山词社社课题目“氏州第一·帆影”（词）为题，向海内外吟侣广征词作，共收到投稿逾千卷，得奖词稿由林尔嘉辑为《帆影词》，刊行有单行本。

秋，林尔嘉招邀菽庄“十八子”——施士洁、龚显燦、龚显鹏、汪春源、吴增、周殿薰、庄善望、苏大山、龚植、龚显鹤、龚显禧、施乾、沈琇莹、马祖庚、庄棣荫、卢文启、李禧与卢心启，开展社课雅集。所出课题为“庚申菽庄咏菊”（七律八首），作品由林尔嘉辑为《庚申菽庄咏菊》，于“辛酉（1921 年）四月”刊行。

除夕日，林尔嘉为“馈岁会”，施士洁、沈琇莹等菽庄社侣参与其盛。

是年，菽庄社侣柯荣试在厦门创立莲社，社员有李轩甫、陈佩真、苏警予、谢云声、柯伯耀等。

民国十年辛酉（1921 年）

年初，张我军内渡厦门，入菽庄吟社并担任“文书”。

三月三日（4 月 10 日），林尔嘉招集社侣在菽庄花园举行“上巳修禊”。

六月二十四日（7 月 28 日），为荷花生日。是日，林尔嘉在菽庄花园宴集社侣，为荷花举觞称寿。

重阳日（10 月 9 日），为纪念菽庄花园落成九年，林尔嘉招邀社侣 81 名，觞咏于藏海园，“设百福阄，以藏海园观潮，及园中诸名目为题，分配诗古文词各体，拈得题者按体分撰”，号为“三九之会”；然后，“以是为典实”，广征“菽庄三九雅集”（七古）于海内。本次征诗，共得投稿 1300 余卷，评选出前 435 名进行奖励；得奖诗稿由林尔嘉辑为《菽庄三九雅集诗录》，于“壬戌（1922 年）端午”刊行。

暮秋某夜，林尔嘉梦中得诗一首，醒后仅记得“雨后风轻入望凉”

一句。林尔嘉因之足成七绝四首，然后“征同人唱和”；所得诗稿由林尔嘉辑为《菽庄梦中得句唱和集》，于“壬戌(1922 年)八月”刊行。

十一月十六日(12 月 14 日)，为菽庄主人林尔嘉与龚云环结婚三十周年纪念日。是日，菽庄吟社在林氏府举行“菽庄林先生暨德配云环龚夫人结婚三十年欢祝会”，与会中外嘉宾 200 余人，拜赐宴饮既毕，游览菽庄花园并泛舟鹭江。所得诗文由林尔嘉辑为《菽庄林先生暨德配云环龚夫人结婚三十年帐词》，于“辛酉(1921 年)十二月”刊行。

是年，菽庄社侣周殿薰在厦门图书馆创设鹭江吟社，“菽庄吟侣多半加入”。

民国十一年壬戌(1922 年)

三月三日(3 月 30 日)，林尔嘉招集社侣在菽庄花园举行“上巳修禊”。

五月十八日(6 月 13 日)，为林尔嘉四十八岁生日，菽庄吟社在林氏府举行“菽庄主人暨德配龚夫人四十有八双寿庆典”；闰五月十八日(7 月 12 日)，“菽庄诸社侣复以一年两度称觞为人生适逢之会，均以诗为尔嘉寿”。所得诗文由林尔嘉辑为《菽庄主人四十有八寿诗》，于“癸亥(1923 年)仲夏”刊行。

五月二十三日(6 月 18 日)，施士洁病逝于鼓浪屿寄寓，林尔嘉“为经理其丧事”。

七月既望(9 月 7 日)，为宋元丰壬戌(1082 年)苏东坡赤壁泛舟十四周甲。为纪念这位北宋文豪，林尔嘉筑壬秋阁于菽庄花园之藏海园，并专门约请厦门书画家吴芾临摹苏东坡像一尊，安置于阁内。是日，林尔嘉主持壬秋阁落成典礼暨苏东坡像揭幕仪式，礼毕宴集称觞，拈题分韵；当晚，林尔嘉、沈琇莹、苏大山、谢子馥等主宾九人泛月鹭江，然后以“壬戌七月既望鹭江泛月”为题，向海内外吟侣广征赋文。

本次征赋，所得投稿“鸿篇巨制，满目琳琅”，评选出前300名进行奖励；得奖赋稿由林尔嘉辑为《壬戌七月既望鹭江泛月赋选》，于“甲子（1924年）端午”刊行。

十二月，“菽庄丛书”第一种——吕世宜所著《古今文字通释》十四卷刊成。

民国十二年癸亥（1923年）

三月三日（4月18日），林尔嘉招集社侣在菽庄花园举行“上巳修禊”。

七月，林尔嘉长子林景仁在台北创立东海钟声社，并由林柏寿任社长，社员有林熊祥、庄棣荫、苏镜潭、王贻瑄、连横、罗秀惠、林馨兰、谢汝铨、黄欣、刘育英、黄赞钧、张汉、魏清德、刘克明、庄嵩等；所作由林景仁辑为《东海钟声》，在《台湾诗荟》连载，对日据中后期的台湾诗坛影响很大。

九月，陈衍应厦门大学校长林文庆之聘，为“主（厦门）大学文科教授”。期间，入菽庄吟社并“曾为主坛坫”。

十月，菽庄花园菊花盛放，林尔嘉设“买诗店”于园内，游客投诗一首，便可获赠名贵菊花一枝，屏为之满，韵事风流，传为佳话。

冬，林尔嘉宴集菽庄“十八子”于林氏府壶天园，为“九九消寒会”，由“十八人迭为宾主，时有捉雀之戏”。

是年，汪春源病逝于漳州振成巷“进士第”。

民国十三年甲子（1924年）

暮春，林尔嘉仿照浙江会稽山阴（今浙江绍兴）之兰亭，在菽庄花园之补山园修建“小兰亭”；然后招邀社侣，于三月三日（4月6日）、十三日（4月16日）、二十三日（4月26日）在小兰亭三修禊事，其中初会

21人、再会25人、三会38人。既毕，以“小兰亭三修禊序”为题，“遍乞海内外椽笔为斯亭增色”。本次所征序文，投稿逾千篇，评选出前520名进行奖励；得奖序文由林尔嘉辑为《菽庄小兰亭征文录》，于“戊辰(1928年)春日”刊行。

五月十八日(6月19日)，为菽庄主人林尔嘉五十初寿。是日，菽庄吟社在林氏府举行“菽庄林先生暨德配云环龚夫人五十双寿庆”，中外嘉宾100余人参与其盛；所得诗文由菽庄吟社辑为《菽庄林先生暨德配云环龚夫人五十寿言》，出版有单行本。

六月六日(7月7日)，林尔嘉“挈眷自鹭岛放洋”，“欧游七载，及归国，又寓沪十余年，乃由壶天醉客沈琛笙主持吟社”。

是年，东社在厦门成立。该社由海天吟社、梅社、莲社、鹭江吟社四社吟侣混合而成，成员“几达百人”。

民国十四年乙丑(1925年)

三月三日(3月26日)，沈琇莹招集社侣在菽庄花园小兰亭举行“上巳修禊”。

民国十五年丙寅(1926年)

三月三日(4月14日)，沈琇莹招集社侣在菽庄花园小兰亭举行“上巳修禊”。

民国十六年丁卯(1927年)

上元前一日(2月15日)至花朝后二日(3月20日)，沈琇莹与苏大山受林景仁、林履信昆仲之邀，游历台湾全岛。在台期间，与林献堂、林南强、庄嵩、黄欣、杨宜绿、洪以南、魏清德、谢汝铨、林石崖、杜仰山等台湾诗界诸公酬唱应答，所作由林履信辑为《毗舍耶同游草》；苏大山另辑有《婆娑洋集》。

三月三日(4 月 4 日),沈琇莹招集社侣在菽庄花园小兰亭举行“上巳修禊”。

民国十七年戊辰(1928 年)

三月三日(4 月 22 日),沈琇莹招集社侣在菽庄花园小兰亭举行“上巳修禊”。

民国十八年己巳(1929 年)

三月三日(4 月 12 日),沈琇莹招集社侣在菽庄花园小兰亭举行“上巳修禊”。李禧、萧幼山、苏大山、林端、周殿薰、杨鉴、柯征庸、洪翯、陈桂琛、谢云声、贺仲禹、江蕴和、蔡谷仁、陈亮奎、龚显鹏等参与其盛。

十月廿四日(11 月 24 日),菽庄花园丛菊烂漫,菽庄吟社发布《社启》,招邀各界名流莅园赏菊。是日,孙道仁、李汉青、怀竹氏、许凤藻、龚显祚、渠园、云山水月散人、蕃邑人、苏大山、沈琇莹、沈骥、林莱生、研霞、龚显鹏、龚植、龚显禧、蔡谷仁、卢文启、杨鉴、李禧、一如、左赋才、冯维常、茅家驹、施乾、陈桂琛、谢云声、郑汝霖、刘亮斋、来玉林、罗忠诩、郑方举、叶谷□、卢李纯、罗义侏、刘光谦、卢明之、吴增、余焕章、苏警予、刘寿祺、江蕴和、林端、叶伯堃、孙印川、孙世康、孙世俊、张仲元、陈亮奎、关寿纪、李幼岩、马祖庚、龚鼎隆等 50 余人参与其盛,所作诗词辑为《菽庄观菊》。

民国十九年庚午(1930 年)

三月三日(4 月 1 日),沈琇莹招集社侣在菽庄花园小兰亭举行“上巳修禊”,“列座凡十有八人”,包括李禧、萧幼山、苏大山、林端、周殿薰、杨鉴、柯征庸、洪嵩、陈桂琛、谢云声、沈琇莹、贺仲禹、江蕴和、蔡谷仁、陈亮奎、龚显鹏等。

民国二十年辛未(1931 年)

三月三日(4 月 20 日),沈琇莹招集社侣在菽庄花园小兰亭举行“上巳修禊”。

民国二十一年壬申(1932 年)

三月三日(4 月 8 日),林尔嘉招集社侣在菽庄花园小兰亭举行“上巳修禊”。

春,菽庄吟社在福州举办诗钟大唱。所征钟题为“剑、潭,第一唱”,设正取二门、捐取八门,由林柏寿、林熊祥、陈培锟、沈冠生、蔡镜吾、闽报社、华报社、林绮赓、郑宪纶、严叔夏与陶芸楼分别担任词宗;所选录钟作 1310 联,由陶芸楼辑为《剑潭诗刊》,于民国二十一年(1932 年)在福州刊行。

五月,林尔嘉初游庐山。

民国二十二年癸酉(1933 年)

羊日(正月初三日,1 月 28 日),林尔嘉招集社侣在补山园作“香海赏梅雅集”。

三月三日(3 月 28 日),林尔嘉招集社侣在菽庄花园小兰亭举行“上巳修禊”。

五月,林尔嘉重游庐山。

九月,菽庄吟侣苏大山、林骚、吴增、曾遒、王冠群、汪煌辉、洪锡畴、苏镜潭、黄悟曾、李钰、杨家栋、杜唐、张大藩、黄玉成、欧阳桢、胡巽、施随、杨昌国等,在泉州创立温陵弢社。

民国二十三年甲戌(1934年)

花朝日(3月29日),林尔嘉招邀社侣在菽庄花园蔚然亭举行社课雅集。

上巳日(4月16日),菽庄花园熙春亭落成,林尔嘉招集社侣举行"熙春亭落成庆典暨上巳修禊"。

五月十八日(6月29日),为菽庄主人林尔嘉六十花甲之寿。林尔嘉此时正"三游庐山,六十初度亦忘之",乃由沈琇莹主持,假菽庄花园之谈瀛轩,传笺载酒,为林尔嘉颂祝;所作诗文由沈琇莹辑为《菽庄主人六十寿言》,刊行有单行本。

五月,"菽庄丛书"第二种——陈棨仁所著《闽中金石略》十五卷刊成。

重阳日(10月16日),林尔嘉招邀社侣在菽庄花园雅集唱和。

冬,林尔嘉招集社侣在林氏府壶天园作"九九消寒会"。共九集,各集课题依次为:《甘蔗》(七绝一首)、《探梅》(七绝一首)、《古琴》(七绝一首)、《观棋》(七古一首)、《赏春》(七绝一首)、《醉月》(七古一首)、《拜石》(五律一首)、《春潮》(七绝一首)、《春草》(七绝一首)。

是年,菽庄吟侣胡巽在其厦门律师事务所倡设星社,李禧、欧阳桢、贺仲禹、陈桂琛、卢文启、杨昌国、萧幼山、施随、郑丰稔、钱碧海、吴尚、陈畿、王天士等参与其中。

民国二十四年乙亥(1935年)

三月三日(4月5日),林尔嘉招集社侣在菽庄花园小兰亭举行"上巳修禊"。

五月,林尔嘉四游庐山。

冬,林尔嘉、沈琇莹、江煦三人,在菽庄花园内"循环治具,为九九消寒之会”。

民国二十五年丙子(1936 年)

三月三日(3 月 25 日),林尔嘉招集社侣在菽庄花园小兰亭举行“上巳修禊”。

闰三月三日(4 月 23 日),林尔嘉招集社侣在菽庄花园小兰亭重修禊事。

五月,林尔嘉五游庐山。

冬,沈琇莹招集社侣在林氏府壶天园作“九九消寒会”。共九集,各集课题依次为:《咏蟹》(七律二首)、《咏鲈》(七绝二首)、《咏墨鱼》(五律一首)、《寄怀菽庄主人沪上》(七律一首)、《香海看梅作歌寄菽庄主人》(七排一首)、《春日书怀》(五律一首)、《灯虎四首》(七绝四首)、《春柳四首》(七律四首)、《咏汤圆》(七绝三首)。

民国二十六年丁丑(1937 年)

二月初一日(3 月 13 日),“眉生(林刚义)、杏初置酒菽庄水阁,招同健庵、豹舍,作赏春雅集”。

三月三日(4 月 13 日),沈琇莹招集社侣在菽庄花园小兰亭举行“上巳修禊”。

五月,林尔嘉六游庐山。

五月二十九日(7 月 7 日),抗日战争爆发。是日,林尔嘉作《丁丑新历七月七日倭寇侵犯卢沟桥感赋寄壶天醉客》(五排一首)。

九月二十三日(10 月 26 日),日军占领金门岛,厦门风鹤告急。为避免招致失节,林尔嘉携眷远避香港。

冬,沈琇莹招集社侣在林氏府壶天园作“九九消寒会”。共九集,各集课题依次为:《寄怀菽庄主人香江》(五律二首)、《和汉张平子四愁诗》(七古四首)、《香海探梅》(七绝三首)、《四哀诗》(七绝四首)、《咏刀灯》(七绝三首)、《屈子生日》(七律二首)、《题宋拓玄秘塔碑》(七绝三首)、《客感》(七律二首)、《花朝漫兴》(七律二首)。

民国二十七年戊寅(1938 年)

三月三日(4 月 3 日),沈琇莹招集社侣在菽庄花园小兰亭举行"上巳修禊"。同日,林尔嘉挈眷修禊于小香江。

冬,沈琇莹招集社侣在林氏府壶天园作"九九消寒会"。共九集,各集课题依次为:《客感》(七绝六首)、《探梅》(七绝四首)、《读老子》(五律一首)、《题郑侠流民图》(五律一首)、《十二月既望立春》(五律一首)、《闻慈卫道人移寓欣然有作》(七律一首)、《己卯(1939 年)元旦,客有谈及菽庄桃花盛开游人坌集者,为赋两绝》(七绝二首)、《上元书感寄慈卫》(七绝四首)、《残梅》(五律一首)。

民国二十八年己卯(1939 年)

三月三日(4 月 22 日),沈琇莹招集社侣在菽庄花园小兰亭举行"上巳修禊"。同日,林尔嘉"招同客香江旧侣,会于小香江畔,买鱼沽酒,畅叙幽情"。

七月,林尔嘉携眷从香港辗转到上海避居。

冬,沈琇莹招集社侣在林氏府壶天园作"九九消寒会"。共九集,所作课题有《新元旦》(七律一首)、《梅花四咏》(七绝四首)、《兵家四咏》(七绝四首)、《黄瓜鱼歌》(排律一首)等。

民国二十九年庚辰(1940 年)

三月三日(4 月 10 日),沈琇莹招集社侣在菽庄花园小兰亭举行"上巳修禊"。同日,林尔嘉"集客沪眷属,修禊于梵王渡公园"。

五月，"菽庄丛刻"八种——《虞美人诗》、《黄牡丹诗》、《七夕四咏》、《闰七夕乞巧诗》、《帆影词》、《三九雅集诗》、《鹭江泛月赋》与《小兰亭三修禊序》，由上海聚珍馆印行。

夏，林尔嘉在上海作"七七消夏会"。第一期会于蜀生家，第二期会于浴沂家，第三期会于次婿黄友情家，第四期会于梵王渡公园，第五期会于三子林鼎礼寓，第六期会于二子刚义寓，第七期会于丽都酒家。

仲冬，"菽庄丛书"第三种——沈琇莹所著《寄傲山馆词稿》十四卷刊成。

冬，沈琇莹招集社侣在林氏府壶天园作"九九消寒会"。共九集，所出课题有《杂感》（七绝四首）、《辛巳（1941 年）元旦即事》（七绝四首）、《菽庄主人为刊寄傲山馆词稿既成志感》（七律一首）、《香海看梅有感》（排律一首）、《鼓浪屿物产四咏——内厝芋头、鹿耳海苔、高丽白菜与西洋红薯》（七绝四首）、《寿东喜夫人四十和百忍老人韵》（七律一首）、《蟹舍、蛎房、蜂衙、蝶路》（七绝四首）等。林尔嘉在上海亦作"九九消寒会"。

民国三十年辛巳（1941 年）

三月三日（3 月 30 日），沈琇莹招集社侣在菽庄花园小兰亭举行"上巳修禊"。同日，林尔嘉在上海寓楼举行"上巳修禊"。

夏，林尔嘉在上海作"七七消夏会"。共七集，各集课题依次为：《爱莲》（五排一首）、《荷钱》（七绝一首）、《藕节》（七绝一首）、《西湖采莲歌》（七绝四首）、《荷花生日》（七律一首）、《荷花闰生日》（七律一首）、《莲子》（七律一首）。沈琇莹招集社侣在林氏府壶天园依题而作。

九月九日（10 月 28 日）、十九日（11 月 7 日）、二十九日（11 月 17 日），林尔嘉分别在上海国际饭店、黄园及寓楼作"三展重阳"。

冬，沈琇莹招集社侣在林氏府壶天园作"九九消寒会"。共九集，每集二题，依次为：《种梅》与《忆梅》，《探梅》与《护梅》，《折梅》与《寄梅》，《吟梅》与《画梅》，《梅魂》与《梅品》，《梅香》与《梅影》，《梅味》与《梅笑》，《腊梅》与《盆梅》，《梅铜》与《梅福》，各作七绝一首。林尔嘉在上海依题而作。

民国三十一年壬午(1942 年)

三月三日(4 月 17 日)，沈琇莹招集社侣在萩庄花园小兰亭举行"上巳修禊"。同日，林尔嘉"集客沪眷属修禊于锦江酒家"。

夏，沈琇莹招集社侣在林氏府壶天园作"七七消夏会"。所见有五集，每集二题，所出课题依次为：《榴花》与《荔子》、《蟠桃》与《缥李》、《燎蚊》与《捕蝉》、《品泉》与《饮冰》、《听松》与《看竹》，各作七绝一首。

仲秋，"萩庄丛书"第四种——林尔嘉所著《顽石山房笔记》前二卷刊成。后二卷于"癸未(1943 年)夏日"刊成。

冬，沈琇莹招集社侣在林氏府壶天园作"九九消寒会"。共九集，每集二题，依次为：《咏菘》、《咏芥》与《咏姜》，《咏菌》、《咏薤》与《咏蒿》，《咏葱》、《咏蒜》与《咏韭》，《咏葵》、《咏菽》与《咏瓠》，《蕹菜》、《菠菜》与《芹菜》，《荸荠行》，《五辛盘》，《屠苏酒行》。

民国三十二年癸未(1943 年)

三月三日(4 月 7 日)，沈琇莹招集社侣在萩庄花园小兰亭举行"上巳修禊"。

夏，"萩庄丛书"第五种——沈琇莹所著《壶天吟》六卷刊成。

民国三十三年甲申(1944 年)

三月三日(3 月 26 日)，沈琇莹招集社侣在萩庄花园小兰亭举行"上巳修禊"。

三月十三日(4 月 5 日),林尔嘉在上海补作“上巳修禊”。

五月十八日(7 月 8 日),为菽庄主人林尔嘉七十中寿。“时值国难,不敢举觞;乃亲友多情,惠赐诗文,鸿篇巨制,满壁琳琅”。

九月初一日(10 月 17 日),沈琇莹病逝于鼓浪屿林氏府壶天园之玉兰室。

民国三十四年乙酉(1945 年)

七月八日(8 月 15 日),抗战胜利,台湾光复。

重阳日(10 月 14 日),林尔嘉登临上海国际饭店第二十一层楼,欣然作《乙酉重阳登春申江上二十一层楼酒家感赋》(七律一首)和《乙未割台湾,挈眷归原籍龙溪,五十有余年矣。乙酉台湾收复,余旅沪辄思回台,未能立即成行,感赋四绝志之》(七绝四首)。

冬,林尔嘉在上海作“九九消寒会”。

民国三十五年丙戌(1946 年)

三月三日(4 月 4 日),林尔嘉“集客沪眷属及三五亲友五十三人,修禊于浦行新村二儿刚义寓庐”。

十一月十二日(12 月 15 日),厦门筼筜吟社创立,菽庄社侣多半加入。

冬,林尔嘉在上海作“九九消寒会”。

民国三十六年丁亥(1947 年)

三月三日(4 月 23 日),林履信回厦门重新组织菽庄社侣,在菽庄花园小兰亭举行“上巳修禊”。

冬,林尔嘉在上海作“九九消寒会”。

民国三十七年戊子(1948 年)

三月三日(4 月 11 日),林履信招集菽庄社侣在菽庄花园小兰亭举行“上巳修禊”。

六月,林尔嘉策杖返乡,回到台北板桥故园。

孟秋,“菽庄丛书”第六种——江煦所辑《鹭江名胜诗钞》刊成。

民国三十八年己丑(1949 年)

花朝日(3 月 14 日),台北稻江“亦小壶天”别业修葺竣工,林尔嘉“集亲友十二人仿古作真率会”,并创立亦小壶天吟社,其次子林刚义、三子林鼎礼、四子林崇智、五子林履信,以及谢汝铨、黄纯青、王静波、林贤贺、林赐湖、李薇盟、陈冰如、沈骥等参与其中。

三月三日(3 月 31 日),林履信招集菽庄社侣在菽庄花园小兰亭举行“上巳修禊”。同日,林尔嘉“集三五吟友及儿女侄辈孙曾等共二十四人”,在稻江静胜楼重修禊事。

四月七日(5 月 4 日),林尔嘉堂侄林熊祥与“熊征学田”副长黄纯青在台北共同创立薇阁诗社,社员有赖子清、陈逢源、黄得时、吴梦周、林啸鲲等,林尔嘉也时常参与其间。

闰七月二十三日(9 月 15 日),林尔嘉招集次子林刚义、三子林鼎礼、四子林崇智、五子林履信、谢汝铨、黄纯青与王静波,在亦小壶天置酒,为“八皓会”。

庚寅(1950 年)

三月三日(4 月 19 日)、十三日(4 月 29 日)、二十三日(5 月 9 日),林尔嘉在台北稻江亦小壶天别业作“三展上巳”。

辛卯(1951 年)

三月三日(4 月 8 日),林尔嘉在台北稻江亦小壶天别业举行“上巳修禊”。

夏,林尔嘉在台北阳明山修葺介庐小屋,然后“集吟友十八人,作消夏会”。

十一月初八日(12 月 6 日),林尔嘉病逝于台北稻江亦小壶天别业,享年七十有七。

壬子(1972 年)

五月,《林菽庄先生诗稿》在台北梓行。该著录林尔嘉癸丑(1913 年)至辛卯(1951 年)诗作 311 首。书末附《菽庄花园文献》、《鹭江摩崖》、《庐山文献》、《莫干山西湖摩崖》、《戊辰(1928 年)三三小兰亭修禊诗存》与《戊辰(1928 年)九九登高诗存》。

乙亥(1995 年)

五月十八日(6 月 15 日),厦门文化界举行“纪念爱国人士林尔嘉先生诞辰 120 周年”活动。

丙戌(2006 年)

端午节(5 月 31 日),蔡其矫、洛夫、林莽等海内外诗人近百名齐聚菽庄花园壬秋阁前,联名发起恢复菽庄吟社的倡议。

参考文献

一、专著

(一)菽庄吟社出版物

林景仁辑:《菽庄主人四十寿言》,“甲寅(1914年)冬月”刊本。

林尔嘉辑:《虞美人诗录》,“丙辰(1916年)上元日”刊本。

陈棨伦辑:《菽庄主人银婚帐词》,“丙辰嘉平(夏历一九一六年十二月)”刊本。

林尔嘉辑:《黄牡丹菊诗录》,“丁巳(1917年)端阳节”刊本。

林尔嘉辑:《菽庄吟社七夕四咏、闰七夕回文合选》,“己未嘉平朔日(夏历一九一九年十二月初一日)”刊本。

林尔嘉辑:《菽庄庚申(1920年)咏菊》,“辛酉(1921年)四月”刊本。

林尔嘉辑:《菽庄林先生暨德配云环龚夫人结婚三十年帐词》,“辛酉(1921年)十二月”刊本。

林尔嘉辑:《菽庄三九雅集诗录》,“壬戌(1922年)端阳”刊本。

林尔嘉辑:《菽庄主人四十有八寿诗》,“癸亥(1923年)仲夏”刊本。

林尔嘉辑:《壬戌(1922年)七月既望鹭江泛月赋选》,“甲子(1924年)端午”刊本。

林尔嘉辑:《菽庄梦中得句唱和集》,“壬戌(1922年)八月”刊本。

林尔嘉辑:《菽庄小兰亭征文录》,“戊辰(1928年)春日”刊本。

菽庄吟社辑:《菽庄观菊》,“己巳年十月廿四日(1929年11月24日)”原稿本。

陶芸楼校录:《剑潭诗刊》,民国二十一年(1932年)五月十五日福州文明书纸馆铅印本。

菽庄吟社辑:《菽庄先生、云环夫人五十寿言》,刊行时间未详。

沈琇莹题签:《菽庄主人六十寿言》,厦门永明印刷社承印,刊行时间未详。

林尔嘉辑:《菽庄丛刻八种》,“庚辰(1940年)夏五”刊本。内含:《虞美人诗》、《黄牡丹菊诗》、《七夕四咏》、《闰七夕七巧诗》、《帆影词》、《三九雅集诗》、《鹭江泛月赋》与《小兰亭三修禊序》。

吕世宜著:《古今文字通释》,“菽庄丛书”第一种,“壬戌涂月(夏历一九二二年十二月)”刊本。

陈棨仁著:《闽中金石略》,“菽庄丛书”第二种,“甲戌(1934年)夏五”刊本。

沈琇莹著:《寄傲山馆词稿》,“菽庄丛书”第三种,“庚辰(1940年)仲冬”刊本。

林尔嘉著:《顽石山房笔记》,“菽庄丛书”第四种,“壬午(1942年)仲秋”刊本。

沈琇莹著:《壶天吟》,“菽庄丛书”第五种,“癸未(1943年)夏日”刊本。

江煦辑:《鹭江名胜诗钞》,“菽庄丛书”第六种,“戊子(1948年)孟秋”刊本。

(二)菽庄吟侣之著录

《菽庄等闽台名人诗作原稿》,九州出版社、厦门大学出版社合刊,2004年12月版。

林尔嘉撰，沈骥编校:《林菽庄先生诗稿》，台北:龙文出版社，1992年3月重印初版。

林尔嘉著:《林尔嘉日记》，九州出版社、厦门大学出版社合刊，2004年12月版。

林尔嘉撰:《为菽庄石桥被毁及私权横受侵害事谨告同胞书》，1929年12月厦门印行。

林景仁撰:《林小眉三草》，台北:龙文出版社，1992年3月重印初版。内含:《摩达山漫草》、《天池草》与《东宁草》。

林景仁辑:《东海钟声》。连横主编:《台湾诗荟》，九州出版社、厦门大学出版社合刊，2004年12月版。

施士洁著:《后苏龛合集》，台北:台湾银行经济研究室，1965年11月版。

许南英著:《窥园留草》，台北:文海出版社，1974年12月版。

连横著:《剑花室诗乘》，台北:台湾银行经济研究室，1960年11月版。

连横著:《台湾诗乘》，台北:台湾银行经济研究室，1960年1月版。

连横著:《雅言》，台北:台湾银行经济研究室，1963年2月版。

连横著:《雅堂先生文集》，台北:文海出版社，1973年12月版。

连横著:《台湾通史》，北京:商务印书馆，1983年10月修订第2版。

张我军著:《张我军全集》，北京:台海出版社，2000年8月第1版。

谢汝铨著:《雪渔诗集》，台北:龙文出版社，1992年6月版。

谢尊五著:《梦春吟草》，台北:龙文出版社，2001年6月版。

李禧著:《梦梅花馆诗钞》，1962年厦门铅印本。

李禧著，何丙仲、吴仰荣校注:《紫燕金鱼室笔记》，北京:北京广播学院出版社，1995年12月第1版。

江煦著:《草堂别集》,1954 年春满堂岭南铅印本。

陈桂琛辑:《己丑生得子唱和集》,民国十四年(1925 年)铅印本。

谢云声编:《台湾情歌集》,厦门:厦门市闽南文化研究所,2000 年 12 月版。

虞愚著:《虞愚自写诗卷》,厦门:厦门大学出版社,1989 年 9 月第 1 版。

陈衍著:《陈石遗集》,福州:福建人民出版社,2001 年 6 月第 1 版。

陈衍著:《陈衍诗论合集》,福州:福建人民出版社,1999 年 9 月第 1 版。

陈衍辑:《说诗社诗录》,民国二十六年(1937 年)福州铅印本。

林纾著:《畏庐文集 · 诗存 · 论文》,台北:文海出版社,1973 年 6 月版。

周长庚、林纾辑:《支社诗拾》,民国二十五年(1936 年)李宣龚铅印本。

郭则沄辑:《蛰园击钵吟》,民国二十二年(1933 年)铅印本。

吴曾祺撰:《漪香山馆文集》,清宣统二年(1910 年)上海商务印书馆铅印本。

施景琛著:《鹭江集》,民国年间铅印本。

施景琛著:《鲲瀛日记》。池志征等著:《台湾游记》,台北:台湾银行经济研究室,1960 年 1 月版。

施景琛著:《泉山古物编》,"甲子(1924 年)五月"刊本。

王贻瑄著:《折枝传唱》,九州出版社、厦门大学出版社合刊:《台湾文献汇刊》第四辑第十五册,2004 年 12 月版。

林苍撰:《梦禅室诗集》,民国年间石印本。

王允哲著:《碧棲诗词》,民国二十三年(1934 年)铅印本。

方兆鳌撰:《晚读轩诗存》,1960 年上海影印本。

林孝颖撰:《木樨香馆诗话》,“东部侯官郑氏书带草堂藏”,手稿本。

林孝曾辑:《宫闺怀古:花好月圆吟社诗存》,民国十三年(1924年)铅印本。

林孝曾辑:《闽百三十人诗存》,民国十八年(1929年)逸社铅印本。

萨镇冰辑:《萨上将南游唱酬录》,手抄本。

吴增著:《养和精舍诗存》,泉州:泉州市新闻出版办公室,2000年7月版。

吴增著:《蕃薯杂咏》,泉州:泉山书社,“强圉赤奋若余月(夏历一九三七年四月)”刊本。

苏大山著:《红兰馆诗钞》,“著雍执徐之岁涂月(夏历一九二八年十二月)”刊本。

苏大山著:《红兰馆游仙诗册》,1980年福建省图书馆抄本。

苏大山编:《红兰馆藏书目》,1979年福建省图书馆抄本。

龚植著:《如愚别馆诗存》,1981年手抄本。

苏镜潭著:《东宁百咏》,九州出版社、厦门大学出版社合刊,2004年12月版。

曾遒辑:《温陵弢社初稿(乙亥)》,乙亥(1935年)泉州同文斋刊本。

江春霖著:《江杏邨诗存》,手抄本。

江春霖著,卢金城注:《江春霖御史奏稿简注》,厦门:厦门大学出版社,2000年11月第1版。

张琴撰:《桐云轩声画集》,民国三十七年(1948年)张氏莆田铅印本。

张琴著:《张琴题画诗七百首》,福州:福建美术出版社,1990年10月版。

张琴辑:《壶社诗刊》,“癸酉(1933年)春莫”刊本。

孙道仁辑:《孙壮武荣哀录》,清宣统三年(1911年)孙氏刻本。

关赓麟撰:《稊园诗集》,民国二十四年(1935年)中国仿古印书局铅印本。

(三)相关研究资料

1. 年谱传记

许雪姬著:《板桥林家——林平侯父子传》,南投:台湾省文献委员会,2000年11月第1版。

王国璠编撰:《板桥林本源家传》,台北:林本源祭祀公业,1984年7月版。

陈三井、许雪姬访问,杨明哲纪录:《林衡道先生访问纪录》,台北:中央研究院近代史研究所,1992年12月版。

陈声暨、王真编:《石遗先生年谱》,台北:文海出版社,1974年12月版。

陈椇著:《诗人陈衍传略》,台北:台北市林森文教基金会,1999年5月初版。

郑喜夫编撰:《民国连雅堂先生年谱》,台北:台湾商务印书馆,1980年11月初版。

林文月著:《青山青史——连雅堂传》,台北:雨墨文化事业有限公司,1994年10月初版。

田建民著:《张我军评传》,北京:作家出版社,2006年7月第1版。

张炎宪、李筱峰、庄永明编:《台湾近代名人志》,台北:自立晚报社文化出版部,1990年10月第1版。

2. 相关社团

龚显曾辑:《桐阴吟榭诗》,"清同治三年甲子(1864年)花朝"刊本。

钱丕谟辑:《海天吟社诗存》,"癸亥(1923年)季秋"刊本。

陈元璋辑:《壶社诗钞》,"民国二十二年(1933年)十月"壶社刊本。

杜召棠著:《惜馀春轶事》,扬州:广陵书社,2005年8月第1版。

寒山诗社编:《寒山诗钟选》(甲集),民国三年(1914年)三月北京正蒙书局刻本。

寒山诗社编:《寒山诗钟选》(乙集),民国四年(1915年)五月北京正蒙书局刻本。

白福臻编:《寒山诗钟选》(丙集),香港:香港联谜社出版部,2003年8月版。

柳亚子著:《南社纪略》,台北:文海出版社,1973年12月版。

孙之梅著:《南社研究》,北京:人民文学出版社,2003年9月第1版。

栾梅健著:《民间的文人雅集——南社研究》,上海:东方出版中心,2006年6月第1版,第199页。

傅锡祺著:《栎社沿革志略》,台北:台湾银行经济研究室,1963年2月版。

吴毓琪著:《南社研究》,台南:台南市立文化中心,1999年6月版。

《退闲吟社诗本》,民国年间福州铅印本。

《补闲吟社第二度诗选》,民国年间福州铅印本。

3.相关诗人及集著

吕世宜著:《爱吾庐文钞》,上海:商务印书馆,民国二十五年(1936年)十二月初版。

陈棨仁撰:《藤华吟馆诗录》,清光绪十三年(1887年)铅印本。

林鹤年著:《福雅堂诗钞》,九州出版社、厦门大学出版社合刊,2004年12月版。

唐景崧辑:《诗畸》,清光绪十九年(1893年)台湾布政使署刻本。

蔡汝修辑:《台海击钵吟集》,刊刻时间未详。

郑鹏云著:《师友风义录》,九州出版社、厦门大学出版社合刊,

2004 年 12 月版。

王松著:《台阳诗话》,台北:台湾银行经济研究室,1960 年 11 月版。

庄嵩著:《太岳诗草》,台北:龙文出版社,1992 年 6 月重印初版。

吴纫秋辑:《东宁钟韵》,台南:大明印刷局,1956 年 6 月版。

张作梅编订:《诗钟集粹六种》,台北:中华诗苑印行,1957 年 10 月初版。

戴光华编选:《厦门诗荟》,厦门:鹭江出版社,1996 年 10 月第 1 版。

《青高诗刊》,民国十九年(1930 年)五月福州铅印本。

《明远诗刊》,民国二十四年(1935 年)十月福州铅印本。

4. 其它

《林尔嘉家族物产关系文书》,九州出版社、厦门大学出版社合刊,2004 年 12 月版。

《林尔嘉家族信件》,九州出版社、厦门大学出版社合刊,2004 年 12 月版。

《林尔嘉相关诉讼文书》,九州出版社、厦门大学出版社合刊,2004 年 12 月版。

《林尔嘉家族图片资料合集》,九州出版社、厦门大学出版社合刊,2004 年 12 月版。

《菽庄家藏契约文书》,九州出版社、厦门大学出版社合刊,2004 年 12 月版。

张本政主编:《〈清实录〉台湾史资料专辑》,福州:福建人民出版社,1993 年 12 月第 1 版。

福建省档案馆、厦门市档案馆编:《闽台关系档案资料》,厦门:鹭江出版社,1993 年 6 月第 1 版。

海峡学术出版社编:《乙未抗日史料汇编》,台北:海峡学术出版社,1999年9月初版。

厦门市地方志编纂委员会办公室整理:《民国厦门市志》,北京:方志出版社,1999年5月第1版。

厦门文化艺术志编纂委员会编:《厦门文化艺术志》,厦门:厦门大学出版社,1999年7月第1版。

戴一峰主编:《厦门海关历史档案选编(1911年—1949年)》第一辑,厦门:厦门大学出版社,1997年12月第1版。

政协厦门市委员会文史资料研究委员会编:《厦门的租界——厦门文史资料第十六辑》,厦门:鹭江出版社,1990年5月第1版。

政协厦门市文史资料研究委员会编:《抗战时期的厦门》,厦门:鹭江出版社,1995年8月第1版。

厦门图书馆编:《厦门轶事》,厦门:厦门大学出版社,2004年12月第1版。

政协厦门市鼓浪屿区委员会编:《鼓浪屿文史资料》第一辑,1995年12月版。

刘登翰等编:《台湾文学史》,福州:海峡文艺出版社,1991年6月第1版。

汪毅夫著:《台湾近代文学丛稿》,福州:海峡文艺出版社,1990年7月第1版。

汪毅夫著:《台湾近代诗人在福建》,台北:幼狮文化事业股份有限公司,1998年4月版。

汪毅夫著:《闽台缘与闽南风》,福州:福建教育出版社,2006年7月第1版。

陈庆元著:《福建文学发展史》,福州:福建教育出版社,1996年12月第1版。

周满枝撰:《清代台湾流寓诗人及其诗之研究》,台湾政治大学中国文学研究所硕士论文,1980 年 6 月。

卞凤奎著:《日据时期台湾籍民在大陆及东南亚活动之研究》,合肥:黄山书社,2006 年 5 月第 1 版。

萨伯森、郑丽生合撰:《诗钟史话》,1964 年 1 月郑丽生手写本。

杨文继著:《七竹折枝摭谈》,1994 年福州刊本。

王鹤龄著:《风雅的诗钟》,北京:台海出版社,2003 年 9 月第 1 版。

周薇著:《传统诗学的转型——陈衍人文主义诗学研究》,上海:上海三联书店,2006 年 8 月第 1 版。

汪辟疆著:《汪辟疆文集》,上海:上海古籍出版社,1988 年 12 月第 1 版。

[英]阿米·古特曼等著,吴玉章、毕小青等译:《结社:理论与实践》,北京:生活·读书·新知三联书店,2006 年 11 月第 1 版。

二、刊物

《台湾日日新报》,1898 年 5 月 6 日—1944 年 3 月 31 日发行。

郑汝南编辑:《台湾文艺丛志》,第一年第 2 号至第六年第 9 号,1919—1924 年发行。

连横主编:《台湾诗荟》,第 1—22 号,1924—1925 年发行。

黄水沛编辑:《台湾诗报》,创刊号至第二年 2 月号,1924—1925 年发行。据张汉剪贴本影印。

三、论文

(一)文献类

杨纪波撰:《"菽庄"与林尔嘉》。政协厦门市委员会文史资料研究委员会编:《厦门文史资料选辑》第四辑,1983 年 7 月版。

林纯仁撰:《爱国诗人林鹭云》。政协厦门市委员会文史资料研究委员会编:《厦门文史资料》第十一辑,1986年12月版。

何丙仲撰:《民国期间厦门书画家传略》。政协厦门市委员会文史资料研究委员会编:《厦门文史资料选辑》第十七辑,1990年12月版。

詹掇裕撰:《温陵弢社》。政协泉州市委员会文史资料研究委员会编:《泉州文史资料》第十三辑,1982年12月版。

陈允敦撰:《泉州翰林龚显曾的女婿林菽庄建造半个颐和园》。政协泉州市委员会文史资料研究委员会编:《泉州文史资料》第十五辑,1983年8月版。

陈泗东撰:《清代末科泉州的举人进士遗闻录》。政协泉州市鲤城区委员会文史资料研究委员会编:《泉州鲤城文史资料》第二辑,1987年9月版。

李天锡撰:《华侨教育家施健庵》。政协晋江市委员会文史资料委员会编:《晋江文史资料》第二十二辑,2000年12月版。

庄受福撰:《台湾爱国志士许南英事略》。政协漳州市委员会文史资料委员会编:《漳州文史资料》第十二辑,1990年4月版。

汪毅夫撰:《台湾爱国文士汪春源事略》。政协漳州市委员会文史资料委员会编:《漳州文史资料》第十二辑,1990年4月版。

赖子清撰:《古今台湾诗文社》。台湾省文献委员会编印:《台湾文献》第一〇卷第三期、第十一卷第三期,台北:成文出版社,1983年3月台一版。

陈汉光撰:《林鹤年及其子辂存》。台湾省文献委员会编:《台湾文献》第一四卷第四期,台北:成文出版社,1983年3月台一版。

廖汉臣撰:《乙未抗日在文坛上的反映》。台湾省文献委员会编:《文献专刊》第二卷第三、四期,台北:成文出版社,1983年3月台一版。

舒州月撰:《林小眉诗的研究》。台北市文献委员会编印:《台北文献》第三卷第七期，台北：文海出版社，1983 年 3 月台一版。

《台北市诗社座谈会》(1955 年 10 月 27 日下午)。台北市文献委员会编印：《台北文物》第四卷第四期，台北：成文出版社，1983 年 3 月台一版。

陈世庆撰：《星社》。台北市文献委员会编印：《台北文物》第四卷第四期，台北：成文出版社，1983 年 3 月台一版。

赖子清撰：《瀛社》。台北市文献委员会编：《台北文物》第四卷第四期，台北：成文出版社，1983 年 3 月台一版。

林子惠、张作梅、庄幼岳撰：《瀛社论述补遗》。台北市文献委员会编：《台北文物》第五卷第二、三期合刊，台北：成文出版社，1983 年 3 月台一版。

春梦园叟撰：《薇阁诗社》。台北市文献委员会编：《台北文物》第四卷第四期，台北：成文出版社，1983 年 3 月台一版。

赖子清撰：《北市科举题名录》。台北市文献委员会编：《台北文物》第六卷第一期，台北：成文出版社，1983 年 3 月台一版。

赖探玄撰：《台湾民主国诗话》。台北市文献委员会编：《台北文物》第六卷第五期，台北：成文出版社，1983 年 3 月台一版。

陈汉光撰：《乙未之战与中国诗坛》。台北市文献委员会编：《台北文物》第九卷第一期，台北：成文出版社，1983 年 3 月台一版。

林咏荣撰：《故儒连雅堂其人其诗》。台南市文献委员会编印：《台南文化》(旧刊)创刊号，台北：成文出版社，1983 年 3 月台一版。

连景初撰：《许南英与许地山》。台南市文献委员会编印：《台南文化》(旧刊)第二卷第二、三期，台北：成文出版社，1983 年 3 月台一版。

许丙丁撰：《五十年来南社的社员和诗》。见台南市文献委员会编印：《台南文化》(旧刊)第三卷第一期，台北：成文出版社，1983 年 3 月台一版。

《连雅堂先生生平事迹座谈会纪录》。台南市文献委员会编印：《台南文化》(新刊)第二卷第四期，台北：成文出版社，1983 年 3 月台一版。

陈逢源撰：《论连雅堂先生之诗对我的影响》。台南市文献委员会编印：《台南文化》(新刊)第二卷第四期，台北：成文出版社，1983 年 3 月台一版。

(二)文集类

陈娟英撰：《板桥林家相关历史资料综述》。厦门博物馆编：《厦门博物馆建馆十周年成果文集》，福州：福建教育出版社，1998 年 10 月第 1 版。

林德政撰：《连雅堂在祖国大陆的活动》。厦门大学台湾研究中心编：《海峡两岸台湾史学术研讨会论文集》，2004 年 8 月版。

(三)学报类

朱双一撰：《文学视野中的郑成功——“遗民忠义精神”及其在日据时代台湾的传衍》，厦门：《台湾研究集刊》，2002 年第 3 期。

柯荣三撰：《林尔嘉的一天——从〈林尔嘉日记〉窥其日常生活》，厦门：《台湾研究集刊》，2007 年第 1 期。

许俊雅撰：《光复前台湾诗钟史话》，台北：《台湾师范大学国文学报》第十八期，1989 年 6 月 5 日版。

申惠丰撰：《异质空间：论菽庄的空间象征及其意义》，台北：《台湾文学学报》第 9 期，2006 年 12 月版。

(四)报纸类

王坚撰：《百年林氏义庄，两岸四代乡情》，厦门：《厦门晚报》，2002 年 12 月 8 日。

彭一万撰：《林尔嘉和“菽庄吟社”》，厦门：《厦门晚报》，2005 年 1 月 19 日。

彭一万撰:《"菽庄吟社"主要吟侣》,厦门:《厦门晚报》,2005 年 1 月 19 日。

彭一万撰:《林尔嘉的〈菽庄丛稿〉》,厦门:《厦门晚报》,2005 年 1 月 19 日。

洪卜仁撰:《"戏说"其实是"正剧"——林尔嘉传奇人生二三花絮》,厦门:《厦门晚报》,2005 年 2 月 23 日。

刘丽英撰:《这里长眠着"公车上书"第一人》,厦门:《厦门晚报》,2006 年 12 月 4 日。

赵琳撰:《诗歌节创下多项"厦门之最"》,厦门:《厦门日报》,2006 年 5 月 27 日。

海鹰撰:《鼓浪诗声去复来——文史专家洪卜仁细说"菽庄吟社"当年事》,厦门:《厦门日报》,2006 年 5 月 31 日。

后 记

2007 年 5 月，我进入复旦大学中国语言文学博士后流动站工作，师从袁进教授。初次拜望袁先生，是一个阳光和煦的周日上午，在商定“萩庄吟社研究”作为我的博士后研究题目后，先生随即提出三点要求：一是在史料收集方面力求做到“竭泽而渔”；二是在史料开掘方面力求做到“阐幽发微”；三是在社团及作家作品评价方面力求做到“铢两悉称”。临出门，先生送给我一个精制不锈钢锅，并说“你是我带的第一个博士后”。

两年来，袁先生时常关心我的学习、工作及生活，并且在论文写作、文章发表、专著出版、学术交流等方面给我很多指导和帮助。每当有台湾学者来沪，先生总是招邀我参与交流讨论。先生又利用担任台湾政治大学客座教授的机会，想方设法帮助我联系赴台访学事宜；离台之际，还特地为我带回一批重要研究资料。回顾两年来的博士后生活，掂量掂量这本薄薄的书稿，总觉得自己努力得还很不够，距离先生的期望尚相迄甚远。

博士后工作期间，还得到陈思和教授以及流动站专家组成员的很多关怀与指导。陈先生劳谦吐握，尤其经常奖掖后进，不管是我申请进站、申报项目，还是出版专著，先生都不遗余力地倾心相助并热忱勉励，让我很受鼓舞。流动站专家组成员在开题答辩及中期考核时，对本论文的选题及写作提出过很多指导性意见，让我受益匪浅。流动站秘书张业松副教授，则在工作及生活方面为我提供了诸多便利。

此外，我的博士导师汪毅夫先生得悉我博士后选题后，即帮助多方联系搜集资料，并赠送《陈石遗集》、《十朝诗乘》、《林小眉三草》等“厚礼”；我的硕士导师姚春树先生，则以所藏《江春霖御史奏稿简注》等相馈；中国俗文学学会诗钟委员会主任王鹤龄老先生，为赠《汪辟疆文集》等；台湾大学黄美娥教授，为赠《板桥林本源家传》等。在搜集本论题相关研究资料过程中，先后得到福建省图书馆特藏部林永祥主任，厦门文史专家何丙仲研究员、彭一万研究员、洪卜仁研究员，厦门市图书馆陈峰副馆长、陈红秋女士，厦门市博物馆陈娟英副馆长等的大力支持与热心帮助。在此，一并致以衷心的感谢！

2009 年 3 月 26 日

于国福路 50 弄青年教师公寓 3-605 室